GESCHICHTE DES ALLTAGS
DES DEUTSCHEN VOLKES

STUDIEN 1

JÜRGEN KUCZYNSKI
GESCHICHTE DES ALLTAGS
DES DEUTSCHEN VOLKES
1600 bis 1945

STUDIEN

Jürgen Kuczynski

GESCHICHTE DES ALLTAGS DES DEUTSCHEN VOLKES

MIT EINEM ABSCHNITT
ÜBER ARBEIT
UND ARBEITSWERKZEUGE
VON WOLFGANG JACOBEIT

Studien **1**   1600-1650

PAHL-RUGENSTEIN VERLAG KÖLN
1981

Erste Auflage 1980
Zweite, unveränderte Auflage 1981
Pahl-Rugenstein Verlag, Köln 1981
© by Akademie-Verlag, Berlin
Vom Akademie-Verlag genehmigte Lizenzausgabe
Alle Rechte vorbehalten
Gesamtherstellung: VEB Druckerei »Gottfried Wilhelm Leibniz«, Gräfenhainichen
Printed in GDR

CIP-Kurztitelaufnahme der Deutschen Bibliothek
Kuczynski, Jürgen:
Geschichte des Alltags des deutschen Volkes: 1600 bis 1945; Studien/Jürgen Kuczynski. — Köln:
Pahl-Rugenstein Verlag
Bd. 1. 1600—1650/mit e. Abschnitt über Arbeit und Arbeitswerkzeuge von Wolfgang Jacobeit. — 1980
ISBN 3-7609-0555-2

Inhalt

*Die Überlegenheit des historischen Materialismus
zeigt sich auch darin, daß seine Anhänger mit aller
Unbefangenheit anerkennen, was die ideologische
Geschichtsschreibung bei alledem noch leistet, während deren Bekenner nur – sagen wir milde – räso-
nieren und schelten können, wenn sie auf den historischen Materialismus zu sprechen kommen.*

*Franz Mehring,
Gesammelte Schriften, Bd. 8, S. 363*

Vorbemerkung

Es gibt eine ganze Reihe Geschichten Deutschlands – einige vom feudalen Klassenstandpunkt geschrieben, einige vom bürgerlich-demokratischen, viele vom bourgeois-reaktionären und später imperialistischen, und ganz wenige bereits vom marxistischen Standpunkt.

Sie berichten vom jeweiligen Klassenstandpunkt ausführlich vor allem von politischen und militärischen Ereignissen, weniger von ökonomischen, obgleich doch die Ökonomie, die materielle Basis in letzter Instanz, wie Engels es formuliert, entscheidend ist.

Obgleich doch ... gegen diesen Teil des Satzes wandte ein Freund ein: „Du verwechselst eine Geschichte Europas mit einer Geschichte Deutschlands. Bei einer Geschichte Europas müßte man in der Tat der materiellen Basis viel mehr Raum widmen – aber bei der Geschichte eines einzelnen europäischen Landes muß man doch den Eigenheiten der Geschichte gerade dieses Landes besondere Aufmerksamkeit schenken, und diese Eigenheiten finden sich doch nicht in der ganz Europa im allgemeinen gemeinsamen materiellen Basis, sondern in der politischen und militärischen Geschichte."

Aber wenn auch natürlich ein Körnchen Wahrheit in diesem Einwand liegt, zeigt doch die Geschichte der materiellen Basis der verschiedenen Länder Europas so große Unterschiede, daß man ausführlich auf sie eingehen muß – schon weil ein Teil der politischen und militärischen Ereignisse sich gerade und nur aus den Unterschieden in der Entwicklung der materiellen Basis erklären läßt.

Darum bereitet unsere Geschichtsschreibung Deutschlands seit einiger Zeit auch mehr und mehr Raum der Wirtschaftsgeschichte. Das bedeutet allerdings noch nicht, daß die Fähigkeit des einzelnen Historikers zum interdisziplinären Denken entsprechend zunimmt. Man muß sehr scharf unterscheiden zwischen einem interdisziplinären Kollektiv, das die einzelnen Kapitel – etwa Basis, Innenpolitik, Außenpolitik, Kriegsgeschichte – unter sich aufteilt, und einem Kollektiv interdisziplinär gebildeter Spezialisten, von denen jeder jeden historischen Zeitabschnitt als Ganzen, also sowohl Basis, wie Innen- und Außenpolitik, wie Kriegsgeschichte behandeln kann und behandelt, wobei sich jeder aber Rat und Kritik vom anderen Spezialisten innerhalb des Kollektivs holt. Natürlich sollte man in einem Kollektiv, das für eine Geschichte Deutschlands verantwortlich ist, den Abschnitt gegen Ende der Industriellen Revolution und der Krise von 1857 bis zur Krise von 1873 von einem interdisziplinär gebildeten Kriegshistoriker schreiben lassen, weil diese Zeit voller Kriege ist, das Kollektiv interdisziplinär gebildeter Spezialisten aber würde ihn bei der Vorbereitung und später bei der Korrektur in der Behandlung der wirtschaftlichen, innen- und außenpolitischen Probleme unterstützen. Ebenso natürlich schiene es mir, daß ein interdisziplinär gebildeter Wirtschaftshistoriker die wichtigste Zeit der Industriellen Revolution, also das Kapitel von 1810 bis 1846, behandelt.

Mir scheint, daß unsere Geschichtsschreibung sich im letzten Jahrzehnt mehr und mehr in der Richtung auf eine interdisziplinäre Bearbeitung der Geschichte Deutschlands gerade auch in dem Sinne zubewegt, daß der einzelne Historiker sich stärker interdisziplinär bildet und dementsprechend interdisziplinär denkt. Selbstverständlich stehen wir erst am Anfang einer solchen Entwicklung, aber entscheidend ist, daß eine solche Richtung der Entwicklung mehr und mehr als notwendig erkannt wird. Die Bildung der Historiker wird vielseitiger und entsprechend auch ihre Fähigkeit zur Erfassung der historischen Realität.

Sehr viel weiter zurück sind wir noch im „Einbau" der kulturellen Entwicklung in die Geschichte eines Volkes. Nicht so sehr der Wissenschaft. Denn wir haben gerade in den letzten Jahren begriffen, welche Rolle die Naturwissenschaften als Produktivkraft, und wir haben eigentlich immer gewußt, welche Rolle die Gesellschaftswissenschaften als Herrschaftskraft spielen. Wohl aber ist es uns bisher nicht recht gelungen, die Schöne Literatur, die Musik und die Bildenden Künste in die Geschichte eines Volkes so einzuordnen, daß sie als mitformende Kräfte der Gesellschaft erscheinen; vielmehr werden sie zumeist als spezielle Leistungen dargestellt. Das führt dazu, daß die großen Kulturleistungen unseres Volkes – etwa das Werk Goethes – natürlich stets in einer Geschichte Deutschlands erwähnt werden, literarisch weniger wertvolle Werke aber, die einen weit größeren Beitrag zur Formung der Gesellschaft geleistet haben, wie etwa die Romane der Courths-Mahler, verschwiegen werden. Es ist durchaus verständlich, daß die bürgerliche Geschichtsschreibung sich des geringen gesellschaftsformenden Einflusses Goethes und des großen der Courths-Mahler schämt und darum sich auf die Größe der künstlerischen Leistung konzentriert. Das sollte aber kein Grund für uns sein, ebenso vorzugehen. Sicherlich wird die Geschichtsschreibung in zweihundert Jahren feststellen können, daß das, was einzig groß an Goethe war, auch in der sozialistischen Gesellschaft noch die Menschen mitformte, während die Courths-Mahler völlig einflußlos geworden war. Aber für die Geschichte des kapitalistischen Deutschlands spielte zweifellos die Courths-Mahler eine weit größere Rolle, weil sie, im Gegensatz zu Goethe, die Massen ergriff ... zu ihrer Täuschung über den Charakter der Gesellschaft, in der sie lebten, ganz wesentlich beitrug und sie so „gefügiger" machte. In diesem Zusammenhang sollte man auch an die Rolle der so häufig kitschigen Genremalerei denken.

Werden aber in den Geschichten Deutschlands wenigstens die kulturellen Leistungen als solche noch erwähnt (wenn auch nicht „eingebaut"), so fehlt in praktisch allen eine konkrete Geschichte der deutschen Werktätigen.

Selbstverständlich ist es nicht verwunderlich, daß die herrschenden Klassen vor allem von sich berichten bzw. berichten lassen. Die Sklavenhalter von sich und nicht von den Sklaven, die Feudalherren von sich und nicht von den Bauern, die Kapitalisten von sich und nicht von den Arbeitern.

Und das ist nicht nur vom Klassenstandpunkt aus zu verstehen, sondern ist bis um die Mitte des 19. Jahrhunderts auch in gewisser (!) Weise objektiv richtig so. Denn die verschiedenen Klassengesellschaften werden ja eben von den herrschenden Klassen schöpferisch geformt. Die Gedanken der herrschenden Klasse sind die in der Gesellschaft herrschenden Gedanken.[1] Wenn wir von einer Sklavenhalter- oder von einer kapitalistischen Gesellschaft sprechen, dann nennen wir diese Gesellschaftsordnungen ja mit Recht nach der jeweils herrschenden Klasse.

---

[1] Vgl. dazu „Die deutsche Ideologie". *Marx/Engels*, Werke, Bd. 3, Berlin 1958, S. 46.

Es sind die herrschenden Klassen, die das schöpferische Element in der Gestaltung der Gesellschaft darstellen, den Fortschritt in Politik, Wissenschaft, Kunst usw. bringen. Engels sagt darum:

„Es ist klar: solange die menschliche Arbeit noch so wenig produktiv war, daß sie nur wenig Überschuß über die notwendigen Lebensmittel hinaus lieferte, war Steigerung der Produktivkräfte, Ausdehnung des Verkehrs, Entwicklung von Staat und Recht, Begründung von Kunst und Wissenschaft nur möglich vermittelst einer gesteigerten Arbeitsteilung, die zu ihrer Grundlage haben mußte die große Arbeitsteilung zwischen den die einfache Handarbeit besorgenden Massen und den die Leitung der Arbeit, den Handel, die Staatsgeschäfte, und späterhin die Beschäftigung mit Kunst und Wissenschaft betreibenden wenigen Bevorrechteten. . . .

Fügen wir bei dieser Gelegenheit hinzu, daß alle bisherigen geschichtlichen Gegensätze von ausbeutenden und ausgebeuteten, herrschenden und unterdrückten Klassen ihre Erklärung finden in derselben verhältnismäßig unentwickelten Produktivität der menschlichen Arbeit. Solange die wirklich arbeitende Bevölkerung von ihrer notwendigen Arbeit so sehr in Anspruch genommen wird, daß ihr keine Zeit zur Besorgung der gemeinsamen Geschäfte der Gesellschaft – Arbeitsteilung, Staatsgeschäfte, Rechtsangelegenheiten, Kunst, Wissenschaft etc. – übrigbleibt, solange mußte stets eine besondre Klasse bestehn, die, von der wirklichen Arbeit befreit, diese Angelegenheiten besorgte; wobei sie denn nie verfehlte, den arbeitenden Massen zu ihrem eignen Vorteil mehr und mehr Arbeitslast aufzubürden."[2]

Und auch in den großen Revolutionen sind die zur Herrschaft drängenden Minderheiten-Klassen das schöpferische Element, nicht die Massen des Volkes, ohne deren Hilfe diese Klassen aber niemals zur Macht kommen könnten. Darum formuliert auch Lenin ganz eindeutig und klar selbst noch betreffend die Große Französische Revolution von 1789, in der doch der Klassenkampf der Bauern eine so große Rolle spielte: „In den bürgerlichen Revolutionen bestand die Hauptaufgabe der werktätigen Massen in der Durchführung der negativen oder zerstörenden Arbeit, den Feudalismus, die Monarchie, die Mittelalterlichkeit zu vernichten. *Die positive und schöpferische Arbeit, die neue Gesellschaft zu organisieren, besorgte die besitzende, bürgerliche Minderheit der Bevölkerung.* Und sie löste diese Aufgabe trotz des Widerstands der Arbeiter und der armen Bauern verhältnismäßig leicht, nicht nur deshalb, weil der Widerstand der vom Kapital ausgebeuteten Massen damals infolge ihrer Zersplitterung und mangelnden Entwicklung äußerst schwach war, sondern auch deshalb, weil die grundlegende organisierende Kraft in der anarchisch aufgebauten kapitalistischen Gesellschaft der elementar in die Breite und Tiefe wachsende nationale und internationale Markt ist."[3]

Erst seit der Mitte des 19. Jahrhunderts beginnt hier eine Änderung einzutreten. Zum ersten Male beginnt eine Klasse zur Macht zu drängen, die nicht eine kleine Minderheit des Volkes, sondern gewaltige Massen, Millionen, umfaßt. Darum sagt auch Engels, an der zitierten Stelle fortfahrend: „Erst die durch die große Industrie erreichte ungeheure Steigerung der Produktivkräfte erlaubt, die Arbeit auf alle Gesellschaftsmitglieder ohne Ausnahme zu verteilen und dadurch die Arbeitszeit eines jeden so zu beschränken, daß für alle hinreichend freie Zeit bleibt, um sich an den allgemeinen Angelegenheiten der

---

[2] „Herrn Eugen Dührings Umwälzung der Wissenschaft", in: *Marx/Engels,* Werke, Bd. 20, Berlin 1962, S. 168f.

[3] *W. I. Lenin,* Die nächsten Aufgaben der Sowjetmacht, in: Werke, Bd. 27, Berlin 1960, S. 230f. (meine Hervorhebungen).

Gesellschaft – theoretischen wie praktischen – zu beteiligen. Erst jetzt also ist jede herrschende und ausbeutende Klasse überflüssig, ja ein Hindernis der gesellschaftlichen Entwicklung geworden, und erst jetzt auch wird sie unerbittlich beseitigt werden, mag sie auch noch sosehr im Besitz der ‚unmittelbaren Gewalt‘ sein.“

Und nach dem großartigen Vorspiel der Commune in Frankreich folgt die Oktoberrevolution 1917, von der Lenin, sie in dieser Beziehung in schärfsten Gegensatz zur Großen Französischen Revolution stellend, anschließend an das zuvor Zitierte bemerkt (meine Hervorhebungen): „Umgekehrt ist *die Hauptaufgabe des Proletariats und der von ihm geführten armen Bauernschaft in jeder sozialistischen Revolution* – also auch in der von uns am 25. Oktober 1917 begonnenen sozialistischen Revolution in Rußland – *die positive oder auch schöpferische Arbeit,* die darin besteht, ein außerordentlich kompliziertes und feines Netz von neuen organisatorischen Beziehungen herzustellen, die die planmäßige Produktion und Verteilung der Produkte erfassen, wie sie für die Existenz von Dutzenden Millionen Menschen notwendig sind. Eine solche Revolution kann nur bei *selbständigem historischem Schöpfertum der Mehrheit der Bevölkerung, vor allem der Mehrheit der Werktätigen, erfolgreich verwirklicht werden.* Nur wenn *das Proletariat und die arme Bauernschaft* genügend *Bewußtheit, Überzeugungskraft, Selbstaufopferung und Beharrlichkeit* aufbringen, wird der Sieg der sozialistischen Revolution gesichert sein.“

Aber ganz falsch wäre es zu glauben, daß es die herrschenden Klassen sind, die von sich aus den Fortschritt in der Geschichte bringen, die sie fortschreitend bewegen. Die große Rolle des Motors spielen, wie Marx und Engels vor allem, aber vor ihnen schon die großen französischen Historiker der zwanziger und dreißiger Jahre des 19. Jahrhunderts – Mignet und Michelet, Thiers und Guizot und Thierry – gezeigt haben, die Klassenkämpfe. Die Klassenkämpfe sind das bewegende Element der Geschichte der Menschheit.

Darum widmen die marxistischen Historiker den Klassenkämpfen in der Geschichte auch besondere Aufmerksamkeit, zumal die genannten französischen Historiker meinten, die Klassenkämpfe hätten mit der bürgerlichen Gesellschaft ihr historisches Ziel erreicht, seien überflüssig geworden, und da die bourgeoise Geschichtsschreibung nach ihnen im allgemeinen, schon zum Selbstschutz, zur Apologetik ihrer eigenen Gesellschaftsordnung überhaupt auf den Klassenkampf als entscheidendes Element der historischen Bewegung zu verzichten suchte.

Es sind vor allem und in erster Linie die Klassenkämpfe, die die herrschenden Klassen zu ihrer schöpferischen Aktivität veranlassen. Das Drängen der Unterdrückten nach mehr Freiheit zwingt die herrschenden Klassen zur Selbstbesinnung und Rechtfertigung ihrer Position ebenso wie zur Erfindung immer neuer Wege der Manipulation der Unterdrückten. So entwickeln sich Gesellschaftswissenschaften und Künste. Das Drängen der Unterdrückten nach (mehr) Anteil am Mehrprodukt zwingt die herrschenden Klassen auch zu immer besserer Meisterung der Natur, zur Entwicklung der Naturwissenschaften und Technik, um die Produktivität der Arbeit zu steigern und so das Mehrprodukt zu erhöhen.

Auch auf dem Gebiet der Geschichtsschreibung der Klassenkämpfe müssen wir Marxisten noch große Fortschritte machen. Wenn wir die Schilderungen der Klassenkämpfe, insbesondere im Frankreich der Mitte des vorigen Jahrhunderts, analysieren, die uns Marx geschenkt hat, dann beobachten wir, wie sorgfältig er die Taktik und Strategie aller an den Klassenkämpfen beteiligten Klassen und Schichten untersucht. In den

Klassenkämpfen, wie wir sie schildern, wird jedoch noch vielfach die ganze Aufmerksamkeit auf die Seite der Unterdrückten konzentriert, so daß es auf dem Schlachtfeld gewissermaßen nur eine Klasse zu geben scheint, die kämpft. Wie aber sollen ihre Taktik und Strategie richtig verstanden werden können, wenn die ihrer Feinde nur oberflächlich, falls überhaupt, dargestellt wird?

Vor allem wird aber keine Verbindung zwischen den Klassenkämpfen und ihrem Druck auf die schöpferische Aktivität der herrschenden Klassen hergestellt, so daß die zahlreichen Niederlagen der Unterdrückten gewissermaßen als negative Erscheinungen in die Geschichte eingehen, obgleich doch die herrschenden Klassen oft auch aus den siegreich für sie ausgehenden Klassenschlachten wichtige, für den Fortschritt wesentliche Folgerungen zogen, ihre Siege schöpferisch analysierten. Und wenn sie das nicht taten bzw. die falschen Schlußfolgerungen zogen, dann konnten solche Siege – wie etwa im deutschen Bauernkrieg von 1525 – schwerwiegende Folgen nicht nur für die Verlierer im Klassenkampf, sondern für die Gesellschaft als Ganzes haben.

Auch wird so oft nicht beachtet, daß es gewissermaßen zwei Arten von Klassenkämpfen gibt: die großen Schlachten und den alltäglichen Kampf. Unsere marxistische Geschichtsschreibung konzentriert sich im Grunde auf die großen Schlachten (die sie dann noch, wie soeben bemerkt, einseitig analysiert). Aber vom täglichen Klassenkampf, sei es durch widerwillige Arbeit und kleine Zerstörungen an einzelnen Produktionsmitteln durch Sklaven, sei es durch relativ verminderte Produktivität bei Ableistung der feudalen Arbeitsrente im Vergleich zur Arbeit auf dem „eigenen" Feld, ist kaum etwas in unseren Geschichtsbüchern zu lesen. Es ist gewissermaßen nur von den Fest- oder Trauertagen der Unterdrückten die Rede, von großen Klassenkämpfen. Der Alltag des Klassenkämpfers wird ungenügend beachtet.

Und damit kommen wir zu der weiter oben gemachten Feststellung zurück. Es fehlt uns noch an einer Geschichte des deutschen Volkes, der deutschen Werktätigen, so wie es übrigens allen Ländern bisher an einer zusammenhängenden Geschichte ihres Volkes fehlt. Schon bei der Betrachtung, wie von Marxisten die Klassenkämpfe behandelt werden – die bourgeoisen Historiker vermeiden heute möglichst, sie überhaupt zu erwähnen –, zeigt sich das: Der Alltag der Klassenkämpfe fällt unter den Tisch. Aber nicht nur der Alltag der Klassenkämpfe, überhaupt der Alltag des Volkes wird nicht geschildert. Insbesondere nicht der Alltag der Bauern, die mit der Landarmut bis in das 19. Jahrhundert hinein die überwältigende Mehrheit des Volkes ausmachten.

Eine Besprechung des vierten Bandes der „Geschichte des ländlichen Frankreich" (Histoire de la France rurale) von Michel Gervais, Marcel Jollivet und Yves Tavernier in The Times Literary Supplement vom 3. Februar 1978 beginnt so:

„Wie der Alphabetismus, wie das Lesen und Schreiben, so ist auch die Geschichtsschreibung eine Kunst der Stadt. Es ist nicht erstaunlich, daß diese das tägliche Leben, den Brauch des Volkes und alles andere jenseits ihres direkten Interessenkreises vernachlässigt hat. Das Leben auf dem Lande konnte als Hintergrund dienen, mit seinen gesichtslosen Einwohnern, die barbarisch und ereignislos, routinemäßig dahinlebten. Zivilisation war städtisch, genau wie Bürgertum und bürgerliches Verhalten (citizenship and civility); entsprechend auch Politik, die Angelegenheiten der Polis, um die es ja in der Geschichte ging. Die Berichterstattung über Menschen, die sich in Aktion bewegten, ignorierte den überwältigenden Teil der Menschheit. La Bruyères Erstaunen darüber, daß die dunklen wilden Tiere, die die Erde aufrissen, ein menschliches Antlitz hatten, war nur zum Teil vorgetäuscht. Edle Wilde jenseits des Ozeans konnten die

Phantasie erregen; wirkliche Wilde näher zu Hause erregten Abscheu oder Furcht oder Mitleid.

Es dauerte lange, bis hier eine Wandlung eintrat. Romantische Historiker behandelten ,das Volk' unter dem Gesichtspunkt des Stadtvolkes. Selbst Michelet, der versuchte weiterzusehen, gestand, daß das Landvolk ihm fremd blieb. Die Armen in der Stadt imitierten die besser Gestellten, trugen ihre abgelegte Kleidung, sprachen (oder versuchten zu sprechen) ihre Sprache. Die Bauern lebten in anderen Kulturen, auf andere Weise, wie es schien. Ihre Sprache war anders – noch im späten 19. Jahrhundert konnte ein Reisender sich nahe Limoges, keine 300 Meilen von Paris, nicht verständlich machen. Und die Bauern schrieben auch nicht. Berichte über die Lebensweise des Bauern sind, soweit sie existieren, aus zweiter Hand: Beamte, Publizisten, Priester, Entdecker, Touristen und aus der Stadt Verbannte sprechen von ihnen und bisweilen auch für sie. Der schreibende Bauer hörte auf, ein Bauer zu sein, sprach eine andere Sprache, gebrauchte eine andere Kultur mit dem Eifer des Konvertiten, verachtete oder vergaß seine eigene. Die Dokumente, mit denen traditionelle Historiker arbeiteten, fehlten.

In Frankreich, wo die meisten Einwohner auf dem Lande oder ihm ganz nahe lebten, kümmerten sich nur wenige um Art und Sinn ihres Lebens."

Und das, was hier über Frankreich gesagt wird, gilt mehr oder weniger für alle Länder zumindest Westeuropas. Was Deutschland betrifft, so gab es zwar schon seit Ende des 18. Jahrhunderts, seit Justus Möser über Immermann und Wilhelm Riehl, Jeremias Gotthelf, Karl Lamprecht bis zu Wolfgang Steinitz in unserer Zeit immer wieder gelegentlich Interessierte – nicht Historiker! – am Alltag des Bauernlebens in Deutschland, aber von systematischer Forschung kann, wenn wir von Einzelaspekten wie Sprüchen, uns heute merkwürdig erscheinenden Bräuchen usw. absehen, auch in der Zeit nach dem zweiten Weltkrieg kaum die Rede sein.

Es gibt jedoch heute eine Schule französischer Historiker, gegenwärtig unter Führung von Fernand Braudel, die sich seit Jahrzehnten mit dem Alltag des Volkes in der ferneren (!) Vergangenheit in umfassenden ebenso wie in thematisch oder lokal eng beschränkten Studien befaßt. Manche ihrer Werke wie Braudels Civilisation matérielle et capitalisme (XVe – XVIIIe siècle) (1967) erfordern ein immenses interdisziplinäres Wissen und realistische Phantasie für die Darstellung, andere erfordern ein jahrelanges penibles Studium der Akten und Erzählungen, der Kirchenbücher und materiellen Überreste (seien es Hausutensilien oder Kleider oder Gebäude) eines Dorfes oder Stadtteiles. Ihr Ziel aber ist stets, das Alltagsleben des Volkes oder bestimmter Klassen bzw. Schichten zu erfassen: Was die Menschen gegessen haben, wie sie sich gekleidet haben, wie sie gewohnt haben, was sie am Alltag gedacht, wie sie gearbeitet, wann sie geruht und geschlafen haben, wie es war, wenn sie krank wurden, in welche Kreise sie heirateten, ob sie von Ort zu Ort wanderten oder permanent ansässig blieben, wie das Verhältnis der Kinder zu den Eltern war, was mit den alten Menschen geschah, usw. Es geht diesen Historikern wirklich um das Alltagsleben der Menschen. Sie knüpfen damit an Konzeptionen französischer Historiker und Geschichtsphilosophen der zweiten Hälfte des 18. Jahrhunderts (ja zum Teil La Bruyères) und der schottischen der gleichen Zeit an; sie sind in gewisser Weise auch Nachfolger der Verfasser der internationalen Reiseliteratur der letzten fünf Jahrhunderte, die sich stets, teils oberflächlich, teils aber auch tiefer schürfend, mit dem täglichen Leben der Menschen in „fernen Ländern" beschäftigt hat. Eine gründliche Auswertung dieser Reiseliteratur für das Alltagsleben steht noch aus.

Merkwürdig, wie anders und fortschrittlicher oft zumindest **die** Blickrichtung der gebildeten Reisenden in ferne Länder als das Interesse der Historiker für das eigene Volk.

Einige Zusammenhänge werden wir als Marxisten anders als die Braudel-Schule sehen, aber nicht sehr viele. Das für unsere Gegenwart Entscheidende ist, daß diese Historiker den Alltag des Volkes studieren, wenn auch „natürlich" nicht in der Gegenwart.

Solange wir ihnen nicht in der Blickrichtung folgen, werden wir keine wirkliche Geschichte des deutschen Volkes schreiben können. Und es wird viele Jahre dauern, bis wir genügend Material haben. Gehen wir zu Zwecken der Materialsammlung in unsere Museen, dann werden wir dort Festtrachten der reichen Bauern aus der Feudalzeit finden, aber keine Alltagskleidung, wir werden auch Einrichtungen aus den Häusern reicher Bauern finden, aber kein Stroh, auf dem so viele andere schlafen mußten. Lesen wir die Akten, dann finden wir wohl, was die Bauern an Naturalien (oder Geld oder direkter Arbeit) abgeben mußten, aber nicht, was sie selber aßen und wie sie es zubereiteten. Wie denken Menschen, die in der Kirche die Messe in einer Sprache hören, die sie nicht verstehen?

Viel mehr wissen wir bereits, all solche Dinge betreffend, über das Alltagsleben der Arbeiter im 19. Jahrhundert und später im Kapitalismus, obgleich noch unendlich viel mehr zu finden ist, wenn unsere Historiker ihre Forschung in diese Richtung orientieren. Aber selbst von dem nicht so Wenigen, was wir wissen, findet sich kaum eine Notiz in unseren Geschichtsbüchern. Natürlich gibt es Spezialarbeiten (mehr noch in der BRD als bei uns) dazu – der Hauptteil der Geschichte des deutschen Volkes, der Alltag der Werktätigen, in einige Spezialarbeiten verdrängt! was für ein merkwürdiger Zustand der Geschichtsforschung in einem sozialistischen Land!

Ein alter Wissenschaftler wäre heute nur in der Lage, wieder eine Spezialarbeit auf Grund von Archivstudien, sei es für eine bestimmte Gegend, vielleicht ein Dorf oder eine kleine Landstadt, sei es über ein bestimmtes Problem, wie etwa das Heiratsalter von Gesellen und die Schichten, aus denen ihre Frauen kommen, zu machen. Das, worauf es mir aber ankommt, wäre damit nicht erreicht. Zwar sind solche Spezialstudien heute absolut notwendig, sind eine absolute Voraussetzung für eine wirklich gründliche Geschichte des Alltags des Deutschen Volkes. Aber kann ein alter Wissenschaftler nicht heute schon etwas Nützlicheres leisten, kann er nicht vielleicht heute schon, wo wir so dringend eine Alltagsgeschichte brauchen und nicht dreißig Jahre warten wollen, bis wenigstens für die Zeit seit dem Bauernkrieg, dem ersten Akt der bürgerlichen Revolution, genügend Material von Hunderten junger Forscher gesammelt worden ist, auf Grund gar mancher schon vorhandener Tatsachenzusammenstellungen und Einzelforschungen einen Gesamtüberblick über einzelne Aspekte des Alltags geben, besonders auffallende Lücken auch gelegentlich anzeigen, aus langer Forschungserfahrung die Aufmerksamkeit auf manche Zustände lenken und unter Benutzung ungenügend gewerteten, schon bekannten Materials Bausteine zu einer Geschichte des Alltags des deutschen Volkes liefern? – unter Ausschluß des Alltags der winzigen Minderheit der Herrschenden, über die so vieles, einschließlich der Verdauung und der Sexualaktivitäten ihrer Hauptvertreter, bekannt, allzubekannt ist.

Diesem Ziel sind die folgenden Bände gewidmet.

112 Berlin-Weißensee   Jürgen Kuczynski
Parkstraße 94

Post Skriptum:

Die Problematik der Rolle der herrschenden und unterdrückten Klassen als Träger des Fortschritts hat während der letzten Jahrzehnte in der Diskussion der marxistischen Historiker und Philosophen zu manchem Meinungsstreit geführt.[4] Die Äußerungen der Klassiker dazu sind eindeutig, und wenn die neueren Forschungen nach Ansicht einiger Historiker hie und da Ausnahmen gezeigt haben sollten, so muß man den Ursachen dieser Ausnahmen nachgehen und sie erklären, aber man muß endlich der vor etwas mehr als zwei Jahrzehnten entwickelten „Lehre" entgegentreten: „Die Volksmassen waren die eigentlich schöpferischen Kräfte in der Geschichte." Auch scheint mir der „Ausweg" vor den Äußerungen etwa Lenins über die „negative und zerstörende Arbeit" der werktätigen Massen „in den bürgerlichen Revolutionen" (die ja ebensowenig eine theoretische Konstruktion sind wie die noch allgemeineren von Marx und Engels, sondern auf sehr genauem Studium der Realität der letzten 2500 Jahre beruhen), den einige Historiker heute suchen, wenn sie erklären, daß das in den vorbürgerlichen Revolutionen anders gewesen wäre, nicht gangbar. Sie kämen dann zu der Auffassung, daß die Rolle der werktätigen Massen in den vorbürgerlich-kapitalistischen Zeiten hinsichtlich der Schöpferkraft in der Geschichte größer gewesen wäre als etwa 1640 oder 1789.

Sehr interessant scheint mir jedoch eine Bemerkung von Hartmut Harnisch zu meinen Ausführungen in der vorangehenden Vorbemerkung. Er führt aus:

„Ich habe gewisse Bedenken hinsichtlich der Rolle der herrschenden Klasse als schöpferisches Element in der Gestaltung der Gesellschaft. Prinzipiell leuchtet mir das Gesagte vollkommen ein, aber in zwei Punkten möchte ich leise Bedenken anmelden, nicht zuletzt auch im Hinblick auf den wissenschaftlich weniger geschulten Leser.

1. Erfolgt im Feudalismus die Fortentwicklung der Produktivkräfte nicht überwiegend durch die stille Arbeit vieler unmittelbarer Produzenten und dringen diese Fortschritte dann nicht zunächst weitgehend unabhängig vom Willen der Feudalgewalten in die alltägliche Praxis ein? Beispielsweise wird man sich doch die Entstehung der Dreifelderwirtschaft als Folge der Arbeit der Bauern vorstellen dürfen und nicht als Ergebnis tiefen Nachdenkens mit anschließender Beschlußfassung zur Einführung eines Feudalherrn, etwa Karls des Großen, wie es oft so schön hieß. Es ist eine andere Frage, daß die Feudalität dann bald die Dreifelderwirtschaft als höchstentwickelte Form bei allen herrschaftlich gelenkten Siedlungsvorgängen anwenden ließ.

2. Bei meiner zweiten Bemerkung, mit der ich auf das eigentliche Problem abziele, kann ich bei der Dreifelderwirtschaft bleiben. Sie brachte eine bedeutende Steigerung des Mehrprodukts und muß in Europa nördlich der Alpen doch wohl als Voraussetzung und Grundlage der Entfaltung von Städtewesen und Bürgertum angesehen werden. Damit entstand die im Vergleich zur vorhergehenden Zeit gewaltige Ausweitung der Geldwirtschaft, und das wiederum brachte eine bis dahin ungekannte Intensivierung des Verwaltungsapparates, zuerst in den Städten, dann bei den großen Feudalgewalten. In der ‚Deutschen Ideologie' heißt es: ‚Mit der Stadt ist zugleich die Notwendigkeit der Administration, der Polizei, der Steuern usw. ... gegeben.' (MEW, 3, S. 50), und noch wichtiger scheint mir die Bemerkung von Marx zu sein „... ganz wie mit der Entwick-

---

[4] Vgl. dazu meinen Artikel „Überlegungen über die Rolle der Werktätigen in der Geschichte", „Jahrbuch für Wirtschaftsgeschichte", Jg. 1976, Heft IV, S. 163ff.

lung der bürgerlichen Gesellschaft die richterlichen und Verwaltungsfunktionen sich trennen von dem Grundeigentum, dessen Attribute sie in der Feudalzeit waren.' (MEW, 25, S. 401.) Daraus schließe ich (mit Freude und Erleichterung), wie weit Marx doch offenbar die ersten Anfänge von Keimformen der bürgerlichen Gesellschaft im Feudalismus zurückdatiert, denn in den deutschen Städten gab es schon im 13. Jht. in Geld entlohnte Funktionsträger der städtischen Verwaltung, in den werdenden Territorialstaaten kaum hundert Jahre später (auch wenn hier die Entlohnung teilweise noch in Naturalform geleistet wurde). Aber der bloße Lehnsempfänger als Träger der staatlichen Verwaltung begann eben in den Hintergrund zu treten.

Als Ergebnis der Darlegung von mehr oder weniger Gemeinplätzen nur dieses: ich kann zustimmen, daß die herrschende Feudalklasse die Gesellschaft schöpferisch gestaltete, aber wie die Feudalgesellschaft im zeitlichen Nacheinander bzw. im regionalen Nebeneinander konkret historisch tatsächlich aussah, inwieweit also die Feudalherrnklasse kulturschöpferische Leistungen selbst bringen bzw. inaugurieren konnte, das hing doch nicht zuletzt vom Umfang des abschöpfbaren Mehrprodukts ab, und hier waren der Entwicklungsstand der Produktivkräfte und schließlich auch die Ergebnisse von Klassenauseinandersetzungen entscheidend. Ich meine also, daß über das Zwischenglied der Fortentwicklung der Produktivkräfte, die man m. E. in allen Zweigen der Volkswirtschaft im Feudalismus ganz überwiegend als Sache der Ausgebeuteten ansehen muß, diese indirekt an den Fortschritten in Wissenschaft und Kultur beteiligt waren, und ich meine auch, daß das zur Vermeidung von Fehlurteilen beim weniger geschulten Leser zum Ausdruck kommen sollte."

Zunächst zum letzten Absatz: Er ist völlig richtig und entspricht ganz und gar meiner Auffassung, was die Bedeutung des Mehrprodukts für die schöpferische Rolle der Herrschenden betrifft. Er ist meiner Ansicht nach auch so, weil man gar nicht oft genug betonen kann, daß ohne das von den werktätigen Massen geschaffene Mehrprodukt, das sich die herrschenden Klassen aneignen, diese niemals in der Lage gewesen wären, der Bannerträger des Fortschritts in der Geschichte zu sein. In dieser Beziehung möchte ich sogar noch weiter gehen als Harnisch. Die Werktätigen waren vor dem Aufkommen der Arbeiterklasse (die natürlich nach ihrer vollen Entwicklung direkt am Fortschritt in der Geschichte beteiligt war und in den führenden kapitalistischen Ländern seit der Commune zum Bannerträger des Fortschritts geworden war) nicht nur „indirekt an den Fortschritten in Wissenschaft und Kultur beteiligt", sie waren vielmehr *die* indirekte Basis, auf der diese Fortschritte stattfanden.

Und nun zu dem so interessanten Problem der Dreifelderwirtschaft als schöpferischer Leistung. Wem verdanken wir sie, und wie wurde sie verbreitet?

Hören wir zunächst die klugen, aufschlußreichen und letztlich hilflosen Ausführungen von Krzymowski:

„Die alte Lehre, daß die Germanen schon damals Dreifelderwirtschaft oder wenigstens ein dreifelderwirtschaftsähnliches System befolgten, hat immer noch Anhänger. Eines ist jedenfalls sicher: Früher oder später, auf ein paar hundert Jahre kommt es uns zunächst nicht an, war in Deutschland, ebenso wie in vielen anderen europäischen Ländern, die Dreifelderwirtschaft die weitaus vorherrschende Betriebsform, und der Betrachtung dieses geschichtlich und praktisch so außerordentlich wichtigen Wirtschaftssystemes wollen wir uns deshalb etwas ausführlicher zuwenden.

Über das Alter der Dreifelderwirtschaft und deren geschichtlichen Ursprung sind

wir also, wie aus dem Gesagten hervorgeht, noch ganz im unklaren*. Die ältesten
urkundlichen Nachrichten über die Dreifelderwirtschaft gehen wohl in die Zeit Karls
des Großen zurück. Hoops** nennt eine Urkunde aus dem Jahre 765, welche bereits
die Dreifelderwirtschaft erwähnt. Georg Hanssen gibt an, daß er die ältesten Hinweise
auf das Dreifelderwirtschaftssystem im *Codex Laureshamensis* Nr. 622, der aus dem
Jahre 771 stammt, gefunden habe. Beide Angaben, aus fast derselben Zeit herrührend,
beweisen jedoch nur, daß damals schon Dreifelderwirtschaft existierte; wie lange sie
aber vorher schon bestand, ob schon 100 Jahre oder vielleicht 500 Jahre vorher, darüber
sind wir eben nur auf Vermutungen angewiesen. Einem Irrtum wollen wir gleich vor-
beugen. Wenn auch die ältesten Nachrichten über die Dreifelderwirtschaft auf die Zeit
Karls des Großen zurückgehen, so hat doch dieser Fürst selbst mit ihrer Einführung
nichts zu tun. Es gab früher und gibt sogar noch jetzt Schriftsteller, die behaupten, Karl
der Große habe in seinen Ländern Dreifelderwirtschaft eingeführt***. Aber diese Behauptung schwebt nicht allein vollständig in der Luft, sie läßt sich durch keinerlei
geschichtliche Nachweise belegen, sondern sie ist auch für jeden, der die Dreifelderwirtschaft genauer kennt, direkt widersinnig. Ein so kunstvolles und genau den damaligen Zeitverhältnissen angepaßtes Wirtschaftssystem wie die Dreifelderwirtschaft ist
auf jeden Fall etwas natürlich und allmählich Gewordenes und Gewachsenes und
keine Einrichtung, die sich einfach durch gesetzgeberische Akte anbefehlen läßt. Wie
wir gleich sehen werden, setzt die Dreifelderwirtschaft eine ganz bestimmte Einteilung
der Dorfflur voraus; wie soll ich eine solche Einteilung anbefehlen, wenn sie sich nicht
durch die Umstände, durch die geschichtlich wirkenden Faktoren von selbst ergibt?
Und zu alledem kommt noch hinzu, daß die Dreifelderwirtschaft nicht allein in den
Ländern Karls des Großen vorkam, sondern noch in weiten Gebieten Europas, welche
nicht seinem Szepter unterstanden. Magerstedt, ein Schriftsteller, der in der Mitte des
19. Jahrhunderts ein Buch, betitelt ‚Bilder aus der römischen Landwirtschaft‘ verfaßte,
bemerkt zu der Behauptung von der Entstehung der Dreifelderwirtschaft durch Karl
den Großen in treffender Weise folgendes: ‚Alle Erfahrung spricht dafür, daß sich
die Feldsysteme in einem freien Volke nicht so leicht einführen lassen wie in ein Buch,
weder durch fremde Ankömmlinge noch durch kaiserliche Befehle. Wirtschaftssysteme
und Feldordnungen sind Erzeugnisse der Völkerschaften, lokal verschieden, wie die
Ackerwerkzeuge durch Einflüsse des Klimas und Bodens bedingt, mit den Sitten,

---

   * *Georg von Below*, „Probleme der Wirtschaftsgeschichte", 1920 (Unterabschnitt: „Die Haupttat-
     sachen der älteren deutschen Agrargeschichte") gibt wiederholt an (z. B. S. 71, 73), daß die
     Dreifelderwirtschaft im 8. Jahrhundert in Deutschland zur Einführung gelangt sei. Einen Beweis
     dafür bringt er jedoch nicht. In seiner späteren Schrift „Geschichte der deutschen Landwirtschaft
     des Mittelalters in ihren Grundzügen" (1937, S. 41) ist von Below aber vorsichtiger geworden
     und erwähnt nur, die ältesten urkundlichen Nachrichten über Dreifelderwirtschaft (nicht die
     Dreifelderwirtschaft selbst) stammten aus der zweiten Hälfte des 8. Jahrhunderts.
     Hoops (im Artikel „Ackerbau" in Hoops „Reallexikon der Germanischen Altertumskunde",
     1911–1913) bemerkt, man müsse aus sprachlichen Gründen die Entstehung der Dreifelderwirt-
     schaft auf die Zeit nach der Völkerwanderung verlegen.
  ** *Hoops* am eben angeführten Orte.
 *** Das kann man lesen z. B. bei *Honcamp*, „Landwirtschaftliche Fütterungslehre und Futtermittel-
     kunde", Stuttgart 1921, S. 1; bei *Erich Reicke*, „Im Kräftespiel deutschen Werdens. Leitlinien
     der deutschen Geschichte für den Unterricht an Berufsschulen". Berlin 1922, S. 18 und 19, auch
     in „Meyers Lexikon", 7. Auflage, 7. Band, 1927, dort unter dem Stichwort „Landwirtschaft"
     (Unterabteilung Geschichte der Landwirtschaft).

Bräuchen, Rechtsverhältnissen, ackerbaulichen Pflanzen, selbst mit dem Kulturzustande und der Volkszahl auf das engste zusammenhängend. Kein Herrscher des Abendlandes war je so mächtig, durch Befehle aus dem Palaste einem Volke, und einem großen Volke, ein Landbausystem vorzuschreiben oder wie der Gärtner das Pfropfreis auf den Stamm einimpfen zu können.'

Es ist von anderer Seite auch schon die Theorie aufgestellt und vertreten worden, die deutsche Dreifelderwirtschaft sei römischen Ursprungs, und römische Kolonisten hätten sie in Deutschland eingeführt. Aber diese Theorie ist wohl nichts weiter als eine Verlegenheitshypothese; irgend welche geschichtlichen Anhaltspunkte besitzt sie nicht. Ja, es ist noch die große Frage, ob denn die Römer selbst überhaupt die Dreifelderwirtschaft gekannt haben. Nach meiner Ansicht ist das bis jetzt in einleuchtender Weise noch nicht bewiesen worden."[5]

Und dazu noch eine ganz kurze Bemerkung von Abel: „Die ersten Nachrichten, die auf eine Dreifelderwirtschaft schließen lassen, stammen durchweg aus grundherrlicher Wirtschaft. Doch darf daraus nicht geschlossen werden, daß die Dreifelderwirtschaft sich auf den Weisungsbereich der Grundherrschaft beschränkte. Wir wissen nur nichts über ihre Verbreitung in nicht weisungsgebundenen Bauerndörfern."[6]

Es sieht so aus, als ob wir mit der Beantwortung der Frage der Dreifelderwirtschaft: wer hatte die schöpferische Idee und Leistung ihrer Einführung gehabt und wie wurde sie verbreitet? in einer völlig aussichtslosen Situation sind. Aber das ist in Wirklichkeit keineswegs der Fall.

Nehmen wir an, die Dreifelderwirtschaft sei wie die Gartenbaukunst aus der Römerzeit überkommen. Die Gartenbaukunst war in Rom selbstverständlich eine Leistung der herrschenden Klassen – ich sage selbstverständlich, weil bisher niemand zu anderen Forschungsresultaten gekommen ist –, und diese Leistung wurde in die deutsche Feudalzeit von den Mönchen übernommen, was ebenfalls, soweit ich sehe, von Wissenschaftlern unbestritten ist. Wenn die Dreifelderwirtschaft von den Römern übernommen worden sein sollte, dann ist der Weg über die Klöster, also einen Teil der herrschenden Kirche, sehr wahrscheinlich.

Wenn es Dreifelderwirtschaft schon bei den Germanen, also sagen wir im vorkarolingischen Reich, gegeben haben sollte, dann steht die Frage der schöpferischen Leistung als Werk der herrschenden oder der unterdrückten und ausgebeuteten Klassen nicht, denn wenn es auch später unter den Merowingern nicht wenige Ausgebeutete und Unterdrückte gab, so war doch der Teil der Freien so groß, daß sie selbstverständlich zu schöpferischen Leistungen auf „ihrem Arbeitsgebiet", eben der Landwirtschaft, fähig waren. Waren doch die freien werktätigen Massen der Urgesellschaft selbstverständlich der Träger des Fortschritts gewesen! Wer hätte es sonst sein können?

Das heißt, wenn Abel mit Recht darauf hinweist, daß die ersten schriftlich überlieferten klaren und eindeutigen Nachrichten von der Dreifelderwirtschaft aus grundherrlichen Wirtschaften stammen, so spricht nichts dagegen, obwohl wir keine Beweise dafür haben, daß irgendein freier und begabt beobachtender Bauer, der mit seinen Siedlungsgenossen Zeit und Lust zu Experimenten hatte, zuerst auf die Idee der Dreifelderwirtschaft kam. Ja, es ist gar nicht so unwahrscheinlich, daß, wenn diese mögliche

---

[5] R. *Krzymowski*, Geschichte der deutschen Landwirtschaft, 2. Auflage Stuttgart 1951, S. 138f.
[6] W. *Abel*, Geschichte der deutschen Landwirtschaft vom frühen Mittelalter bis zum 19. Jahrhundert, 2. Aufl. Stuttgart 1962, S. 38.

These der Wirklichkeit entspricht, die Dreifelderwirtschaft in gar nicht großen Zeit-
abständen an verschiedenen Orten von freien Bauern „erfunden" wurde.

Man darf doch auch nicht vergessen, welche Rolle begabte, über genügende Freizeit
verfügende freie Handwerker (ich meine nicht als Teil der herrschenden Klassen im
Hochfeudalismus bzw. der Renaissance, sondern) im schon seit 100 Jahre gesellschaftlich
kapitalistisch lebenden England bei der Einführung der Großen Industriellen Revolution
in England gespielt haben.

Sicherlich würden die Klassiker des Marxismus uns heute zustimmen, wenn wir zu
den herrschenden Klassen noch für bestimmte Zeiten als Schöpfer des historischen
Fortschritts hinzufügen würden diejenigen Schichten der werktätigen Massen, die nicht
oder kaum ausgeplündert oder ausgebeutet wurden. Aber wie selten waren die Zeiten
in der der Urgesellschaft folgenden Geschichte, in denen es sie in größerer Anzahl gab!

Was aber die Weiterverbreitung einer bereits in die Praxis eingeführten schöpferischen Leistung betrifft, so ist das eine ganz andere Frage. Ebenso wenig wie man bestreiten wird, daß die werktätigen Massen, die vor der Arbeiterklasse nicht zu schöpferischen Leistungen etwa auf dem Gebiet der Wissenschaft fähig waren, sondern diese
den herrschenden Klassen überlassen mußten, durchaus fähig waren, stets und immer,
echte oder angebliche wissenschaftliche Resultate – etwa die Wirkung von Heilkräutern
oder die Unglücksprophezeihungen, die die Astronomen astrologisch aus einer bestimmten Sternekonstellation herauslasen – propagandistisch und praktisch weiter zu verbreiten,
so waren sie natürlich auch fähig, neue Formen des landwirtschaftlichen Anbaus zu
übernehmen und zu verbreiten. Gab es doch im Großteil der Feudalzeit nicht nur in
neuen Gebieten siedelnde Bauern, die alte Erfahrungen mitnahmen, genau wie sie sich
neue aneigneten, sondern auch den wandernden Gesellen ähnliche wandernde landwirtschaftliche Knechte.

Zweite Vorbemerkung

Es gibt einige Darstellungen, schon im 19. Jahrhundert, die sich mit der Geschichte des deutschen Volkes im Alltag zu beschäftigen bemühen. Die einst bekanntesten sind die „Bilder aus der deutschen Vergangenheit" von Gustav Freytag, aus denen auch Marx in dem berühmten wirtschaftshistorischen Kapitel 24 des ersten Bandes des „Kapital" zitiert.[1] Noch heute sind sie nützlich, wenn auch nicht genutzt.

Und doch, wie ganz vom Standpunkt der herrschenden Klasse oder gar noch der zuvor herrschenden Klasse schreibt Freytag 1866 in der Einleitung zum ersten Band:

„Man versuche, sich in die Gefühle eines deutschen Gutsherrn zu denken, den ein Ahn seines Hauses mit starker Geisterhand in das Jahr 1560 zurückzieht. Statt des Hauses, das er sich jetzt in altdeutschem Stil, unter englischen Anlagen aufgeführt hat, würde ihn der alte Bau selbst umschließen, düster, geflickt, unwohnlich, entweder auf wasserarmer Höhe in scharfen Zug des Windes gesetzt, oder rings von übelriechendem Grabenschlamm umgeben. Zwar hat schon die dritte Generation vor jener Zeit trübe Scheiben in die kleinen Fenster gefügt,* und große Kachelöfen, die mit Holzkloben aus dem nahen Walde genährt werden, halten die Winterkälte von dem Wohnzimmer ab. Aber der Raum ist enge, denn noch gilt es, ihn bei Gelegenheit gegen einen gewaltsamen Ueberfall zu vertheidigen, wenn nicht in einer Fehde mit den Bürgern der Nachbarstadt oder einem feindlichen Junker, doch gegen eine streifende Bande von Mordbrennern oder gegen zuchtloses Kriegsvolk, das auf Rache denkt, weil es vom nächsten Landesherrn um einen Theil des Soldes betrogen wurde. Unwohnlich und unsauber ist das Haus, denn es beherbergt außer der Familie des Grundherrn noch viele andere Bewohner, jüngere Brüder oder Vettern mit Weib und Kind, zahlreiche Knechte, darunter manch unheimlichen Gesellen mit finstrer Vergangenheit, und als erprobte Kriegsmänner auch einzelne narbige Landsknechte, um 1560 schon ruchlose Lohnsoldaten. Von dem Düngerhaufen des kleinen Burghofes tönt das Geschrei zankender Knaben, und um den Herd der großen Küche nicht weniger mißtönend das Hadern der Frauen. Die Kinder des Hauses schießen auf zwischen Pferden, Hunden und dem Gesinde, spärlichen Unterricht finden sie in der Dorfschule, dann hüten wohl die Knaben die Gänse und das Kleinvieh der Mutter,** oder sie ziehen mit den Dorfleuten

---

[1] *Marx/Engels*, Werke, Bd. 23, Berlin 1962, S. 767f.

* Erst seit dem fünfzehnten Jahrhundert werden Glasscheiben, wenigstens in den Städten, allgemein, erst seit dieser Zeit kommt das Behagen der Stube und die Freude am wohnlichen Raum in das Volk. Noch 1546 hielt man es der Erwähnung werth, daß die Schlafkammer in Luther's gräflicher Gastwohnung zu Eisleben durch eingefügte Fenster wohl verwahrt war.

** Der kleine Hans von Schweinichen wurde 1560 als Gänsehirt abgesetzt, weil er die Schnäbel aller Gänse durch Hölzchen auseinandergespannt hatte, um sie zur Ordnung zu bringen.

nach dem Wald, Holzbirnen und Pilze zu sammeln, welche zur Winterkost gedörrt werden. Die Schloßfrau selbst ist die Schaffnerin, die erste Köchin und der Arzt des Haushaltes, längst gewöhnt mit wilden und zuchtlosen Männern zu verkehren, wohl auch den Mißhandlungen des trunkenen Gatten zu widerstehen. ...

Ein Jahrhundert ist vergangen, man schreibt das Jahr 1660, seit zwölf Jahren ist der große deutsche Krieg beendigt. Die Mauern des alten Herrenschlosses sind geborsten, oft hat fremdes Kriegsvolk darin gelagert, ihr Feuer hat die Trümmerhaufen geschwärzt, ihre Wuth Speicher und Kisten geleert, allen Hausrath zerschlagen. Jetzt hat der Gutsherr aus den Steinen des alten Gebäudes ein neues errichtet, ein kahles Haus mit dicken Mauern, ohne Zierat. Die großen Fenster sehen herab auf ein ärmliches Dorf, dessen Hütten erst zum Theil aufgebaut sind, und auf eine Flur, die erst seit einigen Jahren wieder in der alten Fruchtordnung bestellt wird. Die Schafherde ist fast ergänzt, aber noch fehlt es an Pferden, die Dorfleute haben gelernt mit Kühen zu pflügen. Der Schloßherr ernährt nicht mehr Reisige und Ritterpferde, in dürftigem Schuppen steht eine Kutsche, ein ungefüger Kasten in Lederriemen, aber der Stolz der Familie. Noch umschließen Mauer und Graben mit Zugbrücke das Haus, große Schlösser und starkes Eisenwerk schützen die Zugänge, denn noch ist die Gegend unsicher, Zigeuner und Räuberbanden nisten in der Nähe, die Tagesunterhaltung sind Einbrüche und gräuliche Mordthaten, die durch Männer mit geschwärztem Gesicht verübt worden. Es ist größere Ruhe und Ordnung im Hause und große Stille im Dorfe. Der Polizeisinn ist mächtig geworden in Deutschland, und der Gutsherr hat selbst ein scharfes Auge auf Kinder, Dienstboten, Bauern. Die Dorfschule ist in traurigem Verfall; aber ein armer Candidat unterrichtet die Kinder des Gutsherrn. ...

Wieder sind hundert Jahre verflossen, eine leere Zeit, arm an Erhebung und Volkskraft, und doch hat sich Vieles geändert. Das Jahr 1760 liegt in der Jugendzeit unserer Großeltern, noch haften in unserm Herzen zahlreiche Erinnerungen und es genügt, Einzelnes zu erwähnen. Die kahle Front des Herrenhauses ist umgeformt, ein Portal mit Säulen von Sandstein, auf dem Geländer der großen Freitreppe rundbäuchige Vasen, über der Thür der Hausflur ein plumper Engel, der in geschnörkelter Muschel den lateinischen Wahlspruch des Hauses hält. Auf der einen Seite des Gebäudes liegt der Wirthschaftshof, auf der andern ein Garten, darin beschnittene Buchenhecken und Obelisken aus Taxus. Die einfach getünchten Zimmer haben fast alle Gipsdecken und einige sind mit Stuck verziert; auch ist schon ein Reichthum an Hausrath sichtbar, gute Möbel von Eichen- und Nußbaumholz, schön geflasert und ausgelegt, von sorgfältiger Arbeit. Und neben alten Familienporträts hängen kleine neue Pastellbilder, vielleicht die Tochter des Gutsherrn als Schäferin, in der Hand den Stab mit Rosabändern. In der Stube der Hausfrau fehlt nicht der Porcellantisch, auf ihm buntgemalte Kannen, kleine Tassen, Möpse und Liebesgötter aus der neuerfundenen Masse. Jetzt ist die Zucht im Hause durchgebildet, ein herbes, strenges Regiment; Frauen und Dienstleute sprechen leise, die Kinder küssen den Eltern die Hand, der Hausherr nennt seine Gattin ma chère und redet, wenn er vornehm wird, zuweilen in französischen Phrasen. Das Haupt ist gepudert, die Frauen umgibt Reifrock und hohe Frisur, heftige Bewegungen, große Leidenschaft stören die Ruhe des Hauses und die gerade Haltung selten.

Der Grundherr ist sparsamer geworden, er ist gewöhnt ein wenig um die Landwirthschaft zu sorgen. Er hat bereits gehört, daß man durch spanische Schafe die Wolle

---

* Die ersten spanischen Schafe ließ Friedrich der Große zwar schon 1748 kommen, aber erst 1765

deutscher Herden verbessern will,* und er baut im Brachfeld noch mit Besorgniß die neue Knollenfrucht, welche unendliche Nahrung für Menschen und Vieh geben soll."[2]

Welche Kunst, welche Anschaulichkeit der Darstellung des Alltagslebens der Feudalherren und Großgrundbesitzer! und im folgenden Text finden wir gar manche Schilderung solcher Art auch des Lebens der Werktätigen. Wieviel können unsere Historiker von Gustav Freytag lernen! gerade auch als Marxisten, denen das Alltagsleben der Werktätigen, ja aller Klassen und Schichten aller Zeiten nahe, bzw. zumindest von brennendem Interesse sein sollte.

Unsere Historiker!

Merkwürdigerweise aber interessiert das Alltagsleben der Werktätigen bei uns im Grunde nur zwei „Spezialistengruppen", die sogenannten Kulturhistoriker und die sogenannten Volkskundler, wobei sie sich häufig verschmelzen im Studium der „Lebensweise der Menschen".

Vor einem halben Jahrhundert gab es sogar noch eine dritte „Spezialgruppe", die Sittenhistoriker, die eine lange, bis (in Frankreich vor allem) in den Feudalismus reichende Ahnenreihe haben. Auf marxistischer Seite ist die bedeutendste Darstellung die „Illustrierte Kultur- und Sittengeschichte des Proletariats" von Otto Rühle, die 1930 in Berlin erschien. A. Lunatscharski schrieb ein Vorwort, in dem er von Rühles Buch sagt:

„Diese Leistung ist zu begrüßen. Sie wird unzweifelhaft einen breiten Widerhall, nicht nur beim deutschen und russischen Proletariat, sondern auch beim Proletariat aller übrigen Länder finden. Gerade das Proletariat muß seine eigene Vergangenheit und seine Gegenwart kennen und fähig sein, seine Blicke in die Zukunft zu richten. In keinem einzigen Buche bot man bis jetzt dem Proletariat so umfangreiches, anschauliches und wirksames Material, das sein kollektives Klassenleben im Zusammenhang zeigt.

Die Bücher, die man sonst auf diesem Gebiet vorfindet, beschränken sich gewöhnlich auf ein Thema, lenken die Aufmerksamkeit auf die politische Ökonomie und im Zusammenhang damit mitunter auf das materielle Dasein der Arbeiterklasse; aber außerordentlich wenig Aufmerksamkeit wurde dabei auf die kulturellen und moralischen Erscheinungen dieses Daseins in ihren Licht- und Schattenseiten verwendet. In dieser Hinsicht gibt das vorliegende Buch sehr viel völlig Neues. Die zahlreichen im Buch enthaltenen Illustrationen verstärken seine Anschaulichkeit und Eindringlichkeit."

Weder Gustav Freytag noch Otto Rühle haben sich ausführlicher zu den theoretischen Problemen, die solche Darstellungen aufbringen, geäußert.

Unter Marxisten hat jedoch seit den siebziger Jahren eine an Intensität und Tiefe zunehmende Diskussion über die Aufgaben und Grenzen von Kulturgeschichte und Volkskunde begonnen, während der Begriff der Sittengeschichte (histoire des moeurs) verloren gegangen ist.

Sehr richtig schreibt Dietrich Mühlberg: „Wenn sich in vielen Schichten unserer Gesellschaft das Interesse an der Geschichte ausweitet, so müssen wir darin auch das Ergebnis weitgehender Aufklärung über die grundlegenden ökonomischen Gesetzmäßigkeiten in der Geschichte und über die historischen Mechanismen des Klassenkampfes sehen. Solche Unterweisung allein genügt nun nicht mehr, reichhaltiger und anschaulicher soll es sein: Geschichte auch des Alltäglichen, der Lebensweise (wie man ge-

---

begann in Sachsen die Zucht der Electoralschafe. Von ihnen stammt die große Verbesserung unserer Schäfereien.

[2] *G. Freytag*, Gesammelte Werke, Bd. 17, Leipzig 1888, S. 1 ff.

arbeitet, gewohnt, gedacht, geliebt, gefeiert und erzogen hat, wenn nicht gerade gestreikt, organisiert, agitiert, verhandelt oder geschossen wurde), Geschichte der Kultur also könnte dies bieten. Es mag die Erinnerung an manche bürgerliche ‚Kultur- und Sittengeschichte' mitspielen, wenn solche Erwartungen in eine marxistische Kulturgeschichtsschreibung gesetzt werden. Doch das Verlangen ist berechtigt. Es kann nicht befriedigt werden, wenn man nur an eine bessere geschichtspropagandistische Umsetzung des schon vorliegenden Materials denkt. Es müssen dazu weitere Bereiche der Geschichte erst erschlossen werden. Aber auch eine neue, bislang nur gelegentlich geübte Betrachtungsweise ist nötig, wenn das ganze Leben geschichtlich Handelnder erfaßt werden soll."[3]

Genau darum muß es gehen: um „die Geschichte des Alltäglichen, der Lebensweisen".

Im Jahre 1972 veröffentlichte unsere „Deutsche Historiker-Gesellschaft" einen Abriß „Zur Geschichte der Kultur und Lebensweise der werktätigen Klassen und Schichten des deutschen Volkes vom 11. Jahrhundert bis 1945", der unter der Leitung von W. Jacobeit, H. Strobach und B. Weißel verfaßt wurde. Dort heißt es zur „Lebensweise": „Im Lehrgebäude des historischen Materialismus ist die Kategorie ‚Lebensweise', soweit sie sich nicht auf die kommunistische Gesellschaftsordnung bezieht, weit weniger eindeutig bestimmt und fest beheimatet als andere. Bei allgemeiner Übereinstimmung unter den marxistischen Philosophen und Soziologen, daß die Lebensweise entsprechend den unmittelbaren Aussagen der Klassiker des Marxismus-Leninismus letztlich also durch die Stellung im Produktionsprozeß der materiellen Güter determiniert ist, divergieren die Auffassungen in der Bestimmung der konkreten Forschungsfelder. Die bisher gewonnenen Erkenntnisse sollten jedoch ausreichen, um deutlich zu machen, daß die ‚Lebensweise' keine passive Widerspiegelung der Produktionsweise darstellt, daß sie nicht, obwohl diese stets die Ausgangsgrundlage bildet, nur auf die Befriedigung der elementaren Lebensbedürfnisse der Werktätigen wie Nahrung, Kleidung, Wohnung beschränkt ist, sondern in ihrem Forschungs- und Erkenntnisbereich über den Begriff der ‚Lage' hinausgeht. Auch die vorliegende Fassung offenbart, daß die ‚aktiven', geistig-kulturellen und damit für die weitere konkret-historische Aufhellung der Wirksamkeit der Rolle der Volksmassen in der Geschichte entscheidenden Seiten und Prozesse im Geschichtsverlauf theoretisch-methodologisch und konzeptionell insgesamt zur Zeit noch nicht bewältigt werden."[4]

Während für Mühlberg Geschichte der Lebensweise und Kulturgeschichte identisch sind, während Jacobeit und seine Kollegen zwischen Kultur und Lebensweise unterscheiden – wobei für sie „Volkskultur" die verschiedenen Kunstgenres wie das Volkslied, Märchen usw. darstellt[5] –, unterscheidet Ernst Engelberg zwar zwischen Volkskunde und Kulturgeschichte, wobei er jedoch unter Volkskunde die Kulturgeschichte der Bauern und Handwerker, unter Kulturgeschichte die Beschäftigung mit der Lebensweise der herrschenden Klassen versteht:

„Bei näherem Überlegen und Auswerten der Erfahrungen der letzten Jahre stellt sich nämlich heraus, daß eine möglichst klar *eingegrenzte* Kulturgeschichte in vieler Hinsicht

---

[3] D. *Mühlberg*, Kulturtheoretische Anmerkungen zum Bedürfnis nach Kulturgeschichtsschreibung, in „Weimarer Beiträge" XXIII. Jg., Heft 3, Berlin und Weimar 1975, S. 79f.

[4] Deutsche Historiker-Gesellschaft, Wissenschaftliche Mitteilungen, 1972/I–III, S. 12f.

[5] Ebendort, S. 10. – „Über die Bedeutung der Kategorie ‚Lebensweise' für volkskundliche Forschungen" lautet ein neuerer Artikel von B. Weißel, in dem er ebenfalls zwischen Kultur und Lebensweise unterscheidet (Jahrbuch für Volkskunde und Kulturgeschichte, 19. Bd., Berlin 1977, S. 55).

in die Lehre der Volkskunde gehen sollte; jedenfalls gibt es hier methodisch keine prinzipiellen Unterschiede. Der Gesamtgegenstand dessen, was wir bisher Volkskunde nannten und jetzt noch nennen, war und ist nämlich nichts anderes als die Kulturgeschichte der verschiedenen Schichten der Bauern und der städtischen Mittelschichten (insbesondere der Handwerker). Soweit es sich um den Kapitalismus handelt, muß sich jetzt eine Kulturgeschichte der Hauptklassen, nämlich des Proletariats und der Bourgeoisie anschließen. ...

Man muß sich also bei den kulturgeschichtlichen Forschungen und Betrachtungen von der gewohnten Blickrichtung abwenden: Statt des Blicks von oben nach unten ist der von unten nach oben notwendig. Auch müssen die Forschungsfelder der Kulturgeschichte zunächst eingeschränkt werden.

Im ganzen darf die Kulturgeschichte gegenüber der Volkskunde nicht etwas Gegenstandsfremdes sein, wie dies von den Volkskundlern mit einigem Recht empfunden wurde. Vielmehr fallen sie zusammen und unterscheiden sich im Prinzip nur durch die verschiedene Klassenbezogenheit.

Bei der Untersuchung der Kultur der Bourgeoisie kann man sich von den Forschungsgegenständen der Volkskunde (= Kulturgeschichte der Bauern und Handwerker u. a.), nicht zuletzt von ihrer Abfolge, inspirieren lassen und sie entsprechend des Charakters der zu untersuchenden Klasse abwandeln. Danach könnte die Thematik der Kulturgeschichte des Bürgertums und der Bourgeoisie etwa so aussehen:

> Herkunft und Ausbildung
>
> Ausbeuterverhältnis und Stellung zur Technik und Organisation der Produktion
>
> Wohnung, Wohnkultur
>
> Frau und Familie, Dienstboten, Kleidung und Mode
>
> Gesellschaftliche Beziehungen und Gewohnheiten
>
> Produktive und parasitäre Existenzen
>
> Lebensgefühl und Lebensanschauung, ihre vielfältige Auswirkung auf das moralische Verhalten zu anderen Klassen, insbesondere zum Proletariat
>
> Auswirkung dieses Lebensgefühls usw. auch auf Wissenschaft und Kunst (u. a. Förderung der Diskrepanz zwischen Naturwissenschaften und Gesellschaftswissenschaften)
>
> Das Problem der von der Bourgeoisie entwickelten Arbeitsteilung zum Zwecke der wissenschaftlichen und künstlerischen Produktion.

Die Kulturgeschichte im Sinne der Erforschung und Darstellung der Arbeits-, Lebens-, Gefühls- und Denkweise der Klassen in den verschiedenen Epochen und Perioden der ökonomischen Gesellschaftsformationen liegt in der DDR noch im argen; sie müßte in kritischer Anknüpfung an die bisherige Volkskunde (= Kulturgeschichte der Bauern und Handwerker) entwickelt werden. ...

Wir haben es also mit einer Kulturgeschichte im engeren und im weiteren Sinne zu tun. Die Kulturgeschichte im engeren Sinne befaßt sich mit der arbeitsteilig, d. h. beruflich betriebenen Kunst- und Wissenschafts-Produktion und stellt eine Synthese der Ergebnisse der Literatur-, Kunst- und Wissenschaftsgeschichte dar. Die Kulturgeschichte im weiteren Sinne befaßt sich mit der Arbeits-, Lebens-, Gefühls- und Denkweise der verschiedenen Klassen und baut in ihrer Synthese auf *eigener* Forschungsarbeit auf.'[6]

Peter Schuppan polemisiert sowohl gegen Wolfgang Steinitz, den Begründer der marxistischen Volkskunde in unserer Republik, wie gegen Engelberg. Er bemerkt zu Steinitz:

„Nach Engelberg ist der ‚Gesamtgegenstand dessen, was wir bisher Volkskunde nannten und jetzt noch nennen, ... nichts anderes als die Kulturgeschichte der verschiedenen Schichten der Bauern und der städtischen Mittelschichten (insbesondere der Handwerker)'. Tatsächlich liegen die Dinge etwas komplizierter. Die ältere bürgerliche Volkskunde bis zu W. H. Riehl begriff sich, wie W. Steinitz betont hat, als Forschungszweig der Ethnographie, und diese Zuordnung sei auch für eine marxistische Volkskunde gültig: zwischen Ethnographie und Volkskunde dürfe es keinen prinzipiellen Unterschied geben.* Ein solches Wissenschaftsverständnis könnte bedeuten, daß die Volkskunde die Kultur und Lebensweise bestimmter Klassen und Schichten vorrangig unter einem besonderen, eigenen Aspekt, nämlich unter einer *ethnischen* Fragestellung untersuchen müßte. Sie hätte dann vor allem nach den ethnischen Unterschieden kultureller Lebensformen und deren Geschichte einschließlich der inter-ethnischen Beziehungen zu fragen. Sie hätte damit zwar ein historisches Phänomen zum Gegenstand, nämlich die vom werktätigen Volk geprägten kulturellen Wandlungen gesellschaftlicher Gemeinschaftsformen (Volk, Nation usw.). Aber sie müßte sich nicht unbedingt als ein historisch-konkreter Forschungszweig im eigentlichen Sinne verstehen, der die Kulturentwicklung der werktätigen Klassen und deren Einfluß auf die Durchsetzung des geschichtlichen Fortschritts durch *alle* Perioden und Epochen verfolgt. Sie könnte sich vielmehr für bestimmte historische Prozesse und Zeiten interessieren, so für die Ethnogenese, die Nationbildung, die nationalen Annäherungsprozesse in der Gegenwart usw. Und zu ihrem Forschungsgebiet würden, wie der sowjetische Ethnograph J. V. Bromley formuliert, vorrangig die traditionellen Formen der Volkskultur mit einer ethnischen Spezifik und ihr Weiterwirken bis in die Gegenwart gehören, nicht aber jene ‚standardisierten' Lebensformen der Kultur, die, zumeist großstädtischer Provenienz, keine ethnische Spezifik aufweisen.**

Hier soll keineswegs ein absoluter Gegensatz zwischen einer ethnographisch oder kulturhistorisch orientierten Volkskunde konstruiert werden. Steinitz hat die angedeuteten Konsequenzen einer ethnographischen Volkskunde nicht gezogen. Er ist in seinem Hauptwerk über die deutschen ‚Volkslieder demokratischen Charakters' durchaus kulturhistorisch-konkret vorgegangen und tendierte auch in seiner Gegenstandsbestimmung der Volkskunde zu einer kulturhistorischen Grundauffassung.*** Andererseits blieb die ethnographische Komponente seines Wissenschaftsverständnisses aber auch nicht

---

[6] *E. Engelberg*, Zu Fragen der Volkskunde und Kulturgeschichte, in „Zeitschrift für Geschichtswissenschaft", XXI. Jg., Heft 8, Berlin 1973, S. 971ff.

* *W. Steinitz*, Volkskunde und Völkerkunde, in: Deutsches Jahrbuch für Volkskunde, Bd. 1, 1955, S. 269ff.

** *J. V. Bromley*, Etnografičeskoe izučenie narodov, in: Istorija SSE, 1972, H. 6.

*** *Vgl. W. Steinitz*, Die volkskundliche Arbeit in der Deutschen Demokratischen Republik, 2. Aufl., Leipzig 1955, S. 42f.

ohne Einfluß auf die Bestimmung der empirischen Forschungsfelder der Volkskunde. So neigte Steinitz dazu, aus der volkskundlichen Erforschung des Proletariats die organisierte Kulturbewegung und Aneignung der progressiven Kultur der herrschenden Klassen sowie die arbeitsteilig geschaffene sozialistische Literatur, Kunst und Wissenschaft auszuklammern.* Die Parallele zu Engelbergs Vorschlag, daß die Kulturgeschichte ihre empirische Erforschung der geistigen Kultur auf die ‚spontan entstandenen Gefühls- und Denkweisen‘ der Klassen eingrenzen sollte, ist nicht zu übersehen. Damit aber würde die marxistische Kulturgeschichte an eine zumindest problematische Wissenschaftsauffassung der Volkskunde ‚herangerückt‘ werden.“

Und gegen Engelberg bemerkt er, daß zwar ein „Aneinanderrücken von Volkskunde und Kulturgeschichte möglich sei“. Doch „wird sich nach meiner Meinung dieser Prozeß kaum in der Weise vollziehen, wie es Engelberg vorschlägt. Denn *erstens* gibt die kulturhistorisch-konkret arbeitende Volkskunde den traditionellen Forschungskanon der älteren Bauern- und Handwerker-Volkskunde mehr und mehr auf, da mit ihm die kulturellen Prozesse im Kapitalismus und Sozialismus nicht historisch exakt zu erfassen und zu beschreiben sind. Jener traditionelle Forschungskanon, von Engelberg als Muster ‚klar umgrenzter Forschungsfelder‘ einer Disziplin und als Vorbild für eine ‚eingegrenzte‘ Gegenstandsbestimmung auch der Kulturgeschichte zitiert, wird von der Volkskunde heute selbst sukzessive erweitert.

Zweitens ist ein Aneinanderrücken von Volkskunde und Kulturgeschichte derart, daß die Volkskunde die Kultur und Lebensweise der Bauern und Handwerker erforscht und an diese sich ‚eine Kulturgeschichte ... des Proletariats und der Bourgeoisie‘ anschließt, m. E. nicht durchführbar. Denn die marxistische Volkskunde hat seit über einem Jahrzehnt die Kultur und Lebensweise des Proletariats nicht nur fortschreitend in ihr Forschungsgebiet einbezogen, sondern sieht dieses als konstitutiv für ihre marxistische Orientierung an. Darüber hinaus halte ich eine Arbeitsteilung zwischen Kulturgeschichte und Volkskunde nach dem Prinzip der ‚verschiedenen Klassenbezogenheit‘ ihres Gegenstandes überhaupt für nur bedingt möglich und anwendbar. So wird die marxistische Kulturgeschichte, wenn sie die Kulturstufe und die Kulturantagonismen des Kapitalismus historisch-konkret erforschen will, die Kultur und Lebensweise des Proletariats aus ihrem Untersuchungsbereich niemals ausklammern können. Und umgekehrt: Eine kulturhistorisch arbeitende Volkskunde, die die Kultur und Lebensweise der werktätigen Klassen und Schichten und besonders die der Arbeiterklasse im Kapitalismus erforscht, kann auf die Untersuchung der herrschenden bürgerlichen Kultur, unter deren Einfluß die Mehrheit des Proletariats bis zum Sturz dieser Ordnung steht, nicht verzichten. Je stärker Forschungsgegenstand und Methodik von Kulturgeschichte und Volkskunde zusammenfallen, umso enger und fruchtbarer kann sich die Zusammenarbeit bei der Erforschung des kulturellen Entwicklungsweges und Erbes der Arbeiterklasse gestalten.

Schließlich sucht *drittens* die marxistische Volkskunde in der DDR, die sich als konkret-kulturhistorisch arbeitender Forschungszweig begreift und um die volkskundliche Untersuchung der Arbeiterklasse bis in die Gegenwart hinein bemüht, nach einer neuen theoretischen Fundierung und Forschungsmethodik. Das Verhältnis zwischen Kulturgeschichte und Volkskunde kann daher wohl kaum so charakterisiert werden, wie

---

* *Vgl. W. Steinitz*, Arbeiterlied und Volkslied, in: Deutsches Jahrbuch für Volkskunde, Bd. 12, 1966, T. 1.

Engelberg es tut: daß nämlich hier eine als ‚unausgereift' sich präsentierende Kulturgeschichte bei einer methodologisch ausgereiften Volkskunde ‚in die Lehre ... gehen'
könnte. Im Gegenteil: beide Disziplinen befinden sich mehr oder weniger am Anfang
ihres Weges – eines notwendigerweise gemeinsamen Weges zu einer historisch-konkreten
Erforschung der kulturellen Seite des Geschichtsprozesses auf marxistischer Grundlage.
Je enger sie auf diesem Wege und mit dieser Zielsetzung zusammenarbeiten, umso
schneller werden praktische Erfolge reifen."[7]

Alle Genannten sind sich einig, daß noch ein enormes Arbeitspensum zu absolvieren
ist, bis wir ausreichend Material für eine Geschichte der „Lebensweise", insbesondere
der unterdrückten Klassen, haben – wobei einerseits die „Volkskundler" bisher am
meisten geleistet haben, andererseits für die Industriearbeiter der Zeit des Kapitalismus
die Wirtschaftshistoriker das relativ beste Material aufbereitet haben.

Wie aber soll die neue Forschung in die gesamte Geschichtsschreibung eingeordnet
werden?

Mühlberg meint:

„Die heutige Arbeitsteilung der Wissenschaften hat zur Folge, daß die Wirklichkeit
an keiner Stelle so abgebildet wird, wie sie für die Individuen ist oder erscheint. Nun
mag dies tatsächlich die Aufgaben der Gesellschaftswissenschaft übersteigen. Doch wir
haben auch als etwaige Orientierungsmöglichkeit für keinen Abschnitt der Geschichte
eine geschlossene Darstellung des massenhaften, alltäglichen Lebens der Werktätigen
und der herrschenden Ausbeuter, kein Abbild des von Bedürfnissen angetriebenen Verhaltens (erkennend, wertend, verändernd) sozialer Gruppen von Menschen zum ganzen
Umfeld ihrer Lebensbedingungen, keine Historie der subjektiven Beziehung der Individuen einer Gesellschaft auf den großen oder kleinen Weltkreis der Verhältnisse, in
den sie tatsächlich einbezogen waren.

Dies aber könnte Kulturgeschichte leisten, wenn sie die Aufgabe übernimmt, das
von der politischen und Wirtschaftsgeschichte vermittelte Geschichtsbild anschaulich
zu machen. Nicht im Sinne einer Illustration des ohnehin Bekannten, sondern als eigenständige weltanschauliche und historische Positionsbestimmung, als spezifische Antwort
auf die Frage nach dem Sinn und den Möglichkeiten des Lebens, als besonderer Beitrag
zur ideologischen Klassenauseinandersetzung über Charakter und Perspektiven der
Lebensweisen und Kulturen in der Epoche des Übergangs vom Kapitalismus zum
Sozialismus."[8]

Wir hätten demnach drei „Sparten" der Geschichtsschreibung: die politische, die
Wirtschafts- und die Kulturgeschichte. Eine Gliederung, die auch Engels in einem Brief
an Conrad Schmidt vornimmt, wenn er schreibt: „Und es ist theoretisch doch noch so
viel zu tun, namentlich auf dem Gebiet der ökonomischen Geschichte und ihrer Zusammenhänge mit der politischen, der Rechts-, Religions-, Literatur- und Kulturgeschichte
überhaupt, wo nur ein klarer theoretischer Blick den richtigen Weg im Labyrinth der
Tatsachen zu zeigen imstande ist."[9]

Mühlberg wehrt sich dagegen, daß sein Begriff der Kulturgeschichte mit dem einer
Universalgeschichte identifiziert wird: „Die hier gesuchte höhere Einheit, die die einzelnen kulturellen Phänomene einer betrachteten Zeit zu einem Ganzen zusammenfaßt,

[7] *P. Schuppan*, Bemerkungen zum Gegenstand einer marxistischen Kulturgeschichte, in ebendort,
XXII. Jg., Heft 12, Berlin 1974, S. 1373ff.

[8] *D. Mühlberg*, a. a. O., S. 80.

[9] *Marx/Engels*, Werke, Bd. 37, Berlin 1967, S. 290f.

ist nicht die menschliche Gesellschaft in ihrer historischen Bewegung, sondern schon eine spezifische Totalität: die Kultur der Gesellschaft. Dies festzustellen ist wichtig, denn es muß angemerkt werden, daß eine allgemeine Gegenüberstellung von Kultur und Natur solche spezifische Totalität noch nicht auffinden läßt. Wenn der Kulturprozeß als die Abhebung des Menschen von der Natur, als das geschichtliche Herausarbeiten der menschlichen Wesenskräfte verstanden wird, so ist es gerade die Geschichtlichkeit des Menschen, die folgerichtig als seine Kultur zu fassen wäre. Wohl unter dem nachwirkenden Eindruck progressiver bürgerlicher geschichtsphilosophischer Deutungen (von Voltaire über Herder und Hegel bis zu Lamprecht) wird die Kulturgeschichte dann als Universalgeschichte von der Menschwerdung des Affen bis zum Kommunismus verstanden. Wahrscheinlich hat ein so geäußerter Wunsch nach Kulturgeschichte zwei Gründe. Der eine liegt in der geschichtswissenschaftlichen Vernachlässigung der übergreifenden Betrachtung fortschreitender Zivilisation der Menschheit. Denn in eine solche Richtung tendiert die Formel von der Genesis ‚menschlicher Wesenskräfte‘, wenn sie heute von Marxisten angewendet wird. Zum anderen werden damit Gefahren starker geschichtswissenschaftlicher Spezialisierung signalisiert: Es ist ein Mißverhältnis zu beobachten zwischen der an Marx und Engels orientierten allgemeinen Auffassung von Geschichtswissenschaft, nach der sie die gesetzmäßige Entwicklung der menschlichen Gesellschaft in ihrer historischen Aufeinanderfolge von den Anfängen bis in die Gegenwart in ihren konkreten Formen und Widersprüchen zu untersuchen habe, und der wirklichen Lage. Tatsächlich überwiegt die stark spezialisierte und geschlossene Untersuchung einzelner sozialer Beziehungsfelder – mit deutlicher Dominanz der politischen Geschichte und der Ideologiegeschichte. In dieser Situation bergen kulturhistorische Ansätze in sich die Gefahr der universalgeschichtlichen Ausweitung (ähnliche Tendenzen bemerkte J. V. Bromlej in einem Rückblick für die sowjetische Ethnologie). Wenn Kulturgeschichte auch nicht als Universalgeschichte aufgefaßt werden sollte, so dürfte sie doch zur Integration spezialisiert betriebener Geschichtsforschung beitragen können, weil sie kein neues, eng begrenztes Spezialgebiet setzt, und weil sie nur in enger Wechselbeziehung aller Bereiche der Geschichtswissenschaft ausgebildet werden kann (vorrangig in Kooperation von Kulturhistorikern mit der Wirtschaftsgeschichte, die die strukturbildenden Basisprozesse in ihrer Bewegung zeigt, und mit der Ethnologie, die in der Abbildung der Genesis komplexer sozialer Systeme die umfangreichsten Erfahrungen gemacht hat). Daraus muß aber nicht Universalgeschichte folgen.“[1]

Andererseits wehrt sich Mühlberg dagegen, Kulturgeschichte auf Kunstgeschichte zu begrenzen. Nachdem er festgestellt hat: „Die Entdeckung der sozialen Grundstrukturen ist nur der erste Schritt der Gesellschaftsanalyse, durch ihn allein können die Motive, Formen, Inhalte und Folgen des sozialen Verhaltens der Individuen einer Gesellschaft nicht vollständig erklärt werden. Sie erschließen sich erst der kulturhistorischen Analyse.“ – fährt er fort: „Freilich meint ein großer Teil der Forderungen nach Kulturgeschichte gar nicht diese hohe Ebene gesellschaftswissenschaftlicher Verallgemeinerungen. Ein in diesem Sinne begriffenes historisches Systemganzes ‚Kultur‘ ist nicht gefragt, wenn zum Beispiel – als Folge weitgehender Identifikation von Kunst und Kultur – die Kulturgeschichte als überschauende und zusammenfassende Betrachtung der historischen Zweige der Kunstwissenschaften verstanden wird, um die Künste besser in ihrer Einheit und Wechselbeziehung fassen zu können. Hier sind offensichtlich

---

[10] *D. Mühlberg,* a. a. O., S. 82 f.

übergreifende Systeme kleinerer Dimension angezielt. Sie sind Gegenstand der Kunst-
ästhetik und der allgemeinen Kunstwissenschaft und sollten dies auch bleiben."[11]

Man muß bei alledem aber folgendes bedenken. Wenn Mühlberg von der Kulturgeschichte verlangt, daß sie sein soll: „Geschichte des Alltäglichen, der Lebensweise
(wie man gearbeitet, gewohnt, gedacht, geliebt, gefeiert und erzogen hat, wenn nicht
gerade gestreikt, organisiert, agitiert, verhandelt oder geschossen wurde), Geschichte
der Kultur also", dann hat er doch die politische Geschichte – wie man gedacht und
erzogen hat – und die Wirtschaftsgeschichte – wie man gearbeitet hat – in die Kulturgeschichte irgendwie miteinbezogen. Außerdem, wenn man an die kümmerlichen Hütten
denkt, in denen etwa die Landarmut in der Feudalzeit gelebt hat – selbstgebaut, ein
Raum, noch mit Kleinvieh, etwa einem Schwein oder einer Ziege geteilt –, ist hier der
Ausdruck Kultur angebracht? oder paßt er besser zu dem primitiv zubereiteten, sich
täglich wiederholenden Essen dieser Schicht? Und paßt in die gleiche Art von Geschichte
die ideologische Widerspiegelung eines solchen Lebens vom schmerzlichen Seufzer-
Gebet in der Kirche um Brot bis zum Volkslied des „armen Bauern"?
Nun mag man mir entgegnen, zur Kulturgeschichte gehört auch die Unkulturgeschichte,
einschließlich aller Quälereien und Torturen der Unterdrückten durch Soldateska oder
die Polizei. Aber das beantwortet noch nicht die Frage der Trennung von Kultur- und
politischer Geschichte, wenn etwa das alltägliche politische Bewußtsein einer unterdrückten Schicht oder auch einer Herrschaftsschicht untersucht wird.
Meiner Ansicht nach kommt es zunächst überhaupt nicht auf die Problematik Volkskunde oder Kultur- oder Sittengeschichte, auf die Problematik Kultur-, politische und
Wirtschaftsgeschichte an.
Wenn Hartmut Harnisch in Bemerkungen zu meinem Manuskript schreibt:
„Zur Frage des Gegenstandes: Volkskunde, Kulturgeschichte, Geschichte der Kultur
und Lebensweise kann ich aus meiner Sicht nur für eine umfassende Disziplin plädieren,
die man nennen mag, wie man will. Man sollte nicht, wie Engelberg, zwischen einer
Kulturgeschichte der herrschenden Klasse und einer Volkskunde als Kulturgeschichte
des arbeitenden Volkes unterscheiden, und zwar vor allem auch aus forschungsprakti-
schen Gründen (theoretische Gründe für eine Unterscheidung sehe ich vom Gegenstand
her schon gar nicht). Es ist ja auch für den Feudalismus nicht ganz einfach, zwischen
herrschender Klasse und Ausgebeuteten eindeutig zu unterscheiden. In manchen Gegenden waren schon im 16. Jht. die großen Bauern der feudalen Ausbeutung unterworfen,
beuteten aber selbst schon wieder fremde Arbeitskräfte auf ihren Höfen aus, d. h. die
Beschäftigung familienfremder Arbeitskräfte bei ihnen war nicht nur die Abwälzung
von Lohn- und Unterhaltskosten von der Gutswirtschaft auf den Bauernhof, wie es
im Bereich der Gutsherrschaft in dieser Zeit der Normalfall wurde.
Vor allem aber kann eine Trennung in zwei Disziplinen leicht dazu führen, daß
wichtige Zusammenhänge und Fragestellungen nicht gesehen werden. Insbesondere denke
ich da an bestimmte Aspekte im Verhältnis der Klassen zueinander, die man vielleicht
zusammenfassend als die ‚Vorbildwirkung' der herrschenden Klasse und ihre ideologische Einflußnahme auf das einfache Volk bezeichnen kann. So sollen nach volkskund-
licher Meinung die meisten Volkstrachten, wie sie bis in das 20. Jht. hinein getragen
wurden, sich an die Mode der wohlhabenden Schichten der Barockzeit anlehnen." –,

---

[11] Ebendort, S. 84f.

so möchte ich, sobald die Problematik als Frage der praktischen Geschichtsschreibung auftaucht, seine unwirsche Stimmung auf alle Disziplinen der Geschichtsschreibung ausdehnen. Die Disziplinen der gegenwärtigen Geschichtsschreibung werden doch einerseits vom Gegenstand, der isoliert betrachtet wird, und von der Unfähigkeit der meisten Historiker, vielseitig, das heißt interdisziplinär, informiert zu sein und zu informieren, andererseits bestimmt. Selbstverständlich kann es unter den „Kulturhistorikern" einen Streit darüber geben, ob es eine besondere Disziplin der Eßkulturgeschichte geben sollte, da zweifellos die Untersuchung der Nahrungsmittelzusichnahme von der Wichtigkeit des Gegenstandes her eine spezielle Disziplin darstellt, die sich, wieder vom Gegenstand her, in drei Spezialdisziplinen untergliedern läßt: die Geschichte der Kultur der Vorspeisen, die den Appetit anregen, des Hauptgerichts, das den Hunger stillen soll, und des Nachtisches, der rein dem genüßlichen Luxus dienen soll – drei grundverschiedene Kulturinhalte! Dazu noch für Deutschland etwa, Engelberg folgend, klassenmäßig unterscheidend, die Eßkultur der Werktätigen, die zwischen 1750 vor und 1750 nach der Zeitrechnung nur das praktisch stets gleichbleibende Hauptgericht (Brei) zum Gegenstand hat, und die wechselnde Eßkultur der herrschenden Klassen.

Aber all solche Geschichtsdisziplinen vermitteln doch kein Geschichtsbild, wenn sie nicht miteinander verschmolzen werden, das heißt, von einem allseitig gebildeten Historiker gehandhabt werden.

Gehen wir von dem entscheidenden Stichwort dieses Buches aus, vom *Alltag*, dann müssen wir doch erkennen: Ob die politischen Alltagsgedanken des Kleinbürgers in Hamburg um 1650 – oder ihr praktisches Fehlen – von einer „politischen" oder einer „Kulturgeschichte" (als ob es unpolitische Kulturgeschichte oder unkulturelle politische Geschichte geben könnte!), ob die tägliche Nahrung eines Sklaven in Sizilien um 50 unserer Zeitrechnung von einem „Wirtschafts-" oder einem „Kulturhistoriker" behandelt werden, ist doch völlig gleichgültig. Und daß wir jeden Historiker, der nicht weiß, wie vielschichtig die Menschen zu der Zeit, die er behandelt, im Alltag gelebt haben, als ungebildet bezeichnen müssen (und wir alle sind in dieser Beziehung mehr oder noch mehr ungebildet), das ist doch offenbar.

Darum scheint es mir wichtig – und wir können das zunächst ohne große theoretische Diskussionen tun –, daß wir Historiker weit, weit mehr Aufmerksamkeit dem Alltagsleben der Menschen in all seiner Vielfältigkeit, in der Gegenwart wie in der Vergangenheit, zuwenden. Wieviele „Disziplinprobleme" werden sich dann lösen!

Wenn aber eine Geschichtsschreibung, die gerade auch dem Alltag des Volkes in allen seinen Klassen und Schichten den gebührenden Raum widmet, ungewöhnlich erscheint, dann soll man sich doch überlegen, daß ein solches Vorgehen ganz selbstverständlich in einer Biographie ist. Warum aber soll die Biographie eines Volkes, das heißt seine Geschichte, so verschieden in der Anlage von der Biographie eines Menschen sein – mit ihren Höhe- und Tiefpunkten und mit ihren Ebenen, ihrem Alltag dazwischen? Oder sollten wir die Geschichte eines Volkes überhaupt fortlassen, sie gar nicht schreiben, wenn sie keine aufregenden Höhe- und Tiefpunkte aufweist?

Ja, ist bisweilen, vielleicht sogar sehr oft, das alltägliche Leben nicht viel bemerkenswerter als ein Höhe- oder Tiefpunkt? Wenn ich an die Belagerung Leningrads im zweiten Weltkrieg denke – sollte in ihrer Beschreibung nicht der Alltag des alltäglichen Menschen unter dem Motto „Noch mehr Arbeit, noch mehr Hunger" weit mehr Gewicht haben als eine militärische Analyse der Ereignisse? Und zählt nicht das tägliche Leben des europäischen Bauern in seiner tausendjährigen Geschichte weit mehr als die größeren

Bauernbewegungen, die insgesamt wohl noch nicht fünfzig Jahre ausmachen? Woran
mißt man den Charakter einer Ehe: an den wenigen Höhepunkten oder am Alltag?
Was entscheidet über die Bedeutung eines Wissenschaftlers: die gute Idee oder der
Alltag, der ihrer Ausarbeitung und ihrem Beweis gewidmet ist? Woran messen wir die
Bedeutung des Beschlusses einer Regierung oder eines Politbüros: etwa an seinem
Inhalt oder an seiner Verwirklichung im Alltag des Volkes?

Auch solche Fragen helfen uns, die ganze Bedeutung des Alltags in der Geschichtsschreibung eines Volkes zu begreifen.

Und wenn wir entschlossen sind, den Alltag eines Volkes oder zumindest großer
Klassen und Schichten zu schildern – wie soll man die Geschichte des Alltags in die
Gesamtgeschichte einbauen? Das ist eine außerordentlich wichtige und komplizierte
Frage der Darstellung. Noch besitzen wir kaum historische Werke, die etwa Wirtschafts-,
politische und kulturelle (ideologische) Geschichte (im Sinne von Geschichte der Religion, der Dichtung, der Malerei, der Wissenschaft usw.) anders vereinen als in verschiedenen Kapiteln. Selbst hier fehlt es noch fast immer an einer einheitlich verschmol-
zenen Darstellung. Und nun soll noch der Alltag hinzukommen!

Und nun eine kurze Unterbrechung: Als Ingrid Mittenzwei das Manuskript bis hierher
gelesen hatte und auch im Zusammenhang mit einer Bemerkung von mir in einem
späteren Kapitel, kamen ihr folgende Bedenken: „Aber – irre ich mich da, bin ich zu
hellhörig? – manchmal scheint mir das selbstverständliche Interesse am behandelten
Gegenstand in eine Überbewertung der ‚Alltagsgeschichte‘ umzuschlagen, in eine – wie
ich finde – nicht gerechtfertigte Gegenüberstellung vom Alltag und ‚Festtag‘ (den Höhepunkten der gesellschaftlichen Entwicklung) im Leben des Volkes. Es sind eigentlich
nur einige Formulierungen, die diesen Eindruck erwecken. In der zweiten Vorbemerkung
fragst Du, ob nicht das tägliche Leben des europäischen Bauern mehr zählt als große
Bauernbewegungen. Ähnlich im IV. Kapitel, wo Du die Untersuchung des Bauernkrieges zwar richtig findest, wichtiger für die Geschichte der Bauern aber doch die
Erforschung der Fronstreiks als einer alltäglichen Form des Klassenkampfes. Bitte,
verstehe mich nicht falsch. Ich habe nichts gegen Deine Forderung, solche Formen des
Klassenkampfes wenigstens datenmäßig zu erfassen; eine Forderung, die ja auch an
die Wirtschaftshistoriker gerichtet ist. Ich akzeptiere nur die Gegenüberstellung nicht,
die in solchen Formulierungen und Forderungen enthalten ist, weil sie in der End-
konsequenz auf eine Überbewertung der Evolution im Verhältnis zur Revolution hinausläuft. Mit rein quantitativen Maßstäben wird man da nicht messen können. Sicherlich
war das Leben des Volkes vom Alltag geprägt; selbstverständlich gehören revolutionäre
Höhepunkte in der Geschichte eines Volkes zu den ‚seltenen‘ Ereignissen. Aber – ich
schäme mich fast, solche Binsenwahrheit niederzuschreiben – sie waren die gewaltigen
‚Beschleuniger‘ des geschichtlichen Prozesses und sie haben im Leben des Volkes tiefe
Spuren hinterlassen (auch der Bauernkrieg hinterließ mehr Spuren, als Du schreibst).
Wir marxistischen Historiker werden revolutionären Ereignissen weiter unser außer-
ordentliches Interesse widmen müssen; allerdings – und da gebe ich Dir recht – auch
einen zweiten Strang der Forschung nicht vernachlässigen dürfen, nämlich die lange
Geschichte des Alltags.“

Selbstverständlich werden wir weiter revolutionären Ereignissen größte Aufmerksamkeit widmen, ebenso wie konterrevolutionären, da sie Sprünge nach vorn und nach
rückwärts in der Geschichte bringen. Selbstverständlich sind quantitative Maßstäbe
in der Geschichte, wie eine Statistik der Fronstreiks, nur eines unter mehreren Mitteln

der Analyse des historischen Prozesses. Selbstverständlich darf man die Evolution nicht überbewerten. Ich finde es schwer verständlich, daß in unseren Schriften immer hervorgehoben wird, wie kontinuierlich alles bei uns vor sich geht und gleichzeitig erklärt wird, wir befänden uns in einer sozialistischen Revolution.

Auch darf man die Alltagsgeschichte nicht etwa als Alternative zur bisher üblichen Geschichte sehen oder gar eine scharfe Gegenüberstellung von Alltagsgeschichte und Festtagsgeschichte (Revolutionen sind die Festtage in der Geschichte der Unterdrückten) vornehmen. Im Gegenteil! wenn wir erst einmal eine wirklich qualifizierte, gehaltvolle Alltagsgeschichte schreiben können – und das ist so entscheidend wichtig! –, dann werden wir sehen, wie sich in der Evolution des Alltags der Zündstoff für das Feuerwerk der Festtage der Revolution sammelt. Und überdies ist auch der Alltag voll kleiner Revolutionen, verläuft auch nicht kontinuierlich.

Das, worauf es ankommt, ist, beide „Arten" der Geschichtsschreibung zu vereinen. Damit, das heißt, mit ersten Versuchen sollten wir sobald wie möglich beginnen, ohne Illusionen darüber zu haben, daß wir in nächster Zeit schon zu einer realistischen Geschichte etwa des deutschen Volkes, die unseren berechtigten Ansprüchen einigermaßen genügen kann, kommen werden. Denn:

Wenn wir die Zeit, bis wir genügend Material zur Darstellung des Alltags des deutschen Volkes haben werden, nach Jahrzehnten messen können, vorausgesetzt, daß wir endlich und baldigst an diese Materialsammlung gehen, dann kann immer noch lange Zeit vergehen, bis sich der Historiker findet, der groß genug als Schriftsteller ist, um uns eine wirkliche histoire intégrale des deutschen Volkes zu schenken.

Aus alledem geht auch klar hervor, was für einen kümmerlichen ersten Versuch die folgenden Bände darstellen, zumal sie für frühere Zeiten nur auf an so vielen Stellen zerstreut schon veröffentlichtem Material basieren. Und von dem veröffentlichten, insbesondere dem volkskundlichen und regionalgeschichtlichen, Material habe ich nur einen Teil lesen und von diesem wieder nur einen Bruchteil zitieren können.

Und wenn aus meinen Bemühungen überhaupt eine Veröffentlichung zustande gekommen ist, so nur, weil ich ständige Unterstützung durch Wolfgang Jacobeit, Direktor des Museums für Volkskunde, hatte, der sich sowohl ganz für die Idee einer Geschichte des Alltags einsetzt, wie auch eine vorzügliche Kenntnis der Literatur hat, wie auch in seinen Vorlesungen Einzelgebiete des alltäglichen Lebens des deutschen Volkes behandelt und in diesem Buch ein so wichtiges Kapitel übernommen hat. Ohne seine Hilfe und kritische Beratung wären so manche meiner Urteile viel unsicherer gewesen, manche unter ihnen, die richtig sind, auch falsch. Sicherlich hätte ich auch gar nicht die wissenschaftliche Verantwortung für eine Veröffentlichung tragen können, wenn nicht etwa er und eine Reihe anderer Kollegen das Ganze für nützlich und diskussionswert gehalten hätten. Unter ihnen möchte ich nennen Hartmut Harnisch, Gerhard Heitz, Ingrid Mittenzwei und Jan Peters, die ich alle mit ihren Argumenten im Text mehr oder weniger ausführlich wörtlich zitiert, oder, wenn es ihnen lieber war, in meinen Worten wiedergegeben habe. Durch ihre so klugen Bemerkungen mögen manche Probleme, die ich gelöst zu haben glaubte, für den Leser wieder zu Problemen geworden sein, oder die Leser mögen durch meine Beantwortung der Argumente von meiner Lösung noch stärker überzeugt worden sein. Manche Argumente habe ich unbeantwortet gelassen, teils weil sie auch als Fragen gestellt sind, teils weil wir alle sowohl meine Ausführungen wie die Gegenargumente noch gründlicher, zum Teil durch neue Forschungen, überprüfen müssen. So, nur auf solche Weise, machen wir wissenschaftlichen Fortschritt.

Danken möchte ich auch dem Kollegen Egon Freitag für die freundliche Übertragung einiger Texte aus dem Frühneuhochdeutschen ins Neuhochdeutsche.

Sicher werden spätere Historiker über die folgenden Versuche mitleidig lächeln, aber, wenn sie etwas von Historiographie verstehen, werden sie zugleich, so hoffe ich, in dem folgenden, wie Marx so etwas nannte, „erste, unbeholfene Formulierungen" einer Geschichte des Alltags des deutschen Volkes erkennen.

Eine Apologia für diesen Band

Da ich kein Spezialist für die in diesem Band behandelte Zeit und erst recht nicht für das Alltagsleben der werktätigen Bauern und Handwerksgesellen bin, habe ich die, wie es Werner Mittenzwei einmal nannte, Form der „Collage von Zitaten" aus von mir geschätzten Werken auf ihrem Gebiet hervorragender Gelehrter – seien sie bisweilen auch nur begabte „Finder von Material" – für die Darstellung gewählt.

Wenn man es so ausdrücken will, ist dies Buch nicht nur mit vielen fremden Federn geschmückt, fremde Federn bilden vielmehr einen Großteil seiner quantitativen wissenschaftlichen Substanz.

Natürlich hätte ich, wie es nicht wenige andere Historiker getan haben und tun, das von anderen Gesagte auch in eigenen Worten ausdrücken können – aber ist mein Stil so viel besser und präziser als der anderer Gelehrter? Und warum sollte ich die Federn anderer mit einem „Etikett in eigener Sprache" versehen?

Oft ist das Aussuchen der Federn und vor allem ihr Arrangement viel wichtiger als die Zahl der vorhandenen einzelnen Federn – zumindest haben sie auch ihre Bedeutung. Oft haben auch die verbindenden Sätze, die Kommentare, die Einfügungen ihren besonderen Wert.

Wenn ich also eine Apologia der vielen Zitate in diesem Band gebe, dann ist es eine Apologia im alten Sinne, die auch eine voll zutreffende Rechtfertigung sein kann.

Auch hätte ohne ein solches Vorgehen das hier versuchte Unternehmen, das einen neuen Zug in unsere allgemeine Geschichtsschreibung bringen soll, das zu den Bemühungen gehört, den Volksmassen in jeder Rolle und zu jeder Zeit in der marxistischen Geschichtsschreibung den ihnen gebührenden Platz zu geben, mir nicht gelingen können.

Wenn ich in diesem Band unter den Werktätigen vor allem die Bauern und andere ländliche ausgeplünderte Schichten behandele, dann, weil sie in der hier untersuchten Zeit die überwältigend große Masse des deutschen Volkes darstellten – wobei ich unter deutschem Volk hier und in den folgenden Bänden nur die Einwohner des Landes etwa im Umfang des Deutschen Reiches nach 1870 verstehe.

Was den entscheidenden Abschnitt der hier behandelten Zeit, den Dreißigjährigen Krieg betrifft, so wird, hoffe ich, der Leser nicht verwundert sein, daß ich auch im einführenden Teil nichts über die einzelnen kriegführenden Mächte, ihre Politik und Interessen, über die Feldherren wie Wallenstein oder Gustav Adolf sage. Für den Alltag der Bauern, ja aller Werktätigen in Deutschland waren Kriegstaktik und -strategie, waren die verschiedenen oder die gleichen Interessen der einzelnen Mächte und ihrer herrschenden Klassen und Schichten unter den im Dreißigjährigen Krieg bestehenden Umständen und Konstellationen ziemlich gleichgültig, und die Soldateska wütete in gleicher Weise, wem immer sie diente, ob der Feldzug als fortschrittlich oder reaktionär zu kennzeichnen ist.

Auch von Kultur im Sinne der Klassiker des Marxismus-Leninismus wird wenig die Rede sein, denn sie spielte im Leben der Werktätigen keine Rolle. Engels hat schon wahrlich deutlich genug im „Anti-Dühring" darauf hingewiesen, daß die Kultur vor dem Aufkommen der Arbeiterklasse eine Sache der herrschenden Klassen war.[12] Sie spielte im Alltag der Werktätigen vor dem 19. Jahrhundert keine Rolle. Natürlich war die Kultur der deutschen Renaissance großartig, und natürlich brachte der Verlust des Bauernkrieges oder richtiger noch die kümmerliche Beteiligung des städtischen Bürgertums an ihm einen Niedergang, der sich im Dreißigjährigen Krieg und seinem Gefolge grausam beschleunigte – aber für das Alltagsleben der Werktätigen spielten andere Faktoren eine Rolle. Wenn Lenin von „zwei Kulturen" sprach, dann meinte er selbstverständlich die Kultur der Arbeiterklasse und die Kultur der Bourgeoisie. Von einer Kultur der Bauern in der Feudalzeit oder der Sklaven in der Sklavenhaltergesellschaft ist bei ihm niemals die Rede. Er folgt darin genau dem Kulturbegriff von Marx und Engels, und ich tue das auch.

In der „Kritik des Gothaer Programms" heißt es:

„ ,Im Maße, wie die Arbeit sich gesellschaftlich entwickelt und dadurch Quelle von Reichtum und Kultur wird, entwickeln sich Armut und Verwahrlosung auf seiten des Arbeiters, Reichtum und Kultur auf seiten des Nichtarbeiters.'

Dies ist das Gesetz der ganzen bisherigen Geschichte. Es war also, statt allgemeine Redensarten über ,die Arbeit' und ,die Gesellschaft' zu machen, hier bestimmt nachzuweisen, wie in der jetzigen kapitalistischen Gesellschaft endlich die materiellen etc. Bedingungen geschaffen sind, welche die Arbeiter befähigen und zwingen, jenen geschichtlichen Fluch zu brechen."[13]

Wir reden so viel von der Rolle der Arbeiterklasse in der Geschichte und erfinden dann alle möglichen Theorien, wodurch wir sie herabsetzen. Die Klassiker des Marxismus-Leninismus waren der Ansicht, daß unter allen unterdrückten Klassen nur die Arbeiterklasse in der Geschichte schöpferisch wirkt – wir aber erklären so oft: Nur die unterdrückten Klassen waren die wahren Schöpfer in aller (!) Geschichte. Die Klassiker des Marxismus-Leninismus waren der Ansicht, daß nur die Arbeiterklasse als unterdrückte ausgebeutete Klasse fähig ist, sich eine eigene Kultur zu schaffen. Wir aber finden so oft alle möglichen Kulturen der Unterdrückten und Ausgeplünderten in aller Geschichte, wobei wir dann noch gar bisweilen unterdrückte und unterdrückende Klassen verwechseln, wenn wir etwa die Kunsthandwerker zu den Unterdrückten rechnen.

Statt die einzigartige Rolle der Arbeiterklasse in der Geschichte herauszuarbeiten, machen wir alle Unterdrückten aller Zeiten zu Schöpfern und Kulturträgern, so daß man wirklich nicht weiß, warum nur etwas mehr zu essen nicht völlig ausgereicht hätte, sie frei und glücklich zu machen. Und umgekehrt kann man bei einer solchen Einstellung nicht begreifen, daß die schöpferische und kulturelle Aktivität der Arbeiterklasse, ihr Aufbau einer zweiten Kultur, zunächst Sinn und Inhalt vor allem als Mittel und Weg zur Machteroberung erhalten – eine historische Leistung, zu der weder die Sklaven noch die Bauern noch andere unterdrückte Massenklassen in vorkapitalistischen Gesellschaften fähig waren.

[12] *Marx/Engels*, Werke, Bd. 20, Berlin 1962, S. 168f.
[13] *Marx/Engels*, Werke, Bd. 19, Berlin 1962, S, 17.

P. S. Jan Peters findet diese Ausführungen zu absolut und erinnert zum Beispiel an das Volkslied. Hören wir zunächst Wolfgang Steinitz über das Volkslied:

„Das Volkslied wird vom werktätigen Volke getragen, das an seiner Gestaltung schöpferisch teilnimmt, mitarbeitet. Ohne diese Mitarbeit gibt es meines Erachtens kein Volkslied. Die Teilnahme oder Mitarbeit drückt sich am untrüglichsten und eindeutigsten in den Varianten aus, im Umsingen, in der ständigen Bereitschaft, ein Lied einer neuen Situation oder neuen Stimmungen entsprechend umzugestalten, ohne sich um die Autorität eines Vorbildes zu kümmern. Durch diese Mitarbeit wird das Unvolkstümliche, Untypische abgeschliffen und kommt der allgemeingültige Charakter der Volksdichtung zum Ausdruck.

Die Frage der unmittelbaren Entstehung oder Herkunft von Text und Melodie ist dabei nicht entscheidend. Zahlreiche, in Dutzenden von Varianten vorliegende und weitgehend umgestaltete Volkslieder stammen nachweislich von uns bekannten Dichtern; so z. B. das schon angeführte ‚Ich rat euch, Brüder alle, folgt nicht der Trommel Ton' von Chr. D. Schubart.

Die Anonymität des Verfassers ist also kein Wesenszug des Volksliedes; daß die Verfasser, z. B. der meisten deutschen Volksballaden, uns unbekannt sind, beruht darauf, daß die Balladen aus sehr alter Zeit stammen, aus der uns überhaupt wenig namentlich bekannte Lieder überliefert sind.

Die Einteilung der Volkslieder in direkte oder primäre, d. h. anonym im Volk entstandene, und indirekte oder sekundäre, d. h. von uns bekannten Dichtern stammende Volkslieder ist also nicht von prinzipieller Bedeutung, da sie nicht auf inneren Wesenszügen der Lieder, sondern auf zufälligen Erscheinungen, wie möglichem Nachweis eines Verfassers, beruht. Zweifellos werden sich bei gründlicherer Beschäftigung und besserer Quellenkenntnis viele für uns heute noch anonyme Lieder als von namentlich bekannten Verfassern stammend nachweisen lassen. Es wäre ferner falsch, eine grundsätzliche Mauer zwischen dem anonymen werktätigen Volk und dem schöpferischen Einzelnen zu errichten."[14]

Wolfgang Steinitz hat meiner Ansicht nach völlig recht, daß es keineswegs auf die Autorschaft des Volksliedes ankommt. Volkslieder werden nicht vom Volk schöpferisch gedichtet und in Melodie gesetzt. Eine große Rolle spielt die besondere Schicht der Dichter und Musiker, unter denen sich wahrscheinlich auch viele Lehrer und Pfarrer in unserer Zeit befinden. Aber werden sie es nicht auch sein, die für die zahlreichen Varianten verantwortlich sind? was natürlich nicht ausschließt, daß so manche Variante von wandernden Handwerksgesellen oder Bauernsöhnen stammen.

In jedem Fall sind es im allgemeinen nicht die unterdrückten Klassen, die vornehmlich als Schöpfer von Volksliedern oder ihren Varianten wirken.

Ganz anders steht es mit der Frage der Aneignung des Volksliedes. Die meisten, nicht offen (!) klassenmäßig gebundenen Volkslieder werden von allen Klassen und Schichten gesungen. Dazu gehören ganz harmlose Liedchen etwa vom Mädchen auf der Wiese ebenso wie zahlreiche Soldatenlieder. Andere Lieder, wie „Ich bin ein armer Bauer" werden von den Bauern angeeignet (und gehen ebenso wie die Soldatenlieder in ihre Ideologie ein). Die armen Bauern werden zu Trägern eines solchen Liedes, auch wenn sie es nicht „geschaffen" haben.

---

[14] W. *Steinitz*, Deutsche Volkslieder demokratischen Charakters aus sechs Jahrhunderten, Bd. 1, Berlin 1954, S. XXVf.

Aber können wir sagen, daß deshalb dieses und ähnliche Volkslieder eine zweite
Kultur, geschaffen vom Volke, etwa von den Bauern, darstellen? Ich glaube nicht.

Natürlich gab es Bauernkinder, die dank irgendwelcher Zufälle ihre kulturellen Begabungen hier und da entwickeln konnten; aber ihre Zahl war nicht groß, und zumeist
wanderten sie, wenn sie wirklich schöpferisch arbeiten konnten, aus dem Dorfe aus
und gingen in den Kulturkreis der herrschenden Klassen ein. Eine eigentliche, ursprüngliche, nicht von der Kultur der Herrschenden abgeleitete schöpferische Bauernkultur
etwa gab es meiner Ansicht nach nicht.

Selbst wenn ich – was ich nicht glaube – zu absolut formuliert habe, so sollte man
doch endlich aufhören, davon zu reden, daß die Massen der Unterdrückten vor der
Arbeiterklasse eine eigene, zweite Kultur geschaffen hätten. Was hätte ihnen sonst an
einem erheblichen Grad der Selbstverwirklichung gefehlt, als mehr und besser zu essen,
kleiden und wohnen, da sie ja nicht an eine „eigene" Gesellschaftsordnung dachten.
Nein! So offenbar es ist, daß wir von einer Kultur der Arbeiterklasse, schöpferisch
von ihr entwickelt schon im Kapitalismus, sprechen können, ja auch einen tiefen Einfluß dieser zweiten Kultur auf so manche im allgemeinen der herrschenden Klasse
dienende Schichten beobachten können, so wenig recht hätten wir, die Vergangenheit
der werktätigen Massen in der vorkapitalistischen Ausbeuterwelt zu „verschönern", indem
wir ihnen die Möglichkeit zusprechen, eine „zweite Kultur" entwickelt zu haben. Das
bedeutet nicht, daß wir nicht kleine Kulturelemente eigener Art, zumeist Varianten
der Kultur der herrschenden Klasse, auch unter den Werktätigen finden, aber das
heißt eben nicht, daß wir von einer zweiten Kultur, einer eigenen, der der herrschenden
Klassen entgegengesetzten Kultur der Werktätigen vor der Arbeiterklasse sprechen
können. Das bedeutet auch nicht, daß in früheren Zeiten des Feudalismus, als in manchen
Gegenden die Bauern noch verhältnismäßig frei waren, mehr Zeit darum zur Muße
hatten, sich Anfänge einer Bauernkultur entwickelten, aber sie wurden durch die Zunahme der feudalen Fesseln wieder unterdrückt und konnten sich eben nicht zu einer
zweiten Kultur, einer Bauernkultur entwickeln. Vielleicht gab es sogar zu unserer Zeit
noch kleine Inseln relativ freier Bauern mit solchen Kulturanfängen. Das alles muß sehr
gründlich in Zukunft untersucht werden.

Aber auch die gründlichsten Nachforschungen werden keine zweite, keine Bauernkultur entdecken.

Zur Kultur in einer Ausbeutergesellschaft gehört doch vor allem das Bewußtsein,
entweder heute die kulturell, mit ihren ideologischen Wertungen die Gesellschaft beherrschende Klasse zu sein oder später zu werden. Und ein solches Bewußtsein hatten
die Bauern niemals, hatten die Arbeiter aber im Kapitalismus schon sehr früh.

Natürlich kann die Arbeiterklasse, solange sie unterdrückt ist, keine so umfassende
Kultur entwickeln wie die Bourgeoisie – ich meine real, in ihren Reihen. Dazu befähigt
sie sich erst im Sozialismus, aber sie ist befähigt, feste Grundlagen zu legen – im
Gegensatz zu winzigen Elementarteilchen, die wieder zerstört werden, bei anderen ausgebeuteten Klassen in vorkapitalistischen Gesellschaftsordnungen. Keine vorangehende
unterdrückte Klasse wäre auch fähig gewesen, entsprechende Grundgedanken des gesellschaftlichen Lebens, wie sie Marx und Engels entwickelt hatten, zu assimilieren, in die
Praxis umzusetzen und dann weiterzuentwickeln. Darum sprechen wir mit Recht von
einer Kultur der unterdrückten Arbeiterklasse im Kapitalismus, hätten aber Unrecht,
von einer eigenen Kultur etwa der Bauern im Feudalismus zu sprechen.

Erster Teil

Hintergrund und „Große Welt"

Um 1600

Betrachten wir die Wirtschafts- und politische Karte Europas um 1600, dann scheint es schwer zu entscheiden, wie Deutschland einzuordnen ist. Noch um 1500 war Deutschland wohl eindeutig das wirtschaftlich stärkste, technisch auf vielen Gebieten fortschrittlichste Land, und seine politische Zerrissenheit spielte noch keine so große Rolle, da auch England und Frankreich noch nicht wirklich national geeint waren. Der Streit der Gelehrten beginnt erst, wenn wir die vergleichsweise Stärke ein Jahrhundert später untersuchen. Vor allem aber auch, wenn wir die Entwicklung in Deutschland selbst betrachten.

Friedrich Lütge, der sich mit der Lage Deutschlands vor Ausbruch des Dreißigjährigen Krieges besonders beschäftigt hat, gibt eine Übersicht über die Meinungen derer, die einen wirtschaftlichen Rückgang in Deutschland lange vor dem Dreißigjährigen Krieg sehen:

„Mit am Anfang steht jenes so vorsichtig abwägende Urteil eines Mannes von der Bedeutung von W. Roscher. Er sagt (i. J. 1874): ‚Ein volkswirtschaftliches Sinken von Deutschland während der zweiten Hälfte des 16. Jh. möchte ich nicht mit Zuversicht behaupten. Die verhältnismäßig tiefe Ruhe, die in Deutschland über 50 Jahre lang nach dem Augsburger Religionsfrieden herrschte, nur etwa durch solche Händel wie die Grumbachschen‘ oder – so darf man hinzufügen – die Wirren um den Stuhl des Kölner Erzbischofs, ‚unterbrochen, aber als schroffster Gegensatz zu den langwierigen schweren Kämpfen in Frankreich und den Niederlanden, mußte an sich der Volkswirtschaft günstig sein‘*. Es sind also nicht materialfundierte Forschungen, sondern allgemeine historische Überlegungen, die ihn zu dieser Vorstellung führen. So wichtig solche Überlegungen sind, ausschlaggebend und ausreichend können sie nicht sein. Verwandt ist die Auffassung von B. Haendcke. ‚Die Grundbedingungen für das eigentliche Leben waren zu Beginn des 17. Jh. scheinbar und auch tatsächlich, je nachdem man den Standpunkt wählt, die besten. Tiefer Friede breitete seine weichen Fittiche über Deutschland. Es verfügte über einen größeren Reichtum an Menschen wie an Kapitalien als je zuvor. Gewerbe und Handel blühten. Man hatte noch nicht wahrgenommen, daß man tatsächlich von der Hand in den Mund lebte; daß der große, vorwärtsdrängende, wagende und gewinnende Zug abhanden gekommen war, und zwar allerorten. Der 30jährige Krieg rief aus diesem schönen Traume zu furchtbarem Leben‘**.

Schon schroffer, allerdings auch ohne nähere Fundierung, ist die zusammenfassende Äußerung von K. Lamprecht: ‚Gewiß ist nicht zu verkennen, daß der wirtschaftliche

---

* *W. Roscher,* Geschichte der Nationalökonomik in Deutschland, 1874, S. 126. (2. Aufl. in Manuldruck 1924.)

** *B. Haendcke,* Deutsche Kultur im Zeitalter des Dreißigjährigen Krieges, 1906, S. 254.

Rückgang Deutschlands schon lange vor dem Dreißigjährigen Kriege begann. Bereits in der zweiten Hälfte des 16. Jh. stand die Nation unter den gegensätzlichen Wirkungen der beiden großen Ereignisse der Wende des 16. und des Anfangs des 17. Jh.: der Reformation und der großen Entdeckungen' ... Letztere hatten die Folge, nämlich die Ablenkung des Welthandels nach den Westküsten Europas, und dadurch wurde der deutschen ,Nation die geldwirtschaftliche Grundlage ihres ökonomischen wie geistigen Lebens je länger je mehr verkürzt'*. Bei allem Respekt vor Lamprecht wird man doch nicht nur an der wie selbstverständlich angenommenen Verkürzung der geldwirtschaftlichen Fundierung des ökonomischen und geistigen Lebens zweifeln müssen, sondern auch zu fragen haben, ob die Ablenkung des Welthandels an die Westküste Europas so weittragende Konsequenzen gehabt hat und haben konnte.

R. Kötzschke weist gleichfalls auf diese Tatsachen hin, also die Entdeckungen mit ihrem Wandel in der Bedeutung der Seemächte, ebenso auf die großen Verluste, die die oberdeutschen Unternehmer bei ihren Anleihen erlitten hatten, aber dann sagt er doch in seiner so vorsichtig-abwägenden, ja bedächtigen Art, in der er Meister war: ,Deutschlands Außenhandel und Ausfuhrgewerbe waren nun im Beginne der Neuzeit noch nicht so bedeutend, daß das Volk nicht vermocht hätte, sich ohne Katastrophe gleichsam auf wirtschaftliche Selbstgenügsamkeit zurückzuziehen. In der Tat zeigte sich in der zweiten Hälfte des 16. und noch im Anfang des 17. Jh. im Lande viel behaglicher Wohlstand; auch nahm die Volkszahl zu'**.

Will man darin einen gewissen Bruch in der angedeuteten Entwicklungslinie sehen, so wird dieser durch zwei andere Stimmen, die am Schluß erwähnt seien, mehr als ausgeglichen: So ist etwa besonders überraschend scharf das Urteil von C. Brinkmann*** formuliert, der unter knappem Hinweis auf diese und einige andere Tatsachen glaubt, von der ,Verödung Mitteleuropas' sprechen zu müssen, ,die sich für Deutschland und Italien lange vor dem Dreißigjährigen Krieg entschied'. Da er keine nähere Begründung bringt, ist es kaum möglich, sich mit ihm kritisch auseinanderzusetzen.

Und schließlich sei H. Bechtel genannt, dessen Formulierungen wohl diese ganze Haltung in das Extrem steigern und dem Verfasser in einem besonderen Maße abwegig erscheinen. Er schließt nämlich aus dem Aufbau der östlichen Staatenwelt auf einen Abbruch der wirtschaftlichen Beziehungen, auf eine Ausschaltung Deutschlands. ,Die Handelsbeziehungen Deutschlands nach dem Osten, die schon im frühen Mittelalter so lebhaft gewesen waren ..., wurden im 16. Jh. durch politische Standraumverschiebungen in Osteuropa fast völlig unterbunden'; und nach Erwähnung der Staatenbildungen im Ostraum fährt er fort: ,Die letzte Möglichkeit für eine Betätigung der deutschen Wirtschaft im Osten ging mit der Aufteilung der Ukraine verloren'. Das andere Moment, das zum Niedergang führt, ist nach seiner Meinung der spanische Staatsbankerott von 1557; als Folge davon, so meint er, ,erschütterte eine lang anhaltende Wirtschaftskrise die deutsche Wirtschaft; eine seit 1566 auf das ganze Reich von den Niederlanden übergreifende Wirtschaftsstockung verschärfte Lage ... Von dieser Untergangsstimmung

---

   * *K. Lamprecht*, Deutsche Geschichte, Bd. VI, 4. Aufl., 1920, S. 340.
  ** *R. Kötzschke*, Grundzüge der deutschen Wirtschaftsgeschichte bis zum 17. Jh., 2. Aufl., 1921, S. 192. Auf der folgenden Seite meint er dann, daß die Steigerung der nominellen Vermögenswerte nicht von einer entsprechenden Mehrung sachlicher Güter begleitet gewesen sei, — eine kaum aufrechtzuhaltende Behauptung.
 *** *C. Brinkmann*, Wirtschafts- und Sozialgeschichte, 2. Aufl., 1953, S. 106.

konnte sich die Wirtschaft Deutschlands bis zum Dreißigjährigen Krieg nicht mehr erholen. Der Krieg vollendete einen seit langem eingetretenen Abstieg'*."[1]

Es ist wirklich erstaunlich, wie grundverschieden die Entwicklung Deutschlands im 16. Jahrhundert beurteilt wird. Und das drei, vier Jahrhunderte später! Und das nach einem Jahrhundert, das in die Geschichte der Geschichtsschreibung eingeht als eine Zeit des Quellenstudiums!

Und eine solch verschiedene Beurteilung durch Wirtschaftshistoriker, die gewohnt sind, mit handfesten Tatsachen umzugehen und die die Ideologie der gleichen Klasse vertreten!

Natürlich gibt es auch bei solchen Untersuchungen die Möglichkeit zu Spekulationen – etwa über die Bedeutung neuer Handelswege und die Einengung alter, eine Frage, auf die schon Engels für das Deutschland des 16. Jahrhunderts aufmerksam gemacht hatte.

Natürlich kann man die Bedeutung des Kredits für die Wirtschaft Deutschlands im 16. Jahrhundert verschieden einschätzen.

Aber so gegensätzliche Urteile wie Deutschland „verfügte über einen größeren Reichtum an Menschen wie an Kapitalien als je zuvor. Gewerbe und Handel blühten" (Haendcke) und „Verödung Mitteleuropas" (Brinkmann) sind doch selten in der Geschichtsschreibung.

Lütge selbst gehört zu denen, die die Situation in Deutschland vor dem Dreißigjährigen Krieg als relativ günstig beurteilen. Er führt gegen die ungünstige Beurteilung folgende Gegenargumente an, die sich mit dem, was er als „Standard-Fehler" in der Literatur bezeichnet, beschäftigen:

„a) Die unbezweifelbare Abwärtsentwicklung mancher Handelsstädte, wie etwa Lübeck, Straßburg, Regensburg, Ulm, Konstanz, Ravensburg, später Augsburg u. a. wird allzu schnell als ein Rückgang ‚der' deutschen Volkswirtschaft angesehen, wobei die enge Blickrichtung auf eine bestimmte Stadt oder die Situation einer Reihe von Städten Pate steht. Außerdem bedeutet ‚Rückgang' ja nicht ‚Verfall', und es gilt daher, diesen Rückgang vorsichtig abzuwägen.

b) Übersehen wird dabei allzu leicht, daß andere Städte dafür aufsteigen, wie etwa Hamburg, Frankfurt, Leipzig, Danzig, Breslau, Königsberg u. a. m. Und wo dies auch gesehen wird, da wird nicht die so naheliegende Folgerung gezogen, daß es sich schon im Bereich der städtischen Wirtschaft um ausgedehnte und tiefgreifende Verschiebungen handelt. Das Bewußtsein von der Minderung bestimmter altberühmter Städte wiegt gewichtiger als das Wissen um die Mehrung anderer Städte, und so wird beides nicht richtig abgewogen. Im besonderen wird in aller Regel übersehen, daß in dieser Zeit eine Fülle von kleinen Städten und Städtchen durch Verlagerungen von Gewerbezweigen oder auch von Verlagsorganisationen eine hohe Bedeutung erringen, und daß außerdem das Gewerbe in einem großen Ausmaße sich auf dem Lande ansiedelt oder, wo es schon auf dem Lande ansässig war, sich ausweitet. Bei der herkömmlichen Betrachtung dominiert allzu sehr das Ausgehen von dem Schicksal der alten großen Handelsstädte, deren Geschichte, speziell auch wirtschaftliches Geschick durch die stadtgeschichtlichen Forschungen bekannter ist als das der kleinen Städtchen und Industrie-Dörfer.

c) Die Bedeutung mancher Spezialbereiche, wie etwa des Kreditwesens, des sog. Kapitalmarktes, wird in ganz unzulässiger Weise überschätzt.

d) Überschätzt wird im allgemeinen auch die Rolle des Handels (Groß- und Fern-

---

[1] *Fr. Lütge,* Studien zur Sozial- und Wirtschaftsgeschichte, Stuttgart 1963, S. 344ff.
* *H. Bechtel,* Wirtschaftsgeschichte Deutschlands, II. Bd., 1952, S. 65ff., 122.

handels), und dies etwa zu Lasten des Gewerbes. Die Frage, wie es um die Entwicklung der gewerblichen Produktionsverhältnisse steht, wird viel zu wenig beachtet. Sie wird im besonderen auch etwa gegenüber der sehr viel mehr in den Vordergrund gerückten Frage nach der Bergwerksproduktion zurückgestellt. Es trifft für diese Jahrhunderte nicht mehr zu, was für das Hochmittelalter galt, daß nämlich Fernhandel und Markt ausschließlich das wirtschaftliche Zentrum, den Lebensnerv der Städte abgeben. Das Gewerbe ist inzwischen von wesentlich gesteigerter Bedeutung geworden.

e) In noch größerem Ausmaß erfolgt diese Zurückdrängung und damit notwendig die Verzerrung des Bildes aber im Hinblick auf den agrarischen Sektor der deutschen Volkswirtschaft, der ja noch immer der wichtigste Bereich der gesamten Volkswirtschaft ist. Wie merkwürdig, daß die Frage nach der Agrarkonjunktur sich so ganz abgesplittert hat, man sie gewissermaßen in Isolierung betrachtet, nicht aber unter Einordnung der Land- und Forstwirtschaft in die Gesamtentwicklung, und zwar unter Zuerkennung des diesem Zweige zuzuerkennenden Vorranges! Mit anderen Worten: Man kann unmöglich etwas über die Entwicklung, das Auf und Ab der deutschen Wirtschaft aussagen, ohne den agrarischen Bereich mit heranzuziehen.

f) Und ebenso fehlt es an einer Berücksichtigung der Lebenshaltung der nicht-selbständigen Bevölkerungsschichten, also der gewerblichen wie der ländlichen Arbeiter, des Gesindes usw. Und doch steht es wohl fest, daß die Lebenshaltung dieser Schichten ein nicht unwichtiger Teil der Gesamtsituation ist. Wie unzulänglich muß es sein, nur etwa die Einkommen der Kaufherren oder gehobener Gewerbetreibender und Landwirte ins Auge zu fassen, und nicht auch den Lebensstandard breiterer Schichten! Nur wenn man etwas darüber weiß – sicher wird das Wissen angesichts der Quellenlage wohl immer unzulänglich bleiben –, läßt sich ein ungefähres Bild von der Entwicklung des Sozialproduktes gewinnen, die sich eben ja nicht nur in Preisbewegungen und in der Höhe der Unternehmereinkommen, speziell der Handelsgewinne, widerspiegelt."[2]

Was die Punkte a) und b) – über den Rückgang der Entwicklung einer Reihe von Städten den Aufschwung anderer zu übersehen – betrifft, so ist zu bemerken, daß schon v. Gülich 1830 und später Engels in seinen Auszügen aus ihm diesen Fehler vermieden haben.

Zugleich muß man aber auch fragen, ob nicht die Rolle der großen Städte für die Beurteilung der gesamten Volkswirtschaft in dieser Zeit allgemein überschätzt wird. Man muß doch mal endlich versuchen, sich ein Bild der damaligen Volkswirtschaft zu machen. Ist es richtig, wenn ich vermute – niemand anders hat überhaupt versucht, wenigstens solche Vermutungen zu machen –, daß etwa vier Fünftel der Produktion überhaupt nicht auf dem Markt erscheinen, sondern von den Produzenten selbst und denen, an die sie Abgaben zu leisten haben, verbraucht werden? Ist es richtig, daß neunzig Prozent der sogenannten Städte teils wiederum aus Eigenproduktion der Einwohner, teils durch Kauf und Verkauf auf einem lokalen Markt leben? Niemand weiß es, aber sind solche Vermutungen völliger Unsinn? Ich glaube nicht. Wer außerhalb der herrschenden Klasse – also des Adels, der oberen Kirchenhierarchie, reicher Handwerker und Kaufleute in den wenigen großen Städten – kauft mehr als einmal im Jahr Waren, die aus dem Fernhandel kommen, es sei denn Salz, das nicht überall lokal produziert wird.

Harnisch bemerkt zu diesen Ausführungen: „Vier Fünftel der Produktion kamen nicht

---

[2] Ebendort, S. 350f.

auf den Markt. Das bezieht sich doch auf die gesamte Volkswirtschaft? Für die gewerbliche Produktion halte ich das für beträchtlich zu hoch. Man denke an die Tuchmacher,
Leineweber, Bierbrauer, metallverarbeitende Gewerbe, Bäcker usw. Für die Landwirtschaft könnte ich zustimmen in Gebieten extremer Grundbesitzzersplitterung (den ausgedehnten Realteilungsgebieten) und in Gebieten bereits voll entwickelter Gutsherrschaft
mit Arbeitsrenten von mehr als zwei Tagen je Bauer und Woche. Bei den Gutswirt-
schaften können wir die Marktquote einigermaßen genau bestimmen, und ich würde
hier (je nachdem, wie weit der Teilbetrieb geht) ein Drittel bis zu zwei Dritteln als
Marktproduktion annehmen (aufgrund von Rechnungen und Taxationen aus den verschiedensten Gegenden). Bei Bauernwirtschaften (außerhalb der Gutsherrschaft und je
nach der vorherrschenden Rentenform) halte ich eine Marktquote von 30–40 Prozent
für das Maximum. Belegen könnte ich diese Behauptungen nur in einem größeren Aufsatz. Ich halte vier Fünftel auch deswegen für zu hoch, weil ich aus zahlreichen Erbverträgen von Bauernfamilien aus verschiedenen Gegenden immer wieder ersehen habe,
daß sie Tuche kaufen und auch Leinen (wohingegen sie den Flachs noch selbst spinnen).
Die Bauern waren also ein Markt für Textilprodukte, und um diese kaufen zu können,
mußten sie eine Marktproduktion leisten. Sobald ihnen die feudale Ausbeutung etwas
mehr Spielraum ließ, findet sich dann in den Erbschlichtungen Kleidung aus englischem
Tuch verzeichnet, Messing- und Kupfergeschirr, selbst Silberschmuck. Die Lage der
Bauern war um 1600 eben wirklich sehr differenziert."

Natürlich beziehen sich meine Ausführungen auf die gesamte Volkswirtschaft. Was
die Käufe der Bauern auf dem Markt betrifft, so geht Harnisch von Erbverträgen aus.
Frage: Wieviele Bauern machten Erbverträge? Großbauern sicherlich – siehe auch die
Gegenstände, die Harnisch aus den Erbverträgen nennt –, aber schon Mittelbauern und
gar Kleinbauern? Und wenn die Bauern, sagen wir, zehn Prozent ihrer Produkte auf
dem Markt verkauften, dann kauften sie vielleicht für ein Achtel des Erlöses Waren; der
Rest ging auf die Zahlung von Geldrenten. Die Geldrenten aber wurden vom Feudalherren (auch der Kirche) zu einem beachtlichen Teil für Lohnzahlungen verwendet,
erschienen also nicht auf dem Warenmarkt, und der ausgezahlte Lohn wurde, etwa beim
Gesinde, aber auch sonst, wieder als „Steuern" oder Geldrente vom Feudalherrn eingezogen. (Eine Ausnahme machen spezialisierte Wein- und Obstbauern, die einen Großteil ihrer Produktion auf dem Markt verkauften.)

Was aber die Städter betrifft, so war natürlich der Anteil ihrer Produktion, der auf
dem Markt erschien, weit, weit höher als auf dem Lande. Aber auch nicht so hoch, wie
vielfach angenommen wird. Man muß doch sehen, daß ein Großteil der Handwerker
einen beachtlichen Teil ihrer eigenen Lebensmittel produzierten – wohl gemerkt, ich
meine nicht die Ackerbürger, die auch ein Handwerk betreiben können. Die meisten
Ratsherren, Handwerker und Händler hatten eigene Gärten, Viehställe und Felder.
Bücher stellt mit Recht fest: „Zunächst wird Niemand, der sich mit diesen Dingen
eingehender beschäftigt hat, sich des Eindrucks haben erwehren können, daß das mittelalterliche Städteleben sich sozusagen in einer durchaus ländlichen Atmosphäre bewegt.
In den Frankfurter Gesetzbüchern des XV. Jahrhunderts sind die Rathsbeschlüsse, welche
sich mit der Regelung der Landwirthschaft beschäftigen, fast ebenso zahlreich wie
diejenigen, welche Gewerbe und Handel betreffen."[3] Und was Bücher für das 14. und

---

[3] *K. Bücher*, Die Bevölkerung von Frankfurt am Main im 14. und 15. Jahrhundert, Bd. 1, Tübingen
1886, S. 261f.

15. Jahrhundert feststellte, gilt zum größten Teil auch noch für das 16. Jahrhundert und die von uns behandelte Zeit. Georg Adler zitiert, daß es als ungehörig galt, wenn „der bürgersmann nit dafür sorge, daß er eigen hausvieh habe, und alles fleisch und die milch kaufen müsse". „Selbst ärmere Bürger halten für den Hausbedarf an Fleisch wenigstens ein paar Kühe oder Schweine" findet Adler.[4] Die Schweinehaltung – manche Handwerker hielten zehn und mehr Schweine – wurde öfter nur mit Rücksicht auf den Straßenzustand, die Wasserhygiene sowie die häufig direkt an der Straße angelegten Ställe beschränkt. Seltener beschränkt war die Schafhaltung.[5] „Die meisten Häuser waren mit Höfen und Wirthschaftsgebäuden versehen; vielfach gingen die Viehställe nach der Straße. Bekannt sind die Verordnungen über das Umhertreiben der Schweine. Überall lagen die Misthaufen vor den Häusern, und die zahlreichen Rathsbeschlüsse, welche auf Beseitigung dieses Übelstandes wenigstens in der Altenstadt hinausliefen, konnten noch gegen Ende des XV. Jahrhunderts nur mit gewissen Einschränkungen aufrecht erhalten werden."[6] Zu unserer Zeit waren die Rathsbeschlüsse wohl etwas wirksamer, aber die Selbstversorgung mit Fleisch und Milch wie Käse dauerte an.

Das heißt, meine Schätzung, daß vier Fünftel der gesamten Produktion nicht auf den Markt kamen, erscheint mir nicht übertrieben. Jedoch wird es noch ausführlicher Untersuchungen bedürfen, bis wir zu einer einigermaßen gesicherten Zahl kommen. –

Natürlich sind die Städte wichtig, ja wohl entscheidend als Zentren der Kultur eines Großteils der herrschenden Klassen – aber auch das trifft nur für die wenigen größeren Städte zu.

Natürlich sind die Städte in unserer hier betrachteten Zeit wichtig in Projektion für die Zukunft um 1800 und später.

Natürlich waren die großen Städte in der vorangehenden Zeit wichtig als eine von mehreren Triebkräften des Fortschritts.

Aber ich glaube, man kann sagen: Für die Gestaltung des Alltags der überwältigenden Anzahl der Bevölkerung Deutschlands spielten die größeren Städte, über deren Entwicklung die hier genannten Historiker streiten, praktisch keine Rolle – es sei denn, was selten genug war, ein Territorialfürst residierte in ihnen.

Lütges Punkte c) und d) – Überschätzung des sogenannten Kapitalmarktes und des Handels – treffen auf unsere Zeit völlig zu. Sicher spielen Kapitalmarkt und Handel eine gewisse Rolle für die Herausbildung von einzelnen Gewerbzweigen auf dem Lande und für den Großhandel mit landwirtschaftlichen Produkten, die manche Grundherren verkaufen. Sicher spielen sie eine entscheidende Rolle in den wenigen Großstädten. Und sicher beginnt in unserer Zeit die merkwürdige Wandlung, daß, während ihre Rolle für die gewerbliche Produktion in den großen Städten geringer wird, diese für die gewerbliche und landwirtschaftliche Produktion außerhalb der großen Städte größer wird. Aber im ganzen hat Lütge recht, daß sie von den Historikern, einschließlich der Wirtschaftshistoriker, für das 16. Jahrhundert und die erste Hälfte des 17. Jahrhunderts in Deutschland überschätzt werden.

Und gar nicht genug kann betont werden, wie völlig recht Lütge hat mit Punkt e),

---

[4] G. *Adler*, Die Fleisch-Teuerungspolitik der deutschen Städte beim Ausgang des Mittelalters, Tübingen 1893, S. 6.

[5] Vgl. dazu auch E. *Schmauderer*, Studien zur Geschichte der Lebensmittelwissenschaft, Wiesbaden 1975, S. 79ff.

[6] K. *Bücher*, a. a. O., S. 263f.

und recht hat er auch, wenn er in einer Fußnote als prächtige Ausnahme die Arbeiten von W. Abel nennt; heute sollte man die hervorragende Gruppe der Agrarhistoriker in der DDR hinzufügen. Man kann, in der Tat, die Bedeutung der Landwirtschaft für die Gesamtentwicklung der Wirtschaft im 16. Jahrhundert nicht hoch genug einschätzen. Und dabei ist es völlig gleichgültig, ob es sich um eine nach 1525 sich in Deutschland mehr und mehr refeudalisierende oder, wie in England, um eine allmählich kapitalistisch werdende Landwirtschaft handelt. Ja, ich möchte noch weitergehen und formulieren: Ohne ein Studium der Stadtentwicklung zwischen 1525 und 1625 würde uns manches in der Entwicklung Deutschlands in dieser Zeit entgehen. Ohne ein Studium der Landwirtschaft würde uns alles entgehen.

Insbesondere auch hinsichtlich der von Lütge unter f) angeschnittenen Problematik, der Frage der Einkommensgestaltung der „nicht-selbständigen Bevölkerungsschichten" – und fügen wir hinzu: vor allem auch der Lebenshaltung der kleinen Bauern.

Lütge meint abschließend über die Entwicklung des Sozialprodukts: „Zweifellos werden wir niemals auch nur annähernd ausreichende Zahlen für eine Berechnung des Sozialproduktes dieser Zeit (mit Vergleich zu früherer und späterer Zeit) gewinnen können. Es wird nur übrig bleiben, durch möglichst zuverlässige Erfassung einiger Hilfsdaten einen gewissen Anhalt zu gewinnen. Dabei ist nicht nur zu denken an Produktions-Entwicklungen im agrarischen und gewerblichen Bereich, sondern man würde sicher weiterkommen, wenn man durch systematische Durchsicht der Angaben in Testamenten, Übergabeverträgen, Steuerverzeichnissen usw. eine im Vergleich zum gegenwärtigen Stand der Forschung zuverlässige Vorstellung von der Vermögensbildung breiterer Volksschichten erhalten könnte. Ein gewisser Optimismus erscheint im Hinblick auf die zu erwartenden Ergebnisse gerechtfertigt zu sein. Nun wird man allerdings zwischen einem absoluten und einem relativen Anwachsen des Sozialproduktes zu unterscheiden haben, – relativ, d. h. in Beziehung gesetzt zum Bevölkerungswachstum. Mit aller Vorsicht wird man wohl sagen können, daß bis in die Zeit des Dreißigjährigen Krieges hinein wohl sicher ein absolutes Ansteigen angenommen werden kann, aber von entscheidender Bedeutung wird es sein, ob sich auch ein relatives Ansteigen nachweisen läßt. W. Abel ist aufgrund seiner Untersuchungen über den agrarwirtschaftlichen Bereich zu dem Ergebnis gekommen, daß – eben angesichts der Bedeutung des agrarischen Sektors für die gesamte Volkswirtschaft – das Sozialprodukt im Verlaufe des 16. Jh. wahrscheinlich pro Kopf der Bevölkerung, also relativ, sank. Das ist ein gewichtiges Urteil, aber es wird wohl noch weiterer Untersuchungen bedürfen, um zu einer – soweit sie überhaupt möglich ist – endgültigen Klärung zu kommen."[7]

Wie aber vergleicht sich Deutschland in der internationalen Entwicklung? Daß es um 1500 an der Spitze in Europa stand, scheint mir kaum zweifelhaft – eine Auffassung, die auch durch seine politische Entwicklung gestützt wird: erlebte doch Deutschland mit dem Bauernkrieg die ersten Anfänge einer bürgerlichen Revolution in Europa.

Was die Zeit um 1600 betrifft, so ist vor allem ein Vergleich mit England von großer Bedeutung, da nur dieses als ernster Konkurrent in dem Jahrhundert vor dem Dreißigjährigen Krieg in Frage kommt. Heinrich Cunow urteilt so:

„Obgleich demnach die englische Wirtschaftsentwicklung im Vergleich zur deutschen sich am Schlusse des 16. Jahrhunderts als rückständig erweist, finden einige englische Wirtschaftshistoriker, daß schon damals England wenigstens insofern vor Deutschland

---

[7] *Fr. Lüdge*, a. a. O., S. 362 f.

einen großen Vorsprung gehabt hätte, als seine Kapitalsbildung viel weiter vorgeschritten gewesen sei und daher seine finanzielle Stärke diejenige Deutschlands übertroffen hätte.

Auf diese Behauptung hat mit Recht schon Richard Ehrenberg in seinem Buch ‚Hamburg und England im Zeitalter der Königin Elisabeth' (S. 2) geantwortet:

‚Ebenso läßt sich feststellen, daß der Reichtum Deutschlands an Geldkapital im 16. Jahrhundert ein weit größerer war, als derjenige Englands. Der Venezianer Giovanni Micheli schätzte 1557 das Vermögen der reichsten englischen Kaufleute mit 50 000 bis 60 000 Pfund Sterling oder 200 000 bis 240 000 Dukaten. Soviel besaßen, nach Ausweis der noch erhaltenen Geschäftsbücher, damals schon Augsburger Handelshäuser zweiten Ranges; das Vermögen der Fugger belief sich, wie ich aus ihren Büchern ersah, 1546 auf 4¾ Millionen Gulden oder fast 3½ Millionen Dukaten. Die englische Krone mußte ihre Anleihen bis zum Ausbruch der niederländischen Wirren in Antwerpen aufnehmen. Als dies nicht mehr ging, hatte selbst eine Elisabeth oft die größte Mühe, ihre außerordentlichen Geldbedürfnisse durch inländische Anleihen zu decken, was nicht immer gelang. Die deutschen Kaufleute verfügten dagegen über so große Geldkapitalien, daß sie nicht nur dem Kaiser, sondern auch seinen Feinden, den Königen von Frankreich, wie überhaupt den meisten europäischen Potentaten, einschließlich der Beherrscher Englands, viele Jahrzehnte lang den größten Teil der für ihre Rüstungen und Kriege nötigen Geldmittel leihen konnten.' ...

Vergleichen wir, wie sich ein Jahrhundert später, also am Schlusse des 17. Jahrhunderts, die deutschen und englischen Wirtschaftsverhältnisse gestaltet hatten, so ergibt sich allerdings ein ganz anderes Bild: Deutschlands Wirtschaftszustände sehen im Vergleich zu denen Englands geradezu kümmerlich und armselig aus. Fast gewinnt man den Eindruck, als wäre Deutschlands Entwicklung inzwischen auf einem Umwege zu den Zuständen einer längst vergangenen Zeit, der Zeit nach dem Niederwurf des großen Bauernaufstandes, zurückgekehrt."[8]

Für Cunow und andere ist die Zeit zu Beginn des 16. Jahrhunderts weit unterlegen der zu Ende dieses Jahrhunderts, und auch international gesehen steht Deutschland um 1600 gut da.

Ganz anders sehe ich die Situation – allerdings mit dem ganz großen Vorteil gegenüber Cunow, daß inzwischen viele Studien über eine zu Cunows Zeiten noch praktisch unbekannte industrielle Revolution, die zwischen, wie Nef sie datiert, 1540 und 1640 in England stattgefunden hatte, vorliegen. In meinem Buch über Vier Revolutionen der Produktivkräfte schrieb ich:

Um 1500 stand England in der gewerblichen Produktion hinter Frankreich und Deutschland, Italien und Holland zurück. Um 1640 stand es an der Spitze Europas. Eine industrielle Revolution hatte England schnell und weit vorangetrieben.

Ich glaube, ich hatte nicht ganz recht, als ich in meiner Geschichte der Lage der Arbeiter schrieb:

„Mit Recht sprechen Nef und zahlreiche andere von einer industriellen Revolution. Neue Produktivkräfte wurden eingesetzt, die nur unter kapitalistischen Produktionsverhältnissen wirksam sein konnten. Schon zuvor bestehende zerstreute und zentralisierte Manufakturen wurden erweitert. Der Bergbau wurde durch die breite Aufnahme der Förderung von Kohle zu einem auch durch die Zahl der Beschäftigten bedeutsamen Wirtschaftszweig. Die Zahl der Lohn-Handarbeiter nahm sehr beachtlich zu.

[8] *H. Cunow*, Allgemeine Wirtschaftsgeschichte, 3. Bd., Berlin 1929, S. 480f.

Aber es entstanden nicht wie in der Industriellen Revolution neue Schichten und Klassen, während alte zugrunde gerichtet wurden. Die soziale Bedeutung der industriellen Revolution des 16. Jahrhunderts bestand vor allem in der Ausbreitung und Festigung des gewerblichen Kapitalismus, wie ihn das 15. Jahrhundert bereits, wenn auch in wesentlich kleinerem Maßstab und auch in durchschnittlich kleineren Betrieben, kannte.

Darum bleiben wir dabei, für die Wende des 18. Jahrhunderts den spezifischen Ausdruck Die Industrielle Revolution zu verwenden, während wir mit Recht im 16. Jahrhundert von einer industriellen Revolution sprechen." *

Wohl meine ich auch heute noch, daß wir den Ausdruck Die Industrielle Revolution für das, was mit der Einführung der Maschine in der zweiten Hälfte des 18. Jahrhunderts in England und darauf auf dem europäischen Kontinent und in den USA geschah, aufsparen sollten. Aber es ist nicht richtig, daß mit der industriellen Revolution im 16. Jahrhundert nicht neue Klassen und neue Schichten entstanden, und es ist auch nicht richtig, daß der nichtlandwirtschaftliche Kapitalismus des 16. Jahrhunderts im wesentlichen nur in einer „Ausbreitung und Festigung des gewerblichen Kapitalismus" des Typs des 15. Jahrhunderts etwa in Italien oder Deutschland, wenn auch in wesentlich größerem Maßstab und auch in durchschnittlich größeren Betrieben, bestand.

Neue Klassen und Schichten waren landwirtschaftliche Kapitalisten, waren städtische Produzenten und Kaufleute als Großgrundbesitzer, waren Grundbesitzer in städtischen Geschäften. Neue Klassen und Schichten waren zahlreiche freie Arbeiter, die in Manufakturen und Bergwerken und als Landarbeiter beschäftigt waren und Zehntausende von Vagabunden, Bettlern oder Gelegenheitsarbeitern, die durch das Land zogen ...

Die sich gegen die feudalen Produktionsverhältnisse empörenden Produktivkräfte der Wende vom 15. zum 16. Jahrhundert wurden auf dem Kontinent von neuem gefesselt und unterdrückt: im Deutschland im Gefolge des verlorenen Bauernkrieges, in Frankreich, da der Absolutismus, der als Balance zwischen Adel und Bürgertum entstanden war, sich schließlich nicht wie in England mit einem verbürgerlichten Adel und dem Bürgertum, sondern mit einem zentral gezähmten feudalen Adel verband, in Rußland, wo die Frage der Zentralisierung der Herrschaft schon deswegen auf feudale Weise gelöst werden mußte, weil die Produktivkräfte noch zu unentwickelt waren, um zu einer wirksamen Empörung kommen zu können, in den italienischen Stadtstaaten des Nordens, in denen sich zwar zuerst im Schoße des Feudalismus Elemente, erste Anfänge kapitalistischer Produktion herausgebildet hatten, da diese dem „feudalen Bollwerk" der Kirche und feudalen Fehden erlagen, in Spanien und Portugal, da dort das Handelskapital niemals eine Wurzel in der Produktion hatte fassen können.

Überall siegte das feudal-zünftlerische Handwerk in der nicht-landwirtschaftlichen Produktion, überall wurden die feudalen Fesseln in der Landwirtschaft wieder angezogen. Überall entstand eine feudal-staatliche Wirtschaftsbürokratie, die statt zu regeln regulierte und so die Entwicklung in jeder Weise behinderte.

Darum ist für das 16. und 17. Jahrhundert zwar eine vergleichende Wirtschaftsgeschichte Europas möglich; auch eine vergleichende Wirtschaftsgeschichte der Lockerung feudaler Fesseln und des Entstehens erster kapitalistischer Elemente im 15. Jahrhundert; jedoch keine chronologisch vergleichende Wirtschaftsgeschichte der ersten indu-

---

* J. *Kuczynski*, Geschichte der Lage der Arbeiter unter dem Kapitalismus, Bd. 22, Berlin 1964, S. 55.

striellen Revolution, die kapitalistische Produktionsverhältnisse schafft. Die erste industrielle Revolution war wohl über 200 Jahre lang auf England beschränkt. ...

Natürlich gibt es auch auf dem Kontinent im 16. und 17. Jahrhundert Manufakturen. Natürlich bestehen gewisse kapitalistische Elemente aus dem 15. Jahrhundert weiter und neue entwickelten sich. Unter einer Masse bedrückenden feudalen Schlamms ging es latent ein wenig vorwärts. Aber vor der Mitte des 18. Jahrhunderts kann nicht von einer industriellen Revolution der Produktivkräfte auf dem europäischen Kontinent gesprochen werden.[9]

Es kann meiner Ansicht nach kein Zweifel darüber bestehen, daß England um 1600 Deutschland wirtschaftlich und politisch beachtlich überlegen war. Und zwar nicht nur in der „industriellen" Produktion, die in dem mehr und mehr kapitalistisch wirtschaftenden England zwischen 1550 und 1650 eine rasch zunehmende Rolle spielte – im Gegensatz zu Deutschland –, sondern auch in der landwirtschaftlichen Produktion. Und weiter: Mit der rapiden Entwicklung des Bergbaus, vor allem des Kohlenbergbaus, und der Verarbeitung von Wolle im eigenen Lande – kapitalistische Manufakturen! – fand eine beachtliche Umgestaltung der Landschaft statt: Breite gewerbliche Inseln entwickelten sich in landwirtschaftlichen Gebieten, ohne daß jene notwendigerweise die Gestalt von Städten annahmen. Von all dem kann in Deutschland kaum die Rede sein.

Was Frankreich betrifft, so ist die politische Überlegenheit in Anbetracht des Grades seiner nationalen Einigung und der territorialen Machtzersplitterung Deutschlands ebenfalls zweifellos; was aber den wirtschaftlichen Vergleich betrifft, so haben wir noch nicht genügend Daten, um zu einer schlüssigen Beurteilung zu kommen.

In der Zeit vor dem Dreißigjährigen Krieg, die wir im folgenden ein wenig näher betrachten, war die Landwirtschaft der überwältigend bedeutsame Wirtschaftszweig. Auch handwerkliche Arbeit wurde überwiegend auf dem Lande entweder von Bauern (Mann und Frau!) oder von Handwerkern, deren Familien oft auch Land bestellten, ausgeübt. Und selbst viele Stadtbewohner waren landwirtschaftlich tätig. Von den vielleicht 14 Millionen Einwohnern Deutschlands (im Umfang des Deutschen Reichs von 1871) waren weit mehr als 13 Millionen landwirtschaftlich beschäftigt.

Auch muß man folgendes bedenken. Der Ausdruck Stadt für unsere Zeit hat wenig mit dem zu tun, was wir heute unter Stadt verstehen. Es gab damals – so behaupten jedenfalls viele Historiker, wirklich gezählt hat sie niemand – wohl an 3000 Städte in Deutschland (wohl einschl. Österreich?), das heißt Orte, die irgendwie rechtlich Städte waren.

Von diesen 3000 Städten hatte aber die überwiegende Mehrheit weniger als 100 Familien im Durchschnitt als Einwohner. Ihre Häuser waren im Bau vielfach denen von Bauernhäusern gleich, und ihre „Strassen" unterschieden sich oft weder durch die Kleidung der Menschen noch durch das Vieh, das sie bevölkerte, von den Dorf„strassen".

Ein Handwerksgeselle oder Händler, der eine solche Stadt durchwanderte bzw. durchfuhr, konnte wahrlich nicht vom Äußeren her unterscheiden, ob es sich um ein großes Dorf oder um eine kleine Stadt handelte, zumal auch Dörfer bisweilen Rathäuser hatten.

Es war Gerhard Heitz, der unsere Historiker als erster auf die Notwendigkeit einer

---

[9] *J. Kuczynski*, Vier Revolutionen der Produktivkräfte, Berlin 1975, S. 13 und 31f.

gründlichen Untersuchung der feudalen Klein- und Mittelstädte aufmerksam gemacht hat. Mit Recht sprach er – und das meinte er allgemein für alle Historiker in allen Ländern – von einer „trostlosen Forschungslage zur städtischen Wirtschaftsgeschichte des Spätfeudalismus"[10], und ging mit dem guten Beispiel einer Untersuchung der kleinen mecklenburgischen Landstädte voran. Doch auch noch elf Jahre später hatte sich die Forschungssituation wenig geändert, und er mußte, eingebaut in eine Kurzcharakteristik der Städte, die wir wegen ihrer Präzision in unserem Zusammenhang wichtiger Stadtkennzeichen an den Anfang unserer Hinweise (mehr sind es nicht) stellen, schreiben: „Ich habe bei Erörterung des Klassenkampfes schon darauf aufmerksam gemacht, daß die überwiegend kleinen Städte als Zuflucht abziehender Bauern nur im Ausnahmefall in Frage gekommen sein dürften; jedenfalls lassen die Quellen einen solchen Schluß klar zu. Aber es muß darüber hinaus noch betont werden, daß die große Mehrzahl dieser Städte sich nach der Größenordnung und Struktur vom platten Lande wenig unterschied, daß ‚ihre Verfassung' städtische Elemente nur in ganz bestimmten Grenzen aufzuweisen hatte und daß hier die Stadtgeschichtsforschung mit ihrer Konzentration auf große Städte und großen Handel uns einfach im Stich läßt. Es darf deshalb diese durch Rückständigkeit, Enge und kleine Produktivkraft, durch Handwerk also und Nahmarktfunktion bestimmte Struktur der Mehrzahl spätfeudaler Städte von der Einschätzung der Periode der zweiten Leibeigenschaft im Ganzen nicht getrennt, sie muß vielmehr geradezu als ein entscheidendes Kriterium für diese Einschätzung genommen und gewertet werden. Daß dabei in den untersuchten Gebieten die Städte nach Zahl und Dichte, Größe und Bedeutung, Struktur und Funktion keineswegs einheitlich gestaltet sind, ergänzt nur unsere früheren Aussagen, und daß sich der städtische Bereich qualitativ auf die Gestaltung der ländlichen Verhältnisse auswirkt, ist ebenso bekannt und soll unterstrichen werden. Auch in den weiter entwickelten Gebieten Kursachsens hat die Stadt im 17. und 18. Jh. keine prinzipiell andere Rolle als in den gutsherrschaftlichen Gebieten gespielt. Es sei nur daran erinnert, daß auch in den durch Bodenschätze begünstigten Territorien der Bergbau im Spätfeudalismus nicht mehr von erheblicher Bedeutung war, so daß diese die großen regionalen Unterschiede des 15. und 16. Jh. begründende Besonderheit erst wieder seit dem Ausgang des 18., insbesondere seit dem Beginn des 19. Jh. wirksam werden konnte. Selbst in dem gewerblich weiter entwickelten Sachsen wird nur ein geringer Teil der kleineren Städte von der Manufakturentwicklung erfaßt.*"[11]

K. Vetter, der, den Anregungen von Heitz folgend, ähnliche Untersuchungen in der Kurmark machte, kommt zu dem Ergebnis: „Eine durch die Problemstellung von Heitz angeregte Untersuchung der Mediatstädte des ehemaligen kurmärkischen Kreises Lebus hat ein völlig ungewohntes Bild städtischer Verhältnisse ergeben.** Für die feudale

---

[10] *G. Heitz*, Zur Rolle der kleinen mecklenburgischen Landstädte in der Periode des Übergangs vom Feudalismus zum Kapitalismus, in: „Hansische Studien", Berlin 1961, S. 121.

[11] *G. Heitz*, Zum Charakter der „Zweiten Leibeigenschaft", in: „Zeitschrift für Geschichtswissenschaft", Jg. XX, Heft 1, Berlin 1972, S. 39.

* *R. Forberger*, Die Manufaktur in Sachsen, Berlin 1957, Tabellenanhang.

** *K. Vetter*, Die Mediatstädte des ehemaligen kurmärkischen Kreises Lebus im 17. und 18. Jahrhundert. Untersuchungen zur Verfassung, Wirtschaft und Sozialstruktur, Phil. Diss. Berlin 1966; ders., Die soziale Struktur brandenburgischer Kleinstädte im 18. Jahrhundert, untersucht am Beispiel der landesherrlichen Mediatstädte des ehemaligen kurmärkischen Kreises Lebus, in: Jahrbuch für Wirtschaftsgeschichte, 1969, T. II.

Stadt als typisch angesehene Qualitätsmerkmale wie die wirtschaftliche Sonderstellung im agrarischen Umland, die Stellung der Stadt als selbständige juristische Person, die sich im Besitz der vollen Rechtsfreiheit befindet, die Ratsverfassung und die höhere gesellschaftliche Qualität der Einwohnerschaft im Rahmen der Feudalordnung besaßen die Lebuser Mediatstädte nicht oder nur in schwachen Ansätzen."[12]

Reißner stellt für Kursachsen fest: „Die Einwohner der kleinen Städte Frohburg, Lobstädt und Kohren waren Untertanen eines Grundherrn und mußten in der Periode der zweiten Leibeigenschaft auch Beschränkungen ihrer Freizügigkeit hinnehmen und prinzipiell gleiche feudale Verpflichtungen erfüllen wie die Dorfbewohner. Ihnen fehlten genauso wie den brandenburgischen Mediatstädten typische Qualitätsmerkmale der Stadt. Trotz einiger städtischer ‚Gerechtsame, wie das Marktrecht und das Recht ihrer Bürger auf Ausübung eines Handwerks‘, waren sie nach ihren wirtschaftlichen und sozialen Verhältnissen große Dörfer."[13]

Auch Bader weist auf die so häufig geringe Unterschiedlichkeit von Kleinstädten und Dörfern hin und bemerkt einige bisher kaum beachtete Ähnlichkeiten in ihrem Schicksal – wie etwa die Tatsache, daß Kleinstädte genau wie Dörfer wüstgelegt und untergegangen sind, andere, genau wie Dörfer, als Siedlungen ihren Standort gewechselt haben. Ferner bemerkt er: „Aber auch größere Städte unterscheiden sich nicht so ausnahmslos und vollständig vom Dorf oder von der ländlichen Siedlung überhaupt, wie man nach der in der Stadtrechtsgeschichte vorherrschenden Auffassung annehmen könnte."[14]

Ganz deutlich und in gewisser Weise naiv, da er gar nicht die Bedeutung seiner Ausführungen für die sogenannte Stadtgeschichte der Feudalzeit erkennt, bemerkt Kraaz:

„Alle anhaltischen Städte betrieben zur damaligen Zeit den Ackerbau als einen der Hauptnahrungszweige und stehen mit den fürstlichen Vorwerken mit wenigen Ausnahmen in einem ähnlichen Konnex, wie die Dorfschaften, in betreff der Dienstpflicht. Die Standeseinteilung in ‚Ackermänner‘ (Vollspänner), Halbspänner und Kothsassen gleicht der der Dorfbewohnerschaft so sehr, daß man die damaligen Städte mit vollem Recht als große, privilegierte Dörfer bezeichnen kann.

Die Dienste sind auf Grund besonderer Privilegien bei einigen dieser Ackerstädtchen nicht so hoch, wie die der Dorfschaften; wo jedoch solche fehlen, ist die Lage des Bürgermannes durchaus nicht vorteilhafter, als die des Bauern. Das kleine Bergstädtchen Harzgerode scheint besonders stark belastet gewesen zu sein. Die Dienstverpflichtung der Handfroner war ungemessen, ungeachtet einer jährlichen Dienstgeldzahlung: ‚Dürfen aber daneben mehr nicht thuen, als was man sie heißet‘, sagt der Amtsschreiber bezeichnend, ‚ja auch Hunde- und andere Ställe zu misten, müssen nach Schielo, Birnbaum zu Herrendienst lauffen, welches dem Landknecht gebührt, und seind recht arme gezwungene Leuth, denn es falle vor, was da wolle, so müssen die Harzkeroder fort. Und ist gleichwohl nicht ohne, daß sie nicht alleine der fürstlichen Herrschaft und derselben Amt dienen und volgen müssen, besonderen haben auch des Raths Baudienste und die

---

[12] K. *Vetter*, Die sozialen Verhältnisse in brandenburgischen Mediatstädten im 17./18. Jahrhundert, in: „Zeitschrift für Geschichtswissenschaft", Heft 8, Berlin 1970, S. 1062.

[13] M. *Reißner*, Die Gerichte in den Rittergütern des Amtes Borna im 17. und 18. Jahrhundert – ihre Sozialstruktur, ihre Organisation und Funktion im spätfeudalen Staat, Diss. Leipzig 1973, S. 215.

[14] K. S. *Bader*, Studien zur Rechtsgeschichte des mittelalterlichen Dorfes, Bd. 1, Weimar 1957, S. 231f.

Gemeine Nachbarrechte uf dem Halse, daß in dem Fall die Bauern ufm Lande und die vor den Thoren wohnen, viell besser sitzen, welche ihre gewisse Dienste haben und hernach Frieden haben, bekommen dazu ihr Brod, die Bürgerschaft aber nichts, daß also gantz kein Wunder woher die große Armut in diesem Städtlein erwachse und komme, sinthemal solche vielfaltige Dienste nicht eine geringe Steuer der armen Leute ist.' (Saalbuch Harzgerode 1602.)

In den meisten Städten fehlt allerdings die Geschlossenheit der Vollspännergüter, die Äcker sind ,freie Erbäcker', damit steht auch den Ackerbürgern frei, ,auszuspannen', d. i. ihr Spannwerk abzuschaffen, indeß muß jeder, solange er Pferde hält, den vollen Dienst leisten.

(So im Amt Nienburg und Bernburg.) Das Saalbuch Sandersleben sagt: Die Bürger von Sandersleben ,berufen sich auf die Aus- und Anspannbefreyunge, sie wollen keine gewisse Ackerleute sein'. Sie müssen aber ein bestimmtes Stück Vorwerksland besorgen, ,wieviel es auch seien'."[15]

Und dann gibt Kraaz wenige Seiten später noch einen erstaunlichen Auszug aus einem Schreiben der Regierung des Fürstentums vom Jahre 1614, in dem sie erklärt, sie sei sich „wohl bewußt, daß die Leute in Städten und Dörfern bishero sich sehr des Rodens befließen und viel Rodelandt zu ihren Äackern und Wiesen gebracht."

Die Städter fronen und roden genau wie die Dorfbewohner, ja auch ungemessene Dienste gibt es für die Städte, und von irgendwelcher Stadtluft, die frei macht, ist wahrlich nichts zu merken.

Und auch da, wo Stadtluft frei macht, trifft das nicht für die Stadt als Grundherren bzw. für die Bauern auf dem der Stadt gehörenden Grund und Boden außerhalb der Stadtmauern zu.[16]

Doch auch folgendes ist von der „freien Stadtluft" zu berichten: „Die Städte (in Sachsen – J. K.) beklagten sich auf dem Landtage von 1609, daß der Adel es wage, die Kinder seiner Untertanen, die in den Städten Dienst genommen hätten, auf das Land abzufordern, und daß er, falls diese nicht bereitwillig ihrem Rufe Folge leisteten, dann die Eltern mit Gefängnis und anderen Strafen zwänge, ihre Kinder aus den städtischen Diensten zu nehmen."[17]

Die bürgerlichen Forscher haben sich viel Mühe gegeben, eine Definition der Stadt in der Feudalzeit zu finden. Manche fanden sie in dem Recht, eine Stadtmauer zu bauen,[18] was wahrlich unsinnig ist, da wir sowohl ummauerte Dörfer wie Städte ohne Mauern finden und vor allem, da das Recht zur bewaffneten Wehr an sich schon unge-eignet zur Charakterisierung einer wirtschaftlichen Siedlungsorganisationsform ist. Wir haben auch festgestellt, daß die alte Charakterisierung „Stadtluft macht frei" ebenfalls nicht zutrifft. Richtiger erscheinen mir die Charakteristika des Marktes und der Häufung von Handwerkern. Wenn man dem entgegnen möchte, daß man dann „Marktflecken" und Städte nicht mehr unterscheiden könne, dann soll man eben diese Unterscheidung aufgeben.

[15] A. *Kraaz*, Bauerngut und Frondienste in Anhalt vom 16. bis zum 19. Jahrhundert, Jena 1898, S. 105f. und 122.
[16] Vgl. dazu etwa R. *Rodigast*, Besitzrecht und persönliche Rechtstellung der Greifswalder Stadt-bauern im 17. und 18. Jahrhundert, in: Greifswald-Stralsunder Jahrbuch, Bd. 11, Weimar 1977.
[17] R. *Wuttke*, Gesindeordnungen und Gesindezwangsdienst in Sachsen. Leipzig 1893, S. 47.
[18] W. *Gerlach*, Über den Marktflecken- und Stadtbegriff im späteren Mittelalter und in neuerer Zeit, in: Festgabe Gerhard Seeliger zum 60. Geburtstage, Leipzig 1920.

Einen solchen Gedanken verwandten Weg geht Schmauderer, wenn er als ein Kriterium die Gestaltung des Lebensmittelrechts vorschlägt und seine entsprechenden Ausführungen schließt: „Dieser knappe Querschnitt möge genügen, um zu zeigen, wie an Hand des Lebensmittelrechts ein Eindruck vom Übergang der dörflichen zur städtischen Struktur gewonnen werden kann."[19] Je weniger ländlich die Stadt, je größer die Stadt, desto häufiger und ausführlicher sind Bestimmungen, die Lebensmittelwirtschaft betreffend.

Walter Gerlach und andere geben sogar Beispiele dafür, daß der gleiche Ort in den Dokumenten der Zeit bald Stadt, bald „Flecken", bald Dorf genannt wird; auch den Ausdruck „Städtlein"[20] gibt es. Wenn Gerlach seine Ausführungen damit endet, daß er meint, „bis zu einem gewissen Grad blieb der Stadtbegriff fließend", so sollte man ruhig hinzufügen, daß er auch bis in den Dorfbegriff hineinfließen konnte.[21]

Das heißt natürlich nicht, daß die größeren Städte sich nicht scharf vom Dorf unterschieden. Sie unterliegen in unserer Zeit schon lange nicht mehr irgendwelch größerem Einfluß von feudalen Grundherren und noch nicht in stärkerem Maße dem Einfluß der Territorialherren. Ihre herrschende Klasse setzt sich mit jeweils wechselnder Stärke aus Kaufleuten und Handwerkern zusammen.

Doch ihre Zahl ist gering, ihre Bevölkerung ist verschwindend klein im Vergleich zur Gesamteinwohnerzahl Deutschlands. Auch sind sie es nicht, unter deren Werktätigen sich die neue Gesellschaft vorbereitet. Aus den größeren Städten kommt nur das Kapital, mit dessen Hilfe sich, wie wir noch sehen werden, auf dem Lande die neuen Produktionsverhältnisse ganz langsam entwickeln werden.

Gar von vor-proletarischen Schichten in den Städten zu reden, erscheint mir völlig verfehlt. Entweder spricht man, wie Marx, vom Proletariat in allen Gesellschaftsordnungen, in denen es „freie" Ausgebeutete gibt, oder man beschränkt den Ausdruck Proletariat auf die kapitalistische Gesellschaft und spricht in vorkapitalistischen Gesellschaften von plebeischen Schichten. Denn die sogenannten vor-proletarischen Schichten in den Städten des 17. und 18. Jahrhunderts, etwa Tagelöhner, darunter viele Transportarbeiter, gab es seit 2000 und mehr Jahren, das heißt, man könnte leicht „vor-proletarische" Schichten im alten Griechenland finden.

In der von uns betrachteten Zeit muß, wie nicht oft genug betont werden kann, unsere Aufmerksamkeit sich auf das Land und die Landstädte richten. Und doch: wenn man Geschichten dieser Zeit liest, seien sie von bürgerlichen Historikern oder Marxisten geschrieben, hat man den Eindruck, daß die Landwirtschaft nicht allzuviel Bedeutung hat.

Gustav Freytag etwa beginnt seine Geschichte des 17. Jahrhunderts:

„Das Jahr 1600 fand ein Volk, das in den letzten hundert Jahren eine ungeheure Wandlung durchgemacht hatte. Ueberall ist der Fortschritt zu erkennen. Man vergleiche ein ernstes Buch von 1499 und 1599. Das erstere in schlechtem Latein geschrieben, dürftig der Wortvorrath, schwerfällig die Darstellung, nicht leicht verständlich der Sinn. Von selbständigem Geist, von eigener Ueberzeugung nur wenig Spur. Um alte Schulphrasen,

[19] E. *Schmauderer*, a. a. O., S. 94.

[20] W. *Gerlach*, a. a. O., S. 145.

[21] Vgl. zu der ganzen Problematik auch die verschiedenen Beiträge auf der 15. Tagung des Arbeitskreises für Haus- und Siedlungsforschung am Wissenschaftsbereich Kulturgeschichte/Volkskunde des Zentralinstituts für Geschichte der AdW der DDR, Berlin 1975.

deren Bedeutung erst durch genaueres Erforschen ihrer allmählichen Entwicklung klar wird, übt sich der Scharfsinn im unnützen Unterscheiden von Nebensachen; es ist ein greisenhaftes Wesen, fast wie in dem absterbenden Alterthum. Wol gibt es Ausnahmen, aber sie sind sehr selten. . . .

Ein Jahrhundert später erkennt man auch in dem mittelmäßigen Schriftsteller eine selbständige Persönlichkeit. Der Verfasser ist gewöhnt, über den Glauben und das Erdenleben nachzudenken, er versteht seine Empfindungen, auch leise Bewegungen der Seele darzustellen, er kämpft für eine eigene Ueberzeugung, er ist in Glauben und Wissen, in Liebe und Haß eine Individualität geworden. Noch bleibt auch er regelmäßig an das Gemeingiltige gebunden. Aengstlich ist der Theologe bemüht sich orthodox zu erweisen, mehr als billig eignet sich der Schriftsteller die Arbeiten seiner Vorgänger zu, noch hat das Urtheil, die Gelehrsamkeit und Bildung für unsere Empfindung viel Eintöniges. Aber daneben erscheint überall Eigenthümliches, fast immer ein kräftiger, rühriger Menschenverstand, in der Prosa ein eigener, oft origineller Stil."[22]

Die fünfundeinhalb Seiten, die der deutschen Geschichte von 1555 bis 1618 in „Klassenkampf Tradition Sozialismus" gewidmet sind, haben nur eine Drittelseite für die Landwirtschaft und eine halbe Seite für Bauernkämpfe übrig. Über die Landwirtschaft heißt es dort:

„Nutznießer der Agrarkonjunktur, die sich aus dem besonders in Westeuropa steigenden Bedarf an agrarischen und forstwirtschaftlichen Produkten ergab, waren die feudalen Grundbesitzer in den ostelbischen Gebieten. Die Möglichkeit des Getreideexports in westeuropäische Länder gab für den Adel den Anstoß, die Getreideanbauflächen seiner Eigenwirtschaften durch Nutzung unbebauten Landes und Einziehung von Bauernland durch die gewaltsame Vertreibung der Bauern von ihrem Boden – das sogenannte Bauernlegen – zu vergrößern. Für die Bearbeitung dieser Flächen wurden verstärkt bäuerliche Arbeitskräfte benötigt. Um sich diese zu sichern, schränkten die Grundbesitzer die Freizügigkeit der Bauern ein. Sie nutzten ihre Stellung in den Landständen aus, um die entsprechenden Maßnahmen gesetzlich zu verankern. Damit wurden Grundlagen für die verbreitete Durchsetzung der Gutsherrschaft und der zweiten Leibeigenschaft als härtester Form der feudalen Ausbeutung und Bauernknechtschaft geschaffen.

In den westlichen Territorien dagegen bestimmte weiterhin die Grundherrschaft die Agrarverfassung. Doch da auch hier die feudalen Lasten erhöht wurden, unterschieden sich diese Verhältnisse trotz unterschiedlicher Formen feudaler Abhängigkeit in ihren Wirkungen nicht wesentlich von den härtesten Formen feudaler Bindung."[23]

Besser in dieser Beziehung ist R. F. Schmiedt in dem ansonsten von Max Steinmetz verfaßten Band des „Lehrbuch der Deutschen Geschichte", der zwar auch kaum von der Landwirtschaft selbst handelt, aber doch vor der städtischen Bevölkerung über „die zunehmende feudale Bedrückung und die Verschärfung des Klassenkampfes auf dem Lande" schreibt.

Dabei gehört doch das Jahrhundert vor dem Dreißigjährigen Krieg zu den erstaunlichsten in der Gestaltung der deutschen Landwirtschaft. Ich glaube, man kann sagen, daß die qualitative Entwicklung der Landwirtschaft durch die Niederlage im „ersten Akt der bürgerlichen Revolution" fast abgeschnitten wurde. Umso überraschender war die quantitative Entwicklung, teils hervorgerufen, teils in ihrer „Wohlstandsbedeutung" beschränkt durch die schnelle Bevölkerungsentwicklung.

[22] *G. Feytag,* a. a. O., Bd. 20, S. 1 f.
[23] Klassenkampf Tradition Sozialismus, Berlin 1974, S. 164.

Wilhelm Abel. Er gibt eine gute Darstellung der Situation:

„Zur deutschen Bevölkerung meinte Schmoller*, daß die Ursachen, die den Stillstand, ja Rückgang der Bevölkerung im 14. und Anfang des 15. Jahrhunderts herbeiführten, in der zweiten Hälfte des 15. Jahrhunderts zu wirken aufhörten. Inama-Sternegg** war derselben Meinung, und Mombert*** glaubte, daß ‚sehr vieles dafür spreche, daß die Volkszahl im 16. Jahrhundert in großem Umfang gestiegen sei‘. Tatsächlich waren die politischen Verhältnisse des 16. Jahrhunderts einer Vermehrung der Bevölkerung in Deutschland günstig. Der Landfrieden hatte sich gefestigt, der Adel hatte das Fehdewesen aufgesteckt. Eine lange Friedenszeit kehrte seit der Mitte des Jahrhunderts in Deutschland ein. Zwar hatten die Bauernkriege zahlreiche Menschenopfer gekostet. Doch die Nord- und Ostseeländer, die Mark, Schlesien und Bayern waren von den Aufständen verschont geblieben, und auch in den unmittelbar betroffenen Gebieten scheinen die Verluste bald wieder ausgeglichen worden zu sein. Sebastian Franck meinte im Vorwort seiner ‚Deutschen Chronik‘ (1538), daß, obschon im Bauernkrieg wohl hunderttausend Menschen umgekommen seien, doch alles ‚so voller Menschen stecke, daß niemand bei ihnen kann einkommen‘. Aus Sachsen berichtete (um 1530) ein ungenannter Schriftsteller°, daß sich die Bevölkerung merklich gemehrt habe; im Jahre darauf schrieb derselbe Autor, daß ‚eine große Menschenmenge hierzulande (sei), welche so stark zur Zeit unserer Vorfahren doch noch nicht gewesen ist‘. Im Elsaß waren nach Sebastian Müller (um 1550) ‚trefflich viel Einwohner‘, und aus Schwaben berichtete der Chronist des Zimmerngeschlechtes (um 1550), daß sich ‚bei unseren Zeiten das Volk in Schwaben, als auch gar nach in allen Landen, heftig gemehrt und zugenommen‘ habe. In Ostfriesland wuchs die Zahl der neu errichteten Mühlen, Märkte und Messen in einem Umfang, daß auf eine geradezu ‚außerordentliche Zunahme‘ der ostfriesischen Bevölkerung im 16. Jahrhundert geschlossen werden mußte°°, und aus Landesregistern des Landes Schleswig-Holstein°°° ist zu entnehmen, daß um 1560 eine große Zahl von Bauerndörfern in Dithmarschen mehr Einwohner als am Ende des 19. Jahrhunderts hatte. Es läßt sich also mit recht großer Sicherheit schon aus solchen Nachrichten schließen, daß die Bevölkerung Deutschlands seit dem letzten Viertel des 15. Jahrhunderts bis zum Ende des 16. Jahrhunderts und wohl auch noch darüber hinaus recht kräftig zunahm. . . .

Die wachsende Bevölkerung füllte das Land wieder, das in der Wüstungsperiode des Spätmittelalters verödet war. Recht eindrucksvoll läßt sich der Chronist des Zimmerngeschlechtes (um 1550) vernehmen. Nachdem er berichtet hatte, daß das Volk in Schwaben und anderen Ländern stark zugenommen habe, fuhr er fort: ‚Also fingen sie an zu reuten und zu stocken, die alten Felder und Wiesen wiederum, nachdem es denn

* *G. Schmoller*, Grundriß der allgemeinen Volkswirtschaftslehre, I, 1919, S. 173; *derselbe*, Die hist. Entw. d. Fleischkonsums, in: Zeitschr. f. d. ges. Staatswissenschaften, XXVII, 1871, S. 343.

** *K. Th. v. Inama-Sternegg*, Art. Bevölkerungsbewegung, Mittelalter, in: Handw. d. Staatswiss., 2. Aufl., S. 660.

*** *P. Mombert*, Bevölkerungslehre, 1929, S. 79.

° Drei Flugschriften über den Münzstreit der sächsischen Albertiner und Ernestiner um 1530, hsg. v. *W. Lotz*, 1893, S. 6, 110.

°° *B. Hagedorn*, Ostfriesischer Handel und Schiffahrt vom Ausgang des 16. Jahrhunderts bis zum Westfälischen Frieden, in: Abhdl. z. Verkehrs- u. Seegesch., VI, 1912, S. 2f.

°°° *R. Hansen*, Zur Topographie und Geschichte Dithmarschens, in: Zeitschr. d. Ges. f. Schleswig-Holsteinische Gesch., XXVII, 1897, S. 239.

vor vielen Jahren auch war ein Dorf gewesen, aufzutun, daß es begann, einem Dorf gleich zu sehen.' Solches geschah an so vielen Orten, daß ,die Landsart mehr denn in Menschen Gedächtnis, aufgetan und schier kein Winkel, auch in den rauhesten Wäldern und höchsten Gebirgen, unausgereutet und unbewohnet blieb ...' Das Volk nannte diese Neusiedlungen, die auf Wüstungs- und Waldböden entstanden, ,neue Inseln' nach dem Vorbild der ,neuen Inseln', die von Kolumbus jenseits des Meeres vor wenigen Jahrzehnten entdeckt worden waren*. ...

Auch die Zeitgenossen hatten den Eindruck, daß das Land wieder besiedelt oder gar überbesiedelt war. ,Ich halte', meinte Sebastian Franck in seiner ,Deutschen Chronik' (1538), ,wo nit Gott den Krieg scheidet und ein Sterben drein kommt, daß wir wieder einmal, wie vor etwa durch's Los oder ander Weg ausgemustert, wie die Zigeuner ander Land zu suchen, müssen ausziehen, und glaub sicher hundertmal tausend Mann, samt ihren Weib, Kind und Anhang, wollten wir Teutschen wohl geraten, und ganz Ungerland, so es uns Gott gebe, mit teutschem Volk besetzen, sollt's dennoch Teutschland kaum ansehen'. Ulrich von Hutten dachte an einen neuen Türkenkrieg, um der bestehenden Übervölkerung abzuhelfen; in einer anderen Schrift wurden Pesten und Seuchen für nötig gehalten, weil gar zu viel Volks in den Landen sei**.

Da nun aber weder Auswanderung noch Kriege noch Seuchen im 16. Jahrhundert die Bevölkerungsvermehrung wesentlich hemmten, mußte der eigene Boden, soweit er bisher nicht oder nur wenig genutzt worden war, als Nahrungsquelle erschlossen werden. In großer Zahl wurden Moor- und Ödländereien kultiviert, Sümpfe trockengelegt, Weiden in Ackerland verwandelt und Wälder gerodet. Die Abholzungen nahmen einen solchen Umfang an, daß in mehreren deutschen Territorien sich die Landesherren veranlaßt sahen, Rodeverbote zu erlassen. ,Wir befinden augenscheinlich', so heißt es in der württembergischen Ordnung vom Jahre 1536, ,daß die Wälder und Hölzer in merklichen großen Abgang kommen, welches die Viele der Menschen, die sich täglich mehren, allenthalben Wälder und Ehegarten umreuten und Baugüter daraus machen, desgleichen auch das unordentliche Hauen und der Viehtrieb nit die geringsten Ursachen sind'. Also wurde die Rodung und die Brennerei verboten und der Viehauftrieb beschränkt. Doch mag dahingestellt bleiben, inwieweit solche Ordnungen befolgt wurden. Die Bauern standen unter dem Druck der Nahrungsbeschaffung für sich und ihre Kinder. Das zwang sie, selbst Böden in Angriff zu nehmen, die sich für dauernden Ackerbau wenig eigneten. So heißt es von dem Städtchen Frankenberg in Hessen, daß dort zwischen den Jahren 1530 und 1570 neben 137 Morgen leidlich guten Ackerlandes noch 26 Morgen ,von der allerbössesten und geringsten Länderey' in Kultur genommen wurden***, und vom Städtchen Balingen auf der Schwäbischen Alb (1601), daß ,in den jüngst vergangenen langwierigen Teuerungsjahren viele rauhe und felsige Böden ausgereutet und umgerissen worden', damit sie einige Jahre Früchte trügen, um dann wieder 12 ,15, 20 oder noch mehr Jahre zu ruhen°.“[24]

[24] W. *Abel,* Agrarkrisen und Agrarkonjunktur, Hamburg und Berlin 1966, S. 97–100.

* Zimmerische Chronik, neu hsg. v. P. *Herrmann,* IV, 1932, S. 209.

** Nach O. *Jolles,* Die Ansichten der nationalökonomischen Schriftsteller des 16. und 17. Jahrhunderts über Bevölkerungswesen, in: Jahrb. f. Nat. u. Stat., N. F., XIII, S. 197; vgl. auch J. *Janssen,* Geschichte des deutschen Volkes, I, S. 304.

*** C. *Probst,* Die Städte im Burgwald, in: Marburger Geogr. Forsch., 19, 1963.

° M. *König,* Die bäuerliche Kulturlandschaft der Hohen Schwaben-Alb und ihr Gestaltwandel unter dem Einfluß der Industrie, in: Tübinger geogr. Stud., 1958.

Eine ebenso treffliche wie zutreffende Schilderung der Expansion der Landwirtschaft im 16. Jahrhundert. Eine Analyse, die uns gleichzeitig die berechtigte Vorsicht Abels in der Einschätzung der Entwicklung des materiellen Reichtums, des Sozialprodukts verstehen läßt. Zweifellos ist das Sozialprodukt als solches gewachsen – aber auch pro Kopf der Bevölkerung?

Zumal zu Beginn des 17. Jahrhunderts eine Agrarkrise einsetzte. Abel bemerkt:

„Zu Beginn des 17. Jahrhunderts brach der säkulare landwirtschaftliche Aufschwung jäh ab. Jahrzehnte hindurch waren die Preise gestiegen. Es war gerodet und intensiviert, Land dem Meer abgewonnen und im Osten der Landbau reorganisiert worden. Die Handelsumsätze waren gestiegen und die Handelsräume erweitert worden. Aus dem Weichselraum gelangten wachsende Mengen Getreide und aus den Randzonen der Getreidegürtel wachsende Mengen Vieh in die Städte des Westens. Ein ‚fièvre agricole‘ hatte sich, wie D'Avenel treffend bemerkte, in den letzten Jahren des geschilderten Aufschwungs unserer Vorfahren bemächtigt. Damit war das Angebot von Agrarprodukten der Nachfrage nahe gekommen. Einige gute Ernten – in den Jahren 1598, 1599 und 1600 – genügten, um einen längeren Preisfall einzuleiten.

Es sanken in fünfjährigen Durchschnitten die Weizenpreise* (in 400 kg und RM, 1 RM = 5,56 g S.) von 1596/1600 bis 1616/20 in Frankreich von 24 auf 14, in England von 19 auf 15,75; die Roggenpreise im gleichen Zeitraum in Straßburg von 8,50 auf 5,80, in Basel von 8,35 auf 5,80, in Lübeck von 10,80 auf 7,65. Die Utrechter Tabellen weisen in den Jahren 1606/07 mit 6,82 und 1619/20 mit 6,38 die niedrigsten Roggenpreise seit 1560/61 aus. Die Eiderstedter Chronik von Peters gibt für das Jahr 1606 einen Roggenpreis von 3,90 an, den niedrigsten Preis seit 1549. In Stettin galt im Jahre 1607 der Roggen nur 3,65. . . .

Aus Deutschland liegen nur wenige und wenig beachtete Nachrichten vor, obwohl die Erinnerung an die absatzlose Zeit noch nach Generationen nicht erloschen war. In einem Bericht des Hieronymus Saucke (1694–1739), Diakon in Herzhorn im Lande Stormarn östlich der Unterelbe, ist etwas umständlich, doch nicht ohne Gewinn für die Konzeptionen auch dieses Buches zu lesen: ‚Es hat mich einstens ein alter Mann, von welchem ich zu einem Kranken nach dem Gelen Siel geholet wurde, unter Weges berichtet, daß er von seiner Mutter, einer alten Frau, gehöret, daß vor dem Kaiserlichen Kriege einige Jahre sehr schlechte Zeiten gewesen und das Korn sehr wohlfeil, so daß mancher von Haus und Hof hat gehen müssen. . . .' "[25]

Ich zweifele wie Lütge daran, ob das Sozialprodukt im 16. Jahrhundert pro Kopf der Bevölkerung gestiegen ist, und insbesondere, ob es um die Wende zum 17. Jahrhundert überhaupt, also nicht nur nicht pro Kopf, weitergewachsen ist mit der zusätzlichen Begründung für die letztere Zeit, daß es eine Agrarkrise gab, und zwar eine Überproduktionskrise.

Aber müssen besonders gute Ernten zu einem Sinken des Sozialprodukts führen? was interessiert ein Preisverfall, wenn es sich natürlich um das reale Sozialprodukt handelt! selbstverständlich interessieren in diesem Fall die Preise „an sich" nicht.

Doch wenn die Überproduktion mit Preisverfall dazu führt, daß ein Teil des Getreides nicht verkauft wird und verkommt, wenn die Preise so sinken, daß die Landwirtschaft

---

[25] *W. Abel,* ebendort, S. 142f.

* Zu den Quellen und Reduktionsmethoden vgl. die Anmerkungen im Anhang, für die Eiderstedter Preise auch die Anmerkungen S. 125. Die Stettiner Preise wurden den Acta Borussica, Getreidehandelspolitik, II, 1901, S. 610, entnommen.

immer weniger städtische Produkte kaufen kann und so die städtischen Handwerker und Händler unter Absatznot leiden, wenn ein beachtlicher Teil des landwirtschaftlichen Produkts also nicht konsumiert wird und verkommt, wenn ein Teil der städtischen Produkte nicht verbraucht wird und die Produktion darum eingeschränkt wird, müssen wir dann nicht in der Tat von einer Senkung des Sozialprodukts oder zumindest nicht von einer entsprechenden weiteren Steigerung sprechen, erst recht nicht pro Kopf der Bevölkerung?

Wie erging es nun den Bauern in dieser Zeit? Engels schreibt im letzten Abschnitt seines Werkes „Der deutsche Bauernkrieg", der sich mit den Folgen des Bauernkrieges beschäftigt: „Die Bauern waren überall wieder unter die Botmäßigkeit ihrer geistlichen, adligen oder patrizischen Herren gebracht; die Verträge, die hie und da mit ihnen abgeschlossen waren, wurden gebrochen, die bisherigen Lasten wurden vermehrt durch die enormen Brandschatzungen, die die Sieger den Besiegten auferlegten. Der großartigste Revolutionsversuch des deutschen Volks endigte mit schmählicher Niederlage und momentan verdoppeltem Druck. Auf die Dauer jedoch verschlimmerte sich die Lage der Bauernklasse nicht durch die Unterdrückung des Aufstandes. Was Adel, Fürsten und Pfaffen aus ihnen jahraus, jahrein herausschlagen konnten, das wurde schon vor dem Krieg sicher herausgeschlagen; der deutsche Bauer von damals hatte dies mit dem modernen Proletarier gemein, daß sein Anteil an den Produkten seiner Arbeit sich auf das Minimum von Subsistenzmitteln beschränkte, das zu seinem Unterhalt und zur Fortpflanzung der Bauernrace erforderlich war. Im Durchschnitt war also hier nichts mehr zu nehmen. Manche wohlhabenderen Mittelbauern sind freilich ruiniert, eine Menge von Hörigen in die Leibeigenschaft hineingezwungen, ganze Striche Gemeindeländereien konfisziert, eine große Anzahl Bauern durch die Zerstörung ihrer Wohnungen und die Verwüstung ihrer Felder sowie durch die allgemeine Unordnung in die Vagabondage oder unter die Plebejer der Städte geworfen worden. Aber Kriege und Verwüstungen gehörten zu den alltäglichen Erscheinungen jener Zeit, und im allgemeinen stand die Bauernklasse eben zu tief für eine dauernde Verschlechterung ihrer Lage durch erhöhte Steuern. Die folgenden Religionskriege und endlich der Dreißigjährige Krieg mit seinen stets wiederholten, massenhaften Verwüstungen und Entvölkerungen haben die Bauern weit schwerer getroffen als der Bauernkrieg; namentlich der Dreißigjährige Krieg vernichtete den bedeutendsten Teil der im Ackerbau angewandten Produktivkräfte und brachte dadurch und durch die gleichzeitige Zerstörung vieler Städte die Bauern, Plebejer und ruinierten Bürger auf lange Zeit bis zum irischen Elend in seiner schlimmsten Form herab."[26]

Engels ist nicht der Ansicht, daß sich die Lage der Bauern nach dem Bauernkrieg auf längere Sicht bis 1618 wirtschaftlich verschlechtert hat. Und was er über die Mittelbauern schreibt, bezieht sich wohl auf die direkten Kriegsfolgen, weniger auf die spätere Zeit. Es sollte nicht verwundern, wenn sich die Lage der Mittel- und vor allem der Großbauern während des 16. Jahrhunderts verbessert hat.

In der Tat, wie sollte sich allgemein die Lage der Bauern verschlechtern, selbst wenn sie im 15. Jahrhundert eine gewisse Lockerung der feudalen Fesseln erreicht hatten. Die Größe und Zahl der Lasten, der Abgaben und Dienste, die ihnen auferlegt waren, waren doch schon ganz außerordentlich. Adolf Bartels schildert sie in ihrer ganzen Unzahl:

[26] *Marx/Engels*, Werke, Bd. 7, Berlin 1960, S. 409f.

„Es giebt überhaupt keinen landwirtschaftlichen Gegenstand, der nicht als Naturallieferung vorkäme. Erwähnt seien nur als am häufigsten gefordert: Kühe, Schweine,
sowohl Frischlinge wie gemästete, Schafe, Gänse, Hühner, letztere beide natürlich fett,
von tierischen Produkten Butter, Schmalz, Eier, Käse, Milch (namentlich in der Schweiz),
dann Fische (Lachse werden in Bayern ausdrücklich Hoffische genannt), Getreide aller
Art, Mehl und Brot, Malz, Hülsenfrüchte, Hopfen, Kraut, selbst Rettiche und Rüben,
Honig, Wachs, dann Flachs und Hanf, roh und gehechelt, weiter Holz. In einer Abtei
werden selbst Blutigel verlangt. Von Gerätschaften sind Äxte, Sensen, Tonnen und
Bütten, Kessel und Platten (Teller), Schüsseln und Trinkgefäße, Messer, Scheren,
Zangen, Hufeisen, an einzelnen Stellen Stühle und anderes Hausgerät, Federbetten,
Tisch- und Handtücher, Säcke, dann überhaupt Tuch und Leinwand, Felle aller Art,
Leder- und Pelzwerk, Schuhe und Handschuhe, selbst fertige Kleidungsstücke zu liefern.
Auch Baumaterialien werden beansprucht. Namentlich die geistlichen Herren scheinen
auf diesem Gebiete große Phantasie entwickelt zu haben. ... Wie groß nun die Leistun-
gen der einzelnen Hufen waren, ist im allgemeinen nicht festzustellen, aber beispielsweise hatte der Inhaber einer Klosterhufe jährlich einen Frischling, fünf Hühner und
zehn Eier zu geben, vier herrschaftliche Schweine auszufüttern, ein halbes Ackerfeld zu
pflügen, wöchentlich drei Tage zu fronen, noch andere Scharwerke zu thun und ein
Pferd zu stellen; außerdem hatte seine Ehefrau ein Stück Leinenzeug und ein Stück
Wollenzeug zu liefern, sodann Malz zu bereiten und Brot zu backen. Das stellt sich
doch als eine sehr tüchtige Leistung dar, und viel milder werden die Bestimmungen
der älteren Zeit selten gewesen sein. Vor allem der Frondienst wird einst eine sehr
große Ausdehnung gehabt haben. Bei ihm besteht keine geringere Mannigfaltigkeit als
bei der Naturallieferung. Ungemessen war er wohl nach dem Jahre 1000 nicht mehr,
aber wenigstens für die herangewachsenen Kinder der Grundholden bestand die Verpflichtung, längere Zeit auf dem Hofe zu dienen, wofür Kleidung und Kost, auch wohl
ein kleiner Lohn (Litlohn) gewährt wurde. Diese Verpflichtung hat sich durch all die
Jahrhunderte bis zur Aufhebung der Leibeigenschaft erhalten. – Als Dienste der erwachsenen, ein eigenes Heim besitzenden Hörigen mögen zuerst die Haus- und Hof-
dienste genannt werden. Die Hörigen mußten an gewissen Tagen auf dem Fronhofe
erscheinen, um dort die Öfen zu heizen, in der Hofküche zu kochen, Brot zu backen,
Getränke zu bereiten, Bier zu brauen. Auch hatten sie bei der Tafel zu bedienen und
Kleider zu reinigen und zu bewahren (Watschar). Das kam namentlich in geistlichen
Herrschaften vor. Weiter mußten die Kolonen oft die von ihnen gelieferten Schweine
selbst schlachten, das von ihnen gelieferte Holz selbst bearbeiten oder doch spalten.
Auch die schmutzigen Dienste, wie die Kloakenreinigung, lagen ihnen ob. Für die
Frauen ergaben sich noch manche andere Dienste, Waschen, Nähen, Spinnen, Kranke
warten. Dann hatten die Hörigen die Nachtwache zu besorgen, auch dies wohl nament-
lich wieder in den geistlichen Herrschaften, und sehr viele Botendienste, zu Fuß und zu
Pferde, zu thun. An die Botendienste reihen sich die Spanndienste zum Transport von
Menschen und Gütern, die sehr zahlreich waren. Vor allem sind da die Getreide-,
Mehl-, Wein-, die Holz- und Steinfuhren zu erwähnen, es kommen aber selbst Kirch-
fuhren im Frondienste vor. Natürlich gab es auch Fronschiffer. Ferner sind die Bau-
fronen zu erwähnen, Herrenhäuser und auch Kirchen mußten in der Frone gebaut und
erhalten werden. Bekannt sind die Jagdfronen, die oft sehr drückend waren; ebenso
gab es Fischereifronen und endlich, zur Unterhaltung der Herrschaft, aber doch wohl nur
ganz vereinzelt und auf herrschaftliche Launen zurückgehend, selbst Tanzfronen. Alle

diese Dienste stehen aber natürlich an Bedeutung hinter denen, die in der Landwirtschaft zu leisten waren, zurück. Da mußte gedüngt (der Dünger war oft von den Hörigen zu liefern), gepflügt, geeggt, gesäet, geerntet und nachher auch noch gedroschen werden. Man unterschied hier Hand- und Spanndienste. Selbst die landwirtschaftlichen Gerätschaften waren oft mitzubringen, und natürlich erfolgten die Arbeiten unter strenger Aufsicht. Wir haben wenigstens ein Bild, wo der Meier bei den pflügenden Bauern steht. Weiter kamen auch auf dem Felde Wachdienste vor, dann in Hof und Feld das Zaunmachen, wozu häufig die Pfähle und das Reisig mitzubringen waren. Bei der Heuernte fanden selbstverständlich die Frauen vielfach Beschäftigung, ebenso bei der Hanf- und Flachsernte. Sehr zahlreiche und zum Teil mühsame Arbeiten hingen mit dem Weinbau zusammen. Die Viehzucht erforderte das Reinigen der Ställe im Frondienste und das Besorgen des Düngers, weiter sehr viele Hirtendienste – der Hirt mit seiner Tasche mutet uns auf den ältesten Bildern nicht viel anders wie unser heutiger an –, das Schafwaschen und Schafscheeren und dergleichen. Als Entgelt für alle diese Dienste empfingen die Fröner die Kost. Die Bestimmungen darüber, wie diese sein solle – natürlich wurde nach guter deutscher Weise vor allem auch Quantität und Qualität des Trunkes bestimmt –, gehören wohl erst der späteren Zeit an, als sich das Los der Hörigen zu heben begann.

Wie das Maß, war auch die Art und Weise der Leistungen, der Naturallieferungen sowohl wie der Frondienste, sehr verschieden. Da sind zunächst die Tag- und Wochendienste zu nennen: die Hörigen mußten den Hof je einen Tag oder eine Woche mit dem Nötigen versorgen; es ging also die Reihe herum. Ein Turnus mag auch für die Frondienste, wenigstens in früherer Zeit, wo oft noch drei Tage jeder Woche gefrönt werden mußte, bestanden haben; später hat man wohl den Bedarfsfall entscheiden lassen und dann möglichst alle verfügbaren Arbeitskräfte in Anspruch genommen, so bei der Bestellung des Ackers, bei der Ernte."[27]

Wahrlich eine lebendige und umfassende Schilderung, die praktisch alles zusammenfaßt, was es gab. Natürlich hatten nicht alle Bauern alle diese Lasten zu tragen, und gar nicht selten waren sie auch schon in Geldrenten umgewandelt. Sie geben nur ein Bild von den vielen Möglichkeiten, die die Herren hatten, die Bauern, sagen wir deutlicher: die Bauernfamilien zu belasten. Die Bauernfamilien, die, wie wir noch später sehen werden, eine Wirtschaftseinheit bildeten und als solche von dem Mehrprodukt, das sie gemeinsam schufen, abgeben mußten – teilweise auch das ganze Mehrprodukt und noch mehr, wenn die Ernten schlecht waren.

Und dabei haben wir noch nicht die Leistungen an den Pfarrer im Dorfe berücksichtigt und auch nicht die Sonderleistungen an besonderen Feiertagen.

Interessant im Zusammenhang mit der Meinung von Engels, daß sich die Lage der Bauern nach dem Bauernkrieg auf längere Sicht bis 1618 nicht verschlechtert hat, ist eine Einschätzung von Franz: „Der Bauernkrieg war eine politische Revolution gewesen. So wirkte er sich stärker auf die politische Stellung des Bauerntums als auf seine wirtschaftliche Lage aus. Gewiß klagte Sebastian Franck, daß der Bauer jetzt ‚Jedermanns

[27] A. *Bartels*, Der Bauer in der deutschen Vergangenheit, Leipzig 1900, S. 20, 23ff. – Adolf Bartels (1862–1945) war ein führender reaktionärer antisemitischer Schriftsteller und Literaturwissenschaftler, mit der bei solchen Typen nicht seltenen „romantischen" Zuneigung zum Bauerntum. Nirgendwo anders habe ich eine solche Zusammenfassung der feudalen Lasten der Bauern in so lebendiger Sprache gefunden. Möge er sich im Grabe umdrehen, daß er mit seinen Ausführungen der Bildung sozialistischer Menschen dient!

Fußhader und mit Fronen, Scharwerken, Zinsen, Gülten, Steuern und Zöllen hart
beschwert und überladen' sei, und der Schwabe Heinrich Müller meinte 1550, daß zu
seines Vaters Zeiten Reichtum und Überfluß geherrscht habe, jetzt aber müsse man
Wasser statt Wein trinken und schlechter essen als einst die Tagelöhner und Knechte.
Die Bauern selbst klagten im Volkslied ,Was wir hatten, han wir verlorn, nun sind
wir arm' und spotteten ,Schnabel, Scharr und Sippel (drei thüringische Bauernhaupt-
leute) brachten die Bauern aus gefütterten Röcken in leinene Kittel'. Dem widerspricht
freilich, daß bereits fünf Jahre später die Reichspolizeiordnung gegen die ,unordentliche
und köstliche Kleidung' auch der Bauersleute auf dem Lande einschritt und genau
vorschrieb, welche Stoffe oder auch Pelze die Bauern selbst, ihre Frauen und Kinder
zur Kleidung verwenden durften."[28]

Die Widersprüche, die Franz hier feststellt, lassen sich leicht erklären. Die Äußerung
von Sebastian Franck bezieht sich auf die Zeit unmittelbar nach dem Bauernkrieg und
die Heinrich Müllers über dén Vater auf die Zeit vor dem Bauernkrieg. Darf man doch
nie vergessen, daß der deutsche Bauernkrieg auch (!) von Bauern geführt wurde, die
eine weitere (!) Befreiung von feudalen Fesseln und eine weitere (!) Vergrößerung
des Anteils am Mehrprodukt forderten. Vor allem aber, und das ist außerordentlich
wichtig, darf man nie die starke Differenzierung unter den Bauern übersehen. Die
reichen Großbauern unterschieden sich um 1500 und 1600 genau so von der großen
Masse der kleinen Bauern, wie um 1900 Bauhandwerker, die 50, ja 100 Bauarbeiter
beschäftigten, von den kleinen Bauhandwerkern mit einem Lehrling und zwei Gesellen.
Ja, diese Differenzierung unter den Bauern scheint im 16. Jahrhundert noch beachtlich
zugenommen zu haben. Ausgehend von der Bevölkerungsvermehrung und deren Bedeutung für die faktisch stattfindende Differenzierung sicherlich übertreibend, bemerkt
Lütge: „Diese Zeit ist im Gesamtablauf dadurch charakterisiert, daß die Bevölkerungszahlen, namentlich im 16. Jh., ständig angewachsen waren*, so daß sich – mit zahlreichen regionalen Differenzierungen – allmählich ein Bevölkerungsdruck (relative
Übervölkerung) zu zeigen beginnt. Dieser äußert sich etwa auch darin, daß sich auch
auf dem Lande eine besitzlose Gruppe, also eine unterbäuerliche Schicht bildet, d. h.
also eine Gruppe von Menschen, denen es nicht mehr möglich ist, einen Bauernhof zu
erhalten. Dies ist in den rein grundherrlichen Teilen Deutschlands deswegen nicht
möglich, weil kein Land mehr zur Verfügung steht und auch die Rodungsmöglichkeiten
erschöpft sind. Allenfalls hätte eine Aufteilung großbäuerlicher Besitzungen eine vorübergehende Abhilfe geschaffen. Sie werden Dienstboten, wandern in die Stadt ab
oder beginnen – auch gerade in den Realteilungsgebieten – eine haupt- oder neben-
berufliche Tätigkeit als Gewerbetreibende. In anderen Fällen ist es möglich, Intensiv-
wirtschaften auf kleiner Fläche zu betreiben, wie etwa Weinbau, Farbpflanzen, Gemüse,
Tabak u. a. m. Hier liegen die Ansatzpunkte für einen strukturellen Wandel, und es
stehen im besonderen auch mehr Arbeitskräfte für die gewerbliche Produktion zur

[28] G. Franz, Geschichte des deutschen Bauernstandes, Stuttgart 1970. S. 145. – Wir werden im
   folgenden öfter und ausführlich Franz zitieren, der in den Jahren vor 1945 seine wissenschaftlichen Forschungen im Dienste des Faschismus verfälschte, nach dem Kriege aber, aus mir völlig
   gleichgültigen Motiven, dem Material nach überaus brauchbare Spezialarbeiten veröffentlichte.

* Vgl. etwa W. Abel, Wachstumsschwankungen mitteleuropäischer Völker seit dem Mittelalter, in:
   „Jahrb. f. Nat.-Ök. u. Stat.", 142. Bd. (1935), S. 682 passim. G. Mackenroth, Bevölkerungslehre,
   1953, S. 115f.

Verfügung, wobei die Einschaltung einer Verlagsorganisation eine häufige Erscheinung ist."[29]

Mager berichtet zur Tatsache der Differenzierung:

„Die Lebensverhältnisse der Bauern waren je nach ihrem Rechtszustande höchst unterschiedlich. Wo die Bauern im 16. Jahrhundert noch einigermaßen ihre persönliche Freiheit und ihr Erbrecht bewahrt hatten, wie auf Rügen, da ging es ihnen verhältnismäßig gut; sie konnten zu Wohlstand gelangen und waren selbstbewußte Leute. So berichtete der pommersche Chronist Thomas Kantzow um 1531 von den Bauern der Insel Rügen, sie ‚stehen ... wohl und seind reich; dann sie haben ihre bescheidene Zinse und Dienste, und darüber [hinaus] tuen sie nichts. Und die meisten tuen gar keine Dienste, sondern geben Geld dafür, daher es kommt, daß die Pauren sich frei achten und dem gemeinen Adel nichts nachgeben wollen, darin sie von deswegen so viel mehr gemuetet werden, daß ofte ein Edelmann, der nicht zu reich ist, einem reichen Pauren seine Tochter gibt und die Kinder sich darnach halb edel achten. Dieselben Kinder werden denne die Kursen [nach anderer Fassung Knesen = Herren] genannt‘*. Wie Gaede darlegt, konnte es bei dem unabhängigen, ja mitunter sogar verschwenderischen Leben, das die wohlhabenden Bauern in Neuvorpommern und Rügen (wie übrigens auch in anderen Teilen Deutschlands) führten, schließlich nicht ausbleiben, daß der Neid des Adels erregt und das Verlangen erweckt wurde, den vermeintlichen Anmaßungen der Bauern hindernd in den Weg zu treten. Die Landstände erhoben deshalb wiederholt Beschwerde und erreichten, daß unterm 23. Mai 1569 eine Land- und Bauernordnung erlassen wurde, die nicht zum letzten den Zweck hatte, alle verschwenderischen und üppigen Gewohnheiten der Bauern abzustellen und der Anmaßung des Dienstvolkes zu steuern. Die Bauer- und Schäferordnung von 1582 verfolgte denselben Zweck. Seit der zweiten Hälfte des 16. Jahrhunderts befanden sich aber die Vermögensverhältnisse auch der noch erbberechtigten Bauern offenbar im Rückgang. ...

Der höchst unterschiedlichen Wirtschaftslage der Bauern entsprach auch ein ebenso ungleichartiger Zustand der Landeskultur in den verschiedenen Teilen von Mecklenburg-Vorpommern. Gut kultivierte, mit fleißigen, nicht unvermögenden Bauern besetzte Landstriche wechselten um 1600 mit Gegenden ab, in denen es viele verödete, wüste Bauernhöfe und Hufen gab und wo die noch vorhandenen Bauern ein dürftiges, z. T. sogar verelendetes Dasein führten und oft nichts Besseres als die geplagten Arbeitstiere ihrer adligen Grund- und Gutsherren waren."[30]

Ja, wie Mager erwähnt, die Differenzierung ist so groß, daß der Adel sich gelegentlich nicht scheut, die Tochter an einen reichen Bauern zu verheiraten, genau wie im Kapitalismus der zweiten Hälfte des 19. Jahrhunderts Töchter des Adels an reiche Unternehmer, ja „sogar" an reiche Juden vergeben wurden. Franz gibt u. a. folgende zwei Beispiele solcher reichen Bauern:

„Der Bauer und Fuhrmann Jörg Minner aus Kornwestheim** hinterließ bei seinem Tode 1599 ein Vermögen, das heutiger Umrechnung nach gewiß einer Million entsprechen würde. Aus einer wohlhabenden Bauernfamilie stammend, hatte er zweimal

[29] *Fr. Lütge*, a. a. O., S. 338f.

[30] *Fr. Mager*, Geschichte des Bauerntums und der Bodenkultur im Lande Mecklenburg, Berlin 1955, S. 130f.

* „Pomerania", herausgegeben von Gaebel, 1908, Bd. 2, S. 170.

** *W. A. Boelcke*, Bäuerlicher Wohlstand in Württemberg Ende des 16. Jh. (Jhb. für Nationalökonomie u. Statistik 176, 1965).

reich geheiratet, so daß er 424 Morgen (150 ha) Ackerland besaß, von denen etwa ein Drittel freieigenes Land war. Der Hof wird ihm jährlich 750–1000 fl. Reingewinn gebracht haben. Außer Grund und Boden und Barvermögen besaß Minner aber auch 183 Gültbriefe mit einem Gesamtwert von fast 40 000 fl., die, mit 5% verzinst, ihm nochmals 2000 fl. einbrachten. Kein Wunder, daß er nicht nur seinen Töchtern eine stattliche Mitgift geben, sondern auch seinen jüngsten Sohn in Tübingen und Italien die Rechte studieren lassen konnte. Auffallend ist die enge Verwandtschaft Minners, aber auch anderer Kornwestheimer Bauernfamilien mit städtischen Geschlechtern in Eßlingen und anderwärts. Minner stand mit diesem Vermögen wohl für sich, aber wohlhabende, ja reiche Bauern gab es nicht nur in Württemberg, das zeigen die Steuerlisten, deren systematische Aufarbeitung freilich noch fehlt, in beträchtlicher Zahl. Auch im 18. Jahrhundert meinte der bekannte Pfarrer Mayer in Kupferzell, daß es eine allbekannte Sache sei, daß es im Hohenlohischen Bauern mit drei-, vier-, sechs- und zehntausend Gulden Vermögen gäbe.

Ein anderes Beispiel bietet der Bauer Paul Wagner* aus Schlanzschwitz in Sachsen, der zum Wiederaufbau seiner 1536 durch Blitzschlag zerstörten Pfarrkirche Altmügeln 100 dicke Groschen beisteuerte. Wagner versteuerte ein Vermögen von 120 Schock Groschen und besaß etwa 5 Hufen (60 ha) Land. Drei Knechte und zwei Mägde waren bei ihm in Stellung. Er bestellte sich bei dem besten Dresdener Bildhauer der Zeit ein Denkmal, das seine Spende festhielt. Es steht noch heute in der Kirche. Auf ihm kniet Wagner mit der prall gefüllten Geldkatze am Gürtel in prächtig stolzer Haltung, hinter ihm, sehr viel bescheidener, seine Frau. Und am Fußende prangen nach ritterlicher Art die Wappen, die Sichel und Pflugschar zeigen. Daß dies Denkmal 11 Jahre nach dem Bauernkrieg entstanden ist, gilt es hervorzuheben."[31]

Eine gewisse Mobilität zwischen den Ständen und Klassen darf auch in der Feudalzeit angenommen werden. Welches Ausmaß sie hatte, ist aber bedauerlicherweise noch wenig untersucht. Wahrscheinlich war sie aber größer im 16. Jahrhundert als zuvor.

Wie überhaupt das 16. Jahrhundert auf dem Lande voller Erscheinungen war, die auf eine neue Zeit deuteten. Es war natürlich eine Zeit des Rückschlags auf den Bauernkrieg, der beginnenden Refeudalisierung. Es war eine Zeit, in der die Territorial-Fürsten die Niederlage der Ritter zum Beginn des Jahrhunderts zu einer starken Verschiebung der Kräfte innerhalb der herrschenden Klassen und Schichten ausnutzten.

Es war vor allem aber auch eine Zeit der Verschiebung der Verhältnisse innerhalb der Werktätigen auf dem Lande. Die Bauernklasse differenzierte sich wohl weit stärker als in den beiden vorangehenden Jahrhunderten. Die reichen Bauern wurden reicher. Aber wurden auch die armen ärmer? In jedem Fall nimmt die Zahl der Landlosen auf dem Lande infolge des Bevölkerungswachstums zu. Eine Wendung in Richtung eines Fortschritts?

Die Frage hat Sinn, wenn man bedenkt, daß so das Land zu einem reichen Arbeitskräfte-Potential für die Stadt werden kann. Aber ist die Mobilität der auf dem Lande Arbeitenden groß genug für die Realisierung dieses Potentials? Und ist die Entwicklung der Städte so, daß sie von diesem Potential Gebrauch machen konnten? Nach vielen Vorstellungen vieler Historiker ist die Mobilität auf dem Land sehr gering. Natürlich weiß jeder um die Ostkolonisation in früheren Zeiten. Wie aber war es im 16. Jahr-

---

[31] *G. Franz,* a. a. O., S. 211f.

* Kh. Blaschke, Reformationsgeschichte Sachsens (Sächsische Heimatblätter 1967), jetzt auch Schriften des Vereins f. Reformationsgeschichte 185, 1970.

hundert und später, vor dem Dreißigjährigen Krieg? Waren die Bauern nicht „ansässig für immer"? schon durch ihre feudale Bindung an das Land. Es hat den Anschein, daß die Mobilität doch eine nicht geringe war, sowohl auf dem Lande selbst wie vom Lande in die Stadt. Mager berichtet für unsere Zeit über Mecklenburg:

„Die Beweglichkeit der ländlichen Bevölkerung war im 15. und 16. Jahrhundert in Mecklenburg erheblich, und die Besitzverhältnisse waren noch wenig stabil, wie Endlers Untersuchungen* ergeben haben. Zunächst ist eine gewisse Abwanderung vom Lande nach den Städten festzustellen; denn so lange die städtische Entwicklung eine aufsteigende war und Handel und Gewerbe noch aufnahmefähig für Arbeitskräfte waren, boten die Städte den nicht erbberechtigten Bauernsöhnen, soweit sie noch nicht an die Scholle gefesselt waren, gewisse Möglichkeiten zur Begründung einer neuen Existenz, und so lange sich das Abforderungsrecht noch nicht durchgesetzt hatte, suchten auch viele flüchtige Bauern in den Städten ein Unterkommen, besonders in der Periode der Fehden des 15. Jahrhunderts. Bauernsöhnen war der Eintritt in die städtischen Handwerkerzünfte noch möglich, und noch um 1610 bescheinigte der Amtmann von Wanzka einem Bauernsohn, daß er frei und echt geboren und zur Aufnahme in eine Zunft geeignet sei**. Aber auch auf dem Lande selbst, von Dorf zu Dorf, stellt Endler eine ,erhebliche Bewegung in der bäuerlichen Bevölkerung' fest, d. h. einen starken Besitzwechsel der bäuerlichen Höfe. Dabei scheidet Spekulationssucht als Grund für diese Erscheinung aus; denn die Art, wie die Bauernhöfe vor dem Dreißigjährigen Kriege verkauft wurden, ließ die Möglichkeit einer Bodenspekulation nicht zu. Der Preis einer zum Verkauf stehenden Bauernstelle wurde von den Nachbarn bestimmt; der Wert einer Hufe war in Gegenden mit ähnlichen Bodenverhältnissen gleich hoch, und ebenso war die Taxe der Gebäude und des Beschlages unabhängig von Angebot und Nachfrage. Für Verkauf und Erbschichtung waren gleiche Taxpreise üblich, die sich durch Generationen gleich blieben, so daß der Verkauf einer Stelle keinen Gewinn von Bedeutung bringen konnte, der zum Grundstückhandel hätte verlocken können. Für den Besitzwechsel spielte aber schlechte Wirtschaft des Bauern eine gewisse Rolle. Sofern die Rente aus einem Hofe gefährdet war, konnte der Grundherr als Obereigentümer nach dem Ratzeburger Recht die betreffende Stelle erst ,antasten', und zwar nur mit Zustimmung des Bauerngerichts. Dieses setzte dem beanstandeten Bauern in der Regel eine Frist, bis zu deren Ablauf der Hof in Ordnung zu bringen war; andernfalls mußte er seinen Hof abgeben. Oft verkaufte der Bauer aber in solchen Fällen seinen Hof vorher lieber freiwillig, um auf diese Weise eher die Aussicht zu haben, für sich noch etwas übrig zu behalten. Immer hatten bei Verkäufen die Verwandten einen Anspruch darauf, als eventuelle Käufer bevorzugt zugelassen zu werden. Häufig trat die Verschuldung eines Hofes erst beim Tode des Besitzers zutage, weshalb der Hof dann nicht selten, statt auf den Sohn, auf einen zahlungskräftigen Schwiegersohn oder auf einen anderen Verwandten überging. Ferner war als Grund für den bäuerlichen Besitzwechsel die starke Sterblichkeit von Bedeutung. Pest und andere Seuchen vernichteten von Zeit zu Zeit die Bevölkerung oft ganzer Dörfer oder dezimierten sie doch stark, und in den Registern findet sich häufig genug die Anmerkung, daß der Bauer samt seiner ganzen Familie der Pest, der ,Contagion', erlegen sei. Aber auch der frühe Tod eines Bauern konnte die Erhaltung der Stelle für eins seiner noch kleinen Kinder bedrohen. Gewöhn-

---

* *Endler:* Die bäuerliche Bevölkerung Mecklenburgs vor dem Dreißigjährigen Krieg, Hamburg 1934, S. 8ff.

** *Endler* u. *Folkers:* Das Mecklenburgische Bauerndorf, 1930, S. 53.

lich heiratete die Witwe wieder, und ihr neuer Mann sollte als ‚Setzwirt' die Stelle bis
zur Mündigkeit des Hoferben bewirtschaften. Das konnte nicht immer geschehen, z. B.
konnte der Setzwirt gezwungen sein, so viel Gelder in einen verwahrlosten Hof hinein-
zustecken, daß für den Erben eine Auszahlung nicht möglich war und der Verkauf des
Hofes an den Setzwirt zur Notwendigkeit wurde. Zeiten von Fehden und wiederholte
Mißernten konnten die Erhaltung der Bauernstelle in derselben Familie gleichfalls
gefährden, ebenso Viehseuchen, die nicht selten zum Totalverlust des Viehbeschlages
führten. Der Bauer konnte sich dann auf seinem Hof nicht mehr halten und war
gezwungen, ihn abzugeben, oder er ‚entlief' auch einfach. Als nicht seltenen Grund führt
Endler schließlich noch an, daß in vielen Teilen von Mecklenburg im Laufe des
16. Jahrhunderts die Lasten der Bauernhöfe derart erhöht wurden, daß letztere wirtschaftlich unrentabel wurden; deshalb kam es häufig vor, daß der Bauer lieber den
Hof im Stich ließ, als mehr und mehr in Schulden zu geraten.

Endler ist nun zu dem Ergebnis gekommen, man könne im allgemeinen damit rechnen,
daß vor dem Dreißigjährigen Kriege infolge des Zusammenwirkens der oben für die
Besitzveränderung angeführten Gründe innerhalb einer Generation (drei Jahrzehnte)
etwa 35 Prozent aller Stellen ihren Besitz einmal oder sogar mehrere Male gewechselt
haben. Etwas günstiger wird freilich das Bild bei Betrachtung längerer Zeiträume, da
es oft dieselben Stellen waren, die ihren Besitzer immer wieder wechselten, weil nach
dem herrschenden Brauch stets die Schulden des Vorgängers übernommen werden
mußten. Besonders häufig war vor dem Dreißigjährigen Kriege der Besitzwechsel im
Lande Stargard, da die Belastung der Bauern hier höher als anderenorts, z. B. in
Ratzeburg, war. In Stargard scheinen die Bauern sehr oft ihre Höfe im Stiche gelassen
zu haben, um nicht von der Schuldenlast, die auf dem Hof und nicht auf der Person
lastete, erdrückt zu werden. Im Amte Stargard wechselten nämlich von 1496 bis 1624
auf 148 Bauernhöfen, für die vergleichbares Material vorhanden ist, 82,4 Prozent dieser
Stellen ihre Besitzer, und in einigen Dörfern war 1624 keine Stelle mehr in der Hand
der Besitzerfamilie von 1496. Ganz allgemein kann aber gesagt werden, daß das
16. Jahrhundert eine Besserung der bäuerlichen Seßhaftigkeit brachte, die zwar nicht
groß war, aber doch gleichmäßig überall feststellbar ist. Als Grund hierfür kann wohl
der Verfall der Stadtwirtschaft, der den Zuzug vom Lande nach der Stadt verringerte,
angegeben werden. Der Verfasser möchte darüber hinaus noch vermuten, daß vielleicht
auch die zunehmende Bindung der Bauernschaft an die Scholle eine gewisse Rolle
spielte und die bäuerliche Seßhaftigkeit zwangsläufig verstärkte. Weiter läßt sich nach
Endler beobachten, daß bestimmte Stellen ihre Besitzer immer wieder wechselten und
gerade sie es häufig waren, die später wüst lagen. Andererseits kann man als sicher
feststellen, daß, je länger eine Stelle bereits im Besitz einer Familie war, desto geringer
auch die Wahrscheinlichkeit war, daß sie ihren Besitzer wechselte. Geschah dies aber
doch, so lag hier gewöhnlich nicht ein Verkauf der betreffenden Stelle, sondern eine
Einheirat vor. Die letztere war überhaupt für den bäuerlichen Besitzwechsel von erheblicher Bedeutung, beispielsweise ergibt sich für Ratzeburg, daß in der Zeit von 1540 bis
1619 30,4 Prozent alles Besitzwechsels durch Einheirat erfolgte.

Trotz des festgestellten großen Stellenwechsels saß aber nach Endler ein nicht geringer
Kreis von Familien jahrhundertelang in der gleichen Gegend fest und breitete sich
häufig, wenn auch langsam, immer weiter aus. Auch wenn sich in einem Gebiet die
Stellenzahl gleichblieb, so kann man doch einen zahlenmäßigen Rückgang der in der
betreffenden Gegend vorkommenden Familiennamen beobachten. Der Grund hierfür

lag darin, daß die jüngeren Söhne bodenständiger Bauernfamilien auf Höfe zogen, die keinen männlichen Erben hatten oder auf andere Weise frei wurden. Und das war eine Tatsache, die für die Bodenständigkeit einer Familie von größter Bedeutung war, indem hierdurch die Folgen des beobachteten starken Stellenwechsels ganz erheblich abgeschwächt wurden. Wenn also auch der Hauptzweig der Familie vom Stammhof verschwand, so saßen doch in der Nachbarschaft auf anderen Stellen andere Zweige derselben Familie, die damit bodenständig blieb. Die Stadt war damals wegen des Zunftzwanges und sonstiger Niederlassungsbeschränkungen (auch, wie schon bemerkt, wegen des Rückganges der Stadtwirtschaft) für ländlichen Zuzug nur beschränkt aufnahmefähig. Deshalb blieb der größte Teil der nichterbberechtigten Bauernsöhne auf dem Lande, entweder gleichfalls im landwirtschaftlichen Beruf oder als ländliche Handwerker, die bodenständig blieben und deren Nachkommen nicht selten den Weg in den Bauernstand zurückfanden."[32]

Wir haben so ausführlich zitiert, weil Mager so klug die verschiedenen Motive für die Mobilität der Bauern abwägt. Wir haben keinen Grund anzunehmen, daß Mecklenburg eine Ausnahmestellung in der Mobilität einnimmt, aber zweifellos bedürfen wir noch vieler anderer Untersuchungen, um zu einem schlüssigen Urteil für Deutschland zu kommen, insbesondere auch, ob in unserer Zeit die Abwanderung in die Stadt noch eine größere Rolle spielt, wessen ich nicht sicher bin. Harnisch bemerkt zu der hier angeschnittenen Problematik:

„Zur Frage der Mobilität der Landbevölkerung. In der Tat war sie nicht unbeachtlich. Aus Zeugenvernehmungen, bei denen Alter, Herkunft, Beruf etc. erfragt wurden, habe ich aber bei der Landbevölkerung den Eindruck, daß die Nahwanderung ganz überwog. Wie es bei der städtischen Bevölkerung als Folge der Handwerkerwanderung aussah, weiß ich nicht. In der zweiten Hälfte des 16. Jh. muß die Wanderung infolge religiöser Intoleranz schon ganz beträchtlich gewesen sein. Die Ausgabevermerke in den Gemeinderechnungen geben da interessante Aufschlüsse.

Eine andere Frage ist die der Auswirkung von Seuchen auf die Wanderungsbewegung. Die Seuchensterblichkeit war in den Städten immer größer als auf dem Lande. Aber auch die Normalsterblichkeit lag in den Städten höher, und etwa von einer Größenordnung von über 10 000 Einwohnern an hatten die Städte normalerweise Sterbeüberschuß. Es scheint mir daher auffallend, daß auch nach schweren Seuchen die Eheschließungsziffer vieler Städte bald wieder das alte Niveau erreichte. Die Seuchensterblichkeit, vor allem auch die Pest, traf Kinder und Alte überdurchschnittlich stark. Der schnelle Wiederanstieg der Eheschließungsziffer kann also nicht allein von der nachwachsenden Generation getragen worden sein. Es werden z. T. Zweitehen gewesen sein, die durch die Seuche Verwitwete geschlossen haben und Zuwanderer vom Lande. (Lange Reihen der natürlichen Bevölkerungsbewegung einzelner Städte bei Süßmilch, Bd. 1, Anhang, 4. Aufl. von 1775). Das Leben in der Stadt scheint demzufolge für die Landbevölkerung als Zielvorstellung nicht unwichtig gewesen zu sein."

Die Frage der Einwirkung der Seuchen auf die Mobilität scheint mir noch gründlicher Untersuchung wert. Für England haben bereits Bevölkerungsstatistiker des 17. Jahrhunderts festgestellt, daß London sich nach einer Seuche immer wieder schnell „aufgefüllt" hat durch Zuzug vom Lande. Kann man etwas Ähnliches auch für deutsche Städte feststellen?

---

[32] *Fr. Mager*, a. a. O., S. 110ff.

5*

Was die Zeit des Dreißigjährigen Krieges betrifft, so darf man die Frage der kurzfristigen Mobilität nicht außer Acht lassen. Der Schuhmachermeister Heberle, von dem
wir noch später berichten werden, flüchtete zum Beispiel siebenundzwanzigmal mit
seiner Familie aus Neenstetten nach Ulm.

Gleichzeitig bringt der Dreißigjährige Krieg auch eine längerfristige Mobilität, die
aber schließlich doch wieder in die Heimat zurückführt. Über einen solchen Fall sei
berichtet:

„In den letzten Monaten des Krieges erscheint vor dem Tittinger Amt der Tafern-
müller Paulus Baier, der diese Mühle ‚vor ungefähr 17 jahren' gekauft hatte. Was er
zu erzählen hat, ist typisch für das Schicksal jener Menschen in einer Zeit, die nicht
nach Herkunft und Konfession fragte, wenn es darum ging, Kräfte auszunutzen, wo
man sie fand.

‚Nachdeme er nun dise mühl in 2½ jahrlang besessen, habe das kriegswesen und
große hungersnot also überhand genommen, daß er sich mit seinem weib von der mühl,
wie auch eine große menge volk tuen miessen, begeben, und gewillt gewesen, bis auf
erfolgende besserung in Österreich zue züechen, und als er nacher Regenspurg uf die
brucken komen, sey dazumal eben das Goldisch regiment in der statt gelegen und
under selbigem vil bekanten soldatten als Eystettischen stiftskinder gewesen, bevorab
der Schuesterliendel von Nensling. Der war fenderich. Der empfieng ihn und fragte, wa
er hinwolt. Deme gab er antwort, hete hungersnot halbern von haus und seiner mühl
lassen miessen, wer gedacht, bis uf besserung in Österreich zue ziechen. Hab fenderich
angefangen, ob er kein soldatten geben mecht, solte mit ihme zu sein quartier gehen,
wöllt ihm ein stück zu essen geben, dörf darum, wann sein will nit darbei, kein soldaten
geben. So sey er mit ihm als einem guetten bekanten ins quartier gangen. Indessen kem
der haubtmann Con, meldend ob er der Tafermiller sey. Antwort er: ja. Ob er nit ein
soldatten geben mecht? Hett er geantwort: Neün! So hab er wider angefangen: wann
er kein soldaten mög geben, so hab er doch gehört, er kind wol schießen, soll ihm ein
schüzen abgeben, wöll ihm ein underhalt schaffen. Dessen er sich eingangen, doch ihme
vorbehalten, er laß sich einmal nit underhalten. Nachdeme er nun ein viertel jar lang
sich hab also gebrauchen lassen, sey er solang gesteckt und gebleckt (= in Stock und
Block geschlossen) worden, bis er sich hab underhalten lassen, gestalten er dann zway
jahr under disem regiment gedinet, nachgehends von den Schwedischen vor Witschstock
gefangen worden und auch 3½ jahrlang darunder gedient, hernach wider von den
kayserischen vor Wolfenbittel gefangen worden, darunder als dem Carretischen regiment
2 jahr gedinet, hernach sey er von den Schwedischen wider gefangen worden, under
denen hab er wider bis zue der letzten Leipziger schlacht dienen miessen. Hernach hab
er sein abschid bekommen. Under solcher zeit hab er sich in der statt Tittaw (= Zittau?)
ufgehalten und ehender nit wider nach haus komen kinden. Nun mieß er jezt vernemen,
daß gedachte sein ingehabte mühl vor 10 jahren von herrschaftswegen ... verkauft ...
worden, bittet derentwegen, man solte ihme die oberkeitliche hand bieten und wider
zue seiner mühl komen lassen.'

Der Müller mußte noch lange auf einen für ihn günstigen Entscheid warten. Sein
Nachfolger hatte ja zu einer Zeit, als sein Schicksal völlig ungewiß war, die Mühle
rechtmäßig und auf Veranlassung der Obrigkeit erworben. Schließlich erhielt er sein
Eigentum gegen eine Entschädigung wieder zurück, da ihm die älteren Rechte zuge-
billigt wurden.

Daß Heimkehrer ihre Hofstätten in anderen Händen fanden, war sicher kein Einzelfall. Die Politik der Obrigkeit ging überall darauf aus, ödliegende Anwesen so schnell wie möglich und unter befristetem Verzicht auf Abgaben wieder an den Mann zu bringen. Auf andere Weise war der wirtschaftlichen Not, die überall im Lande herrschte, nicht zu steuern."[33]

Noch kurz sei hier auf die gesellschaftspolitische Seite der Stellung der Bauern eingegangen. Franz meint mit Recht, daß hier die Folgen des verlorenen Bauernkrieges viel größere gewesen waren als in der wirtschaftlichen Position der Bauern.

„Fast allgemein wurden die Bauern zunächst entwaffnet. Gelegentlich wurden auch Versammlungen und der Wirtshausbesuch verboten. Im Schwarzwald sollten selbst die Friedhofsmauern und die Kirchtürme als Stützpunkte bäuerlicher Verteidigung niedergelegt und die Glocken abgeliefert werden. Wichtiger war, daß allerorten die bäuerliche Selbstverwaltung eingeschränkt wurde. Die Reichenauer mußten ihre Rathäuser dem Abt übergeben und durften keine Bürgermeister mehr wählen. Die Bauern im Amt Bischofsheim mußten auf Gerichtssiegel und eigenes Gericht verzichten. Der Rheingau erhielt eine neue Landesordnung, die die Autonomie dieses Bauernlandes mit Bürgerrechten völlig vernichtete."

Auf weitere Sicht betrachtet handelt es sich dabei um eine Entwicklung, die Heitz so schildert: „Der Niederschlagung der frühbürgerlichen Revolution folgte langfristig der Ausbau des feudalen Machtapparats, zumeist in Gestalt des kleinstaatlichen Absolutismus, seltener in Gestalt des die Interessen der herrschenden Klasse ebenfalls sichernden territorialen Ständestaates.* Aus diesen auf Befestigung des Machtapparats zielenden Tendenzen ergaben sich die zahlreichen territorialen sowie die allerdings in ihrer Anwendung eben durch die Kleinstaaten eingeschränkten zentralen Polizeiordnungen.** Dies setzte im 16. Jh. ein, erreichte aber erst während des dreißigjährigen Krieges bzw. unmittelbar danach in den Bauern-, Gesinde- und Schäferordnungen einen Abschluß."[34]

Jedoch gibt es auch noch beachtliche Gegentendenzen. So bemerken Bentzien und Strobach: „Die Lebensweise der Bauern wurde durch die politische Niederlage von 1525 in anderer Weise nachhaltig beeinflußt. Am stärksten war die Grundform des sozialen Lebens im Dorf, die Gemeinde, davon betroffen. Ihre demokratischen Rechte und Kompetenzen, um die im Bauernkrieg gekämpft worden war, wurden von der Feudalklasse zunehmend liquidiert. Doch leisteten die Bauern entschiedenen Widerstand, so daß sich dieser Prozeß im Westen und Süden Deutschlands teilweise erheblich verzögerte und einige Rechte der Dorfgemeinden verteidigt werden konnten; Weistumsaufzeichnungen erfolgten hier noch während des ganzen 16. Jahrhunderts. Faktisch zerschlagen wurde die Dorfgemeinde in Ostelbien, wo der Feudaladel den Weg der Ausbildung von Gutsherrschaften beschritt, während sich im grundherrschaftlichen Westen und Süden sowie in Mitteldeutschland zwar die feudale Kontrolle der Gemeindeangelegenheiten schließlich durchsetzte, kräftige Reste einer gemeindlichen Autonomie

---

[33] K.-S. Kramer, Volksleben im Fürstentum Ansbach und seinen Nachbargebieten (1500–1800), Würzburg 1961, S. 325f.

[34] G. Heitz, Bäuerliche Klassenkämpfe im Spätfeudalismus, in: Der Deutsche Bauernkrieg 1524/25, hg. von G. Brendler und A. Laube, Berlin 1977, S. 209.

* G. Vogler, Bürgertum und Staatsgewalt in der Epoche des Übergangs vom Feudalismus zum Kapitalismus (Referat Hansetagung Cottbus 1974, Ms.) (Vgl. Bericht in: ZfG, 2/1975).

** G. K. Schmelzeisen, Polizeiordnungen und Privatrecht (Forschungen zur neueren Privatrechtsgeschichte, Bd. 3), Münster/Köln 1955.

aber selbst unter den Vorzeichen feudalabsolutistischer Gemeindeordnungen erhalten blieben. Damit behaupteten sich hier manche Züge einer urwüchsigen Demokratie, unter anderem bei der Nutzung und Wartung der Gemeindeeinrichtungen. Freilich prallten auch hier feudalherrliche und bäuerliche Interessen nicht selten hart aufeinander, sei es bezüglich der Schankgerechtigkeit, der Zwangsbacköfen und anderer Einrichtungen."[35]

Und was gar die „militärische Entrechtung" betrifft, so kann auch Franz schon für 1542 feststellen: „Trotzdem verschwand der Gedanke der Volksbewaffnung auch im 16. Jahrhundert nicht. Herzog Moritz von Sachsen bot in der Wurzener Stiftsfehde 1542 6000 Bauern auf. Ebenso bestanden die Truppen des Landgrafen Philipp von Hessen und des Kurfürsten Johann Friedrich von Sachsen gegen Herzog Heinrich von Braunschweig 1545 nur zur Hälfte aus geworbenen Knechten, zur anderen Hälfte aber aus aufgebotenen Bauern. Das Landesaufgebot, das von den Amtleuten aufgeboten und angeführt wurde, wurde nicht besoldet, ja es mußte auch von den Städten und Ämtern verpflegt werden. Die Hälfte der Aufgebotenen mußten jetzt schon mit langen Handrohren, also Gewehren, ausgerüstet sein."

Und für die Zeit unmittelbar vor dem Dreißigjährigen Krieg stellt er fest:

„Mit besonderem Nachdruck hat Maximilian von Bayern am Vorabend des Dreißigjährigen Krieges die Landesdefension aufgebaut und auch schon 1607 bei seinem Vorgehen gegen Donauwörth eingesetzt. Er ging so weit, neben die Lehensreiterei auch eine Landreiterei aus vermögenden Bauern und Bürgern zu stellen. ...

Um 1600 war das Defensionswerk trotz vielfachen Widerstandes der Bauern, die dem Waffendienst entwöhnt waren und wohl gern eine Büchse besaßen, aber nicht regelmäßig exerzieren wollten, fast allerorten durchgeführt. In Bayern glaubte man im Jahre 1615 die Organisation abgeschlossen zu haben und kriegsbereit zu sein."

Wenn aber auch die „militärische Entrechtung" schließlich nur kurzfristig war, steigerte sich die politische Unterdrückung auf anderen Gebieten. Franz bemerkt:

„ ,In welchem deutschen Lande (heißt es in der ,Bauernklage' 1598) hat der Bauer noch sein altes Recht? Wo seine Nutzung an den gemeinen Feldern, Wiesen und Gehölzen? Wo gemessene Frohnden und Scharwerke? Wo noch sein eigen Gericht? Daß Gott erbarm! Alles das und anderes aus dem vormaligen Ehrenstand der Bauern ist mehrenteils gar so verloschen und erstorben, daß, wer noch von solchen spricht, hören muß, er sei ein Herrenfeind und Aufrührer, verdiene an Gut, Leib und Leben gestraft zu werden.' Die bäuerliche Selbstverwaltung auf dem Lande, die Autonomie, trat zunehmend zurück. Anstelle des Weistums trat die landesfürstliche oder herrschaftliche Dorfordnung, die das dörfliche Leben von Obrigkeits wegen zu ordnen unternahm. ...

Landgraf Wilhelm IV. von Hessen ... hielt auf einem Landtag 1569 seinen Adligen vor, daß sie ihre Hintersassen behandelten, als wenn diese Wenden oder Sklaven wären und als ob sie Gewalt über Leben und Tod besäßen. Vor allem aber wirkte sich die Vermehrung der Beamtenschaft verhängnisvoll aus. Die schon genannte ,Bauernklage' (1598) sieht in der gewaltigen Mehrung der Amtleute und des Schreibervolkes, das sich in der letzten Generation wohl vervierfacht habe, den eigentlichen Fluch des gemeinen Mannes. Der hessische Chronist Wigand Lauze, selbst ein Regierungssekretär,

[35] *U. Bentzien, H. Strobach*, Entwicklungstendenzen der bäuerlichen Kultur zur Zeit des deutschen Bauernkrieges, in: Der Bauer im Klassenkampf, hg. von G. Heitz, A. Laube, M. Steinmetz, G. Vogler, Berlin 1975, S. 275.

meinte 1552, früher sei an manchen Orten nur ein Amtmann oder Rentmeister, Schultheiß oder Landknecht gewesen, die Ämter seien trotzdem gut verwaltet gewesen. Heute aber finde man an solchen Orten zugleich einen Rentmeister, Rentschreiber, halben Rentschreiber, Schultheiß, Afterschultheiß, zwei oder drei Landknechte, zwei oder drei Zöllner, Kornmesser, Burggrafen und andere noch mehr. Sie alle hätten keine bestimmte Besoldung, sondern müßten von den Untertanen unterhalten werden. Sie bauten in Städten, Dörfern und Meierhöfen große Gebäude, Scheuern und Lusthäuser, für die die Untertanen das Holz liefern und Arbeit leisten müßten. Sie kauften zudem zu den Amtsäckern auf eigene Rechnung Land, das ebenfalls die Amtsuntertanen bestellen müßten, so daß sie zuweilen den Amtsknechten mehr Dienste leisten müßten als dem Fürsten. Beschwerden dagegen hülfen wenig, da die Beamten alle unter einer Decke steckten. Einige Jahrzehnte später klagt ein hessischer Superintendent (1574): ‚Wenn einer von den Amtsknechten eines Fingers breit zu gebieten hat, unterwindet er sich eines Schrittes.' Die Beamten würden das Amt aussaugen, als ob es ihr eigen wäre. Die ägyptische Knechtschaft und Dienstbarkeit könne nicht schlimmer gewesen sein als die gegenwärtige Bedrückung des armen Mannes. Den Tübinger Professor Nicodemus Frischlin kostete es 1578 sein Amt, daß er in einer akademischen Rede gegen die adligen Unmenschen und Leutfresser und Bauernschinder zu Felde zog, gegen die es kein Recht gäbe.

Gewiß dürfen solche Klagen nicht verallgemeinert werden, sie zeigen aber doch, daß der Bauer nicht nur in Ostdeutschland, sondern auch im Altland zum Untertan geworden war, der vielfach außerhalb des Rechtes stand. Verwaltung und Rechtspflege waren bis in das 19. Jahrhundert hinein im Amt, also in der unteren und mittleren Ebene, in einer Hand, und das Amt wurde an den Inhaber, einen Adligen oder auch einen bürgerlichen Juristen, verpachtet. Er hatte dann zugleich mit dem Amt den Amtshof zu bewirtschaften und konnte sich daran schadlos halten. Daß damit eine große Versuchung gegeben war, das Amt auf Kosten der Untertanen auszunutzen, liegt auf der Hand."[36]

Unter den Rechtsverlusten der Bauern ist auch die Einschränkung des bäuerlichen zugunsten des Herrenjagdrechts, insbesondere des der territorialen Fürsten zu nennen; dabei ergab sich sogar eine Höherstellung des Wildes gegenüber den Bauern, die darin zum Ausdruck kam, daß nicht selten den Bauern die Aufstellung von Zäunen und die Anpflanzung von Hecken verboten wurde, damit das Wild freien Nahrungszugang zu den Feldern hatte. Ja, in unserer Zeit wird das Jagdrecht vielfach schon zum ausschließlichen Recht der Herren, und jagende Bauern, die gefaßt werden, werden mit dem Abschneiden der Ohren, dem Ausstechen der Augen, ja der Entmannung und dem Tode bestraft.

Doch noch in einem viel weiteren Rahmen müssen wir die gesellschaftliche Position der Bauern sehen. Wenn es im Dreißigjährigen Krieg den Soldatenspruch gab: Jeder Soldat braucht drei Bauern, einen, der ihn ernährt, einen, der ihm seine Frau überläßt, und einen, der an seiner Stelle in die Hölle fährt – dann läßt sich schon ahnen, wie das Ansehen der Bauern in der Gesellschaft seit dem Bauernkrieg gesunken ist.

Lahnstein schreibt dazu: „Wenn der Bauernstand nach den verzweifelten, in Blutströmen ertrunkenen Anstrengungen der Bauernkriege viele Menschenalter hindurch ‚geschichtslos' gelebt hat, so kann man das mit einiger Vorsicht auch auf die Kultur-

---

[36] *G. Franz,* a. a. O., S. 146f., 169, 171, 148ff.

und Gesellschaftsgeschichte beziehen. Der Bauer, von dessen Mühsal alle lebten, hat nicht mitgetan in dem großen Gesellschaftsspiel; ob er, in harte, gleichmäßige Arbeit verflochten, nicht mitspielen konnte – ob er, von oben herab verachtet, nicht mitspielen durfte – ob er, in heimlichem Groll, verstecktem Stolz, nicht mitspielen wollte – wer will das auseinanderlegen? Übrigens gab es Landschaften, in denen die alte Freiheit den Bauern nicht, oder doch nicht ganz verloren gegangen war; so in der Schweiz, in Tirol, in Westfalen, in Elb- und Wesermarschen, in Holstein und in Friesland. Hier ,spielten sie eine Rolle.' In den meisten Teilen des Reichs jedoch waren die Bauern so gering geachtet, wie selten in der deutschen Geschichte; es mochte dabei mitspielen, daß durch den langen Krieg ihre einfältigen und biederen Sitten vielerorts verkommen und einer Verrohung und Verwilderung gewichen waren. ,Bauern sind zwar Menschen, aber etwas ungehobelter und gröber als die anderen. Betrachtet man ihre Sitten und Gebärden, so ist unschwer, einen höflichen Menschen von einem Bauern zu unterscheiden. Einem Bauren gehört der Flegel in die Hand, ein Karst auf die Achsel und eine Mistgabel an die Tür. Ihre häßlichen Sitten sind jedermann bekannt ...' So schimpft ein geistlicher Herr in einem 1684 erschienen Büchlein. Der dumpfe Groll der gering geschätzten und geplagten Bauern blitzt aus dem bösen, in Mitteldeutschland damals gängigen Sprichwort: Jungen Sperlingen und jungen Edelleuten soll man bei Zeiten die Köpfe eindrücken."[37]

So manche Formulierungen sind unsicher, einiges ist auch grundfalsch – aber deutlich wird die richtige Ansicht, daß der Bauer an gesellschaftlicher Position verloren hat. In dieser Beziehung hat der Bauernkrieg eine Wendung gebracht. Das arbeitet auch Martini sehr deutlich in seinen Untersuchungen über das Bauerntum in der Literatur des 16. Jahrhunderts heraus. Dabei ist es von Interesse zu sehen, wieviel primitiver die Protestanten als die seit Jahrhunderten in der Manipulation der öffentlichen Meinungen geübten Katholiken vorgehen. Luthers auf niedrigstem Niveau schändliche Reden und Pamphlete gegen die Bauern sind gut bekannt.

Martini, der sein Buch 1944, mit häufigen Konzessionen an die damals herrschende Ideologie, veröffentlichte, bringt doch eine Fülle von Material und Einschätzungen, die zu beachten sind. Er schreibt:

„Das verhängnisvolle Jahr 1525 vernichtete die Entwicklung eines Bauernbildes, das, im engsten Verein mit den seit Jahrhunderten gärenden und drohenden politischen, sozialen und religiösen Forderungen und Kräften des bäuerlichen Volksgrundes, dem bisher niedersten Stand eine entscheidungsvolle Bedeutung, eine schlüsselhafte Stellung im Volksganzen geben wollte. Die Fülle der Flugschriften brach jäh ab und hinterließ im folgenden 16. Jahrhundert nur spärliche, verspätete Zeugnisse ohne schöpferische Kraft. Die gewaltige Erregung, die die sozialen Stürme ausgelöst hatten, unter deren Druck und Spannung man seit mehr als einem Jahrhundert gelebt hatte, wurde jetzt gewaltsam erstickt und damit eine epochale Bewegung, die weit über die Reformation hinaus auf älteste Volksgründe zurückgriff, mit Härte und Blut vernichtet. ...

Das einprägsamste Beispiel dieser verwandelten sozialen Anschauung bietet die Legende von den ungleichen Kindern Evas*, die jetzt aus der Volksüberlieferung in das Schrifttum einging, in der protestantischen Dichtung eine erstaunlich große Ver-

---

[37] *P. Lahnstein,* Das Leben im Barock, Stuttgart 1974, S. 19f.

* Vgl. dazu *Winzer,* Die ungleichen Kinder Evas in der deutschen Literatur des 16. Jahrhunderts, Diss. Greifswald 1908 ...

breitung fand*, auch im Volksmunde fortlebte**. Melanchthon, der in seiner Soziallehre Luthers Obrigkeitsbegriff systematisch, rational-autoritär ausbaute, gab ihr als der Lehre des wahren Adels und des von Gott bestimmten Ursprungs der Stände eine einflußreiche Geltung. Wieder war damit, wie in der dem Alten Testament entnommenen Erzählung von der Entstehung des Bauernstandes aus dem Fluch über Ham, die das mittelalterliche Schrifttum durchzog, eine biblische Legende zum bildhaften Beweis der von Gott eingesetzten, in seiner Weltordnung begründeten Notwendigkeit der bestehenden sozialen Unterschiede geworden. Wie nach dem Alten Testament die Arbeit des Bauern zum Fluch geworden war, zum Zeichen des menschlichen Sündenfalls, so wurde hier der Bauer als der im Sündenstand beharrende Mensch brückenlos von den anderen herrschenden Ständen geschieden und sittlich-religiös ihnen bedingungslos untergeordnet. Der soziale Zustand in dieser Wirklichkeit wurde damit wieder an eine letzte religiöse Ordnung gebunden, durch sie gerechtfertigt und damit auch im religiösen Sinne unumstößlich. ...

Die Erzählung, wie die Berufstände unter den Kindern der Urmutter durch Gott je nach ihrer sittlichen Erscheinung und ihrem Gebaren verteilt wurden, gewann eine umfassende Geltung, galten doch in der Rechtsanschauung der Zeit die Fronen und Dienste als die Zeichen der sündigen, erst durch den Aufruhr der letzten Jahre wieder sichtbar erhärteten Schuld der Pflichtigen und Niederen, von der aus der gemeine Mann hart gehalten werden müsse. Melanchthon hatte bei einem Gutachten über die 12 Artikel der Bauern geschrieben: ‚Es wäre vonnöten, daß ein solch wild, ungezogen Volk, als Teutsche sind, noch weniger Freiheit hätte, denn es hat‘ ".[38]

Von ganz besonderer Bedeutung scheint mir die neue, bzw. zuvor vielfach „vergessene" Verteilung der Erbsünde. Hatten früher alle Menschen gleichen Anteil an ihr, so wird sie jetzt faktisch allein den Bauern zuteil. Auch wird man Martini zustimmen, wenn er eine Hauptrolle bei dieser Umverteilung der protestantischen Kirche zuschreibt.

Jedoch darf man nicht übersehen, daß in diesem Jahrhundert vor dem Dreißigjährigen Krieg auch noch andere Stimmen, ein Nachhall aus der Vergangenheit, sich vernehmen lassen. Martini schildert:

„Für die ‚Siben Bücher Von dem Feldbau‘, die Melchior Sebisch, ein Straßburger Arzt, 1579 ‚seines hohen nutzes halben, gemeynem Vatterland zu lieb‘ nach einem französischen Werk von Charles Estienne übersetzt erscheinen ließ, dichtete Fischart eine Bearbeitung der Horazischen Epode ‚Beatus ille‘ als ‚Fürtreffliches artliches Lob, deß Landlustes, Mayersmut und lustigen Feldbaumans leben‘.*** Durchaus selbständig gegenüber dem Vorbild und es auf heimische elsässische Verhältnisse übertragend, feiert er hier das Landleben als den idealen Stand menschlicher Glückseligkeit, der nützlich, erfreuend und gesund dem Menschen Ruhe, Frieden und Sorglosigkeit sichert, während in den Berufen der Stadt, vor allem der Kaufmannschaft, nur Streit, Habsucht, Willkür, Abhängigkeit herrschen. Die Gegensätze werden satirisch übertrieben, um grell zu wirken, die Pointe herauszutreiben, doch ist offenbar, wie ernst es Fischart ist, wenn er die freie Natur besingt, das Gesunde, Kräftige und Schlichte des ländlichen Treibens und die

[38] *Fr. Martini,* Das Bauerntum im Deutschen Schrifttum von den Anfängen bis zum 16. Jahrhundert, Halle 1944, S. 331ff.

* *Winzer,* a. a. O., S. 12f. Vgl. auch *H. Holstein,* Die Reformation im Spiegelbild der dramatischen Literatur des 16. Jahrhunderts, Halle 1886, S. 71f.

** Vgl. *V. Schumanns* Nachtbüchlein, hrsg. J. Bolte, Bibl. d. Lit. Ver. 197, Tübingen 1899, S. 403ff.

*** Abgedr. bei *K. Goedeke,* Deutsche Dichter d. 16. Jahrhunderts, Leipzig 1880, Bd. 15, S. 251ff.

sittliche Festigkeit des bäuerlichen Menschen – ‚schlecht, gerecht, aufrecht, einfaltig‘ ist sein Charakter (vgl. 69). Hier allein kommt der Mensch zur Anschauung Gottes in der Schönheit der für ihn wachsenden, sorgenden Natur. So wendet sich das Gedicht am Schlusse zu Gott: ‚Segne den schönen feldbaustand, welcher wird der unschuldigst gnant, das sie in nicht schinden schenden und dein segen durch geiz abwenden! ... Solch feldlust gonnt gott den frommen‘ (v. 289 ff.). Von diesem Gedicht führt der Weg unmittelbar zur schäferlichen Idylle und dem beliebten arkadischen Bauernlob des 17. Jahrhunderts.

Mit ihm stimmt auch Frischlins Rede, die ein Jahr zuvor gehalten wurde, überein – ein Zeichen des gleichen bildungshaften Ausgangspunktes. Nur daß Frischlins Sätze mit einer starken Leidenschaftlichkeit und aggressiven Stoßkraft gefüllt sind, nicht nur ein Lob, sondern eine soziale Wandlung erstreben. Wohl geht es um alte Gedanken; um so entscheidender aber ist, wie sie gewirkt haben. ...

Im goldenen Zeitalter des Paradieses, so heißt es in der Rede, wurde der Ackerbau als die höchste, die Natur beherrschende und zähmende Kunst eingesetzt; als erste Kulturtätigkeit wurde er der Lebensgrund aller Guten und Gerechten. Erst von den Bösen und Sündern wurden die Städte und kriegerischen Burgen gegründet. Deshalb sind die Bauern den Städtern sittlich weit überlegen – ‚justiores et sanctiores sunt agricolai civibus‘ (S. 319). Von Weisen und Königen wurde der Ackerbau gepflegt, sie selbst führten den Pflug. Ursprünglicher und edler ist er als alle Gewerbe. Heftig klagt Frischlin die ‚opinio vulgi‘ an, die in törichtem Unverständnis, sich an der heiligen Ordnung versündigend, den Bauern verachtet. Denn seine Arbeit ist nicht knechtisch, sondern leiht die höchste innere und äußere Freiheit, nach der sich die Höflinge und Städter vergeblich sehnen. Hoch preist er diese bäuerliche Mühsal gerade wegen ihrer Armut und Härte, denn sie ist ein göttliches Gebot und ein Zeichen des Fleißes, der Einsicht und der Erfahrung. Alle Tugenden scheinen aus den Städten und Burgen zu den Bauern geflohen zu sein, zu ihrer Unschuld und gesunden, harten Lebenszucht. Deshalb gebührt ihnen alle Achtung, Ehre, ein eingehendes Studium. Frischlin verrät nicht nur die genaue Kenntnis des ländlichen Lebens, sondern vertieft sich in Fragen der Viehzucht, Feldbestellung, fordert sogar eine Ackerbauschule. Vor allem aber geht es ihm um die innere Wertung des bäuerlichen Menschen. Gerade weil er sittlich so hoch über allen steht, trifft ihn ihr Haß und ihre Verachtung.“[39]

Doch so gern wir diesen Stimmen zuhören, müssen wir uns klar darüber sein, daß sie einer immer kleiner werdenden Opposition angehören und nicht mehr das „Bauernbild“ dieser Zeit unter den Herrschenden bestimmen, auch nicht mehr in der Bürokratie oder in den Kreisen der Unterdrückten in den großen Städten. Man galt eben als Oppositioneller in der Gesellschaft, wenn man den Bauernstand lobte – selbst wenn man dabei nicht für eine Besserung seiner ökonomischen Position eintrat.

Und die Wendung, die der Bauernkrieg gebracht hatte, vollendete der Dreißigjährige Krieg. Die gesellschaftliche Lage des Bauern am Ende des Dreißigjährigen Krieges kennzeichnet Balcke so: „Dreißig Jahre lang war der Bauer geknechtet und geschunden worden, kein Wunder, daß er schließlich alle Menschenwürde verlor und demütig, kriechend, mißtrauisch und heimtückisch geworden war, kein Wunder auch, daß auf den so verkommenen Bauernstand, Adel, Geistlichkeit und Beamte mehr als je mit Verachtung herabsahen. Aber auch die höhere Bildung dieser Kreise war in Verfall gerathen,

---

[39] Ebendort, S. 368f.

kleinlich sah es in Wissenschaft, Kunst und Literatur aus und der frische, lebendige Hauch, welcher auf den alten Universitäten geherrscht hatte, war zu einer steifen Pedanterie verknöchert."[40]

Möge der Bauer vor 1525, vor dem Bauernkrieg noch so unterdrückt gewesen sein, vielfach auch beschimpft worden sein – als grob und flegelhaft, brutal und ohne Sitten[41] –, sein Lob an sich wurde doch niemals als gesellschaftliche Opposition gewertet, sein Tadel wurde nicht religiös begründet, und vor allem, er war immer von der herrschenden Klasse gefürchtet, zumal er sich im 15. Jahrhundert manche Freiheit erobert hatte, die er dann nach 1525 doppelt verlor.

Seit dem Dreißigjährigen Krieg aber wurden die Bauern als Klasse von den Herren nicht mehr gefürchtet. „Geschichtslos" jedoch wurde der Bauer deswegen, wie Lahnstein meint, nicht. Die Geschichte ist ein ewiger Klassenkampf – mag er auch noch so klein sein und wie im Bewußtseinsschlaf geführt werden, auf den kleinsten und kleinlichsten ökonomischen Vorteil bedacht.

Natürlich hat der Bauer nicht „mitgetan in dem großen Gesellschaftsspiel". Das hat er aber auch in den vorangehenden Jahrhunderten nur selten getan, nur an den Festtagen seiner Geschichte. Allein die Arbeiterklasse ist fähig, „in dem großen Gesellschaftsspiel" mitzutun, lange bevor sie an der Macht ist.

Und wo nach Lahnstein die Bauern „eine Rolle" spielten – in Westfalen, Holstein usw. –, da waren es nicht so sehr die Bauern, sondern die reichen Bauern, die in so manchem den Städtern oder Adligen näherstanden als den armen Bauern.

Wenn Lahnstein aber einen Abfall von „einfältigen und biederen Sitten" feststellt, dann hat ihr hartes Leben, hat die harte Willkür der Unterdrückung ebenso wie der stete Kampf um die ihnen verbliebenen Rechte den Bauern niemals die Pflege „einfältiger und biederer Sitten" erlaubt. Lahnstein, der in seinem Buch von dem robusten Barock handelt, sollte nicht in rührselige Romantik verfallen, wenn er vom Bauernleben im 16. Jahrhundert und zuvor spricht.

Recht aber hat er, von der „Verrohung und Verwilderung" der Sitten durch den Dreißigjährigen Krieg zu sprechen – nur traf diese alle Klassen, alle Schichten der Bevölkerung, vom Fürsten bis zum Schultheißen, vom städtischen Handwerker bis zum Bauern.

Abschließend können wir über die Lage der Bauern, die mit ihren Familien die wohl große Masse der Werktätigen im 16. und 17. Jahrhundert stellen, sagen:

1. Sie ist außerordentlich differenziert. Wenn wir von den Bauern als Werktätigen in dieser Zeit sprechen, sollten wir endlich die Großbauern ausschließen; unter ihnen befanden sich nicht wenige, die in der Hauptsache beaufsichtigten, statt mit der Hand zu arbeiten, sie waren reich und standen bisweilen den ärmeren Adligen – im Gegensatz zum 14. Jahrhundert! – bereits in mancher Beziehung gesellschaftlich nahe oder wurden bisweilen von den ärmeren Adligen mit größter gesellschaftlicher Verachtung als Konkurrenten angesehen.

Die große Masse der Bauern war arm, litt jedoch wohl nach dem Bauernkrieg nicht größere wirtschaftliche Not (bis 1618) als zuvor. Vielleicht besserte sich sogar gelegentlich ihre Lage, da die Preissteigerungen für landwirtschaftliche Produkte ihnen, soweit

[40] *Th. Balcke*, Bilder aus der Geschichte der deutschen Landwirthschaft, II. Teil, Berlin und Leipzig 1876, S. 81.
[41] Vgl. dazu auch *Fr. v. Bezold*, Aus Mittelalter und Renaissance, München und Berlin 1918, S. 49ff.

sie Geldrenten zu zahlen hatten, manche Vorteile brachten, und, wie wir noch sehen werden, die städtischen Produkte des Handwerks im allgemeinen wohl weniger im Preise heraufgingen.

Hundertfach recht hat darum Jacobeit, wenn er schreibt: „Es ist also nicht möglich, undifferenziert von *dem* Bauern schlechthin oder von *der* Bauernschaft zu sprechen. Die Bauernschaft besteht aus sozial abgestuften Schichten, deren Kultur und Lebensweise gleichermaßen differenziert zu betrachten ist. – In diesem Zusammenhang gesehen, ist es auch nicht mehr vertretbar, von der, wie in der deutschen Ethnographie vielfach noch üblich, ‚Volkskultur' zu sprechen, die meist mit ‚bäuerlicher Kultur' gleichgesetzt wird und deren gegenständliche Objektivationen unsere Museen füllen. Was dort in der Mehrzahl der Fälle realiter an sog. Volkskultur oder bäuerlicher Kultur gezeigt wird, sind die meist nach ästhetischen Gesichtspunkten von den Sammlern des 19. und 20. Jahrhunderts ausgewählten Gegenstände der Kultur der kapitalistischen (? – J. K.) Großbauern, ohne daß man darüber reflektiert hätte, unter welchen sozialökonomischen Bedingungen diese Kulturäußerungen zustande kamen, von wem sie geschaffen wurden, wie sie sich von denen der Kleinbauern oder des Landproletariats unterschieden usw. Es ist also ein historisch oft unreales, ja falsches Bild, das uns gerade in den ethnographischen Museen von den ländlichen Verhältnissen vorgeführt wird, und hier gilt es, neue Akzente zu setzen."[42]

2. Die Vorstellungen eines seit Jahrhunderten seßhaften Bauernstandes sind falsch. Da bis 1618 die städtischen Handwerke zwar schon begonnen hatten, zu verknöchern, aber noch keineswegs allgemein gesperrt waren gegenüber vom Lande einwandernden Bauern und da die Wechselfälle des Lebens wie Zerstörungen durch räuberisch-kriegerische Überfälle und durch Brände, wie Familientode und persönliche Eigenschaften Eigentumsverluste der verschiedensten Art so wie Schulden brachten, die die Aufgabe des Bauernhofes erzwangen, gab es eine beachtliche Mobilität unter den Bauern – wenn auch der Zug in die Stadt in unserer hier betrachteten Zeit nicht überschätzt werden darf.

3. Das einzige Gebiet, auf dem sich die Lage der Bauern wohl allgemein und eindeutig verschlechterte, war die gesellschaftliche Position und speziell die politisch-rechtliche Situation – eine ganz selbstverständlich erscheinende Folge des verlorenen Bauernkrieges.

Nur eine gewisse spezifische Besserung ist wohl zu erwähnen: Der Niedergang des Ritterstandes brachte eine Verminderung der Zahl der lokalen Kriege, während die natürlich nicht wenigen territorialen Kriege wohl nicht entsprechend zunahmen, wenn auch die territorialen Kriege selbstverständlich einen größeren Umfang als die lokalen Ritterkriege hatten.

Fast bedeutungslos erscheinen neben der Landwirtschaft und den Bauern die Stadtwirtschaft und die Werktätigen dort. Und doch ist in der Stadt die Zukunft, der Kapitalismus beheimatet ... wenn auch in Deutschland noch in weiter Ferne.

Merkwürdig die Städte, wie sie Gustav Freytag beschreibt:

„In den ansehnlichen Städten waren die Häuser der innern Stadt um das Jahr 1618 in großer Mehrzahl aus Stein, bis drei und mehr Stock hoch, mit Ziegeln gedeckt. Die

---

[42] W. *Jacobeit*, Zur Einordnung „volkskultureller" Phänomene in das System der Gesellschaftswissenschaften, in: „Letopis", Reihe C, Nr. 20, 1977, S. 5f.

Räume des Hauses werden oft als sauber, zierlich und ansehnlich gerühmt, die Wände häufig mit gewirkten und gestickten Teppichen, sogar von Sammet, und mit schönem kostbaren Täfelwerk, auch anderem Zierat geschmückt, nicht nur in den alten großen Handelsstädten, auch in solchen, die in jüngerer Kraft aufblühten. Zierlich und sorgfältig gesammelt war auch der Hausrath. ... Dagegen war Kleidung und Schmuck auch der Männer weit bunter und kostbarer als jetzt. Noch war darin der Sinn des Mittelalters lebendig, eine Richtung des Gemüths, der unsern gerade entgegengesetzt, auf das Aeußere, das Auge Fesselnde, auf stattliches Erscheinen vor Andern. Und diese Neigung wurde durch nichts so sehr erhalten als durch die entsprechenden Bemühungen der Obrigkeit, auch das äußere Aussehen des Einzelnen zu regeln und jeder Bürgerclasse ihr eigenes Recht zu geben gegen Vornehme und Geringere. Die endlosen Kleiderordnungen gaben der Kleidung eine unverhältnismäßige Wichtigkeit, sie nährten mehr als etwas Anderes die Eitelkeit und die Sucht, sich über seinen Stand herauszuheben. Es ist für uns ein komischer Kampf, den durch vier Jahrhunderte bis zur französischen Revolution die würdigsten Behörden gegen alle Launen und Ausschreitungen der Mode führen, stets erfolglos.

In solcher Ordnung tummelte sich ein kräftiges, arbeitsames, wohlhabendes Volk mit Selbstgefühl, eifersüchtig hielt der Bürger auf die verbrieften Rechte und auf das Ansehen seiner Stadt, gern bewies er sich unter seinen Mitbürgern reich, tüchtig und unternehmend. Noch war Handwerk und Handel in starkem Gedeihen. Zwar im Großverkehr mit dem Ausland hatte Deutschland bereits viel verloren, der Glanz der Hansa war längst verblichen, auch die großen Handelshäuser Augsburgs und Nürnbergs lebten bereits wie Erben von dem Reichthum ihrer Väter. Italiener, Franzosen, vor allem Niederländer und Engländer waren gefährliche Mitbewerber geworden, auf der Ostsee flatterten schwedische, dänische, holländische Flaggen schon fröhlicher als die von Lübeck und den Osthäfen, der Verkehr mit den beiden Indien lief in neuen Straßen und fremden Stapelplätzen. Aber noch hatte der deutsche Heringsfang große Bedeutung, noch waren die ungeheuren Slavenländer des Ostens auch dem Landverkehr ein offener Markt. Und in dem weiten Reiche selbst blühte der Gewerbfleiß, und eine weniger gewinnreiche, aber gesündere Ausfuhr der Landeserzeugnisse hatte einen mäßigen Wohlstand allgemeiner gemacht. Die Woll= und Lederarbeiten, Leinwand, Harnische und Waffen, die zierliche Industrie Nürnbergs wurden vom Ausland eifrig begehrt. Fast jede Stadt erfreute sich damals einer besondern Güte bestimmter Handwerkswaaren, welche unter Zucht und Aufsicht der Innungen verfertigt wurden. Töpfe, Tuche, Lederarbeit, Bergbau, Metallarbeit gaben den einzelnen Orten einen eigenartigen Anstrich, auch kleineren einen Ruf, der weit durch das Land reichte und den Bürgern zu wohlberechtigtem Stolze half. Was am meisten störte, waren die unsicheren Verhältnisse der Geldwährung. In allen Städten aber, kaum die größten ausgenommen, hatte der Ackerbau mehr Wichtigkeit als jetzt. Nicht nur in den Vorstädten und Vorwerken des Stadtgrundes, auch in der inneren Stadt lebten viele Bürger von Ackernahrung. In kleineren Städten hatten die meisten Eigenthum in der Stadtflur, die reicheren wol auch außerhalb. Deshalb waren in den Städten viel mehr Nutz= und Spannthiere als jetzt, und die Hausfrau erfreute sich eines eigenen Kornbodens, von dem sie selbst das Korn buk und, wenn sie geschickt war, landesübliches feines Backwerk verfertigte. Auch an dem Weinbau, der im Norden bis an das Land der Niedersachsen reichte, hatten die Städter großen Antheil; die Braugerechtigkeit galt für einen werthvollen Vorzug einzelner Häuser, fast jede Gemeinde braute das Bier auf eigene Art, unzählig sind die örtlichen Namen des uralten Getränkes, auf Kraft, süßen Weingeschmack und öligen Fluß ward viel gehalten, geschätzte Biere wurden weit versendet. ...

Was aber um 1618 dem Bürger das größte Selbstgefühl gab, war seine Wehrhaftigkeit. Wol jeder hatte einige Uebung im Gebrauch der Waffen. Jede größere Stadt besaß ein Zeughaus; auch die schweren Geschütze der Wälle wurden von Bürgern bedient, und eine Bürgerschaft, welche ihre Stadt vertheidigte, war unter gewöhnlichen Verhältnissen den jungen Compagnien der belagernden Soldaten fast vorzuziehen. ...

Außer den Stadtbürgern gab es aber in den meisten Kreisen des Reiches eine Landmiliz, das Defensionswerk. Etwa den zehnten Mann in Stadt und Land hatte man ausgehoben, regelmäßig bewaffnet, während des Dienstes besoldet und zur Vertheidigung innerhalb der Landesgrenzen bestimmt. Die Anfänge solcher Landwehr stammten aus dem 16. Jahrhundert. Von militärischen Theoretikern war die Einrichtung als vortrefflich empfohlen, von Zeit zu Zeit war sie erneuert worden."[43]

„Merkwürdig die Städte, wie sie Gustav Freytag beschreibt", bemerkte ich einleitend zu diesem Zitat. Warum? Wenn man in unsere Museen geht oder sich die alten Bauten aus jener Zeit betrachtet, findet man das doch alles bestätigt! Ja, so ist es. Unsere Museen zeigen die Kultur jener Zeit, und die Kultur war natürlich, wie es auch Marx und Engels gesagt haben, eine Sache der herrschenden Klasse. Nichts wäre falscher, als etwa Lenins Äußerung von den „zwei Kulturen" auf Zeiten anzuwenden, in denen es noch keine industrielle Arbeiterklasse gab.

Aber wir wollen hier ja keine „Kulturgeschichte des deutschen Volkes" schreiben, sondern eine Geschichte des Alltags der Werktätigen.

Und von den Werktätigen in der Stadt hat Freytag kaum etwas berichtet.

Wohlleben und Kultur der Herrschenden erreichten in den deutschen Städten im 16. Jahrhundert einen Höhepunkt. Mit Recht schreibt Abel: „Um die profitträchtigen Gewerbe auszusondern, darf der Blick nicht bei den Masseneinkommen haften bleiben. Größere Chancen boten die Spitzen der Einkommenspyramiden, die sich im 16. Jahrhundert ungemein nach oben streckten und auf einer oberen Stufe verbreiterten. ‚Die Reichen wurden reicher, die Armen ärmer', so kennzeichnete in lapidarer Kürze Braudel einen Grundzug des Jahrhunderts. In einer Zeit, in der die Freude am Konsum durch die Neigung zum Sparen und Investieren noch nicht sonderlich begrenzt war, bedeutete die Vermehrung der ‚Reichen' eine nicht geringe Chance für die Gewerbe des gehobenen Bedarfes: der Goldschmiede und Diamantenschleifer, der Schnitzer, Steinhauer, Maler und anderer Handwerker-Künstler, der Hersteller der feinen Web- und Wirkwaren und nicht zuletzt — falls man auch sie in diese Gruppe einzureihen geneigt ist — der Lieferanten von Gegenständen des militärischen Bedarfes, von den spießenden, stechenden, schneidenden Instrumenten angefangen bis hin zur Muskete und Kanone."

Aber diesem Abschnitt seines Buches folgt ein anderer, den er „Die Anfänge des Pauperismus" überschreibt. Dort schreibt er, die Forschungen vor allem seines Schülers Saalfeld[44] benutzend, über die Löhne der Handwerkergesellen, die nicht in Logis mit Kost lebten:

„Die lange Linie der Reallöhne wies abwärts. In den beiden ersten Jahrzehnten des 16. Jahrhunderts konnte ein Augsburger Maurergeselle noch den 1,4–1,5fachen Mindestbedarf seiner Familie durch seinen Geldlohn abdecken. Im dritten Jahrzehnt begann

[43] G. Freytag, a. a. O., Bd. 20, S. 190–196.
[44] D. Saalfeld, Die Wandlungen der Preis- und Lohnstruktur während des 16. Jahrhunderts in Deutschland, in: Schriften des Vereins für Sozialpolitik, 63, 1971, S. 9ff.

der Abfall, und um das Jahr 1540 wurde der Mindestbedarf erreicht. Seitdem pendelten die Indizes um einen Wert von etwa 0,85 v. H. des Mindestbedarfes. Um die Jahrhundertwende und danach konnte nach dieser Rechnung der Mann von seinem Lohn die Kosten der Lebenshaltung seiner Familie nur zu etwa 75 v. H. decken.* ...

Da die Preise im 16. Jahrhundert in sehr verschiedenem Ausmaß stiegen, wandelte sich auch die wertmäßige Zusammensetzung des Familienbedarfes. Es ergab sich eine Verschiebung der Ausgaben zu den Nahrungsgütern, insbesondere zu dem einkommensunelastisch nachgefragten Brotgetreide. Während die Lebensmittel im ersten Jahrzehnt des 16. Jahrhunderts insgesamt 78 v. H. des Haushaltsbudgets beanspruchten, nahmen sie im letzten Jahrzehnt des Jahrhunderts 86 v. H. ein. Dagegen ging der Wertanteil der in konstanten Mengen angesetzten Gewerbeerzeugnisse zurück, und zwar von 19 v. H. im Jahrzehnt 1501/1510 auf 11 v. H. im Jahrzehnt 1591/1600. ...

Zu den Begleiterscheinungen des Reallohnfalles im 16. Jahrhundert sei nur kurz ... dies noch gesagt: Die Zahl der Bettler nahm zu. In einer Verordnung der reichen Hafenstadt Hamburg über die Errichtung eines Waisenhauses vom 27. 9. 1604 heißt es, daß ,Bürger und Einwohner nicht allein am Morgen während ihrer Ruhe, vor den Häusern, bis zum Abend, wenn sie schlafen gehen, dermaßen ungescheut überlaufen werden, daß sie dadurch in ihrem Schlafe gestört werden, sondern auch kein ehrlicher Mann, der etwas im Hause sowie auf der Straße mit anderen zu reden habe, vor den Bettlern seine Rede ohne Verhinderung zu enden gesichert sei'.** ...

Verläßliche Zeugnisse über die Zunahme des Bettlerunwesens vermitteln die vielen Edikte der Landesherren und Städte, die sich gegen die Bettler und andere Personen, die man ihnen gleichsetzte, richteten. Als Beispiel seien aus der Sammlung märkischer Verordnungen notiert: Edikt wider die fremden Bettler und Landstreicher (1565), ... wider die Landbeschädiger, Räuber und unbekannte verdächtige Personen (1567), ... wider die Straßenräuber, Mordbrenner, verdächtige Müßiggänger und herrenlose Knechte (1572), ... wider die Landstreicher und Bettler (1573), renoviertes Mandat wider das Garden und Betteln der Landsknechte, Pracher, Bettler und loser Buben (1574), Edikt wider die Landsknechte, Teichgräber, in Backöfen sich aufhaltende Bettler und Müßiggänger (1584).'⁴⁵

Wie anders sieht plötzlich das Leben von Werktätigen in der Stadt aus. Kultur? Behaglichkeit? zierlicher Hausrath? reiche Kleidung? in Familien, die noch nicht einmal genug zum Leben haben, die fast ihr ganzes Einkommen für Nahrungsmittel ausgeben müssen, um irgendwie arbeitsfähig zu bleiben!

Natürlich hören wir bei Führungen durch unsere Museen von marxistisch gebildeten Begleitern etwas von der Unterdrückung der Massen. Aber das sind zumeist leere Phrasen in Räumen, die die große und schöne Kultur der Unterdrücker beherbergen und uns nichts von der schmutzigen Armut, der elenden Lebensweise, den kulturlosen Arbeitsanstrengungen der großen Masse der Werktätigen erzählen.

Nicht zum mindesten wuchs ihre Armut, weil der Austausch zwischen Stadt und

---

⁴⁵ *W. Abel,* Massenarmut und Hungerkrisen im vorindustriellen Europa, Hamburg und Berlin 1974, S. 22 und 26–29.

* Zu ähnlichen Ergebnissen gelangten *E. H. P. Brown* u. *S. Hopkins* für das südliche England und *F. P. Braudel* u. *F. Spooner* für Wien und Valencia (Prices in Europe from 1450 to 1750, in: The Cambridge Economic History of Europe, IV, 1967, S. 374ff.).

** *G. Schönfeldt,* Beiträge zur Geschichte des Pauperismus und der Prostitution in Hamburg, Ergänzungshefte zur Zeitschr. f. Sozial- und Wirtschaftsgeschichte, II, 1897, S. 8f.

Land sich zu Ungunsten der Städte entwickelte und natürlich die Handwerker und Kaufleute sich auf Kosten der Lehrlinge, Gesellen und Angestellten entschädigen wollten.

Wenn wir die Preisbewegungen von 1500 bis in den Anfang des 17. Jahrhunderts, unmittelbar vor dem Ausbruch des Dreißigjährigen Krieges verfolgen, dann können wir sagen:

Am stärksten stiegen die Getreidepreise, gefolgt von den Preisen animalischer Produkte – Landwirtschaft;

die Lebensmittelpreise stiegen stärker als die Preise gewerblicher Produkte – als die Preise von Eisen und Eisenwaren, Textilien aller Art, Papier, Holz, Kalk, Ziegelsteinen, Teer, Kerzen usw.;

die Preise, gewogen nach dem Haushaltsbedarf mittlerer und unterer Einkommen, stiegen insgesamt mehr als die Löhne.

Lütge hat ein Argument gegen die Berechnungen von Abel und anderen. Er schreibt: „Nach unserem heutigen Wissen ergibt sich für die Lohnarbeiterschaft eine Verschlechterung im 16. Jh., die allerdings nicht so kraß ist, wie sie zunächst erscheint, da Abel die Nominalhöhe über die Roggenpreise in Reallöhne umrechnet, denn die Roggenpreise stiegen eben ganz überproportional hoch an. Schon wenn man die überall stark steigenden Nominallöhne gleichfalls in Silberwerte umrechnet, wuchsen in dieser Zeit auch die Reallöhne!"[46]

Natürlich hätte Lütge recht, wenn nur nicht die Werktätigen so blöde gewesen wären, falls sie mal hungrig waren, Getreideprodukte, die in der Tat besonders stark im Preis gestiegen waren, statt Silber, dessen Preis doch so viel weniger stark heraufgegangen war, zu fressen. Unerträglich und unerklärlich diese perversen Gelüste der Werktätigen! Man vergleiche doch die Haushalte der Armen und der Reichen – wieviel mehr gaben die letzteren doch vernünftiger Weise für das im Preis nicht so stark gestiegene Silber (in Form etwa von Tafelgeschirr und Schmuck) aus!

Und was die Handwerksmeister betrifft, so muß man sagen, daß sie in stetem Kampf mit den Kaufleuten um die Herrschaft der Stadt lagen. Seit dem 15. Jahrhundert sah es so aus, als ob sie den seit dem 12. Jahrhundert stärkeren Kaufleuten gegenüber an Macht gewinnen würden. Bauernkrieg und Reformation halfen ihnen weiter, ja führten nicht selten zu einer stärkeren Demokratisierung des Stadtregimes. Doch dann – Wissell schreibt ganz richtig:

„Wenn sich die Reformation durchsetzte, brachte sie fast ausnahmslos ein volkstümliches Stadtregiment; wenn sie unterlag, blieb es bei der alten Stadtverfassung. Doch auch dort, wo ein neues Regiment begann, erlag es schon nach kurzer Zeit der politischen Reaktion, die wohl die kirchlichen Ergebnisse der neuen Bewegung anerkannte, zumal jene, die zum Teil erheblichen, bisher steuerfreien Besitzungen der Kirche in die Hand der Städte gebracht hatte, jedoch die alte, durchweg obrigkeitliche Verfassung wiederherstellte.

‚Die Niederlagen der unter neu errichteten Volksregierungen zuerst einen gewaltigen Aufschwung nehmenden Hansestädte in ihren nordischen Unternehmungen, die Hinrichtung Wullenwebers in Lübeck* und die damit verbundene Reaktion in den übrigen

---

[46] *Fr. Lütge*, a. a. O., S. 392.

* Wullenweber ist nicht in Lübeck, sondern am Tollenstein in der Nähe von Wolfenbüttel enthauptet worden.

Seestädten, die Wiederherstellung der vorübergehend erschütterten Rathsaristokratie in den preußischen, rheinischen, süddeutschen Städten; die vom Kaiser bei Einführung des Interims gewaltsam erzwungene Abschaffung der Zunftregierungen in Augsburg (1548), Ulm und sonst in Schwaben; die endliche Verdrängung der Volksherrschaften durch Oligarchien selbst in den größeren und kleineren Städten der Schweiz, in Zürich, Basel, Bern; die Unterdrückung und der Charakter der politisch-religiösen Schwärmersekten der Wiedertäufer in Thüringen und Münster: dies Alles stellte es außer Zweifel, daß die Reformation mit der religiösen Selbstbestimmung die bürgerliche Selbstverwaltung nicht zurückführen, sondern vielmehr selbst das obrigkeitliche Prinzip in außerordentlichem Grade verstärken sollte.'*"[47]

Neben der Landwirtschaft und der Stadtwirtschaft entsteht eine „Industrie", eine Art Massenproduktion von Textilien, oft mit Kaufleute-Verlegern als leitenden Organen, die sowohl die entsprechenden Handwerke in der Stadt sich unterordneten, indem sie ihnen zunächst den Absatz vertraglich sicherten, in späterer Zeit auch Rohstoffe zuführten usw., als auch auf dem Dorfe große „Produktionsstätten" durch organisierte Zusammenfassung von vielen Einzelarbeitern schufen, so daß aus Bauerndörfern etwa Weberdörfer wurden. Während aber die Werktätigen solcher „Industrien" sich sowohl in der Stadt wie auf dem Lande befanden, flossen die Profite aus dem Geschäft fast ausschließlich in die Städte, wo die Kaufleute-Verleger wohnten.

Wie verschiedenartig dieses System wirken kann, deutet Lütge so an:

„Der Höhepunkt dieses ganzen Systems lag in den beiden Jahrzehnten vor Ausbruch des Dreißigjährigen Krieges, wobei Hamburg als Hafenstadt immer mehr in den Vordergrund rückte. Dieses ganze System war offensichtlich leistungsfähig und zugleich anpassungsfähig und führte zu einer bemerkenswerten Einschaltung Deutschlands in die Weltwirtschaft der damaligen Zeit, ohne daß Deutschland an der Kolonialherrschaft teil hatte. Es gibt keinen erkennbaren Grund, der zu der Annahme zwänge, daß die wirtschaftlichen Möglichkeiten dieses Systems ausgeschöpft waren, als der Krieg ausbrach.

Daß diese Produktion (im Osten Deutschlands – J. K.) überwiegend, ja fast ausschließlich, in den Städten erfolgte, sei noch einmal ausdrücklich unterstrichen. Die ländlichen Grundherren versuchten vergeblich, durch Förderung der Leinen-Produktion in ihrem Bereiche Anschluß an diese Entwicklung zu gewinnen. Die ländlichen Produktionsbedingungen waren denen der Stadt nicht gewachsen. So blieben die Verhältnisse auf dem Lande fast unbeeinflußt von dieser Entwicklung, vielmehr verschob sich das Kräfteverhältnis eindeutig zugunsten der Städte. ...

Und nun ergibt sich ein sehr wesentlicher Unterschied gegenüber dem östlichen Mitteldeutschland. Dort sind es überwiegend die städtischen zünftlerischen Handwerker gewesen, die in die Verlagsbeziehungen eintraten. In Westfalen dagegen verkümmern die städtischen Handwerke, gerade auch im 16. Jh., und es kommt zu Beschränkungen in der Größe der Betriebe. ... Demgegenüber sind es das ländliche Handwerk, die ‚Industriebauern' sowie die klein- und unterbäuerliche Bevölkerung (wie die Heuerlinge und die Kötter), die in Verlagsbeziehungen zu den Kaufleuten treten, sich anlernen lassen, Anregungen und Weisungen entgegennehmen. Der ländliche Nachwuchs, der

---

[47] *R. Wissell*, Des alten Handwerks Recht und Gewohnheit, 2. Aufl., Berlin 1971, S. 88.

* *O. Gierke*, Das deutsche Genossenschaftsrecht, Bd. 1, Berlin 1868, S. 102.

angesichts der Bevölkerungsdichte immer größer wird und dem die Abwanderung nach dem Osten ja nur noch in engen Grenzen offensteht, findet in solcher gewerblichen Tätigkeit Brot und Nahrung, so daß die Landwirtschaft für ihn weitgehend zur Nebenberufstätigkeit wird. Während in Schlesien die städtische Zunft Mit-Träger dieses ganzen neuen Systems wird, steht in Westfalen das Zunftwesen diesen neuen Aufgaben und Formen weitgehend verständnislos, ja ablehnend gegenüber, so daß das Neue zu einem wesentlichen Teil im Gegensatz zur Zunft durchgesetzt werden muß. Hören wir doch davon, daß städtische Handwerker auf das Land gehen und sich dort ansiedeln, um auf diese Weise frei von den Zunftbindungen arbeiten zu können. Dies trifft etwa auch gerade für Köln, das wichtigste gewerbliche Zentrum des Westens, zu, ebenso für Aachen. In den südlichen Gegenden war es namentlich das Metallgewerbe, in den nördlichen Teilen namentlich das Textilgewerbe, das Holzgewerbe und Steine und Erden, die sich auf solche Weise entfalteten."[48]

Vergleichen wir abschließend den Austausch zwischen Stadt und Land, so können wir feststellen, daß, nachdem er sich im 15. Jahrhundert zugunsten der Stadt ausgewirkt hatte, die Stadtwirtschaft mehr im Austausch von der Landwirtschaft profitierte als umgekehrt, sich die Situation im 16. Jahrhundert wandelte und die Landwirtschaft wohl mehr von ihrem Verkauf in die Stadt gewann als umgekehrt.

Darum können wir vielleicht auch sagen, daß die wirtschaftliche Situation für die Bauern, für die Werktätigen auf dem Lande sich im 16. Jahrhundert lange Zeit hindurch, im großen und ganzen, im Durchschnitt nicht verschlechtert hatte, während das Leben der Werktätigen in der Stadt sich wohl ungünstiger gestaltete. Jedoch brachte die Jahrhundertwende mit der starken Verbilligung der landwirtschaftlichen Produkte hier eine Wende. Aber wir wissen, daß, allein schon wegen des Dreißigjährigen Krieges, die Stadt daraus keinen länger dauernden Nutzen ziehen konnte.

[48] *Fr. Lütge,* a. a. O., S. 378–381.

Kapitel 2

Der Dreißigjährige Krieg

> *„Anno 1597 bin ich, Hanns Heberle, in diese*
> *betruebte und arbeitsselige welt geborgen."*
>
> *(Hans Heberles „Zeytregister" 1618–1672)*

Wie schön und klug führt Peter Lahnstein in seinem Buch über „Das Leben im Barock"
das Kapitel über den Dreißigjährigen Krieg nicht mit eigenen Worten, sondern mit
denen zweier Zeitgenossen ein, und wir wollen ihm Wort für Wort folgen:

> Wir sind doch nunmehr ganz, ja mehr denn ganz verheeret.
> Der frechen Völker Schar, die rasende Posaun,
> Das vom Blut fette Schwert, die donnernde Kartaun
> Hat allen Schweiß und Fleiß und Vorrat aufgezehret.
>
> Die Türme stehn in Glut, die Kirch ist umgekehret.
> Das Rathaus liegt im Graus, die Starken sind zerhaun,
> Die Jungfern sind geschändt, und wo wir hin nur schaun,
> Ist Feuer, Pest und Tod, der Herz und Geist durchfähret.
>
> Hier durch die Schanz und Stadt rinnt allzeit frisches Blut.
> Dreimal sind schon sechs Jahr, als unser Ströme Flut
> Von Leichen fast verstopft, sich langsam fortgedrungen.
>
> Doch schweig ich noch von dem, was ärger als der Tod,
> Was grimmer denn die Pest und Glut und Hungersnot:
> Daß auch der Seelenschatz so vielen abgezwungen.

Andreas Gryphius hat diese Verse „Tränen des Vaterlandes" anno 1636 geschrieben,
mit dem „Vaterland" wohl einen schlesischen Landstrich gemeint, unbewußt, halbbewußt
aber für ganz Deutschland sein Klagelied gesungen; und noch sollten zwölf Kriegsjahre ins Land gehen. Trotzdem gibt es keinen Text, der bündiger sagt, was sich als
Summa aus hundert Chroniken und alten Statistiken zusammenziehen läßt.

So liest man in der Schrift „Excidium Germaniae" eines gewissen Batkin: „Wie
jämmerlich stehen neue große Städte. Da zuvor tausend Gassen gewesen sind, sind nun
nicht mehr hundert. Wie elend stehen die kleinen Städte, die offenen Flecken: da liegen
sie verbrannt, zerfallen, zerstört, daß weder Dach, Gesparr, Thüren oder Fenster zu
sehen ist. Wie sind sie mit den Kirchen umgegangen: sie haben sie verbrannt, die
Glocken weggeführt, zu Cloaken, zu Pferdeställen, Marquetenderhäusern und Huren-
winkeln gemacht und auf die Altäre ihren Mist gelegt. – Ach Gott, wie jämmerlich
steht's auf den Dörfern. Man wandert bei zehn Meilen und siehet nicht einen Menschen,
nicht ein Vieh, nicht einen Sperling, wo nicht an etlichen Orten ein alter Mann und
Kind oder zwei alte Frauen zu finden. In allen Dörfern sind die Häuser voller todten

Leichname und Aeser gelegen, Mann, Weib, Kinder und Gesind, Pferde, Schweine, Kühe und Ochsen, neben und unter einander von der Pest und Hunger erwürgt, voller Maden und Würmer, und von Wölfen, Hunden, Krähen, Raben und Vögeln gefressen worden, weil Niemand gewesen, der sie begraben, beklaget und beweinet hat. – Erinnert euch, ihr Städte, wie Viele in ihrer großen Mattigkeit starben, welchen ihr nicht ein Bette von euren vielen übrigen zugeworfen, welche euch aber hernach von eurem Angesichte sind weggenommen worden. Ihr wisset, wie die Lebendigen sich unter einander in Winkeln und Kellern gerissen, geschlachtet und gegessen: daß Eltern ihre Kinder und die Kinder ihre todten Eltern gegessen: daß Viele vor den Thüren nur um einen Hund und eine Katze gebettet: daß die Armen in den Schindergruben Stücke von Aas geschnitten, die Knochen zerschlagen, und mit dem Marke das Fleisch gekochet, das ist voll Würmer gewesen."[1]

Zwei aufgeregte Zeitgenossen? der eine lyrisch überspannt, der andere ein früher Boulevard-Journalist? Nein, ganz und gar nicht!

Der Dreißigjährige Krieg hat Deutschland in der Tat wirtschaftlich stärker und für länger geschädigt als die beiden Weltkriege des 20. Jahrhunderts zusammengenommen, und das gleiche gilt für die Schäden an der Bevölkerungszahl. Es dauerte etwa 10 Jahre, bis die wirtschaftlichen Folgen des ersten Weltkrieges überwunden waren, weniger noch für die Folgen des zweiten Weltkrieges. Die wirtschaftlichen Folgen des Dreißigjährigen Krieges waren noch 150 Jahre später spürbar. Der Prozentsatz der Toten an der Gesamtbevölkerung war im Dreißigjährigen Krieg mindestens fünfzehnmal so groß wie im zweiten Weltkrieg. Wir werden noch sehen warum – jedenfalls starben sie nur in einer Minderheit in den Schlachten des Krieges. Aber sie starben mit Hilfe des Krieges! Ein furchtbares Bild bot Deutschland damals!

Und doch findet „Klassenkampf Tradition Sozialismus" nur knapp 4 von 794 Seiten für diesen furchtbaren Krieg, das westdeutsche „Handbuch der Deutschen Wirtschafts- und Sozialgeschichte" (Bd. 1, 1971) widmet ihm ebenfalls kaum Platz, ein paar Zeilen, ganz gelegentlich ein wenig mehr in den verschiedenen Kapiteln, die die Zeit von 1500 bis 1648 behandeln.

Franz Mehring aber schreibt: „Noch fehlt die historische Arbeit, die nach dem vorhandenen und kritisch gesichteten Material in allen Einzelheiten berechnet, was der Dreißigjährige Krieg dem deutschen Volke gekostet hat. Nur dies steht fest über jedem Zweifel: Nie hat ein großes Kulturvolk eine ähnliche Zerstörung zu erdulden gehabt. . . . Dementsprechend war die Vernichtung auf allen Gebieten des wirtschaftlichen Lebens. Um zweihundert Jahre wurde Deutschland in seiner Entwicklung zurückgeworfen, zweihundert Jahre hat es gebraucht, um wieder auf die ökonomische Höhe zu gelangen, die es bei Beginn des Dreißigjährigen Krieges behauptete. Verstümmelt an allen Gliedern und selbst nur noch eine verwesende Leiche, lag die deutsche Monarchie da. Es war noch das wenigste, daß die Niederlande und die Schweiz aus dem letzten losen Zusammenhang mit dem Reiche gerissen wurden. Im Westen raffte Frankreich die reichsten Striche an sich, im Norden raubte Schweden die Mündungen der Oder, Elbe und Weser, beide Länder erhielten das Recht, sich in die deutschen Angelegenheiten zu mischen. Die letzte Autorität von Kaiser und Reich war unwiederbringlich dahin. In dem zerrissenen Restitutionsedikt empfing das Haus Habsburg die verdiente Quittung für seine selbstmörderische Politik. Die ökonomischen Ursachen der deutschen Refor-

---

[1] *P. Lahnstein*, a. a. O., S. 22f.

mation wirkten fort und fort; die ‚Libertät der Stände‘ triumphierte auf der ganzen Linie. In der unbedingten Souveränität der Fürsten, die sich bis auf das Recht erstreckte, Bündnisse mit dem Auslande zu schließen, erhielt endlich noch das deutsche Volk ein fröhliches Unterpfand dafür, daß mit all dem unerhörten Elend, mit all der uferlosen Schande der Kelch des Elends und der Schande noch lange nicht bis auf den Grund geleert sei.“[2]

Den entgegengesetzten Standpunkt nimmt natürlich ein Ideologe des deutschen Imperialismus ein, der im gleichen Jahr wie Mehring geradezu begeistert den Dreißigjährigen Krieg als eine prächtige Sache für das deutsche Volk schildert. Schmiedt polemisiert ebenso klar wie scharf gegen ihn: „Den Gipfel des Zynismus erreichte R. Hoeniger, der in seinem in den Preußischen Jahrbüchern 1908 erschienenen Aufsatz ‚Der Dreißigjährige Krieg und die deutsche Kultur‘ gegen die ‚Legende von der kulturvernichtenden Wirkung des Dreißigjährigen Krieges‘ Stellung nahm und behauptete, die Plünderungen hätten zu keiner tatsächlichen Minderung des Volksvermögens geführt, sondern nur zu einer Besitzverschiebung, ‚das Gut wechselte nur den Eigentümer‘. Dieser Soldschreiber der deutschen Imperialisten und Militaristen stellte wider besseres Wissen, indem er sich über die Quellen hinwegsetzte, die zynische Behauptung auf, daß der Dreißigjährige Krieg, den er ein ‚kampferfülltes Menschenalter‘ nennt, ‚den alten kriegerischen Geist des deutschen Volkes nach einer längeren Zeit der Erschlaffung neu belebt‘ hätte, daß ‚man die neue Gewöhnung an den Waffendienst als einen Gewinn verrechnen dürfe‘, daß dieser Krieg seinen Teil zur ‚Wahrhaftigkeit der Nation‘ beigetragen hätte, zur Herausbildung von ‚militärischen Tugenden‘, die dem deutschen Volke ‚in besonderem Maße eingeboren erscheinen‘.“[3]

Ihm folgt rund 60 Jahre später ein Herr S. H. Steinberg, ehemaliger deutscher Emigrant nach England und am Schluß seiner Karriere Herausgeber des angesehenen Nachschlagewerks The Statesman's Year Book. Er behandelt den Dreißigjährigen Krieg als eine internationale Erscheinung mit geringen Folgen für Deutschland. Wahrscheinlich wird er behaupten, daß die Zerstörungen, die die faschistischen Armeen in der Sowjetunion angerichtet haben, ebenfalls nicht schlimm gewesen sein könnten, da ja der Boden selbst noch erhalten geblieben. Auf der anderen Seite hat uns – und jetzt wörtlich!: „die Vernichtung von Coventry, Hamburg und Dresden die wirkliche Bedeutung des Wortes Zerstörung nahegebracht“[4], und dagegen wären die Zerstörungen des Dreißigjährigen Krieges nur ein Kinderspiel gewesen.

Gleich einleitend gibt er sein zusammenfassendes Urteil über die Auswirkungen des Krieges auf Deutschland so kund: „Wie in jedem derartigen Krieg hatten das offene Land und seine Bewohner am schwersten zu leiden; die meisten befestigten Städte sahen niemals einen feindlichen Soldaten in ihren Mauern. An die Stelle der Fabel von der allgemeinen Verwüstung und dem Massenelend ist daher die weniger sensationelle Erkenntnis zu setzen, daß zwischen 1600 und 1650 in Deutschland eine Umschichtung der Bevölkerungen und des Besitzes stattfand, die einigen Gegenden, Ortschaften und Personen zum Vorteil und anderen zum Schaden gereichte. Einige dieser Verände-

---

[2] *Fr. Mehring*, Gesammelte Schriften, Bd. 5, Berlin 1964, S. 356f.

[3] *R. F. Schmiedt*, Vorgeschichte, Verlauf und Wirkungen des Dreißigjährigen Krieges, in: Lehrbuch der Deutschen Geschichte, Bd. 3, Deutschland von 1476 bis 1648 von M. Steinmetz, Berlin 1965, S. 355.

[4] *S. H. Steinberg*, Der Dreißigjährige Krieg und der Kampf um die Vorherrschaft in Europa 1600 bis 1660, Göttingen 1967 (engl. Ausgabe 1966), S. 111.

rungen lassen sich auf die Auswirkungen der Kriege zurückführen, doch erfolgten andere unabhängig von jeglicher Kriegshandlung. Vor allem ist zu bedenken, daß die schwere Wirtschaftskrise, die in Deutschland den Namen Kipper- und Wipperzeit trägt, und ihre Auswirkungen sich keineswegs auf Deutschland beschränkten, sondern ein europäisches, ja weltweites Ausmaß annahmen. Im Jahre 1648 war Deutschland weder besser noch schlechter daran als im Jahre 1609: es war lediglich anders, als es ein halbes Jahrhundert zuvor gewesen war."[5]

Natürlich findet auch Steinberg in manchen Gegenden einen gewissen Bevölkerungsverlust, aber alles in dieser Welt gleicht sich aus: „Zusammenfassend läßt sich sagen, daß die einleuchtendste Erklärung für die unbezweifelbare Entvölkerung bestimmter Teile Deutschlands wie auch für das gleichermaßen feststellbare Anwachsen anderer Gebiete in einer ausgedehnten Binnenwanderung und Neuverteilung der Bevölkerung zu finden ist. Ihr Resultat war am Ausgang unserer Periode eine leichte Zunahme der Bevölkerungszahl, wie sie für jede vorwiegend agrarische Gesellschaft kennzeichnend ist. Sofern man der Dehnbarkeit des Begriffs ‚Deutschland‘ eingedenk bleibt, kann man eine Bevölkerungszahl von ca. 15–17 Millionen im Jahre 1600 und ca. 16–18 Millionen im Jahre 1650 ansetzen."

Und wie bei der Bevölkerung, so in der Wirtschaft: es gleicht sich alles aus: „Den Verlusten, die ein Geschäftshaus, eine Stadt, ein Bezirk erlitten, standen die anderwärts erzielten Gewinne gegenüber. Alles in allem waren das Nationaleinkommen, die Produktivität und der Lebensstandard im Jahre 1650 höher als zu Anfang des Jahrhunderts. Wenn das Deutschland des Jahres 1650 gleichwohl insgesamt einen weniger wohlhabenden Anblick bietet als das Deutschland von 1550, dann ist dieser Eindruck richtig, sofern man das deutsche Wirtschaftsleben mit dem der Niederlande, Frankreichs und Englands vergleicht. Diese Länder drängten mit aller Gewalt nach vorwärts; Deutschland vermochte das Tempo, das sie vorlegten, nicht einzuhalten und scheint daher zu stagnieren, wiewohl es von einem wirklichen Niedergang weit entfernt war."[6]

An all dem Gerede über die Schrecken des Dreißigjährigen Krieges sind im Grunde die Massenmedien schuld:

„Von Journalisten erfundene Berichte über Fälle von Kannibalismus verwandelten sich leicht in unbezweifelbare Wahrheiten. Dem Theatrum Europeum zufolge waren die ‚Verhältnisse in und um Worms‘ so fürchterlich, daß die Einwohner gezwungen waren, Menschenfleisch zu essen; bei einem Historiker des 19. Jahrhunderts erstreckt sich diese Erzählung dann ‚zum Beispiel‘ auch auf ‚Sachsen, Fulda, Hessen, das Rheinland und Elsaß‘. Den Preis für die kühnste Feststellung sollte man vielleicht einem anderen Beiträger zum Theatrum zuerkennen; sie zeigt, nebenbei bemerkt, daß die deutschen Journalisten so taten, als ob sie über eine weltweite ‚Auslandskorrespondenz‘ verfügten. Im Jahre 1639 schloß der phantasievolle Schreiberling eine Reihe unwahrscheinlicher – und völlig unerwiesener – Geschichten mit der rhetorischen Frage ab: ‚Ist Deutschland Amerika geworden? Kannibalen, früher nur dem Namen nach bekannt, wandern jetzt offen an den Ufern des Rheinstroms, dem alten Sitz der Zivilisation.‘

Zeigen diese Beispiele Kannibalismus als Mittel zur Befriedigung einer krankhaften Sucht nach Greuelgeschichten, so konnte man mit einem diskreten Hinweis auf derlei abscheuliche Praktiken aber auch zur Mildtätigkeit aufrufen. Ein calvinistischer Prediger

---

[5] Ebendort, S. 7.
[6] Ebendort, S. 132 und 143.

in der Pfalz versandte an seine Brüder im Ausland ein Rundschreiben mit der Bitte um milde Gaben für seine Gemeinde, worin er die sentimentale Redefloskel verwandte: ‚So groß ist die Lebensmittelknappheit, daß die Toten im Grabe nicht mehr sicher sind.‘ Dieser Aufruf hatte einen solchen Erfolg, daß hinfort kein Bettelbriefschreiber mehr einen Hinweis auf Leichenraub und Kannibalismus unterdrückte, ohne natürlich jemals Beweise beizufügen.

Kurz gesagt, der Kannibalismus ist aus unseren Geschichtsbüchern ebenso zu streichen wie die riesigen Bevölkerungsverluste, der vollständige wirtschaftliche Ruin, der kulturelle Zusammenbruch und alle die anderen Mythen vom ‚Dreißigjährigen Krieg‘.“[7]

Es ist nicht uninteressant, was ein echter Forscher wie Lahnstein gerade zur Frage des Kannibalismus mitzuteilen hat. Er spricht ja auch, wie wir zitiert haben, davon bzw. bringt zunächst eine Beschreibung aus dem „Excidium Germaniae“, in dem vom Kannibalismus die Rede ist. Nach dem Ausschnitt aus dieser Schrift fährt Lahnstein fort:

„Zum letzten Genaueres: zwei Stücke aus den Akten des Bistums Augsburg vom Februar 1635, Bericht und Bescheid. Der Pfarrer Michael Lebhardt zu Kutzenhausen hatte das Pfarrdorf Agawang, unweit Augsburg, aufgesucht, weil er gehört hatte, daß dort etliche Menschen verhungert, aber nicht ordentlich bestattet seien. Er berichtet an seine geistliche Obrigkeit, dem Generalvikar des Bistums Augsburg Dr. Kaspar Zeiller, der sich böser Zeiten halber in Schongau aufhielt“:

„Vor Weihnachten sind in einem Haus zu Agawang, Leonhard Weber auf dem Kirchberg gehörig, 4 Personen hungers gestorben, zu denen nach und nach noch andere 5 kamen. Weil ich aber erfahren hatte, daß sie noch eine so lange Zeit nicht begraben wurden, indem keiner dem andern mehr was zuliebe tut, ja sich weder etwas schaffen noch gebieten läßt, auch die christliche Liebe unter den Menschen gar erlischt, besonders wo, wie in Agawang kein Pfarrer mehr vorhanden ist, es gar elend zugeht, bin ich im letzten Januar nach Agawang gegangen, woselbst ich das heilige Meßopfer verrichtete; nach vollendetem Gottesdienst aber habe ich dem Untervogt, Schulmeister und Gemeindevorsteher im Namen Ihrer Hochwürden und Gnaden, Herrn ‚Thumbprobst‘ als dero Obrigkeit ernstlich befohlen, daß sie eilends, weil ich vorhanden wäre, ein Grab, die verstorbenen Körper, einem andern Übel zuvorzukommen, in ihre Ruhe zu ordnen, zu machen hätten. Darauf waren sie wohl zufrieden und indem sie das Grab angefangen, erzählten sie: es seien nur noch die 4 Personen in dem vorbesagten Haus zu bestatten vorhanden, die übrigen habe man in einem Haus auf dem Kirchberg, darinnen Else Millerin Wittib und Christina Reglerin wohnet, verzehrt und gegessen, über welches ich sehr erschrocken, samt dem Schulmeister, die Sache recht zu erkundigen, dem Haus zugeeilet, indem ich aber zu der Tür hinein will, tragen zwei Weibsbilder ein Schefflein voller Menschen-Eingeweide mir entgegen, so daß ich sehr erschrocken gefragt habe, was sie da machen? Sie gaben zur Antwort, es sei halt ein Elend; darauf ich gleich sagte, es ist ja freilich ein Elend über alles Elend, daß ihr gottlosen Leute so keck und vermessen seid, diese toten Körper, die schon längst verstorben, zu essen. Sie sagten: ‚Es hat der große unleidliche Hunger getan.‘ Weil ich aber gesehen hatte, daß es ihnen noch einigermaßen wohl erging, und sie etwa, wie andere tun, mit Heutragen nach der Stadt länger ihren Unterhalt hätten finden können, habe ich sie mit einem Stecken wohl zerklopft, ihnen auch ernstlich befohlen, die 4 noch übrigen Leichname samt den klein zerhackten Menschengebeinen, etwa anderthalb Metzen, in einem Säckchen auf den

---

[7] Ebendort, S. 150f.

Kirchhof zu tragen. Nach verrichteter Sache habe ich sie in das Vogthaus kommen lassen, erforschte, wieviel Menschen sie verzehrt und ob sie alles davon gegessen haben. Sie sagten einhellig, sie haben zwei Weiber mit Namen Barbara Mayrinn und Maria Weldeßhoverin, die vor 14 Tagen gestorben sind, samt zwei Männern, nämlich Gregor Thüringer am fünften Tag nach seinem Tod, auf einmal und sitzend verzehrt. Auch Jacob Khreiner, welcher ganze fünf Wochen in seinem Haus unbegraben gelegen, wurde auf zweimal zur Speise hergerichtet. Ich fragte darauf, wie es ihnen geschmeckt und vorgekommen wäre. Sie antworteten, es habe ihnen wohlgeschmeckt, und das beste an ihnen sei gewesen das Hirn, Herz und die Nieren, gleichwohl sie bitter weinend die Hände erhoben und solches die Zeit ihres Lebens nicht mehr zu tun versprachen(!). Zu diesen aufgezählten Personen haben sich in der Nachbarschaft noch zwei andere, Apollonia und Anna Thüringerin Wittfrauen gesellt und mitgehalten, von denen die eine, nämlich Appolonia, ihren eigenen Ehemann Gregor Thüringer zu verschlingen, sich nicht entsetzt hat.

Dieses habe ich E. H. und G. anzufügen nicht verschweigen können etc.

Actum Kuzenhausen, den 3. Febr. 1635

E. H. W. G.
untertänigster Gehorsamer
Michael Lebhardt Plebanus."

„Bescheidung

Ehrwürdiger etc.

„Was Ihr mir vom 3. Februar aus der Pfarre Agawang und anderen darin vorgefallenen schrecklichen Taten halber berichtet, das habe ich mit höchster Verwunderung verstanden. Weil dann eine so schreckliche Not über unsere vielfältigen Sünden der gerechte Gott verhängte, müssen wir es gleichwohl seinem unerforschlichen Urteil anheimstellen, bei dem ich allein dies zu erinnern habe, daß Ihr gegen dergleichen arme und äußerste Not leidende Menschen Euch mitleidig stellen und sie durch Schläge zu bestrafen Eure Person verschonen wollt."

„Sonst weil Ihr so beständig und fleißig bei Eurer anbefohlenen Seelsorge verharrt, würde Eure treuherzige Liebe, mit der Ihr den armen Pfarrkindern begegnet, nicht allein der liebe Gott, sondern auch ein hochvornehmliches Domkapitel dankbar beschulden. Und ich werde auch mein mögliches tun, und das Geringste nicht zu ermangeln.

Schongau, den 6. Februar 1635."

„Ein Bericht vom Untersten, weiß Gott. Höchst merkwürdig der Bescheid, ein Zeugnis dafür, daß harte Zeiten nicht immer hart machen müssen; nichts von Gericht oder Bannfluch für die Menschenfresserinnen – aber ein milder Verweis, weil der erregte Visitator die unglückseligen Weiber „mit einem Stecken wohl zerklopfet" hat: er möge die Unglücklichen mit Streichen verschonen."[8]

Wir haben etwas lang zitiert, aber es war wohl richtig, zwei humane Geistliche, die untereinander, und wahrlich nicht für die Öffentlichkeit bestimmt, miteinander

---

[8] *P. Lahnstein*, a. a. O., S. 23ff.

korrespondierten, Zeugnis ablegen zu lassen, um so wirksam dem oberflächlichen und ekelhaften Geschwätz eines modernen bourgeoisen Historikers, dessen Buch auch noch ins Deutsche übersetzt wurde, zu begegnen.

Im übrigen hat Steinberg unrecht, wenn er meint, daß die Presse damals eine reine Sensationspresse voller Greuelmärchen gewesen sei. Man lese etwa folgende zwei traurige, aber nüchterne Berichte aus einer Berliner Zeitung vom Jahre 1626:

„Auß Goßlar / vom 10. Aprilis. Hierumb ist ein erbärmliche und betrübte zeit / vnd alles in grund verderbet worden / das mehrentheils Haußleute / auch die Bürger auß den Städten entlauffen müssen / weil sie nicht mehr zu leben haben.

Auß Ascherßleben / vom 30. Maij. Weil allhier die Bürger die Contribution nicht mehr erlegen können / hat man in Halberstadt in 60 Häuser eingerissen / vnd das Holtz verbrandt / die armen Bawren aber / so nichts mehr zu geben haben / die werden mit Händen und Füssen zusammen gebunden / auffn Rücken auff die Erden geleget / vnd also geprügelt / das mancher deß 4. Tages davon sterben muß."[9]

Wie anders als der kümmerliche Steinberg sieht der wirklich bedeutende westdeutsche Agrarhistoriker Wilhelm Abel diesen furchtbaren Dreißigjährigen Krieg:

„Hunger und Seuchen verbanden sich in diesen Jahren zu schrecklicher Wirkung. Mancherorts ging der Hunger voran, anderenorts die Pest. Hunger herrschte, wo der Krieg gehaust hatte, die Äcker verlassen, die Bauern geflohen oder erschlagen waren. Es wuchs kein Korn, und was noch gesät war, wurde vor der Reife von den Reitern und Troßknechten als Futter für die Pferde verbraucht. Der Hunger bereitete das Feld für die Seuchen, die Deutschland durchzogen. Der Pest, deren Umzug in den Jahren 1634 bis 1640 Erich Kayser und Mitarbeiter festhielten*, fiel im mittleren, westlichen und südlichen Deutschlands in vielen Städten und Dörfern mehr als die Hälfte der Bewohner zum Opfer. In einigen Dörfern des Odenwaldes blieben, wie die Pfarrer berichteten, nur zwei, drei oder vier Menschen am Leben. Für Großbiberau hielt der Ortspfarrer fest, daß vor der Pest, im Jahre 1634, dort über 300 Menschen gewohnt hätten und nach der Pest nur 25, von denen 4 bald darauf noch Hungers starben. Von den Einwohnern der Dörfer Glashofen und Reinhartsachsen blieben nur einige Kinder zurück, die in den nächsten Ortschaften um Brot bettelten.

Hunger und Seuchen folgten einander auch in umgekehrter Reihe. Wo die Seuchen die Menschen hinweggerafft hatten, konnten die Äcker nicht bestellt werden. Brot, Getreide und Fleisch erreichten unerschwingliche Preise. Selbst Hunde- und Katzenfleisch wurde von den Chronisten mit Preisnotizen versehen (Augsburg 1634, Neustadt a. d. Weinstraße 1636). Häuser wurden um einen Laib Brot verkauft, Äcker um ‚einen Butterzwecken', ganze Bauernhöfe um 20, 30 oder 40 Gulden.

Es mag auch ein Chronist noch zu Worte kommen, der aus dem Brandenburgischen zu den Jahren 1637 bis 1639 folgendes berichtete**: ‚Bei dem Mißlingen der Saaten trat der größte Notstand ein. Landbewohner und Truppen verzehrten Katzen, Mäuse, tote Tiere und Menschen. Die Hungernden schrien vor den Toren von Brandenburg: Gebt uns nur von verwesenden Tieren heraus, was ein gesunder Mensch nicht sehen kann. Bei Wittenberg sollte das Los geworfen werden, wer sterben sollte, um verzehrt zu

9 Zitiert in *E. Buchner*, Das Neueste von gestern, 1. Bd., München 1911, S. 36 und 39.

* *E. Kayser*, Die Ausbreitung der Pest in den deutschen Städten, in: Abh. d. Akad. f. Raumforschung und Landesplanung, 28, 1954.

** *J. Grüvell*, hier zit. nach Mittheilungen des statistischen Bureau's in Berlin, hrsg. von S. W. C. Dieterici, 7, 1854, S. 142.

werden. Hatte einer Geld, so war doch kein Korn zu kaufen. Ein Offizier erzählte: es
hätten ihn einige arme verhungerte Leute angelaufen und gebeten, ihnen den bei sich
habenden Hund zur Speise zu geben. Er habe ihnen hierauf etliche Dukaten aus Mitleid
angeboten, daß sie dafür sich zu essen kaufen sollten. Sie hätten aber kein Geld haben
wollen, sagend, daß sie dafür keine Lebensmittel erlangen könnten, worauf er ihnen den
Hund übergeben ...'."[10]

Abschließend sei Engels in seinem Aufsatz „Die auswärtige Politik des russischen
Zarismus" zur politischen Lage Deutschlands als Folge des Dreißigjährigen Krieges
zitiert: „Jenseits Polens lag ein zweites Land, das der Zerrüttung unheilbar verfallen
schien – Deutschland. Seit dem Dreißigjährigen Krieg war das Römisch-Deutsche Reich
nur noch nominell ein Staat. Die Landeshoheit der Reichsfürsten näherte sich immer
mehr der vollen Souveränität; ihre Macht, dem Kaiser zu trotzen, die in Deutschland
das polnische liberum veto ersetzte, war im Westfälischen Frieden ausdrücklich unter
Frankreichs und Schwedens Garantie gestellt, eine Stärkung der Zentralmacht also
abhängig gemacht von der Zustimmung des Auslands, das alles Interesse daran hatte,
diese Stärkung zu verhindern. Dazu war Schweden kraft seiner deutschen Eroberungen
Mitglied des Deutschen Reichs mit Sitz und Stimme auf den Reichstagen. Bei jedem
Krieg fand der Kaiser deutsche Reichsfürsten unter den Verbündeten seiner fremden
Feinde, jeder Krieg war also zugleich ein Bürgerkrieg. Fast alle größeren und mittleren
Reichsfürsten waren von Ludwig XIV. gekauft und das Land ökonomisch so ruiniert,
daß ohne diese jährlichen Zuflüsse französischer Bestechungsgelder keine Möglichkeit
gewesen wäre, überhaupt Geld als Umlaufmittel im Land zu behalten.*"[11]

Wahrhaftig, der Dreißigjährige Krieg bedarf gründlichster Behandlung in jeder Geschichte Deutschlands![12]

Obgleich Marx und Engels viele Auszüge zur Geschichte des Dreißigjährigen Krieges
gemacht haben, findet sich bei ihnen keine Analyse der Ursachen, keine Einschätzung
des „politischen Sinnes" des Krieges – sie waren nicht mehr dazu gekommen, die vielen
Auszüge und Notizen für eine eigene Arbeit zu verwerten.

„Klassenkampf Tradition Sozialismus" stammelt so: „Die sich im zweiten Jahrzehnt
des 17. Jh. zuspitzenden Konflikte zwischen den europäischen Mächten führten schließlich zum Dreißigjährigen Krieg. Der Grundwiderspruch zwischen den Feudalgewalten
und der aufsteigenden bürgerlich-kapitalistischen Gesellschaft zeigte sich nach wie vor
in Gestalt des unversöhnlichen Gegensatzes zwischen der Republik der Vereinigten
Niederlande und dem reaktionären spanischen Feudalabsolutismus. Daneben bestanden
Rivalitäten zwischen den Fürstengruppierungen und Feudalstaaten, die sich auf unterschiedlicher Entwicklungsstufe befanden. Das gilt vor allem für den Machtkampf
zwischen den Habsburgern in Spanien und im Reich und dem zunächst historisch progressiven Absolutismus in Frankreich. Im Nord- und Ostseegebiet wuchsen im Kampf
um die Vorherrschaft im Ostseeraum die Spannungen zwischen den Feudalstaaten Däne-
mark, Schweden, Polen und Rußland. Im Südosten flammten die Kämpfe zwischen
den österreichischen Habsburgern und den ungarischen Ständen sowie den Fürsten von

---

[10] W. *Abel,* Massenarmut, a. a. O., S. 151f.

[11] *Marx/Engels,* Werke, Bd. 22, Berlin 1963, S. 18f.

[12] Außer Herbert Langer beschäftigt sich bei uns kaum jemand „hauptberuflich" mit dem Dreißigjährigen Krieg.

* Siehe *Gülich,* „Geschichtliche Darstellung des Handels etc." Jena 1830, 2. Band, S. 201–206.

Siebenbürgen, die als ‚Vasallen' des Osmanischen Reiches eine wichtige Rolle spielten, wieder auf. In diese Auseinandersetzungen wurden die deutschen Territorialgewalten hineingezogen, die ihre partikularen Interessen verfolgten und sich zu diesem Zwecke mit ausländischen Mächten verbanden. Der Kampf zwischen den Mächtegruppierungen wurde zum Teil noch unter religiösen Losungen ausgefochten. Dahinter verbargen sich aber Klasseninteressen und machtpolitische Ansprüche."[13]

Wir sagten, „Klassenkampf Tradition Sozialismus" stammelt; stammelt mit Recht. Denn das Stammeln ist hier nicht als Vorwurf gemeint, wie anders soll man den Wirrwarr darstellen, wenn man Kategorien wie progressiv und reaktionär oder gar Grundwiderspruch zwischen Feudalgewalten und „aufsteigender bürgerlich kapitalistischer Gesellschaft" zur Erklärung der Fronten in diesem Krieg verwenden will?

Genau so kurios und ganz abstrakt muß die Erklärung von Schmiedt-Polišenský klingen: „Untersucht man den im Jahre 1618 ausgebrochenen Konflikt, der nach dreißigjährigem Wüten für die kriegführenden Staaten mit Ausnahme Frankreichs und Spaniens durch den Westfälischen Frieden beendet wurde, auf seinen Charakter, so zeigt sich, daß er in letzter Konsequenz als der ‚Ausdruck einer bestimmten Stufe des Widerspruchs zwischen den in der Entwicklung begriffenen Produktivkräften und den in der Stagnation begriffenen feudalen Produktionsverhältnissen' angesehen werden muß, und zwar ‚zu einer Zeit, als im größten Teil Europas die Lage für eine Lösung dieses Grundwiderspruchs nicht reif war'*."[14]

Sicher trifft das letztlich hier und da zu, vielleicht sogar in einer ganzen Reihe von Fällen – aber ohne Nachweis dieser Widersprüche im einzelnen hilft uns das ebenso wenig weiter wie die allgemeine Feststellung in „Klassenkampf, Tradition, Sozialismus", daß „Klasseninteressen und machtpolitische Ansprüche sich dahinter verbargen".

Man kann sicherlich auch feststellen, daß progressive und reaktionäre sowie weniger und mehr reaktionäre Kräfte miteinander kämpften. Aber leider kann man auch beobachten, daß weniger reaktionäre mit weniger reaktionären sowie mehr reaktionäre mit mehr reaktionären Mächten miteinander kämpften, ebenso wie progressive mit progressiven. Und all diese Kämpfe spielten sich auf deutschem Boden ab, wo auch die merkwürdigsten Bündnisse untereinander und mit ausländischen Mächten geschlossen wurden.

Sollte man nicht zu dem Schluß kommen, daß, mit Ausnahme von England, die gesellschaftlichen Verhältnisse in einem wirren Übergangsstadium waren – teils progressiv, teils regressiv, teils einfach in Auflösung ohne bestimmte Richtung –, und daß für alle Verhältnisse, was immer ihr Zustand, vor allem die Machtansprüche als Motiv für den Krieg völlig ausreichten?

Und mitten in diesem gesellschaftsordnungsmäßig zum größten Teil (im spezifischen) indifferenten Krieg fanden, was nicht übersehen werden darf, heftigste Klassenkämpfe statt: der Plebejer gegen Ausbeutung und Teuerung in den Städten wie der Bauern gegen ihre Belastungen – und zwar ganz gleich, wie relativ progressiv oder reaktionär das fürstliche oder anders zu bezeichnende Regime war.

Man sollte vielleicht folgende Überlegungen machen: Gibt es nicht viele Kriege in

---

[13] „Klassenkampf Tradition Sozialismus", Berlin 1974, S. 169.

[14] *R. F. Schmiedt*, a. a. O., S. 278f.

* *J. Polišenský/M. Hroch*, Die böhmische Frage und die politischen Beziehungen zwischen dem europäischen Westen und Osten zur Zeit des Dreißigjährigen Krieges. In: Probleme der Ökonomie und Politik in den Beziehungen zwischen Ost- und Westeuropa vom 17. Jahrhundert bis zur Gegenwart, Berlin 1960, S. 53.

der Geschichte, bei deren Beurteilung es sinnlos ist, zu untersuchen, welche Seite ein winziges bißchen mehr oder weniger zum Fortschritt oder Rückschritt der gesellschaftlichen Entwicklung beiträgt. Lenin hat niemals solche Erwägungen, betreffend den ersten Weltkrieg, angestellt, und unsere Erwägungen, betreffend den Beginn des zweiten Weltkrieges, haben im Laufe der Zeit doch sehr erheblich geschwankt. Ein solcher Krieg war wohl auch der Dreißigjährige Krieg.

Natürlich kann ein solcher Krieg von großem Interesse für die Militär- und Kriegsgeschichte sein. Ebenso für die Geschichte der Diplomatie. Jedoch eben nicht für die Geschichte des gesellschaftlichen Fortschritts in dem Sinne, daß der Sieg der einen oder anderen Seite ihn gebracht oder verhindert hätte.

Und in einem solchen Krieg ist auch die Alltagshaltung der werktätigen Schichten, vor allem der Bauern in der hier betrachteten Zeit, historisch völlig berechtigt: Jede Schlacht in unserer Nähe, ganz gleich wie sie ausgeht, ist ein Unglück, jeder Durchmarsch und gar jede Einquartierung von Truppen, ganz gleich auf welcher Seite sie kämpfen, bringt Not und Qual und Elend – Gott behüte uns davor!

Beginnen wir mit der Bevölkerung. Franz, der die besten Studien zu dieser Frage gemacht hat, schätzt den Gesamtverlust auf 40 Prozent in den ländlichen Gebieten und auf ein Drittel in den Städten, verursacht teils durch Kriegshandlungen, teils durch die Pest und andere Seuchen.[15]

Die lokalen Bevölkerungsverluste wurden auch dazu noch durch Wanderungen verursacht, denen entsprechende Gewinne anderswo gegenüberstanden. Dazu kommen zeitweise Fluchten. Nur ein Beispiel sei für die letzteren gegeben, das aber für viele andere steht: „Der Kastner von Hohenfeld am Main berichtete im November 1645, daß die Bewohner ‚das ganze Dorf öd und leer verlassen, maßen sie noch zur gegenwärtigen Stund abwesend, auch zu besorgen diesen ganzen Winter nicht wieder heimkommen werden‘. Im November 1646 berichtete er, sie seien heimgekehrt, nachdem sie ein ganzes Jahr lang ‚wegen großer Landes- und Kriegsunsicherheit‘ sich an anderen Orten hätten aufhalten müssen. 1647 weilte ein Teil der Einwohner immer noch in Kitzingen. In Kaltensundheim hatten die Bauern 12 bis 15 Jahre lang eine doppelte Haushaltung, zumeist in der Stadt, in ruhigen Zeiten auf dem Land. (E. Krauss, Hohenfeld a. M., 1933, 179, 182).“[16]

Über die relative Verteilung der Toten auf direkte und indirekte Kriegsfolgen schreibt Franz: „Deutlich geht aus allen Quellen hervor, daß die unmittelbaren Kriegsverluste verhältnismäßig gering gewesen sind. Trotz aller Grausamkeiten sind es immer nur einzelne, die von Soldaten erschlagen wurden. Zu einer nennenswerten Bevölkerungseinbuße haben alle diese Gewalttaten, so schaurig sie auch im Einzelfall gewesen sein mögen, nicht geführt. Selbst in den Schlachten waren die Verluste nie allzugroß*. Auch der Hunger hat sicher nur eine begrenzte Zahl von Opfern gefordert, von den ganz vereinzelten Fällen von Menschenfresserei, soweit sie überhaupt nachweisbar sind, nicht zu reden. Aber das Kriegselend und die Hungersnöte haben – ähnlich wie im Weltkrieg die Hungerblockade – den Volkskörper geschwächt und weniger widerstands-

---

[15] *G. Franz,* Der Dreißigjährige Krieg und das deutsche Volk, Stuttgart 1961, S. 47.

[16] Ebendort, S. 2.

* *K. Th. v. Inama-Sternegg* (Die volkswirtschaftl. Folgen des Dreißigjährigen Krieges f. Deutschland, Hist. Taschenbuch, 4. F., Bd. 5, 1864, S. 15) erwähnt, daß zeitgenössische Schätzungen von 325 000 oder 338 000 Kriegsgefallenen sprechen. Eine Nachprüfung ist nicht möglich.

fähig werden lassen, so daß die Seuchen zum gefährlichsten Feinde werden konnten. Denn ebenso wie im Weltkrieg die Grippeepidemie hat auch im Dreißigjährigen Kriege die Pest die meisten Opfer gefordert. Gewiß gab es auch in den Jahrzehnten zuvor schon immer Epidemien, die in einzelnen Orten die Einwohnerschaft in einem heute kaum mehr glaublichen Maße dezimierten. Aber in Friedenszeiten konnte man vor der Pest aus den besonders gefährdeten Städten auf das Land flüchten und sich retten. Jetzt hatte sich schon zuvor die Einwohnerschaft ganzer Landschaften vor den umherziehenden Truppen hinter die Mauern der Städte geflüchtet. Die Pest konnte so in den übervölkerten, jedes hygienischen Schutzes baren Orten reiche Einkehr halten. Von den 701 Personen, die in Groß-Salze bei Magdeburg an der Pest starben, waren 429 Bauern. Darmstadt hatte nach der Schlacht bei Nördlingen mehr Flüchtlinge als Einwohner. Von beiden raffte die Pest über die Hälfte dahin. Allein 130 Eberstädter Namen finden sich in den damaligen Darmstädter Totenbüchern."[17]

Vielleicht unterschätzt Franz die Verluste in Schlachten. Sicher unterschätzt er die Verluste im Zusammenhang mit den Schlachten. Es wurden nicht nur einzelne, sondern bisweilen sehr viele friedliche Dorfbewohner erschlagen, insbesondere wenn eine Gruppe von Bauern bewaffneten Widerstand geleistet hatte. Und dazu kommen die Verluste, wenn ganze Dorfeinwohnerschaften vor den Soldaten im Winter in die Wälder flüchteten und dort Opfer der Erschöpfung und des Klimas wurden – insbesondere kleine Kinder und alte Leute.

Dazu kommen die – ebenfalls nach siegreichen Schlachten – durch Martern von plündernden Soldaten für das Leben Verstümmelten.

Ein Zeitgenosse beschreibt einige dieser Martern:

„Dem eenen wurden beede Händ auff den Rücken gebunden vnnd mit einer durchlöcherten Ahle ein Roßhaar durch die Zunge gezogen, welches, so man es nur ein wenig an oder auff vnd ab gezogen, dem elenden Menschen solche Marter verursachet, daß er offt den todt geschryen, aber vmb jeden Schrey vier Streich mit der Karbatsche auff die Waden halten muste; ich glaube, der Kerls hätte sich selber entleibet, wo er seiner Hände gebrauchen können, nur deß Schmertzens zu entkommen.

Eim andern wurde ein Seyl mit vielen Knöpffen vmb die Stirn gebunden, vnd mit einem Knebel hinden zu, ober dem Nacken, zusammen gesträhet, daß ihm das helle Blut zu der Stirne, zu Mund vnd Nase, auch zu den Augen außflosse vnd der arme Mänsch als ein Besessener außsahe.

Ich erschracke dieser schröcklichen Plagen vnnd vnbarmhertzigen Tyranney, bate den Bttrwtz, daß er doch an Gott vnd an sein Gewissen dencken wolte vnnd der armen vnschuldigen Leuthe etwas mit der Marter schonen. Aber er sprach zu mir in Zorn, wann du viel Mitleiden haben wilt, so bleibstu min Freund nicht lang."[18]

Mehring schildert diese Martern und Quälereien:

„Noch über ein halbes Menschenalter haben die schwedischen Junker auf deutscher Erde gehaust und sich den Henkersruhm erworben, unter den Plünderern und Schindern der deutschen Nation die ärgsten zu sein. Mit unerschöpflicher Phantasie sannen sie immer neue Martern aus, um den Versteck der letzten Heller aufzutreiben. Einen grausigen Ruf genießt heute noch der ‚Schwedentrunk', den ein armer protestantischer Geistlicher, der dieser Folter unterworfen wurde, in kläglichen Versen besungen hat:

---

[17] Ebendort, S. 5f.
[18] *H. M. Moscherosch*, Gesichte Philanders von Sittewald, Berlin und Stuttgart, 1883, S. 260f.

Mistlaken etlich Maß
Goß man, als in ein Faß,
Mir in den Leib zur Stunden,
Vier Kerels mich festbunden.

Andere Martern waren: die Steine von den Pistolen zu schrauben und an ihre Stelle
den Daumen der Bauern zu zwängen; die Fußsohlen mit Salz zu reiben und sie von
den Ziegen ablecken zu lassen; nach Fesselung der Hände mit durchlöcherter Ahle ein
Roßhaar durch die Zunge zu ziehen und es leise auf und ab zu bewegen; ein Seil mit
Knöpfen um die Stirn zu binden und hinten mit einem Knebel zusammenzudrehen; zwei
Finger aneinander zu schnüren und dazwischen mit einem Ladestock auf und ab zu
fahren, bis Haut und Fleisch bis auf die Knochen verbrannten, des Gräßlichen und
Scheußlichen, in gesitteter Sprache gar nicht Aussprechbaren zu geschweigen, das an
der weiblichen Bevölkerung verbrochen wurde. Damals entstand der noch heute unver-
gessene Kinderreim: Bet', Kindchen, bet', morgen kommt der Schwed'.‟[19]

Mehring übertreibt wohl, wenn er gerade die Schweden als besonders grausam her-
vorhebt.

Winter meint, daß die spanischen und italienischen Truppen am grausamsten vor-
gingen: „Nach den vorliegenden Einzelschilderungen muß schon in jener Periode jedes
Gefühl für Menschlichkeit den verwilderten Söldnerhorden abhanden gekommen sein.
Schon längst begnügten sie sich nicht mehr mit den Bedrückungen und Erpressungen,
welche für ihren Unterhalt notwendig waren; sie zerstörten, um zu zerstören, und
weideten sich mit brutaler Lust an den Leiden der unglücklichen Bevölkerung. Namentlich waren es die spanischen und italienischen Truppen, über deren Grausamkeit die
empörendsten Klagen erhoben wurden. Fanden diese Horden in einem Dorfe nicht so
viel Vorräte an Geld und Lebensbedürfnissen, wie sie erwartet hatten, oder nahmen
sie gar an, daß vorhandene Vorräte ihnen verheimlicht würden, so schreckten sie vor
den schlimmsten Peinigungen der Bewohner nicht zurück, in denen sie bald eine traurige
Virtuosität erlangten. Man schoß die Leute ins Knie und drehte ihnen dann die Beine
ab, sägte ihnen die Schienbeine an, machte Schnitte in die Fußsohlen, in die dann Salz
gestreut wurde, schnitt ihnen Riemen aus dem Rücken, ja es kam vor, daß Kinder im
Beisein der Eltern lebendig in den Backofen geschoben wurden. Daneben wurden hier
wie fast überall, wo diese Horden hausten, die Weiber massenhaft zu Opfern der
viehischen Lüste der entmenschten Soldateska. Frauen und Jungfrauen wurden in
Gegenwart ihrer Männer und Väter, zuweilen auf offener Straße geschändet, selbst die
Schwangeren, denen man in bestialischer Wut die Brüste abschnitt, wurden nicht ge-
schont. Es war, als hätten sich diese Horden vorgenommen, die ganze Bevölkerung
buchstäblich zugrunde zu richten.‟[20]

Es scheint mir müßig zu untersuchen, welche Truppen die grausameren waren.

Wohl aber muß man sehen, daß all diese Leiden sehr verschieden über der Bevölkerung verteilt waren – sehr verschieden weniger nach Klassen und Schichten (denn vor
allem die Pest trifft demokratisch Arme und Reiche), sondern nach Gegenden.

Es gab kleine Teile Deutschlands, die praktisch vom Krieg (nicht von seinen indirek-
ten Folgen!) verschont wurden und andere, durch die die Kriegsfurie immer wieder
hindurchzog.

[19] *Fr. Mehring,* a. a. O., S. 356.
[20] *G. Winter,* Geschichte des Dreißigjährigen Krieges, Leipzig 1934, S. 514f.

So berichtet Franz zum Beispiel: „Die Grafschaft Oldenburg hat angeblich während des ganzen Krieges kein fremder Soldat betreten. Graf Anton Günther verstand es, während des Krieges neutral zu bleiben und durch seine weitberühmte Pferdezucht sich und dem Lande große Einnahmen zu verschaffen. Während des Krieges wurden die Dienste in Geldabgaben umgewandelt, die Meier entlastet, die Zehnten fixiert. Auch das Erzstift Bremen war nur zeitweilig vom Kriege heimgesucht worden."

Stärker kann Franz dank der Quellenlage für eine Rheingegend aufgliedern: „Im Rheinland ist es schwer, ein Bild der Kriegsverluste zu gewinnen. Für den Niederrhein ermöglichen die Verluste der Landmiliz in den beiden Herzogtümern Jülich und Berg Rückschlüsse auf den Bevölkerungsverlust*. Während im zweiten Weltkrieg (1939 bis 1945) in dem gleichen Gebiet die waffenfähige Mannschaft (18- bis 60jährige) sich um 16% vermindert hat, ging sie in den Jahren 1635–1647 um etwa 30% zurück. In Jülich waren die Ämter Monschau und Heimbach in ihrer abseitigen Waldlage geschützt (10%), an der Heerstraße von Aachen zum Rhein steigen die Verluste auf 40 Prozent, um im Amt Jülich mit 62% den Höhepunkt zu erreichen. Nach Norden zu nahmen die Verluste wiederum ab. Im Herzogtum Berg betrugen die Verluste um Solingen und im Wuppertal 20%, in Mettmann 43%. Im ganzen verminderte sich die Mannschaft in Jülich um 35%, in Berg um 23%. Bedenkt man, daß die erste Kriegshälfte vor allem auch dem Herzogtum Berg schon schwere Wunden geschlagen hatte, so kommt man in Jülich auf 50, in Berg auf 40% Verluste der waffenfähigen Mannschaft. Die Verluste der Gesamtbevölkerung werden geringer gewesen sein. Der Bevölkerungsrückgang wird in Jülich höchstens 28% (50 000 Einwohner), in Berg 20% (20 000 Einwohner) betragen haben. Bei Frauen und Kindern käme man dann auf eine Verlustquote von etwa 15%. Jülich gehörte damals zu den dichtest besiedelten Gebieten Europas. Die Bevölkerungsdichte betrug etwa 50 je qkm. Der 30jährige Krieg hat die Entwicklung gelähmt, zumal ihm 70 weitere Kriegsjahre am Niederrhein folgten. Erst nach 1720 wird die Bevölkerungszahl den Stand von 1618 wiedererreicht haben. Berg erholte sich dank der aufstrebenden Industrie rascher. In kaum gestörtem Gleichmaß nahm die Bevölkerung Jahrzehnt für Jahrzehnt um 10% zu, so daß die Verluste bereits 1680 ausgeglichen sein werden."[21]

Bemerkenswert:

Erstens: die außerordentliche Verschiedenheit der Kriegswirkungen – zum Teil gibt es überhaupt keine direkten.

Zweitens: wie selbstverständlich ist bei den Verlusten auch von Frauen und Kindern die Rede!

Drittens: wie erschreckend die Mitteilung, daß dem Dreißigjährigen Krieg 70 weitere Kriegsjahre am Niederrhein folgten – erschreckend natürlich nur für den, der nicht daran denkt, wie üblich Kriegshandlungen vom Raubzug eines Ritters bis zum größeren Krieg eines Territorialfürsten in der Feudalzeit waren.

Wir hatten von den Martern, der allgemeinen Verrohung der Kriegsführung gesprochen. Sie hing mit entscheidenden Wandlungen in der Zusammensetzung der Kriegführenden zusammen.

---

[21] *G. Franz*, Der Dreißigjährige Krieg, a. a. O., S. 9f., 13f.

* *H. Dahm*, Verluste der jülich-bergischen Landmiliz im 30j. Krieg (Düsseldorfer Jb. 45, 1951, 281–89).

Marx beginnt den berühmten dritten Abschnitt des 24. Kapitels des ersten Bandes des „Kapital", der u. a. von der „Blutgesetzgebung gegen die Expropriierten" in England handelt, mit den Worten „Die durch Auflösung der feudalen Gefolgschaften ...". Die Auflösung der feudalen Gefolgschaften hatte einen entscheidenden Einfluß auch auf die Kriegsführung auf deutschem Boden von 1618 bis 1648.

Winter beschreibt die Wandlungen im Heerwesen so: „Die Grundlagen der alten Kriegsverfassung, welche auf der Heeresfolge der Landeseinwohner beruht hatte, waren längst vor dem Dreißigjährigen Kriege bis auf wenige vorübergehende Spuren zugrunde gegangen. Die alten, aus dem Lehnsverbande hervorgegangenen ritterlichen Heere waren schon im fünfzehnten Jahrhundert durch das Aufkommen der Feuerwaffen und die dadurch bedingte überwiegende Bedeutung der Fußtruppen völlig verdrängt worden. Aber auch die Verfassung der Landsknechtshaufen, wie sie sich namentlich seit den Kriegen zwischen Burgundern und Schweizern und seit der Schlacht von Marignano ausgebildet und zur Zeit der Frundsberge und Schertlins von Burtenbach ihre endgültige Gestaltung erhalten hatte, war doch wenigstens in der Hauptsache noch auf dem Gedanken der nationalen und territorialen Zusammengehörigkeit der Landsknechte aufgebaut. Seitdem auch sie in der zweiten Hälfte des sechzehnten Jahrhunderts in ihren Grundlagen erschüttert war, hatte sich das reine Söldner= und Werbesystem, welches in gar keinem Zusammenhang mit der sonstigen staatlichen Verfassung mehr stand, ausgebildet. Dieses System, bei welchem von einer idealen Gemeinschaft zwischen dem kriegführenden Fürsten und dem Heere, mit welchem er den Krieg führte, überhaupt kaum noch die Rede sein konnte, erhielt seine höchste oder vielmehr tiefste Vollendung eben im Dreißigjährigen Kriege. Es wurde allmählich die Regel, daß der Fürst, welcher Soldaten brauchte, diese gar nicht mehr direkt selbst anwarb, sondern die Anwerbung derselben als ein förmliches finanzielles Geschäft Unternehmern überließ, welche dann als Obersten die Führung der von ihnen geworbenen Regimenter erhielten. Dafür wurde ihnen dann eine bestimmte Summe von dem kriegführenden Fürsten gezahlt oder auch nur in Aussicht gestellt, aus der sie das Werbegeld und den Handsold ihres Regiments zu bestreiten hatten. Auf diesem Wege wurde die Anwerbung der Regimenter für deren Obersten mehr und mehr ein äußerst lukratives Geschäft. Den Zahlungen, die sie von dem Fürsten, in dessen Dienst sie standen, erhielten, lag natürlich der komplette Stand eines Regimentes zugrunde. Erreichte das Regiment diesen Stand nicht – wofür man ja absichtlich sorgen konnte – oder verlor es ihn durch Verluste im Felde, so flossen Werbegeld und Sold für die am kompletten Stande fehlenden Mannschaften in die Tasche des Obersten. Es war nur natürlich, daß diese Art des Werbegeschäftes sehr bald in ein raffiniert ausgebildetes System gebracht wurde, bei dem minder gewissenhafte Obersten stattliche Vermögen erwarben, die Unterhaltungskosten des Heeres aber für den kriegführenden Fürsten ins Ungemessene wuchsen. Man hat berechnet, daß der Kostenaufwand für den Kopf einer Truppe im Dreißigjährigen Kriege sich etwa sechsmal so hoch stellte wie heutzutage. Schon hieraus erklären sich die unermeßlich hohen Geldopfer, welche der Krieg den damaligen Staaten auferlegte."[22]

Der Krieg wurde allein schon durch die Aufstellung und Ergänzung des Heeres zu einem Geschäft, zum Geschäft einer militärischen Bürokratie, denn unter dem Obersten standen andere, kleinere Unternehmer. In einer Militärgeschichte heißt es über die im 16. Jahrhundert einsetzende Wandlung: „An der Spitze des Heeres, das ein fürstlicher

---

[22] *G. Winter,* a. a. O., S. 509f.

Kriegsherr in seine Dienste nahm, standen zumeist adlige Feldobristen wie Georg von Frundsberg und Sebastian Schertlin von Burtenbach. Sie waren in der Regel militärische Führer und wirtschaftliche Unternehmer in einer Person. Sie schossen den Kriegsherren vielfach die Soldgelder vor, was ihnen zugleich großen politischen Einfluß verschaffte. Ein Fähnlein mit 10 bis 20 Rotten zählte rund 500 Landsknechte, die von einem Hauptmann befehligt wurden, dem wiederum die Rottmeister, der Proviantmeister, der Profoß (Richter) mit den Stockknechten, der Troßmeister und zahlreiche andere Ämter unterstanden. Allmählich begannen sich im Söldnerheer eine militärische Ranghierarchie sowie ein Verwaltungsapparat herauszubilden. Es entstanden Normen für die organisatorische Gliederung in Fähnlein und Rotten, für die Ausbildung, Versorgung und Verwaltung sowie für den übrigen Dienstbetrieb."[23]

Im Laufe des Krieges dehnte sich dieses Geschäftswesen gewaltig aus, und auch die großen Heerführer wurden jetzt einbezogen: „Mit dem Anwachsen der Heere und der Dauer des Krieges reichten die Subsidien und bisherigen Formen der Kontributionen für den Unterhalt der Söldner und die Beschaffung von Waffen bald nicht mehr aus. Deshalb begründeten Landesfürsten, aber auch einzelne begüterte, reiche Söldnerführer gewerbliche Unternehmen, in denen Waffen, Munition und Ausrüstungsgegenstände hergestellt wurden. In Böhmen richtete der kaiserliche Heerführer Albrecht von Wallenstein mit Hilfe des Bankiers Jan de Witte Manufakturen ein, die sein Heer mit Waffen und Bekleidung belieferten, wofür Wallenstein vom Kaiser Geld und Ländereien erhielt. Diese in verschiedenen Territorien errichteten teils staatlichen, teils privaten Unternehmen waren die Anfänge einer besonderen Kriegswirtschaft, aus denen später landesfürstliche Waffen- und Uniformmanufakturen, Geschützgießereien und Pulvermühlen hervorgingen."[24]

Gleichzeitig wurde es immer schwieriger, den Sold zu zahlen: „Als man aber mit allen diesen Mitteln nicht mehr auskam, verfiel man auf einen negativen Ausweg, den einige Fürsten von vornherein gewählt hatten und der in der Periode Wallensteins zur höchsten Ausbildung gelangte: man zahlte überhaupt keinen Sold mehr, sondern wies das Heer ausschließlich darauf an, sich denselben durch Kontributionen und Brandschatzungen in den besetzten Gebieten selbst zu verschaffen. Auf diesem Wege wurden dann, da sich die Truppen bei den schwer kontrollierbaren Kontributionen in der Regel einen erheblich höheren Sold als den ihnen vertragsmäßig zugesicherten erpreßten, den unglücklichen Ländern, welche den Heeren zum Quartier dienten, die ungeheuersten finanziellen Opfer auferlegt, die mit rapider Schnelligkeit zur völligen Verarmung der Bewohner führten."[25]

Dabei darf man nicht vergessen, daß die Soldaten nicht nur für sich selbst zu sorgen hatten. Gustav Freytag schildert:

„Was die Heere des dreißigjährigen Krieges sehr von den heutigen unterscheidet und ihren Einmarsch in eine Landschaft dem Einbruch eines fremden Völkerstammes ähnlich machte, war der Umstand, daß der Soldat trotz der kurzen Dienstzeit im Felde seinen eigenen Haushalt führte und wie ein Handwerksmeister mit Weib und Jungen wirthschaftete. Nicht nur die höhern Offiziere und Hauptleute nahmen ihre Frauen mit ins

---

[23] Kurzer Abriß der Militärgeschichte von den Anfängen der Geschichte des deutschen Volkes bis 1945, Berlin 1974, S. 68.

[24] Ebendort, S. 75.

[25] *G. Winter*, a. a. O., S. 510 f.

Feld, auch der Reiter oder Fußknecht fand es angenehm, zuweilen sein angetrautes Weib, häufiger eine hübsche Dirne zu unterhalten. ... Mit seiner Beischläferin wohnte der Soldat unter dem engen Strohdach des Lagers und im Quartier, das Weib buk, kochte und wusch für ihn, pflegte den Erkrankten, schenkte dem Zechenden ein, duldete seine Schläge und trug auf dem Marsche Kinder, Beutestücke oder Geräthschaften der flüchtigen Wirthschaft, die nicht auf den Bagagewagen geschafft werden konnten. ...

Mit den Weibern zogen die Kinder. Bei den Schweden waren durch Gustav Adolf Feldschulen eingerichtet, in denen die Kleinen auch im Lager unterrichtet wurden. In diesen Wanderschulen herrschte militärische Zucht, und ein französischer Unterhändler erzählt von der wilden Brut des Krieges, daß sie ihren Vätern beim Kugelregen die Suppe in die Laufgräben trug und in den Lagerschulen nicht von der Bank wich, wenn auch einschlagende Kanonenkugeln drei und vier aus ihrer Mitte niederstreckten.* ...

Bei Plünderung der Quartiere trieb es der Troß am ärgsten, auch in Freundes Land. Wenn die Weiber und Buben mit ihren Soldaten in einen Bauernhof drangen, fielen sie wie Geier über das Geflügel im Hofe, über Truhen und Kisten her, schlugen die Thüren ein, schmähten, drohten und quälten, legten sich in die Betten, und was sie nicht verzehren und rauben konnten, zerschlugen sie; war ein Kupferkessel zu groß zum Mitnehmen, so traten sie ihn ein. Beim Aufbruch zwangen sie den Wirth anzuspannen und sie ins nächste Quartier zu fahren. Dann stopften sie den Wagen mit den Kleidern, Betten und dem Hausrath des Bauern voll und banden sich in den Rock und um den Leib, was nicht in Sack und Pack fortgebracht werden konnte. ‚Dann – so erzählt der zürnende Berichterstatter Wallhausen (Defensio patriae 1621. p. 172) – wenn die Wagen angeschirrt sind, fallen die Weiber, Kinder und Dirnen auf die Wagen wie ein Haufe Raben.' "[26]

Kein Wunder, daß man damals sagte: „Der Krieg ernährt den Krieg".

Wie durch die Plünderungen und Rekrutierungen von Söldnern sich im Laufe des Krieges die Situation änderte, zeigt Mehring anschaulich am Beispiel des schwedischen Heeres:

„Noch einige Zahlen mögen dies königliche Programm beleuchten. In den drei Jahren, wo Gustav Adolf selbst noch den Krieg führte, betrug in Schweden

	das Militärbudget	die Heeresziffer (nominell)
1630	9 535 625 Taler	40 000 Mann
1631	5 568 407 Taler	79 700 Mann
1632	2 220 198 Taler	198 500 Mann

* Recueil de plusieurs pièces servans à l'histoire moderne. Cologne 1663. p. 468.

[26] G. Freytag, a. a. O., Bd. 20, S. 47–50. – Während die Ritter bei ihren Fehden und Kleinkriegen selbstverständlich keine Heere mit Familientroß anführten, war an sich die Begleitung des Heeres durch Frauen in größeren Kriegen seit langem üblich. Sogar auf den Kreuzzügen fanden sich „fahrende Frauen" als Begleitung der Männer ein. Als der Herzog von Alba 1562 das spanische Heer gegen die Niederlande führte, wurde es von 400 „fahrenden Frauen" zu Pferde und 800 zu Fuß für die Offiziere begleitet; die Frauen waren sogar in „Kompagnien" mit eigenen Fahnen gegliedert. Ihre Liebhaber wurden nach ihrer Schönheit und mit Rang der Offiziere bestimmt, und diese Ordnung mußte streng eingehalten werden.

Man sieht: Je höher die Heeresziffer steigt, um so mehr sinkt das Militärbudget. Dabei bezieht sich das Militärbudget auf die Gesamtheit der schwedischen Heeresmacht, eingerechnet die in Schweden, Finnland und den baltischen Provinzen zurückgelassenen Truppen, die sich im Jahre 1630 auf 37 000 Mann beliefen, während die von uns angegebene Heeresziffer sich auf die in Deutschland kämpfenden schwedischen Heere beschränkt. Diese Heere sind in Deutschland rekrutiert und von Deutschland verpflegt worden. Rechnet man dagegen nur die ungeheuren Brandschatzungs- und Kontributionssummen, die Gustav Adolf den deutschen Fürsten und Städten auferlegte, sobald sie in seine Gewalt fielen, und die Erträge der Zölle auf, die sofort in den eroberten Häfen erhoben wurden und sich nach zeitgenössischen Angaben ‚nicht nur auf 15 bis 30, sondern 40, ja sogar 50 vom Hundert' beliefen, so versteht man die Klage einer deutschen Flugschrift aus dem Jahre 1636: ‚Kupfer habt ihr aus eurem Lande geführt, Gold und Silber aber hinein. Schweden war vor diesem Kriege hölzern und mit Stroh bedeckt, jetzt ist's steinern und prächtig zugerichtet.' . . .

Die Vorstellung, als ob Gustav Adolf an der Spitze eines Heeres von gottbegeisterten schwedischen Bauern in die kaiserlichen Söldnerscharen gestürmt sei, erträgt keine ernsthafte Kritik. Als er nach Deutschland aufbrach, bestand sein Heer zur Hälfte aus Söldnern, die in aller Herren Länder geworben worden waren; auf deutschem Boden wurde es nach Gustav Adolfs Programm aus Deutschland rekrutiert, aus gewaltsam gepreßten oder ausgehungerten Bauern und Handwerkern oder auch aus jenem internationalen Söldnertum, das heute unter dieser Fahne diente und morgen unter jener, und das seit dem Beginne des Dreißigjährigen Krieges schon zu einer furchtbaren Landplage angeschwollen war. Gefangene wurden sofort als Soldaten eingestellt. Es mag wohl stimmen, daß schließlich kaum der zehnte Mann in den schwedischen Heeren ein Schwede war."[27]

Und wenn Städte in Schutt und Brand gelegt wurden, war keineswegs immer der Sieger der Schuldige. Am bekanntesten ist die Zerstörung Magdeburgs, das von Gustav Adolfs vertrautem Adjutanten, dem Oberst Falkenberg verteidigt und von der Armee des kaiserlichen Feldherrn Tilly erobert wurde. Mehring schreibt darüber mit bitterer Ironie: „Tilly war kein Genie, aber er hätte ein kompletter Narr sein müssen, wenn er den wichtigen Platz, den er eben mit äußerster Kraftanstrengung erobert hatte, in Asche gelegt hätte. Er hat die Stadt plündern lassen, wie Gustav Adolf Frankfurt a. d. O. und Würzburg nach der Erstürmung plündern ließ: Die Plünderung erstürmter Plätze war damals barbarisches, aber allgemeines Soldatenrecht. Freilich ist in Magdeburg noch über das damals übliche scheußliche Maß hinaus gemordet und geplündert worden, aber nur, weil die überall auflodernde Brandfackel die letzten Reste von Disziplin in dem stürmenden Heere löste. Angezündet hat Tilly diese Fackel nicht. Er selbst hat für die Brandstiftung Magdeburgs schon auf der Brandstätte die Belagerten verantwortlich gemacht, namentlich auch nach Aussage der Gefangenen, und die Richtigkeit seiner Ansicht wird heute auch von allen irgend ernsthaften protestantischen Geschichtsschreibern anerkannt. Falkenberg fiel bei dem Sturme, doch ist an diesem scheinbar klassischen Zeugen nicht viel verloren. Solche ‚Heldentaten' sind etwas brenzliger Natur, und ihre Urheber sind deshalb keine klassischen Zeugen. Rostoptschin, der Gouverneur von Moskau, hat sich im Rausche des ersten Erfolges laut gerühmt, den Brand von Moskau veranlaßt zu haben, und dafür Orden und Ehren beansprucht, aber in späteren

[27] *Fr. Mehring*, a. a. O., S. 341 und 353.

Jahren, sogar in vertraulichen Briefen, steif und fest behauptet, Napoleon habe die Stadt angezündet und ihm wider besseres Wissen die schauerliche Tat in die Schuhe geschoben. Daß Falkenberg für die Brandstiftung von Gustav Adolf instruiert gewesen sei, dafür liegt keinerlei Beweis vor. Aber in den allgemeinen Rahmen seiner Kriegführung paßte sie durchaus, und ihre Früchte hat er geerntet."[28]

So sah die Kriegsführung in jenen dreißig Jahren von 1618 bis 1648 aus. —

Und doch dürfen wir uns die Soldateska nicht nur als brutale Banditen vorstellen, die allein an Raub und Schändung und Zerstörung dachten. Gar manche Soldaten waren verarmte Bauern, die keinen anderen Weg gesehen hatten, sich am Leben zu halten, als zum Militär zu gehen, und andere waren in den Dienst gepreßt worden. So manchem von ihnen blieb Mitleid mit den Menschen erhalten.

Auch waren die Zeiten oft schlimm, mit der Pest und anderen Krankheiten, die unter den Soldaten wüteten, und es herrschte traurige Not jeder Art auch bei ihnen.

Im folgenden geben wir einen langen Brief eines Soldaten an seine Frau wieder, der uns erhalten geblieben, da er in einer Zeitung abgedruckt wurde:

„Der ehr- und viel tugendsamen Frau Agatha Schneidin, vom Fähnrich im Kölnischen Kanonen-Regiment in Köln: Meiner herzallerliebsten Hausfrau, wohnhaft in der Glokkengasse.

Benedict Serratz, dem Boten ein Trinkgeld.

Ach meine tausend herzallerliebste Agatha, ehelichen Gruß und Treue zuvor. Von Deiner Gesundheit einmal zu vernehmen, wäre mir eine überaus große Freude, wie auch ein tröstliches Schreiben, deren ich noch keines bekommen habe, zu empfangen. Was mich anbelangt, bin ich halb gesund, voller Läuse, nackend, eine armseligste Kreatur und verlassen. Falss Du es genau wissen würdest, wie es uns ergeht, einen Stein müßte es erbarmen. Wir sind als nichts geachtet, gleichgültig, ob einer krank, gesund, liegend oder stehend sei. Kein Mensch redet für's Kölnische Regiment; es sind von uns im ganzen Regiment nicht 150 Mann. Ach mein Gott, was schreibe ich Dir, wir haben heftig eingebüßt und haben keine Ehre davon. Der Feind hat uns verfolgt und uns eingeschlossen, gejagt bis nach Münster in Westphalen. Wir können weder nach hinten noch nach vorn, liegen in Leibes- und Lebensgefahr, plänkeln auch täglich mit dem Feind. Unsere Reiter halten sich frisch, haben des Feindes Bagage und Proviant bekommen. Wir liegen vor der Stadt unter freiem Himmel. Nun, in drei Monaten bin ich nicht aus meinen Kleidern gekommen, hätte ich doch nur noch Stroh unter mir. Meine Sachen mit meinem Knecht und Pferd, deren ich sechs nacheinander verlor, wohl 400 Reichstaler Schaden, sind alle fort. In Summa ist kein Glück auf dieser Seite, es ist gar nichts mehr übrig, als daß ich verliere mein junges Leben, wie es anderen täglich geschieht. Wir liegen auf der Straße wie das tote Vieh. Großen Mangel leiden wir. O Brot, o Brot, o frisches Wasser. Wenn ich das Leben hätte verwirkt, so könnte man mich nicht ärger ins Elend bannen. Ich habe ehrlich und ritterlich, wie es einem ehrlichen Fähnrich gebührt, mich noch bisher gut gehalten, aber länger ist es mir nicht möglich, und ich muß wider meinen Willen weichen und mein Fähnlein quittieren. Gleichwohl alle meine Spießgesellen sind mit mir müde und begehren ihren

---

[28] Ebendort, S. 346. — Allgemein zu den Resultaten der Forschungen Mehrings über den 30jährigen Krieg und die Schweden, die ja um mehr als 70 Jahre zurückliegen, ist zu sagen, daß auch die moderne schwedische Forschung sie im wesentlichen bestätigt, wenn sie auch hinsichtlich der Brandstiftung Falkenbergs sehr vorsichtig ist — aber auch Mehring ist ja nicht sehr bestimmt.

Abschied. Alle Tage reißen Soldaten aus, insbesondere Offiziere. Alle vier Tage bekomme ich ein Pfund Brot und nicht mehr. Oh, oh, oh! Es ist nicht auszusprechen, wie wir leiden. Die gemeinen Knechte haben und leben noch besser als ich. Ich muß bei meinem Fähnlein bleiben, hab' keinen Führer. Die Knechte laufen herum und bekommen wohl noch etwas. Ich habe noch kein einziges Quartier bei Bürgern oder Bauern gehabt, habe alle Zeit im Felde gelegen. Ja, wenn mir meine Sachen nicht gestohlen wären, ich wollte wohl ein Stück Geld erspart haben. Nun ist es hin. Unsere eigenen Reiter haben der Hauptleute Bagage geplündert, als selbige gesehen hatten, daß der Feind auf uns zukam und wir fliehen mußten. Nun können wir gegen den Feind nichts ausrichten, er führt wahrlich 40 Kanonen gegen uns und hat Soldaten genug, uns anzugreifen.

... Ach, ich bitte Dich abermals fußfällig und um Gottes Christi Jesu Willen, hilf mir meinen Abschied von den Herren zu bekommen, stelle die Herren Vettern an, es kostet mir sonst mein Leben, wenn wir ferner ins Land zum kaiserlichen Heer hinbeordert werden, welches gewiß ist. Dort werden wir nur für's Schanzen und als ‚Gräberfüller‘ gehalten, wie es jederzeit geschieht in allen Sachen, daß die kölnischen Soldaten an die vorderste Front gesteckt werden, wie auch die Fähnriche selbst zum Sturm und für die Laufgräben entgegen der Gewohnheit mit kommandiert werden. Im ganzen: ich kann's nicht länger ertragen, ja, wenn Du es wüßtest, Du würdest wahrlich betteln, damit ich los käme. Es kann leicht geschehen, wenn Du es recht anstellst; man bekommt wohl eher einen Fähnrich als sonst ...

Ach, wie warte ich mit Verlangen auf ein Antwortschreiben und man wundert sich, daß Du mir noch nicht geschrieben hast und ich keinen Brief empfangen habe. Es ist wahrlich wider Gott und alle eheliche Liebe. Habe ich Dich erzürnt, dann verzeihe mir. Hiermit, mein getreuer Schatz, viel tausendmal gute Nacht.

Datum, Münster in Westphalen, im kaiserlichen freien Feldlager vor der Stadt, geschrieben zu Pfingstmittwoch, Anno 1634.

Dein wahrhaftiger keuscher Ehemann, wie ich Dich gelassen an meinem Leib und Ehekeuschheit bis in den Tod.

Joany Christian Schneiden, armer Fähnrich unter den Feuerröhrern (= Kanonen).

P. S.

1. Meinem Hund Schamben gib meinetwegen einen guten Bissen. Oh!, läge ich so gut wie mein Hund an Deiner Seite, ich schätzte mich selig, hoffe aber zu Gott, die Zeit wiederum zu erleben. Amen.

N. B. N. B. N. B.

2. Ich muß weichen vor allen Dingen, wie Du wohl weißt, wegen des Thumbherren Walddecker und des jungen Junkers, welche unter den Soldaten sind, die mir den Tod geschworen. Ich bin eilig noch diese Stunde gewarnt worden, kannst solches den Herren andeuten. Ich muß weichen wider meinen Willen, wenn schon keine andere Ursache wäre. Ich muß mich vor Ihnen vorsehen. Wenn Du nicht eilst, daß ich meinen Abschied bekomme, so muß ich selbst sehen, wie ich's mache. Ich habe also Feinde unter den Soldaten, will ansonsten den Herren von Köln gern dienen. Ich bitte Dich um Gottes Willen, bedenk's, bedenke solche langen Briefe. Du weißt alles, so daß ich nicht mehr schreiben mag. Tue wie ein getreues Eheweib, ich bitte Dich's.

3. Ich meine, Dein Mägdlein Catharina wird sich noch ehrlich und gehorsam bei Dir aufhalten. Schreib' mir bald, mein Schatz, auch wegen des Paßzettels, dann kann ich dahin kommen.

4. Ich mag absichtlich nicht von Krieg und Feind schreiben aus dem Grunde, es wird ohnedies zweifellos genug zu Köln geprahlt, das nur halb wahr ist, wir aber erfahren es mit Schaden.

5. Meine herzallerliebste Agatha, nun siehts Du wohl, daß ich's gut mit Dir meine, weil ich Dir des Obristen-Leutnants eigene Unterschrift meinetwegen schicke, damit Du meinen Sold allezeit empfängst. Fürwahr, somit siehst Du, daß ich begehre, Dir vorzustehen wie ein ehrlicher Mann und Du wiederum ein Stück Geld mögest zusammen sparen, welches ich jetzt an meinem Leib ersparen will, was ich in Köln zuviel vertrunken habe. Ach, wie muß ich leiden. Ich gehe daher, kann mich kaum bedecken, die Kleider faulen mir am Leib, habe keine Schuhe noch Strümpfe anzuziehen, muß sehen, wie ich es mache. Erwarte getrost den Paßzettel. Ei, meine liebe Agatha, schreibe mir oft, oft, oft.

6. Diesen eingelegten Zettel wegen des Geldes gib dem Herrn Bürgermeister, damit er sieht, daß ich noch bei dem Regiment und bei meinem Fähnlein bin und keinen Zweifel hegen möge. Halte hartnäckig und alle Stunde um die Bezahlung an, mache Dich mächtig arm, daß Du nichts zu leben und ich Dir viel Schulden hinterlassen hätte.

7. Halte fleißig, Agatha, mein Bandelier-Rohr* sauber und schütze es vor dem Rost. Sage Herrn Georg und dem jungen Greifenklau viel gute Nacht, daß selbige an ihre Eltern meinetwegen gedenken.
Wöchentliche Ordinari Zeitung [Zürich] 1634. Beilage: Extra-Ordinari Zeitungen aus Frankfurt am Main vom 24. Juni."[29]

Ein Brief wie aus einer anderen moralischen Welt und doch aus der Realität des Dreißigjährigen Krieges. Gab es vieler solcher Soldaten? wohl nicht. Und wieviele solcher Soldaten wandelten sich im Laufe des Krieges, wurden abgestumpft und dann roh und brutal. Gab es aber nicht auch solche, die zunächst naiv an allen Roheiten teilnahmen und dann eines solchen Lebens überdrüssig wurden?

Und wieder andere – genau umgekehrt wie die verarmten Bauern, die aus Verzweiflung zum Militär gingen – zogen sich, nachdem sie genügend geraubt, aus dem Krieg zurück, erwarben ein verlassenes Anwesen und wurden „ganz normale Menschen" im Dorfe.

Niemand hat die Soldateska des Dreißigjährigen Krieges soziologisch untersucht, was auch schwer sein wird – aber unmöglich? Reizt ein Brief, wie der soeben zitierte, nicht dazu an? Ist er ein so einzigartiges Dokument, wie es im Augenblick scheint? doch wohl nicht?

Wie entscheidend kann es für einen Bauern und einen Handwerker sein, wenn auch nur ein einziger solcher Soldat bei ihm einquartiert ist!

Und wenn solche Soldaten, die Menschen geblieben waren, die nicht wie rohe Verwilderte dachten und handelten, doch nicht so selten waren? mußte man, wenn man von den Alltagsschrecken des Krieges spricht, nicht auch die Hoffnung der Bauernfamilie, der Handwerkerfamilie mit einschließen, daß ein solcher Soldat zu ihnen käme?

---

* Bandelier – ein breites Wehrgehänge, an dem im 15. und 16. Jh. Pulvertasche, Lunte, Zündkraut und Lot, später die Patronen getragen wurden. Seit dem Ende des 16. Jahrhunderts legte man die Patronen in einen am Bandelier befestigten ledernen Kasten, Cartouche genannt.
[29] *E. Buchner*, a. a. O., S. 70ff.

Wie wenig wissen wir noch von alledem!

Wie wenig auch noch vom „Kriegsglück" des armen Bauern! Gibt es viele solcher Fälle wie der folgende, über den wieder eine Zeitung berichtet?:

„Ulm am 22. Februar. Ebenso hält man es für gewiß, daß ein armer Bauersmann, welcher in der Stadt ein Fäßchen Branntwein kaufte, darin ungefähr drei oder vier Maß gewesen sind. Nachdem nun erwähnter Bauer damit nach Hause gewollt, haben ihn auf der Straße etliche Soldaten, darunter zwei zu Roß, angehalten. Es hat aber dieser arme Mann so inständig gebeten, sie sollten ihn doch gehen lassen, denn er trage kein Geld oder andere köstliche Sachen bei sich, sondern nur Branntwein, um sich, sein Weib und seine kleinen Kinder damit zu ernähren. Diese Soldaten wollten aber von dem Bauern ganz und gar nicht lassen, sondern haben ihre Pferde an einen Baum gebunden und mit Gewalt ihm das Fäßchen genommen und getrunken. Nachdem nun noch etwas darinnen übrig war, sagte er zu ihnen, sie sollten's ganz austrinken. Der Bauer aber, als er gesehen hatte, daß sie alle betrunken und niedergefallen waren, faßte frischen Mut, ging hin, löste die Pferde vom Baum und ritt in schneller Eil' auf und davon. Darunter hatte ein Pferd ein Felleisen gehabt, worin bis zu 900 fl. waren, und er hatte alles davon gebracht.
Wöchentliche Ordinari Zeitung, [München] 1628. Nr. 9."[30]

Und wie steht es mit der Beraubung gefallener Soldaten, nachdem die Truppen abgezogen? natürlich, wenn Zeit war, besorgten das die „Kameraden". Wenn aber keine Zeit war? ich habe keinen Bericht gesehen, der uns von glücklichen Funden der zurückgebliebenen Bauern oder Stadtarmen Meldung macht, es sei denn von ein paar einzelnen Golddukaten hier und da.

Wie wenig konkret ist in so mancher Beziehung noch unser Bild vom Dreißigjährigen Krieg, wenn es sich nicht um die Quälereien und Grausamkeiten der Soldateska handelt!

Wenn wir die Situation in der Landwirtschaft und die Lage der Bauern während des Dreißigjährigen Krieges untersuchen, müssen wir stets der Mahnung Abels gedenken: „Der Historiker, der geneigt ist, die Not der langen Kriegsjahre in Deutschland in einige wenige Sätze einzufangen, übersieht zu leicht die großen Unterschiede, die sich aus dem raschen Wechsel der vom Krieg unmittelbar berührten Gebiete und – fast noch wichtiger – aus dem Wechsel der Ernten ergaben."[31]

Doch zusammenfassend kann man mit Abel über den Zustand der Landwirtschaft sagen: „Im allgemeinen waren die Getreidepreise bis zur Jahrhundertmitte in Mitteleuropa hoch. Doch überdeckten diese hohen Preise sehr verschiedene landwirtschaftliche Zustände. Während in England und weiten Teilen Frankreichs sich der agrare Aufschwung des vergangenen Jahrhunderts in ungeminderter Kraft fortsetzte, brachte in Deutschland der Dreißigjährige Krieg trotz hoher Preise einen völligen Zusammenbruch der Landwirtschaft."[32]

Im einzelnen sah die Situation jedoch nicht nur von Gegend zu Gegend, sondern auch chronologisch sehr verschieden aus. Abel erklärt: „Die ersten Kriegsjahre zeich-

---

[30] Ebendort, S. 44f.
[31] W. *Abel*, Massenarmut, a. a. O., S. 151.
[32] W. *Abel*, Agrarkrisen, a. a. O., S. 145.

neten sich auf den Märkten der Agrarprodukte nicht ab. Die Preise, die sich von dem Tiefstand der Jahre 1605–1607 wieder erholt hatten, hielten sich auf annähernd gleicher Höhe, bis die ‚Kipper- und Wipperzeit‘ einsetzte. Durch das Beschneiden der Münzen und andere Manipulationen sank der Silbergehalt der Münzen in vielen Territorien Deutschlands auf 10 v. H. und weniger, und in solchem schlechten Geld stiegen auch die Preise. Doch fiel die erste nicht nur nominale, also nicht nur durch Geldverschlechterung bewirkte Teuerung erst in die Jahre 1624/25, die zweite, noch viel schlimmere, in die Jahre 1637/38. Dazwischen gab es Zeiten niedriger, ja nach Meinung nicht weniger Ritter und Bauern zu niedrige Preise.“

Interessant ist die Veränderung der Roggen- und Weizenpreise. In Jahren guter Ernten fielen die Roggenpreise tiefer als die Weizenpreise, während sie in Notzeiten nur ebenso hoch stiegen, woraus Abel ganz richtig schließt: „Das bedeutet, daß in der Not die unterschiedlichen Geschmackswerte von Roggen- und Weizenerzeugnissen keine Rolle spielten; man sah nur darauf, den Magen zu füllen, während bei niedrigem Preisstand die Verbraucher wieder das schmackhaftere Weizenprodukt vorzogen.“

Über die besonderen Teuerungsjahre berichtet Abel:

„Im einzelnen ist festzustellen, daß schon die Preise des Jahres 1625, obwohl sie später weit übertroffen wurden, den Zeitgenossen exzeptionell hoch erschienen. Im Sollingstädtchen Dassel gibt es drei Steine, Roggensteine genannt, die den Preis des Roggens angeben. Der erste Stein stammt aus dem Jahre 1557, der zweite aus dem Jahre 1625 (und der dritte aus dem Jahre 1923). Im Jahre 1625 bekundeten die beiden Kämmerer der Stadt, Hinrich Reckersch und Caspar Rover, daß der Roggen in Dassel 3 Reichstaler gegolten habe. Man hielt dies Ereignis für würdig, es der Nachwelt auf einem Stein zu überliefern. Aber weit schlimmer war doch die Teuerung des Jahres 1637/38. Es sind aus diesen Jahren einige Briefe des Generals van Werth erhalten, der mit seinen Truppen vor der Festung Hermannstein (Ehrenbreitstein) lag. Als der General von seinem Kriegsherrn, dem Kurfürsten von Bayern, den Befehl erhielt, vom Rhein mit seinen viertausend Mann nach Burgund zu ziehen, meldete er, daß er sein Volk nicht ohne Brot durch ein Land ziehen lassen könne, ‚da viele tausend Menschen Hungers gestorben sein und keine lebendige Seel auf viele Meilen Wegs vorhanden ...‘ Man habe die Dörfer und Ämter der Pfalz und des Landes Baden um Lebensmittel angreifen müssen ‚aus höchster Not und Armut, da man die Regimenter nicht zumal sterben und verderben lassen wolle ..., wobei sie also ausgesogen, daß nichts als verwüstete und abgerissene Häuser aller dieser Orte mehr zu finden und die armen wenig vorhandenen Untertan diesen Winter noch selbst Hungers sterben müssen‘. Der General blieb an Ort und Stelle, und als der Winter kam, ließ er sich also vernehmen (Dezember 1637): ‚... daß auch oftmals die Reiter sowohl als die Musketiere, wann immer zehn oder zwölf Tage keinen Bissen Brot gehabt, mit den an abscheulichen Seuchen gestorbenen Pferden sich gespeiset.‘ ...

Doch dürfen solche Notjahre nicht über den ganzen Krieg hin ausgebreitet werden (wie es in der populären Literatur vielfach geschieht). Nach Jahren der Teuerung stellten sich niedrigere Preise ein, und wenn auch nun der Städter aufatmen mochte, so fühlte sich doch der Landwirt bedrängt. Im Herbst 1645 baten die märkischen Stände ihren Kurfürsten, von ihnen statt der Kontributionen (in Geld) Korn zu nehmen. Das lehnten die Geheimen Räte ab, weil man Korn billiger auf den Märkten einkaufen könne. Darauf schrieben die Herren der Ritterschaft abermals und klagten, daß der Landwirt bei den Preisen, die man ihm in den Städten biete, nicht bestehen könne: man lasse sie und ihre Untertanen mit den Kornfuhren ein bis zwei Tage auf den Märkten halten. Wenn wirklich ein oder der andere Bürger sich zum Kauf bequeme, so biete er für den Scheffel Roggen 6, 7, höchstens 8 Groschen. So langten drei bis vier Scheffel Korn kaum hin, um ein Paar Schuhe in der Stadt zu kaufen. Dagegen verkaufe der Brauer das Bier nach wie vor für 2 oder 3½ Taler die Tonne, so daß er für die Gerste recht gut auch den doppelten Preis zahlen könne. Diesen Klagen verschloß sich der Kurfürst nicht. Es sei ‚eine handgreifliche Ungerechtigkeit, daß das Korn um gar einen so geringen Preis dahingegeben, aber den Brauern und Handwerkern ihre Waren im vorigen alten Preis gezahlt werden sollen'. Er forderte seine Räte auf, für die Aufstellung gerechter Taxen sowohl für Getreide als auch für alle anderen Waren zu sorgen. Doch steht dahin, ob solche Aufstellung erfolgte und, falls dies geschehen sein sollte, ob die fürstlichen Gebote auch befolgt wurden. ‚Die Hauptursache des sehr niedrigen Getreidepreises', so lautete bereits ein Gutachten des Berliner Geheimen Rates aus dem Jahre 1645, ‚besteht eigentlich darin, daß fast alle Städte, wenige ausgenommen, verwüstet sind und keines Kornes vom platten Lande bedürfen, sondern den Bedarf ihrer wenigen Einwohner auf eigenem Boden decken . . .'* Dagegen ließ sich durch Preistaxen wenig ausrichten."[33]

Auch bei schlechten Ernten können die Preise sinken, weil die Zahl der Menschen noch stärker gesunken ist als die Getreidemenge!

Von allergrößter Bedeutung wurde der Krieg für die Struktur der Landwirtschaft. Franz schildert:

„Allerorten in Altdeutschland westlich der Elbe behauptete sich trotz des Krieges und aller Einbußen das Bauerntum. Das Verhältnis zwischen Bauernland und Großgrundbesitz wurde nicht verschoben. Das Bauerngut blieb über alle Nöte hinweg die vorherrschende Betriebsform. Ganz anders liegen die Verhältnisse in Ostdeutschland. Hier bedeutete der Krieg die entscheidende Etappe auf dem Wege zur Gutsherrschaft, zur Vernichtung eines selbständigen Bauerntums und seiner Herabdrückung in die Erbuntertänigkeit oder auch Leibeigenschaft.

Im Amt Beeskow in der Mark Brandenburg war im Kriege in den Amtsdörfern die Zahl der Bauern um 28%, in den adligen Dörfern aber um 75% zurückgegangen, 281 Bauernhufen wurden nachweislich zum Herrenland gezogen. In 12 von 26 Adelsdörfern verschwanden während des Krieges alle Bauern. Vielfach wurden aus Bauernstellen Kossätenstellen gemacht. In Krügersdorf wurde selbst das Schulzengericht eine Kossätenstelle. . . .

Anders war es in Mecklenburg und Pommern, soweit dieses zu Schweden gehörte. Im Kreise Malchin gab es 1570 keinen Ort ohne Bauernstellen. 1655 aber hatten von 138 Dörfern 20 überhaupt keine Bauern mehr, in 76 Dörfern saßen weniger als 5 Bauern, während 100 Jahre zuvor nur in 10 Dörfern weniger als 6 Bauernstellen vorhanden waren. Jetzt gab es umgekehrt nur noch in 10 Dörfern mehr als 10 Bauern. Gerade die großen Bauerndörfer hat der Krieg vernichtet. . . .

So hat der Krieg in Ostdeutschland den alten Bauernstand der Landnahmezeit weitgehend vernichtet. Die Entwicklung war nicht durch den Krieg ausgelöst, sie hatte sich seit dem ausgehenden Mittelalter angebahnt, aber der Krieg hat sie entscheidend gefördert. Nicht mehr das Bauerngut, sondern das Rittergut bestimmte die Agrarstruktur.

[33] Ebendort, S. 148f.

* Die obigen Nachrichten wurden von *W. Naudé*, Die Getreidehandelspolitik der europäischen Staaten vom 13. bis zum 18. Jahrhundert, in: Acta Borussica, 1896, entnommen.

Der Bauer wurde im Osten wirklich zum rechtlosen und geplagten Untertan seiner Gutsherren. ... Fortan zerfiel Deutschland in das Bauernland westlich und das Gutsland östlich der Elbe. Von einer einheitlichen Entwicklung des Bauernstandes kann man jetzt nicht mehr sprechen."[34]

Franz hat recht, daß der Dreißigjährige Krieg die Entwicklung der Gutsherrschaft im Osten ganz außerordentlich beschleunigte und daß Deutschlands Landwirtschaft sich hinfort teilte in die Gutsherrschaft und relativ wenig „eigenes" Bauernland im Osten sowie die Grundherrschaft und relativ viel „eigenes" Bauernland im Westen.

Daß aber der Bauer „zum rechtlosen und geplagten Untertan" nur im Osten wurde, trifft nicht zu. In dieser Beziehung war die „Entwicklung des Bauernstandes" keineswegs so uneinheitlich, wie Franz es hier darstellt. Man höre etwa Wittich über Nordwestdeutschland:

„Da brach in demselben Jahre der dreißigjährige Krieg aus. Er erreichte schon 1623 die niedersächsischen Lande, und zwar zunächst den Süden, dehnte sich seit 1626 auch über den Norden aus und verheerte seitdem bis wenige Jahre vor dem Friedensschluß sämtliche braunschweig=lüneburgische Territorien in der furchtbarsten Weise.

Die Folgen dieser Kriegsereignisse waren für die bäuerlichen Verhältnisse sehr bedeutungsvoll.

Zunächst schwollen Steuern und Lasten der Bauernhöfe in bisher unerhörter Weise an. Wenige Jahre vor Ausbruch des Krieges hatten die Landstände in fast allen niedersächsischen Territorien beträchtliche Schulden des Landesherrn zur Verzinsung und Tilgung übernommen. Zu diesem Zweck wurden die Schatzgefälle eingeführt. Überall ruhten sie hauptsächlich auf der bäuerlichen Bevölkerung. Prälaten und Ritterschaft hielten sich persönlich und für die von ihnen unmittelbar besessenen und bewirtschafteten Güter ganz frei davon. Im Süden wurde diese Steuer vom pflichtigen Land, Vieh und Personen erhoben; die Personalsteuer war nach den Höfeklassen abgestuft. Im Norden lag sie nur auf dem den pflichtigen Personen, d. h. den Bauern, gehörigen Vieh. Die Gemeinden mußten sie direkt an die landständischen Steuerbeamten abliefern.

Bei Ausbruch des Krieges stand dieser Steuerfuß fest.

Freund und Feind begannen nun Kontributionen zum Unterhalt der Heere über das Land auszuschreiben. Überall knüpfte man zur Verteilung dieser Lasten an den bestehenden Steuerfuß an, in Lüneburg verteilte man, als selbst der dreifache Viehschatz nicht mehr hinreichte, die Kontribution einfach nach den Höfeklassen. Immer hielten sich Adel und Prälaten persönlich und für ihre Güter frei. ...

Infolge dieses furchtbaren Steuerdruckes und sonstiger Drangsale des Krieges begannen die Höfe wüst zu werden. Bald gaben die Meier ihre Güter freiwillig auf, bald wurden sie wegen Zinsrückstand abgemeiert oder kamen wegen Nichtleistung der Abgaben oder sonstiger Ursache in Konkurs, bald fielen sie mit ihren Familien den kriegerischen Ereignissen zum Opfer. Selbst diejenigen, die sich auf den Höfen erhielten, kamen in die größte Bedrängnis. Völlig verarmt fristeten sie ein kümmerliches Leben, größere Ausgaben, besonders die Steuern, wurden durch Veräußerung der Ländereien bestritten, nach einem grundherrlichen Konsens fragte niemand mehr.

Die von Haus und Hof getriebenen Bauern aber gingen wohl selbst unter die

---

[34] *G. Franz*, Bauernstand, a. a. O., S. 178f.

Soldaten oder trieben sich als Bettler, Räuber und Diebe im Land umher. Die meisten blieben als Häuslinge oder Anbauer im Dorf zurück und ernährten sich entweder ebenfalls vom Diebstahl oder Tagelohn ..."[35]

Es kann also gar nicht die Rede davon sein, daß die Lage der Bauern zwar unter der Gutsherrschaft grausam ungünstig, im übrigen Deutschland aber erträglich war. Vielmehr muß man feststellen:

Das Los des Bauern, seine gesellschaftliche Position gestalteten sich im Gefolge des Dreißigjährigen Krieges in ganz Deutschland ungünstig. Es waren verschiedene Eigentumsstrukturen, in denen er bedrückt und ausgeplündert wurde. Aber die Bedrückung und Ausplünderung waren überall größer als vor dem Kriege.

Dabei darf man auch folgendes nicht übersehen: „Es zeigt die Dialektik der Entwicklung, wenn die juristischen Grundlagen der zweiten Leibeigenschaft bereits unmittelbar nach dem Dreißigjährigen Krieg vom Territorialstaat ausgebaut wurden, und zwar überall, unabhängig von der Stellung des Landesherrn, weil in dieser Frage die Interessen von Landesherr und Adel identisch waren, während die allgemeine Anwendung und Durchsetzung dieser in den Landesordnungen fixierten Bestimmungen nur allmählich möglich wurde. Die Feudalherren konnten nämlich, angesichts der Notwendigkeit, die Zerstörungen des Krieges zu überwinden und die agrarische Produktion in regelmäßigen Gang zu bringen, gegen die Bauern solange nicht mit äußerster Schärfe vorgehen, als die ungeheuren Menschenverluste nicht ausgeglichen waren. Die Klasseninteressen der Feudalherren machten es notwendig, die bäuerliche Aktivität in der Produktion zunächst nicht durch Erpressung einer maximalen Rente zu hemmen. Um die Wende vom 17. zum 18. Jh. erst gingen die Feudalherren dazu über, höhere Renten zu fordern, in den Gebieten der Gutsherrschaft verbunden mit dem Ausbau ihrer Eigenwirtschaften. Es kam zu heftigen Auseinandersetzungen, in deren Verlauf die örtlichen Institutionen immer wieder aktiv gegen die Bauern eingreifen mußten."[36]

Vielleicht kann man sagen: es gab zwei Schwerpunkte besonders starker und nach dem Dreißigjährigen Krieg besonders eiliger Überbelastung der Bauern bzw. gar ihrer Enteignung: den Osten Deutschlands (mit vielfacher Enteignung) und die Gebiete im übrigen Deutschland, die bevölkerungsmäßig am wenigsten gelitten hatten – sei es durch relativ wenig Tote erfordernde Kriegshandlungen, sei es durch relativ geringe Pestverluste, sei es durch Zuwanderungen.

Wenn Engels meinte, daß die Lage des Bauern sich nach dem Bauernkrieg nicht mehr verschlechtern konnte, weil er schon vorher im allgemeinen nur „das Minimum von Subsistenzmitteln, das zu seinem Unterhalt und zur Fortpflanzung der Bauernrasse erforderlich war", erhielt, so blieb dem Bauern jetzt nicht selten weniger als dieses Minimum, er mußte nicht selten als Bauer aufgeben, er lebte kürzer, wurde weniger widerstandsfähig, mit einem Wort, „die Bauernrasse" begann zu verkommen, physisch und materiell.

Schauen wir noch einmal ganz konkret an, was für ein Anblick sich uns bieten kann: „Mit Jammer sahe ich da von der Höhe hinab in einen nahgelegenen Weyer.

---

[35] W. *Wittich*, Die Grundherrschaft in Nordwestdeutschland, Leipzig 1896, S. 395ff.

[36] G. *Heitz*, Der Zusammenhang zwischen den Bauernbewegungen und der Entwicklung des Absolutismus in Mitteleuropa, in: „Zeitschrift für Geschichtswissenschaft", Sonderheft, XIII. Jg. 1965, Berlin, S. 82.

in welchem weil das Wasser abgelassen vnnd der Weyer trucken lag, vier Bawren als
Pferde an einem Pflug gespannen, zu Acker fuhren, daß mir dann Hertz vnd Augen
übergiengen auß Erbärmde, weil ich sahe, wie übel die elende Leute ihr Leben erhalten musten vnd doch noch so grawsamlich vmb Geld gemartert wurden, aber ich
durffte mich einigen Mitleidens nicht anmassen offentlich."[37]

Was die Entwicklung in den Städten betrifft, so schildert Gustav Freytag:
„Wie der Krieg in den Städten zerstörte, lehrt jede Stadtchronik. Zuerst schlug
die Unordnung der Kipperzeit tiefe Wunden in Wohlstand und Sittlichkeit. Dann
kamen die Leiden, welche auch entfernter Krieg auf den Bürger legt, Nahrungslosig-
keit und Theuerung. . . .

Näherten sich aber die Heere einer Stadt, dann hörte der Verkehr mit der Landschaft fast ganz auf, dann wurden die Thore sorgfältig bewacht, die Bürger erhielten
sich von den aufgesammelten Vorräthen. Die Bedrückungen und Erpressungen begannen, Durchmärsche, Einquartierung befreundeter Heere mit allen ihren Schrecken.
Noch ärger hausten die durchziehenden Feinde. Jede Art von unsicherer Schonung
mußte erkauft werden. Es war Gnade des Feindes, wenn er nicht anzündete, nicht
den Stadtwald niederschlug das Holz zu verkaufen, nicht die Stadtbibliothek auf
seine Troßwagen warf; Alles, was zum Raube einlud, die Orgel, die Kirchenbilder,
mußte ausgelöst werden, sogar die Kirchglocken, welche nach Kriegsbrauch der Artillerie gehörten. Waren die Städte nicht im Stande den Forderungen der Kriegsobersten
zu genügen, dann wurden die angesehensten Bürger als Geiseln mitgeschleppt, bis
die auferlegte Summe bezahlt wurde.

Galt eine Stadt aber für fest genug, um dem feindlichen Heere Widerstand zu leisten,
dann wurde sie beim Herannahen des Feindes mit Flüchtlingen gefüllt, deren Zahl
so hoch stieg, daß an ein Unterbringen bei Bürgern gar nicht zu denken war. In
Dresden z. B. kamen 1637 nach der Einnahme von Torgau in drei Tagen, vom 7ten
bis 9ten Mai, zwölftausend Wagen mit flüchtigem Landvolk an. Umschloß der Feind
den überfüllten Ort, dann raste um die Mauern der Kampf und innerhalb nicht weniger
gefräßig Elend, Hunger und Krankheit. . . . Die Bilder der Hungersnoth, einer Noth,
wie sie damals viele Städte erlebt haben, sind zu greulich, um dabei zu verweilen.
Als in Nördlingen ein Mauerthurm von den Belagerern eingenommen war und die
Bürger selbst ihn ausbrannten, stürzten sich hungernde Weiber über die halbgebratenen
Leichname der Feinde und trugen Stücke derselben für ihre Kinder nach Hause. . . .

Allerdings gab es für jede Stadt jahrelange Zwischenräume verhältnismäßiger Ruhe,
und die – nicht zahlreichen – Ortschaften, welche nur einmal im Kriege zerschlagen
wurden, vermochten sich wol wieder zu erholen. Aber das Fürchterlichste von allem
war die zweite, dritte, vierte Wiederholung des alten Leidens. Leipzig wurde fünfmal
belagert, Magdeburg sechsmal, die meisten kleineren Städte noch öfter mit fremden
Soldaten gefüllt. So verdarben die großen Städte wie die kleinen."[38]

So, wenn die Truppen kamen.

Aber wie oft fürchtete man nur ihr Kommen, bereitete sich voll Angst auf ihren
Anmarsch und Einzug vor! und dann atmete man befreit auf, wenn das Befürchtete
nicht eintraf.

---

[37] *H. M. Mascherosch,* a. a. O., S. 265.
[38] *G. Freytag,* a. a. O., Bd. 20, S. 196ff.

Bis ein neues Gerücht oder auch aus der Ferne berichtete Tatsachen von neuem Angst und Schrecken in der Stadt verbreiteten.

All das hemmte das Wirtschaftsleben, das gesamte Gesellschaftsleben in der Stadt.

Sollte man noch einen neuen Tisch beim Tischler, ja auch nur ein neues Paar Schuhe beim Schuster bestellen, wenn morgen der Feind kommen kann und den Tisch zum Feuermachen zerschlägt, die Schuhe für sich oder seine Frau mitnimmt?

Sollte man noch Pfeffer aus der Fremde bestellen, wenn er wahrscheinlich gar nicht eintreffen würde? Sollte man selbst dem angesehensten Manne der Stadt noch Geld leihen, wenn er morgen als Geisel fortgeführt und sein Hab und Gut vom Feind beschlagnahmt werden kann?

Nicht nur die Kriegshandlungen von Feind und Freund, schon allein die Furcht vor ihnen legten sich wie ein schwerer Druck auf das Wirtschaftsleben der Stadt.

Wie gestaltete sich unter solchen Verhältnissen das Leben der Werktätigen in den Städten?

Wenn man allein bedenkt, daß in all diesen Jahren die Lohnverordnungen bzw. Lohntaxen zumeist unverändert blieben, während die faktisch gezahlten Löhne uns leider nicht überliefert sind, wird jeder verstehen, wie schwer sich Aussagen machen lassen. Es wäre aber wohl nicht falsch, folgendes allgemein festzustellen:

Erstens: Altbekannte Ursachen, wie der Ausfall der Ernte, steigende oder sinkende Lebenshaltungskosten spielten oft eine weit geringere Rolle für die Lage der Werktätigen in den Städten als Mangel an landwirtschaftlichen Produkten infolge von Landflucht und kriegsbedingter Brache des Landes.

Zweitens: „Friedliche" Besetzung von Städten oder gar ihre Erstürmung im Kriege hatten einen weit größeren Einfluß auf die Lage der Werktätigen als die Gestaltung ihrer Löhne.

Drittens: Der inflationäre Prozeß, eingeleitet durch die „Kipper und Wipper" in einer Reihe von Territorien, wird als Ursache der Teuerung der Jahre 1620–1623 überschätzt.

Zunächst sei zu dem letzteren Punkt noch mehr gesagt, da er vielfach, auch in unserer Literatur, falsch behandelt wird. So heißt es zum Beispiel in „Klassenkampf Tradition Sozialismus": „In zahlreichen Städten erhoben sich Anfang der zwanziger Jahre Bürger gegen die Nutznießer der Preissteigerungen, die durch die von den Fürsten betriebene Münzverschlechterung verursacht wurden."

Natürlich wurde in einzelnen Orten und Gegenden der Edelmetallgehalt der Münzen, zum Teil sehr stark, verringert. So schreibt Abel: „Der Umlauf des schlechten Geldes wuchs. ‚Schlechtes Geld verdrängt das gute', stellte schon der englische Finanzpolitiker Gresham (um 1570) fest. Das gute Geld wurde aufgekauft, eingeschmolzen und mit geringerem Feingehalt wieder in den Verkehr gebracht. Landesherren, Städte und die sog. ‚Heckenmünzer', die teils im verborgenen, teils aber auch in aller Öffentlichkeit Münzen schlugen, nahmen hieran teil. In einer verlorengegangenen, nur in Auszügen noch bekannten Chronik des Straßburger Lizentiaten der Jurisprudenz Jacques Trausch ist zu lesen*: ‚Es hat aber 1622 die Steigerung des Geldes von Tag zu Tag zugenommen, und die ehrliche Gesellschaft der Kipper und Wipper aufkommen, welche in der Stadt umgelaufen, nicht allein in den Häusern, sondern auch auf den Gassen und

---

* Les chroniques de *Jacques Trausch* ..., in: Mitt. d. Ges. f. Erhaltung der gesch. Denkmäler im Elsaß, II, 15, 1890, S. 49f.

Märkten den Leuten das alt und gut Geld abgewechselt, granaliert oder geschmelzt und auf die Münze verführet, sodann alsobald schlecht Geld daraus gemacht hat. Es haben sich auch etliche Weiber Wechseldischlen oder Bäncklin auf S.-Martinsplatz gestellt, so aber vom Rat alsobald abgeschafft worden ...' "[39]

Aber gleichzeitig stellt er fest: „Die Getreidepreise stiegen auch in Ländern mit nicht inflationiertem Geld, z. B. in Languedoc der Weizenpreis (in Gramm Silber) von 38,76 im Jahr 1615/1616 auf 67,20 im Jahr 1622/1623, in Beauvais (in Sols) von 28,2 im Jahr 1619/1620 auf 46 im Jahr 1622/1623. Es ist sogar denkbar, daß die Minderernten, denen gegenüber das Geld ‚knapp' wurde, zur Münzverschlechterung und zu der Vermehrung des Geldes beitrugen."[40]

Ebenso bemerkt Elsas einerseits: „Der aufwärtsgerichtete Preiszug im Anfang des 17. Jahrhunderts unterscheidet sich in Frankfurt im wesentlichen dadurch von den Städten München, Augsburg, Würzburg, daß die Kipperjahre 1622/1623 zwar ebenfalls sehr hohe Preise zeigen, jedoch der Preisanstieg geringer ist als in anderen Orten. Dies geht auf die Währungsverhältnisse Frankfurts zurück, wo man mit Erfolg bestrebt war, die Geldverschlechterung einigermaßen in Grenzen zu halten. Das hatte zur Folge, daß in Frankfurt das Maximum der Preise nicht in die Kipperjahre fällt, sondern in das Jahr 1636, in dem Frankfurt furchtbar unter Krieg und noch mehr unter Seuchen zu leiden hatte."

Und andererseits: „Von welcher Seite wir auch immer die Preissteigerung von Getreide und von anderen Nahrungsmitteln im 16. Jahrhundert betrachten, sie kann nicht ausschließlich und nicht einmal vorwiegend auf monetäre Ursachen zurückgeführt werden. In noch höherem Grade trifft dies auf den großen Rückgang der Preise des Getreides und anderer Waren im zweiten und dritten Viertel des 17. Jahrhunderts zu."

Im übrigen waren, zum Teil stärkere, Geldverschlechterungen auch lange vor der Kipper- und Wipperzeit zu Anfang der zwanziger Jahre üblich. Elsas gibt folgende Übersicht[41]:

Silberäquivalent

	gr. Feinsilber	gr. Feinsilber	Verringerung des Silbergehalts in Prozenten
Augsburg	1509	1600	
Rechnungs-Pfennig	0,127	0,088	1509–1600 = 30,7
Würzburg	1506	1600	
Rechnungs-Gulden	26,45	22,90	1506–1600 = 13,4
Frankfurt	1500	1598	
Pfund Heller	22,08	19,49	1500–1598 = 11,8
Leipzig	1565	1600	
Meißnischer Gulden	23,03	22,73	1565–1600 = 1,3
Speyer	1521	1600	
Rechnungs-Pfund	24,75	18,56	1521–1600 = 25,0

[39] W. Abel, Massenarmut, a. a. O., S. 143.   [40] Ebendort, S. 144.
[41] M. J. Elsas, Umriß einer Geschichte der Preise und Löhne in Deutschland, Zweiter Band, Teil B, Leiden 1949, S. 6f., 89, 88f.

Goldäquivalent
(Über den Rheinischen und Ungarischen Gulden errechnet)

	Zentigramm	Zentigramm	Verringerung in Prozenten
München	1500	1600	
Pfennig	1,22	0,82	1500–1600 = 33,0

Der ganz außerordentlichen Stabilität des Meißnischen Guldens stand die relativ starke Münzverschlechterung in Augsburg und München gegenüber.

Über die Auswirkungen der „Kipper- und Wipperzeit" auf Löhne und Gehälter bemerkt Abel: „Die Kaufkraft breiter Einkommensschichten sank. Die Löhne hinkten hinter den Preisen nach. Ähnliches gilt von Renten, Stipendien, Sporteln. Arbeiter und Beamte, Pfarrer und Schulmeister klagten, die Jugend verlor sich von den Schulen und Universitäten, und in die bitterste Not gerieten die Witwen und Waisen. Das bezeugen viele Klageschriften in der sog. Kipper- und Wipper-Literatur, die bereits Gustav Freytag und Wilhelm Roscher auswerteten und F. Redlich nochmals überprüfte. Bezeichnend ist auch das Erscheinungsjahr dieser Schriften. Von den 23 Publikationen, die Roscher aufführte, erschien nur eine im Jahr 1620. Es folgten 10 im Jahr 1621 und 8 im Jahr 1622, als die Münzverschlechterung rapide zunahm. Dann erschienen nur noch Nachläufer: eine Schrift im Jahr 1623 und drei im Jahr 1624."[42] Jedoch darf man eben nicht vergessen, daß es sich nur um lokal begrenzte Auswirkungen von lokal begrenzten Münzverschlechterungen handelt.

Wie aber gestaltete sich die Entwicklung in der übrigen Zeit des Krieges, wie verhielten sich die Entwicklung der Preise der wichtigsten Nahrungsmittel und der Löhne?

Ich glaube, es hat überhaupt keinen Sinn, diese Frage allgemein zu stellen, da die Situation so außerordentlich verschieden je nach den Kriegsereignissen war. Bisweilen wurde bei Besetzung einer Stadt praktisch überhaupt nicht gearbeitet, und die Lohnangaben, die wir haben, sind sinnlos. Vielfach wurde je nach den Umständen über oder unter den Lohntaxen gezahlt. Auch die Preisangaben sind in Kriegszeiten viel unzuverlässiger als sonst.

Trotzdem bleibt es natürlich wichtig, alle Angaben über Preise und Löhne, die wir finden, weiter zu sammeln, aber es ist einfach naiv, wenn Elsas so über die Entwicklung von Preisen und Löhnen in einigen Städten ohne entsprechenden Kommentar berichtet:

Frankfurt am Main, erste Hälfte des 17. Jahrhunderts:

„In den nachfolgenden Jahren des Preisabstiegs bis 1657, fallen die Nahrungsmittelpreise am stärksten. Roggen sinkt auf ein Viertel des früheren Preises, Weizen und Erbsen auf ein Drittel, Fleisch auf zwei Drittel was es vorher gekostet hatte. Der Salzpreis geht auf unter die Hälfte zurück und Bier auf drei Viertel. Flachs fällt nur um 10% im Preis, und Barchent weist sogar eine Preiserhöhung um 20% auf. Der starke Rückgang der Nahrungsmittelpreise mag darin seine Erklärung finden, daß infolge des großen Bevölkerungsverlustes durch den Dreißigjährigen Krieg die Nahrungsmittel in geringerer Entfernung der Stadt zur Versorgung der Bevölkerung ausreichten, und somit der Grenznutzenpreis ein niedriger war.

---

[42] W. *Abel*, Massenarmut, a. a. O., S. 144.

In der gleichen Zeit sind die Löhne gestiegen. Die Löhne der Opperknechte betrugen 1650 mehr als das Doppelte wie vor dem Dreißigjährigen Krieg. Bei den Arbeiterkategorien, für die eine Lohntaxe für 1623 vorlag, wie bei Zimmerleuten und Maurern, zeigt die Taxe von 1654 eine erheblich geringere Steigerung; die Erhöhung beträgt nur rund ein Viertel. Das gleiche gilt für Weinbergarbeiter bis zum Jahre 1644. Die Lohntaxe von 1654 zeigt im letzteren Fall sogar einen Rückgang; die Löhne der Weinbergarbeiter und -Arbeiterinnen senken sich in diesem Jahr wieder auf den Stand von 1623.

Auch in den Fällen, in denen nur eine geringe oder überhaupt keine Steigerung eingetreten ist, hat der Reallohn in dieser Periode durch den Rückgang der Preise erheblich zugenommen; und wenn man die Jahre von 1512 und 1657 vergleicht, so ist festzustellen, daß das Zurückbleiben der Löhne im 16. Jahrhundert in der ersten Hälfte des 17. Jahrhunderts wieder ausgeglichen wurde."

Speyer: „In der Preisabstiegsperiode nach der Kipperzeit bis zum Jahre 1657 haben sich in Speyer die Getreidepreise auf rund ein Viertel gesenkt, die Fleischpreise auf zwei Drittel, der Butterpreis auf ein Drittel, der für Kalbfelle auf zwei Drittel, der für Zwilch nur um 10%. In der gleichen Zeit stiegen die Mäherlöhne auf das $1\frac{1}{4}$-fache, die Drescherlöhne auf das $1\frac{1}{2}$-fache und die Heuarbeiterlöhne auf das $1\frac{1}{3}$-fache. Auch hier, wie in Frankfurt, finden wir, wohl aus den gleichen Gründen, einen starken Anstieg der Reallöhne im Dreißigjährigen Krieg."

Leipzig: „In Leipzig zeigt die Periode zwischen 1580 und 1621 einen Preisanstieg, für Roggen und Weizen auf das $2\frac{1}{3}$-fache, für Erbsen auf das $2\frac{1}{2}$-fache, für Butter auf das Zweifache, Fleisch und Salz auf das Dreifache, Bier auf das $1\frac{1}{2}$-fache und Kalbfelle auf knapp das Dreifache. Die Löhne für Drescher stiegen in dem gleichen Zeitraum auf rund das $1\frac{1}{2}$-fache; und die gleiche Lohnsteigerung finden wir bei Zimmerleuten. Die Mägdelöhne erhöhten sich in dieser Zeit auf das $1\frac{1}{3}$-fache.

In der nachfolgenden Abstiegsperiode bis 1657 gehen Weizen und Roggen auf $\frac{1}{4}$, Erbsen auf $\frac{1}{5}$, Fleisch und Kalbfelle auf rund die Hälfte und Bier auf $\frac{4}{5}$ der Ausgangspreise zurück. Bei den Mägdelöhnen im Johannis-Hospital bleiben die Löhne ganz unverändert, während sich die der Zimmerleute etwa um ein Viertel erhöhen. Wir haben also in dieser Periode, soweit sich aus dem vorhandenen Material Schlüsse ziehen lassen, in Leipzig die gleiche Entwicklung wie in andern Städten, nämlich eine Steigerung des Reallohns."[43]

Aus den von Elsas gegebenen Daten über die Entwicklung von Preisen und Löhnen schließen zu wollen, daß sich die materielle Lage der Werktätigen in den Städten verbessert hat, wäre aus den zuvorgenannten Gründen unsinnig – was natürlich nicht ausschließt, daß sich ihr Lebensstandard in einigen Jahren wirklich gehoben hat, während er in anderen Jahren stark abgesunken ist.

Allgemein würde es mir nicht unwahrscheinlich erscheinen, daß der Lebensstandard in der übergroßen Mehrzahl der Städte während des ganzen Krieges niedriger war als im Durchschnitt der dem Dreißigjährigen Krieg vorangehenden Jahrzehnte.

Noch einiges sei zur Charakterisierung der Situation und Wirkungen des Dreißigjährigen Krieges an Hand von Forschungsergebnissen über die unmittelbaren Folgen gesagt.

[43] *M. J. Elsas*, a. a. O., S. 68ff.

Innerhalb der herrschenden Klassen auf dem Lande fanden einerseits beachtliche Umschichtungen, andererseits wirkliche Verarmung statt. So stellte Mager für Mecklenburg fest: „Der Dreißigjährige Krieg gab den Anlaß zu starken Besitzverschiebungen innerhalb der ritterschaftlichen Bezirke. Auch der grundherrliche Adel hatte durch den Krieg bedeutende Verluste erlitten. Manche Familien waren ausgestorben, viele verarmt, so daß ein zahlreicher Besitzwechsel von Gütern durch Heimfall, Neubelehnung, Verkauf oder Konkurs stattfand. Namentlich waren, wie Boll* schildert, viele Adelsfamilien, die nur Anteile an Gütern besaßen, durch den Krieg finanziell so zurückgekommen, daß sie dieselben zu veräußern gezwungen waren. Solche Umstände mußten bewirken, daß der früher stark zersplitterte adlige Grundbesitz mehr und mehr abgerundet wurde, wobei die Zahl der Besitzer abnahm; die einzelnen Güter samt den dazu gehörigen Dörfern gingen nun in den Besitz von Einzelfamilien über. Es kam aber noch ein Vorgang hinzu, der die Ausweitung des Großgrundbesitzes sehr förderte. Der Krieg hatte nämlich erhebliche Vermögensumschichtungen auch auf dem Lande zur Folge gehabt; denn einerseits hatten die Gutsherren ihr Betriebsvermögen, namentlich das wertvolle Inventar ihrer Höfe, größtenteils eingebüßt und waren dazu noch in mehr oder minder starke Verschuldung geraten, andererseits hatten nicht wenige Herren, besonders im Kriegsdienst als höhere Offiziere, größere Vermögen erworben und wollten sie nun in Grundbesitz anlegen."[44]

Und aus der Niederlausitz berichtet Abel: „Wo die Fackel des Krieges gezündet hatte, war der Wohlstand dahin. Die Niederlausitzer Stände klagten (Juli 1647), daß ihre Güter ‚teils elendig verödet und wüste, teils im Feuer und Rauch jämmerlich aufgegangen'. Sie fügten hinzu: ‚daß viele von Adel ... bei dieser schweren Continuation der Monatsgelder das Ihrige entweder stehenlassen und davongehen oder, weil die Mittel bei ihnen nicht, Gesinde zu halten, die Arbeit selbst verrichten und, damit nur ihren kümmerlichen Unterhalt sie haben mögen, nebst ihren Kindern pflügen, eggen und mit eigener Hand etwas vom Acker beschicken, ja, damit sie das liebe Brot erlangen, mit Schubkarren fahren und doch daneben mit Brot und Wasser sich behelfen müssen, zu geschweigen der armen notleidenden Witwen.' "[45] Man stelle sich vor: Der Adel ist davon bedroht, arbeiten zu müssen! Nein, das ist unvorstellbar, und wir müssen die Klage als leicht übertrieben ansehen.

Was die Bauern betrifft, so waren in manchen Gegenden ihre Höfe vernichtet und niemand weiß, was aus ihren Besitzern geworden ist. Für die Kurmark gibt Franz die folgenden Statistiken[46]:

„Zusammengefaßt ergibt sich, daß im Jahre 1652 in den einzelnen Teilen der Kurmark von allen Höfen noch wüst lagen in der

Altmark	40 %	Havelland	52 %
Priegnitz	60 %	Beeskow	50 %
Ruppin	60 %	Barnim	58,4 %
Amt Löcknitz	85 %	Cottbus	**16** %
Zauche	46 %	Oderbruch	15 %"
Teltow	43,7 %		

[44] *Fr. Mager*, a. a. O., S. 143.
[45] *W. Abel*, Agrarkrisen, a. a. O., S. 150.
[46] *G. Franz*, Der Dreißigjährige Krieg, a. a. O., S. 20f.
* *Boll*, Geschichte Mecklenburgs, Bd. 2, Neubrandenburg 1856, S. 141–142.

Auf der anderen Seite aber stellt er auch fest:

„In der Mark Brandenburg* waren vor dem Kriege die Rittergüter noch verhältnismäßig klein gewesen. Im Oberbarnim zählten die kleinsten nur 90, die größten 720
Morgen. Die Durchschnittsgröße wird mit 360 Morgen (12 Hufen) berechnet. Im
19. Jahrhundert betrug sie aber in der Provinz Brandenburg 2655 Morgen, sie hatte
sich also binnen zweier Jahrhunderte versiebenfacht**. Diese ungeheure Vergrößerung
geht gewiß zum Teil auf die Vermehrung des Gutslandes durch die Bauernbefreiung
zurück. Der entscheidende Einschnitt in der Entwicklung der märkischen Gutswirtschaft liegt aber im Dreißigjährigen Kriege.

Das läßt sich für kein Gebiet der Mark so deutlich nachweisen wie für die Herrschaft Beeskow. Denn hier hat 1652 der Landreiter Dorf für Dorf aufgeschrieben,
wie viele Bauernhufen zum Herrenland geschlagen worden sind oder was sonst aus
dem Bauernland geworden ist***. Gab es vor dem Kriege in den Adelsdörfern 216
und in den Amtsdörfern 223 Bauern, so hatte sich während der Kriegsjahre die Zahl
der Bauern in den Amtsdörfern um nur 28% auf 161 vermindert. In den adligen
Dörfern aber waren die Bauern auf 55, also um 75% zurückgegangen. Auch die
amtssässigen Kossäten hatten sich nur um 25% (von 124 auf 91), die adligen aber
um 54% (von 307 auf 140) vermindert. Nur in einem Amtsdorf wurde ein Vorwerk
neuerrichtet. Sonst wurde die Flur der wüsten Höfe den besetzten Stellen zugelegt
oder an sie verpachtet (z. B. in Ahrensdorf, Behrensdorf, Görsdorf, Kohlsdorf, Lims-
dorf), soweit das Land nicht von Fichten bestanden und unbestellbar geworden war.
In den Adelsdörfern kam dies nur ganz vereinzelt vor (Drahendorf). In aller Regel
wurde das wüste Bauernland zum Herrenland geschlagen. In dem großen Dorf Tre-
batsch wurden 27 Bauernhufen eingezogen. Den Bauern blieben nur 10 Hufen und
115 Scheffel. Auf 5 Bauern- und Kossätenstellen saßen jetzt Drescher als Hausleute
des Junkers. In Stremmen wurden 6 Bauerngüter mit 24 Hufen zum Rittersitz geschlagen. 4 Höfe blieben wüst liegen, 2 weitere wurden in Kossätenstellen verwandelt.
Kein einziges Bauerngut blieb erhalten. Auch in Cossenblatt verschwanden alle 7
Bauernhöfe und außerdem noch 11 Kossätenstellen. Bei 3 Kossäten heißt es ausdrücklich, daß sie im Ort geboren sind, vordem Bauern waren und je 3 Hufen besaßen.
Jetzt gebrauche der Junker den Acker. Wurden aus den Bauern Kossäten, so aus den
Kossäten Hausleute. Auf 5 Kossätenhöfen saßen jetzt Hausleute, die ein oder auch
zwei Stück Vieh im Stall hatten, aber keinerlei Land mehr bestellten. Ragow hatte vor
dem Krieg 19 Bauern- und 12 Kossätenstellen. 1652 lebten nur noch 5 Kossäten am
Ort. Auf den Bauernstellen war eine Meierei, eine Schäferei und eine Winzerei neuerrichtet worden. Hausleute nahmen auch hier den Platz der Besitzer ein. In Krügersdorf wurde selbst aus dem Schulzengericht eine Kossätenstelle gemacht. In Wulfers-
dorf übergab der einzige Bauer, der seit 60 Jahren auf seinem Hofe gesessen hatte,
sein Gut dem Junker und behielt sich nur 5 Stück Vieh vor. In Tauche wurden 8
Bauern- und 3 Kossätenstellen (zusammen 22 Hufen) zum Rittersitz geschlagen. Ein

---

* Vgl. zum folgenden *F. Grossmann*, Über die gutsherrl.-bäuerl. Rechtsverhältnisse in der Mark
  Brandenburg vom 16.–18. Jh. (Staats- u. sozialwiss. Forsch. 9, 4, 1890).
** *H. v. Petersdorff* (Forsch. br.-preuß. Gesch. 2, 1889, 14); v. P.s Berechnung, daß der ritter-
  schaftl. Besitz von 1634 bis 1671 um 30% gestiegen sei, weist Grossmann, S. 62 Anm., als irrig
  nach. Die Vermehrung war zweifellos größer, doch ist bei dem Vergleich mit dem 19. Jh. die
  unterschiedliche Morgengröße in Betracht zu ziehen.
*** *K. Schramm*, Verzeichnis der Untertanen des Amtes Beeskow (1938).

weiteres großes Bauerngut (4 Hufen) hatte sich ein Verwandter des Gutsherrn gekauft. In anderen Orten wurden Rittersitze neuerrichtet. So wurde in Briescht ein Gut aus dem Land von 10 Bauernhöfen gebildet. 6 von ihnen hatten wüst und verfallen gelegen. Vier andere aber waren mit Bauern besetzt gewesen, die seit 30, 24, 12 und 10 Jahren ihren Hof innegehabt hatten. Ihr Land wurde jetzt eingezogen, sie selbst zu Kossäten gemacht. Fortan gab es keinen Bauern mehr im Dorf. Das Herrenland bestand aus 23½ Hufen. Die Bauern hatten nur noch 39 Scheffel Land.

Im ganzen wurden in Beeskow 281 Hufen Bauernland nachweislich zum Herrenland geschlagen. Tatsächlich hat sich das Herrenland noch stärker vermehrt, da bei den Kossätenstellen, die ebenfalls zahlreich gelegt wurden, die Landfläche meist nicht angegeben und verschiedentlich auch über die Verwendung des wüsten Ackers nichts ausgesagt ist. In 12 von 26 Adelsdörfern, also in fast der Hälfte, verschwanden während des Krieges alle Bauern. Diese ungemein starke Verminderung des Bauernlandes und die Verschlechterung der bäuerlichen Besitzverhältnisse waren nicht allein eine Kriegsfolge. Der Krieg kam adligen Wünschen entgegen."[47]

Wie genau und im einzelnen wird hier doch das Bauernlegen aufgezeigt! zum Teil ist es auch einfach Aneignung von bauerlosem Besitz – man legte nicht allzuviel Wert darauf, ihn neu zu besetzen.

Doch – wie merkwürdig widersprüchlich ist die Entwicklung! – die großen Menschenverluste des Krieges brachten allmählich Mangel an Gesinde auf dem Lande und Gesellen in der Stadt. Franz schildert: „Groß war die Gesindenot; sie führte zu hohen Löhnen. Menschen waren knapp, und Knechte konnten auch Bauernstellen erhalten oder sich gewerblich betätigen. Gesindeordnungen, die Knechte und Mägde zum Dienst verpflichteten, wirkten sich nur wenig aus. Vielfach wird geklagt, daß das Gesinde mehr verdiene als die Bauern. ... Die ständischen Grenzen im Bauerntum wurden verwischt. Häusler und Hirten stiegen sozial auf, Bauern wurden Tagelöhner. Auch die Heiratsschranken fielen."[48]

Und Abel schreibt:

„Auch das Gesinde war knapp und verlangte hohe Löhne. ,In unserm gemeinen Elend und Trauern', so klagte in einer Flugschrift aus dem Jahre 1653 ein Schwarzwälder Bauer*, ,hat allein noch das Gesind Freud und Mut; wir müssen sie lassen Meister sein, müssen ihnen fast den Seckel zu dem Gelde geben, ihnen voll auftragen und selber Mangel leiden'. Im Lande Hadeln hatte sich der Brauch entwickelt, daß Knechte und Mägde keine Dienstverträge mehr abschlossen, weil sie in Tagen und Wochen so viel verdienten, daß sie davon leben konnten. Das empörte die Landesherren. In einer Verordnung (vom 22. 12. 1653) wurden Strafen bei Faulheit und unberechtigtem Arbeitswechsel angedroht. Es heißt da von den Mägden, ,daß sie auf ihre eigene Hand, wie man redet, sich setzen und mit diesem trotzigen Fürgeben, das Korn wäre nun wohlfeil und guten Kaufes, könnten von einem Himpten Roggen und Weizen lange essen, hätten nicht nötig, daß sie bei anderen sich plageten und verarbeiteten; wodurch dann manchen es an dem nötigen Gesinde gebricht, und desselbe in seinem Frevel und Mutwillen gestärkt wird'**.

[47] Ebendort, S. 94f.

[48] G. Franz, Bauernstand, a. a. O., S. 177.

* Zitiert nach Erdmannsdörfer, Deutsche Geschichte 1648–1740, I, S. 106; vgl. auch S. 105.

** Hier zitiert nach B. Runne, Die rechtliche Lage der Dienstboten im Lande Hadeln vom 16. bis 19. Jahrhundert, in: Jahrb. der Männer vom Morgenstern, 37, 1956, S. 69f.

Nicht anders klingen die Nachrichten aus den Städten. Ringsum in Deutschland wurden Lohntaxen erlassen, doch sie halfen nicht viel. Die Arbeiten der Kürschner, Schuhmacher, Weber, der Schmiede, Sattler, Wagner und Maurer waren teuer geworden. Nimmt man noch die Kontributionen und Steuern hinzu, die auf dem Landbesitz lasteten, kann es nicht wundernehmen, daß die Grundstückspreise, die während des Krieges auf den dritten, vierten, ja in einigen Landschaften den zehnten Teil der Vorkriegspreise gefallen waren, auch nach Rückkehr friedlicher Zeiten nur wenig stiegen. Noch am Ende des 17. Jahrhunderts hatte nach dem Urteil des sachverständigen Kommentators des bayerischen Landrechtes C. Schmid (1695) der adlige Landbesitz kaum die Hälfte, oft nicht den dritten oder vierten Teil des Vorkriegspreises wieder erreicht."[49]

Ganz ähnlich berichtet auch Kramer aus dem Fürstentum Ansbach:

„Im Gutachten des Landschaftsausschusses von 1608, das der Polizeiordnung von 1616 vorausging, ist über die Dienstboten folgender Passus enthalten: ‚Weiln es mit den ehehalten und dienstboten dahin kommen, daß schier keiner mehr guet tuet, oder da sich eines etwa ein wenig besser erzeiget, alsobalden von andern verführet und abgespannet würd', solle man mit scharfen Strafen einem allgemein drohenden Übelstand zuvorkommen. Was hier vor dem großen Kriege in relativ guten Zeiten sich andeutet, scheint ein halbes Jahrhundert später Wirklichkeit geworden zu sein. Wegen eines akuten Falles schreibt der Heilsbronner Richter Eyermann an den Markgrafen Albrecht:

‚Euer fürstlichen gnaden mit diesem untertänigen bericht zu behelligen verursachen die halsstarrig und gottlose dienstbotten, indeme ihr bosheit fast täglich dergestalt zunimmet, daß die baurn nit mehr wissen, wie sie umb ihrentwillen ferners haushalten sollen, dann ob sie wohl die gleichsamb nur nach belieben erforderte löhn gerne geben wollen, so scheuen die ehehalten doch die arbeit, und wollen fast weder knecht noch mägd weiters bey denen bauren dienen, sondern verdingen sich meistenteils zu denen köblern, welche nur an bestandveldern hangen und etwas geringere arbeit haben. Und in solchem ihrem mutwillen werden sie vornemblich auch dardurch gesterket, indeme sie sich bey herannahendem ziel zwar zu andern verdingen, aber nachmals, wann ihre vorige herrn ihnen größere löhn versprechen, sagen sie die neue dienst wider auf unter dem nichtigen vorwant, es seye allenthalben der gebrauch, wann ein dienstbott bey seinem alten herrn pleiben wolle, könne ihn niemand nötigen, den neuen dienst anzutreten, welches aber in meinem einfältigen verstand ich gar für einen schädlichen, bösen gebrauch gehalten, weil solcher gestalt kein hausvatter sich uff einen gedingten knecht oder magd verlassen könnt, indeme er immerzu in sorgen stehen müeste, sie wurden sich bereden lassen, im alten dienst wider zu pleiben. Derohalben ich bishero in dergleichen vorgefallenen clagen diesen gebrauch nicht observirt, sondern vielmehr solche mutwillige ehehalten dahin angewiesen, daß sie in denen neuangenommenen diensten anstehen müessen.' "[50]

Wie verschieden hat der Krieg doch auf die einzelnen Schichten und Klassen und auch innerhalb dieser Klassen und Schichten gewirkt!

Und im ganzen – was für einen Schaden hat er Deutschland getan! sowohl der Kultur der herrschenden Klasse, wie der politischen Situation des Landes, wie dem

---

[49] W. *Abel*, Agrarkrisen, a. a. O., S. 150.
[50] K.-S. *Kramer*, a. a. O., S. 251.

Lebensstandard der Werktätigen ... denn nicht mehr galt, was Engels für die Zeit nach dem Bauernkrieg meinte: das Leben der Bauern als Bauern konnte nicht mehr verschlechtert werden. Denn jetzt wurden viele von ihnen als Bauern dem Stand nach vernichtet.

Doch nicht so rein negativ dürfen wir schließen, denn das Leben, sein Alltag gingen weiter. Und das verdanken wir nicht in erster Linie der Kultur der herrschenden Klasse, sondern dem unbändigen, nicht zu erschütternden Lebenswillen der Werktätigen. Die Erhaltung eines bewegenden Ausdrucks dieses Lebenswillens für die Geschichtsschreibung verdanken wir Lahnstein:

„ ‚Sie sagen, der schreckliche Krieg sei jetzt vorbei. Ist aber noch nirgends ein Fried zu spüren. Überall sind Neid, Haß und schlimmere Ding – der Krieg hat uns so gelehrt. Die Alten sind mit der Gottlosigkeit alt worden – wie sollten sie's noch lassen können vor ihrem Ende? Vom Fleck stehen noch ein paar Häuslein. Wir Leut leben wie die Tier, essen Rinden und Gras. Kein Mensch kann sich denken, daß so etwas vor uns geschehen sei. Viele Leut sagen, es sei jetzt gewiß, daß kein Gott ist. Die letzten Tag ziehen fremde Leut zu, sagen aus dem Gebirg. Sprechen eine seltene Sprach. Scheinen mir aber allweg tüchtige Schaffer. Wollen hier bleiben, da sie daheim vertrieben wegen Ketzerei. Der Benckheler, der Heinzmann, ich und einer von den Fremden taten uns heint zusammen, ob wir nicht ein paar zerfallene Häuslein könnten wieder wohnbar machen. Die andern sagen all, es sei ja kein Fried, die Kriegsvölker kämen sicher wieder, es sei alles ohne Nutzen. Wir aber glauben, daß Gott uns nicht verlassen hat. Wir müssen jetzt alle beisammen stehen und Hand anlegen, inwendig und auswendig ...‘ Das hat jemand am 17. Januar 1647 in seine Familienbibel geschrieben, in Gerstetten auf der Alb, einem der vielen Dörfer, die in den Wochen nach der Nördlinger Schlacht, 1634, niedergebrannt worden waren. Eine Momentaufnahme zwischen Krieg und Frieden.

Der Friede kam, der arme, saure Frieden. Unendlich mühsam der Wiederbeginn ...“[51]

Und dieser Lebenswille fand auch eine gewisse Belohnung nach dem Kriege – auf dem Lande, denn die Städte hatten bis in das folgende Jahrhundert an Bedeutung verloren. Lahnstein bemerkt:

„Die Geißel des Krieges schlug die Landleute härter als die Städter. Aber die Kriegsfolgen waren auf dem Land, wo nicht die Menschen ausgerottet waren, rascher und dauerhafter zu beheben als in den ruinierten Städten. Das ist die Ursache dieser eigenartigen und bedeutsamen Verschiebung der Gewichte.

Wenn die von Disteln und Dornen überwucherten Felder wieder unter den Pflug genommen wurden, gaben sie freudig ihren Segen. Das war wohl schwere Mühsal, wo kein Ochse, kaum eine Kuh da war, den Pflug zu ziehen, von Gäulen zu schweigen, und sich die graue Bäurin, halbwüchsige Kinder damit plagen mußten, aber die saure Mühe wurde gelohnt; und nach zwei, drei Ernten zog wieder ein Gespann den Pflug. Die Ställe und Scheuern, die Wohnungen wieder aufzurichten, war möglich, wenn nur halbwegs rüstige Hände übrig geblieben, nachgewachsen waren, um zuzupacken. Die Bauernhäuser waren in vielen Gegenden nicht mehr als geräumige und wetterfeste Hütten (Häuser meist in winterkalten Gegenden, in Tirol oder Graubünden, auch im Schwarzwald).“[52]

---

[51] *P. Lahnstein*, a. a. O., S. 26f.   [52] Ebendort, S. 15f.

Doch man muß genau auf Lahnsteins Worte sehen. Er berichtet von den Gegenden, in denen nicht ein beachtlicher Teil der Bevölkerung ausgerottet worden war, in denen noch „halbwegs rüstige Hände übrig geblieben, nachgewachsen waren, um zuzupacken".

Aber wie viele Gegenden dieser Art gab es noch? Natürlich eine ganze Reihe, denn sonst hätten wir nichts mehr von einem Deutschland nach dem Dreißigjährigen Krieg gehört, so wenig wie von Karthago nach dem dritten Punischen Kriege. Aber nicht wenige Gegenden waren auch so entvölkert und wüst, daß es mehr als zweier, dreier Ernten bedurfte, um auch nur ein elendes Leben zu sichern.

Und dort, wo, wie Lahnstein sagt, die Felder nach einiger Zeit wieder „ihren Segen" gaben, da wurde dieser nur allzu oft den Bauern von ihren Herren genommen.

Wie genau haben bedeutende Gelehrte und große Schriftsteller des Bürgertums wie Abel und Freytag und der hervorragende Marxist Franz Mehring die Ereignisse im Leben des deutschen Volkes während des Dreißigjährigen Krieges geschildert!

Wie konkret verstehen wir und wie lebendig sehen wir jetzt, was ein Einzug fremder Truppen in eine Stadt bedeutet, wie die Soldateska aussieht, die durch das Land marschiert! Auch von der Lage der Bauern konnten wir uns ein Bild machen, in der Zeit vor dem Krieg und während des Krieges. Manche von ihnen lernten wir sogar aus Chroniken der Zeit mit Namen kennen, wenn sie unter der Masse hervorragten.

Wir wissen auch ungefähr, ob und wann sich der Lebensstandard der Werktätigen hob, ob und wann er sich senkte.

Und von einigen Orten wissen wir jetzt, wie viele Einwohner sie vor und am Ende des Krieges hatten.

Wir haben gehört, wie die Pest im Lande wütete.

Es war unmöglich, ein eindrucksvolles Gesamtbild der Zeit zu geben, ohne ganz konkrete Einzelbilder einzublenden.

Und doch – wie wenig wissen wir noch aus dem bisher Mitgeteilten vom Alltagsleben der Menschen in dieser Zeit. Mit ihm wollen wir uns im folgenden beschäftigen.

Zweiter Teil

Der Alltag der Werktätigen

Atmosphäre – Milieu

Verschiedene Wege zur Besichtigung eines Zeitalters sind gangbar. Man kann mit den ökonomischen Verhältnissen, die in letzter Instanz den ganzen gesellschaftlichen Prozeß bestimmen, beginnen. Man kann zuerst auf ein wichtiges Ereignis schauen, in dem sich in erstaunlicher Weise alle Ebenen der Gesellschaft auf charakteristische Weise begegnen. Man kann auch den Besucher zuerst an die Atmosphäre gewöhnen wollen, bevor man ihn mit konkreteren Elementen bekannt macht. Das „historische Milieu" kann ebenfalls einen ersten wichtigen Eindruck einer Zeit geben und ihr Verständnis erleichtern. Bisweilen kann die Wahl des Zugangs, den man in eine Zeit eröffnet, auch durch Kontrastwirkung zur Zeit derer, denen man diesen Zugang geben will, bestimmt sein.

Wenn ich heute (1978) über die Menschen in der Welt des Monopolkapitals nachdenke oder sie auch bei gelegentlichem Aufenthalt in ihrer Welt beobachte, dann fällt mir ihre falsche Alltagssicherheit auf. Zwar beherrscht so manche die Angst vor Arbeitslosigkeit, die ja für viele Werktätige gegenwärtig eine sehr akute Gefahr ist. Aber wenn man daran denkt, wie wenig sie sich letztlich für die Aufrüstung interessieren, wie gesichert ihnen „ihr friedliches Alltagsleben" erscheint, wie relativ unberührt sie die ständige Kriegsgefahr, die ihnen durch die Politik ihrer herrschenden Klasse droht, läßt, dann ist man erstaunt. Natürlich sind die Werktätigen in der Bundesrepublik Deutschland (BRD) trotz des dort weitverbreiteten Antikommunismus für den Frieden und gegen den Krieg. Aber nur eine winzige Minderheit ist so besorgt über die Kriegsgefahr, daß ihr Tun und Handeln im Alltag von dieser Sorge bestimmt wird. Erschreckend wenig Angst vor den möglichen Verbrechen der herrschenden Klasse in Hinsicht auf die Auslösung eines Krieges ist im Alltag der Werktätigen zu beobachten. Auch von Angst vor den Folgen der Umweltschädigung für das eigene Leben ist im Alltag der Werktätigen wenig zu spüren. Später wird man sich wundern, in welchem Ausmaß es der herrschenden Klasse gelungen ist, durch Meinungsmanipulation den Werktätigen die Angst, die sie haben sollten, zu nehmen. Natürlich findet diese Meinungsmanipulation der Werktätigen nicht aus psychologischer Fürsorge für sie statt, sondern um sie von Aktionen gegen das System des Monopolkapitals, die aus Angst vor den Folgen des Systems sich ergeben können, abzuhalten.

Wie ganz anders war die Situation in der Zeit, deren Alltag wir untersuchen. Einmal herrschte natürlich Angst vor dem Krieg – nicht etwa, weil die Menschen damals gesellschaftlich bewußter waren als heute, sondern weil der Krieg eine Realität war, die, bisweilen mit der Pest verbunden, ganz konkret Deutschland bald hier, bald dort traf. Der Krieg gehörte im Feudalismus wirklich zum Alltag – lokal! und in unserer Zeit für große Teile Deutschlands. Aber man hat weder allgemein für die Feudalzeit noch für unsere hier behandelte Zeit eine Chronik oder gar eine Statistik der Kriegszeiten nach Regionen oder Orten für Deutschland aufgebaut, eine wirklich wichtige Aufgabe für unsere Historiker!

Doch gab es noch ein anderes Element, das das Alltagsleben mit ständiger Angst erfüllte: den Aberglauben, den Glauben an böse Mächte, die bei geringstem Anlaß oder auch einfach aus Bosheit und ohne jeden Anlaß dem Menschen Schaden zufügten.

Sodann müssen wir bedenken, daß unser Alltag in der Feudalzeit spielt, in der neben dem ökonomischen Zwang der außerökonomische Zwang und damit die Gewalt und, ihr entspringend, die Willkür eine weit größere Rolle spielen als in der Gegenwart. Ein Blick in den Alltag der Werktätigen in der Zeit des Feudalismus kann nicht an der außerordentlichen Bedeutung der dem außerökonomischen Zwang entsprechenden Gewaltausübung vorbeigehen.

Schließlich muß – im Gegensatz zu den beiden soeben angemerkten Faktoren im Alltag der Werktätigen – auch noch auf eine sehr wirkungsvolle positive Seite im Leben der Werktätigen eingegangen werden, auf die Sicherheit, die ihnen das, was Marx die praktisch-geistige Aneignung der Welt nennt, die Erfahrung, übertragen von jeder vorangehenden Generation an die jeweils gegenwärtige, gibt.

Die Angst durch Aberglauben hat wohl niemals in der Geschichte des Alltags der Werktätigen eine so große Rolle gespielt wie in der von uns behandelten Zeit. Der außerökonomische Zwang und mit ihm Gewalt und Willkür sind kennzeichnend für die ganze Gesellschaftsordnung des Feudalismus, waren aber niemals größer in Deutschland als am Ende der Feudalzeit. In der von uns hier behandelten Zeit bereitet sich die höchste Stufe von außerökonomischem Zwang und ihm entsprechender Gewaltausübung und Willkür vor, ja beginnt schon. Die Sicherheit durch Erfahrung aber, die in der ganzen Geschichte der Menschheit bis dahin solche große Rolle gespielt hat, geht in der hier behandelten Zeit ihrem Ende als praktischer Alleinherrscherin auf den von ihr gestalteten Gebieten entgegen, da die Wissenschaft – natürlich noch kaum im Alltagsleben der Werktätigen – eine schon irgendwie merkliche Rolle zu spielen beginnt.

Dieser erste Abschnitt ist als Einleitung zur konkreteren Untersuchung des Alltags der Werktätigen allen drei hier genannten Faktoren gewidmet.

Was aber gehört überhaupt alles zum Alltag?

Natürlich Essen, Trinken, Kleidung, Wohnung. Und dann vor allem und entscheidend wichtig die Arbeit mit ihren besonderen Verhältnissen. Auch die Religion. Auch die Gestaltung der Gemeinschaftsverhältnisse, der Familie, des Betriebes, des Dorfes, der Stadt.

Waren sie sich alle so ähnlich, daß von einer Art gleichem Alltag in Deutschland die Rede sein kann? Selbstverständlich war der Alltag der verschiedenen Klassen und Schichten voneinander verschieden. Aber kann man etwa von einem gleichen Alltag der Bauern oder Handwerksgesellen in ganz Deutschland sprechen?

In mancher Beziehung war der Alltag der Werktätigen sehr verschieden in den verschiedenen Teilen Deutschlands – etwa, was die Nahrung betrifft ... so eintönig das Essen war, bestand es doch in den verschiedenen Teilen des Landes aus verschiedenen Nahrungsmitteln. Wahrscheinlich waren sogar die Unterschiede der Nahrung im einzelnen viel größer für die Werktätigen als für die herrschenden Klassen, für die die gleichen aus der Ferne eingeführten Gewürze etwa oder auch Spezialgerichte –

Anfänge einer Eßkultur nicht mehr nur in der höheren Hierarchie der Kirche – eine Rolle spielten.

In mancher Beziehung aber war der Alltag ganz ähnlich in den verschiedenen Teilen Deutschlands – etwa in der Rolle der Religion im täglichen Leben der Menschen. Wobei man vielleicht auch hier wieder zwischen den herrschenden Klassen und den Werktätigen unterscheiden, zumindest in mancher Beziehung differenzieren muß. Denn wenn es irgendwo eine merkliche Zahl von – zumindest vor dem Sterbebett – unreligiösen Menschen gab, dann in der herrschenden Klasse außerhalb der Kirche ... und wenn man die durchaus beachtliche Zahl von „Todsünden", die auch bei Kirchenleuten üblich waren, bedenkt, dann gab es sie vielleicht sogar auch unter den Kirchenleuten, einschließlich der werktätigen Mönche.

Ähnlich war im großen natürlich die Produktionsweise, waren die Produktionsinstrumente und die Produktionsverhältnisse für alle Werktätigen in ganz Deutschland auf dem Lande, ähnlich auch in der Stadt, wobei sich die in der Stadt ganz erheblich von denen auf dem Lande unterschieden.

Unähnlich jedoch waren sie im einzelnen – etwa die Produktionsverhältnisse auf dem Lande im Osten und im Westen. Und auch wieder in den einzelnen Gegenden im Osten und Westen mit Überwiegen von Frondiensten oder von Produktenrenten oder von Geldrenten. Und je nachdem sah natürlich der Alltag anders aus.

Auf dem Lande hing der Alltag der Bauern auch vielfach von der Schnelligkeit der Entwicklung der Anfänge der „Zweiten Leibeigenschaft" ab, die in manchen Teilen des Ostens bereits merklich wurde, während in anderen von ihr noch nicht die Rede sein konnte.

In der Stadt hing der Alltag der Gesellen und Lehrlinge auch vielfach von der Schnelligkeit des Verfalls der Zünfte ab, und dieser war in der hier betrachteten Zeit natürlich sehr verschieden. Oft konnten die Gesellen und Lehrlinge in ihrer Mehrzahl noch hoffen, Meister zu werden, bisweilen auch schon nicht mehr.

Sehr verschieden war der Alltag natürlich auch im Sommer und im Winter, da der Arbeitstag verschieden lang war – aber auch die Freizeit, die nicht im Schlaf verbracht wurde?

Soll man auch zum Alltag rechnen die Tage von Überfällen durch die Soldateska und die Wochen, ja Monate, die ihnen folgten? Wir werden das später untersuchen und beobachten.

Und in diesem Zusammenhang: Wohl gab es einen geregelten Alltag für berufsmäßige Bettler – aber auch für die immer mehr wachsende Anzahl entwurzelter Existenzen? von Tagedieben, Landstreichern, zivilen Räubern?

Wahrlich vielfältig waren die verschiedenen Alltage, vielfältig sind auch die Fragen, die sie aufwerfen. Noch recht ungewohnt ist uns im allgemeinen die Behandlung des Themas, und sicher werden wir beim Gang unserer Forschungen in manchem irregehen.

Kapitel 3

Die Angst

Mit seinem wundervollen Gespür für das „Lebensgefühl" des Volkes in vergangenen Zeiten bemerkt Gustav Freytag: „Die Wirkungen, welche ein solches Leben voll Unsicherheit und Qual auf die Seelen der Landleute ausübte, waren sehr trübselig. Die Furcht, eine bebende, klägliche Furcht umzog entnervend die Herzen. Immer war ihr Gemüth voll von Aberglauben gewesen, jetzt wurde mit rührender Leichtgläubigkeit Alles aufgesucht, was als Eingreifen überirdischer Gewalten gedeutet werden konnte. Man sah am Himmel die schrecklichsten Gesichter, man fand die Anzeigen furchtbaren Unheils in zahlreichen Mißgeburten, Gespenster erschienen, unheimliche Laute klangen vom Himmel und auf der Erde. In Ummerstadt z. B., Herzogthum Hildburghausen, leuchteten weiße Kreuze am Himmel, als die Feinde einrückten. Als sie in die Kammerkanzlei eindrangen, trat ihnen ein weißgekleideter Geist entgegen und winkte ihnen zurück, und niemand konnte sich von der Stelle rühren. Nach ihrem Abzuge hörte man acht Tage lang im Chor der ausgebrannten Kirche ein starkes Schnauben und Seufzen. – Zu Gumpershausen machte eine Magd großes Aufsehen im ganzen Lande. Sie erfreute sich der Besuche eines kleinen Engels, der sich bald in rothem, bald in blauem Hemdlein vor ihr aufs Bett oder den Tisch setzte, wehe schrie, vor Gotteslästerung und Fluchen warnte und schreckliches Blutvergießen verhieß, wenn die Menschheit nicht das Lästern, die Hoffart und die gestärkten und geblauten Krägen – damals eine neue Mode – abschaffen würde. Wie man aus den eifrigen Protokollen ersieht, welche die geistlichen Herren verschiedener Würden über die Halbblödsinnige aufnahmen, verursacht ihnen nur der eine Umstand Bedenken, weshalb das Engelein nicht sie selbst besuche, sondern eine einfältige Magd."[1]

Ja, Furcht, Angst erfüllen die Menschen.

Aber war das nicht immer so gewesen? auch vor dem Dreißigjährigen Krieg? auch um 1600? auch um 1600 vor unserer Zeitrechnung?

Ja, stets hatte der Mensch Angst vor der Natur gehabt, und im Laufe der Zeit war diese Angst sogar vielleicht gewachsen, in jedem Fall war sie spezifischer geworden und hatte zur Ausbildung eines außerordentlichen Systems des Aberglaubens geführt, dessen Höhepunkt wahrscheinlich in unserer hier betrachteten Zeit erreicht wurde, in der auch der Entscheidungskampf zwischen Wissenschaft und Aberglauben – was die Natur betrifft – sich im ersten Stadium befand.

Die Kirche des Christentums hatte sich ursprünglich in vieler Beziehung dem Aberglauben entgegengestellt – schon um die Religion, die Macht Gottes, reiner herauszustellen. Alfred Lehmann bemerkt: „Während der Glaube an die Macht der Zauberei sich im Volke und bei der niederen unwissenden Geistlichkeit erhielt, kamen die

---

[1] *G. Freytag*, a. a. O., Bd. 20, S. 109.

kirchlichen Behörden im Laufe der Zeit zu einem anderen Resultate. Auf der Synode zu Paderborn 785 stellte man folgenden Satz auf: ‚Derjenige, welcher, durch den Teufel verblendet, nach Art der Heiden glaubt, dass jemand eine Hexe sein kann und deshalb dieselbe verbrennt, wird mit dem Tode bestraft.' Zu dieser Zeit wird also nicht die Hexe, sondern der Glaube an dieselbe verfolgt und bestraft. Diese Bestimmung wurde von Karl dem Grossen bestätigt und war in den folgenden Jahrhunderten die Richtschnur für die Stellung der Kirche gegenüber allen Anklagen wegen Hexerei. Noch deutlicher tritt die Auffassung der Kirche von Hexerei im sogenannten Ancyrianischen Kanon Episcopi hervor, welcher um das Jahr 900 entstand. Hier wird den Bischöfen befohlen, ‚in ihren Gemeinden den Glauben an die Möglichkeit dämonischer Zauberei und nächtlicher Fahrten zu und mit Dämonen als reine Illusion energisch zu bekämpfen und alle diejenigen, welche einem solchen Glauben huldigen, aus der kirchlichen Gemeinschaft auszustossen'. Diese Bestimmung blieb bis zum Schlusse des 13. Jahrhunderts in Kraft; solange sie existierte, konnte eine Anklage wegen Hexerei natürlich nicht leicht erhoben werden, jedenfalls wurde sie am gefährlichsten für den, welcher sie vorbrachte. Dass das Volk jedoch seinen Glauben an Zauberei auf Grund solcher Bestimmungen nicht aufgab, das beweisen die zahlreichen volkstümlichen Zauberformeln, welche hauptsächlich auf dem Wege der mündlichen Ueberlieferung sich bis in die Gegenwart erhalten haben. Indes mussten doch die Kenntnis von der alten heidnischen Zauberei und der Glaube an dieselbe im Laufe der Zeit immer mehr verschwinden, da das Christentum sie als teuflich verfolgte."[2]

Riezler bemerkt nuancierter, aber keineswegs abweichend:

„Zusammenfassend kann man sagen: Die alte Kirche hat die Möglichkeit der Zauberei gelehrt und durch diese Uebereinstimmung mit dem Volkswahn den Boden geschaffen, auf dem die Strafbestimmungen gegen Zauberei in der weltlichen Gesetzgebung, in den Volksrechten u.s.w. möglich waren. Aber sie hat gerade spezielle Aeußerungen des heidnischen Hexenwahns als Aberglauben verworfen, ihre Vertreter haben das Volk, so viel wir wissen, nie zur Spürjagd auf Hexen aufgehetzt und, soweit von kirchlicher Seite gegen Zauberei eingeschritten ward, geschah es im Geiste schonender Milde, nicht nach dem später immer und immer wieder angerufenen Bibelworte: Die Zauberer sollst du nicht leben lassen (Exod. 22)! Burkhard von Worms bedroht sogar den Glauben an Realität der Hexerei mit Kirchenstrafen ...

Fassen wir nun die Nachrichten über Zauber= und Hexenwesen aus unserem engeren Vaterlande ins Auge. Die älteste Erwähnung findet sich im bayerischen Volksrechte. Hiernach wird Zauberei, durch welche die Ernte geschädigt wird, aranscarti, Erntescharte, mit 12 Schillingen gebüßt. Ueberdies hat der Urheber für jeden Schaden zu haften, der Haus, Gut oder Vieh des Eigentümers binnen Jahresfrist trifft. Aus einer dem Heidentum noch nahestehenden Zeit ist auch die Weisung des Papstes Gregor II. an seine Nuntien nach Bayern, daß sie dort die eitle Traum= und Zeichendeuterei, die Zauber= und Beschwörungsformeln, die Zauberkünste der Wahrsager und Loswerfer verbieten sollen. Ein Dekret Tassilos von der Synode von Neuching droht die Buße von 40 Schillingen dem, der gestohlenes Gut, besonders Pferde und Vieh, durch Zauberkünste (machinis diabolicis) außer Landes entführt oder verbirgt. Endlich die bayerische Kirchensynode von Reisbach bestimmt 799: Der Archipresbyter hat gegen solche, die wahrsagen, zaubern und Wetter machen, vorzugehen und soll

[2] A. *Lehmann*, Aberglaube und Zauberei, 3. deutsche Auflage, Stuttgart 1925, S. 112.

sehen, sie durch sorgfältigste Untersuchung zu einem Bekenntnis zu zwingen: videat, ut diligentissima examinatione constringantur, si forte confiteantur etc. Auf Folter wird man dies angesichts der milden Strafe nicht deuten dürfen. Die Schuldigen sollen aber nicht am Leben, sondern nur so lange, bis sie Besserung ihrer Sünden geloben, mit Haft gestraft werden.“[3]

Im 13. Jahrhundert setzte jedoch eine Wandlung in der Haltung der Kirche ein. Teils unter dem Einfluß zunehmend starker Ketzerbewegungen, gegen die die bisherigen Anklagen offenbar nicht mehr genügten, teils unter dem Einfluß des Vordringens der Wissenschaft durch den wachsenden Einfluß der Araber.

Was die Ketzerbewegungen betrifft, so sei kurz Spielmann zitiert:

„Eine wesentliche Förderung erhielt der Hexenglaube durch den Ausbruch der Ketzerverfolgungen anfangs des 13. Jahrhunderts. Mit dem Erstarken der Macht der Kirche erwuchs auch im Papsttum ein Leben, das von der alten schlichten Einfachheit der ersten Jahrhunderte erheblich abwich. Die Kreuzzüge hatten nach Italien, besonders Rom, großen Reichtum gebracht und mit ihm große Üppigkeit.

Es entstand eine Gegenbewegung, die eine Reform der Kirche herbeiführen wollte. Diese Bewegung brach zuerst in der Grafschaft Albigeois (Südfrankreich) aus. Da man den sog. Ketzern nicht von der dogmatischen Seite beikommen konnte, griff man sie von der strafrechtlichen Seite an.

Man beschuldigte die Ketzer des Teufelsbundes, der Blutschande und der Unzucht, ja, jedes Verbrechens, das nur ein menschliches Hirn ersinnen konnte. ...

Das Wesentliche an den Ketzerverfolgungen ist, daß sie später für die Hexenprozesse vorbildlich werden; die Verbindung zwischen beiden wird in der Tat so eng, daß die Ketzerverfolgungen in die Hexenverfolgungen übergehen und der Hauptkern der Ketzerprozesse, die Beschuldigung des Bündnisses mit dem Teufel und was mit ihm zusammenhängt, in den Hexenglauben Aufnahme findet.“[4]

Doch ist wohl auch das Umgekehrte zu beobachten. Jedenfalls bemerkt Merzbacher: „Bis zum 13. Jahrhundert belegt die Kirche Zauberei und Hexerei lediglich mit kirchlichen Strafen. Erst seit diesem Zeitpunkt tritt eine Wendung ein. Die Ansicht, die die Realität der Dämonenwelt voraussetzt (im 5. Jhdt. namentlich Augustinus), gewinnt die Oberhand. Das geschieht wesentlich durch die Errichtung und Tätigkeit der päpstlichen Ketzergerichte. Zauberei und Hexerei werden fortan jetzt als Ketzerei behandelt und weltliche Bestrafung für sie gefordert.“[5]

Was die Verbindung der Entwicklung von Wissenschaft und der Wandlung in der Haltung der Kirche betrifft, so führt Lehmann dazu aus:

„Bei allen diesen Ketzerverfolgungen ist von kirchlicher Seite die Anklage wegen Hexerei niemals offiziell erhoben worden; dies konnte auch nicht geschehen, so lange die Kirche den Glauben an die Wirklichkeit der Zauberei verurteilte und der Kanon Episcopi in Kraft stand. In der Mitte des 13. Jahrhunderts erfolgte jedoch ein völliger Umschwung in der Stellung der Kirche zu dieser Frage, indem Thomas von Aquino, der hervorragendste Kirchenlehrer seiner Zeit, der ‚Doctor angelicus‘, der ‚Fürst der Scholastik‘ (1227–1274), eine Anschauung vertrat, die im scharfen Gegensatz zu der in den früheren Jahrhunderten und von der Kirche bis dahin befolgten Praxis stand.

---

[3] *S. Riezler*, Geschichte der Hexenprozesse in Bayern, Stuttgart 1896, S. 26f.
[4] *K. H. Spielmann*, Die Hexenprozesse in Kurhessen, Marburg 1932, S. 14f.
[5] *Fr. Merzbacher*, Die Hexenprozesse in Franken, 2. Aufl., München 1970, S. 13.

Diese neue Auffassung der Sache ist kurz und bündig in folgenden Sätzen gegeben: ‚Von den Hexen wissen wir, dass einige glauben, Hexerei existiere gar nicht, und dass sie aus Unglauben entspringe; sie glauben auch, dass die Dämonen nur in der menschlichen Einbildung existieren, indem die Menschen sie sozusagen aus ihrem Innern hervorbringen und durch den Schrecken bei diesen Einbildungen niedergeschlagen werden. Aber der katholische Glaube behauptet, dass die Dämonen existieren, dass sie durch ihre Handlungen schaden und die Fruchtbarkeit in der Ehe hindern können.‘ Und weiter heißt es: ‚Es ist zu bedenken, dass man notwendig einräumen muss, dass die Dämonen mit Gottes Erlaubnis Störungen in der Luft hervorrufen, Winde erregen und bewirken können, dass Feuer vom Himmel falle. Denn wenn auch der leibliche Stoff in bezug auf die Annahme von Formen weder den guten noch den bösen Engeln, sondern allein dem schaffenden Gott gehorcht, so ist die leibliche Natur doch dazu geschaffen, der geistigen in bezug auf eine örtliche Bewegung zu gehorchen. Als Beispiel hierfür dient der Mensch, dessen Glieder sich nur nach der Herrschaft des Willens bewegen. Also alles, was nur durch örtliche Bewegungen ausgerichtet werden kann, können nicht nur die guten, sondern auch die bösen Geister durch eigene Macht erreichen, falls Gott es nicht verhindert. So können sie Wind und Regen und ähnliche Störungen in der Luft allein durch die Bewegung der Dämpfe, die der Erde und dem Meere entsteigen, bewirken.‘

Wenn Thomas von Aquino sich so in einen Gegensatz zu der bis dahin geltenden Lehre der Kirche stellen und mit seiner Meinung durchdringen konnte, so lag der Grund natürlich darin, dass er in Wirklichkeit nicht nur seine eigenen Anschauungen aussprach, sondern die der damaligen Zeit. Es ist also ein vollständiger Umschwung in der allgemeinen Auffassung von der Möglichkeit der Zauberei eingetreten. Dieses ist hauptsächlich dem Einfluss der maurischen Magie auf Europa zuzuschreiben. Durch die Kreuzzüge und durch die maurischen Universitäten in Spanien waren die Europäer mit den Arabern in Berührung gekommen, hatten das Studium der Naturwissenschaften und der magischen Wissenschaften, welche die Mauren eifrig pflegten, aufgenommen und weiter entwickelt. Albert Graf von Bollstädt (Albertus Magnus, Doctor universalis genannt, 1193–1280), Roger Bacon (1214–1292) und Arnold von Villanova (ca. 1240 bis 1313) standen in ganz Europa durch ihre naturwissenschaftlichen Kenntnisse, welche sie befähigten, manches dem Volke unerklärliche Kunststück auszuführen, im Rufe der Zauberei. Thomas von Aquino war selbst ein Schüler von Albertus Magnus, aber er hat wohl wenig von der Kunst seines Meisters gelernt.‘[6]

Die gleichzeitige Erscheinung der raschen Entwicklung von Wissenschaft und Magie (Aberglaube) darf nicht überraschen. Denn so oft sie im Widerspruch standen, so oft ergänzten sie sich, wobei die Wissenschaft zur Magd der Magie wurde. Man muß doch ganz klar erkennen, wie viel die Blüte der Astronomie im 16. und 17. Jahrhundert der Astrologie verdankt: Astronomie wurde betrieben, um Astrologie treiben zu können. Nur deshalb unterstützten die Fürsten sie. Und wenn manche Astronomen in dieser Zeit vom Wissensdurst, betreffend den Gang der Gestirne und seiner Gesetzmäßigkeiten, getrieben wurden, wurden sie von den gesellschaftlichen Interessen, die sie unterhielten, immer wieder zur Anwendung ihrer Grundlagenforschung in der Praxis, das heißt zur Astrologie veranlaßt – und es liegen keine Zeugnisse vor, daß auch die großen Astronomen unter ihnen diese Praxis nicht ehrlich und überzeugt ausübten.

[6] *A. Lehmann*, a. a. O., S. 112–116.

Etwas anders war das Verhältnis von Chemie und Alchemie. Ich glaube nicht, daß man im 16. und 17. Jahrhundert schon von Chemie als einer ausgebildeten Wissenschaft wie der Astronomie sprechen kann. Meyer bemerkte: „Die eigentliche Blüthezeit der Alchemie waren, wenigstens für Deutschland, das sechszehnte und das siebenzehnte Jahrhundert; damals fingen italienische Adepten, deren Ruf in der Heimat bereits erschüttert war, in andern Ländern an, die Leichtgläubigen auszubeuten. Hierher gehören z. B. die Lehrer der Alchemie, welche Kurfürst Werner von Trier in Capellen um sich hatte; ... Wie sehr man auch in andern deutschen Residenzen, z. B. in Berlin und Dresden, von der Möglichkeit des Goldmachens überzeugt war, beweisen Existenzen wie die Leonhart Thurneyssers oder Johann Friedrich Böttichers, des Erfinders des Porzellans.“[7]

Die Erfindung des Porzellans, das wir als eine Großleistung der Chemie betrachten können, war nur ein Nebenprodukt der Alchemie. Gegner der Alchemie, wie etwa Sebastian Brant, der das „Goldkochen“ mit Ausdrücken wie „falsch und beschiss“ oder als „grossen bschiss“ charakterisierte, blieben in der Minderheit.

Und so wie Wissenschaft und Aberglaube, so hängen Religion und Aberglaube in merkwürdiger Weise miteinander zusammen. Lehmann beginnt seinen Versuch der Begriffsbestimmung des Aberglaubens mit folgenden bemerkenswerten Sätzen: „In seinem bekannten Werke: ‚The origin of civilisation‘ schreibt Lubbock in der Einleitung zum Kapitel über die Religion: ‚Anfangs hatte ich dieses Kapitel «über den Aberglauben» statt «über die Religion» der Wilden genannt; ich habe aber den letzteren Titel vorgezogen, teils weil viele abergläubische Ideen langsam in erhabenere Vorstellungen übergehen, teils weils es mir unangenehm war, einen ehrlichen, wenngleich absurden Glauben zu verurteilen.‘ Man wird einräumen, dass diese Worte mehr die humane Gesinnung des Autors zeigen, als dass sie uns eine streng wissenschaftliche Bestimmung von der Natur des Aberglaubens geben.“[8]

Lehmann hat völlig unrecht, hier „mehr die humane Gesinnung“ Lubbocks als eine wissenschaftliche Haltung zu sehen. Lubbock hatte vielmehr erkannt, wie billig es ist, jede „andere Religion“ als Aberglauben zu kennzeichnen. Meyer bemerkt sehr richtig: „Der Begriff des Aberglaubens wird natürlich je nach dem wissenschaftlichen oder religiösen Standpunkt seines Darstellers ein verschiedener sein. Christlicher Eifer hat schon oft genug nicht nur die letzten Auswüchse des Heidenthums sondern die Nationalreligionen der verschiedensten heidnischen Völker schlechthin für Aberglauben erklärt. Andere beurtheilen das Christentum überhaupt, sogar ganz wesentliche Bestandteile desselben wie z. B. das Gebet, und nicht nur einzelne Auswüchse, in ähnlicher Weise. Wieder Andere, namentlich Protestanten, sind geneigt, schon in den Symbolen und Ceremonien der römischen Kirche und nicht bloss in der falschen Anwendung derselben nichts als thörichten Wahn zu erblicken.“[9]

Roth macht ebenfalls auf den ganz engen Zusammenhang von Aberglauben und Religion aufmerksam, wenn er schreibt: „Was ist eigentlich Aberglaube? Seitdem die Menschen von Religion und Glauben sprechen, reden sie auch von Unfrömmigkeit und Aberglauben. Den Alten war ‚superstitio‘ (superstes = zurückbleibend) eine Ansicht, die aus einer geschichtlich überwundenen, primitiveren Religionsstufe zurück-

---

[7] *C. Meyer*, Der Aberglaube des Mittelalters und der nächstfolgenden Jahrhunderte, Basel 1884, S. 43f.

[8] *A. Lehmann*, a. a. O., S. 2f.

[9] *C. Meyer*, a. a. O., S. VII.

geblieben war. Dies ist genau der Begriff des eigentlichen Aberglaubens, ohne daß damit etwas Genaueres über seinen Inhalt ausgesagt wäre."[10]

Das heißt, wir haben zwei Beziehungspunkte des Aberglaubens als Folge der Menschenangst: einmal die Naturwissenschaften und sodann die Religion. Davon ausgehend, definiert das vielbändige Handwörterbuch des deutschen Aberglaubens so: „Aberglaube ist der Glaube an die Wirkung und Wahrnehmung naturgesetzlich unerklärter Kräfte, soweit diese nicht in der Religionslehre selbst begründet sind."[11]

Natürlich ist das die Definition eines frommen Menschen, der an die absurdesten Sachen zu glauben bereit ist, wenn sie nur in der Religion begründet sind. In mancher Beziehung viel offener erscheinen die Ausführungen von Schindler, der ein nicht unbedeutender Wissenschaftler in seiner Zeit war:

„Was ist denn aber Aberglaube? Heut eine Schmarotzerpflanze, die an dem Baume des Glaubens hinaufrankt und ihn morgen zu überwuchern und zu ersticken droht; heut der heilige Hort des gläubigen Gemüths selber, der morgen, trotz aller Kämpfe, in den Strom der Vergessenheit versenkt wird; heut das Schaffen eines überirdischen Geisterreichs und morgen die Annahme eingebildeter, unerwiesener Kräfte in der Natur; heut die Umkehr von Ursache und Wirkung, und morgen die falsche Consequenz einer richtigen Prämisse; heut ein falscher Causalnexus für den speciellen Fall, und morgen der Glaube an den nothwendigen Zusammenhang des Zufälligen: aber wer steht uns dafür, daß das, was wir heut als die höchste Frucht einer geistigen Ueberlegenheit und als die Errungenschaft einer Jahrtausende langen Arbeit ansehen, von unsern Nachkommen als Aberglaube gebrandmarkt wird? wer steht uns dafür, daß das, was von uns als Aberglaube verworfen wird, die Folgezeit wieder unter anderer Form in die Wissenschaft einführt? wer dafür, daß Erscheinungen, welche wir heut zweifellos als durch Causalnexus verbunden betrachten, von der Zukunft als außer allem ursachlichen Zusammenhang gewußt werden? ...

Der Aberglaube ist somit keine absolute Größe; denn jede Partei und jede Zeit nennt das Aberglaube, was sich mit ihrer Anschauung nicht verträgt, und wenn wir bei der Schilderung einer vergangenen Zeit und ihres Aberglaubens nur das hervorheben wollen, was uns heut als Aberglauben erscheint: so werden wir stets Gefahr laufen, Irrthum über Irrthum zu begehen; denn so wenig man das Leben einer Zeit begreifen kann, wenn man nicht die Stufe ihrer moralischen Entwickelung, die herrschenden Begriffe über Recht und Unrecht, Erlaubtes und Unerlaubtes, Sitte und Unsitte zu Grunde legt: so wenig kann man auch hoffen, ein treffendes Zeitbild zu gewinnen, wenn man nur die eine Hälfte des Glaubens im Volke berücksichtigt, die wir selbst noch als berechtigt anzusehen gewillt sind, die andere aber als Aberglauben mit Stillschweigen beseitiget. Nur wo man die ganze Consequenz einer Zeitanschauung in allen ihren verschiedenen Richtungen würdiget, wird man dazu gelangen, ein vollendetes Bild einer Zeit zu gewinnen."[12]

Unbefriedigend ist die Erklärung von Meyer, die ebenfalls eine Beziehung von Aberglauben zu Naturwissenschaft und Religion herstellt, die Religion aber als solche prinzipiell, auch historisch, von Aberglauben trennt: „Abergläubisch ist also, wer in

---

[10] *Fr. Roth,* Christian Lehmanns Leben und Werke und seine Stellung zum Aberglauben, Marburg 1933, S. 42.

[11] Handwörterbuch des deutschen Aberglaubens, Hg. von E. Hoffmann-Krayer, Bd. I, Berlin und Leipzig 1927, S. 66.

[12] *H. B. Schindler,* Der Aberglaube des Mittelalters, Breslau 1858, S. IVf.

den Vorgängen der unorganischen Natur, z. B. in den Gestirnen, Einflüsse auf menschliche Schicksale und menschliche Characterzüge erblickt, wer chemischen Stoffen, Steinen, Pflanzen oder Thieren übernatürliche Kräfte zutraut und dieselben im Vertrauen auf diese vermeintlichen Eigenschaften etwa als Heilmittel anwendet. Abergläubisch ist ferner, wer gewissen Tagen einen besonders glücklichen oder besonders unglücklichen Einfluss auf seine Unternehmungen beimisst oder kirchliche Geräthschaften und Symbole zu andern als kirchlichen Zwecken gebraucht. Abergläubisch ist endlich, wer an die Macht böser Geister über materielles Wohlbefinden oder überhaupt an ein in die sichtbare Welt hereinragendes, ebenfalls sichtbares Geisterreich glaubt. Der Aberglaube ist demnach ein Zuvielglauben*, das aber nicht immer gleichgiltig und unschädlich ist, sondern, wie namentlich die Entwicklung des Hexenprocesses zeigt, gelegentlich von sehr schlimmen Folgen sein kann. Eine Vormauer der Religion ist er nicht, so sehr er auch an der falschen Aufklärung einen gegen jene ebenfalls gerichteten gemeinsamen Gegner besitzt, und so oft er sich auch an die äussere, sinnlich wahrnehmbare Seite des Gottesdienstes, an den Cultus und die Gegenstände desselben, heftet. Sieht man von vorübergehenden Erscheinungen ab, und fasst man die grössern Entwicklungsperioden der verschiedenen Religionen, zumal der christlichen, in's Auge, so wird man stets wahrnehmen, dass abergläubische Auswüchse denselben mehr geschadet als genützt haben, indem sie regelmässig eine Opposition hervorriefen, welche die wirkliche Religion ebenfalls, wenn vielleicht auch nur vorübergehend, zu erschüttern vermochte."[13]

„Eine Vormauer der Religion ist er nicht"! aber widerspricht dem nicht, daß er in die Religion eindringen kann, was nach der Definition des Handwörterbuchs im Grunde nicht möglich ist.

Und was sind „abergläubische Auswüchse der Religionen"? Sind die Wunder Christi oder das Abendmahl in der christlichen Kirche „abergläubische Auswüchse"? und was bleibt noch von der christlichen Religion, wenn das „abergläubische Auswüchse" sind?

Meyer, der wie andere sich darum bemüht, Religion und Aberglauben zu trennen, vermischt sie und erreicht das Gegenteil von dem, was er möchte.

Wieviel logischer im Rahmen seines Gedankensystems ist dagegen Kant, dessen Definitionen durch ihre – idealistische – Klarheit erfreuen.

In Beziehung zu den Naturwissenschaften gesetzt, definiert er den Aberglauben: „Und das größte unter allen (Vorurteilen) ist, sich die Natur Regeln, welche der Verstand ihr durch sein eigenes wesentliches Gesetz zum Grunde legt, als nicht unterworfen vorzustellen: d. i. der Aberglaube."[14]

In Beziehung zur Religion gesetzt, definiert er: „Der Wahn, durch religiöse Handlungen des Cultus etwas in Ansehung der Rechtfertigung vor Gott auszurichten, ist der religiöse Aberglaube."[15]

Ich meine, diese Definitionen sind ein guter Ausgangspunkt für weitere Überlegungen. Zunächst gilt es natürlich, sie materialistisch umzuformulieren, da es nicht der Verstand ist, der gewissermaßen die Gesetzmäßigkeiten der Natur schafft. Was die

---

[13] *C. Meyer*, a. a. O., S. VIII.

[14] *I. Kant*, Gesammelte Schriften (Akademie-Ausgabe) Bd. V, Kritik der Urteilskraft, Berlin 1913, S. 294.

[15] Ebendort, Bd. VI, Religion innerhalb der Grenzen der bloßen Vernunft, Berlin 1914, S. 174.

* Das Wort „Aberglaube" hiess in der ältern Sprache „obergloube" und scheint somit nach Analogie des lateinischen „superstitio" gebildet.

Abgrenzung von der Religion betrifft, so ist sie insofern nicht ganz befriedigend, als sie den Aberglauben auf Kulthandlungen beschränkt und nicht zum Beispiel die zwiespältige Rolle des Teufels als Bestandteil der Religion und als Bestandteil des Aberglaubens anerkennt und ähnliche Probleme umfaßt. Der Teufel ist nämlich innerhalb der christlichen Religion eine echte Gestalt, an die man zu glauben hat. Wenn er aber die Hexen um sich versammelt, dann ist er doch offenbar eine Gestalt des Aberglaubens, von der in den zuständigen religiösen Grundbüchern des Christentums nicht die Rede ist. Und mit dem Kultus hat er in seiner letzteren, in seiner Aberglaubengestalt, überhaupt nichts zu tun.

Selbstverständlich setzen auch wir Marxisten nicht Religion und Aberglauben gleich. Wir sind uns völlig klar darüber, daß die Religion durch Jahrtausende Außerordentliches für die Aneignung der Welt, ihre Meisterung in Natur und Gesellschaft, geleistet hat. Sie war in vieler Beziehung „echter Glaube", auf den in nicht-religiöser Form – also vor allem ohne einen Gott, ohne eine Vorsehung – auch der Marxismus nicht verzichtet.[16] Aber es ist natürlich unmöglich, so wie es das zitierte Handwörterbuch tut, den religiös begründeten „Glauben an die Wirkung und Wahrnehmung naturgesetzlich unerklärter Kräfte" prinzipiell nicht als Aberglauben kennzeichnen zu wollen.

Dazu kommt, daß Aberglauben selbstverständlich auch der Ersatz naturgesetzlich durchaus erklärter Kräfte durch andere Kräfte ist.

Man müßte ebenfalls bedenken, daß zum Aberglauben auch die Substitution von Naturgesetzen für Gesellschaftsgesetze gehört, wie die Prognose eines Krieges aus dem Verlauf der Sterne.

Ich meine, man kann Aberglauben heute noch nicht befriedigend vom marxistischen Standpunkt aus positiv definieren. Wir Marxisten haben uns leider noch ganz ungenügend mit diesem im Leben der Völker der Vergangenheit ganz außerordentlich wichtigen Phänomen beschäftigt – eine ernste Unterlassungssünde.

Aber einige wichtige Charakteristika und Beziehungspunkte sind sicherlich aus dem Vorangehenden deutlich geworden. –

Doch können wir diese Betrachtung der Beziehungen zwischen Aberglauben, Wissenschaft und Religion nicht abschließen, ohne auf die Schwierigkeiten, denen fortschrittliche Gestalten in der von uns hier behandelten Zeit begegneten, einzugehen. Natürlich spielt die Wissenschaft noch keine Rolle im Alltag der Werktätigen, wenn wir an ihre Ideologie denken. Wohl aber schon im Denken ihnen naher Menschen, wie etwa des hoch gebildeten Christian Lehmann, Pastor zu Scheibenberg im Erzgebirge. Zwei Beispiele seien dafür gegeben:

Das erste betrifft Naturwissenschaft und Religion. Lehmann schreibt: „Erdbeben hat seine natürliche Ursachen, und ist dennoch Gottes-Wunder-Hand darunter verborgen. Denn sie sind Zeichen Göttlicher Allmacht, gerechten Gerichtes und bevorstehender Straffen."

Erdbeben scheinen nach Lehmann nicht nur natürliche Ursachen zu haben, sie haben sie wirklich. Hier spricht der Naturwissenschaftler. Aber, und jetzt spricht der fromme Pfarrer, ohne sich darüber klar zu sein, als reiner Deist: die Erdbeben sind zugleich eine Äußerung Gottes. Jedoch geht er weiter – und jetzt kommt erst das wirklich Wunderbare, die Wissenschaft, die sich bisher noch durchaus mit Gott vertrug,

---

[16] Vgl. dazu auch meine „Studien zu einer Geschichte der Gesellschaftswissenschaften", Bd. 5, Berlin 1977, S. 69f.

Aufhebende: die Natur wird anscheinend nicht von ihren eigenen Gesetzen bestimmt, sondern von dem Charakter des Tuns der Menschen. Denn die Erdbeben geschehen gerade dann, wenn die Menschen nach Ansicht Gottes eines Gerichtes, das Strafen für sie ausspricht, bedürfen.

Das zweite Beispiel betrifft Naturwissenschaft und Aberglauben: die „Comet-Sterne". Selbstverständlich kennt Lehmann die betreffende astronomische Literatur soweit, daß er weiß, daß man das Erscheinen der „Comet-Sterne" gelegentlich voraus-gesagt hat und daß es andererseits Meinungsverschiedenheiten über ihr Entstehen und ihren Charakter gibt – er zählt eine Reihe Autoritäten auf. Und dann meint er, es sei aber „erbaulicher", sie für „böse Propheten" zu halten, als sie nur natürlich und mathe-matisch, das heißt für ihn „gekünstelt", zu erklären. „Ich erachte erbaulicher zu seyn, dass man Cometen für böse Propheten mit der gottseligen Antiquität halte, als der-selben schreckliche Würckungen mit einigen gekünstelten opinionibus in Wind schlage".[17] Zumal doch: „Anno 1618 erschien der entsetzliche Kriegs-Comet im November vor Aufgang der Sonnen, und währete biss den 18. Januar 1619 ... hat ... dem armen Teutschland genügsam bekräfftiget".[18] Auf der folgenden Seite gibt Lehmann dann eine astronomische Karte der Bahn dieses Kometen. Was für ein merkwürdiger Kampf zwischen Wissenschaft und Aberglauben – wobei der Aberglauben aus moralischen Gründen siegt – ohne daß dadurch aber die naturwissenschaftliche Analyse leidet – siehe die astronomische Karte.

Wir sehen, wie unter den Gebildeten Wissenschaft, Religion und Aberglauben mit-einander ringen und der Aberglaube etwa aus moralischen Gründen, die Religion aus erzieherischen Gründen letztlich über die Wissenschaft siegen können.

Doch von alldem kann unter den Werktätigen nicht die Rede sein – solche Kon-flikte waren ihnen erspart: sie aberglaubten ehrlich und unberührt von wissenschaft-lichen Bedenken. –

Abschließend möchten wir noch auf eine Problematik des Aberglaubens aufmerksam machen: Es gibt sehr verschiedene Formen des Aberglaubens, mit denen allen Goethe sich beschäftigt hat.

So übersetzt er etwa aus einem Artikel des „Globe" vom Jahre 1827: „Mythologie, Hexerei, Feerei – was ist denn für ein Unterschied zwischen diesen drei Worten? Stellen sie nicht dieselbe Sache, nur unter verschiedenen Gestalten, vor? und warum sollte man die eine verwerfen, wenn man die andere gelten läßt? In ihrer Kindheit haben alle Völker das Wunderbare geliebt, und in reiferen Jahren bedienten sie sich noch immer gern dieses Mittels, zu rühren und zu gefallen, ob sie gleich lange nicht mehr daran glaubten. So haben die Griechen ihre Hölle gehabt, ihren Olymp, ihre Eumeniden und die Verwandlungen ihrer Götter; die Orientalen hatten ihre Genien und Talismane, die Deutschen ihre Bezauberungen und Hexenmeister." Sein Kommen-tar dazu lautet: „Lassen wir uns ferner von den Einzelheiten in obengenannter Zeit-schrift nicht hinreißen, so ist es höchst interessant, eine Gesellschaft gebildeter, erfahr-ner, kluger, geschmackreicher Männer zu bemerken, denen man nicht in allen Kapiteln beizustimmen braucht, um von ihren Einsichten Vorteil zu ziehen: wie sich denn gegen die mitgeteilte Stelle immer noch anführen ließe, daß die griechische Mythologie als

---

[17] *Chr. Lehmann,* Historischer Schauplatz derer natürlichen Merkwürdigkeiten in dem Meißnischen Ober-Ertzgebirge ... Leipzig 1699, S. 393 und 420 – künftig zitiert als „Schauplatz".
[18] Ebendort, S. 369.

höchst gestaltet, als Verkörperung der tüchtigsten reinsten Menschheit mehr empfohlen zu werden verdiene als das häßliche Teufels= und Hexenwesen, das nur in düstern ängstlichen Zeitläufen aus verworrener Einbildungskraft sich entwickeln und in der Hefe menschlicher Natur seine Nahrung finden konnte."[19] An einer anderen Stelle nennt Goethe die letztere Art von Aberglauben auch die „falschen Schrecknisse eines trüben Aberglaubens".[20]

Und von diesen beiden Arten zu unterscheiden, ist eine dritte Art, der Goethe selbst unterliegt, gar nicht ungern unterliegt. Er arbeitet an der „natürlichen Tochter" – doch verschweigt das abergläubisch den Freunden: „Gelegentlich dacht' ich an das Weitere; allein durch einen auf Erfahrung gestützten Aberglauben, daß ich ein Unternehmen nicht aussprechen dürfe, wenn es gelingen solle, verschwieg ich selbst Schillern diese Arbeit und erschien ihm daher als unteilnehmend, glauben= und tatlos. Ende Dezember find' ich bemerkt, daß der erste Akt der natürlichen Tochter vollendet worden."[21] Wie amüsant der auf Erfahrung gestützte Aberglaube! Diese Art von Aberglaube liebt er sogar: „Der Aberglaube ist die Poesie des Lebens; deswegen schadet's dem Dichter nicht, abergläubisch zu sein."[22]

Im folgenden wird nun vor allem von den „falschen Schrecknissen eines trüben Aberglaubens" die Rede sein. Sie sind es, die das Leben der einfachen Menschen (aber auch der großen Mehrheit der herrschenden Klassen) mit ständiger Angst am Alltag füllen. –

Eine nicht geringere Rolle als die Angst vor der Natur, die bisher vor allem erwähnt wurde, spielt auch die Angst vor den gesellschaftlichen Schrecken des Lebens (in der von uns behandelten Zeit natürlich vor allem auch vor dem Krieg). Dabei tritt jedoch der Aberglaube hinter der Religion an Bedeutung zurück. Die Religion soll im Gegensatz zum Aberglauben Trost spenden: Trost nicht nur gegen die tägliche Sorge, wie die Ernte ausfallen wird, ob man genügend zu essen haben wird, Trost auch gegen die Schrecken des Krieges und der Pest. Trost, in der Tat, gegen alle gesellschaftliche Not und Unterdrückung. Und da Gottes Wege unverständlich sind, schadet es auch nichts, wenn der religiöse Trost zum Teil in einer unverständlichen, in der lateinischen Sprache vermittelt wird.

Seit dem 13. Jahrhundert, seit der Wende in der Haltung einer zunehmenden Anzahl von Kirchenfürsten und Theologen nahm auch der Aberglaube zu. Besonders stark wurden die kirchlichen und auch weltlichen Verfolgungen im 16. Jahrhundert – sowohl unter dem Patronat der katholischen wie auch der protestantischen Kirche. Gab es ursprünglich, seit undenklichen Zeiten, gute und böse Zauberer, so gibt es jetzt nur noch schlechte, gefährliche, mit dem Teufel verbündete Zauberer, allen voran die Hexen, die selten männlichen, fast immer weiblichen Geschlechts sind. Warum vor allem weiblichen Geschlechts? Riezler bemerkt ganz richtig: Die Antwort „liegt in der aus Geringschätzung und Furcht gemischten asketisch=scholastischen Auffassung des Weibes in der mittelalterlichen Kirche. Vor allen dem im Cölibat lebenden Kleriker erschien die Verführung in der Gestalt des Weibes. Die Verführung war aber zugleich der Teufel. So konnten die Begriffe Weib und Teufel ineinander überfließen und wenn

[19] W. Goethe, Sämtliche Werke, Cotta'sche Jubiläumsausgabe, Bd. 38, Stuttgart und Berlin o. J., S. 73 und 76.

[20] Ebendort, Bd. 37, S. 32.

[21] Ebendort, Bd. 30, S. 70f.

[22] Ebendort, Bd. 38, S. 255.

man nach Verbindungen von Menschen mit Teufeln suchte, war es natürlich, daß solche vorzugsweise unter dem weiblichen Geschlechte gefunden wurden."[23] Wahrlich eine „natürliche" Erklärung!

Die berühmteste Hexe, schon im 15. Jahrhundert verurteilt, ist natürlich die Jungfrau von Orléans, die schließlich bekannte, daß ihr ein Schutzengel zur Seite gestanden, der aber von den sie verhörenden Kirchenmännern als ein böser Geist erkannt wurde. Eine der groteskesten Anklagen wurde gegen ein siebenjähriges Mädelchen erhoben. Spielmann berichtet:

„1629 wurde in Marburg ein Prozeß gegen ein siebenjähriges Mädchen, Gertrud Briel, aus der Ketzerbach geführt. Wie dieser Wahnglaube die Seele des Volkes vergiftete und beschmutzte, sehen wir aus dem Geständnis der Kleinen. Das Kind hatte sich beim Spielen mit anderen Schulmädchen verdächtig geäußert, sie könne zaubern, habe es von ihrer Ellermutter gelernt. ‚Seht, so macht man das Wetter', damit hob sie die Röcke in die Höhe. Um noch mehr aus dem Kinde herauszubekommen, versprach die Lehrerin dem Kind ein Goldstück. Es erwidert, es dürfe nichts sagen, ihre Ellermutter, die Preußersche genannt, würde sie sonst hart schlagen. Es bekennt nur noch, daß man, wenn man ein Messer in die Wand stieße, Milch aus der Wand hervorzaubern könne, und daß sie zu Hause die Kühe melkten, daß sie bluteten.

Landgraf Georg beklagt diesen Vorfall aufs äußerste, weil das Laster schon bei Kindern vorzufinden sei. Da das Mädchen noch sehr jung war, hat man aus seinen Reden kein ‚Indicium' nehmen können; die Großmutter, die auch eingezogen wird, hat aber daran glauben müssen."[24]

Die meisten humanen Großen ihrer Zeit verfielen dem Hexenwahn: Paracelsus ebenso wie Dürer, Jean Bodin ebenso wie sein deutscher Übersetzer Johann Fischart, der satirische Dichter und große Bekämpfer der Jesuiten. Ausnahmen waren Agrippa von Nettesheim, Erasmus und Hans Sachs. Luther nahm eine zwiespältige Stellung ein, die den der Hexerei Angeklagten nichts half: „Luther hat zwar den Glauben an Hexenritte und an die Fähigkeit der Hexen, sich in Katzen oder Hunde zu verwandeln, verworfen, aber er hat gelehrt, daß die Hexen Gewitter machen, Krankheiten hervorrufen und vielerlei Schaden stiften, und hat gegen jene, die nicht daran glauben wollten, ausdrücklich polemisiert*. Der kühne Reformator, der das Wort ‚abergläubisch' selbst geprägt hat, war in dieser Hinsicht nicht viel weniger abergläubisch als ein päpstlicher Inquisitor; der Mann mit dem dämonischen Blick, wie ihn Aleander nennt, sah selbst überall das Eingreifen von Dämonen und hat dadurch den Hexenverfolgungen mächtigen Vorschub geleistet."[25]

Während Luther noch relativ gemäßigt in seiner Auffassung von dem Unwesen, das Hexen treiben können, ist, gehen die meisten in Kirche und Volk und Obrigkeit in ihrer hemmungslosen Phantasie weiter. Spielmann stellt mögliche Verbrechen, die Hexen begehen, so zusammen:

„Die Hexe kann jede Gestalt annehmen, nur nicht die des unschuldigen Lammes und die der Taube. Am liebsten erscheint sie als schwarze Katze, Hund, Unke, Kröte, Fliege, aber auch als Rauch (Urgestalt der austretenden Seele).

---

[23] S. *Riezler*, a. a. O., S. 185f.
[24] K. H. *Spielmann*, a. a. O., S. 59f.
[25] S. *Riezler*, a. a. O., S. 128.
* Der zehn Gebote Gottes eine schöne, nützliche Erklärung, 1520, f. b 3ᵛ.

Die meisten der Hexen können sich auch in Alpe und Werwölfe verwandeln.* Sie entbehren jeder Lichtseite; ihr ganzes Tun ist nur darauf eingestellt, Schaden zu stiften. Durch den Bund mit dem Satan haben sie es übernommen, den Christen an Leib und Seele, an Hab und Gut zu schädigen und zu verderben. Es scheint schon fast wider ihre innerste Natur, wenn die Hexen in Schlupfwinkeln Kröten füttern (doch ist dies in den Akten bezeugt).

Die schädigende Macht der Hexen ist groß, und sie gebrauchen sie sehr oft aus Eigennutz (Milchraub). Viel häufiger als der von der Hexe geübte ‚Milchzauber' ist der von der Unholdin auf den Menschen ausgeübte ‚Bosheitszauber', der annähernd alle Verbrechen umfaßt (besonders Vergiftung, Kindesmord und Gotteslästerung). Namentlich quält sie den Menschen als Alp, sie schlägt ihn mit Krankheit, Steifheit des Kreuzes, dem sog. Hexenschuß. Ganz besonders hat sie es auf Säuglinge abgesehen; sie veranlaßt, daß ungetaufte Kinder in Krankheit verfallen und vor der Taufe sterben, auch verwandelt sie sie in Wechselbälge.

Ihre Rachsucht richtet sich vor allem gegen das Vieh des Nachbarn. Kühe geben blaue und blutige Milch; sie beschädigt die Pflanzen und die Saat, den Menschen und sein Eigentum, ja, sie geht in ihrer ‚abgrundtiefen' Bosheit so weit, dem Menschen Ungeziefer, Läuse und Flöhe zu schicken. Sie bewirkt dies schon durch den bösen Blick, auch durch Anspucken, Bannsprüche, Beschenken. Nichts ist vor ihr sicher. Sie dringt sogar durchs Schlüsselloch ins Schlafzimmer und übt hier ihr übles Handwerk aus.

Hiermit betreten wir das Gebiet der Buhlschaft, des Succubus, Incubus und des Geschlechtsverkehrs mit dem Teufel."[26]

Furchtbar war die Angst älterer Frauen, etwa wenn sie Triefaugen oder einen Kropf oder einen stark gekrümmten Rücken oder einen scharfen Blick hatten, als Hexen „erkannt" und angeklagt zu werden. Und die Angst steigerte wieder die Gefahr der Anklage, weil „ihr Wesen" geheimnisvoll wurde. Vielfach allerdings konnten Frauen „gerettet" werden, bevor sie Schaden anrichteten. Riezler schreibt: Der deutsche Jesuit Peter Canisius „erbat sich wegen vieler Fälle von Besessenheit, die er (1569) in Augsburg beobachtet haben will, von seinem Ordensgeneral eigene Verhaltungsmaßregeln und trieb aus Anna Bernhauserin, einer Dienerin im Fuggerschen Hause, zehn Teufel aus. Den letzten freilich erst nach hartem Kampf in der Liebfrauenkapelle zu Altötting. 1584 ward in Ingolstadt eine Predigt von Erledigung einer von 12 652 Teufeln besessenen Jungfrau gehalten und gedruckt."[27] Erstaunlich allein schon die rechnerische Leistung der Zählung der Teufel.

Immer häufiger aber werden die Verbrennungen der Hexen – als Alltagserscheinun-

---

[26] *K. H. Spielmann*, a. a. O., S. 48f.

[27] *S. Riezler*, a. a. O., S. 159.

* *Grimm*, Deutsche Mythologie, Göttingen 1835, S. 621: „Ein Ehepaar lebte in Armut. Zur Verwunderung des Mannes wußte die Frau dennoch bei jeder Mahlzeit Fleisch aufzutragen. Lange verheimlichend, wie sie dazu gelangte, versprach sie ihm die Erklärung, nur dürfte er dabei ihren Namen nicht nennen.

Darauf gingen sie ins Feld, wo eine Herde Schafe weidete.

Die Frau warf sich einen Ring über und wurde augenblicklich zum Werwolf, der sogleich in die Herde fiel und mit einem Schaf entfloh.

Der Mann stand wie versteinert; als er aber die Frau, die durch Hirt und Hund in Gefahr war, bedroht sah, vergaß er seine Versprechungen und rief: ‚Ach, Margret!' Alsbald stand die Frau völlig nackt vor ihm da. (Hessische Volkssage)."

gen! Im zu Fuß erreichbaren Umkreis konnte man in manchen Gegenden jeden Monat eine Hexenverbrennung erleben. Bisweilen dauerte es ein halbes Jahr, bis eine Verbrennung erfolgte, aber dafür waren es dann gleich mehrere Frauen, die so umgebracht wurden.

Im 17. Jahrhundert erreicht der Aberglaube seinen Höhepunkt, und nie haben wohl die Menschen in Deutschland in so viel unsinniger Angst gelebt wie in dieser Zeit. Roth führt wohl nicht mit Unrecht die Tatsache, daß der Aberglaube einen neuen Höhepunkt erreicht, auf den Dreißigjährigen Krieg zurück – auch wenn die Religion als Mittel gegen seine Folgen eine so große Rolle spielt. Er schreibt:

„Der Umgang mit dem rohen Kriegsvolk trug zur Verwilderung der Sitten bei. Hand in Hand mit dieser Lösung der äußeren Formen ging der Zerfall des Geistes. Was vor einem Jahrhundert der Humanismus für die Wissenschaft, die Reformation für die Religion geleistet hatte, schien mit einem Schlage durch die elementaren Ereignisse vernichtet. Alle mühsam erworbenen Erkenntnisse gerieten ins Wanken. Der Schrei nach dem gerechten Gott ging ungehört unter in dem Gebrüll plündernder Landsknechte. Unerklärliche Himmelserscheinungen kündeten dem verschüchterten Volke neues Unheil. Einer stachelte immer des anderen Furcht von neuem auf, indem er von unerhörten ‚ominibus'* und ‚portentis'** zu erzählen wußte. Bald blieb es nicht bei der ängstlichen Beobachtung des Himmels: schon sah man in jedem irdischen Ding, das von dem gesetzmäßigen Lauf der Natur irgendwie abzuweichen schien, ein übles Vorzeichen. Über Mißgeburten, Blutregen, Wintergewitter, merkwürdige Überschwemmungen, wahrsagende Träume usw. entstand eine Literatur, von deren Eigenart und Ausbreitung wir aus Praetorius*** eine Vorstellung gewinnen können. Neben diese Hochflut des Wunderglaubens tritt der Glaube an böse Dämonen und ihre menschlichen Werkzeuge, die Hexen, erneut in den Vordergrund; denn irgendwoher mußte doch das Unheil kommen! Während sich so das Volk seine Gedanken machte, durften die Geistlichen auch in den Zeiten schwerster Not das Regiment Gottes nicht preisgeben. Dem Teufel und seinen höllischen Dienern allein die Schuld in die Schuhe zu schieben, hieße die Allmacht Gottes zerstören. So verhilft der 30jährige Krieg dem Vergeltungs- und Strafgedanken zu neuem Einfluß auf das religiöse Empfinden. Lehmann ist bestrebt, alle Begebenheiten des Lebens in Beziehung zur göttlichen Erziehung des Menschengeschlechtes zu setzen.

Neben dem Drang, das kommende Unheil rechtzeitig zu erfahren, spielt die Möglichkeit es abzuwehren, eine entscheidende Rolle. So gesellt sich zum Nativitätenstellen die sog. Festmachung oder Induration.† Hinzu kommen alle erdenklichen abergläubischen Mittel und Kuren. Jahrhundertelang mit wachsendem Erfolg bekämpft und in die fernsten Winkel zurückgetrieben, werden sie jetzt von ratlosen Gemütern, die verzweifelt um ihr Leben bangen, wieder ans Licht gezerrt."[28]

Nirgends ist man vor bösen Zeichen, vor bösen Geistern sicher – weder im Hause noch bei der Arbeit, weder auf dem Felde noch im Walde noch auf dem Wasser, weder am Tage noch in der Nacht, weder in der Jugend noch im Alter –

---

[28] *Fr. Roth*, a. a. O., S. 46.

   * Vorzeichen.

  ** Unheilsankündigung.

 *** Johannes Praetorius (1630–1680), Verfasser von Schriften über Rübezahl, Hexen usw.

  † Anwendung geheimer Mittel, um jemanden gegen Hieb, Stich und Schuß zu sichern.

und all die schrecklichen Erzählungen werden mit Namen und Ort und Zeit belegt, oft von Bekannten und eigenen Familienmitgliedern –

wie soll man sie da nicht glauben, wo doch andere Ursachen der Angst wie die Schrecken des Krieges und die Folgen der Pest auch so real und deutlich bemerkbar sind!

Moscherosch gibt eine seitenlange Liste von abergläubischen Warnungen, von denen wir nur einige zitieren, die zeigen, daß man wirklich den ganzen Tag auf der Hut sein muß, um nicht ins Unglück zu geraten; doch kann man sich, wenn man aufpaßt, auch manches Glück verschaffen[29]:

„Wer sich anziehet soll zu erst den rechten Hosen / im außziehen aber den lincken hosen nehmen. Ist gut für das Zipperlein.

Wann eine Magd gesotten Milch oder Päppe auß der Pfannen isset / so regnet es bald / und sie bekomt einen Mann der sieht so sur (sauer) wie surkraut.

Wann man über ein Kind schreittet / so wachset es nicht mehr / man schreitte dan wider zuruck.

Welche Magd den Hoßbändel auf der Gassen verlieret / die hat einen vntrewen Buhlen / das ist / er gibt ihr gut Wort ins Maul / aber sein Hertz ist wie Surkrutt: sagt der Wälsch Compere Thibaut.

Wem ein Haaß (Hase) auf dem Weg begegnet / der kehre sich dreymal vmb / sonst widerfähret ihm Unfall.

Wer einen Storck zuallererst siehet kommen / und heißt ihn willkom seyn / dem thut das gantze Jahr kein Zahn wehe.

Wer ein new Messer kaufft / soll den ersten Bissen / den er damit schneydet / einem Hund zuessen geben / so verleurt er das Messer nit.

Wann ein Vieh böse augen hat / man hencke jhm ein schnur mit Würtlein an / es wird helffen im namen der H. Ottilia.

Wer Erbsen oder Bonen isset / und selbige Woche dergleichen säet / dem gerathen sie nicht.

Ists nicht wahr: Wann ein Weib außer der Kindbeth gehet / und nicht newe Schuh an hat / so muß hernach das Kind / wan es gehen lernet / gefährlich fallen?

Wer am Fasten=Dienstag morgens nüchtern badet / der bekompt das Jahr kein Ruckenwehe.

Wer am Freytag seine Nägel und Haar abschneidet / der hat kein Ohren= noch Augenwehe zuförchten."

Wie furchtbar real die Angst vor den Gestalten des Aberglaubens ist, zeigt folgende Geschichte: „1647 Tags vor Himmelfahrt pflückten 15 Schulmägdlein hundert Schritte hinter der Schule Blumen, um damit den Chor der Gewohnheit nach zu bestreuen, darüber erschreckt sie ein Schulknabe in Gestalt eines Gespenstes, daß sie theils krank worden, des Pfarrers Lehmanni Töchterlein Martha Sophia von 7 Jahren gar darüber sterben müssen."[30]

Schrecklich auch die durch Foltern oder Angst vor ihnen erpreßten Geständnisse über die bösen Geister. „Hexen" wurden gequält, bis sie die übliche Frage, ob sie mit dem Teufel geschlafen hätten, bejaht hatten. Und nachdem sie das getan, wurden sie

---

[29] Vgl. *H. M. Moscherosch* von Wilstätt, Gesichte Philanders von Sittewaldt, Erster Theil, Straßburg 1650, S. 479, 481–483.

[30] Zitiert bei *Fr. Roth*, a. a. O., S. 13.

um Details dieses Vorganges befragt. Und wieder und wieder befragt, bis sie keine Einzelheiten mehr erfinden konnten. Und solche Berichte über den Beischlaf mit dem Teufel, über dessen Tricks dabei, wurden dann als durch Zeugen gesicherte Aussagen kolportiert. Erstaunlich mag uns der Inhalt solcher Aussagen heute erscheinen. Doch daß man ähnlich unsinnige Aussagen auch in unserem Jahrhundert erpreßte und wie sie geglaubt wurden und werden, wissen wir nur allzu gut.

Wie furchtbar grausam die Bestrafung von Zauberei, zeigt eine schlimm reale Schilderung aus Christian Lehmanns Epistelsammlung betreffend einen Totengräber, dem man Pestzauberei vorgeworfen hatte: er „wurde peinlich angezogen, wolte aber nichts gestehen, biß ihm der Scharfrichter die Fußsohlen aufschnitte und dieselben mit einer Pechfackel wie eine Speckschwarte sengete. Dieser Pestzauberer wurde mit dem Rad jämmerlich zerstoßen und dann ins Feuer geworfen. Ob ihm nun wohl waren Arme und Beine zermorschet, auch das Genicke und Hertz eingeschlagen, sprang doch der verzweifelte Körper wieder aus dem Feuer. Wart, sagte der Scharfrichter, hastu noch nicht genug? Ich will dir mores lehren, zog den gerädeten Leib mit den Feuerhaken an sich, hieb ihn in vier Stücke und warff diese wieder ins Feuer, sagende: nun wirstu mir nicht mehr entlauffen; brannte ihn also zu Pulver und ließ die Asche in Bach tragen. Der leidige Satan richtete drauf einen Alarm an, indem er in Gestalt des Hingerichteten ohne Kopf des Nachts in der Stad, und auf dem Richtplaz eine zeitlang großes Schrekken verursachte, als ein Fleischhacker ohne Kopf Schweine vor sich her trieb, daß auch die Wächter nicht mehr bleiben wolten."[31]

Doch bisweilen zeigte man auch „Milde" – in Einzelfällen wie im Strafvollzug.

Über einen Einzelfall von „Milde" berichtet Riezler: „Die meisten der verbrannten Hexen waren alte und arme Weiber. Ursula Prandnerin von Mittenwald gab ihr Alter auf 94 Jahre an. Nachdem man dieser durch die Folter die ersten Bekenntnisse auf Teufelsbuhlschaft, Verleugnung Gottes, Hingabe an den Teufel, Empfang der Hexensalbe erpreßt hatte, wird wegen ihres Alters und ihrer Schwachheit gnädig ‚eingestellt noch andere notwendige Punkte von ihr zu erforschen'."[32] Aber selbstverständlich wird die alte Frau verbrannt, da sie ja gestanden hat, sich mit dem Teufel im Bett auf eifrigste Weise vergnügt zu haben – nur die weitere Marter wird eingestellt.

Die „Milde" im Strafvollzug kommt auch darin zum Ausdruck, daß zwar zum Beispiel alle, die den Teufel direkt anrufen oder anbeten, lebendig verbrannt werden, wer aber das nur „indirekt" getan hat, wird zuerst enthauptet, hat also keine Schmerzen mehr bei der nachfolgenden Verbrennung. Was für edle Nuancierungen!

Daß unter solchen Umständen Denunziationen immer üblicher werden und entsprechend sich die Angst vor ihnen verbreitet, ist nur allzu offenbar. Denunziationen teils aus Gehässigkeit, Rachsucht, Neid – aber auch solche aus ehrlicher „religiöser" Überzeugung. Man weiß nicht, welche die schlimmeren sind. –

Wir hatten schon auf die zwiespältige Rolle des Teufels als Gestalt der Religion und des Aberglaubens hingewiesen. Sie wird besonders deutlich bei Luther. Schindler zitiert: „Luther erzählt in seinen Tischreden: ‚daß ein Pfarrer zu Siptitz bei Torgau wohnend zu ihm wäre kommen, klagend heftig, wie daß der Teufel des Nachts ein poltern, stürmen, schlagen und werfen in seinem Hause halte, daß er ihm auch alle seine Töpfe und Schlüssel oben an den Kopf hinwürfe und die zerbreche, plaget ihn und lachet sein

---

[31] Zitat aus dem Manuskript der Epistelsammlung Christian Lehmanns nach Roth, ebendort, S. 80.
[32] *S. Riezler*, a. a. O., S. 179.

noch dazu, daß er oftmals den Teufel lachen höre, er sehe aber nichts.' Ferner erzählt derselbe von Simon, Superintendenten zu Born, der zu ihm gekommen und von einer Bürgersfrau berichtet, ‚die der Teufel mit Gepolter und Getümmel zu Nachts im Hause vexirte und plagte.' Weiter erzählte Luther: ‚Im Anfang meiner Lehr, da das Evangelium anging, da legt sich der Teufel selbst darein und ließ nicht gern ab vom Poltern, denn er hätte zu Magdeburg das Purgatorium und den Discursum animarum gern erhalten. Nun war allda ein Bürger, dem starb ein Kind, dem ließ er nicht Vigilien und Seelmeß singen, da fing der Teufel ein Spiel an und kam alle Nacht um acht Uhr in die Kammer und winselte wie ein jung Kind; dem guten Mann war darüber leid, wußte nicht, wie er thun sollt, da schrieen die Pfaffen: Ei, da seht ihr, wie es geht, wenn man nicht Vigilien hält, wie thut da armselige Seelgen? Darauf schickt der Bürger an mich und ließ mich um Rath fragen; da schrieb ich ihm wieder, er solle keine Vigilien und nichts halten lassen, denn er und das ganze Hofgesind sollten gewiß glauben, daß es der Teufel wäre, der solches anrichtete. Das thaten die Kinder und das Gesinde, und verachteten den Teufel; da war er kein Kind mehr und wurde ein Polterer, stürmte, warf und schlug und that scheußlich, und ließ sich oft sehen wie ein Wolf, der da heulet.' Da er nun vollkommen verachtet wird, bleibt er aus. Und von sich selbst erzählt Luther, er habe auf der Wartburg einen Sack mit Haselnüssen verschlossen; ‚als ich des Nachts zu Bette ging, zog ich mich in der Stuben zuvor aus, löscht das Licht aus, ging in die Kammer und legt mich zu Bett, da kommt mir ein Poltergeist über die Nüß und hebt an und quitzt eine nach der andern an die Betten mächtig hart, rumpelt mir am Bett, aber ich frag nichts darnach. Wie ich nun ein wenig einschliefe, da hebts an der Treppe ein solches Poltern an, als würf man ein Schock Fässer die Stiegen herab, so ich doch wohl wußte, daß die Treppe mit Ketten und Eisen wohl verwahret war, daß Niemand heraufkonnt, dennoch fielen so viele Fässer herunter; ich stehe auf und gehe auf die Treppe, will sehen, was da sei, da war die Treppe zu.' Einer Frau von Perlepsch, die Luthern auf der Wartburg besucht, geht es eben so; es poltert, als ob tausend Teufel in der Stube wären."[33]

Das schlimme ist nur, daß der Teufel sich in seiner Aktivität nicht nur auf große Gottesstreiter beschränkt, sondern auch die einfachsten Menschen im Alltag plagt – und in vielfachster Gestalt. Roth zitiert aus den Collectanea autographa von Christian Lehmann: „Das ist gerade die List des Teufels, in scheinheiliger Maske die leichtgläubigen Menschen zu betrügen. Die ganze Natur wimmelt von Dämonen. ‚Am allerunheimligsten machen dies ohne das wilde Obererzgebirge die bösen Geister, Spectra, Wald-, Feld- und Grubenteufel, Ungethüme, Gespenster, Irrwische und andere Kobolte, welche die Leute in Wald und Feld, auf dem Wege und sonsten verführen, bethören, erdrücken und umbbringen' (Coll. 257)."

Ja, nicht nur tritt der Teufel in allermöglicher Gestalt auf. Er scheint auch eine Kampagne gegen sich selbst als existierendes Wesen vorzunehmen, um die Menschen zu täuschen. Wie immer mit konkretem Beispiel warnt Lehmann davor, nicht an den Teufel, nicht an Gespenster zu glauben. Wer nicht abergläubt, ist kein echter Gläubiger, möchte man sagen: „Obgleich heute zutage von vielen nicht geglaubt werden will, dass Gespenster seyn, sondern solches entweder der Furcht und Einbildung oder verwirrter Verstand wie auch Blendung des Gesichts und boßhaffter Leute Betrug und Aeffung und andern Ursachen zugeschrieben wird, jedoch werden sie durch die Erfahrung widerleget,

---

[33] *H. B. Schindler,* a. a. O., S. 34f.

da sich solche Sachen zugetragen, welche sie mit angeführten Ursachen nicht alle mahl ausmachen lassen, sondern etwas mehrers hinter sich haben, von welchen etliche Exempla angeführet werden sollen."[34] Und dann werden Beispiele von Gespensterbegegnungen von Christoph Kaiser, einem Müller zu Blumenau, von einem Fleischhacker in einer Schenke mit Ort- und Zeitangabe usw. gegeben.

Eines der erstaunlichsten Zeitdokumente, das ich gefunden. Doch muß es zweifelhaft erscheinen, gegen welche „Ungläubigen" Christian Lehmann hier wettert. Sicher nicht gegen die einfachen Bauern, vielleicht gegen Einflüsse städtischer Pfarrer? sicher nicht gegen die Handwerker und ihre Gesellen wie Lehrlinge. Jedenfalls hat Roth völlig recht, wenn er von Lehmann schreibt: „Nicht oft genug kann er davor warnen, die Bedeutung der ‚Spectra' gering anzuschlagen oder gar zu leugnen. Einem Bekannten, der in seinem Buche zweifelnd fragt: ‚Obs epper eppes entzoot von Heckmännle in diesen Orten gäbe?' antwortet Lehmann: ‚So schreibet Ihr unverschämt ins Gelack hinein ... Ich rate Euch, mit dergleichen Dingen nicht mehr herauszuplatzen' (Ep. S. 130). Der Zweifel an ihrer Realität kann schweres Unglück nach sich ziehen. Ebensowenig darf man die Geister verspotten: ‚Wie es eine Halsstarrigkeit ist, Gespenste verneinen, also ists auch eine große Vermessenheit, selbige zu provozieren oder zu näcken; ... mancher Waghals hats nicht gedacht, daß ihm ein Gespenst schrecken könne, und hats dennoch mit erzitterlichen Grausen erfahren müssen' (Ep. S. 304)."[35]

Wald- und Berggespenster sind häufiger als Feldgespenster, weil die Wälder auch am Tage „allein und dunkel" sein können und weil die Berge voll „merkwürdiger Geräusche und Gefahren", erst recht natürlich in den Stollen, sind. Die Gespenster sind sowohl männlichen Geschlechts wie weiblichen, sind sowohl menschlicher wie tierischer Gestalt. Bisweilen sind es auch gespenstische Gestalten von Toten – insbesondere natürlich auf Friedhöfen, aber im Dreißigjährigen Krieg natürlich auch auf den tausenden kleinen Schlachtfeldern und erst recht auf den großen.

Menschen werden behext, aber auch Tiere, vor allem das wertvolle Vieh des Bauern.

Und gegen alle diese Schäden, die der Teufel und seine Geister anrichten können, gibt es Mittel, die man sorgfältig anwenden muß. Vergeßlichkeit kann hier furchtbares Unglück anrichten. Meyer schreibt: „Da sich der Gerechte bekanntlich auch seines Viehes erbarmt, so war es selbstverständlich, dass man den Stall so viel als möglich durch allerlei Mittel von Viehseuchen und deren vermeintlichen Urhebern, Hexen, bösen Geistern u. dgl. zu schützen suchte. Man hielt dieses Verfahren wohl darum für besonders nöthig, weil die Hausthiere erstens so nützlich waren, dass man kein Mittel zu ihrer Erhaltung scheuen wollte; und zweitens, weil dieselben theils wegen Mangel an Einsicht theils aus Mangel an Freiheit nicht so leicht wie der Mensch für sich selber sorgen konnten. Man nahm also Wachstropfen, welche von dem obern Theil einer am Osterfeste geweihten Kerze stammten, und formte aus denselben durch Zusammensetzung kleine Kerzchen. Nun stand man am Sonntag in der Frühe auf, zündete die Kerzchen an und liess von denselben einzelne Tropfen den Thieren auf Hörner und Ohren fallen, mit dem Reste des Wachses aber machte man ein Kreuz über die Stallthür. Ferner war es Sitte, am Walpurgistage drei Löcher über die Thüre des Kuhstalls zu bohren und diese mit zu bestimmten Stunden gegrabenen Wurzeln auszufüllen, wodurch man Unholde und Hexen ebenfalls abzuhalten glaubte; das nämliche geschah wohl auch am

---

[34] „Schauplatz", a. a. O., S. 948.
[35] *Fr. Roth*, a. a. O., S. 57.

Tage der Apostel Philippus und Jacobus. Zum Schutze der Schweine schnitt man den Namen des heiligen Blasius, des Schutzpatrons der Hirten, in den Hirtenstab ... In Ostpreussen bedienen sich die Bauern der Bärenführer oder vielmehr ihrer Bären, um sich zu versichern, dass ihre Ställe in Ordnung seien. Der Bär weigert sich nämlich, behexte Ställe zu betreten, während er in nichtbehexte geht."[36]

Natürlich rankt sich Aberglauben der verschiedensten Art auch um den Bau des Hauses, sei es die ärmste Hütte oder das größte Bauernhaus. Meyer berichtet folgenden grotesken Brauch: „Im Fürstenthum Lippe herrschte der Glaube, zu einem neuen Hause gehöre dreierlei Holz, gekauftes, geschenktes und gestohlenes; die reichsten Bauern, welche Ueberfluss an eigenem Holz hatten, pflegten daher regelmässig, wenn sie bauten, einen Baum zu stehlen; hernach gingen sie vor Gericht, bekannten ihren Diebstahl und bezahlten ihre Strafe."[37]

Das heißt, man hatte nicht nur dauernd Angst vor allen möglichen bösen Geistern, sondern auch davor, daß man nicht genau genug alle Mittel gegen sie anwandte.

Ganz richtig schreibt Meyer, uns so wieder an Gustav Freytags eingangs zitierte Worte erinnernd: „In dieser Weise war beinahe das ganze Menschenleben vom Glauben an eine Unzahl bedeutsamer Umstände umgeben, deren Beobachtung für unerläßlich galt, und deren Vernachlässigung unter Umständen schlimme Folgen haben konnte. Nicht mit Unrecht sagt daher ... Männling*: ‚Wer allen Aberglauben zusammen will fassen, der würde meines Erachtens mehr Papier beschreiben, als Madagascar dazu Laub in einem Jahre könnte steuren'."[38]

Konnte man sich an die Angst gewöhnen? An „sündhaftes Tun" und die Angst vor der Hölle durchaus, soweit man gesund und nicht sensitiv war; um so stärker die Angst vor der Hölle, wenn man ernstlich erkrankte. Aber das, was wir hier als Aberglauben gekennzeichnet haben, war doch wohl ständig irgendwie wirksam. Gegen die Angst aus Aberglauben stumpft man nicht ab. Das beweist eigentlich auch der heute noch bisweilen herrschende echte Aberglaube bei einer Reihe von Menschen – etwa beim Umwerfen eines Salzfasses ... und wie viele klopfen auch noch auf Holz?

Doch wird in der hier behandelten Zeit die Angst nicht nur aus dem Aberglauben, der wieder vielfach der Unsicherheit der Natur gegenüber entspringt, gespeist. Ein Teil der Angst hat einen erschreckend realen und soliden Grund: die Furien des Krieges und die Pest.

Die Pest wird zum Teil durch die Soldaten verbreitet, zum Teil durch vor ihnen Flüchtende, zum Teil durch friedlich Reisende, zum Teil entspringt sie „ohne Grund", „eine Strafe Gottes", ganz plötzlich originell an einem von Auswärtigen, von Wanderern unberührten Ort.

Ihre Wirkungen sind furchtbar. Scriba schilderte sie für Obermossau im Odenwald. Das Dorf hatte zu Beginn des Dreißigjährigen Krieges 28 Häuser. 1623 waren noch 25 von ihnen bewohnt, drei standen leer, da die Soldaten 3 Bauern erschlagen hatten. In diesen 25 Häusern wohnten 120 Menschen. Da traf sie die Pest, und 23 Menschen, rund ein Fünftel, starben. Nach der Pest kam wieder der Krieg und 1635 lebten in dem Dorf nur noch 3 Männer und 2 oder 3 Witwen. Nach wenigen Jahren waren Wiesen wie

---

[36] C. Meyer, a. a. O., S. 251f.
[37] Ebendort, S. 225.
[38] Ebendort, S. 232.
* J. Chr. Männling, „Denckwürdige Curiositäten", Frankfurt und Leipzig 1718, S. 334.

Äcker wüst und die Häuser zum Teil abgerissen – zum Aufbau anderer Häuser in Nachbardörfern.[39]

Wie oft gehen Pest und Krieg zusammen! Christian Lehmann in seiner Chronik des Dreißigjährigen Krieges berichtet von einem Überfall auf Schneeberg (1631) kurz und bündig: „Von den bürgern, beschedigten und erschreckten weibsvolck starben ihrer viel, sonderlich fiel auch die Soldatenkranckheit und Pest mit ein, daß diesen herbst bey 2000 starben, und Schneeberg ziemlich lehr wurde."[40]

Manchmal sendet nach des Pfarrers Lehmann Meinung Gott auch die Pest als Gnade, ja auf Grund des Gebetes eines Gottesmannes. So berichtet er, nachdem die katholischen Soldaten Chemnitz überfallen hatten: „Der Seelige Herr Superintendens zue Chemnitz bate Gott und wünschte, daß Er seine Pfarrkinder durch die Pest den Papisten abreißen und hinnehmen wollte, das ist geschehen, Die Soldaten haben so geschwinde seuchen hinder sich gelaßen, daß in Chemnitz Der Superintendens selbst mit 2700 inwohnern weggestorben, darunter 800 eheleute getrennet worden. Dergleichen geschahe zu Penick, daselbst der Superintendens auch und beynahe die gantze Stadt ausgestorben."[41] Besser tot von der Pest als ein Papist.

Auch 1633, bei dem Einfall des kaiserlichen Generals Holck in Sachsen, erweist sich die Pest als ein Segen bzw. eine Strafe Gottes. Lehmann berichtet: „Diesen einfall hießen die Feinde die Leipziger Meße, drauf Sie gezogen wehren, hatten aber ubel eingemarckt Gottes straffe, Pest, schrecken und den bittern todt, daran von Altenburg her biß Eger und durch Rittersgrün biß in Jochimsthal so viel verrecket, daß (Sie) in einer offenen feltschlacht und grosen Niederlage kaum So viel hetten einbußen sollen. ... Den in den Rückmarch hatten sie keinen feindt oder verfolger, anstoß oder verhindernuß alß die Pest und den Schwedischen Obristen Dupadel, der in Vogtland dem Crabaten = Obristen Paul Orosi eingefallen, ihne Selbst niedergehauen und 500 Pferde von seinen Regiement bekommen ... Jedoch weil sie sahen, daß ihr Volck von der Pest so vergiftet hinfallen muste, das an dem March durch die Rittersgrün ubern Walt offt 5, 10, 15 und mehr krancke und tode gelegen, wurde sie so furchtsam und erschrocken, daß Sie selten auß den March den Leuten nachsezten oder so keck wahren wie in anfang, auf den wald zu reitten, sondern wo sie leute sahen mit axten oder rohren gehen oder hörten die bauern uff sie schreien, eilten und rißen Sie auß, ließen oft viehe und andres dohinden. Viel von denen krancken sindt durch die Rittersgrün, ehe Sie uber den Pas kommen, in die Pusche und untter die beume gekrochen und doselbst gestorben und nebenst denen, so am wege todt liegen blieben, von raben, fuchsen und hundten gefreßen worden. Es wahren die hunde in der Pehle und Rittersgrün, die von toden Corpern gefreßen hatten, so wilt und beißig, daß Sich umb des Eschers und Arnolds hemmern kein mensch durfte sehen laßen oder alleine gehen. Gottes wundergerichte sahe man an diesen landräubern und kirchendieben, die die Gottesheußer ohne Untterscheit geplündert, kelche und ornat geraubet und in großer Menge mit sich führten; die sahe man reiten theils in Mesgewanden, theils in Priesterröcken; do halfe nichts, daß Sie solche tröster bey sich hatten. Sie musten Nur an der Pest ersticken und im Wald liegen bleiben und oft einem ihre beute, ders nicht gemeinet, hinderlaßen. Do lag einer mit einen karten-

---

[39] Vgl. *F. Scriba*, Das Kirchspiel Mossau in und nach dem 30jährigen Kriege. Hessische Chronik 19, 1932.

[40] *Chr. Lehmann*, Das sächsische Erzgebirge im Kriegesleid. Hg. von Dr. Bönhoff, Annaberg 1911, S. 37.

[41] Ebendort, S. 54.

blat in der handt, der andere mit einer tabac=Pfeife, der dritte reckte ettwan eine handt oder fuß in kot und march herauß von Pferd und wägen, die uber ihn gegangen, zermorschet und zue nichts getretten. ... Dieses jahr regirte zwar die Pest in ganz Germania und hatte Sich auf die jährige Kriegspreßuren in Meißen und Böhmen und in diesen gebirgen auch erreget, daß Sie von Junio biß in winder rumorte. Dennoch hatten dieselbe die Soltaten, die aller ortten in inficirten Stedten geplündert und die Pest mit hatten eingepackt, sie vermehren helffen, und halfe nicht wenig darzue die furcht, angst und erschrecknuß uber den einfall, der abgang und armut der leute in der benachbarschafft, die mit ihren viehe und wenig mobilien den gantzen Augustum durch uff den Wäldern lagen, sich verzehreten, Schwemmen und beere und andere Waltfrüchte fast ohne salz und schmalz hinein aßen und dardurch schedliche seuchen erweckten, darvon in Gründstedler kirchspiel 50, in Breittenbrunner kirchspiel 146, in Schwartzenberger kirchspiel 316 Menschen sindt gestorben. Die Gemeine umbher wahren 18 wochen lang zerstreuet, die heußer wüste kriegs und sterbens wegen, daß mancher Wirth an gebirge binnen 3 virtel jahren uffn wilden wald gelegen und in seinem hauße nicht gewohnet hatte. Schwarzenberg wahr wüste und öde, ohne Fenster und öfen und ohne Menschen außer den kayßerlichen Soltaten und besazung und ezlichen wenigen bürger, die ihr leben wagten, vor die Soltaten kochten und bier schenckten."[42]

Der letzte Teil des Berichtes schildert, wie die Bauern, vor den Soldaten flüchtend, viele Monate in den Wäldern verbringen, zum Teil auch im Winter, in jedem Fall schlecht genährt, oft hungernd, immer voller Furcht und im geschwächten Zustand der Pest und ihren Folgen geringsten Widerstand entgegensetzend.

Bisweilen versuchen die Bauern auf obrigkeitlichen Befehl oder aus eigenem Willen, den Soldaten mit der Waffe zu begegnen. Zumeist aber fliehen die Bauern, wenn sie können. Eine ganz konkrete Schilderung solch eines „Fluchtlagers" gibt Lehmann: „Der Schwedische Obrist Hans Wachmeister lag mit seinen Regiement in Caden, deßen Maußer machten das gantze gebirg fertig. Den weil sie an der Elbe nicht mehr streiffen kundten, fielen Sie uber das gebirg in Meißen und Vogtlandt und preßeten gelt, viehe, victualien herauß und raubten, was Sie kunten, darvon große furcht und erschrecken entstunde, daß die gebirger, so was zue verzehren hatten, mit ihren mobilien, viehe und menschen in die Städte wichen und die traffen es am besten, die armen und das bauersvolck, die mit den Viehe und futter nicht untterkommen kunten, salvirten Sich in hartten winder auf die Böhmischen Walder, nechsten Hämmer und Waltheußer, so lang sie doselbst sicher wahren, endlich auf den wilten Walt; ihre heußer wahren dicke beume, hutten von Reißig mit bretten, schindeln oder tüchern bedeckt, daß weder vor regen noch stöbern half, theils nahmen ihre Zueflucht zun Felsen, krochen in der füchse und beeren hohlen und wahren alda sicherer vor den wilden thieren den vor den feinden. Dorneben stunde das arme viehe, welches vor frost und hunger verschmachtete, weil mann wegen stetter Unsicherheit wenig futter hinauß schaffen kundte. Doheim hatten die Menschen ihre mobilien in faßen und laden gefaßet in die keller geschaffet und vermauren oder in die Schächte verstecken laßen, das Samgedreit verborgen in steinmauern, in schlackenhaufen, in Waltgruben, Zien und bücher in die brunnen und beinheuser, die Kirchen=Cleinodien, kelche etc. in die anzuchten, in die gräber und untter den Mist, so noch von vorigen Marche in Pfarr- und Kirchenheußern lagen, den Handwerckszeug untter die Ufer an bächen in Wald und auf die beume, der Weiber

[42] Ebendort, S. 71ff.

kleidungen in die hohlen beume, oben mitt Mooß zugedecket. Do lagen gantze Com-
munen bey einander wie ein heerlager, die gründtner, Sehmer, Waldersdörfer, Crotendörfer, Scheibenberger, 3 wochen in hunger und kummer, in furcht und angst, in stünd-
licher gefahr tag und nacht und wurden entlich Der feinde beute."[43]

Drei Wochen in Hunger und Kummer, drei Wochen in Furcht und Angst!

Erschreckend konkret sind die Schilderungen der Grausamkeiten, die Lehmann gibt.
Nur eine sei als Beispiel zitiert: Die Soldaten marschieren in Königswalde ein, „handeln
grausam darinnen, brennen weg die Kirche, Pfarr= und Schulwohnungen, 2 Erb= und
lehngerichte, 4 stattliche Mühlen, 9 Erbgüter und 5 gartten=heuser, plundern alles
durch, prügelten den Müttern die kinder in armen zue todt, fuhren den Müttern so ubel
mit, daß ihnen die Frucht abginge. Maria, Hans Nestlers Wittbe, verbrande mit; Jacob
Müller starb vor erschrecknuß. Den Weibern schlugen Sie die arm entzwey, und hatte
manche 3, 4, 5 wunden. Christoph Bretfelden hatten Sie den halß halb entzwey, ein
stück von kopf eine handt breit und mit einen spitzhammer in Nacken gehauen, Michel
Leflern mit den Beil den rücken durchgehauen, daß man das herz im leibe liegen sehen.
9 Personen, Darunder 2 Weiber, sind flux todt geblieben, ohne was nachgestorben, und
darmit Sindt Sie wieder wohl besackt darvon gezogen."[44]

Jacob Müller starb vor Schrecken – er brauchte nun keine Angst mehr zu haben.

Was für eine Zeit wahrlich berechtigter Angst vor dem, was die nächste Stunde, der
nächste Tag, das nächste Jahr bringen möge! Eine Angst, die noch dauernd durch wilde
Gerüchte und unsinnige Zeichendeutungen geschürt wurde.

Eine Angst, die die Dauer des Krieges schier ewig ausdehnt. Im Jahre 1647 heirateten in Mantlach, im Fürstentum Ansbach, zwei schon zuvor Verehelichtete, die jeder
unmündige Kinder in die Ehe mitbrachten. Sie machten einen Vertrag, der Geldbeträge
für die Kinder bei deren Verheiratung aussetzte. In den Vertragstext wurde nun folgende Klausel aufgenommen (Verhörprotokoll, Titting, 535, 10 v, 1647):

„Drittens, da wider alles verhoffen in anno 1658 [in dem die Zahlung vorgesehen
war] die jezt noch wehrende verderbliche kriegsleuf noch nit solten ein ent genommen haben und noch in solchem ybelstand sein, ist abgered und beschlossen worden,
daß uf solchen erfolg sowohl der haubtsumma als auch der fristen halbern ein ander
mitel soll gemacht werden, seitenmalen allein uf den solang erwinschten lieben friden
gehandelt worden.

Viertens, weilen zue diser zeit durch das kriegsvolk alles bett und leinwat gewand, auch
schreinwerk und anderer hausrat ganz verkommen, also ist disfals nichts, sondern desto
mehr an gelt verschafft worden."[45]

Nach 30 Jahren Krieg sahen diese beiden Menschen vor ihrer Heirat die Möglichkeit
einer weiteren Dauer des Krieges von zehn und mehr Jahren voraus.

Wahrlich niemals wohl wurden die Angst vor dem, was der ständige, was der All-
tagskrieg bringt, und die Furcht davor, daß der Krieg scheinbar nie aufhören würde,
so hoffnungslos deutlich dokumentiert.

Und zu dieser Alltagsangst vor dem Kriege kommt die ständige Angst vor dem, was
wir in dieser Zeit den „Friedens- oder Ziviltod" nennen können. Die Angst allgemein
vor dem Tode und bei den Kindern vor allem auch vor den Toten. Wie viele Kinder

---

[43] Ebendort, S. 124f.
[44] Ebendort, S. 49.
[45] K.-S. *Kramer*, a. a. O., S. 327.

haben, nicht nur im Kriege, die Mutter sterben und tot gesehen – etwa im zweiten oder dritten oder sechsten Kindesbett. Sie, die ihnen von allen Menschen am vertrautesten war, ihnen am nächsten stand, lag nun leblos und starr vor ihnen. Was für eine schreckliche Wandlung war mit ihr vorgegangen? und nun sollte man das Leben ohne sie, ohne ihren Schutz, ohne ihre Anweisungen weiterführen? Und konnte einem selber nicht auch der Tod passieren? Gab es nicht Geschwister, die wie die Mutter im Kindbett starben, neben ihr liegend? und auch Gespielen der kostbaren Freizeit, in der man nicht zu arbeiten, nicht bei diesem oder jenem zu helfen hatte?

Doch auch die Erwachsenen hatten ihre Todesängste – oft wie vor einem Examen heute. Was würde Gott zu ihrem Leben sagen? würden sie in die Hölle kommen oder ins Fegefeuer oder würden sie Glück haben und direkt in den Himmel eingehen? Auch die Priester, auch die Religion verursachten Todesangst oder Angst, was nach dem Tode geschehen würde.

Angst, die die jüngsten Kinder und ältesten Alten nicht verschont. Angst, die oft Hunger und Schlaf vertreibt. Angst, die oft Wunder vollbringt und genau das Unglück herbeiführt, das ohne sie nie geschehen wäre.

Angst, die die Armen wie die Reichen trifft – doch die Armen mehr, da jedes Unglück sie härter trifft, mit Ausnahme des Todes.

Angst, gegen die es neben tausend kleinen nur ein Hauptmittel gibt: Religion, Ergebenheit in den Willen Gottes – doch darf man ihre faktische Wirksamkeit gegen die Angst nicht überschätzen. Wohl aber kann man die Wirkung der Angst auf die Intensität religiöser Gefühle schwerlich unterschätzen. So verflechten sich Aberglauben und Glauben, und beide wirken gegen die Verbreitung wissenschaftlicher Erkenntnisse.

Angst ist der ständige Begleiter des Menschen in dieser Zeit – Angst, ob er vorwärts schreitet oder zurückblickt, ob er nach dieser oder jener Seite schaut. Angst, ob er auf die Erde sieht oder zum Himmel oder in sich selbst. Angst, ob er an sein Dorf, seine Stadt oder seine Familie denkt.

Angst, Angst, Angst.

Exkurs

Über „unehrliche" Menschen und Berufe

Wolfgang Jacobeit meinte, es sei notwendig, auch etwas über „unehrliche" Berufe zu schreiben. Nun sind Berufe aus den verschiedensten Gründen unehrlich. Zum Teil aus Konkurrenzgründen, wie etwa die ländlichen Leineweber, zum Teil aus Abscheu über den Beruf, wie Scharfrichter, zum Teil weil man Unehrlichkeit im heutigen Sinne, wie bei Gauklern, annahm, zum Teil aus Chauvinismus, wenn man Gesellen aus bestimmten anderen Ländern als unehrlich betrachtete, zum Teil aus alter Tradition, wie teilweise bei den Zigeunern, zum Teil aus Aberglauben, der entweder die Hauptursache war oder sich ganz natürlich anderen Ursachen beimischte. Zum Teil konnte jeder Mensch unehrlich werden, etwa wenn er einen Hund oder eine Katze erschlug und als Leiche berührte. Manche Unehrlichkeit bezieht sich überhaupt nur darauf, daß man mit ihr nicht in ein Handwerk aufgenommen werden kann, manche enthält aber auch eine allgemeine gesellschaftliche Diskriminierung.

Hier interessieren nicht nationale und rassische Unehrlichkeitserklärungen wie die von Juden, Zigeunern, Türken, Heiden usw. Auch nicht die von Verbrechern wie Dieben und Räubern, auch nicht unglückliche außereheliche Kinder und deren Mütter.

Wir lassen auch die Unehrlichkeitserklärungen aus ökonomischen Konkurrenzgründen wie die der ländlichen Leineweber außer Betracht, die nur in der Stadt, nicht aber auf dem Lande galten, wobei noch zu beachten ist, daß die Leineweber, die vom Land in die Stadt kamen, dort Bürger werden konnten und dann gegen den Willen der städtischen Weber, auf Befehl der Stadtverwaltung, in die Zunft aufgenommen werden mußten und so schließlich die ganze Zunft der städtischen Leineweber bei den anderen Zünften in den Verruf der Unehrlichkeit bringen konnten.

Merkwürdig, wie weit gespannt der Begriff der Unehrlichkeit in dieser Zeit ist.

Was für Berufe waren überhaupt unehrlich? Wissel nennt die folgenden als die wichtigsten: „Scharfrichter, Abdecker, Wasenmeister, Amts= und Gerichtsdiener, Turm= und Feldhüter, Vögte, Nachtwächter, Totengräber, Schweinschneider, Marktschreier, Zahnzieher, Bader, Wurzelkrämer, Gassenkehrer, Bachstecher, Zöllner, Schäfer, Leineweber, Müller."[1] Hinzufügen sollte man noch Gaukler, Seiltänzer, Spielleute und wenig später alle Theaterleute.

Doch bevor wir uns mit den Berufen beschäftigen, wollen wir noch von einer den einzelnen Menschen betreffenden speziellen Art von Unehrlichkeit handeln, die wir schon erwähnt hatten und die wohl vor allem für die Stadt und das Handwerk dort gilt: das Töten von Hunden und Katzen. Wissell berichtet darüber:

„Der Reichstagsabschied von 1731 schreibt im 13. Abschnitt vor, daß die Verarbeitung von Hundshäuten durch die Gerber nicht zum Gegenstand der Abstrafung gemacht werden, und ‚da ein Handwerker einen Hund oder eine Katze todt wirft oder schlägt oder ertränket, ja nur ein Aas anrühret und dergleichen‘, kein Grund sein solle, einen Handwerker für unehrlich zu halten.

Es erscheint unglaublich, daß so etwas Gegenstand eines Reichsgesetzes werden konnte. Die Notwendigkeit dazu lag jedoch in der Tat vor. Schon über 200 Jahre vor dem Reichsabschied sind Fälle der Tötung eines Hundes durch einen Handwerker Gegenstand von Handwerksentscheidungen und gerichtlicher Instanzen gewesen. Und zwar nicht nur Fälle, in denen die Tötung etwa aus materiellen Vorteil erfolgte, sondern auch solche, in denen die Tötung zur Abwehr des Angriffes eines Hundes oder versehentlich erfolgte.

Bis zum Beginn des 16. Jahrhunderts können wir diese der Furcht vor der Berührung eines toten Hundes, oder der wenn auch nur fahrlässigen Tötung eines Hundes oder einer Katze entspringende, uns heute ganz unbegreifliche Handlungsweise des alten Handwerks an bestimmten Beispielen zurückverfolgen. Namentlich aus Schlesien liegt darüber ziemlich umfangreiches Material vor, das Dr. Paul Frauenstädt aus den Archiven Breslaus zusammengetragen hat. Der erste Fall betrifft einen Breslauer Krämer, der 1506 in der Abwehr des Angriffs eines Hundes diesen tötete. Deswegen schloß ihn seine Innung aus. Seine Beschwerde darüber an den Breslauer Rat, er habe doch nicht um Geldes oder anderer Vorteile willen den Hund erstochen, und andere Leute, die von Hunden angefallen seien, hätten sie auch ohne Nachteil für ihre Ehre getötet, zeitigte eine Anfrage an den Magdeburger Schöppenstuhl. Dessen Rechtsbelehrung ging dahin, daß, da der Hund bei einem Angriff getötet worden sei, man den Töter nicht aus der Innung ausschließen dürfe. ...

---

[1] *R. Wissell*, Des alten Handwerks Recht und Gewohnheit, I. Bd., Berlin 1929, S. 70.

Einen Leinewebergesellen erklärte seine Zunft für handwerksuntüchtig, weil er in der Finsternis einen Hund, von dem er nichts wußte, totgetreten hatte. Zwei Parchner= Gesellen tragen einen schweren Kasten über die Haustreppe. Unterwegs entgleitet ihnen der Kasten und erschlägt einen kleinen nebenherlaufenden Hund. Ein am Malzhause vorüberlaufender Hund wird von einem herabgeworfenen Sack mit Weizen erschlagen. Ein anderer Mälzer ist aus dem Malzhause unvorsichtigerweise auf einen Hund gesprungen, der tot bleibt. Einem Fleischer platzte am Markttage beim Fleischhacken der Hackeklotz. Der Klotz stürzte um, und erschlug den danebenliegenden Hund. Ein anderer Fleischer hat einen halben geschlachteten Ochsen auf die Achsel genommen, um ihn aus dem Schlachthause zu tragen. Auf dem schlüpfrigen Boden gleitet er aus, die Last entfällt ihm und trifft einen kleinen Hund, der nach drei Tagen stirbt. Wieder ein anderer Fleischer hat nächtlicherweise im städtischen Schlachthofe ein Kalb geschlachtet und einen im Wege liegenden Hund, den er nicht gesehen, mit dem Stockleuchter berührt. Einige Tage darauf stirbt der Hund. Allen diesen Leuten will ihre Zunft das Handwerk legen. Einem Fleischergesellen drohte sogar der Bannstrahl, weil er in der guten Absicht, einen kleinen Hund, den zwei bissige große Köter angefallen hatten, zu retten, mit einem Krummholz nach diesen geworfen, statt ihrer aber den kleinen Hund tödlich getroffen hatte. Der Rat konnte aber nicht finden, inwiefern das den betreffenden Leuten an ihrem ehrlichen Handwerk Abbruch tun sollte. ...

Als 1621 der Hausknecht eines Kretschmers in Breslau Holz auf einen Wagen lädt, kraucht ein ausgehungertes Hündchen unter dem Holzstoß hervor. Damit er nicht erdrückt wird, wirft der Hausknecht es auf den Fahrdamm. Fünf Stunden darauf ist das Hündchen tot. Der Brotherr des Hausknechts trägt infolgedessen Bedenken, ihn im Dienst zu behalten, und die Zunft weist ihn an, beim Schöppenstuhl eine Entscheidung nachzusuchen, daß die Sache seinem guten Glimpf und Namen unschädlich sei und er diesehalb von der Zunft nicht abgeschafft werden müsse.

Im Jahre 1625 bittet die Schwertfegerzunft um einen Bescheid, ob es ‚verwerflich' und ihrer Art nachteilig sein möchte, daß ein Innungsmitglied beim öffentlichen Scheibenschießen einen Hund, der zufällig an der Scheibe vorüberlief, getroffen und verwundet hatte. ...

1647 hat ein Geselle beim Kegelschießen versehentlich einen Hund mit der Kugel erworfen. Die Entscheidung des Breslauer Schöppenstuhls, vor den die Sache gebracht wurde, erging dahin, daß ‚nach hergebrachter Gewohnheit' ein Versehen unterstellt werde und die Klage der Partei den Vorsatz zu beweisen habe, was nicht geschehen sei.'[2]

„Nach hergebrachter Gewohnheit" bezieht sich hier auf Breslau, denn natürlich gibt es auch Fälle, bei denen Versehen ebenso bestraft wurden wie die Vorsätzlichkeit.

Wie erklärt sich diese merkwürdige Scheu vor dem Töten von Hunden? Wissell meint: Einerseits war der Hund von jeher hoch geachtet: „Mit dem Pferde teilte er die Ruhestatt seines verstorbenen Herrn. Der Hofhund, der Jagdhund, der Hirtenhund genießen eine hohe Wertschätzung. Wer einen solchen Hund tötet oder stiehlt, muß nicht allein den Eigentümer durch ein Tier der gleichen Qualität entschädigen, sondern auch eine hohe Geldbuße leisten. ... Nach burgundischem Volksrecht erlitt der zahlungsunfähige Dieb eines Jagdhundes eine schimpfliche Strafe, er mußte dem entwendeten Tier vor allem Volk den Hintern küssen."

[2] Ebendort, S. 105ff.

10*

Andererseits erklärt er: „Daneben aber geht eine Menge nicht minder untrüglicher Beweise von der Verachtung des Hundes. Das zeigt sich schon in den vielen im Zusammenhang mit dem Wort ‚Hund' stehenden uralten Schimpfworten. ... Verbrecherische Juden hing man noch im 15. und 16. Jahrhundert mit dem Kopf nach unten zwischen oder neben Hunden auf. ... Verschiedene Stadtrechte kannten sogar eine Bestrafung des Selbstmörders, die darin bestand, daß er am Galgen zwischen einer Katze und einem Hunde aufgehängt wurde."[3]

Wenn Wissell als Hauptgrund für die Ächtung, für die Unehrlicherklärung des Hunde- oder Katzentöters ansieht: „Diese Tatsachen scheinen mir den Weg für die Entstehung der Meinung von der Unehrlichkeit dessen zu weisen, der einen Hund tötete. Das war Aufgabe des Abdeckers oder des Scharfrichterknechtes. Tötete ein Handwerker einen Hund, so hatte er nach der Volksmeinung dem Abdecker ins Geschäft gepfuscht und war deshalb unehrlich."[4] – dann ist diese Auffassung wohl zu eng. Es ist wohl nicht die „handwerkliche Pfuscherei", die als Unehrlichkeit angesehen wird, sondern die mit der Tötung verbundene Berührung des „Aases".

Warum aber ist die Berührung des Aases so gefährlich? Manche Forscher meinen, daß vor allem die durch die Übersetzung ermöglichte breite Lektüre der Bibel, in der an verschiedenen Stellen der, der mit Aas in Berührung gekommen ist, als unrein bezeichnet wird, zur so schnellen Verbreitung der Unehrlichkeit in solchen Fällen seit dem 16. Jahrhundert beigetragen hat. Vielleicht hat das in der Tat einen gewissen Einfluß gehabt. Wichtiger ist jedoch wohl der so gewachsene Einfluß des Römischen Rechts, das so viele unehrliche Berufe wie die des früher angesehenen Scharfrichters und vor allem den des Schinders (Abdeckers) und allgemein die Berührung von Aas für unsauber, unehrlich, verächtlich usw. erklärte.

Und damit kommen wir von den Einzelnen, die unehrlich werden können, zu den Berufen, die unehrlich sind.

Allgemein bekannt ist natürlich die besondere Rolle, die die Scharfrichter in der späteren feudalen Gesellschaft spielen. Sie sind gleichermaßen gefürchtet und verachtet. Wer mit ihnen gesellschaftlich verkehrt oder gar ihre Handwerkszeuge berührt, wird unehrlich. Unehrlich nicht etwa wegen des Vollzugs von Todesurteilen, sondern wegen der berufsmäßigen Ausübung des Vollzugs. Trat ein Scharfrichter etwa in ein Wirtshaus, was an sich schon nicht oft geschah, so erwartete man von ihm, daß er an der Tür stehen blieb, für den Fall, daß einer der Gäste Einspruch gegen seine Anwesenheit erhob. Auch mußte er sich, es sei denn, es seien auch andere unehrliche Menschen anwesend, an einen Tisch alleine setzen. Die Kirche war da etwas freundlicher: sie gab ihm das Abendmahl nicht alleine, aber doch als letztem der Gemeinde. Wie dem Scharfrichter erging es auch den Abdeckern, nach Wissells Meinung sogar noch schlimmer:

„Die Verbindung mit ihm (dem Abdecker – J. K.) war fast noch schlimmer als die mit dem Scharfrichter. Wehe dem, der mit seinen Geräten in Berührung kam. Unheimlich war die Wirkung des Abdeckermessers. Wem das in den Türpfosten gesteckt wurde, der galt ganz allgemein für unehrlich. Selbst der Reichsabschied von 1731 konnte sich von dieser Ansicht nicht freimachen. Indem er den Abdeckern verbot ‚mittelst Steckung des Messers zu beschimpfen und sie (die Betroffenen) dadurch zu nötigen, sich mit einem Stücke Geld gegen sie abzufinden', wendete er sich nicht gegen den Irrglauben

---

[3] Ebendort, S. 110.   [4] Ebendort, S. 111.

von der die Unehrlichkeit bedingenden Wirkung des Abdeckermessers selbst, sondern suchte lediglich das diese Wirkung auslösende Tun zu verhindern.

Die Steckung des Messers war eine sehr einfache Sache und ein probates Mittel für den Abdecker, zu seinem vermeintlichen Recht zu kommen. Hatte jemand seinem Hunde oder der Katze den furchtbaren Tort nicht antun wollen, vom Abdecker von einer Krankheit erlöst zu werden, oder hatte ihm der empfindsame Besitzer einen Ruheplatz im eigenen Garten angewiesen, so erachtete das der Abdecker, erfuhr er es, als eine Verletzung seiner Gerechtsame, für eine bönhasige Pfuscherei in sein privilegiertes Gewerbe, und der Betreffende mußte gewärtig sein, daß das große allbekannte Abdeckermesser eines Morgens in seinem Türpfosten steckte. Das war eine jedem verständliche Sprache. Und die schadenfrohen Nachbarn versäumten nicht, den Skandal durch die Stadt zu tragen. Für die billige Selbstbestattung des verblichenen Mopses oder Hauskaters hatte er nun Hohn und Schmach in Fülle, und um so größeren Ärger, da er, solange das unehrliche Messer in seiner Haustüre steckte, den Makel nicht tilgen konnte. Er durfte beileibe nicht selbst das böse Messer herausreißen, denn das hätte ihn im Ernst unehrlich gemacht."[5]

Jacobeit bestätigt die Auffassung Wissells in jeder Beziehung. Auch er meint, daß der Beruf des Schinders wohl als der unehrlichste angesehen wurde:

„Unter den sogenannten unehrlichen Gewerben gab es kein verabscheuungswerteres als das der Schinder (auch Abdecker, Caviller, Fall- oder Wasenmeister genannt). Mit ihnen beschäftigen sich die kaiserlichen und landesherrlichen Verordnungen, die, wie wir sahen, immer wieder auf eine Aufhebung, zumindest aber eine Lockerung des Unehrlichkeitswesens drängen, nur wenig. Sie und ihre Kinder bleiben von der Aufnahme in ein Handwerk ausgeschlossen, stehen als Prototyp der Unehrlichkeit außerhalb der Gesellschaft, und erst der kaiserliche Abschied von 1731 lockert pro forma die strenge Ächtung, indem er die Schinderskinder in der zweiten Generation unter der Bedingung für zunftfähig erklärt, daß die erste Generation mindestens 30 Jahre lang einen ,ehrlichen' Beruf ausgeübt haben müsse. Bei dem sturen Verhalten der Zünfte und der auch außerhalb dieser Organisationen eingetretenen Verabscheuung der ,unehrlichen' Gewerbe mag es für ein Schinderskind sehr schwer, wenn nicht unmöglich gewesen sein, diese Bedingungen zu erfüllen. Erst 1772 erlassen die Behörden ein ,Commissionsdecret', das die Schinderskinder für ehrlich erklärt und ihnen ohne Vorbedingungen den Zugang zum Handwerk freigibt. Trotzdem wird auch in dieser Verordnung von der Arbeit des Schinders als einer ,verwerflichen' und ,verabscheuten' Tätigkeit gesprochen.

,Die geringschäzung der schinder ist nicht aus den alten Teutschen gewonheiten, sondern aus den Römischen und geistlichen rechten herzu leiten.'[*] Diese Einführung des römischen Rechts, die ganz allgemein als einer der Gründe für das Unehrlichkeitswesen angenommen wird, scheint sich besonders auf den Schinder ausgewirkt zu haben. . . .

Was nun den Einfluß des römischen Rechts betrifft, macht v. Zangen[**] darauf aufmerksam, daß die Geistlichen anfänglich auch Chirurgie betrieben hätten. Dies aber sei ihnen auf den Synoden von Nîmes (1284) und Bayonne (1300) als unanständig untersagt worden, weil die Ausübung dieser Kunst mit ,Schneiden und Brennen ver-

---

[5] Ebendort, S. 97f.

[*] *J. G. Estor*, Bürgerliche rechtsgelehrsamkeit der Teutschen, Bd. I, Marburg 1757, S. 431.

[**] *C. G. v. Zangen*, Abhandlung von der Zunftfähigkeit der Schäfer, Giessen und Marburg 1785, S. 15f.

gesellschaftet war'. Daher wurde ,diese aus einem so ehrwürdigen Chor verbannte Kunst in den Augen des verfinsterten Pöbels verächtlich', was zur ,Geringschäzigkeit der Barbirer, Bader und Bruchschnitter', d. h. zu deren Unehrlichkeit geführt hat. Um wieviel mehr mag eine solche Auffassung der Kurie über die chirurgische Kunst auch die Meinung über den Schinder, welcher sich sogar mit der Beseitigung von Kadavern zu befassen hatte, bestimmt haben! Die Ausstoßung des Schinders aus der Gesellschaft geschah schnell und brutal. Sein Amt – 1265 soll in einer ersten Urkunde seine Besoldung durch den Fiskus erwähnt worden sein –, welches oft mit dem des Henkers oder Scharfrichters verbunden war, galt in der Schweiz ,für so befleckend und entehrend, daß der Scharfrichter, welcher nicht zugleich jenes Geschäft hat, eine Stufe höher steht, und es ist nicht unwahrscheinlich, daß die Anrüchigkeit des Scharfrichters im Mittelalter dadurch, wenn nicht entstanden doch gewachsen ist, daß er das crepirte Vieh besorgte'.

Und doch gehörte gerade der Schinder zu den Berufen, denen als Vertreter der Seuchenpolizei größte Verantwortung übertragen worden war. Mußte er doch jedes gefallene Vieh sofort, mindestens aber binnen sechs Stunden, an einem sicheren Ort verscharren, um Entstehung und Ausbreitung von Seuchen zu verhindern, heißt es in einem sächsischen Generale.'[6]

Jacobeit schneidet bei der Charakterisierung der Situation der Schinder gleich zwei weitere Probleme an. Einmal, daß der Unehrliche, ja im Falle des Schinders wohl der Unehrlichste, gleichzeitig eine höchst wichtige Funktion in der Gesellschaft haben kann. Und sodann, daß seine Unehrlichkeit auch auf andere Berufe abfärben kann – Jacobeit nennt hier den des Scharfrichters.

Er nennt aber noch einen anderen:

„Welche Beziehungen bestehen nun zwischen Schäfer und Schinder? – Nach Abdeckereiprivilegien des 17. und 18. Jahrhunderts war jeder Viehbesitzer verpflichtet, ,das gefallene sowie das aus der Viehseuche (Rinderpest) abgestandene, auch bei dem Schlachten unrein befundene Vieh (Schafe ausgenommen), dem Scharfrichter oder Abdecker des Distrikts anzusagen'. Haefcke* präzisiert die Aufgabe des Schinders noch und sagt: ,Zumeist wurden von demselben nur große Haustiere, Pferde und Rindvieh, betroffen; stellenweise auch die kleineren Haustiere, wie Schweine, Kälber, Hunde; sehr selten Schafe'.

Wessen Amt ist es nun, sich der verendeten Schafe anzunehmen? – Artikel 16 der erneuerten Schäferzunftordnung von Pfaffenhoffen (1745) bestimmt: ,... diweilen wie vor alters Herkommen, so solle die verstorbene Schaaf durch keinen Wasenmeister, sondern durch die Schäfer abgezogen werden, bey Straf wieder die Wasenmeistern oder sonst darwieder handlende.' Schäfer und Schinder sind also zwei Berufe, die, was die Besorgung der gefallenen Tiere betrifft, zwar gleiche Tätigkeit ausüben, deren Kompetenzen von seiten der Obrigkeit aber streng getrennt zu sein scheinen. Was die Pfaffenhoffener Ordnung vom Privileg der Schäfer sagte, gilt an anderer Stelle für die Abdecker. In Privilegien des Herzogs von Sachsen von 1619 und 1628 wird nämlich verboten, daß den Abdeckern von irgendwelchen Leuten, ,wer die auch seyn, mit Abdecken, Aufkaufung und Verpartierung des schadhaftigen und todten Viehes (außerhalb was

---

[6] W. *Jacobeit*, Schafhaltung und Schäfer in Zentraleuropa bis zum Beginn des 20. Jahrhunderts, Berlin 1961, S. 201f.

* H. *Haefcke*, Handbuch des Abdeckereiwesens, Berlin 1906, S. 9.

der Schäfer Ambt und Beruf mit sich bringt) einigen Eingriff und Schmälerunge getan werde'. . . .

Wir wiederholen es noch einmal: Die Kompetenzen zwischen Schäfer und Schinder sind ursprünglich getrennt. Dennoch gibt es eine Fülle von Nachweisen, daß die Schäfer mit Billigung bzw. im Auftrage der Behörden – aber auch gegen deren Willen – das Amt des Schinders mit ausübten. Aus allen Teilen Deutschlands wird darüber einhellig berichtet."[7]

Jacobeit erwähnt noch andere Gründe für die Unehrlichkeit der Schäfer, aber dieser allein ist – auch seiner Ansicht nach – natürlich völlig ausreichend, um sie unehrlich zu machen, auch wenn sie ihn im allgemeinen gewissermaßen nur in Notsituationen ausüben. Sie sind wahrlich nicht hauptberuflich Schinder!

Hauptberuflich haben sie für die Schafherden zu sorgen. Im Winter hatten sie als Nebenberufe Nachtwächter, Glöckner, Gemeindediener u. ä. „Wir treffen den Schäfer im Winter aber auch bei der Ausübung von manueller Arbeit, wenn er sich z. B. als Weber oder als Holzfäller verdingte oder als Schlachter von Hof zu Hof zog. – Besonders kommen ihm in dieser Zeit aber seine Handfertigkeiten zustatten, die er in der Hauptweideperiode mehr zum Nebenverdienst ausübt, nun aber vielfach als Grundlage seines Broterwerbs anwendet. Vor allem aus dem niederdeutschen Raum stammen die Nachrichten über das Herstellen praktischer Holzgeräte für Haus und Hof, als da sind Reiserbesen, Holzpantinen, Wurstspeiler, Schüttgaffeln, Körbe u. a. m."[8]

Wenn Jacobeit in der Zusammenfassung des Kapitels über den „unehrlichen Schäfer" schreibt: „Ist der Schäfer ursprünglich sowohl in der bäuerlichen als auch in der grundherrlich-feudalen Schafhaltung eine Persönlichkeit, die geachtet war und große Wertschätzung genoß, da ohne ihn, ohne seine Kenntnisse und Fähigkeiten eine wohlorganisierte Schafhaltung und Schafzucht nicht möglich waren, erscheint er im Bereich des städtischen Handwerks und Innungswesens zusammen mit einer Reihe anderer Berufe als ‚Unehrlicher', als ein aus der Gesellschaft Verbannter."[9] – dann sieht es so aus, als ob der Schäfer, der ja auf dem Lande lebt, nur in der Stadt als unehrlich im Sinne von nicht zunftfähig gilt, was ihm ja nicht viel auszumachen braucht – außer wenn seine Urenkelin einen Mann aus dem Neudammer Tuchgewerbe heiratet, dem tatsächlich das Meisterrecht aus diesem Grunde strittig gemacht wurde.[10]

Aber Jacobeit bemerkt auch mit Recht, daß weite Kreise außerhalb des Handwerks von dessen Unehrlichkeitserklärungen beeinflußt wurden. Und überdies waren Schäfer als Schinder ebenso wie die Scharfrichter auf dem Lande genau wie in der Stadt anrüchig. Der Aberglauben der „Schändung" durch Berührung von Aas war allgemein. –

Schließlich sei noch auf eine ganz andere Art von Unehrlichkeit eingegangen, die weniger auf Aberglauben zurückzuführen ist, sondern mehr auf die berechtigte Abscheu gegen alle die, die der Ausübung des außerökonomischen Zwanges bzw. der Erhaltung der Macht der herrschenden Klasse dienen: die Büttel ebenso wie die harmlosesten Amtsdiener. Wissell berichtet:

„In recht naher Verwandtschaft zum Scharfrichter und Abdecker stand der Büttel, standen überhaupt alle diejenigen, die mit den Missetätern der bürgerlichen Gesellschaft zu tun hatten. Vielfach waren ja diese verschiedenen Tätigkeiten in einer Hand

---

[7] Ebendort, S. 203f.
[8] Ebendort, S. 365.
[9] Ebendort, S. 222.
[10] Ebendort, S. 177.

vereinigt. Auch wo es nicht der Fall war, brachte doch die Volksanschauung eine Seelenverwandtschaft auch des einfachen Amtsdieners mit dem Abdecker zuwege. Alle, die der Obrigkeit gegenüber dem freien Bürger dienten, wurden für unehrlich gehalten. Beneke meint, daß das einmal auf die natürliche Abneigung freier Menschen gegen alles Haschen, Greifen, Zitieren, Pfänden und Strafvollziehen zurückzuführen sei, teils aber auch auf einer Erfahrung auf dem Gebiete der Seelenkunde beruhe. Man argumentierte nämlich so: ehrliche Einfaltspinsel kann man zum Polizeidienst schlechterdings nicht gebrauchen; kluge Ehrliche geben sich aber zu demselben nicht her, da sie ohnedem durchkommen. Folglich bleiben nur solche sehr geriebene Leute für den Polizeidienst übrig, die aus eigener Erfahrung Bescheid wissen, wo der Hase im Pfeffer liegt, usw.

In der Bayerischen Landes= und Polizeiordnung von 1616 und der kurfürstlich Brandenburgischen Polizeiordnung für das Herzogtum Magdeburg von 1688 war schon der Versuch gemacht worden, das Vorurteil gegen die Amtsdiener auf jene Personen zu beschränken, die mit den ‚Malefiz‘=Personen zu tun hatten.‘‘[11]

Aber was war eine „Malefiz"-Person, wer war ein Übeltäter? Wurden nicht alle Unterdrückten als solche von allen Beamten der herrschenden Klassen angesehen und behandelt? Darum hatten natürlich alle diese Verordnungen ebensowenig Erfolg wie der schon genannte Reichsabschied von 1731, der vorschrieb, daß „die Kinder der Land=, Gerichts= und Stadt=Knechte, wie auch der Gerichts=Frohn=Thurm= und Feldhüter, Todtengräber, Nacht=Wächter, Bettelvögte, Gassenkehrer, Bachstecher, Schäfer und dergleichen, in Summa keine Profession und Handthierung dann bloß die Schinder allein bis auf deren zweite Generation, in sofern allenfals die erstere eine andere ehrliche Lebensart erwählet, und darin mit den Ihrigen wenigst 30. Jahr lang continuiret hätte, ausgenommen, verstanden, und bei den Handwerckern ohne Weigerung zugelassen werden" sollten.

Wie hartnäckig man für die Unehrlichkeit dieser Berufe eintrat, wie sie zu einer Art „Glaubensartikel" bzw. „Aberglaubensartikel" der Menschen wurde, zeigt eine Begebenheit in der Stadt Parchim aus späterer Zeit, die Wissell so schildert:

„Am 21. Juni 1705 war des Ratsdieners Tochter gestorben. Die Schuster, die sonst die Leichen zu Grabe trugen, weigerten sich in diesem Falle, und auch die Tuchmacher und Schneider wollten die Leiche nicht tragen. Auch der Rat vermochte die Handwerker nicht dazu zu bewegen. Auf Beschwerde bei der herzoglichen Regierung ordnete diese an, daß von der Zunft der Schuster, Tuchmacher und Schneider je 2 Mann den Sarg tragen sollten; aber die weigerten sich, und zur Strafe wurden nun dem ältesten und dem jüngsten Meister dieser Handwerke je 2 Mann Einquartierung ins Haus gelegt. Darüber große Erregung und Anrufung der Regierung durch die Ämter mit dem Ergebnis, daß statt der 3 Ämter deren 6 je einen Mann zum Tragen bestimmen sollten. Im Weigerungsfalle sollte jedes Amt 25 Taler Strafe und verdoppelte Exekution tragen. Eine erneute Bittschrift der Handwerke mit der Vorstellung, daß durch das Leichentragen ja ihre Kinder unehrlich und, wenn sie nach auswärts zögen, unglücklich gemacht würden. Immer aber stand die Leiche noch über der Erde.

Der 17. Juli war schon gekommen; die Bürgerschaft begann zu tumultuieren. Dem Herzog sollte die Jagd auf dem Sonnenberge abgetreten werden, nur müßte er die Exekution, d. h. die Einquartierungen in den Häusern der Meister, zurückziehen. Der

[11] R. Wissell, a. a. O., S. 111.

Rat sollte dieses unterstützen, und als er Ausreden gebrauchte, drang der Führer der Aufrührer, ein Schneider Joachim Döbelin, in den Ratssaal und kündigte dem Rate seine Gefangenhaltung bei Hunger und Durst an, bis er unterzeichnet habe. Der Rat wurde auch nicht aus dem Rathaussaal gelassen und nur dem alten Bürgermeister ließ man eine Nachtmütze, Pfühl und Kopfkissen verabreichen. Am 21. Juli kam zum Entsatz des Rates aus Schwerin ein Trupp Soldaten. Bei Leib= und Lebensstrafe wurde Ablassen vom Widerstand geboten.

Aber noch immer stand die Leiche über der Erde.

Mit Rücksicht auf die große Hitze – der 25. Juli war herangekommen – ordneten die vom Herzog abgesandten Kommissare die Beerdigung durch die Totengräber an, im Notfalle durch Gewalt. Um aber der Ehre der Verstorbenen und dem Ansehen ihres Vaters nichts zu vergeben, sollte das Schusteramt gehalten sein, den Ratsdiener auf dessen Antrag ins Amt aufzunehmen."[12]

Welche Rolle diese Art von Unehrlichkeit auch schon in früheren Zeiten gespielt hat, zeigt ein anderes Beispiel, das Wissell nennt: „Als der Breslauer Schöppenstuhl 1559 von Herzog Georg von Brieg wegen zweier Tuchknappen konsultiert wurde, die von ihren Mitgesellen aufgetrieben worden waren, weil sie einen Fronboten zu Grabe getragen hatten, erhielt er die treffende Antwort: ‚Die armen Gesellen dürften wegen dieser Handlung nicht an ihrem Handwerk getadelt oder für unredliche bescholten werden, in Betracht, daß, was sie getan, ein christliches Werk war, welches bei Christen mehr zu loben als zu schelten sei'."[13]

Die ganze Problematik der Unehrlichkeit und ihrer Folgen im gesellschaftlichen Leben des Alltags ist schwer zu erfassen. In Handwerksgeschichten wird sie ausführlich behandelt, weil Unehrlichkeit bedeutet, daß man nicht ins Handwerk aufgenommen oder aus ihm ausgestoßen wird. Aber die Unehrlichkeit bestimmter Berufe wie der Schinder oder Gaukler hat mit dem Handwerk nur insofern zu tun, als kein Handwerker etwa die Tochter eines Schinders oder Gauklers heiraten darf – allsonsten sind sie von der Gesellschaft als Ganzer verachtet bzw. mit abergläubischen Ideen begleitet ... es sei denn, es handele sich um eine Konkurrenzunehrlichkeit wie bei den Leinewebern, die nur im Handwerk unangenehme Folgen hat.

Doch darf man nicht glauben, daß ein unehrlicher Beruf stets ein Beruf ist, der auch Armut beinhaltet. Uns sind keine armen Scharfrichter bekannt geworden. Daß Unehrlichkeit eines Berufes notwendigerweise Machtlosigkeit mit sich bringt, trifft erst recht nicht zu, wenn wir an die Ausführungsorgane der außerökonomischen Gewalt, seien es Büttel oder Amtsdiener, denken.

Ja, in manchen unehrlichen Berufen verbinden sich Wohlstand, gesellschaftliches Ansehen und gesellschaftliche Diskriminierung durch Unehrlichkeitserklärung. Wenn die Schäfer den Gottesdienst der Gemeinde einläuten dürfen oder gar als Lebensweise gelten, bei denen man sich Rat in Not holen kann, dann muß die Diskriminierung um so erstaunlicher erscheinen. Doch soll man sich darüber nicht allzusehr wundern, wenn man bedenkt, mit welcher Gläubigkeit – eingestandener oder nicht eingestandener – sich Menschen heute noch, sei es von verachteten „unehrlichen" Zigeunern oder beturbanten Orientalen oder Quasi-Orientalen weissagen lassen.

So ist es vielleicht berechtigt, über die „Unehrlichkeit" als Exkurs zum Kapitel über Aberglauben und Angst zu schreiben.

---

[12] Ebendort, S. 112.   [13] Ebendort.

Kapitel 4

Gewalt: Außerökonomischer Zwang

Gewalt spielt eine große Rolle im Alltag der Werktätigen der Feudalzeit. Lokale Kriege und räuberische Überfälle sind Alltagserscheinungen. Ihre Bedeutung kann gar nicht hoch genug eingeschätzt werden – und ebenso die Gegenmaßnahmen, die eine gewisse Sicherheit garantieren sollen: Wachtürme, Wachen, Wächter finden sich überall.

Die Kosten der Vorbereitung solcher Gewalttaten und des Schutzes gegen sie – was für eine Belastung des täglichen Lebens stellen sie dar! und doch hat sie niemand berechnet. Auch nicht die ihnen entspringenden Gewinne und Verluste an Menschen und Hab und Gut.

Groß war auch die Rolle der Gewalt im Haushalt. Der Gutsherr wie auch der Bauer mit einem Knecht oder einer Magd übte oft rohe Gewalt gegenüber den „Untergebenen", schlug sie oder sperrte sie ein, wenn sie ihm „unbotmäßig" erschienen oder ein Stück Brot mehr, als ihnen zukam, gegessen.

Doch nicht von solchen Arten von Gewalt soll hier die Rede sein – obgleich man sie nie vergessen darf!

Handeln wollen wir hier von einem Zwang und ihm entsprechender Gewalt, die typisch für die feudale Gesellschaft, auch in der von uns betrachteten Zeit, ja wohl noch mehr in dieser Zeit als zuvor, sind. Handeln wollen wir von dem, was außerökonomischer Zwang und außerökonomische Gewalt genannt werden. Beide sind vor allem auf dem Lande wirksam – aber das Land, die Landwirtschaft sind es ja auch, wo die überwältigende Mehrheit der Menschen jener Zeit leben und arbeiten. Handeln wollen wir auch von der außerökonomischen Gewalt, die die Werktätigen zusammen mit ökonomischem Zwang den Herren entgegensetzen.

Zum außerökonomischen Zwang heißt es in dem vierbändigen vom Lehrstuhl Politische Ökonomie in der Parteihochschule beim ZK der KPdSU herausgegebenen Lehrbuch der Politischen Ökonomie:

„Auf dem Monopol der Feudalherren am wichtigsten Produktionsmittel, dem Boden, basierte die ökonomische Abhängigkeit des Bauern vom Feudalherrn oder, anders gesagt, der ökonomische Zwang. Außerdem gab es im Feudalismus auch den außerökonomischen Zwang, ohne den die feudale Produktion überhaupt nicht möglich gewesen wäre. Lenin schreibt: ‚Hätte der Gutsherr nicht unmittelbare Gewalt über die Person des Bauern, so könnte er einen Menschen mit Land und eigener Wirtschaft nicht zwingen, für ihn zu arbeiten. Notwendig ist daher ein ‹außerökonomischer Zwang›, wie sich Marx bei der Charakterisierung dieses Wirtschaftsregimes ausdrückt ... Formen und Grade dieses Zwanges können die mannigfaltigsten sein, von der Leibeigenschaft bis zur ständischen Rechtsbeschränkung des Bauern.'* Der außerökonomische Zwang als

* *W. I. Lenin:* Die Entwicklung des Kapitalismus in Rußland. In: Werke, Bd. 3, Berlin 1956, S. 187.

spezifisches Merkmal des Feudalismus entsprang der Tatsache, daß der Bauer eine eigene Wirtschaft hatte, daß er relativ selbständig war und überhaupt nicht für den Gutsbesitzer zu arbeiten gewillt war.

Im Feudalismus waren die Bauern an den Boden gefesselt. Sie waren unfrei und nicht vollberechtigt. Nicht selten konnten sie nach geltendem Recht verkauft werden. Die persönliche Abhängigkeit der Bauern von den Feudalherren und der außerökonomische Zwang sind typische Merkmale der Feudalordnung."[1]

Von außerökonomischem Zwang kann aber nur die Rede sein, wo auch ökonomischer Zwang herrscht, oder auch, wo außerökonomischer Zwang benutzt wird, um ökonomischen Zwang durchzusetzen. Außerökonomischer Zwang besteht also nur in Beziehung zu ökonomischem Zwang. Der außerökonomische Zwang kann den ökonomischen ergänzen oder herbeiführen. Wenn die Polizei eingesetzt wird, um Mörder oder Diebe zu fassen, wird natürlich einfach Gewalt gebraucht, aber kein außerökonomischer Zwang. Wenn jedoch die staatlichen Mittel eingesetzt werden, um Bettler, Vagabunden, Landstreicher zur ständigen und nun ökonomisch erzwungenen Arbeit zu veranlassen, dann wird außerökonomischer Zwang eingesetzt. Die freien Arbeiter im Kapitalismus werden ökonomisch zur Arbeit gezwungen, da sie ohne Produktionsmittel sind, sich also, um leben zu können, in Lohnsklaverei begeben müssen. Die Bettler, Vagabunden, Landstreicher des ausgehenden Feudalismus oder des beginnenden Kapitalismus können aber, obwohl sie ohne Produktionsmittel sind, sehr wohl durch Raub, Ausnutzung der religiös motivierten Barmherzigkeit oder durch Gelegenheitsarbeit leben und müssen durch außerökonomischen Zwang zur regelmäßigen Arbeit und damit zur ständigen Schaffung von Mehrprodukt für die herrschende Klasse gezwungen werden. Marx beschäftigt sich mit diesem Fall von außerökonomischem Zwang in dem berühmten 24. Kapitel des „Kapital", das von der sogenannten ursprünglichen Akkumulation handelt. Er bemerkt dort:

„So wurde das von Grund und Boden gewaltsam expropriierte, verjagte und zum Vagabunden gemachte Landvolk durch grotesk-terroristische Gesetze in eine dem System der Lohnarbeit notwendige Disziplin hineingepeitscht, -gebrandmarkt, -gefoltert.

Es ist nicht genug, daß die Arbeitsbedingungen auf den einen Pol als Kapital treten und auf den andren Pol Menschen, welche nichts zu verkaufen haben als ihre Arbeitskraft. Es genügt auch nicht, sie zu zwingen, sich freiwillig zu verkaufen. Im Fortgang der kapitalistischen Produktion entwickelt sich eine Arbeiterklasse, die aus Erziehung, Tradition, Gewohnheit, die Anforderungen jener Produktionsweise als selbstverständliche Naturgesetze anerkennt. Die Organisation des ausgebildeten kapitalistischen Produktionsprozesses bricht jeden Widerstand, die beständige Erzeugung einer relativen Übervölkerung hält das Gesetz der Zufuhr von und Nachfrage nach Arbeit, und daher den Arbeitslohn, in einem den Verwertungsbedürfnissen des Kapitals entsprechenden Gleise, der stumme Zwang der ökonomischen Verhältnisse besiegelt die Herrschaft des Kapitalisten über den Arbeiter. Außerökonomische, unmittelbare Gewalt wird zwar immer noch angewandt, aber nur ausnahmsweise. Für den gewöhnlichen Gang der Dinge kann der Arbeiter den ‚Naturgesetzen der Produktion' überlassen bleiben, d. h. seiner aus den Produktionsbedingungen selbst entspringenden, durch sie garantierten und verewigten Abhängigkeit vom Kapital. Anders während der historischen Genesis der kapitalistischen Produktion. Die aufkommende Bourgeoisie braucht und verwendet die Staats-

---

[1] „Politische Ökonomie", Bd. 1, Berlin 1976, S. 138.

gewalt, um den Arbeitslohn zu ‚regulieren', d. h. innerhalb der Plusmacherei zusagender Schranken zu zwängen, um den Arbeitstag zu verlängern und den Arbeiter selbst in normalem Abhängigkeitsgrad zu erhalten. Es ist dies ein wesentliches Moment der sog. ursprünglichen Akkumulation."[2]

Der außerökonomische Zwang gegenüber Bettlern, Vagabunden, Landstreichern ist jedoch ein Sonderfall in der Endphase der feudalen (Frankreich, Deutschland) und Anfangsphase der kapitalistischen (England) Gesellschaftsordnung. Er ist weder typisch für die kapitalistische Gesellschaftsordnung, noch in dieser Form typisch für die feudale Gesellschaftsordnung.

Für die letztere ist eine ganz andere Form des außerökonomischen Zwangs typisch und notwendig. Wir haben zu ihr schon das Lehrbuch zitiert, das auch Lenin anführt, der sich in seinen Ausführungen auf folgende Stelle im „Kapital" stützt, die die Situation in der feudalen Gesellschaft schildert: „Der unmittelbare Produzent befindet sich hier der Voraussetzung nach im Besitz seiner eignen Produktionsmittel, der zur Verwirklichung seiner Arbeit und zur Erzeugung seiner Subsistenzmittel notwendigen gegenständlichen Arbeitsbedingungen; er betreibt seinen Ackerbau wie die damit verknüpfte ländlich-häusliche Industrie selbständig. Diese Selbständigkeit ist nicht dadurch aufgehoben, daß, etwa wie in Indien, diese Kleinbauern unter sich ein mehr oder minder naturwüchsiges Produktionsgemeinwesen bilden, da es sich hier nur von der Selbständigkeit gegenüber dem nominellen Grundherrn handelt. Unter diesen Bedingungen kann ihnen die Mehrarbeit für den nominellen Grundeigentümer nur durch außerökonomischen Zwang abgepreßt werden, welche Form dieser auch immer annehme. Es unterscheidet sie dies von der Sklaven- oder Plantagenwirtschaft, daß der Sklave hier mit fremden Produktionsbedingungen arbeitet und nicht selbständig. Es sind also persönliche Abhängigkeitsverhältnisse nötig, persönliche Unfreiheit, in welchem Grad immer, und Gefesseltsein an den Boden als Zubehör desselben, Hörigkeit im eigentlichen Sinn."[3]

Dieser außerökonomische Zwang, dem der Hörige oder Leibeigene, der Bauer unterliegt, ist der typische für die Feudalzeit und kennzeichnet in dieser die Produktionsverhältnisse.

Es gibt jedoch noch eine große „Schicht" unter außerökonomischem Zwang, die bisher nicht berücksichtigt wurde. Sie verfügt über keine Produktionsmittel und ist doch nicht zu ständiger Arbeit gezwungen. Schicht in Anführungsstrichen, da es sich um ein Konglomerat von sehr verschiedenen Gruppierungen handelt. Da sind die Kinder der Bauern, Kinder im Sinne von im Kindesalter befindlichen, ebenso wie Jugendliche und Erwachsene, die zum Gesindedienst gezwungen werden können. Ohne den Gesindezwang würden sie „zu Hause helfen" oder auch außerhalb des Dorfes, außerhalb der Guts- oder Grundherrschaft Arbeit suchen, eventuell als freies Gesinde oder auch als Tagelöhner. Und da sind eben diese Tagelöhner, die ebenso wie das freie Gesinde von Arbeitsstelle zu Arbeitsstelle wandern und auch im Winter monatelang „Arbeitspausen" einlegen können, Arbeitspausen, in denen sie zu dem im Sommer Ersparten sich mit gelegentlichen Hilfsarbeiten oder auch mit Heimarbeit bzw. Handwerkstätigkeit etwas zuverdienen.

Im Gegensatz zu den Bettlern, Vagabunden und Räubern stehen sie, wenn sie nicht Kinder sind, unter dem ökonomischen Zwang, sich ihren Unterhalt zu verdienen. Aber

[2] *Marx/Engels,* Werke, Bd. 23, Berlin 1962, S. 765f.
[3] Ebendort, Bd. 25, Berlin 1964, S. 798f.

einmal sind sie in jener Zeit, da sie frei von Produktionsmitteln sind, auch frei, sich ihre Arbeit zu suchen. Und sodann ist wegen des Mangels an Menschen als Folge des Krieges und der Pest der „Arbeitsmarkt" für sie günstig.

Um sie nun zu ständiger und möglichst billiger Arbeit zu zwingen, wird gegen sie außerökonomischer Zwang ausgeübt. –

Der außerökonomische Zwang wird im allgemeinen ausgeübt durch einen außerökonomischen Apparat, der mit außerökonomischer Gewalt bei Widerstand gegen den ökonomischen Zwang eingreift. Nach dem Landesherrn ist der Ausüber der außerökonomischen Gewalt zumeist der gleichzeitig unmittelbare ökonomische Zwangsherr, das heißt im Feudalismus der Herr über den Boden, das wichtigste Produktionsmittel. Dabei ist es nicht entscheidend, ob der Herr, der den außerökonomischen Zwang ausübt, ein „Gutsherr" oder ein „Grundherr" ist. So wichtig in vieler Beziehung der Unterschied zwischen Gutsherrschaft und Grundherrschaft ist, in beiden „Herrschaftsfällen" wird außerökonomischer Zwang ausgeübt und in beiden Fällen finden wir ähnliche Belastungen der Bauern – natürlich auch Fronarbeit. Wenn wir uns im folgenden mehr mit der Gutsherrschaft beschäftigen, dann ganz einfach deswegen, weil mehr Material für sie vorliegt, wozu glücklicherweise noch kommt, daß sich der außerökonomische Zwang plastischer am Beispiel der Gutsherrschaft darstellen läßt.

Als wichtigste Formen des Widerstandes gegen den außerökonomischen Zwang nennt Heitz:

„Die mangelhafte Ausführung feudaler Dienstverpflichtungen aller Art (Spanndienste, Handdienste, Fronfuhren, Kriegsfuhren, Baudienste usw.) tritt als Massenerscheinung auf. Sie wird in den territorialen Landesordnungen immer wieder gebrandmarkt, sie zieht sich auch durch unzählige Aktennotizen dieser Periode, sie war ein Element täglichen Klassenkampfes, mit dem die Feudalherren und ihre Beauftragten rechneten, ja, das die Handlungsweise der feudalen Ausbeuter und ihrer Behörden wesentlich beeinflußte. Die Mangelhaftigkeit konnte sich in Tempo und Qualität ausdrücken, sie konnte durch Stellung ungeeigneter Arbeitskräfte (Kinder, Jugendliche), ungeeigneter Geräte bzw. schlechten Zugviehs beabsichtigt und bewirkt werden.

Aus dieser Grundsubstanz klassenbedingter Widersprüche des dörflichen Alltags ergaben sich alle anderen Formen des Klassenkampfes. Die schlechte, mangelhafte, unlustige Dienstleistung konnte in Verweigerung solcher Dienstleistungen umschlagen, teils durch einzelne Bauern, teils durch Gruppen. Der Fronstreik, wie Kurt Wernicke etwas modernisierend, aber treffend formuliert hat, war eine sehr verbreitete Erscheinung und konnte den feudalherrlichen Betrieb für gewisse Zeit ganz empfindlich stören.

Darüber hinaus suchten die Bauern ihr Recht, sei es hinsichtlich der Zahl der Frondienste, der Höhe der Abgaben, der Art der Verpflichtungen und hinsichtlich anderer, vom Feudalherren beabsichtigter oder praktizierter Veränderungen ihrer Lage, in der Prozeßführung, in der sie von bürgerlichen Advokaten unterstützt wurden.

Alle diese Kampfformen beruhten jedoch auf der von uns bereits eingeschätzten Tatsache, daß der Bauer als Inhaber einer Hofstelle, d. h. kraft seiner Verfügungsgewalt über Produktionsmittel, ökonomisch selbständig war und durch Verweigerung oder Reduzierung der Rente den Feudalherren ökonomisch erheblich beeindrucken konnte Allen diesen Kampfformen ist gemeinsam, daß die Bauern über eine gewisse materielle Basis verfügten, von der aus sie kämpfen konnten und die es ihnen ermöglichte, Gerichtsgebühren sowie Honorare für Notar und Schreiber aufzubringen."[4]

[4] *G. Heitz* in „Zeitschrift für Geschichtswissenschaft" XIII. Jg. Sonderheft, Berlin 1965, S. 78.

Den außerökonomischen Apparat zur Durchführung des außerökonomischen Zwanges charakterisiert Heitz so: „Da ist zunächst die landesherrliche Territorialgewalt mit den zentralen Behörden, teils ständischen Ursprungs, teils von der absolutistischen Gewalt geschaffen bzw. umgestaltet. Ihre Aufgabe besteht darin, die Interessen der Feudalklasse im territorialen Maßstab juristisch zu formulieren und praktisch zu garantieren. Sie handelt im Auftrag der Feudalklasse, wenn auch nicht immer in Übereinstimmung mit allen Angehörigen derselben. Da ist weiter die lokale Ebene, die Gewalt des Feudalherrn im Gut, im Dorf oder im Herrschaftsbezirk. Sie ist institutionell wenig ausgebildet, umfaßt die Polizeigewalt und die niedere, oft auch Teile der höheren Gerichtsbarkeit und ist treffend als Patrimonialgerichtsbarkeit zu charakterisieren. Kann man die Zentralgewalt als Instrument der herrschenden Klasse im territorialen Maßstab bezeichnen, so ist die Patrimonialgewalt Ausdruck der Wahrnehmung unmittelbarer Herrschaft durch den einzelnen Feudalherrn. Zwischen beiden steht das Amt. Es ist einerseits ausführendes und kontrollierendes Organ der zentralen Territorialgewalt nach unten, andererseits aber der Rückhalt der Feudalherren für den Fall des Versagens ihres örtlichen Herrschaftsinstruments. Am Amt schneiden sich nicht selten das subjektive Anliegen der Feudalherren, ihre Verfügungsgewalt über Land und Menschen, d. h. ihre Macht, selbst und direkt und kraft ,eigenen Rechts' zu praktizieren, mit der notwendigen Handhabung der Macht durch den Territorialstaat. Hinsichtlich der praktischen Ausgestaltung zeigen sich verschiedene Varianten. Das Amt kann zuverlässiges Instrument des Landesherrn sein (Brandenburg-Preußen); es kann zur institutionellen Teilung des Amtes in ein landesherrliches Organ und eine (bloß personale) ständische Kooperation auf Amtsebene kommen (Mecklenburg: Domanialamt und Ritterschaftliches Amt); es gibt die Möglichkeit, innerhalb einer einheitlichen Ämterverfassung bestimmte Teile des Adels zu eximieren und nur der Zentrale direkt zu unterstellen, samt ihren Untertanen (Kursachsen mit der Trennung von Amtssässigkeit und Schriftsässigkeit)."[5]

Die Gerichtsbarkeit gliedert sich in zwei Hauptgebiete, die obere, die es mit schweren, die niedere, die es mit leichteren Straftaten zu tun hat. Lütge schreibt dazu:

„Die Gerichtsbarkeit zerfällt in obere (Kriminal-) und niedere Gerichtsbarkeit (Erbgerichtsbarkeit). Beide können an Rittergüter (Städte, Stifte usw.) verliehen werden, aber stets ist ein besonderer Rechtstitel Voraussetzung für den Besitz dieser Rechte. Im Zweifelsfall spricht die Vermutung lediglich für den Besitz der niederen Gerichtsbarkeit. Daß sowohl Abgrenzung wie die landesherrliche Beaufsichtigung bzw. Oberinstanz genau geregelt waren, ist selbstverständlich und im einzelnen hier nicht zu erörtern.

Die Verleihung auch der oberen Gerichtsbarkeit war in Mitteldeutschland selten und kommt neben wenigen anderen Ausnahmefällen im wesentlichen nur in Kursachsen vor, und zwar namentlich bei den schriftsässigen Erbherren. Meist handelt es sich also bei der adligen (und sonstigen) Gerichtsbarkeit um die niedere. War diese nicht verliehen, also in den Händen des Landesfürsten, so wurde sie von den Ämtern wahrgenommen. . . .

Fast ohne Ausnahme sind die Erbherren, d. h. die Rittergutsbesitzer, zugleich auch Erbgerichtsherren, also Inhaber der Patrimonialgerichtsbarkeit. Ein gewisser Teil von ihnen ist – wie erwähnt – auch im Besitz der oberen Gerichtsbarkeit, welcher Stand wegen der damit verbundenen, besonders fiskalischen Rechte sehr begehrt war; zuweilen

---

[5] Ebendort, S. 81f.

gelang es dann auch dem oder jenen Erbgerichtsherrn noch bis in das 18. Jahrhundert hinein, die Obergerichtsbarkeit zu erwerben.

Zufolge der Bestimmungen der peinlichen Halsgerichtsordnung bestand die Erbgerichtsbarkeit in der ‚Befugnis, Recht zu sprechen über bürgerliche Händel und geringe Verbrechen, als: fließende Wunden, wenn davon keine Lähmung des Kinnbackens entsteht, das Abhauen von 1 oder 2 Fingern, nicht tödlich verlaufende Verletzungen von 1, 2, 3 und mehr Rippen, Ausschlagen von Zähnen, Einwerfen von Fenstern, Beschädigungen von Vieh, geringe Schmäh- und Scheltworte, und die deswegen ergangenen Urteile zu vollstrecken; ferner in der Befugnis, alle Arten der erlaubten Kontrakte und Vergleiche zu bekräftigen, Zeugen zu vernehmen, zu Verpfändung, Teilung, Verkauf und Tausch der Bauerngüter die Genehmigung zu erteilen, Vormünder zu bestätigen, eine gute Polizei im Dorfe zu erhalten, den Wohlstand der Untertanen zu befördern und – wahrscheinlich zu diesem Zweck – deren Gerichtsfronden und -dienste, Abzugsgelder, Geldbußen und andere erbgerichtliche Einkünfte zu genießen.

Die Obergerichtsbarkeit, auch peinliches Malefiz- und Zentgericht, Gericht über Haut und Haar, Vogtei über Malefiz, Hohe Fraiß und Blutbann genannt, besteht in der obrigkeitlichen Macht, an den gröbsten Missetätern öffentliche Rache auszuüben, dieselben durch erlaubte Marter zum Bekenntnis zu bringen, das peinliche Halsgericht über sie zu hegen, auch die erkannten Leibes- und Lebensstrafen an ihnen zu vollstrecken."[*6]

Wie aber wird der außerökonomische Apparat eingesetzt, wenn die Bauern dem ökonomischen Zwang sich zu entziehen suchen, sei es, daß sie einfach nicht in der Lage sind, etwa die Produktenabgaben zu leisten, ohne daß ihre Familien hungern müssen, oder wenn sie den von Heitz so gut geschilderten Alltagsklassenkampf führen? (Gegen Bauernaufstände wird natürlich militärische Gewalt eingesetzt – aber Bauernaufstände gehören nicht zum Alltag auf dem Lande und fallen daher außerhalb unseres Blickpunkts.)

Mit dieser entscheidenden Frage haben sich weder unsere noch andere Historiker, selbst kaum in einzelnen lokalen Spezialstudien, ausführlicher beschäftigt. Sie haben sich auf die Festtage der Bauerngeschichte, in denen Gewalt von Unten und Gewalt von Oben gegenüberstanden, konzentriert. Es gibt kein einziges Buch, das sich auch nur etwas ausführlicher mit dem zur Gewalt übergehenden Apparat der herrschenden Klasse, also den untersten „Beamten", den bisweilen sogenannten Schergen, oder auch dem Grundherrn als tätigen Gewaltherrn beschäftigt; es gibt kein einziges Buch oder auch nur ein größeres Kapitel in einem Buch, das sie in Aktion zeigt – weder in der feudalen, noch in der bürgerlichen, noch in der sozialistischen Literatur.

Natürlich gibt es Prozeßakten und Gerichtsurteile. Natürlich sind diese so vielen Historikern des Feudalismus wohl bekannt. Aber wir erfahren aus den Geschichtsbüchern auch nichts von dem Leben der Verurteilten, wenn sie eines Teiles ihrer Habe oder der Freiheit beraubt wurden. Und erst recht erfahren wir nichts von dem Leben und Treiben der Gewaltvollstrecker, etwa der Schergen, und von ihrer alltäglichen Bedrohung des Lebens der Bauern. Auch von der Mischung von Gewalt und Willkür hören wir im allgemeinen nur recht abstrakt.

Und obgleich die Juristen jener Zeit, bis ins 16. Jahrhundert zurück, sich mit dem Apparat der Verwaltung und damit auch des außerökonomischen Zwangs beschäftigt

---

[6] *Fr. Lütge*, Die mitteldeutsche Grundherrschaft, Jena 1934, S. 80 und 82f.
[*] *Fr. J. Haun*, Bauer und Gutsherr in Kursachsen, Strassburg 1891, S. 154/55.

haben, haben die Gesellschaftswissenschaftler unserer Zeit sich wenig mit der „Polizeiwissenschaft", wie man die Staats- und Verwaltungslehre damals nannte, abgegeben. Hans Maier, der ihr vor einiger Zeit ein Buch gewidmet hat, führt ihre Anfänge mit Recht zu „den zahlreichen Polizeischriften und -traktaten seit dem 16. Jahrhundert" zurück.[7] Und zugleich bemerkt er: „Man sollte denken, daß eine so lange und ehrwürdige Wissenschaftstradition längst ihre Erforscher und Bearbeiter gefunden hätte – dies um so mehr, als über die ökonomische und finanzwissenschaftliche Seite der Kameralistik ein reiches Schrifttum vorliegt. Aber das Gegenteil ist der Fall. Bis heute ist die Polizeiwissenschaft nicht zusammenhängend dargestellt und gewürdigt worden. Wohl gibt es aus der Zeit der aufblühenden Kameralistik, in deren Schoß sich die Polizeiwissenschaft entfaltete, ein paar Schriften, die sich mit der Geschichte oder Vorgeschichte dieser Disziplin beschäftigen: so Schrebers ‚Entwurf einer Geschichte der ökonomischen Wissenschaften'*, Tafingers Vorlesungsgrundriß ‚Von der Lehre der Policeywissenschaft auf teutschen Universitäten'** und Rössigs ‚Versuch einer pragmatischen Geschichte der Oeconomie-, Policey- und Cameralwissenschaften'***; auch bei Zincke†, Justi†† und J. J. Moser††† findet sich Material zu unserem Gegenstand. Den Staatswissenschaftlern Bergius° und Rössig°° verdanken wir heute noch brauchbare bibliographische Arbeiten zur älteren Kameralistik, die auch die polizeiwissenschaftliche Literatur mit einbeziehen. Aber im ganzen gibt es doch nur wenige Schriften dieser Art, und ihr Aussagewert ist begrenzt, da sie noch kaum Abstand von der Sache haben und meist nur äußerlich reihend und zusammenstellend verfahren; überdies liegt diese Literatur fast zwei Jahrhunderte zurück. Das 19. Jahrhundert hat hier kaum etwas nachgetragen. Mit den kurzen Hinweisen in Bergs ‚Teutschem Policeyrecht'°°° und dem ausführlicheren

[7] *H. Maier,* Die ältere deutsche Staats- und Verwaltungslehre (Polizeiwissenschaft), Neuwied und Berlin 1966, S. 38.

* *D. G. Schreber,* Entwurf einer Geschichte der ökonomischen Wissenschaften, in so ferne sie als Universitätswissenschaften anzusehen sind (erschienen als erster Teil seiner Zwo Schriften von der Geschichte und Nothwendigkeit der Cameralwissenschaften), Leipzig 1764. Über die Polizeiwissenschaften daselbst 39f., 47f.

** *F. W. Tafinger,* Von der Lehre der Policeywissenschaft auf teutschen Universitäten usw., Tübingen 1767.

*** *K. G. Rössig,* Versuch einer pragmatischen Geschichte der Oeconomie-, Polizey- und Cameralwissenschaften seit dem sechzehnten Jahrhundert bis zu unsern Zeiten, 2. Bde., Leipzig 1781/82.

† *G. H. Zincke,* Von der Policeywissenschaft überhaupt (= Cameralisten-Bibliothek, 2. Teil), Leipzig 1751.

†† *J. H. G. von Justi,* Grundsätze der Policey-Wissenschaft, Göttingen 1756, Vorrede.

††† *J. J. Moser,* Grundsätze von der Policey überhaupt, wie auch ihrer Natur und Schicksalen in Teutschland (= Schwäbische Nachrichten von Oeconomie-, Cameral-, Policey-, Handlungs-, Manufactur-, mechanischen und Bergwerkssachen, IX. Stück), Stuttgart 1757; ders., Gesammelte und zu gemeinnützigem Gebrauch eingerichtete Bibliothek von Oeconomischen-, Cameral-, Policey-, Handlungs-, Manufactur-, mechanischen und Bergwerksgesetzen, Schriften und kleinen Abhandlungen, Ulm 1758.

° *J. H. L. Bergius,* Polizey- und Cameral-Magazin, 9 Bde., Frankfurt a. M. 1761–74; ders.; Neues Polizey- und Cameral-Magazin, 6 Bde., Leipzig 1775–80.

°° *K. G. Rössig,* Die neuere Literatur der Policey und Cameralistik, vorzüglich vom Jahr 1762 bis 1802, Chemnitz 1802.

°°° *G. H. von Berg,* Handbuch des Teutschen Policeyrechts, Hannover 1799–1806; siehe Bd. I, Erstes Buch, Dritter Abschnitt (Von den Hülfsmitteln des teutschen Policeyrechts), bes. 65ff.

Literaturkapitel der Mohlschen Polizeiwissenschaft* reißt die Linie der geschichtlichen Rückwendung und -besinnung überhaupt ab."[8]

All das gilt noch viel mehr von dem Spezialkapitel der Polizeiwissenschaft, das sich mit dem außerökonomischen Zwang beschäftigt.

Obgleich wir also den außerökonomischen Zwang als entscheidendes Charakteristikum der feudalen Produktionsweise kennzeichnen, obgleich der außerökonomische Zwang natürlich nur mit Hilfe von Gewaltanwendung funktionieren kann, finden wir von beiden kaum Konkretes aus dem Alltag der Bauern in unseren Geschichtsbüchern der Feudalzeit, kein einziges Kapitel, das diesen so wichtigen Erscheinungen im täglichen Leben der Bauern gewidmet ist.

Außerökonomischer Zwang und außerökonomische Gewalt finden Ausdruck sowohl in der Gesetzgebung wie in der Durchführung der Gesetze und dem Strafvollzug, wie auch in der Willkür der Ausübung der Gewalt.

Marx charakterisierte einen bestimmten außerökonomischen Zwang, nämlich den gegenüber Bettlern, Landstreichern und Vagabunden angewandten, indem er die entsprechenden Gesetze und die in ihnen vorgesehenen Strafen zitierte. Etwa so:

„Elisabeth, 1572: Bettler ohne Lizenz und über 14 Jahre alt sollen hart gepeitscht und am linken Ohrlappen gebrandmarkt werden, falls sie keiner für zwei Jahre in Dienst nehmen will; im Wiederholungsfall, wenn über 18 Jahre alt, sollen sie – hingerichtet werden, falls sie niemand für zwei Jahre in Dienst nehmen will, bei dritter Rezidive aber ohne Gnade als Staatsverräter hingerichtet werden. Ähnliche Statute: 18 Elisabeth c. 13 und 1597.

Jakob I.: Eine herumwandernde und bettelnde Person wird für einen Landstreicher und Vagabunden erklärt. Die Friedensrichter in den Petty Sessions sind bevollmächtigt, sie öffentlich auspeitschen zu lassen und bei erster Ertappung 6 Monate, bei zweiter 2 Jahre ins Gefängnis zu sperren. Während des Gefängnisses soll sie sooft und soviel gepeitscht werden, als die Friedensrichter für gut halten ... Die unverbesserlichen und gefährlichen Landstreicher sollen auf der linken Schulter mit R gebrandmarkt und an die Zwangsarbeit gesetzt, und wenn man sie wieder auf dem Bettel ertappt, ohne Gnade hingerichtet werden. Diese Anordnungen, gesetzlich bis in die erste Zeit des 18. Jahrhunderts, wurden erst aufgehoben durch 12 Anna c. 23."[9]

Diese, bekanntlich noch weit längere Aufzählung von Maßnahmen gegen das Bettlerwesen usw. zeigt mit außerordentlicher Eindringlichkeit, was außerökonomischer Zwang bedeutet.

Jedoch gibt es ganz selbstverständlich auch weite, gerade in den Alltag der Werktätigen reichende Gebiete der feudalen Gesetzgebung, die keinen außerökonomischen Zwang darstellen und deren Strafen vielfach alles andere als grausam sind. Dabei handelt es sich keineswegs nur um Gesetze (Verordnungen usw.), die sich auf andere als ökonomische Gebiete, etwa Mord oder dem Stande nicht entsprechende Kleidung beziehen, sondern auch um solche, die ökonomische Leistungen zum Inhalt haben. Wir werden später noch auf die Dorfgemeinden oder Dorfgenossenschaften zu sprechen kommen. Hier sei nur erwähnt, daß diese in der frühen und mittleren Feudalzeit ihre

---

[8] Ebendort, S. 14f.

[9] *Marx/Engels*, Werke, Bd. 23, a. a. O., S. 764f.

* R. *Mohl*, Die Polizei-Wissenschaft nach den Grundsätzen des Rechtsstaates, Tübingen 1832–34, Bd. I, Einleitung, II (Literargeschichtliche Notizen).

eigene Gesetzgebung und ihr eigenes Gericht hatten. In unserer Zeit hat die herrschende Klasse der Großgrundbesitzer und Territorialherren schon vielfach in ihre Rechte eingegriffen, sie schon vielfach entmachtet, aber noch manches von ihrer demokratischen Gesetzgebung und Rechtsprechung ist erhalten geblieben, mehr in dieser, weniger oder auch gar nichts in jener Gegend.

Nur ein Beispiel – aus Unterfranken – sei gegeben, sich auch auf Bettler beziehend, das die gegenüber den Schilderungen von Marx für den Übergang zum Kapitalismus grundlegend andere Haltung der genossenschaftlichen Seite der Feudalzeit in noch relativer Kraft zeigt. K.-S. Kramer, der sich überaus ausführlich mit dem Gemeindeleben beschäftigt hat, schreibt:

„In einer zweischneidigen Lage befand man sich den Bettlern gegenüber, die damals in Scharen auf den Straßen lagen. Eindeutig standen sie außerhalb der Siedlungsgemeinschaft, mit Ausnahme der wenigen Ortsarmen, die man im Dorf oder in der Stadt dulden mußte, weil sie hier geboren und aufgewachsen waren. Den Fremden aber war zunächst Mißtrauen entgegenzubringen. Wer weiß, was sie unter der Maske ihres Betteltums zu verbergen hatten. Dann jedoch konnte sich herausstellen, daß es sich um ganz ehrenwerte Leute handelte, die durch irgendein einschneidendes Ereignis, einen Unglücksfall oder eine Naturkatastrophe, in äußerste Not geraten waren und sich nicht anders zu helfen wußten, als von der Mildtätigkeit Bessergestellter ein mühsames Leben zu fristen. Und diese Mildtätigkeit war religiöse Pflicht. Die Rechnungen legen Zeugnis davon ab, daß man es sich angelegen sein ließ, gute Werke zu sammeln, wenn man auch mit den dafür vorgesehenen Beiträgen sehr sparsam umging und den Einzelnen nur wenig gab. ..."

Gewöhnlich waren diese von Ort zu Ort Ziehenden mit einem ‚Patent' ausgerüstet, das die Wahrheit ihrer Angaben bestätigte. Ausgestellt wurde es von der Heimatgemeinde. Das Contractenprotokoll Frickenhausen bringt aus dem Jahre 1599 einen einschlägigen Eintrag: ‚Anna Mölschin hat gebeten, demnach sie mit der abscheulichen kranckheit des fallenden sichtags sehr behaftet und von tag zu tag sich an ihr ergert, auch sich besten alters halber und grosser armudt halber nit ernehren kann, man wolf ihr ein uhrkunth mittheilen, daß almusen zu samblen. Ist ihr zu geben verwilligt, weilen man ihr schwacheit weiß.'

Die Mehrzahl dieser Urkunden wird zweifellos richtig gewesen sein, aber ebenso sicher ist, daß eine Minderheit sich mit falschen Dokumenten durch das Land schwindelte. So ist es schon verdächtig, wenn es 1649 von einem Mann aus dem Stift Mainz heißt: ‚Dem wahr sein testimonium ins waßer gefallen, das mans nicht wohl lesen kunth'. ...

Die größte Gefahr, die durch die herumziehenden Bettler entstehen konnte, war wohl die der Verschleppung von Krankheiten. Bei der Lebensweise, zu der sie gezwungen waren – denn eine Herberge erhielten sie nur in den seltensten Fällen, bestenfalls ‚speiste man sie ab' –, waren sie natürlich besonders anfällig. ... Wollte sich die Krankheit nicht bessern, kam der oder die Betreffende ‚auf den Schub', d. h., er wurde zum nächsten Ort geführt, wo er wieder einige Tage liegen bleiben konnte, und so fort. Die Pflicht, den Bettelkarren zu führen, ging unter den Nachbarn reihum, sie wurden dafür von anderen Gemeindearbeiten befreit. In Volkach oblag die Aufgabe den Fischern, man führte die Kranken also auf dem Main weiter. Laut Ratsprotokoll wurde am 27. 4. 1596 beschlossen, ‚daß hinfurter nicht mehr denn funf aus den fischern sollen jerlich die armen leudt, so zu der statt gepracht, fur ir jerliche fron widerumb hinweg fuhren, die andern fischern sollen ire frohn so wol als andere burgere versehen, und also von jar zu jar abwechseln'."[10]

Wir haben ausführlicher zitiert, um den ganzen Gegensatz zu der von Marx geschilderten Situation herauszuarbeiten. Hier herrscht noch „echtes Mittelalter", und zugleich der Geist einer humanen Dorfgemeinde. Aber die Aufgabe, einen oder mehrere kranke Bettler per Schubkarren oder Boot in den nächsten Ort zu bringen, ist natürlich ökonomisch bedeutsam: sie bringt dem Ausführenden Mühe und Arbeit bzw. ökonomischen Verlust im Hofe oder beim Fischen. Darum eine rechtliche Regelung, in diesem Fall durch einen Ratsbeschluß. Doch schiene es mir nicht richtig, hier von außerökonomischem Zwang gegenüber den Bootsfahrern oder den Schubkarrenschiebern zu sprechen.

Die Prozesse und die Strafen, die von den Gemeindegerichten in der Mehrzahl der Fälle, d. h. wenn es sich nicht um Mord, Raub, Diebstahl handelt und die auch dann zumeist nicht ihrer direkten Rechtsprechung unterliegen, verhängt werden, sind im allgemeinen harmlos. Ja, in vielen Fällen werden die Gerichtsverhandlungen zu einer Mischung von „Sport" und Vergnügen. Kramer schildert: „Überhaupt ist die Beobachtung zu machen, daß man, soweit es nicht Leib und Leben betrifft, den Gang zum Gericht eher als einen Sport denn als ein Übel ansieht. Raufhändel und Streit um Geld und Gut werden vor Gericht mit Leidenschaft durchgefochten. Man kennt sich in der Ordnung des Gerichtsganges bis in alle Einzelheiten aus, beherrscht die Winkelzüge und kennt die Kniffe, um dem Gegner das Leben schwer zu machen. Mit sichtlichem Behagen läßt man die Reihen der Zeugen aufmarschieren, die ihrerseits wiederum nicht ungern im Mittelpunkt des Interesses stehen. Sie überlegen sich genau, was sie sagen, und lassen sich zuvor vom Richter zur Aussage nötigen, damit man ihnen später von keiner Seite her einen Vorwurf machen kann. ‚Ich hätte ja gern geschwiegen', dies möchten sie sagen können, ‚aber der Richter hat auf meiner Aussage bestanden'. Die beiden Parteien überbieten sich anschließend gegenseitig, die Glaubwürdigkeit der Zeugen zu unterstreichen bzw. zu verdächtigen. Verwandte und ‚Brotlinge', d. h. Ehehalten, die im Brot einer Partei stehen, sind von vornherein ausgeschlossen. Das endgültige Urteil wird dann, nach Ablauf des ganzen, winkelzugreichen Geschehens, als Schiedsspruch anerkannt, der weder dem einen noch dem andern Teil an seinen Ehren, und das ist das Maßgebliche, Schaden tut."[11]

Wie ganz anders wirken sich, insbesondere unter dem Druck der Patrimonialgerichtsbarkeit und ihrem Eindringen in die Dorfgerichtsbarkeit und der schließlich praktischen Abtötung der selbständigen Dorfgerichtsbarkeit, der außerökonomische Zwang und die ihm entsprechende außerökonomische Gewaltanwendung im Alltagsleben der Werktätigen aus!

Die Patrimonialgerichtsbarkeit beinhaltet das Recht des Grundherrn, zu Gericht zu sitzen. Das heißt, der Grundherr ist auch Gerichtsherr und zwar selbstverständlich auch in Streitsachen zwischen ihm als Grundherrn und den Bauern. Der außerökonomische Zwang wird also von dem ausgeübt, der auch den ökonomischen Zwang mittels Besitzes des Bodens, auf dem die Bauern arbeiten, wirken läßt.

Dieser doppelten Zwangsherrschaft stand, vielfach bis in die hier behandelte Zeit, die selbständige Regelung zahlreicher Angelegenheiten durch die Dorfgemeinschaft entgegen. Die Dorfbewohner, insbesondere die Bauern, die mit ihren eigenen Produk-

---

[10] K.-S. *Kramer,* Bauern und Bürger im Nachmittelalterlichen Unterfranken, Würzburg 1957, S. 45ff.
[11] Ebendort, S. 98.

11*

tionsmitteln auf nichteigenem Boden wirtschafteten, regelten oft alle ihre Angelegenheiten, soweit sie nicht die Abgabe von Mehrprodukt an den Grundherrn betrafen
(Arbeits-, Produkten- und Geldrente), selber. Natürlich hatten aber die Grundherren
von Anfang an ein Interesse daran, die Selbstregelung so mancher ökonomischer Angelegenheiten und die ihr entsprechende Selbstgerichtsbarkeit durch die Dorfgenossenschaft zunächst zu überwachen und dann auch in mannigfacher Beziehung ansichzu-
reißen.

Und gerade in unserer hier betrachteten Zeit verstärkt sich dieses Bestreben der
Grundherrschaft und hat Erfolg damit. Als Beispiel dafür geben wir die Wandlungen
in der Grundherrschaft Neuschönfels bei Zwickau in Sachsen, die Rudolf Roland
Müller untersucht hat.

Sehen wir uns zunächst ein Dorf dieser Herrschaft an:

„Das größte zur Herrschaft Neuschönfels gehörende Dorf war Ebersbrunn. Sämtliche
Einwohner unterstanden der Grund- und Gerichtsherrschaft Neuschönfels. Das Dorf
hatte eine eigene Pfarrkirche, ein Wirtshaus und eine Schmiede. Anfang des 17. Jahrhunderts kam noch eine weitere Schmiede hinzu. Die ältere Schmiede war bis zum
17. Jahrhundert im Gemeindebesitz, stand auf Gemeindeland und wurde jeweils einem
Gemeindeschmied pachtweise überlassen. Ebenso besaß die Gemeinde ursprünglich
eine eigene Badestube, die aber schon im 17. Jahrhundert verfiel. Bis zum Jahre 1628
war in Ebersbrunn keine Mühle vorhanden, so daß die Bauern ihr Getreide zum
Mahlen nach auswärts fahren mußten. Die 1628 errichtete Mühle war infolge des
häufigen Wassermangels oft nicht in der Lage, für das ganze Dorf zu mahlen. Um 1600
gab es in Ebersbrunn etwa 70 bebaute Grundstücke. Dies waren:

  9 ganze Höfe,
  1 Dreiviertelhof,
15 halbe Höfe,
10 Eidengüter (Eggengüter),
  9 Herbergen (Viertelgüter),
13 Gartengüter,
13 Häuser.

Ende des 16. Jahrhunderts mußten von den Besitzern der 70 bebauten Grundstücke
jährlich folgende Dienste für das Rittergut Neuschönfels fast unentgeltlich verrichtet
werden:

26 Mann 261 Tage ackern,
10   „   113   „   eggen,
61   „   64   „   Gras hauen,
37   „   53   „   Grummet hauen,
59   „   66   „   Getreide hauen,
69   „   208   „   Getreide schneiden,
36   „   45   „   Mist laden,
  8   „   unbegrenzte Zeit Mist zusammentragen und breiten,
60   „   unbegrenzte Zeit Schafe scheren (etwa 1 Tag je Mann),
13   „   unbegrenzte Zeit Erbsen und Wicken hauen, binden und Man-
                  deln setzen,
42   „   unbegrenzte Zeit Heu, Grummet, Getreide rechen,
56   „   112 Klafter Kleinholz hauen,
55   „   57 Klafter Grobholz hauen,

Jagddienste,
begrenzte Fuhrdienste.

Nach 1600 vermehrten sich die jährlichen Dienste durch:
Erhöhung der Acker- und Eggedienste um 1–3 Tage,
Erweiterung der Fuhrdienste,
Einführung eines dreitägigen beliebigen Sonderdienstes,
Erzwingung unbegrenzter Ackerdienste für 5 Groschen täglichen Lohn,
Erzwingung unbegrenzter Handdienste für 16 Pfennige täglichen Lohn,
Botschaftlaufen,
ständige Wachdienste."[12]

Man hat den Eindruck einer beachtlichen Belastung, die nach 1600 (leider gibt Müller kein genaueres Datum) noch gesteigert wurde.

Die Machtposition des jeweiligen Rittergutsbesitzers von Neuschönfels schildert er so:

„Sämtliche grundbesitzenden Einwohner des Rittergutsbezirkes besaßen ihr Land nicht zu Eigentum, sondern hatten es vom Rittergutsherrn oder einem seiner Rechtsvorgänger nur zur erblichen Benutzung erhalten. Für die Überlassung des Bodens mußten sie als Gegenleistung an den jeweiligen Rittergutsherrn bestimmte jährliche Abgaben und Dienste leisten. . . .

Weitere Rechtsbeziehungen zwischen den Rittergutsherren und den Einwohnern des Herrschaftsgebietes ergaben sich aus der obrigkeitlichen Stellung der Rittergutsherren. Der Herrschaftsbezirk des Rittergutes glich einem Staat im Staate. Die Bauern waren die ‚Untertanen' des Rittergutsherrn. Dieser war zugleich Gerichtsherr, Gemeindeherr, Polizeiherr und nahm die Geschäfte der unteren Verwaltungsbehörde wahr. Eine so machtvolle Stellung besaßen nicht alle Rittergutsherren. Die Herren von Neuschönfels und schon vor ihnen die Besitzer der ungeteilten Herrschaft Schönfels hatten es aber verstanden, in ihrer Hand alle obrigkeitlichen Rechte zu vereinigen, die ihnen vom Landesherrn überhaupt übertragen werden konnten. . . .

Die von den Rittergutsherren ausgeübte Gerichtsbarkeit erstreckte sich örtlich auf den ganzen Bereich des Rittergutslehens, also sowohl auf die zur Rittergutswirtschaft gehörenden Fluren, wie auf sämtliche bäuerliche Fluren in den Dörfern Ebersbrunn, Schönfels mit Neuschönfels, Altrottmannsdorf, Beiersdorf, Unter- und Oberneumark, soweit sie zum Rittergutslehen Neuschönfels gehörten. Die sachliche Zuständigkeit umfaßte sowohl die sogenannte ‚untere' wie die ‚hohe' Gerichtsbarkeit. . . .

Die in der Hand der Rittergutsherren vereinigten Rechte spiegeln sich in der Bezeichnung der Rittergutsherren als ‚Erb-, Lehn- und Gerichtsherren' wider. ‚Erb- und Lehnherren' waren sie, soweit sie als vom Landesherrn mit dem ganzen Herrschaftsgebiet belehnte Grundherren große Teile ihres Lehens den Bauern zur erblichen Benutzung überlassen hatten. ‚Gerichtsherren' waren sie, soweit sie gerichtsherrliche und sonstige obrigkeitliche Rechte ausübten. Alle den Rittergutsherren zustehenden Befugnisse waren so umfassend, daß sie zu einer erdrückenden Machtstellung gegenüber den Bewohnern des Rittergutsbezirkes führen mußten. . . . Besonders bedeutungsvoll war es in dieser Hinsicht, daß die dem Rittergutsherrn als Gerichtsherrn zustehende Gerichtsbarkeit sich auch auf Prozesse erstreckte, die er selbst mit den Einwohnern des

---

[12] *R. R. Müller*, Die Rechtsbeziehungen zwischen den Rittergutsherren und den Bauern der Herrschaft Neuschönfels in Sachsen vom Jahre 1548 bis zur Mitte des 19. Jahrhunderts, Leipzig 1937, S. 6ff.

Gerichtsbezirks, seinen ‚Untertanen‘, führte. Der Rittergutsherr konnte also, wenn er von den Bauern in den zugehörigen Dörfern gewisse Dienste verlangte, die ... verweigert wurden, die Bauern vor seinem eigenen Gericht auf Leistung der Dienste verklagen. Er war dann Richter in eigener Sache und hatte es in der Hand, Prozesse, die für ihn aussichtslos waren, jahrelang hinauszuziehen, bis die Bauern kein Geld mehr zum Prozessieren hatten. Hierzu kam noch, daß die Rittergutsherren dem einflußreichsten Stand des Staates angehörten und deshalb ihre Interessen beim Landesherren häufig genug mit Erfolg vertreten konnten, während die politisch vollkommen rechtlosen Bauern keinerlei Einfluß auf die Landesregierung hatten.“[13]

Diese hier geschilderte Machtstellung wurde recht eigentlich erst in der von uns betrachteten Zeit ausgebaut. Müller berichtet: „Anfang des 17. Jahrhunderts vollzog sich in der Herrschaft Neuschönfels in der Ausübung der Gerichtsbarkeit ein grundlegender Wandel. Wie aus den Eintragungen in den Neuschönfelser Gerichtsbüchern zu ersehen ist, waren bis zu diesem Zeitpunkt, etwa bis zu den Jahren 1610–1620, alle gerichtlichen Handlungen in altertümlicher Weise wahrgenommen worden. Vor Beginn jeder Gerichtsverhandlung war das Gericht feierlich durch die bäuerlichen Richter und Schöffen gehegt worden. Den Vorsitz im Gericht hatte entweder der Rittergutsherr selbst oder an seiner Stelle der aus der Mitte der Bauern ernannte Oberrichter ‚wegen seines richterlichen Amtes‘ geführt. Beisitzer waren andere bäuerliche Richter und Schöffen. Dieses gehegte Gericht war öffentlich. Es wurde nicht nur in Neuschönfels, sondern auch auf den Dörfern, so in Ebersbrunn, gehalten. Vor dem gehegten Gericht wurden Zivilklagen und Strafsachen verhandelt, aber auch Testamente errichtet und Grundstücke veräußert. Stets war eine Menge unbeteiligter Zuschauer anwesend, selbst bei der Errichtung von Testamenten. Das Gericht war ein reines Laiengericht, das lediglich nach alten Gebräuchen verhandelte und entschied. Zeichen der Gerichtshoheit war der Gerichtsstab, den jeder, der eine wichtige Erklärung abgab, anfassen mußte. Zu einer Änderung dieses herkömmlichen Verfahrens kam es um 1610–1620, als die Rittergutsherren die Ausübung der Gerichtsbarkeit besonderen Gerichtsverwaltern übertrugen. Dies waren römischrechtlich ausgebildete Berufsjuristen, meist Advokaten aus Zwickau oder anderen benachbarten Orten. Die Gerichtsverwalter wohnten nie im Gerichtsbezirk, hatten also mit der Bevölkerung keine enge Berührung und kamen nur an bestimmten Tagen im Jahre auf das Schloß Neuschönfels, um dort in einer besonderen Gerichtsstube die Gerichtstage abzuhalten. Den Vorsitz im Gericht führte von da an, wie aus den Neuschönfelser Gerichtsbüchern hervorgeht, fast stets der Gerichtsverwalter, selten der Rittergutsherr, nie mehr ein bäuerlicher Richter. Eine Hegung des Gerichts oder eine Benützung des Gerichtsstabes wird von dieser Zeit an in den Gerichtsbüchern nicht mehr erwähnt. Die Sitzungen des Gerichts fanden nur noch in der Gerichtsstube des Neuschönfelser Schlosses statt. Die Gerichtsverwalter erledigten alle richterlichen Handlungen selbst und drängten die Bedeutung der bäuerlichen Richter und Schöffen immer mehr zurück. Diese nahmen zwar nach wie vor an den Gerichtssitzungen teil, hatten aber ihren alten Einfluß verloren. Eine selbständige, bodenverwurzelte Rechtspflege und Rechtsprechung der Bauern war von da an nicht mehr in dem Maße möglich wie bisher. Ausschlaggebend in allen Rechtsangelegenheiten wurde der Gerichtsverwalter, der römischrechtlich dachte und der weitgehend das Interesse seines Arbeitgebers, des Rittergutsherrn, wahrnahm. Es scheint kein Zufall zu sein, daß

---

[13] Ebendort, S. 12ff.

gerade zur gleichen Zeit, zu der zum Nachteil der Bauern diese Wandlung im Gerichtswesen eintrat, die Bauern durch die Rittergutsherren zu erheblich erweiterten, unbegrenz-
ten Diensten gezwungen wurden."[14]

Der letzte Satz scheint mir ebenso richtig wie wichtig. Während man aus dem Text
vielleicht den Eindruck haben könnte, daß die Gewaltausübung durch den Rittergutsbesitzer sich nur jetzt auch der letzten Ornamente alter Dorfgerichtsbarkeit entledigte,
ging es doch wohl um mehr. Die außerökonomische Gewalt wurde faktisch verstärkt,
um die ökonomische Unterdrückung steigern zu können – durch Erhöhung der Lasten,
die auf den Bauern, die auf allen Wirtschaftseinheiten des Dorfes lagen, seien es Höfe
von Vollbauern oder „Gartengüter".

All das hier für diese Rittergutsherrschaft Gesagte gilt für große Gebiete im Osten.
So bemerkt Boelcke allgemein für die Oberlausitz:

„Um diese Zeit (15. Jahrhundert – J. K.) setzte sich eine Beschränkung der Befugnisse der Dorfgerichte zugunsten der patrimonialen Gerichtsbarkeit des Gutsherrn durch.
Seit dem 16. Jahrhundert waren alle wichtigen Rechtsfeststellungen und Rechtsverwirk-
lichungen auf bürgerlich-rechtlichem Gebiete sowie die Sühnung aller strafbaren Handlungen in den Oberlausitzer Dörfern den gutsherrlichen Gerichten vorbehalten. Die
Dorfgerichte fungierten nur noch als reine Urkundspersonen der freiwilligen Gerichtsbarkeit für die von den Parteien vor ihnen geschlossenen Rechtsgeschäfte. ...

Im 16. Jahrhundert übte der Gerichtsherr häufig zusammen mit dörflichen Richtern
das Richteramt aus. Oft gab sich das Patrimonialgericht den Anstrich des Volkstümlichen, indem es Schöppen heranzog. Nach einem Leubaer Schöppenbuch (1539 bis
1562) bestand das Gericht aus dem Gutsherrn Balzer von Gersdorf und den Schöppen.

Mit dem dörflichen Gerichtswesen wandelte sich auch der Charakter der Dorfordnungen. Aus rechtsverbindlichen Aufzeichnungen der freien Bauerngemeinde wurden
gutsherrliche Verwaltungs- und Polizeivorschriften. Die Dorfordnungen schützten nun
nicht mehr die Rechte der Bauerngemeinde, sondern sicherten die gutsherrlichen Vorrechte bis in die kleinsten Regungen des bäuerlichen Lebens."[15]

Aber nicht nur im Osten war es so, Meiborg berichtet ganz ähnlich aus Schleswig
von solchen gutsherrlichen Regelungen „bis in die kleinsten Regungen des bäuerlichen
Lebens": „Im Osten (Schleswigs – J. K.) waren die Gutsbesitzer Alleinherrscher; der
gemeine Mann war leibeigen und den Festern gegenüber griffen die Edelleute in alle
Verhältnisse ein. Die sonst von den Älterleuten geübte Gewalt war auf die Herrschaft
übergegangen, welche sie durch ihre Reitvögte (Verwalter) und Aufseher ausübte; die
fällten die Urteile und vollzogen die Bestrafung. An Stelle der Brüchen hatte man
Gefängnis und körperliche Züchtigung. Wer einen Besitz erpachtete, erhielt auch das
Recht zur Bestrafung mit ‚Peitsche, Keller und Pfahl'. Was in den Dörfern Rechtens
sein sollte, bestimmte der Gutsherr; selbst die Gildeordnungen wurden nach seiner
Willkür geändert oder aufgehoben; sie tragen denn auch zum Teil unverkennbar den
Stempel davon. So heißt es bereits im Jahre 1587 in der Gettorfer Dorfbeliebung: wir
Junker haben den Kirchspielsleuten gestattet, einmal im Jahre zusammen zu kommen –.
Doch darf sich kein junges Volk einfinden –. Erdreistet sich ein Knecht, am Gildetische
Platz zu nehmen, so soll man ihn vor seine Obrigkeit führen, die ihn so nachdrücklich
strafen soll, daß er anderen als warnendes Beispiel dienen kann. – Das ging so weit,

---

[14] Ebendort, S. 90f.
[15] *W. Boelcke*, Bauer und Gutsherr in der Oberlausitz, Bautzen 1957, S. 62ff.

daß die Leute zum Abendmahl gehen mußten auf Anordnung des Reitvogtes und unter seiner Anführung."[16]

In anderen Teilen Deutschlands ging dieser Prozeß langsamer vorwärts. Öfter finden wir auch eine Beschränkung der Patrimonialgerichtsbarkeit durch die landesherrliche, durch die Gerichtsbarkeit der Fürsten. Auch im Osten gab es Streit zwischen Patrimonialherren und Landesherren um die Ausbeutung der Bauern, an deren Erhaltung die Landesherren um ihres Steuereinkommens willen ein gewisses Interesse hatten, was dann in der bürgerlichen Geschichtsschreibung als Bauernfreundlichkeit bezeichnet wird.

Dazu darf man nicht übersehen, daß die Patrimonialgerichtsbarkeit sich selbstverständlich auch auf das Gesinde, auf alle auf dem Rittergut selbst ständig Arbeitenden bezog. Jedoch spielt hier oft die Gerichtsbarkeit eine geringere Rolle, da der Rittergutsbesitzer auf seinem „eigenem Gut" natürlich vielfach ohne jede gerichtliche Verhandlung außerökonomische Gewalt ausübte und nicht als Gerichtsherr, sondern als, wie man es vor allem später nannte, „Hausvater" handelte.

Wie wurde nun konkret die außerökonomische Gewalt ausgeübt?

Auf dem „eigenen" Besitz war das einfach. Ohne jede Verhandlung schlugen der Rittergutsbesitzer und seine Inspektoren, oder wie sie hießen, auf das Gesinde ein oder sperrten den „Unbotmäßigen" in den Schweinestall bzw. in eine dunkle ungeheizte Kammer ohne Nahrung oder nahmen Kürzungen an Kost bzw. Lohn vor. Hier änderte sich auch nichts Wesentliches vom 9. bis zum 19. Jahrhundert.

Allgemein die konkrete Ausübung der außerökonomischen Gewalt schildert Boelcke: „Der Gutsherr benutzte die Befugnisse der Patrimonialgerichtsbarkeit, um aufsässige und ungehorsame Untertanen mit dem Stock zu strafen, er ließ sie in Eisen legen, verurteilte sie zu mehreren Wochen Zwangsarbeit und konnte sie zur Räumung des Dorfes zwingen. Leibesstrafen wurden auch Arbeitern verhängt, die Lohnforderungen stellten. Als ein Bauknecht sich bei der Muskauer Herrschaft beklagte, daß er mit zehn Talern Lohn jährlich nicht existieren könnte, wurde er ,unter Verwarnung von hundert Stockschlägen gänzlich ab und zur Ruhe' verwiesen. Mißhandlungen blieben nicht aus. Am häufigsten jedoch machten die Gutsherren von ihrem Recht zur Auspfändung säumiger und widerspenstiger Bauern Gebrauch. Bei lassitischen Bauern hätte die Pfändung ihrer geringen persönlichen Habe in den meisten Fällen zum wirtschaftlichen Zusammenbruch geführt. Aus diesem Grunde mußte er bei ihnen von Geldstrafen und Konfiskationen absehen und statt dessen entehrenden Leibesstrafen den Vorzug geben. Landesverweisung, im Mittelalter eine beliebte Strafe, konnte von so manchem Bauern nur als Wohltat empfunden werden. Auch würde der Gutsherr seiner Arbeitskräfte dadurch verlustig gegangen sein. Gefängnisstrafen hatten für den Bauern den Vorzug, drückenden Frondiensten entgehen zu können. Körperliche Züchtigungen und schwere Zwangsarbeit bei schlechter Kost wurden zu verbreiteten Strafen."[17]

Müller berichtet zu dem gleichen Thema so:

„Verweigerte der Besitzer eines Zinsgutes die Leistung eines von ihm geforderten Frondienstes, so wurde er vom Rittergutsherrn zur Dienstleistung gezwungen. Die Zwangsmittel waren mannigfach. Meist verhängte der Rittergutsherr zunächst eine Geldstrafe. Hatte diese keinen Erfolg, so wurden neue, noch höhere Geldstrafen festgesetzt. Dann wurde dem betreffenden Zinsgutbesitzer das Vieh weggenommen oder

[16] R. Meiborg: Das Bauernhaus im Herzogthume Schleswig, Band 1, Schleswig 1896, S. 27.
[17] W. Boelcke, a. a. O., S. 67f.

die Scheune versperrt und ihm so die Lebensgrundlage genommen. Bisweilen wurde er sogar festgenommen und ins Gefängnis geworfen. In der Regel verklagte auch der Rittergutsherr den betreffenden Bauer vor seinem eigenen Gericht auf Leistung der Dienste. Der Prozeß dauerte dann so lange, bis beide Parteien geneigt waren, sich ‚der Kosten halber' zu vergleichen.

Eine Verweigerung geforderter Dienste durch die Bauern und eine Erzwingung von Diensten durch die Rittergutsherren in der geschilderten Art kam jedoch in dem hier betrachteten Zeitraum nur im 17. Jahrhundert vor. Etwa vom Jahre 1670 an bestand für die Neuschönfelser Rittergutsherren kein Anlaß mehr, neue Dienste gewaltsam einzuführen, weil es ihnen bereits in der ersten Hälfte des 17. Jahrhunderts gelungen war, völlig unbegrenzte Spann- und Handdienste als sogenannte Lohnarbeit (Acker- und Fuhrdienste für 5 Groschen Tagelohn, Handarbeit für 16 Pfennige Tagelohn) zu erzwingen.

Konnten die Frondienste aus irgendeinem anderen Grunde nicht geleistet werden, sei es wegen Krankheit, Tod oder Kriegswirren, so mußte statt der Dienste deren Wert in Geld bezahlt werden. Dieses ‚Frongeld' war zum Teil sehr hoch. So verlangte der Rittergutsherr für jeden Tag nicht geleisteter Ackerarbeit einen Gulden, während er selbst für die gleiche ‚Lohnarbeit' den Bauern nur 5 Groschen bezahlte."[18]

Und auch so schreibt Müller: „Ein besonderes Gefängnis gab es nicht. Gefangene Übeltäter sperrte man in beliebigen geeigneten Räumen, sei es in einer Kammer oder einem Stall, im Haus eines Dorfrichters oder im Schloß Neuschönfels ein. Die Bewachung der Gefangenen war deshalb umständlich. Entweder hatten sämtliche Einwohner des Gerichtsbezirks selbst die Wachdienste abwechselnd zu verrichten, oder die hierfür entstandenen Kosten mußten von ihnen getragen werden. Manchmal wurde als Gefängnis ein Kellergewölbe in Schönfels, das Hundsloch genannt, verwendet, das so niedrig war, daß man darin nicht stehen konnte. Es war vollkommen verschmutzt, im Winter eiskalt und ‚ein gar bös Gefängnis'. In der ersten Hälfte des 17. Jahrhunderts sperrten die Rittergutsherren dort Bauern ein, die ihren Wünschen auf Leistung erweiterter Dienste für das Rittergut nicht nachkamen."[19]

Ja, wir finden die erstaunliche Entwicklung, daß die Ausübung des außerökonomischen Zwangs selbst sich ganz direkt in eine ökonomische Einnahmequelle verwandelte:

„Die geldlichen Strafbußen, welche die Gerichtsherrschaft Baruth bei geringsten moralischen Delikten verhängte, waren ihre einträglichsten Einnahmen aus der Strafrechtspflege.

Die Patrimonialjustiz sank auf die Stufe einer privatwirtschaftlichen Ertragsquelle herab. Der Gerichtsherr war für den Bauern kein gerechter Richter mehr, sondern ein selbstsüchtiger, rücksichtsloser Geschäftsmann. ... Man kam einfach dahin, eine Tat zu bestrafen, nicht weil sie unter einem bestimmten Deliktsbegriff subsumiert werden konnte, sondern weil das betreffende Gericht sie nach individueller Ansicht des Gerichtsherrn und des Justitiars für strafwürdig hielt. So manches Vergehen wäre nicht gerügt worden, wenn es nicht der herrschaftlichen Kasse bares Geld oder der Gutswirtschaft Strafdienste einbrächte."[20]

Wenn der Herr Geld brauchte, wurden „seine Leute", wurden Bauern und andere

[18] R. R. Müller, a. a. O., S. 70f.
[19] Ebendort, S. 95.
[20] W. Boelcke, a. a. O., S. 69.

Untertanen bestraft. (Das gleiche beobachten wir auch bei den „Zuchthaus-Manufak-
turen"; hatten sie zu wenig Arbeitskräfte, fanden entsprechend mehr Bestrafungen statt.)

Reißner bemerkt in seiner mit seltener Gründlichkeit auf die hier angeschnittene
Thematik eingehende Dissertation allgemein zum Patrimonialgerichtswesen als Einnahmequelle: „Aus Kitzscher ist aus dem Jahre 1608 eine örtliche Ordnung der Gerichtsgebühren überliefert worden. Aus ihr ist zu ersehen, daß der Richter für jedes
‚Ankündigen' vor Gericht und für jedes Zusammenrufen der Schöppen 1 Gr. erhalten
hat. Die Gerichte wurden für jedes abgeschlossene mit 12 Gr. und für jedes begonnene,
aber nicht bis zu Ende geführte Rechtsgeschäft mit 6 Gr. abgefunden. Dem Gerichts-
und Lehnherrn standen für jedes Neuschock Hilfsgelder (wahrscheinlich Kredit) 6 Gr.
zu. Diese einmalige Gerichtsgebührentabelle ist durch die Taxordnung aus dem Jahre
1612 außer Kraft gesetzt worden ... Das Beispiel zeigt, wie die ursprünglich durch die
Gesetzmäßigkeiten des Monopols des Grundeigentums hervorgerufenen Unterschiede
von Grundherrschaft zu Grundherrschaft allmählich durch landesherrliche Einflußnahme
bis zu einem gewissen Grade ausgeglichen wurden, wie die Sonderinteressen einzelner
Feudalherren den Gesamtinteressen der Klasse untergeordnet wurden. Die Taxordnun-
gen regelten die Zahlungsverpflichtungen und Gebührenhöhen in allen kursächsischen
Gerichten und waren deshalb auch für die Rittergutsgerichte bindend. Auf ihre Bestimmung braucht hier nicht näher eingegangen zu werden. Es muß aber erwähnt werden,
daß die Gerichtsgebühren selbst bereits ein Mittel des außerökonomischen Zwanges
darstellten. Wenn ein Untertan wegen Ungehorsam mit 10 Gr. Strafe belegt wurde, für
das damit verbundene Verfahren aber 18 Gr. Gerichtsgebühren bezahlen mußte, so ist
die Wirkung der Gebühren auf den Betroffenen leicht vorstellbar. Die daraus ent-
stehende Belastung für den Rechtsuchenden und für den Gerichteten ist erheblich gewesen. Sie erbrachten Gewinne für den Gerichtsherren, Verdienste für den Gerichtsverwalter und Ausgleichzahlungen für die Gerichtspersonen."[21]

Über die vom Gericht ausgesprochenen Freiheitsstrafen berichtet Reißner: „In allen
untersuchten Rittergutsgerichten sind Strafen von einem Tag bis zu zwei Wochen
Gefängnis ausgesprochen worden. Selbst wenn in den meisten dazu ergangenen Bescheiden ausdrücklich erwähnt wurde, daß für 1 Tag Gefängnis auch 3 Tage Handarbeit
geleistet werden konnten, so darf doch mit großer Sicherheit angenommen werden, daß
wenigstens ein Teil der verhängten Strafe auch tatsächlich in Form von Haft abgebüßt
worden ist. Die für den Strafvollzug benutzten Gefängnisse sind aber in den Protokollen
nur selten beschrieben worden. Wahrscheinlich waren es in den meisten Fällen provi-
sorisch dafür eingerichtete Räume oder Schuppen. In einem Bericht aus dem Jahre
1673 über eine Schlägerei in Mölbis war die Rede davon, daß die Gerichtspersonen
einen Beteiligten ‚in Haft genommen und angeschlossen' hätten. Der Häftling hatte
sich aber ‚losgemacht' und war entflohen. Weitere Einzelheiten über das offensichtlich
nur schwach gesicherte ‚Gefängnis' werden nicht berichtet."[22]

Auch hier bringt die Ausübung des außerökonomischen Zwangs selbst unmittelbaren
ökonomischen Nutzen, wenn der Bestrafte statt „Gefängnis" Handarbeit wählt. Man
wird Reißner zustimmen, ja, man wird wohl noch weitergehen können als er und annehmen dürfen, daß die Mehrzahl der Bestraften, insbesondere wenn es sich um Bauern

21 M. Reißner, Die Gerichte in den Rittergütern des Amtes Borna im 17. und 18. Jahrhundert – ihre
    Sozialstruktur, ihre Organisation und Funktion im spätfeudalen Staat, Diss., Leipzig 1973, S. 89.
22 Ebendort, S. 91.

und Handwerker handelte, einen Tag Haft drei Tage Handarbeit vorzog, da im ersten Fall, auch wenn die Haft noch so brutal gehandhabt wurde, nur ein Arbeitstag auf dem eigenen Hofe bzw. in der Werkstatt verloren ging.

Und nun überlegen wir, wie all dieser außerökonomische Zwang sich im Alltagsleben der Werktätigen auf dem Dorfe auswirkt. Stellen schon die laufenden Belastungen der Bauern durch Grundherren und Fürsten mit Renten und Steuern einen ständigen Druck dar, der größer noch wird, wenn das Wetter dem Getreide nicht günstig oder Krankheit auch nur ein Pferd, eine Kuh befällt, also die Erfüllung der Verpflichtungen weniger gesichert ist, so muß die Unsicherheit in Bezug auf die Reaktion der Herren bei nicht voller Erfüllung der Verpflichtungen ganz besondere Bedrückung hervorrufen.

Doch als ob das nicht genug, sieht sich der Bauer, sehen sich alle Werktätigen im Dorfe der Willkür der Herren ausgeliefert, wenn diese gerade besonders geldbedürftig sind und nach Straftaten suchen, um ihre Geldeinnahmen zu erhöhen. Denn so wohlgeordnet die Gerichtsbürokratie in unserer Zeit wird, so willkürlich und damit ungeordnet wird ihr konkretes Funktionieren. Niemals hat die Justitia ihre Waage vor dem Anhören der Parteien wohl ausgewogen gehalten, selten aber hat sie so willkürlich mit ihr um sich geschlagen. Stets senkte sich in der Geschichte der Klassengesellschaften die Waage zugunsten der herrschenden Klassen, selten aber so willkürlich.

„Macht korrumpiert und absolute Macht korrumpiert absolut" sagte Lord Acton und dachte dabei an Fürsten und Staatsmänner. Wieviel stärker noch ist der zerstörende Einfluß der Macht, wenn sie in den Händen eines direkten Mehrproduktenempfängers liegt und direkt über die Mehrproduktenempfänger ausgeübt wird!

Zwei ganz konkrete Beispiele aus dem alltäglichen Leben des Dorfes seien gegeben, um die Wirkung des außerökonomischen Zwanges zu zeigen. Sie sind nicht Schriften moderner Historiker entnommen, die sich um eine lebendige Darstellung des Alltags unter den Bedingungen des außerökonomischen Zwanges bemüht haben – solche gibt es kaum für Deutschland in unserer hier behandelten Zeit. Wir greifen auf zwei zeitgenössische Schriftsteller jener Jahre, die wir hier untersuchen, zurück. Das eine Zeugnis stammt aus den Erzählungen in „Das wunderbarliche Vogel-Nest" von Grimmelshausen. Der Held der Erzählung hat auf seiner Wanderung in einem Dorfe bei einem kleinen Handwerker mit einem Stückchen Land und einer Ziege Unterkunft gefunden. Ermüdet von der Wanderung war er eingeschlafen, und nun erlebt er folgendes:

„Bey Untergang der Sonnen erweckte mich ein Geschrey; derowegen stunde ich auf, zusehen, was da zuthun seyn möchte. Da war es ein Bott* mit zweyen Soldaten, welche meinem Hauswirth, der eben mit Weib und Kindern (deren er grad acht kleine unerzogene beyeinander hatte) von seiner Arbeit heimkommen war, seine Geiß genommen und solche hinweg führten, umb willen er 14. Batzen Herren=Gelder, wie sie es nannten, schuldig war. Das Weib schlug die Hände überm Kopff zusammen und schrie immer und ohne Unterlaß: ,Ach daß Gott im Himmel erbarm! womit soll ich nun meine arme kleine Kinder ernähren?' Die Kinder aber schrieen alle zusammen: ,Ach unser Hetel**! ach unser Hetel! unser Hetel!' Der Mann aber bat die Exequirer*** vor Gott und nach Gott°, umb seines Leydens, umb aller seiner Heiligen und umb deß Jüngsten Gerichts willen nur noch umb acht Tag Gedult; aber vergebens! Er beschwur sie noch

* Bott = Bote.
** Hetel = Ziege.
*** Exequirer = Vollstrecker.
° vor Gott und nach Gott = um Gottes willen.

höher, aber umbsonst! Sie passirten einmal mit der Geiß fort und liessen den armen Mann samt Weib und Kinder lamentirn, so lang sie wolten. Derselbe wande die Hände zusammen*, verfügte sich in die Stub seiner elenden Herberg; ihm folgt Weib und Kind mit einem jämmerlichen Heulen und Geschrey, und ich gieng hernach** mit hertzlichem Mitleyden. ‚Ach!‘ sagte Er, ‚es wäre kein Wunder, es thäte einer, was ihm Gott niemal geheissen! Ich hab kein Heller Geld, nur das liebe Saltz zukauffen! Ich hab kein Schmaltz nur an eine Wassersuppe! Von aller meiner sauren Mühe und Arbeit bleibt mir kaum so viel wegen der unerträglichen Presserey, meine armen Kinder nur mit dem lieben trucknen Brod zu ernährn! Und über diß alles kommen noch diese Schinder und nehmen mir das beste aus dem Haus! Was soll ich nun anfangen, wann ihr nunmehr beedes, deß Schmaltzes und der Milch, beraubt seyn sollet?‘
. . .

Wie ich nun also an die nechst verstrichene Mittags=Mahlzeit gedacht, erinnerte ich mich auch der zweyen guldnen Thaler, die ich dabey erbeuthet hatte, zog derowegen einen darvon herfür und schlug ihn auf den Tisch, daß er kläpperte. Beyde arme Eheleute erschracken zwar, aber sie erholten sich bald widerumb und sagten zusammen: ‚Diß hat uns Gott bescheret, unser Hetel damit auszulösen!‘

Der arme Mann lieffe auch alsobalden mit dem guldnen Thaler hin, seine Geiß zu ranzionirn, wiewol es schon zimlich düster war; das Weib und ihre Kinder aber befanden sich wol getröst*** und danckten Gott umb das empfangne Geld. Mithin schnitte sie die Supp ein und wartete mit Verlangen, biß die Geiß käme, damit sie deren Milch sieden und die verhoffende Supp anrichten könnte, machte auch zu solchem Ende ein Feuer auf den Herd, in welchem die Kinder unterdessen gelbe Ruben briethen, ihren Hunger zustillen. Etliche aber aus ihnen zwackten der Mutter heimlich etliche Suppenschnitten hinweg und assen sie so verstohlens†, daß sie auch die Lefftzen nicht drüber bewegten, sondern das Brod nur im Maul zerschmeltzen liessen und folgends hinunter schluckten.

Indessen kam der Mann mit der Geiß widerumb und berichtet, daß sie die Presser†† oder Hexengierer††† nicht allein ausgemolcken, sondern auch ihme am gulden Thaler den übrigen Batzen, vor welchen er Saltz mitbringen sollen, vor ihren Lohn einbehalten°, welches abermal eine neue Klag unter Weib und Kindern verursachte; dann nunmehr wuste sie vor dißmahl keine Suppe zukochen, weil Saltz, Schmaltz und Milch mangelte.“[23]

Ja, genau so ging der außerökonomische Zwang vor sich, genau so wirkte die außerökonomische Gewalt. Und dazu noch die Willkür, den „übrigen Batzen“ einzubehalten!

Diese Willkür wird noch viel deutlicher dargestellt von Hans Michael Moscherosch, dem großen Schriftsteller und Humanisten in der Zeit des Dreißigjährigen Krieges, der die Unterdrückung der Bauern in den Worten eines reuigen Herren schildert: (modernes

---

[23] Die Simplizionischen Schriften des Hans Jacob Christoffel Grimmelshausen, 2. Bd., Naunhof bei Leipzig, o. J., S. 159f.

 * wande = rang.
 ** gieng hernach = folgte (ihnen).
 *** getröst = getröstet.
 † verstohlens = verstohlen.
 †† Presser = die auf Exekution geschickten Soldaten.
 ††† Hexengierer = Folterknechte.
 ° einbehalten = zurückbehalten, behalten

Deutsch von A. Bartels) „O wehe, wie habe ich meiner armen Unterthanen Schweiß und Blut durchgejagt, habe die geistlichen und Klostergüter nicht zur Ehre Gottes, nicht zur Unterhaltung armer Stiftsschulen, nicht zum Trost betrübter Wittwen und Waisen, nicht für Siechhäuser und Spitäler angewandt, sondern alles mit Hofgelagen, Pracht, Kurzweil, Jägereien und Narreteien durchgebracht! Wehe mir und ewig wehe, daß ich meine armen Bürger und Bauern mit unerträglichen Schatzungen bis auf den innersten Blutstropfen ausgesogen und solch Blutgeld zum Bankettieren, Stolzieren, Turnieren, zum leichtfertigen Spielen und zur Üppigkeit auf Angaben meiner Fuchsschwänzer und Schmeichler angewendet habe! Wehe mir und ewig wehe, daß ich meine armen Bürger und Bauern mit unerträglichen Frondiensten bei dem tyrannischen und mehr denn teuflischen Jagen und bei dem unnötigen Bauen beschwert habe! Wehe mir und ewig wehe, daß ich meinen henkerischen teuflischen Jägern gestattet, meine armen, hungrigen, nackten, kranken, gebrechlichen Bauern im heißen Sommer und eiskalten Winter auf die Berge, in die Thäler und Felder zu zwingen, und wenn sie langsam kamen, die Alten wie Schulkinder mit Dornen zu streichen, die Haut mit Peitschen zu zerschlagen, wie Frösche mit Füßen zu zertreten, wie Bären mit Spießen zu zerstechen, die Mädchen zu beschlafen, die Eheweiber zu verunreinigen, die Knaben zu lähmen, die Dürftigen mit Geldstrafen zu verderben! Wehe mir und ewig wehe, weil ich zugegeben, daß meine Amtsleute, Schaffner und Rentmeister der armen Leute kleines Gut an sich und in meinen Kasten gebracht, die Abgaben, Zölle, Pachten und Renten erhöht, die Priester schnöde behandelt und sie zu Kriegskontributionen (Gott erbarm es, daß uns elenden Deutschen dies Wort so gemein und so ganz deutsch geworden ist!) angehalten, daß ich Wittwen und Waisen würgen und ihnen das Recht habe biegen lassen!"[24]

So deutlich wird auch hier, wie der Unterdrückungsapparat des außerökonomischen Zwanges sich unter freundlicher Duldung der Herren in gewisser Weise verselbständigt und die Werktätigen noch zusätzlich zu eigenem Gewinn plündert, gewissermaßen zur bürokratischen Terrorherrschaft ausartet.

Der außerökonomischen Gewalt setzen die Bauern im Klassenkampf ökonomischen und außerökonomischen Widerstand entgegen.

Bevor wir jedoch auf den Klassenkampf im einzelnen eingehen, ist es notwendig, einige prinzipielle Bemerkungen zum Klassenkampf, bevor ihn die Arbeiterklasse führte, zu machen. In seinen Ausführungen zum Problem der Kulturgeschichte für mein Manuskript findet sich bei Harnisch folgendes:

„Auf der Ebene der Ideologie und der Bewußtheit liegt auch die Frage, wie eigentlich die Massen des Volkes zur Feudalobrigkeit standen. Im ‚Grundriß' spitzen sich alle paar Seiten die Gegensätze zu, und sicher können die Grundpositionen auch nur von Gegensätzlichkeit bestimmt gewesen sein. Aber was für den Wirtschaftshistoriker unabdingbares theoretisches Fundament sein muß, erschöpft nicht das Erkenntnisstreben des Kulturhistorikers. Ich glaube nicht so recht an ein Gefühl des Klassenbewußtseins bei der Landbevölkerung unter dem Feudalismus, etwa in der Weise, wie es sich beim Proletariat im Laufe des 19. Jhts. herausbildete. Am ehesten mag sich so etwas unter der am schärfsten ausgeprägten Gutsherrschaft mit juristisch fixierter Leibeigenschaft entwickelt haben, wo die Untertanen nicht selten echten Haß auf die Feudalherrn

---

[24] *H. M. Moscherosch,* Wunderliche und warhafftige Gesichte Philanders von Sittenwaldt, Erster Teil, Strassburg 1677, S. 621f.

empfanden. Aber in weiten Gebieten der Grundherrschaft scheint das Gefühl der Gegensätzlichkeit nicht allgegenwärtig gewesen zu sein, sondern hier spitzten sich die Gegensätze eben nur gelegentlich konkreter Einzelauseinandersetzungen zu. Neben der herrschaftsstabilisierenden Rolle der Kirche hat in den grundherrschaftlichen Gegenden zweifellos die kräftig entwickelte Landgemeinde eine ganz entscheidende Bedeutung für das Funktionieren der Feudalordnung gehabt. Hier ist nicht nur an die Rolle der Gemeinde in der Sozial(armen)fürsorge gedacht, sondern auch an die Tatsache, daß nicht wenige Dorfgenossen das Gefühl haben konnten, an der Entscheidung ihrer Angelegenheiten beteiligt zu sein, also Verantwortung zu tragen. Und offenkundig hatten die Gemeinden hier ein beträchtliches Selbstbewußtsein ihrer Kräfte im Klassenkampf, während auf der Gegenseite die Feudalherrschaften sehr wohl überlegt haben werden, ob sie sich mit den Gemeinden auf einen Streit einlassen sollten, der unter Umständen sehr teuer werden konnte (Prozesse!!).

Die Rolle der Kirche und der Religion als Herrschaftsideologie und das Selbstverständnis der arbeitenden Bevölkerung sind quellenmäßig nur ganz schwer und oft nur indirekt zu fassen, gehören aber zu den Komplexen der Fragestellungen von Kultur und Lebensweise, zum Alltagsleben des Volkes hinzu. Ich glaube aber, daß man hier nur weiterkommen kann, wenn Lage, Interessen, Denken und Verhaltensweisen aller Klassen und Schichten und ihr wechselseitiges Aufeinanderwirken (im Guten wie im Schlimmen) in die Betrachtung einbezogen werden, komme daher auf die Forderung nach einer einheitlichen Disziplin der Kulturgeschichte zurück."

Harnisch schneidet hier eine ganz entscheidende und so oft vernachlässigte Frage der Klassenkampfgeschichte an, nämlich: Inwiefern sind Klassenkämpfe klassenbewußte Aktionen oder gar bewußte Aktionen gegen das herrschende Gesellschaftssystem? Man muß sich doch darüber klar sein, daß selbst Bürgertum und Bourgeoisie, etwa in Frankreich, praktisch bis in die achtziger Jahre des 18. Jahrhunderts für einen „gleichberechtigten Platz" in der Feudalgesellschaft kämpften, also zwar klassenbewußt, aber nicht gegen das Gesellschaftssystem waren. Und das gleiche gilt zum Beispiel heute – im Gegensatz zu den Jahrzehnten vor dem zweiten Weltkrieg (sagen wir seit den sechziger Jahren des 20. Jahrhunderts) – für die überwältigende Mehrheit der Arbeiterklasse in der BRD.

Wenn wir von ganz vereinzelten kleinen Bewegungen – etwa die um Thomas Müntzer, aber natürlich nicht die große des Bauernkrieges – absehen, finden wir vor dem Auftreten der Arbeiterklasse (insbesondere auf Grund der Lehren von Marx und Engels aber auch schon auf Grund des Wirkens so mancher utopischer Sozialisten) keine großen oder kleinen Klassenkampfbewegungen, die sich im Bewußtsein der Klassenkämpfer gegen das herrschende Gesellschaftssystem richteten. So offenbar sich also die Klassenkämpfe der Bauern, ökonomischer wie außerökonomischer Widerstand, in unserer hier behandelten Zeit objektiv gegen das feudale Gesellschaftssystem richten, so wenig sind sich die Bauern dessen bewußt. –

Den ökonomischen Widerstand der Bauern hat Kurt Wernicke in seiner Dissertation[25] genauer geschildert als irgendein anderer Historiker. Leider umfassen seine Studien nur die Zeit seit 1648 und nur das Gebiet der Gutsherrschaft. Aber vieles, was er darstellt, trifft auch auf unsere Zeit zu und wird sich in Gebieten der Grundherrschaft nicht

---

[25] K. *Wernicke*, Untersuchungen zu den niederen Formen des bäuerlichen Klassenkampfes im Gebiet der Gutsherrschaft 1648–1789, Diss., Berlin 1962.

wesentlich anders abgespielt haben, wenn auch die Fron eine größere Rolle unter der Gutsherrschaft gespielt hat und das Schwergewicht der Fronarbeit bisweilen auf anderen Gebieten lag als bei der Grundherrschaft.

Darum bemerkt Wernicke über seine Arbeit, wohl etwas zu stark die Unterschiede zwischen Guts- und Grundherrschaft betonend:

„Eine geographische Begrenzung für das Gebiet der Untersuchungen ergibt sich aus den beiden Hauptformen feudaler Ausbeutungsverhältnisse in Deutschland – der Gutsherrschaft und der Grundherrschaft. Die Hauptformen des Klassenkampfes richten sich natürlich gegen die hauptsächlichen Formen der Ausbeutung. Diese sind in Deutschland jedoch grundsätzlich verschieden: im Gebiet der Gutsherrschaft überwiegt die Arbeitsrente als Form der Ausbeutung, im Gebiet der Grundherrschaft die Geld- und Produktenrente.

Demgemäß spielen im Gebiet der Grundherrschaft z. B. die Zehnt-Streitigkeiten eine große Rolle in den Beziehungen der Bauern zum Feudalherren, während das Gebiet der Gutsherrschaft diese Streitigkeiten wenig kennt. Andererseits griff der lassitische Bauer, der im Gebiet der Gutsherrschaft vielfach allein unter dem Gesichtspunkt eines unentbehrlichen Betriebsmittels für die Gutsherrschaft angesehen wurde, dessen eigene Wirtschaft nur dazu diente, ihn zu erhalten und damit dem Gutsherren die Ausgaben für Kost und Lohn zu ersparen – griff dieser lassitische Bauer vielfach zu dem Mittel der Flucht, um der unerträglichen Ausbeutung zu entgehen, während z. B. im Gebiet des Meierrechts (nordwestdeutsche Grundherrschaft) diese Form des Widerstandes nahezu gänzlich unbekannt war. ...

Geographisch umfaßt das Gebiet der Gutsherrschaft in Deutschland Ostholstein, Mecklenburg, Pommern, die Mark Brandenburg östlich der Elbe, die Lausitzen, Schlesien und Ostpreußen."[26]

Da die Fronarbeit unter den Bedingungen der Gutswirtschaft eine besondere Rolle spielt, beginnt Wernicke seine Sachausführungen mit einem Kapitel über „Schlechte Fronleistung und Fronverweigerung".

Dabei müssen wir scharf zwischen schlechter Fronleistung und Fronverweigerung unterscheiden. Schlechte Fronleistung ist eine alltägliche ökonomische Widerstands-Antwort der Dorfbewohner gegen den außerökonomischen Zwang der Herren, Fronverweigerung ist eine außer-alltägliche ökonomische Widerstands-Antwort, die gar nicht selten zum außerökonomischen Widerstand führt.

Nur einige Beispiele schlechter Fronleistung – wenn auch aus der Zeit nach 1648 – seien gegeben:

„Im Fürstentum Ratzeburg wurden 1695 die Pächter der Maierhöfe zu Protokoll vernommen. Sie klagten alle darüber, daß die Untertanen ‚liederlich' fronten. Die Pächter von Wahrsow und Lenschow meinten ganz ‚resigniert', die Dienste wären zwar schlecht, aber im Lande seien sie ja nicht anders gebräuchlich. Der Pächter des Gutes Cordshagen bei Rostock klagte 1653, daß ihm durch die schlechten Dienste der Bauern Hof und Acker verkämen. Im Amte Zinna (Kurmark) richteten die Fröner es so ein, daß sie zu zehn oder mehr Personen hintereinander die Furche zogen. ‚Da fängt der vorderste an Tobak zu rauchen oder geht nach seiner Kiepe und holt sich zu essen oder fängt sonst was an, damit die anderen alle aufgehalten werden', heißt es in einem Bericht von 1737. Den Dreschern der Herrschaft Waldenburg-Neuhaus in Schlesien wird vorgeworfen,

[26] Ebendort, S. 14ff.

daß sie Sommer- und Wintergetreide durcheinander werfen, und daß sich unter dem Stroh noch volle Ähren gefunden hätten. Über die Jagddienste wird ebendort geklagt; die Treiber kommen oft gar nicht, wenn sie aber kommen, so stellen sich zwei oder drei Mann zusammen, halten Gespräche, treiben Narrenpossen, rauchen und machen Feuer, ja lassen das Wild sogar mutwillig vorbei.

In der schlesischen Herrschaft Saabor meinte der Besitzer, daß die Frondienste so liederlich ausgeführt würden, daß fast bei jeder Arbeit ein besonderer Aufseher gegenwärtig sein müsse. Der Herr von Saabor, ein Graf Dünnewald, wußte nicht mehr aus noch ein: wenn er die Bauern in den Stock werfe, so klagte er, verlöre er ihre Arbeitskraft; wenn er ihnen ihr Vieh abpfände, so jammerten sie, sie könnten den Acker nicht bestellen, und Geldstrafe solle er ihnen nicht auferlegen (weil der Kaiser natürlich seine Steuern haben wollte.) ...

Eine Unzahl von Fron-Ordnungen – auf territorialer wie auf lokaler Ebene – versuchte durch fast minutiöse Vorschriften über Beginn und Ende der Arbeitszeit, Beschaffenheit der Werkzeuge, Ablauf der Arbeit u. a. der schlechten Arbeitsleistung beizukommen. Ihre ständige Wiederholung zeigt nur ihre Unwirksamkeit. Sie unterrichten uns sehr gut über die verschiedenen Formen, in denen sich die Bauern der Ausbeutung ihrer Arbeitskraft widersetzten. Im einzelnen laufen die Klagen der Gutsbesitzer und Behörden immer wieder auf dasselbe hinaus. Da benutzen die Bauern besonders schlechtes Ackergerät und Vieh zur Fronarbeit, in Holstein hielten sich die Bauern für die Fron besondere ,Feldklepper', kleine, ruppige Pferde, die nie in einen Stall kamen und sich selber ihr Futter suchen mußten. Die mecklenburgische Hofdienstordnung für das Amt Doberan vom Jahre 1709 berichtet, daß die Untertanen ihre Wagen, mit denen sie zur Fron kommen, nicht in der Grösse ,wie sie billig seyn sollen' halten, so daß die Dienste damit nicht gehörig verrichtet werden können. Daher werden die Maße, und wieviel bei jeder Fuhre auf den Wagen zu laden sei, vorgeschrieben. Ebenso wird bemängelt, daß die Haken und Eggen ,dergestalt klein und untüchtig seyn, daß der Acker damit nicht nach Haußwirths-Gebühr kan bearbeitet und zum gehörigen Stande gebracht werden'. Auch dafür werden Gewicht und Größe genau vorgeschrieben. ...

Der Gutspächter von Purkshagen (bei Rostock) beschwerte sich 1653, daß die Bauern ihre Kinder und Mägde zum Frondienst schickten. ...

Da mußte immer wieder über die Unpünktlichkeit der Fröner geklagt werden. Selten erschienen sie pünktlich zur Arbeit. Für gewöhnlich sollte um sechs, sieben oder acht Uhr begonnen werden, aber die Bauern rechneten die Anfahrt schon zur Arbeitszeit. ...

Überhaupt waren Fuhrdienste für die Gutsherren eine Quelle ständigen Ärgernisses. Für Fronfuhren rechneten die Bauern auch über kurze Entfernungen mehrere Frontage an. Der Pächter des Meierhofes in Mechow (Ratzeburg) beklagte sich 1695, daß die Bauern für eine Fahrt nach Mölln, die doch nur eine Meile betrage, zwei Tage ansetzten. Im mecklenburgischen Amt Bützow wird 1697 bemängelt, daß die Bauern bei Fuhr- und Botendiensten ungebührlich lange bleiben: für eine Reise von drei Tagen rechnen sie 8 Tage an. Im Amt Neustadt weigerten sie sich seit 1675, bei Fuhrdiensten allein anzuspannen. Damals durften sie, da während des Krieges Spannvieh knapp war, zusammenspannen. Dieses Recht verteidigten die Bauern seit jener Zeit zäh, so daß noch 1692 die Hofdienstordnung ein dementsprechendes Verbot enthielt. Die Untertanen der Herrschaft Saabor (Kreis Grünberg/Schlesien) rechneten für eine Fahrt von fünf bis sechs Meilen vier oder sogar fünf Tage an. Die Bauern von Hermsdorf im Kreise

Görlitz verweigerten sogar jede Fuhre, die nicht dem unmittelbaren Bedürfnis des Gutsherrn, sondern dessen Handel diente."[27]

Man versteht, daß, obwohl in diesen Berichten die Jahreszahlen nicht so gut in unsere Zeit passen, das uns nicht im mindesten stört. Der alltägliche ökonomische Kampf gegen die Fron kann auch in unserer Zeit gar nicht anders vor sich gegangen sein, und wir begreifen diesen Kampf auch so gut gerade als Alltagskampf. Das sind keine Heldentaten des Klassenkampfes, die die Bauern vollbringen. Das sind ständige, nicht sie, sondern den Herren und seinen Apparat zermürbende Kämpfe. Und dabei ist es völlig gleichgültig auch, ob es sich um die Fron des Ackerbaus in einer Gutsherrschaft oder um die Fron von Fuhren oder Wegebauten in einer Grundherrschaft oder um Jagden unter beiden Herrschaften handelt.

Ja, genau so ist es auch unter den Bedingungen der Grundherrschaft. Darum kann auch Reißner für Kursachsen mit seiner Grundherrschaft feststellen:

„Sachsen gehört zu ‚den Gebieten ausgeprägter Grundherrschaft'. Die Bauern und Häusler Kursachsens waren im 17. und 18. Jahrhundert nach wie vor persönlich frei und besaßen ihre Pferdner- und Hintersässergüter oder Häuser als Zinsgüter mit dem Recht der freien Vererblichkeit. Sie hatten ihre Güter gegen Kaufgeld und mit der Verpflichtung zu Leistungen und Abgaben erworben. Durch das feudale Obereigentum (dominium directum) der Grundbesitzer waren sie seit dem 16. Jahrhundert bei jedem Besitzwechsel zur Zahlung einer Abgabe, der Lehnware, für die Neubestätigung ihres Besitzrechtes gezwungen. Zusammenfassend ergeben sich die von Heitz für Kursachsen formulierten Feststellungen, daß sich ‚die Lage der Bauern ... gemessen an den brandenburgischen, böhmischen oder lausitzischen Nachbarn relativ günstig' gestaltete. ...

Schon der bäuerliche Widerstand während des Dreißigjährigen Krieges richtete sich nicht nur gegen die plündernde Soldateska, sondern auch gegen die feudal-klerikale Reaktion. Der Versuch der herrschenden Feudalklasse, die Lasten der Kriegsfolgen auf die Bauern abzuwälzen, führte zu einer Verschärfung des Klassenkampfes auf dem Lande. Die Verschlechterung der Lage der Bauern, infolge der Durchsetzung und Verschärfung der zweiten Leibeigenschaft, verstärkte ihren Widerstand an der Wende vom 17. zum 18. Jahrhundert. Das Ziel aller Aktionen der unterdrückten Klasse in dieser Zeit bestand aber nicht in grundsätzlichen Veränderungen der Gesellschaft, weil sich die Feudalgewalten inzwischen gestärkt hatten. Das Feudalsystem als Ganzes wurde nicht angegriffen und die bestehende Ordnung nicht gefährdet. Der Widerstand der Bauern richtete sich in den grundherrschaftlichen Gebieten gegen besonders drückende Lasten, gegen die Erhöhung von Steuern, gegen die Erhöhung der Arbeits- (! J. K.) und Geldrenten und gegen alle anderen Angriffe auf den im zähen Ringen mit den Feudalgewalten erreichten Stand ihrer gesellschaftlichen Lebenslage. Sie kämpften um begrenzte Veränderungen in den Verteilungsverhältnissen, für die Erhaltung ihrer Existenz, für ihren Rechts- und Besitzstatus, für bescheidene sozialökonomische Fortschritte und für günstigere Entwicklungsbedingungen der Produktivkräfte. Fast alle Klassenkampfaktionen dieser Zeit blieben in Abhängigkeit von dieser Zielstellung lokal auf ein Dorf oder auf das Gebiet einer Grundherrschaft beschränkt. ... Die Liste der angewendeten Klassenkampfmethoden reicht von der bewußten Übertretung erlassener Vorschriften, Verweigerung oder nachlässiger Ausführung von Aufträgen, schlechter Erfüllung von Dienst- und Abgabeverpflichtungen, Jagdfrevel, Bittschriften und Prozeß-

---

[27] Ebendort, S. 30–39.

führung bis zum tätlichen Angriff gegen einzelne Feudalherren. Es waren also immer ökonomische, niedere Formen des täglichen Klassenkampfes, die von den Bauern angewendet wurden, um den Grad ihrer Ausbeutung zu verringern und um den Ertrag ihrer Wirtschaften zu steigern."[28]

So trefflich diese Schilderung, muß man doch zweierlei bemerken: Der tätliche Angriff auf den Feudalherrn ebenso wie die Prozeßführung – wir werden auf beide noch zurückkommen – scheinen mir keine ökonomische Form des Kampfes zu sein, und ob man den tätlichen Angriff ebenso wie die im allgemeinen sehr aufwendige und zumeist ein hohes Selbstbewußtsein und auch finanzielle Solidarität unter den Bauern erfordernde Prozeßführung eine niedere Form des täglichen Klassenkampfes nennen darf, scheint mir ebenfalls zweifelhaft. Die Prozeßführung scheint mir, worauf wir noch zu sprechen kommen werden, überhaupt keine Form des Klassenkampfes zu sein. Und der tätliche Angriff der Bauern gegen einzelne Feudalherren ist doch keine niedere Form des Klassenkampfes – vielleicht sollte man beim tätlichen Angriff auf den Feudalherrn von einer mittleren Form des Klassenkampfes sprechen – und zweitens ist der Angriff auf die Person des Feudalherrn wahrlich nicht ökonomisch, sondern genau außerökonomisch – was nicht ausschließt, daß er in der Realität mit ökonomischen Klassenkampfmitteln verbunden werden kann.

Doch kehren wir zunächst noch einmal zur Fron zurück, und zwar zur Fronverweigerung, die wohl die höchste Form des ökonomischen Zwanges, den die Bauern ausüben können, ist. Dabei kann er den Bauern direkten ökonomischen Nutzen, im Gegensatz zum Streik der Arbeiter in der kapitalistischen Gesellschaft, bringen, da die Bauern die Zeit des „Fronstreiks" ökonomisch vorteilhaft auf ihrem eigenen Land nutzen können. Auf der anderen Seite ist der Einsatz von außerökonomischer Gewalt von seiten der Grundherren viel häufiger bei der Streikfron als im Streikfall unter den Bedingungen des vollentwickelten Kapitalismus.

Wernicke gibt eine Reihe von Beispielen der Fronverweigerung (denen man zahlreiche andere aus zahlreichen anderen Arbeiten anfügen könnte):

„Fronstreiks ... sind sehr häufig. Sie stellten die höchste Form des Kampfes gegen die Frondienste dar, wurden oftmals mit großer Hartnäckigkeit und Erbitterung geführt und waren nicht selten mit Tätlichkeiten und bewaffnetem Widerstand verknüpft. So weigerten sich die Bauern des Dorfes Bramstedt (Amt Segeberg/Holstein) 1685, die verlangten Fronen zu leisten. Das Dorf Bramstedt, das königlich war und nur Steuern und Abgaben zahlte, war in jenen Jahren an den Besitzer des Gutes Bramstedt – einen Baron von Kielmannsegge – verkauft worden. Dieser ließ sich sogleich von der Kanzel herab zur Obrigkeit des Dorfes proklamieren und verlangte für den nächsten Tag Frondienste. Die Bauern dachten gar nicht daran, der Aufforderung zu folgen. Der Schulze erklärte dem zu ihm geschickten Vogt des Gutes, lebendig solle ihn der Baron nicht auf seinen Hof bringen. Am Morgen des angesetzten Frontages versammelten sich alle Einwohner, und die Männer schwuren ‚daß sie nicht allein Geld und Gut, sondern auch nötigenfalls Leib und Blut für ihre Freiheit lassen, und lieber alles Ihrige im Stich lassen und mit Weib und Kind davon ziehen, als sich unter den Bramstedter Hof geben wollten.' Eine Deputation von 6 Männern zog dann auch auf das Gut, um dem Baron ‚des Kauf aufzusagen', d. h. sie sagten ihm, sie wollten nicht seine Untertanen sein und er solle sehen, wie er den Kauf rückgängig mache. Natürlich tobte der

---

[28] M. Reißner, a. a. O., S. 14ff.

Junker. Wer wegziehe, würde seinen Kopf verlieren! Darauf erhielt er zur Antwort: ‚Köpfe lassen sich nicht so leicht herunterschlagen‘. Der Baron liess seine Trabanten über den Schulzen herfallen und mißhandelte ihn dann grausam. Auch die fünf anderen Deputierten wurden geschlagen, aber sie entkamen schließlich nach draußen, wo sie die anderen Bauern alarmierten, die sich im Nu bewaffneten und auf den Gutshof stürmten, so daß der Junker sich im Gutshaus verbarrikadieren und den halbtot geschlagenen Schulzen zurücklassen mußte. Dieses Vorkommnis war der Auftakt zu sechsjährigen Streitigkeiten, in deren Verlauf der Baron durch maßlose Schikanen, darunter willkürliche Einkerkerungen, die Bauern unter seine Gutsherrschaft und damit zum Fronen zwingen wollte. Schließlich gelang es den Bauern aber, die Kaufsumme selbst aufzubringen und sich von dem Baron freizukaufen. ...

1654 streikten die Bauern der Dörfer Tillowitz, Sabine und Ellguth in der Herrschaft Falkenberg (Oberschlesien) gegen neu auferlegte Frondienste. Daß man ihnen befahl, das vom Landeshauptmann schriftlich Niedergelegte zu respektieren, rührte sie nicht sonderlich: ‚Wenn der Landeshauptmann und alle Teufel es hundertmal beföhlen, sie würden es doch nicht tun‘, antworteten sie. Im Verlauf der Auseinandersetzungen wurden drei Bauern aus Sabine, die die Fron verweigert hatten, vor Gericht und Landeshauptmann nicht erschienen und sich bei der Verhaftung bewaffnet zur Wehr setzten, in Falkenberg hingerichtet. ...

Während des Fronstreiks in der Herrschaft Grafenort (Grafschaft Glatz) 1678/80 erklärten die Bauern, sie wollten die verlangten eineinhalb Tage in der Woche nur fronen, wenn es der Kaiser befehle. Es wurde unter den Bauern erzählt, der Kaiser habe in Wien mehrere hohe Beamte bestraft, weil diese die Abgesandten der Bauern hatten verhaften lassen. ...

Der längste und erbittertste Fronstreik des ganzen 17. und 18. Jahrhunderts ist wohl die Bewegung in den Schönburgischen Herrschaften. Diese erstreckten sich nördlich von Zwickau entlang der kursächsisch-sächsisch-altenburgischen Grenze und stellten ein seltsames, halbsouveränes Gemisch zwischen Reichsstand und Landstand dar. Die Unruhen nahmen ihren Ausgang von den Dörfern Langenberg und Langenchursdorf in der Herrschaft Glauchau. Diese beiden Dörfer standen unter der Gerichtsbarkeit des Gutes Callenberg. Die Gegend hatte im Dreißigjährigen Krieg sehr gelitten: 1650 lagen in Langenchursdorf noch 7 Bauerngüter wüst. Das Callenberger Vorwerk in Langenchursdorf, das die Frondienste der Langenberger und Langenchursdorfer Bauern in Anspruch nahm, hatte ein Herr von Dobeneck gepachtet. Er verlangte von den Bauern erhöhte Frondienste und Abgaben. Offenbar konnte er gegen den Widerstand der Bauern diese Forderungen nicht durchsetzen, denn er vermochte das Vorwerk nicht zu halten. Da sich ein neuer Pächter nicht fand, wurde es in 4 Bauernstellen aufgeteilt. Wie erstaunt waren die Bauern von Langenchursdorf, als sie trotz der Aufteilung des Vorwerks ihre bisher für das Vorwerk geleisteten Frondienste auch weiterhin leisten sollten – jetzt nach Callenberg, das sogar noch weiter entfernt lag! Im Sommer 1650 weigerten sich die Bauern beider Dörfer, Fronarbeit zu tun. Das war das Signal für sämtliche Orte der Herrschaften Hartenstein, Glauchau und Lichtenstein, ebenfalls keine Fronarbeiten mehr zu leisten. In bewaffneten Gruppen fanden sich die Bauern zusammen. Ihre Forderungen waren: Abschaffung aller Fron und der ‚Römermonate‘ (der finanzielle Beitrag der schönburgischen Herrschaften zur Reichsarmee). In Erwartung der Gegenmaßnahmen der herrschenden Klasse brachten die Bauern ihr Vieh auf benachbartes kursächsisches und altenburgisches Gebiet. Da den Herren von Schönburg keine militärische Übermacht zur Verfügung stand, wagten sie nicht, die Bauern anzugreifen. Sie liessen ihre Reiter – unbekümmert um die Grenzen – in die Dörfer einfallen, in denen die schönburgischen Bauern ihr Vieh in Sicherheit wähnten. Die Soldateska wütete nicht nur gegen das Vieh, sondern auch gegen das Gesinde der Bauern. Gegen diese heimtückische Kampfesweise waren die Bauern machtlos. Sie hatten einen militärischen Schlag der herrschenden Klasse erwartet und sich zur Verteidigung bewaffnet zusammengefunden. Der militärische Schlag erfolgte nicht und die bewaffneten Haufen lösten sich auf. An die Stelle der bewaffneten Erhebung trat der jahrelange passive Widerstand."[29]

Nach 1945 hatten die Mitarbeiter des Lehrstuhls Wirtschaftsgeschichte an der Humboldt-Universität in Berlin und des Instituts für Wirtschaftsgeschichte endlich eine Streikchronik für Deutschland im 19. Jahrhundert vor Aufnahme der amtlichen Statistik zusammengestellt. Wäre es nicht an der Zeit, daß unsere „Feudalisten" an die, natürlich noch weit mühsamere, Arbeit gingen, soweit noch Material vorhanden, eine Statistik der „Fronstreiks" zusammenzustellen? Natürlich ist es wichtig, den Bauernkrieg von 1525 zu analysieren. Aber ist es nicht viel wichtiger, eine so viel häufigere, sich über Jahrhunderte hinziehende und keineswegs „niedere" Form des Widerstandes der Bauern, das heißt der großen Mehrheit der Werktätigen, zumindest zunächst datenmäßig zu untersuchen! Wir Marxisten geben doch nicht vor, uns für das Leben und Wirken der werktätigen Massen zu interessieren. Wir tuen es. Und darum können wir von unseren „Feudalisten" verlangen, daß sie uns wissenschaftliches Anschauungsmaterial geben, und von denen, die verantwortlich für die Strategie unserer Geschichtswissenschaft sind, können wir fordern, daß sie für entsprechenden Kadernachwuchs sorgen.

Nur kurz brauchen wir auf den ökonomischen Widerstand bei der Ablieferung von Produkten hinzuweisen. Er findet vor allem in zwei Formen statt:

Verweigerung der Ablieferung eines Teiles oder der ganzen Produktenrente, etwa in Folge einer schlechten Ernte oder einer Viehseuche oder individueller Not eines Einzelbauern. Solche Fälle scheinen (auf Grund der Vernachlässigung der Behandlung solcher Aktionen in der Sekundärliteratur?) relativ selten gewesen zu sein. Handelt es sich um Einzelfälle, um individuelle Not eines Einzelbauern, so griff der Herr entweder mit brutaler Gewalt durch und beschlagnahmte, was ihm gemäß dünkte, oder er ließ die „Schulden" auf das nächste Jahr überschreiben. Im Falle von Viehseuchen oder schlechten Ernten scheinen die Grundherren im allgemeinen aus objektiven Gründen zum Nachgeben gezwungen worden zu sein, ohne daß es zu einem wirklichen Kampf kam.

Anders liegt es bei der zweiten Form des ökonomischen Widerstandes: der Ablieferung von minderwertigen Produkten. „Mager wie ein Zinshahn" wurde zu einer allgemeinen Redensart, und vielfach war der Widerstand hier ebenso erfolgreich wie bei schlechter Fronarbeit, obgleich der Grundherr in solchen Fällen an sich leichter durch Beschlagnahme eines fetteren Hahnes hätte eingreifen können. Es scheint jedoch, daß ein solches Vorgehen wesentlich seltener war, als man vermuten könnte. Wahrscheinlich war ein solches Vorgehen auf Seiten der Grundherren zu aufwendig und erregte zu viel böses Blut unter der Bauernschaft, um sich „zu lohnen".

Daher waren schlechte Fronarbeit (Arbeitsrente) und geringe Qualität der abgegebenen Produkte (Produktenrente) wohl die am weitesten verbreiteten und erfolgreich-

---

[29] *K. Wernicke*, a. a. O., S. 48f., 59, 46, 74f.

sten Formen des Widerstandes der Bauern. Jedoch muß man sehen, daß schlechte Fronarbeit zwar den Klassengegner schädigte, dem Bauern aber selten Gewinn brachte, während die Ablieferung minderwertiger Produkte sowohl den Klassengegner schädigte wie dem Bauern wahrlich zu gute kam.

Auch unter diesem Gesichtspunkt stellte also der Ersatz der Fronarbeit durch Produktenlieferung einen großen Gewinn für die Bauernklasse dar. Auch unter diesem Gesichtspunkt war der Kampf der Bauern unter den Bedingungen der Gutsherrschaft (unter denen natürlich zur Fron auch noch Produkte abgeliefert werden mußten) schwerer als der Kampf unter den Bedingungen der Grundherrschaft (unter denen natürlich außer der Produktenrente auch noch Fronarbeit geleistet werden mußte).

Neben den soeben behandelten Formen des Klassenkampfes nennt Wernicke noch zwei andere: Entlaufen und das Beschreiten des Prozeßweges.

Mir scheint es nicht richtig, den Prozeßweg als eine Form des Klassenkampfes zu betrachten. Er ist genau das Gegenteil. Die Justiz ist bekanntlich ein Klasseninstrument, und sich an die Justiz zu wenden, ist genau das Gegenteil des Klassenkampfes. Selbstverständlich kann man einen Prozeß als Mittel des Klassenkampfes benutzen, und selbstverständlich kann man in einem Prozeß auch divergierende Interessen innerhalb der herrschenden Klasse ausnutzen. Aber Prozessieren an sich ist keine Waffe im Klassenkampf. Wernicke leitet das Kapitel „Prozessieren" so ein: „Gegen jede Form vermehrter Ausbeutung gab es der Möglichkeit nach für die Bauern ein im Rahmen der Feudalgesellschaft legales Mittel, sich zur Wehr zu setzen: sie konnten gegen ihre Herrschaft den Rechtsweg beschreiten. In der Praxis war diese Möglichkeit weitgehend eingeschränkt durch die Polizeigewalt des Gutsherrn und durch die Klassenfunktion des feudalen Staates, der ja seinem Inhalt nach ein Instrument der Feudalklasse war und die Interessen der Feudalherren vertrat. Dennoch wurde diese Form des Klassenkampfes so oft gewählt, daß das Zeitalter des Absolutismus recht eigentlich die Epoche einer unübersehbaren Flut von Prozeßakten ist, die aus Rechtsfällen zwischen Bauern und Gutsherren resultierten. Angesichts der vielfältigen Schwierigkeiten und Drangsalierungen, die den Bauern aus der Anstrengung eines Prozesses erwachsen konnten, darf man diese Art des Widerstandes gegen die feudale Ausbeutung nicht zu gering einschätzen."[30]

Nun ist es völlig richtig, daß etwa ihre unmittelbaren Herren die Einleitung eines Prozesses der Bauern gegen sie als eine „Unbotmäßigkeit" empfanden, insbesondere, wenn sie selbst etwa mit völliger Willkür bei einer Lastenerhöhung vorgegangen waren und befürchten mußten, daß ihr Fürst ihnen durch sein Gewicht unrecht geben lassen würde, um bauernfreundlich zu erscheinen und die Bauern selber besser schröpfen oder im Kriegsdienst verwenden zu können.

In einem solchen Fall aber kämpfen, objektiv gesehen, die Bauern nicht gegen eine Klasse, sondern gegen einen Teil einer Klasse, um von dem anderen Teil dieser Klasse recht zu bekommen. Recht nicht aus Gerechtigkeit, sondern aus dem Eigennutz des anderen Teiles der herrschenden Klasse. Subjektiv glaubten sie selbst natürlich erst recht nicht, einen Kampf gegen die feudale Gesellschaft zu führen, an die sie sich ja wandten, um recht zu bekommen.

Die Frage der Rolle des Prozessierens im Klassenkampf wird vielfach von marxistischen Historikern diskutiert. Lesen wir nur in einer ganz neuen Veröffentlichung, was zwei Autoren meinen.

[30] Ebendort, S. 81.

Heitz verweist zunächst auf die Fülle der Prozesse im Spätfeudalismus sowie auf die Prozeßakten als noch zum großen Teil unausgeschöpfter Quelle über das Bauernleben. Und dann erwähnt er die Haltung Manfred Reißners zur Rolle der Prozesse im Klassenkampf, die er auch kommentiert: „Hier liegt die von Manfred Reißner ausführlich behandelte Problematik der Illusionen, die durch die Prozeßführung bei den Bauern bezüglich des Charakters des spätfeudalen Staates, insbesondere seiner absolutistischen Behörden, entstehen konnten und entstanden.* In der bürgerlichen Rechtsgeschichtsforschung hat K. S. Bader diese Auffassung mit den Worten umrissen, die Praxis des Reichskammergerichts und des Reichshofrats und die Eingriffe des Kaisers zugunsten der Bauern seien als ‚Zeichen dafür anzusehen, daß selbst im ständisch verbauten späten Römischen Reich Deutscher Nation dem Bauer der Weg zum Recht nicht abgeschnitten werden konnte‘. Die rechtsgeschichtlich weniger interessanten, aber nach Hunderten, nein, sicher nach Tausenden zählenden Fälle ganz anders gelagerter Entscheidungen gegen die Bauern, mit und zumeist ohne Gerichtsverfahren, sind dabei freilich geflissentlich übersehen worden; einfache Unkenntnis wird man bei einem Verfasser so umfangreich belegter Untersuchungen zur Geschichte des Dorfes und der bäuerlichen Genossenschaft kaum vermuten dürfen, zumal der Apparat seines dreibändigen Werkes eine Fülle entsprechenden Materials enthält.“[31]

Ich glaube nicht, daß die Bauern sich irgendwelche Illusionen über den Charakter des spätfeudalen Staates machten. Wozu sollten sie sich überhaupt Gedanken über ihn machen? Gedanken solcher Art macht sich die unterdrückte bürgerliche Intelligenz und dann – im kapitalistischen Staat – die Arbeiterklasse. Gedanken machten die Bauern sich darüber, ob sie recht bekommen würden – und das bekamen sie wahrlich oft genug, um immer und immer wieder Prozesse zu führen. Darum hat auch Bader insofern recht, als den Bauern „der Weg zum Recht nicht abgeschnitten“ war, denn sonst hätten sie ihn nicht immer wieder beschritten.

Kurt Wernicke, den wir mit seiner Dissertation aus dem Jahre 1962 zitiert haben, schreibt 1977 im großen und ganzen auf der gleichen Linie wie zuvor, aber doch mit einigen interessanten neuen Nuancen: „Ebenso klagten die Feudalherren vielfach, sie würden durch das ewige Prozessieren der Bauern zugrundegerichtet. Die theoretische Möglichkeit, daß die Bauern beim Ansteigen der feudalen Ausbeutung den Rechtsweg beschreiten konnten, wurde allerdings durch die Polizeigewalt des Gutsherrn und die Klassenfunktion des Feudalstaates stark beschränkt. Nichtsdestoweniger gibt es im untersuchten Zeitabschnitt eine unübersehbare Flut von Prozeßakten, die aus Rechtsfällen zwischen Bauern und Feudalherren resultieren. Dabei forderte selbst das Prozessieren als eine relativ niedere Form des Klassenkampfes von den Bauern oft genug ein hohes Maß an Mut, Hartnäckigkeit und Charakterstärke, benutzten doch die Gutsherren die Patrimonialgerichtsbarkeit als Mittel, die Prozessierenden zu schikanieren und zum Abbruch des Prozesses zu bringen. Dennoch waren Erfolge beim Prozessieren für die Bauern nicht unbedingt ausgeschlossen, kam doch auch hier zumeist alles auf ein geschicktes Ausnutzen der Gegensätze zwischen den verschiedenen Fraktionen der herrschenden Klasse an. Auch blieben die Bauern während des Prozesses nicht inaktiv: Sehr oft war ihr Prozessieren mit anderen Formen des Klassenkampfes verknüpft, z. B.

---

[31] Der deutsche Bauernkrieg 1524/25, hg. von G. Brendler und A. Laube, Berlin 1977, S. 218f.

* M. Reißner, Bauer und Advokat in Kursachsen, in: Probleme der Agrargeschichte des Feudalismus und Kapitalismus, T. 1, WZ der Universität Rostock 1972, S. 37ff.

mit Fronstreiks oder mit tätlichem Vorgehen gegen angemaßte gutsherrliche Rechte. Es ist natürlich, daß das Prozessieren als Form des bäuerlichen Widerstandes gegen die feudale Ausbeutung häufig nicht allein auftrat, sondern mit anderen Formen des Klassenkampfes zusammenfiel, sollte doch das Prozeßergebnis im Grunde nur den bäuerlichen Widerstand legalisieren."[32]

Wie unsicher ist der Anfang: Es wird von der starken (!) praktischen Beschränkung der theoretischen Möglichkeit des Prozessierens gesprochen und dann festgestellt, daß es eine „unübersehbare Flut von Prozeßakten" gibt. Nein, es war ganz anders! obgleich die lokalen Herren versuchten und wahrlich nicht selten mit Erfolg versuchten, Prozesse zu verhindern, setzten die Bauern doch eine Fülle von Gerichtsverhandlungen durch, so daß die theoretische Möglichkeit des Rechtsweges zu einer ausgedehnten Praxis wurde.

Sodann bemerkt Wernicke, ohne zu ahnen, welche Bedeutung diese Aussage hat: „Dennoch waren Erfolge beim Prozessieren für die Bauern nicht unbedingt ausgeschlossen." Natürlich waren sie das nicht!

Man muß sich endlich von der vulgären Auffassung der Klassenjustiz freimachen, daß sie in jedem Fall, ganz gleich wie die Sachverhältnisse, gegen die Werktätigen entscheidet.

Klassenjustiz bedeutet doch einmal, daß sie auf Grund von Gesetzen ausgeübt wird, die der Aufrechterhaltung der gesellschaftlichen Verhältnisse dienen – also zum Beispiel des feudalen Eigentums und der ihm entspringenden Rechte auf Mehrprodukt durch Ausübung ökonomischen und außerökonomischen Zwangs. Darum nennt man solche Gesetze ja auch Klassengesetze.

Klassenjustiz bedeutet sodann, daß in allen Zweifelsfällen der Richter zumeist geneigt sein wird, zu Gunsten des bzw. der Angehörigen der herrschenden Klasse zu entscheiden.

Klassenrecht und Klassenjustiz haben aber nichts mit Rechtsbeugung zu tun, die natürlich stets, ganz gleich um welche Klassengesellschaft es sich handelt, zu Gunsten der herrschenden Klasse geschieht. Ebensowenig haben Klassenrecht und Klassenjustiz etwas mit richterlicher Korruption zu tun, die sich sogar gegen die herrschende Klasse auswirken kann, wenn etwa der unterdrückte Bourgeois mehr zahlen kann als der der herrschenden Klasse angehörige feudale Adlige.

Das heißt, im Rahmen des geltenden Feudalrechts konnten die Bauern durchaus hoffen, gegen den Grundherrn recht zu bekommen, wenn er dieses Recht verletzte, und die Praxis bewies auch, daß das der Fall war, zumindest so oft, daß die Bauern mit Recht überaus häufig und immer wieder den Rechtsweg beschritten.

Da der Rechtsweg von ihnen aber gerade auf Grund und im Rahmen des bestehenden feudalen Klassenrechts beschritten wurde, ist der Prozeß eben kein Teil des Klassenkampfes.

Wernicke übertreibt auch ganz stark, wenn er meint, daß der Prozeß „natürlich häufig" mit anderen Formen des Klassenkampfes verbunden war. Wenn etwa der Grundherr die feudalen Lasten willkürlich erhöhen wollte, die Bauern sich weigerten, die erhöhten Lasten zu zahlen und den Prozeßweg beschritten, um der Erhöhung der Lasten zu entgehen, dann handelt es sich eben nicht um einen Klassenkampf, wenn sie die Lastenerhöhung nicht akzeptieren, sondern von einer höheren Instanz der herrschenden Klasse im Rahmen der Klassenjustiz eine Erklärung der Nichtberechtigung der Lastenerhöhung zu erreichen suchen.

---

[32] Ebendort, S. 289f.

Daß diese Erklärung dann häufig im Interesse der Klasse als ganzer bzw. eines Teiles der Klasse, also etwa des Territorialfürsten erfolgt, bestätigt den Charakter der Justiz als Klassenjustiz, bestätigt aber gleichzeitig, daß der Prozeß nicht Teil des Klassenkampfes ist.

Mit Recht schreibt darum Helga Schultz, der wir auch so gründliche Untersuchungen des ländlichen Handwerks verdanken:

„In den Gebieten westlich und nordwestlich der Elbe-Saale-Linie waren die Bedingungen für den Kampf der Bauern gegen die Refeudalisierungsbestrebungen günstiger. Das Bürgertum war hier wesentlich stärker und eine ostelbischen Verhältnissen vergleichbare politische und ökonomische Vormachtstellung des Adels nicht gegeben. In den größeren Territorien bildeten sich unter Ausnutzung der ökonomischen Kraft des Bürgertums, gestützt auf die mit der Übernahme der lutherischen Reformation erworbene Kirchenhoheit frühabsolutistische Staatsformen heraus, die einerseits die Feudalgesellschaft insgesamt festigten, andererseits jedoch der Willkürherrschaft des Adels bestimmte Grenzen setzten. Um die bäuerliche Steuerkraft erhalten und die Steuern weiter vermehren zu können, beschränkten die Landesherren z. B. in Kursachsen, Anhalt und Braunschweig* in der zweiten Hälfte des 16. Jh. das ‚Recht‘ der Grundherrn, die Rente zu erhöhen und die Bauern zu legen. Diese von der bürgerlichen Forschung als ‚Bauernschutzpolitik‘ bezeichneten Maßnahmen der Fürsten, die einen möglichst hohen Anteil der Feudalrente als Steuer in die landesherrliche Kasse lenken sollten, wirkten der Tendenz zum Ausbau der Gutsherrschaft, die auch hier durchaus wirksam war, entgegen.

Von ebenso großer Bedeutung war aber der bäuerliche Widerstand. In den Territorien mit starker landesherrlicher Position konnten die Bauern unter Ausnutzung des Spannungsverhältnisses, das zwischen dem Adel und seinem Repräsentanten in Gestalt des Landesherrn bestand, diesen Widerstand in Form von gerichtlichen Prozessen und Klagen an den Landesherrn leisten. So verteidigten die Bauern in Kursachsen ihre Rechte gegen die Übergriffe der Herren in unzähligen Prozessen vor dem Appellationsgericht.** Häufigster Streitpunkt waren dabei die angemaßten Hutungsrechte der Feudalherren, die das Vieh ihrer Eigenbetriebe auf bäuerlichem Grund weiden ließen und damit die bäuerliche Viehhaltung gefährdeten. Auch in Anhalt hatten die Bauern durch zahlreiche Dienstverweigerungen und Klagen erreicht, daß bis zum Ende des 16. Jh. die Dienste in allen größeren Rittergutsgemeinden durch kammergerichtliches Urteil fixiert wurden und dem weiteren Ausbau der Gutsherrschaft damit Schranken gesetzt waren.***“

Unrecht aber hat sie meiner Ansicht nach, wenn sie fortfährt: „Die gerichtliche Klage wurde in diesen Territorien zur Hauptform des bäuerlichen Klassenkampfes. Durch das unmittelbare landesherrliche Interesse an der Erhaltung der bäuerlichen Position und den Ausbau des landesherrlichen Gerichtswesens wurden dem bäuerlichen Klassenkampf so zwar legale Möglichkeiten eröffnet, ihm jedoch zugleich Fesseln angelegt.

---

 * *A. Kamke*, Die Bedeutung der Bauernschutzgesetzgebung des Kurfürsten August (1555–1586) für die Gestaltung der bäuerlichen Rechtsverhältnisse Sachsens im 16. Jahrhundert, Jur. Diss. Leipzig 1941; *A. Kraaz*, Bauerngut und Frondienste in Anhalt vom 16. bis 19. Jahrhundert, Jena 1898; *W. Wittich*, Die Grundherrschaft in Nordwestdeutschland, Leipzig 1896.

** *K. Blaschke*, Grundzüge und Probleme einer sächsischen Agrarverfassungsgeschichte, in: Zeitschrift der Savigny-Stiftung für Rechtsgeschichte (ZRG), (g) 1965; ders. Das kursächsische Appellationsgericht 1559–1835 und sein Archiv, ebenda, 1967.

*** *Kraaz*, Bauerngut und Frondienst.

Hierin mag eine der Ursachen für das Fehlen größerer offener Auseinandersetzungen liegen."[33]

Der Prozeß war eben nicht eine Form des Klassenkampfes. Er ersetzte ihn. Er war ein Weg im Rahmen des Gesetzes, im Rahmen der Klassengesetzgebung, den Klassenkampf zu vermeiden, der ihm, wie sie sagte, Fesseln anlegte.

Das heißt natürlich nicht, daß eine politisch reife Klasse wie die Arbeiterklasse nicht politische, nicht Klassenkampfprozesse führen kann, wobei der Hauptzweck nicht, wie bei den feudalen Bauernprozessen, ist, den Prozeß zu gewinnen, sondern den Klassencharakter der Justiz, den der Arbeiterklasse feindlichen Charakter der Gesellschaft aufzuzeigen. Prozesse als Teil des Klassenkampfes haben also einen grundsätzlich anderen Charakter als die Prozesse der Bauern in der Feudalzeit.

Harnisch, der bisher der Meinung zuneigte, daß die Prozesse der Bauern ein Teil ihres Klassenkampfes seien, bemerkt nach der Lektüre dieser Ausführungen: „Der Prozeß an sich ist m. E. keine Waffe im Klassenkampf, aber er ist das Ergebnis der als Waffen eingesetzten Fronstreiks, Bauernfluchten, Abgabeverweigerungen usw. In den Fällen, die ich quellenmäßig überblicke, haben die Bauern (bzw. die Gemeinden) den Prozeß nicht bewußt eingesetzt, um etwas durchzusetzen; sie haben eigentlich immer nur etwas verteidigt: die Rechtsqualität des Gemeindelandes, den einmal bestehenden Umfang der Renten und damit zugleich ihre Stellung als kleine Warenproduzenten usw. Objektiv gesehen kann man die Prozesse nicht einmal als antifeudal klassifizieren. Sie waren eine rein defensive Form des Widerstandes. Aber das waren eigentlich auch die Fronstreiks – nämlich gegen erhöhte Arbeitsrenten – und das waren letztlich auch die Bauernfluchten. Auch diese waren nicht eigentlich antifeudal. Der ganze bäuerliche Klassenkampf des Spätfeudalismus scheint mir weithin defensiv zu sein. Trotzdem hatte er seine große Bedeutung bei der Unterhöhlung der feudalen Machtpositionen, und alle die niederen Formen des Klassenkampfes zusammen würde ich als die Waffen der Bauern im Kampf gegen feudale Ausbeutung und Unterdrückung bezeichnen."

Mir scheint es so: Im 15. Jahrhundert und im Bauernkrieg kämpften die Bauern vor allem für die Befreiung von dieser oder jener feudalen Fessel bzw. für die Minderung dieser oder jener feudalen Last. Seitdem, seit der Niederlage im Bauernkrieg, waren ihre Kämpfe aber vor allem defensiv, gegen neue bzw. stärkere Belastungen gerichtet. Diese Defensivkämpfe mußten sich selbstverständlich objektiv antifeudal auswirken, da alle Kämpfe ein Gesellschaftssystem, das sich, wie das feudale in unserer hier betrachteten Zeit, auf dem Abstieg befindet, irgendwie erschüttern. Das gilt selbstverständlich auch für die Kämpfe innerhalb der herrschenden Klassen. Aber diese Tatsachen machen weder die Kämpfe innerhalb der herrschenden Klassen und Schichten, noch die Prozesse der Bauern zu Klassenkämpfen im Sinne der Marx-Engels'schen Terminologie.

Auch Ingrid Mittenzwei macht Bemerkungen zu meinen Ausführungen: „Zu den für mich überraschenden Wendungen gehört Deine Polemik gegen die Klassifizierung des ‚Prozeßweges' als Form des Klassenkampfes; überraschend deshalb, weil diese Meinung zu den bisher unter Marxisten nicht umstrittenen Postulaten gehörte. Deine Argumentation überzeugt mich nicht ganz. Daß die Gerichte, an die sich die Bauern wandten, feudale Institutionen waren, weiß doch eigentlich jeder, der darüber geschrieben hat.

[33] *H. Schultz*, Bäuerliche Klassenkämpfe zwischen frühbürgerlicher Revolution und Dreißigjährigem Krieg, in: „Zeitschrift für Geschichtswissenschaft", Jg. XX, Heft 2, Berlin 1972, S. 163f.

Kann man denn im Kampf einer Klasse gegen eine andere nicht Institutionen der Herrschenden benutzen, gleich ob bewußt, wie im Falle der Arbeiterklasse, oder unbewußt
und mit Illusionen behaftet wie bei den Bauern? Ich, glaube, in Deiner Argumentation
(vor allem im Vergleich mit der Arbeiterklasse) spielt das Moment des Bewußten eine
zu große Rolle. Nur sind das Maßstäbe, die man, so finde ich, auf die Klassenkämpfe
der Unterdrückten in vorkapitalistischen Epochen nur bedingt anwenden kann. Da die
Bauern mit Hilfe der feudalen Gerichte Angriffe der Feudalherren auf die eigene Lage
abzuwehren beabsichtigten, sehe ich keinen Grund, das nicht als Klassenkampf zu bezeichnen, wenn man zugleich die Grenzen dieser Kampfform bloßlegt. Die Arbeiterklasse
in den imperialistischen Ländern von heute ruft doch auch mitunter Institutionen der
Herrschenden an, um ihre ökonomischen Kämpfe auszutragen. Auch das geschieht nicht
immer bewußt zur Entlarvung derartiger Einrichtungen. Ist auch das nach Deiner Meinung kein Klassenkampf? Im übrigen stimme ich Dir in Deiner Argumentation gegen
die Ausweitung des Klassenkampfbegriffs voll zu. Wir überspannen da wohl einiges.
In der erwähnten Frage aber kann ich Dir nicht folgen und wäre auf weitere Argumente
gespannt." Ähnlich argumentiert Jan Peters gegen mich.

Natürlich kann man auch Klassenkämpfe ohne Klassenbewußtsein führen. Natürlich
kann man auch gegen ein Gesellschaftssystem kämpfen, indem man sich mit Teilen der
herrschenden Klasse verbündet – solange die den Kampf führende Klasse der Hegemon
ist. Aber hier ist es doch so, daß die Bauern sich an eine feudale Institution wenden
und sich ihrem Urteil unterwerfen, wobei der ihrem Anliegen gegen den Patrimonialherren freundlich gesinnte Landesherr als Feudaler die Hegemonie hat. Wenn die
Arbeiterklasse sich, statt zu streiken, an ein sogenanntes neutrales Schiedsgericht wendet,
dessen Spruch verbindlich (!) ist, würde ich das auch keinen Klassenkampf nennen.

Gut wäre es in jedem Fall, wenn es einen breiten Meinungsstreit zu dieser Frage
geben würde.

Ganz anders ist die echte Klassenkampfwaffe des Entlaufens einzuschätzen. „Eine
weitverbreitete Methode, sich der übermäßigen Ausbeutung durch die lokalen Feudalherren zu entziehen, war im Gebiet der Gutsherrschaft die Flucht. Es ist natürlich nicht
verwunderlich, daß diese Form des Widerstandes in erster Linie von den lassitischen
Bauern angewandt wurde, die ohnehin nur wenig auf dem Bauernhofe ihr Eigentum
nannten, ja, denen selbst das Haus nicht einmal gehörte. Porschnew bezeichnet die
Flucht als eine passive Form des Widerstandes, die außerdem zur Stärkung anderer
Feudalherren diente. Wir meinen, daß die Einschätzung nur bedingt richtig ist. Die
Flucht erforderte ein höheres Maß an persönlicher Entschlußkraft von dem Bauern als
etwa der ‚passive' Widerstand in der Form schlechter Fronleistung und war auch mit
persönlicher Gefahr für den Flüchtenden verknüpft, denn die wieder aufgefangenen
Flüchtlinge kamen nur unter außergewöhnlichen Verhältnissen ohne Strafen davon. So
hatte zwar Michael Bade aus Gross-Klein bei Rostock 1653 zweimal versucht, zu entlaufen und ‚schwere Strafe, ja wol das Leben dadurch verwirkt', aber es ist kaum
anzunehmen, daß er wirklich am Leben gestraft wurde, denn Bauern waren im Gebiet
des Heilig-Geist-Hospitals zu Rostock damals sehr knapp. ... In Holstein war ihnen
das Brandmal auf Wangen oder Stirn sicher. Dieselbe Strafe wurde 1670 in der Oberlausitz angeordnet."[34]

Gegen die Meinung Porschnews argumentiert Wernicke meiner Ansicht nach mit

---

[34] K. *Wernicke*, a. a. O., S. 101f.

Recht so: „Auch die Feststellung, daß der entlaufene Bauer zur Stärkung eines anderen Feudalherren beitrug, bleibt unseres Erachtens zu sehr an der Oberfläche der Erscheinungen haften, denn nur in den seltensten Fällen siedelte sich der Bauer an dem neuen Ort unter qualitativ gleichartigen Ausbeutungsverhältnissen an. Oftmals verzichtete er überhaupt darauf, wieder eine Bauernstelle zu übernehmen, sondern ließ sich an dem neuen Ort als Einlieger oder Kätner nieder, der weitaus geringere Fronverpflichtungen hatte als ein Spannfröner und sonst gegen Tagelohn arbeitete; oder er verdingte sich als Knecht bei einem Bauern; oder er wurde im Rahmen der Peuplierungspolitik als minderbelasteter Erbpächter angesetzt; oder er vermehrte die Zahl der unzünftigen Handwerker und trug entscheidend zur Auflösung feudaler Produktionsverhältnisse bei. So steht allein bei vierzehn von fünfzig Personen, die 1737 als seit ca. 1700 aus dem Dorfe Jetzsch (Kreis Luckau/Niederlausitz) entwichen gemeldet werden, eindeutig fest, daß sie sich in Berlin aufhalten. Die 1755 aus dem Dorfe Hornow (Krs. Spremberg) als entflohen gemeldeten sechs Männer haben ihren Wohnsitz in Berlin oder Potsdam aufgeschlagen; einer betreibt in Berlin eine Butter- und Käse-Handlung.‟[35]

Das Entlaufen als Klassenkampfwaffe spielte natürlich insbesondere in unserer Zeit eine große Rolle. Einmal lag es im Kriege viel näher, sich einem Kriegshaufen anzuschließen und so allen außerökonomischen und ökonomischen Drangsalierungen zu entgehen, und sodann war ein Bauer in vom Krieg verwüsteten Gegenden stets willkommen, während des Krieges und nach dem Kriege.

Kein Wunder, daß Wernicke berichten kann: „Auch in den Lausitzen war das Entlaufen weit verbreitet. In der ständischen Disposition zur Landesordnung der Oberlausitz von 1651 heißt es darüber, daß ‚dieses Laster bey diesem Marggraffthum offtig einreissen und überhand nehmen will‘. 1656 teilten die Stände dem Kurfürsten mit, daß seit einigen Jahren ihre Untertanen ‚insgeheim in der Stille mit Weib und Kindern, Viehe und theils Fahrniß‘ entweder in die sächsischen Erblande oder in andere Länder gehen, ‚dem Erb-Herrn aber dadurch nicht allein die schuldigen Dienste zuentziehen, sondern auch die Übertragung der Wüstungen aufzubürden‘ sich unterstehen. Deutlich wurde damit wieder gesagt, wie das Entlaufen die Feudalherren traf. Das dagegen erlassene Mandat wurde 1663 erneuert und erweitert und 1667 wieder eingeschärft. 1670 folgte eine Resolution über die Strafen für entlaufene Untertanen. 1711 versuchte der Landtag, dem Entlaufen einmal von einer anderen Seite beizukommen, indem er ein schon 1649 erschienenes Oberamtspatent wieder hervorsuchte, wonach Herrschaften, die entwichene Bauern aufnahmen, fünfzig Taler Strafe zahlen sollten. Nebenher wurde wieder geklagt, ‚daß sehr viel Untertanen und Dienst-Gesinde von ihren Erb- und Gerichtsherrschaften, ohne deren Vorwissen, weggegangen.‘ ‟[36]

Noch tiefer dringt wohl Gerhard Heitz in die Problematik ein. Zunächst wertet er Poršnews Leistung in der Analyse des feudalen Klassenkampfes:

„Die Typologie der Formen des bäuerlichen Klassenkampfes ist maßgeblich durch die Forschung von B. F. Poršnev geprägt worden, und die z. T. heftigen Diskussionen darüber haben bis heute keinen Abschluß gefunden. Wichtig scheint mir zu sein, daß auf der Grundlage dieser Typologie eine umfangreiche Forschung betrieben worden ist, die zwar nicht immer Poršnevs Thesen folgte, aber umfangreiches Material gefördert hat, das zugleich in unterschiedlicher Weise geordnet vorgelegt wurde. Neben der

---

[35] Ebendort, S. 102f.
[36] Ebendort, S. 120.

Dialektik von offenem und verdecktem Widerstand, wobei Poršnev* den versteckten Widerstand als ökonomischen auffaßte und als ‚individuellen' bezeichnete, wurden weitere Differenzierungen deutlich. Alle erwuchsen letztlich aus dem Bestreben, den Klassenkampf im Feudalismus zu systematisieren, die bäuerlichen Aktivitäten in den Zusammenhang der Epoche des Übergangs vom Feudalismus zum Kapitalismus und der bürgerlichen Revolutionen zu stellen."

Und dann meint er speziell zur Flucht:

„Die Flucht, der Abzug der Bauern, jene Form des bäuerlichen Widerstandes, mit dem das bestehende feudale Produktionsverhältnis, das stets auch ein personales, ein Untertanenverhältnis, ein Rechtsverhältnis, war, beendet wurde, hat in der Literatur weite Beachtung, jedoch unterschiedliche Beurteilungen gefunden. M. E. ist das ein Zeichen für die Kompliziertheit der Einschätzungen und für die Notwendigkeit, bei der systematischen Aufarbeitung des Materials konsequent von den feudalen Produktionsverhältnissen auszugehen. Die Beurteilung reicht von Flucht als Teilwiderstand bis zu ihrer geringen Einschätzung als ‚illegale' Kampfform. Ich möchte etwas differenzierter herangehen. Da ist zunächst einmal die Ursachenfrage, die regional, ja lokal unterschiedlich war. Hier reicht die Skala von ganz persönlichen Motiven, wie Eheschließung entgegen feudalherrlichem Verbot oder doch ohne Genehmigung bzw. Religionsausübung im Gegensatz zur gesetzlichen Festlegung, bis zur bewußten, vorbereiteten Flucht ganzer Familien unter Mitnahme des Inventars. Das wird man nicht auf einen Nenner bringen können. Ich gehe weiter davon aus, daß es einen erheblichen Unterschied macht, ob die geflüchteten Bauern in dem Territorium ihrer Ansiedlung als Bauern oder als Landarmut seßhaft wurden.

Es ist deshalb präziser, die Flucht nur als eine Form innerhalb des Gesamtkomplexes des Abzugs zu begreifen, dann würde darin der Faktor der Bewußtheit, der Aktivität, teilweise eine größere Rolle spielen. Insgesamt aber muß man diese Form der Auseinandersetzung, die verdeckt ist in dem Sinne, daß der Vorgang selbst solange wie möglich geheimgehalten werden sollte, der Zahl und der Bedeutung nach hoch einschätzen. Leszczyński hat für die Oberlausitz beachtliche Zahlen aus seinem Material um 1700 ermittelt und als einziger bisher auch die Frage des Verbleibs genauer untersucht.**"[37]

Heitz hat meiner Ansicht nach recht, daß wir die ganze Skala der Fluchtmotive untersuchen müssen, zumal nicht jedes Umgehen feudaler Gesetzgebung Teil des Klassenkampfes ist. Wenn ein einzelner Bauer seinen Herrn bestiehlt oder ein Knecht und eine Magd entlaufen, um zu heiraten, ist das schon als Klassenkampf zu werten? Das können durch die Klassenverhältnisse ausgelöste Aktionen sein, aber sind sie deswegen schon bestimmt ein Teil des Klassenkampfes?

Und wie soll man dazu stehen, wenn Heitz aus religiösen Gründen erfolgende Flucht und entsprechende staatlich geförderte Ansiedlung anderswo als Teil des Klassenkampfes betrachtet, wie er es in den folgenden Ausführungen tut?:

„Ich möchte dem hinzufügen einige Bemerkungen zum gleichen staatlich organisierten Abzug. Das kann man am Beispiel der brandenburgisch-preußischen Ansiedlungspolitik, der sogenannten Peuplierung, am besten studieren, wird hier doch in der Mitte des

---

[37] G. Heitz, in: Der deutsche Bauernkrieg, a. a. O., S. 219f.

* B. F. Poršnev, Formen und Wege des bäuerlichen Kampfes gegen die feudale Ausbeutung, in: Sowjetwissenschaft, Ges. wiss. Beiträge, 3/1952, S. 451ff.

** J. Leszczyński, Der Klassenkampf der Oberlausitzer Bauern in den Jahren 1635 bis 1720, in: Schriftenreihe des Instituts für Sorbische Volksforschung, Bd. 21, 1964, bes. S. 61ff.

18. Jh. die spontane Ansiedlung einzelner durch ein System landesherrlich geleiteter Siedlungsprozesse abgelöst, das – parallel zu Praktiken bei der Rekrutierung für die brandenburgisch-preußische Armee – mit einer förmlichen Anwerbung verbunden war. Zieht man den Schleier weg, den die borussische Geschichtsschreibung um dieses Kapitel brandenburgisch-preußischer Politik gewoben hat, indem sie einseitig den Bauernschutz unterstrich, wo es nur um Stabilisierung der Bauernwirtschaften und nicht um Schutz der einzelnen Bauern gegangen ist, so werden die in der Basis sich vollziehenden Prozesse deutlich: die Differenzierung auf der Grundlage der einfachen Warenproduktion, die aus religiösen Motiven wie aus sozialökonomischen Gründen erwachsene Bereitschaft zur Flucht, der Klassenkampf und seine Ausnutzung durch den kleinstaatlichen Absolutismus.*"[38]

Auch hier, so scheint es mir, gilt es, genau zu untersuchen, ob die Verfolgung religiöser Gruppen aus religiösen oder ökonomischen Gründen erfolgt. Nur im letzteren Fall kann man von Massenflucht als Teil des Klassenkampfes sprechen.

Die höchste Form des Klassenkampfes war jedoch die Ausübung außerökonomischer Gewalt gegen die unmittelbaren Herren – einen allgemeinen, den lokalen „Aufruhr" überschreitenden Bauernaufstand gab es in unserer Zeit nicht. Einzelne tätliche Angriffe dagegen sind natürlich leicht verständlich in Zeiten des Krieges und den ihnen unmittelbar folgenden Jahren, als es leicht war, zu Waffen zu kommen. Wernicke berichtet:

„In den ersten Jahren und Jahrzehnten nach dem Dreißigjährigen Kriege war die Verwilderung der Sitten verständlicherweise besonders groß, war die Neigung zu tätlichem Vorgehen gegen Bedrückung und Schikanen besonders rasch in die Tat umgesetzt. Dazu trug auch das Weiterbestehen bäuerlicher Selbstschutzorgane bei. In der Prignitz z. B. hatte sich in den letzten Jahren des Krieges ein gut funktionierender Selbstschutz gebildet, der seine Waffen nach 1648 nicht abgeliefert hatte, die Behörde mißachtete, Vorspann verweigerte und eigenmächtig Versammlungen abhielt. Zu Ostern 1656 wurden durch kursierende Zettel Versammlungen einberufen, auf denen über einen Steuer- und Fronstreik beschlossen werden sollte. Dieser Beschluß sollte dann mit ‚gewehrter Hand' verteidigt werden. Ein kurfürstliches Patent wandte sich mit scharfen Worten dagegen und forderte dazu auf, die Waffen abzuliefern ‚und sich weiter keiner, auch der allergeringsten Widersetzlichkeit sowol wider Unsere newgeworbene Völcker, als auch die Commissarien, Einnehmer und ihre ordentliche Obrigkeiten, zuunternehmen'.

Ähnlich wurde in Schlesien 1651 ein Mandat erlassen gegen die Gewohnheit der Bauern, Waffen bei sich zu führen ‚massen denn auch (einkommenden Berichten nach) gar die Bauers-Leute und ihre Knechte wann sie in die Städte auf die Jahrmärkte oder Kirchmess gehen sich allerhand vorhin verbothener Gewehr, als das seynd gespitzer Parthen u. Aexte mit langen Stiehlen, wie auch der Büchsen- und Feuer-Röhre offensichtlich gebrauchen ...'. Angeblich fingen sie damit nur Unfug an, wenn sie bezecht seien. Auch in der Oberlausitz waren die Bauern ‚bey so lang gestandenen Kriegs-Wesen, dergestalt ziemlich muthwillig insolent worden' und sollten – laut Landtagsbeschluß von 1652 – keine Degen oder Prügel mit eingelassenem Blei mehr bei sich führen."[39]

---

[38] Ebendort, S. 220f.

[39] K. *Wernicke*, a. a. O., S. 125.

* *H. Bock*, Die Besiedlung der wüsten Feldmark Hohengrieben im altmärkischen Domänenamt Diesdorf (1747–1752), in: Probleme der Agrargeschichte des Feudalismus und Kapitalismus Teil 6 (WZ der Universität Rostock 1975).

Ähnlich wie Wernicke schreibt Boelcke in seinem bereits zitiertem Buch „Bauer und Gutsherr in der Oberlausitz":

„Es ist erklärlich, daß sich die Bauern, wenn der Rechtsweg erfolglos geblieben war, nicht scheuten, ihre alten Rechte auch mit Gewalt zu verteidigen. Die Bauern von Rammenau griffen 1620 zur gewaltsamen Aktion und verwundeten ihren Gutsherrn Tobias von Ponikau tödlich.

Ein Beispiel mutiger Empörung gaben um 1615 drei sorbische Dörfer in der Gegend um Göda. Die Untertanen des Gutsherrn auf Pietzschwitz, Esaias von Minkwitz, weigerten sich, entgegen allen gerichtlichen Entscheidungen, die ‚vollen Hofedienste' zu leisten. Als der Herr von Bünau auf Nedaschütz die Dörfer kaufte, verweigerten sie ihm ebenfalls die Erbhuldigung, weil ihrem Verlangen nach Erleichterung der Dienste nicht nachgekommen worden war. Es half weder, die renitenten Bauern vierzehn Tage bei Wasser und Brot einzusperren, noch ihnen zu drohen, sie bei weiterer Halsstarrigkeit von ihren Gütern zu jagen. Sie erklärten sich sogar bereit, ihre Güter selbst zu verkaufen und das Gebiet des Herrn von Bünau zu verlassen. Natürlich fand sich kein Käufer, der Lust gehabt hätte, Bauernwirtschaften mit dem Zwang zu ungemessenen Diensten zu kaufen. Der Gutsherr beklagte sich beim Kurfürsten ‚wegen solches fast unerhörten beharrlichen ungehorsambs'. Angesichts dieser konsequenten solidarischen Haltung der Bauern, die sich nicht durch Strafen, Drohungen und eindringliche Rechtsbelehrungen beirren ließen, waren damals selbst die Räte des Kurfürsten mit ihrer Weisheit am Ende.

Im 16. und 17. Jahrhundert zeigten nur wenige Dörfer in ihrem Widerstand eine solche organisierte Kraft. Die meisten Bauern verließen mit Erhöhung der feudalen Lasten ihre Hofstellen, brachen vollkommen mit ihrem Gutsherrn und gingen auf Suche nach günstigeren Bedingungen des Lebensunterhaltes. Ausgangs des 16. und ins 17. Jahrhundert bildeten in der Oberlausitz Abwanderung, Flucht und Umsiedlung die Hauptform des bäuerlichen Widerstandes gegen die gutsherrliche Ausbeutung. Die Möglichkeiten eines solchen Abzugs waren mit der geringen Bevölkerungsdichte auf dem Lande, mit dem Vorhandensein großer unbebauter Dorfmarkungen im Gegensatz zu den dicht besiedelten westdeutschen Gebieten und durch den Mangel an Arbeitskräften in allen gutsherrlichen Dörfern geboten. Die Voraussetzungen für die bäuerliche Abwanderung wurden mit den Wirren und Verwüstungen des Dreißigjährigen Krieges noch günstiger. Als Neusiedler erhoffte sich der Bauer bessere Lebensbedingungen als zuvor.

Die immense Ziffer von ungefähr 2000 flüchtigen Bauern, die an Hand genauer statistischer Erhebungen der Stände in wenigen Jahren nach dem Krieg ermittelt wurde, veranlaßte schließlich Stände und Landesherrn, durch Publikation eines strengen ‚Leibeigenschaftrechtes' der Flucht der Bauern entgegenzuwirken. ...

Mit der Massenflucht Oberlausitzer Bauern nach dem Dreißigjährigen Kriege wurde die Kraft des bäuerlichen Kampfgeistes entspannt. Erst nach der Einführung eines strengen ‚Leibeigenschaftrechtes' und der starken Behinderung der bäuerlichen Abwanderung im ausgehenden 17. Jahrhundert wuchs die soziale Spannung in der Sphäre des gutsherrlichen Dorfes wieder so stark an, daß gewaltsame Entladungen nicht mehr ausgeschlossen waren. Der bäuerliche Widerstand nahm Formen an, die meistens Zwischen- und Übergangsformen zum offenen Aufstand waren, der höchsten und ausgeprägtesten Form des bäuerlichen Massenkampfes.

Die bäuerliche Selbsthilfe zeigte sich in der Verletzung gutsherrlicher Privilegien, in der offenen Verweigerung der Frondienste und in der organisierten Nichterfüllung neuer gutsherrlicher Ansprüche. Schon 1649 waren neun Bauern aus Wendisch-Ossig wegen verweigerter Dienste gefangen gesetzt worden."[40]

Wenden wir uns jetzt der anderen „Schicht" auf dem Lande zu, der gegenüber außerökonomischer Zwang geübt wird, dem Gesinde, einschließlich der Kinder, und den Tagelöhnern. Dabei ist zu beachten, worauf wir hier nicht ausführlicher eingehen wollen, daß beide Kategorien des außerökonomischen Zwanges, des den Bauern und des dem Gesinde gegenüber, auch dadurch miteinander verbunden sind, daß der Bauer die Fron, die er dem Grundherrn schuldet, unter Umständen durch sein Gesinde ausführen lassen kann und daß es nicht wenige Klagen (und entsprechende Verordnungen) der Grundherren gibt, daß die Bauern ihre Fron durch zu junges oder zu altes bzw. unerfahrenes oder irgendwie gebrechliches Gesinde ausführen lassen. Könnecke, der ein Standardwerk über das Gesindewesen geschrieben hat, bemerkt: „Besondere Eigenschaften wurden von dem Knechte verlangt, den ein Bürger oder Bauer an seiner Statt zur gemein-bürgerlichen Gemeindearbeit oder zum Fronwerke schicken wollte. ... Zur öffentlichen Gemeindearbeit durfte man Ehehalten* schicken, wie ein Gemeindebrief von Iggingen aus dem Jahre 1535 zeigt: ‚So man an der gemaind schaffen will, an weegen, stegen oder anderen, so sollen all und jeglich inwohner darzue helfen oder ain taugentlichen ehehalten darzue schicken bey peen 5 ß. heller'. Für die zur Fronarbeit geschickten Dienstboten verlangt auch die Buß- und Frevelordnung für Wellstein-Abtsgemünd von 1573 Tauglichkeit zur Arbeit; und zur Sicherheit wird dem arbeitspflichtigen Dienstherrn mit Strafe gedroht: ‚Welche ehalten oder kinder an dienst schicken, die vor dass taglon nit geschafft haben und ein taglon nit verdienen mechten, dieselbigen mag die herrschaft auch strafen umb 3 Pfd. 5 ß.' "[41]

Gesinde sind für längere Zeit mit Kost und Logis sowie einem kleinen Lohn eingestellte Arbeitskräfte für Haus und Hof – im Gegensatz zu den Tagelöhnern, die kurzfristig gemietet werden. Auf den Bauernhöfen wird das Gesinde natürlich fast ausschließlich für landwirtschaftliche Arbeiten gebraucht, von den Grundherren auch für Dienst im Haus, zu Botengängen usw., welch letztere jedoch auch den Bauern als Fron aufliegen können.

Das Gesinde besteht in unserer Zeit noch zu einem großen Teil aus Bauernkindern. Und darum ist es den Bauern in vieler Beziehung gesellschaftlich gleichgestellt. Platzer bemerkt zu den Verhältnissen in Bayern, die keine Besonderheit darstellen:

„Die Dienstboten, Ehehalten, standen im allgemeinen hinsichtlich ihrer sozialen Lage auf der gleichen Stufe wie die Bauern. Sie waren die Kinder der Bauern, und schon der Umstand, daß auch die Bauern ihre volle Freiheit um diese Zeit schon größtenteils eingebüßt hatten und in einem Abhängigkeitsverhältnis auf Grund der Hörigkeit sich befanden, ließ einen Unterschied zwischen den selbständig wirtschaftenden, aber doch auch untertänigen Bauern und den dienenden Bauernkindern nicht aufkommen. Gewiß gab es auch eine geringe Anzahl Dienstboten, welche von den wenigen nicht besitzenden Tagelöhnern abstammten; doch ist aus den Quellen zu schließen, daß die weitaus größere Zahl den besitzenden Klassen entstammte. Wie wäre es sonst zu erklären, daß

---

[40] *W. Boelcke*, a. a. O., S. 223ff.

[41] *O. Könnecke*, Rechtsgeschichte des Gesindes in West- und Süd-Deutschland, Marburg 1912, S. 514f.

* Ehehalten oder Ehalten sind Personen, die vertragsmäßig der dienende Hausgenosse eines anderen sind.

die Ritterschaft von Landshut in ihrem Vorschlag zum Erlaß einer Ehehaltenordnung 1497 ein Hauptgewicht darauf legte, daß diejenigen Ehehalten, welche der Ordnung sich entziehen und deshalb in einem anderen Lande Dienste suchen wollten, mit Entziehung ihres Erbteils bestraft werden sollten!

Die volle Gleichstellung von Bauern und Dienstboten zeigt sich auch in der Kleiderordnung Herzog Albrechts von 1500, aus der ersichtlich ist, daß der damals unter den Bauern übliche Kleiderluxus ebenso auch von Knechten und Dirnen mitgemacht wurde. ‚Der Bauern, ihrer Söhne, Knechte, Töchter und Dirnen Bekleidung betreffend' gebietet Albrecht, daß ‚kein Bauer, ihr Sohn oder Knecht ein anderes Tuch tragen soll denn Landtuch.' Und ebenso ‚soll auch keines Bauern Weib, Tochter oder Dirn kein anderes Tuch denn wie den Bauernknechten erlaubt ist, anschneiden noch tragen.' Auch in den radikalen Spielverboten des Herzogs wird bestimmt, ‚welche Bauern, ihre Knechte oder ihre Söhne das überführen', seien strengstens zu bestrafen."

Bevor wir Platzer weiter zitieren, sei eine sich aus dem Gesagten ergebende überaus interessante, scheinbar logische Folgerung von Hartinger zitiert: „Hinzu kommt, daß die ländlichen Dienstboten in aller Regel selber Bauern- oder Tagwerkersöhne und -töchter waren, denen zu einem guten Teil die Möglichkeit einer späteren Gut- oder Hausübernahme offenstand, so daß es insgesamt fruchtbarer erscheint, die ländlichen Dienstboten nicht als besondere soziale Schicht, sondern vielmehr als eine Altersgruppe zu betrachten. Es ist die Gruppe der bäuerlichen und tagwerkerlichen Söhne und Töchter im Alter zwischen 12 und 30 Jahren, die in dieser Eigenschaft eine nicht unbedeutende Rolle bei der Gestaltung des Lebens auf dem Dorfe ausüben."[42] Als Stütze bezieht sich Hartinger dabei auf M. Mitterauers Studie „Zur Familienstruktur in ländlichen Gebieten Österreichs im 17. Jahrhundert".

Hartinger berührt hier ein Problem, das noch ganz ungenügend untersucht worden ist und das natürlich auch für die Handwerksgesellen bis in unsere Zeit, also bis zur Mitte des 17. Jahrhunderts, Bedeutung hat. In diesem Zusammenhang ist auch an die Ausführungen von Engels über die amerikanischen Arbeiter zu erinnern. Im Anhang zur amerikanischen Ausgabe der „Lage der arbeitenden Klasse in England" schrieb er 1886: „Es gab zwei Umstände, die viele Jahre verhinderten, daß die unvermeidlichen Konsequenzen des kapitalistischen Systems in Amerika voll ans Tageslicht kamen. Diese bestanden in dem leichten Erwerb von billigem Land und in der starken Einwanderung. Sie erlaubten es lange Zeit der großen Masse der einheimischen amerikanischen Bevölkerung, sich in jüngeren Jahren von der Lohnarbeit ‚zurückzuziehen' und Farmer, Händler oder Arbeitgeber zu werden, während die harte Lohnarbeit, die Stellung eines lebenslänglichen Proletariers, hauptsächlich den Einwanderern verblieb."[43]

Sollten wir aber deswegen, weil die Lohnarbeiter in den USA in den ersten drei Vierteln des 19. Jahrhunderts zu einem erheblichen Teil in eine andere Klasse übergingen, sei es die der „Arbeitgeber" oder die der Farmer oder in irgendeine Schicht wie die der Händler oder Handwerker, darauf verzichten, von der Arbeiterklasse in den USA zu sprechen und sie gar nur als eine Altersgruppe bezeichnen? Ich glaube, das wäre falsch, zumal einmal eine wachsende Schicht (die Einwanderer) eine echte proletarische Klasse bildet und alle Lohnarbeiter auch bis weit nach der Heirat und

---

[42] *W. Hartinger*, Bayerisches Dienstbotenleben auf dem Land vom 16. bis 18. Jahrhundert, in: „Zeitschrift für bayerische Landesgeschichte", Bd. 38, Heft 2, München 1975, S. 635f.

[43] *Marx/Engels*, Werke, Bd. 21, Berlin 1962, S. 253.

Familienbildung als solche fungieren können, sowie der Übergang zu einer anderen Klasse oder Schicht kein automatischer, sondern in jedem Einzelfall ein zufälliger ist.

Ganz anders steht es mit den Handwerksgesellen, die in unserer Zeit noch in ihrer übergroßen Zahl Meister werden. Sie gehen gewissermaßen in eine „Schule", die in die Lehr- und Gesellenzeit zerfällt, die aber in unserer Zeit noch zum weit überwiegenden Teil in der Meisterschaft und der Leitung einer Werkstatt endet. Sie mögen sich unterdrückt fühlen und sich dagegen empören, um bessere Bedingungen kämpfen – aber sie scheinen mir deswegen ebenso wenig zu den Unterdrückten zu gehören – nach 1650 wird das anders! – wie Soldaten, die eine mehrjährige Dienstpflicht haben oder wie Schüler. Nicht, daß sich ihre Position mit der der Soldaten mit Dienstpflicht oder der der Schüler einfach vergleichen läßt, aber es handelt sich auch bei ihnen nicht um eine stabile soziale Schicht, die heiratet, eine Familie bildet und über ein bestimmtes Alter hinausgeht. Vor allem aber ist der Übergang zur Klasse der „Arbeitgeber", der wirtschaftlich selbständigen Handwerker noch ein gesicherter und genau geregelter in unserer Zeit.

Wie steht es nun mit den Dienstboten, mit dem Gesinde?

Ich meine, daß Hartinger unrecht hat, sie nur als Altersgruppe zu bezeichnen.

Beginnen wir mit den Bauernkindern. Was die Töchter betrifft, so haben sie im allgemeinen nicht die Aussicht, einen Bauernhof zu übernehmen, es sei denn, sie seien ein einziges Kind und heirateten einen Mann, dem der Bauer seinen Hof später zu übergeben bereit ist. Was die zweiten Söhne der Bauern betrifft, so haben sie öfter einen Anspruch auf geldliche Entschädigung bei der Erbteilung, was ihnen jedoch im allgemeinen keine neue Existenzgrundlage gibt, so daß sie etwa nicht mehr als Gesinde zu dienen brauchten.

Was gar die Tagwerkerkinder betrifft, so ist die Existenz der Tagwerker mit Häuschen viel zu unsicher, um ihnen eine künftige Sicherheit auf das Verlassen des Gesindedienstes zu geben.

Außerdem stellt der Zwangsgesindedienst, der in unserer Zeit schon weiter verbreitet auftritt, sie in besonders ungünstige Erwerbsbedingungen.

Es ist richtig, daß der Gesindedienst in unserer Zeit im allgemeinen noch zeitlich beschränkt ist, zumal im allgemeinen ein Heiratsverbot für Gesinde besteht. Aus dem Gesinde werden dann auch oft, ob Bauernkinder oder andere, Tagwerker, Tagelöhner. Interessant in diesem Zusammenhang sind die folgenden Ausführungen Hartingers: „Erheblich enger sind die Berührungen zwischen den Ehehalten und den ländlichen Tagwerkern, die ebenfalls in Lohnabhängigkeit von den bäuerlichen Unternehmern stehen. Hier gilt es zwei Gruppen zu unterscheiden: Die Söldner oder Leerhäusler, die zumindest in der Form eines Häuschens und eines vielleicht dazugehörenden Gartens oder kleinen Flurstückes über Eigentum verfügen, das ihnen zur freien Disposition offensteht; und dann die Inleute oder bäuerlichen Hintersassen, die wie die Dienstboten auf den Hof eines Bauern ziehen, dort aber eine eigene Wohnung, meist in einem separaten Häuschen zur Verfügung gestellt bekommen und dafür dem Bauern Dienste leisten, doch nicht ausschließlich für ihn tätig sind*. Hier werden die Grenzlinien zum Gesinde bereits unscharf; das gilt von der äußerlichen Tätigkeit her auch für die leibeigenen Grundholden, die zu ungemessenen Hand- und Spanndiensten verpflichtet waren,

---

* E. *Schremmer*, Die Wirtschaft Bayerns. Vom hohen Mittelalter bis zum Beginn der Industrialisierung. Bergbau-Gewerbe-Handel, München 1970, S. 350ff.

doch hier liegt in der Freiwilligkeit, bzw. Unfreiwilligkeit der Leistungen ein signifi-
kanter Wesensunterschied."[44]

Jedoch werden hier „die Grenzlinien zum Gesinde unscharf" nicht nur, wenn wir
beide statisch miteinander vergleichen. Die Grenzen werden auch unscharf deswegen,
weil sicherlich ein beachtlicher Teil des Gesindes als Tagwerker endet. Und noch mehr:
ein Teil des Gesindes lebt zeitweise als Tagwerker, zeitweise auch als Tagelöhner oder
Heimarbeiter ohne eigene Wohnstatt. Sobald das Gesinde in unserer Zeit nämlich seinen
Zwangsdienst abgeleistet hat, fühlt es sich frei, nachfolgende Jahresdienstkontrakte zu
brechen und nicht nur zu besser zahlenden Herrschaften zu gehen, sondern sich auch
zeitweise selbständig zu machen, eben als Tagelöhner, die sich irgendwie im Dorf einmieten.

Um solches zu verhindern, versucht die herrschende Klasse nicht nur mit außerökonomischen Zwangsmitteln vorzugehen, sondern auch Gesinde und Tagelöhner gegeneinander auszuspielen, um eine genügende Anzahl von Gesinde ständig zur Verfügung
zu haben. Hartinger berichtet über Bayern:

„Ein anderes Mittel zur Erhaltung einer genügenden Anzahl von Ehehalten war die
Erschwerung der Heirat; denn Dienstboten waren grundsätzlich ledig. Das ergab sich
schon aus ihrer Stellung. Wenn ein Knecht oder eine Magd heirateten, dann waren sie
immer auch bestrebt, einen eigenen Haushalt zu begründen, sie mußten sich also ein
anderes Fortkommen suchen. Verschiedene Wege boten sich an: Abwanderung in die
Stadt, Versuch der Ausübung eines Gewerbes (Flößer, Viehhändler, Leineweber) oder
Ansäßigmachung als Tagwerker. Diese Alternativen scheinen vielfach aus den Gesindeordnungen hervor, wenn sie den Amtleuten die Notwendigkeit der Einhaltung der
Heirats- und Niederlassungsverbote einschärfen.

Begonnen wird mit dieser Politik bereits am Beginn des 15. Jahrhunderts; sie wird
in der absolutistischen Zeit konsequent weitergeführt. So setzt die bayerische Polizeiordnung von 1616 auseinander:

‚Und dieweil sich auch dieser zeiten dergleichen Ehehalten gar jung und gemainiklich
darumb zusammen heuraten, daß sie nachmaln in die Winckelherbergen hiehen, welches
dann nit die wenigist ursach, darumben die Ehehalten gar so vertheurt und schier umb
keinen billichen Lohn mehr zu bekommen sein, darzu durch solch jung winckl Eheleut
den armen Tagwerckern, so lange zeit der enden haußgesessen und etwa mit vil Kindern
beladen seind, ihr Arbeit abgeworben und also ihr Nahrung entzogen wirdet. Darauf
so meinen wir, wo dieselben jungen winckl Eheleut erfunden, daß sie gleichfals auß-
getrieben, weiter nit geduldet noch zugelassen werden, es were dann an einem ort der
Tagwercker halb mangel verhanden . . ., alsdann mögen sie oder andere vorgemelte
Personen, doch in allweg mit vorwissen und bewilligung der obrigkeit und one beschwe-
rung der andern Haußgesessenen angenommen und eingelassen werden.'

Ähnliche Verordnungen finden sich bis ins ausgehende 18. Jhdt., wobei im Vordergrund der Befürchtungen die Überschwemmung des Landes mit Tagwerker- und Söld-
nerstellen steht, welche die Rechte an der Gemeindeflur der bisherigen Bauern und die
Nutzung der herzoglichen Wälder beeinträchtigen oder durch Verknappung der Nah-
rungsdecke zu einem übermäßigen Anstieg der Bettelei führen könnte. Trotz dieser
Verbote scheint es doch im Verlauf des 17. und 18. Jahrhunderts einer beträchtlichen
Anzahl von Dienstboten möglich gewesen zu sein, sich als Tagwerker mit einem eigenen

---

[44] *W. Hartinger*, a. a. O., S. 600.

Häuschen auf dem Lande ansässig zu machen; dies ist ein wichtiges Ergebnis der Arbeiten am Bayerischen Historischen Atlas*."[45]

Die armen Tagwerker sollen vor dem Gesinde gerettet werden, das ihnen durch eigene Verwandlung in Tagwerker Konkurrenz macht. Hartinger hat aber unrecht, wenn er plötzlich das Hauptmotiv in einer Befürchtung, daß es zu viele Tagwerker geben könnte, sieht. Das Motiv ist vielmehr die Befürchtung der herrschenden Klasse, nicht genug Gesinde zu haben – wie ja überhaupt (Jan Peters machte mich darauf aufmerksam) die Verbote gegen das „Einliegen auf eigene Hand" auf die Verfügbarkeit der Landarmut insgesamt zielten, wobei die Grundherren oft dem Gesindedienst den Vorzug gaben, weil die betriebsintegrierte Form für sie lohn- und kontrollmäßig günstiger war als die Tagelöhnerdienste.

Wie aber hilft uns das weiter mit der Einordnung des Gesindes in die soziale Struktur auf dem Lande? Doch bevor wir diese Frage endgültig beantworten, sollten wir zu den Ausführungen von Platzer zurückkehren:

„Auf Grund der Tatsache, daß sich Knecht und Magd genau wie Bauer und Bäuerin kleiden konnten, sowie, daß für die Bauernknechte ebenso wie für die Bauern und Bauernsöhne ein Spielverbot nötig war, läßt sich auch vermuten, daß die Lage der ländlichen Dienstboten um diese Zeit wohl keine schlechte gewesen sein dürfte. Der Dienstbote bekam ja seine Kost, dazu verschiedene Naturalien, Kleidungsstücke usw., so daß für seine materiellen Bedürfnisse, so lange er sich im Dienste befand, vollständig gesorgt war. Dazu erhielt er aber, um diese Zeit schon allgemein, einen bestimmten Geldlohn, so daß er tatsächlich in gewissem Sinne einen Überschuß in seinen Einnahmen erzielen konnte. Die Gepflogenheit, den Dienstlohn nicht beim Eintritt zu fixieren, sondern dem Ermessen des Dienstherrn zu überlassen, scheint um diese Zeit in Bayern nur mehr selten vorgekommen zu sein; sie wird noch erwähnt in dem Ausschreiben zur Einbringung der Türkensteuer von 1500, welches verlangt, daß die Ehehalten, auch ‚wo ihrer etliche auf Genade dienen' zu steuern hätten.

Die verhältnismäßig günstige Lage des Dienstboten zeigt sich namentlich deutlich, wenn wir dazu die Lage des gutshörigen Bauern, namentlich etwas später, zu Beginn des 16. Jahrhunderts vergleichen. Während der Dienstbote jederzeit auf einen bestimmten festen Überschuß rechnen konnte, war der hörige Bauer vielfach – besonders um die Zeit der Bauernkämpfe – in der unangenehmen Lage, mehr abliefern zu sollen, als überhaupt der ganze Jahresertrag eingebracht hatte. Es war überhaupt die Ansicht der früheren Jahrhunderte, daß der Bauer lediglich so viel zu haben brauche, um seinen Unterhalt gerade bestreiten zu können; etwas darüber hinaus zu erwerben, hielt man gar nicht angebracht. Diese Ansicht übertrug sich denn auch auf den Erwerb der Bauernkinder, der Knechte und Mägde. Und so kam den Ständen die Gelegenheit sehr günstig, den Dienstboten diesen Ueberschuß an Einkünften, für den man den Barlohn hielt, möglichst wieder abzunehmen, indem man sie zur Steuer heranzog. In Wirklichkeit floß allerdings dieser Betrag direkt in die Tasche der Grund= und Hofmarchsherrn; denn durch die Abwälzung eines Teiles der Steuersumme auf die Ehehalten, konnten sie ihre untertänigen Bauern hierin etwas schonen, um diesen auf der anderen Seite die

---

[45] W. *Hartinger*, a. a. O., S. 623f.

* S. besonders P. *Fried*, wie Anm. 46, ferner: G. *Hanke*, Zur Sozialstruktur der ländlichen Siedlungen Altbayerns im 17. und 18. Jahrhundert, in: Gesellschaft und Herrschaft. Forschungen zu sozial- und landesgeschichtlichen Problemen, vornehmlich in Bayern. Eine Festgabe für Karl Bosl zum 60. Geburtstag, München 1969, S. 219–270.

treffende Summe als grundherrliche Abgabe für sich selbst abzunehmen. Nicht ohne Grund klagten deshalb 1510 auf dem Landtag zu Straubing die Stände, ein Entgang der Ehehaltensteuer ‚würde den Gütern auf dem Lande merkliche Verderbung und Schaden gebären‘, auch die anderen ‚armen Leute‘ mit der Steuer deshalb beschwert; denn was die Ehehalten zu Steuer geben, solches würde alles auf den ‚armen Mann‘ kommen."[46]

Diese Ausführungen beziehen sich auf die Zeit vor dem Dienstzwang für das Gesinde. Sie verändern sich für die Dienstzwangszeit grundlegend zum Schlechteren, nicht jedoch für das Gesinde, das seine Zwangsdienstzeit hinter sich hat – wegen des Mangels an Arbeitskräften in unserer Zeit. Und auch die grundlegende Änderung wird gemildert dadurch, daß die Herren ein Interesse daran haben, möglichst viel von dem Zwangsdienstgesinde auch noch über die Zwangszeit hinaus zu behalten.

Auch muß man natürlich sehr, sehr deutlich unterscheiden zwischen dem Gesinde, das bei Bauern dient, und dem, das bei den Herren dient. Das Gesinde der Bauern lebt materiell und geistig-ideologisch mit der Bauernfamilie, ganz gleich, ob es sich um die Kinder des Bauern handelt, um Anverwandte oder Kinder der anderen Bauern aus dem Dorfe; das Gesinde der Herren lebt nur materiell „im Hause" des Herrn, steht ihm sonst, mit einzelnen Ausnahmen ganz persönlicher Dienste, fern.

Interessant sind die Ausführungen Platzers über die vergleichende materielle Lage von Gesinde und Bauern; sie sind sicher teilweise richtig. Aber wir können doch eine Klasse oder Schicht nicht nach dem Einkommen oder ihrer materiellen Lage bestimmen. Ebensowenig, meiner Ansicht nach, wie durch die Altersgruppen, die sie umfaßt – insbesondere wenn die Altersgruppen aus Vorbereitungsjahren (Lehrlinge, Gesellen) auf den Eintritt in eine bestimmte Klasse oder Schicht bestehen. Überdies trifft das bei einem Großteil des Gesindes, entgegen den Ansichten von Hartinger, nicht zu.

Darum würde ich dazu neigen, das Gesinde als eine eigene Schicht zu betrachten, die sich in unserer Zeit vor allem aus jüngeren, zu Zwangsdienst verpflichteten, und älteren (aber in ihrer großen Mehrzahl nicht mehr als Dreißigjährigen) zumeist auf ein Jahr verpflichteten Lohn- und Logis- und oft auch eingekleideten Arbeitern zusammensetzt, die über keine Produktionsmittel verfügen, und die früher oder etwas später, (zum Teil auch zeitweise) in andere Berufe – Tagwerker, Tagelöhner mit gemietetem Wohnraum, Heimarbeiter oder Bauernhofbesitzer bzw. verheiratete Frauen (auch das als Beruf aufgefaßt!) – übergehen bzw. übergehen können.

Eine solche Definition macht es aber unmöglich, wie Elisabeth Schwarze es tut, einfach festzustellen: „Die unterste, zahlenmäßig am stärksten vertretene Schicht der besitzlosen Dorfbevölkerung bildete das Gesinde. Es befand sich in einem Abhängigkeitsverhältnis zum Dienstherren und lebte in der Regel in seinem Hause."[47]

Kann man die wirtschaftliche und rechtliche Position einer Schicht von der Zukunft ihrer Mitglieder trennen? (Das „lebenslängliche" verheiratete Gesinde wird zu einer breiteren Erscheinung erst nach unserer Zeit.) Wirkt sich diese Zukunft, je nach der Zusammensetzung ihrer Mitglieder, nicht auf ihre gesellschaftliche Position aus? Sicherlich wurden die „Einjährigen" in der kaiserlichen Armee von den Feldwebeln bisweilen doppelt geschunden. Aber war ihre gesellschaftliche Position darum niedriger als die

[46] H. *Platzer*, Geschichte der ländlichen Arbeitsverhältnisse in Bayern, München 1904, S. 51ff.
[47] E. *Schwarze*, Soziale Struktur und Besitzverhältnisse der ländlichen Bevölkerung Ostthüringens im 16. Jahrhundert, Weimar 1975, S. 153.

der, die zwei Jahre dienen mußten; im Gegenteil! ihre gesellschaftliche Position war natürlich höher. Ist die Position der als Gesinde dienenden Kinder von Mittel- und Großbauern niedriger als die von Hausgenossen, Gärtnern und gar mancher Kleinbauern? Wohl kaum. Darin liegt eben die ganze Komplikation einer Schicht, die sich in der Tat sowohl aus den Kindern der untersten wie auch der obersten Schichten des Dorfes zusammensetzt. Natürlich sind sie alle in ihrer Position als Gesinde besitzlos und der Willkür des Herren, auch des Herrn Vater Großbauer, ausgesetzt – und doch soll man sie nicht als die unterste Schicht in der Dorfhierarchie bezeichnen – insbesondere wenn sie ihre Zwangsdienstzeit hinter sich haben.

Überhaupt soll man sich bei Strukturuntersuchungen überlegen, ob man nicht prinzipiell zwischen „lebenslänglichen" bzw. gar „erblichen" Schichten und anderen, nur zeitweilig aus den gleichen Personen zusammengesetzten, unterscheiden soll, wie es Engels tut, wenn er zwischen diesen beiden Arten von Proletariat unterscheidet.

Zumal man bedenken muß, daß der Feldwebel voraussichtlich nie wieder dem von ihm geschundenen Intellektuellen oder Herrensöhnchen begegnen wird, der Bauerssohn aber entweder vom Dienst beim Grundherrn in das Dorf zurückkehrt oder als Knecht seines Vaters, des Groß- oder Mittelbauern, überhaupt im Dorfe lebt, und der Vater zwar dem Sohn gegenüber der Herr ist, was aber nicht bedeuten muß, daß er ein schiefes Auge auf ihn von anderen duldet.

Und ebenso wird die niedrige Stellung des Vaters auf den als Dienstboten Arbeitenden reflektieren.

Das heißt, so recht man, meiner Ansicht nach, hat, unter wirtschaftlichem (Stellung in der Produktion) und rechtlichem Standpunkt (etwa der Art des Ausgesetztseins dem außerökonomischen Zwang) das Gesinde als eine besondere Schicht zu betrachten, so falsch wäre es, ihm als Schicht eine einheitliche gesellschaftliche Position zuzuschreiben. Die Gesellschaft besteht eben nicht nur aus Gegenwart, auch die Zukunft gehört zu ihr, ebenso wie der Überbau zur Basis gehört.

Denken wir doch nur an den Alltag im Dorfe. Kann man die Heiratsfähigkeit eines Sohnes oder einer Tochter eines Bauern, die Knecht und Magd sind, mit der eines Kindes eines Tagwerkers vergleichen? Wie verhalten sich zwei Knechte oder zwei Mägde ein und desselben Bauern zu einander, von denen je eines sein Kind und je eines kein oder nur ein entferntes Familienmitglied sind? Doch auch folgende Beobachtung gehört hierher: „Sigrid Khera hat ein modernes Beispiel aus Niederösterreich beschrieben*. Dort herrschte Ältestenrecht. Das Ergebnis waren grundlegende Unterschiede zwischen erwachsenen Geschwistern. Einer bekam das ganze Land und den Status des Bauern, die anderen wurden Landarbeiter. Die erwachsenen Geschwister mieden sich, abgesehen von der formellen Verbeugung an der Kirchentür. Die Bauern gingen beim Kartenspiel im Wirtshaus neue Verbindungen untereinander ein. Ihre Geschwister setzten sich nicht zu ihnen an den Stammtisch. Die Situation in Oberschwaben war am Vorabend des Bauernkriegs von 1525 in mancher Hinsicht ähnlich. Anerbenrecht bedeutete, daß die Kinder, die nicht erbten, die wachsende Schicht von Seldnern und Landarbeitern vergrößerten."[48]

[48] D. Sabean, Verwandtschaft und Familien in einem württembergischen Dorf 1500 bis 1870: einige methodische Überlegungen. In: Sozialgeschichte der Familie in der Neuzeit Europas. Neue Forschungen herausgegeben von Werner Conze. Industrielle Welt, Band 21, Stuttgart 1976, S. 229.

* Sigrid Khera. An Austrian Peasant Village Under Rural Industrialization, in: Behavior Science Notes, VII, 1972, S. 29–36.

Schrecklich kompliziert ist die Einschätzung einer Schicht wie der des Gesindes in unserer Zeit, was noch deutlicher werden wird, wenn wir uns mit ihren realen Lebensverhältnissen beschäftigen werden.

In mancher (aber nur in mancher!) Beziehung leichter ist die Einschätzung der Position der Tagwerker, der Taglöhner, schon weil sie oft lebenslänglich zu dieser Schicht gehören. Hören wir dazu zunächst wieder Platzer, wobei das, was er über Bayern sagt, wie er auch selbst feststellt, in dieser oder jener Form für ganz Deutschland zutrifft:

„Unter Tagelöhner sind im allgemeinen solche Personen zu verstehen, welche bei der Übernahme von ländlicher Arbeit nicht in den Hausverband einer Familie eintreten, sondern selbständig mit geringeren oder größeren Einschränkungen von Zeit zu Zeit über ihre Arbeitskraft verfügen und sich in der Regel tageweise, ausnahmsweise auch für längere Zeit entlohnen lassen. Die Beschäftigung eines Tagelöhners beläßt dem Arbeiter vor allem größere Freiheit und Ungebundenheit im Vergleich zum Gesindedienste und sie gewährt vor allem die Möglichkeit, durch Verheiratung einen eigenen Haushalt zu begründen und zu führen. . . .

Zunächst tritt uns eine Art von Landarbeitern entgegen, die eine gewisse Ähnlichkeit mit den Insten in Norddeutschland hat. Es wurden nämlich in Bayern Landarbeiter als sogenannte Hintersassen auf den einzelnen Höfen angesiedelt; sie bewohnten ein eigenes Haus, in das sie aufgenommen wurden, und waren zur Leistung von Tagelohnarbeit bei dem betreffenden Bauern, dessen Hintersassen sie waren, verpflichtet."[49]

Viel bedeutsamer noch war in unserer Zeit, vor allem auch im Osten, aber auch in anderen Teilen Deutschlands, die Ansiedlung von Tagelöhnern als Hintersassen, oder wie immer sie genannt werden, durch die Grundherren, um sich mit ihnen eine landwirtschaftliche Reservearmee speziell für die Erntezeit zu schaffen.

So relativ deutlich man aber auch in mancherlei Beziehung theoretisch zwischen Gesinde und Tagelöhnern unterscheiden kann, so hatten wir doch schon angedeutet, wie fließend in der Praxis die Grenzen oft sind. Das gilt, in noch ganz anderer Weise als bisher angemerkt, auch für die Unterscheidung zwischen solchen, die zu einem bestimmten Zeitpunkt als Gesinde, und anderen, die zum gleichen Zeitpunkt als Tagelöhner dienen. Und zwar hinsichtlich des Dienstzwanges. Werden doch vielerorts auch gar nicht selten die Zwangsbestimmungen für Gesinde und Tagelöhner in einer Gesindeordnung abgehandelt. So bemerkt Großmann zu der Gesindeordnung von 1620 für die Mittel-, Ucker- und Neumark, nachdem er sich zunächst mit dem Gesindezwangsdienst beschäftigt hat:

„Im Zusammenhang hiermit stehen einige Bestimmungen über die landwirtschaftlichen Tagelöhner. Auch diese Klasse der ländlichen Bevölkerung wird bereits in der Polizeiordnung von 1550 erwähnt und ihr Lohn festgesetzt, aber ohne weitere Strafbestimmung. Jetzt dagegen wird nicht nur den Gerichtsherren nachdrücklich eingeschärft, nicht zu dulden, daß ‚gesunde, starke Leute, die wohl arbeyten können, zum theil bey den Eltern, zum theil bey den Krügern oder andern in seinem Dorffe wohnende, beynahe das gantze Jahr auff der bernhaut liegen und mit müßiggang die zeit zubringen, hernacher aber in der Hew- und Erndtezeit den armen Landmann – übersetzen', sondern sie werden auch ermächtigt, den Lohn, den jene zuviel gefordert, zu konfiszieren und ihnen die Kundschaft zu verweigern. Denn auch für diese Arbeiter wird der Arbeits-

49 H. Platzer, a. a. O., S. 55f.

schein, wie für das Gesinde, eingeführt unter Androhung gleicher Strafmaßregeln gegen Zuwiderhandlungen.

Über den Zweck dieses Teiles der Gesindeordnung kann kein Zweifel sein, er bezeichnet den ersten umfassenden Versuch des in jener Zeit rasch gewachsenen Großgrundbesitzes, sich das notwendige außerordentliche Arbeitsmaterial möglichst billig zu sichern."[50]

Der Dienstzwang, die verschärfte Anwendung außerökonomischer Gewalt gegenüber dem Gesinde, der in unserer Zeit und nach dem Dreißigjährigen Krieg allgemein in Deutschland eingeführt wurde – mehr als Einzelfälle gab es schon im 16. Jahrhundert –, hat meiner Ansicht nach vor allem vier Ursachen: Einmal den Mangel an Arbeitskräften, sodann den Widerstand der Bauern gegen die Fron in Form von schlechter Fronarbeit, ferner den Hunger nach Mehrprodukt bei den größeren Herren und schließlich die steigende Konsumlust, insbesondere bei den Fürsten, die, sei es für die Jagden, sei es für Festessen, sei es für den täglichen Bedarf des Herrenhaus- bzw. Schloßlebens mehr und mehr Arbeitskräfte brauchten.

Der Gesindezwang wurde zunächst der bäuerlichen Familie gegenüber ausgeübt, die ihre Kinder und Jugendlichen in den Dienst des Grundherren schicken sollen. Kraaz berichtet aus dem Herzogtum Anhalt:

„Eine Gesinde- und Tagelohnkalamität war ohne Zweifel bereits vor dem Kriege, schon um die Neige des sechzehnten Jahrhunderts vorhanden. Der Landesordnungsentwurf von 1614 nimmt darauf eingehende Rücksicht und normiert Lohn und Kost in ansprechender Weise. (Art. VII des L. O. Entwurfs von 1614) (im Auszuge): ...

Damit auch ins künftige Solchem Übel destomehr gesteuert werde, so gebieten wier hiermit in allem Ernst, daß aller Gemayne Bürgers- Handwerker und Paursleuthe Kinder, So bald dieselbigen das fünfte Jahr erreichet, zur Schuelen, und do Sie darzu durch den Superintendenten, Pfarrherrn und Obrigkeit jedes Orts nach dem achten Jahr ihres Alters nicht tüchtig erkannt, zur Handtwerks-Paurs- und anderen Arbeit und Diensten ahngehalten und keineswegs denselbigen ahn Werkeltagen müßig zu gehenn noch ahn den Gassen umbzulaufenn oder zu spielen vorstattet werden sollen. Und wo die Eltern sich hierinnen nachleßig erzeigen und gemelten Ihren Kindern dieser unserer Satzung zugegenn denn Müßigang ann den Werkeltagen gestatten würden, sollen sie durch ihre vorhergesatzte Obrigkeitten Jedesmahl erfordertt, Ihnen ihr Ungehorsamb hierundter vorwiesenn und das erstemahl ... bestraft werden mit ½ Thlr etc. ...“[51]

Dieser Landesordnungsentwurf wurde von einem „Sachkenner", wie ihn Kraaz nennt, namens Heinrich von Börstel, begutachtet.[52] Börstel äußert sich über die Kinderarbeit:

„... und hielte ich dafür, es sollte dahin zu richten sein, daß kein Bürger oder Paur keinen Knaben der über 10 oder 12 Jahre undt zum Studiren nicht tüchtig oder aus Unvermögen von ihme dazue nicht gehalten werden könnte, zue Haus nicht behalten dürffte, er brauchte dann denselben zue seiner selbsteigenen Arbeit, Sondern entweder auf ein Handtwerk thun oder andern vermieten müßte, do auch dieselben ihren Meistern

---

50 *Fr. Großmann*, Über die gutsherrlich-bäuerlichen Rechtsverhältnisse in der Mark Brandenburg vom 16. bis 18. Jahrhundert, Leipzig 1890, S. 37.

51 *A. Kraaz*, Bauerngut und Frondienste in Anhalt vom 16. bis zum 19. Jahrhundert, Jena 1898, S. 148 u. 151.

52 Akten D. B 2ⁿ Nr. 4. Vorschläge zur Verbesserung des Landesordnungsentwurfs von 1614, auf Anregung des Fürsten August von Anhalt-Plötzkau im Jahre 1637 wieder erwogen. v. Börstels Gutachten ist sicher vor dem Kriege abgefaßt, da derselbe mit keinem Wort erwähnt wird.

und Herrn, wie allhier gar gemein, endtlieffen, Sie nicht wieder an noch aufnehmen, sondern zu Verhaltunge ihrer Lehrjahr undt Dienste mit ernster straff wider anweisen, und so sie keine folge hatten, selbsten bey der Obrigkeit anzeigen und umb einsehen bitten müßten.

Dergleichen köndte auch der Megdlein halber constituiret werden, das man kein Megdlein, So über zehen Jahr, zu Hause behalten dürffte, sondern vormiethen, undt do dieselben aus dem Dienst treten, es mit ihnen, wie hiervorn von Knaben gesagt, halten müßte; es wehre dann, das einer des Kindes zue seiner eigenen Haushaltunge unumbgenglich nicht köndte entrathen, auf solchen Fall weher er mit dem Vermiethen zu verschonen, doch das keiner mehr Kinder zue Hause behielte, als er zue seiner eigenen Arbeit und Haushaltunge nothwendigk bedürfte, welches dann ad arbitrium der Obrigkeit zu stellen wehre."[53]

Auch in Bayern ist es genau unsere Zeit, die Zwangsarbeit für Kinder bringt; Platzer berichtet über ein Gesetzbuch, das Maximilian I. 1616 in Bayern einführte: „In dem Teile des Gesetzbuches, der die Polizei=Ordnung behandelt, finden wir zunächst den Artikel des Gesetzes von 1553 wiederholt, welcher ledigen Personen das Arbeiten im Tagelohn verbietet und sie zwingt, sich als Ehehalten zu verdingen. Der Artikel erhielt jedoch 1616 noch eine wichtige Erweiterung, welche besagt: ‚Nachdem auch die Eltern oftmals so viele Kinder haben, daß sie deren zu ihrer Arbeit oder Hantierung nicht bedürftig sind, solche aber, obgleich sie zum Dienen oder sonst etwas allbereit und tauglich wären, nichts destoweniger zu Hause bei ihnen im Müßiggang aufhalten, seien dieselben zu ermahnen und wenn keine rechtmäßige Entschuldigung vorhanden, dieselben mit Ernst anzuhalten, ihre Kinder in ehrliche Dienste zu verdingen, oder etwas, damit sie sich künftig nähren mögen, lernen zu lassen.' Es konnte somit jedes Kind, das von seinen Eltern zur Arbeit nicht nötig befunden wurde, gezwungen werden in einen Dienst zu treten; da die Bestimmung, ob das Kind zu Hause nötig sei oder nicht, dem Ermessen der Beamten überlassen war, so lag in dieser Erweiterung des Artikels eine große Härte für die Bevölkerung."[54]

Auch ein Einblick in den Alltag des bäuerlichen Familienlebens! Sind „zu viele Kinder" in der Familie und werden sie nicht „ordentlich in die Arbeit eingespannt" – ja dann sollen sie mit 8 oder 10 Jahren auswärts, das heißt natürlich beim Grundherrn, dienen. Und ob die Kinder „ordentlich in die Arbeit eingespannt" sind, darüber entscheidet natürlich der Grundherr.

Sicherlich bedarf der kleine und mittlere Bauer der Arbeit der Kinder in Haus und Hof. Bekanntlich war Kinderarbeit in der Landwirtschaft bis in das 20. Jahrhundert überall in der Welt üblich und ist es auch heute noch in der Mehrzahl aller Länder. Im eigenen Haus und auf dem Hof helfen müssen ist jedoch, so schlimm und schwer es oft ist, eine Sache. Eine andere Sache ist es, in Zwangsdienst bei der Herrschaft den Eltern genommen zu werden.

Wie schrecklich lastete hier der außerökonomische Zwang auf den Bauerneltern, die jederzeit des Kindes und damit zusätzlich auch einer wirtschaftlichen Kraft (und gar nicht selten war es auch umgekehrt) beraubt werden konnten. Und wenn die Kinder von dieser Gefahr wußten – und warum sollten sie nicht? da solches doch anderen Kindern im Dorfe passierte –, wie mußte sie sie bedrücken ... oder entwickelt ein

[53] *A. Kraaz,* a. a. O., S. 152f.
[54] *H. Platzer,* a. a. O., S. 108.

achtjähriges Mädelchen schon Abenteuerlust, so daß die Schwere des Dienstes im Herrenhaus ihr erst später, wenn sie ihn angetreten, bewußt wird? Oder ist es für einzelne Kinder vielleicht auch ein Glück, der Not und Schwere der Arbeit in Haus und Hof des kleinen Bauern zu entgehen? Sicher gibt es auch solche Fälle. Aber sie verschwinden in Zahl hinter der brutalen und grausamen Wirkung des außerökonomischen Zwanges, des Zwangsdienstes für Kinder.

Allgemein über die Dienstbestimmungen für Gesinde, das die Bauernkinder, hier im Sinne von Jugendlichen, stellen müssen, bemerkt Könnecke:

„Das bei weitem wirksamste Mittel zur Gesindebeschaffung war der Zwangsdienst. Man muß hierbei verschiedene Arten unterscheiden.

Der Zwangsdienst des älteren Rechtes bestand in Westfalen und Hannover. Hier mußten schon im 14. und 15. Jhdt. die Kinder der Eigenbehörigen dem Herrn als Gesinde ein Jahr lang dienen. Welches der Ursprung dieses Rechtes war, mag dahingestellt bleiben.

Wichtiger ist der Zwangsdienst des neueren Rechtes, wie er vornehmlich in Ostdeutschland und in Bayern vom 16. Jhdt. an entstand; er erfuhr eine weitergehende Ausbildung. Es gibt zwei Formen dieser Art Untertanenpflicht.

Die Kinder der unfreien Bauern waren entweder verpflichtet, sich für den Fall, daß sie sich zu vermieten vorhatten, der Gutsherrschaft zum Dienen anzubieten. Erst wenn diese Herrschaft erklärt hatte, von dem ihr zustehenden Vormieterechte keinen Gebrauch zu machen, oder wenn die mehreren Jahre Dienst, auf die der Herrschaft das Vorrecht zustand, von dem Dienstboten ausgedient waren, durfte dieser sich auch an anderen Stellen vermieten. Die andere Form bestand darin, daß der Herrschaft ein absolutes Recht auf einige Dienstjahre der Bauernkinder zustand, mochten diese nun überhaupt die Absicht haben, zu dienen, oder nicht. Dies ist der Zwangsdienst im engeren Sinne."[55]

Das Vormieterecht wurde zum Teil auch auf Tagelöhner ausgedehnt. Könnecke berichtet zum Beispiel: „In Nassau gab es, wie es scheint, zunächst auch nur ein Vormieterecht der Tagelöhner. Zum Heumachen und andern Erntearbeiten statuiert sich die Herrschaft ein solches Recht am 26. Juni 1634."[56]

Letzten Endes erfaßt der Zwangsgesindedienst alle Bewohner eines Dorfes bzw. einer Grundherrschaft oder eines ganzen Landes. Er richtet sich auch gegen Versuche, sich selbständig zu machen und gegen „Müßiggänger". Könnecke beschreibt die Entwicklung in Kursachsen so: „Für die östlichen Länder besonders durchsichtig ist die Entwicklung in Kursachsen. Bereits im 15. Jhdt. setzen hier neben Auswanderungsverboten vor allem Maßregeln gegen die Müßiggänger ein, so Ausweisung der Faulenzer, Bestrafung des Gesindes, das acht Tage nach Ablauf seiner letzten Dienstzeit unvermietet angetroffen wird. Die Sprache ist hier energischer als man es aus dem Westen gewohnt ist; 1482 erhalten die Räte in den Städten die Anweisung, ‚Gesind in die Dienst zu zwingen'. Auch aus dem 16. Jhdt. liegen Zeugnisse für ähnliches Vorgehen vor. Das 17. Jhdt., in dem der Zwangsdienst eingeführt wurde, beginnt mit Maßnahmen gegen die ‚Hausgenossen', das sind ledige Personen, die sich zur Beschäftigung mit Heimarbeit bei andern einmieten und so den Gesindemangel erhöhen. Die Vorarbeiten zur Gesindeordnung von 1651 und diese selber enthalten Vorschläge und Vorschriften wider

---

[55] *O. Könnecke*, a. a. O., S. 324f.
[56] Ebendort, S. 332.

die Hausindustrie, über die Besteuerung ledig sitzenden Gesindes, Auswanderungs-
verbot. Die Annahme der Gesetzgeber von einer inneren Verwandtschaft des Zwangsdienstes mit all diesen Maßnahmen ergibt sich daraus, daß der zweite Abschnitt des
Gesetzes ‚von dienstlosem Gesinde, Haus-Genossen und Müssiggängern‘ sowie ‚von
derer Unterthanen Kinder-Diensten‘ handelt, also beides in innigem Vereine.“[57]

Insbesondere auch gegen die „Selbständigen“, die sich im Sommer als Tagelöhner
verdingten und im Winter zum Beispiel Heimarbeit machten, wandte sich so manche
Zwangsdienstordnung. Ebenfalls aus Kursachsen berichtet Lütge, der, insbesondere in
der Zeit des Faschismus, die Tendenz hat, „alles nicht so schlimm“ zu finden, ja auch
„gute Seiten“ an so vielen Unterdrückungsmaßnahmen der ausgehenden Feudalzeit zu
erkennen:

„Erst als die Gesindenot sich zu einer Katastrophe für die Landwirtschaft auszuwach-
sen drohte, weil jeder lieber in der Heimindustrie (Spitzenklöppelei usw.) unterzukom-
men suchte und hier auch bei glänzendem Verdienst unterkam, und als alle Verbote –
sogar die Spitzenklöppelei wurde einmal kurzer Hand verboten – nichts halfen und
bereits dadurch, daß einige Gutsbesitzer durch Zureden und Verhandlungen ihre Bauern
zu einem Einverständnis mit der freiwilligen Einführung dieser Institution vermocht
hatten, der Bann gebrochen war, wurde mit der Gesinde-, Tagelöhner- und Handwerks-
ordnung vom 24. Mai 1651 der Gesindezwangsdienst in Form der Vormiete allgemein
gesetzlich eingeführt, als eine der Maßregeln, die dem Wiederaufbau nach den Stürmen
des Dreißigjährigen Krieges galten.“

Der Zwangsdienst als Vormiete erstreckte sich auch jetzt noch lediglich auf diejenigen Untertanenkinder, die in Dienst treten wollten, nicht auch auf die, die zu
Hause blieben. Wer aber die Absicht hatte, in fremde Dienste zu treten, sollte sich
zunächst seinem Erbgerichtsherrn anbieten und in dessen Dienst treten, wenn der es
wünschte. Hatte sich der Herr nicht binnen 14 Tagen für die Annahme entschieden, so
waren die jungen Leute frei, sich anderweitig zu verdingen. Die Dienstpflicht dauerte
an sich 2 Jahre. . . .

Um die Durchführung zu erleichern, wurde allgemein die Freizügigkeit beschränkt,
indem es den Bürgern und Bauern sowie deren Kindern verboten wurde, ohne Willen
und Wissen ihrer Obrigkeit auszuwandern oder auch nur sich in andere Gerichtsbezirke
zu begeben. Jeden, der keine besonderen Gründe nachweisen konnte, sollte die Obrigkeit anhalten, im Lande zu bleiben und dort zu dienen.“[58]

Nach der Gesindeordnung von 1620 für die Mittel-, Ucker- und Neumark sowie nach
der für die Kurmark Brandenburg von 1644 muß der Zwangsdienst sogar 3 Jahre
dauern. Ja bald darauf wird er für die Neumark noch weiter verlängert: „Dagegen findet
sich in dem neumärkischen Landtagsrecefs von 1653 eine erhebliche Verschärfung des
Gesindezwangsdienstes, die auch in den Herrschaften Bees- und Storkow Eingang
gefunden hat, weil dieselben damals noch mit der Neumark unter einer gemeinsamen
Gesindeordnung standen. Es wurde nämlich 1653 der dreijährige Zwangsdienst ausdrücklich aufgehoben und die Dienstzeit auf solange ausgedehnt, ‚als die Kinder sich
in anderen Diensten aufhalten und ihr eigen Hauswesen noch nicht angefangen, es
seyen ihre Eltern noch am Leben oder verstorben‘.“[59]

[57] Ebendort, S. 362.
[58] Fr. *Lütge*, Die mitteldeutsche Grundherrschaft, Jena 1934, S. 183f.
[59] Fr. *Großmann*, a. a. O., S. 58f.

Einen interessanten Grund für den Zwangsdienst nennt Platzer anläßlich der Besprechung der bayerischen Gesetzgebung von 1516:

„Vor allem dieser Hinweis, daß der geringe Ertrag der Steuer von seiten der Bauern durch die hohen Löhne der Ehehalten verschuldet sei, mag für die geldbedürftigen Fürsten besonderen Anlaß zum Erlaß scharfer Bestimmungen im Ehehalten= und Tagelöhnerwesen gegeben haben. . . .

Das Gesetzbuch zerfällt in 4 Teile, von denen der letzte die ‚Landpot und Ordnung zu guter Polizei‘ und damit auch die Bestimmungen im Ehehalten= und Tagelöhnerwesen enthält. Diese Bestimmungen, welche eine vollständige Ehehalten= und Tagelöhner = Ordnung darstellen, waren nun folgende*:

‚Nachdem die Tagelöhner, Ehehalten, Diener und Dienerin um ziemlichen Lidlohn und Bsöldung wie vor Zeiten nit mehr überkommen werden, sondern die Inwohner des Herzogtums Bayern etliche Zeit her über die gewöhnliche Belohnung merkliche Höherung und Steigerung leiden haben müssen, und dieweil solches zuvorkommen hievor ernstlich Landpot ausgangen, sind doch dieselben bisher wenig gehalten worden, daraus gemeinem Nutz und den Landen und Leuten in vielweg Schaden und Nachteil entsteht‘ so wird verordnet:

1. Alle ledigen Manns= und Weibspersonen, jung oder alt, Knecht und Dirnen, die zu dienen vermögen, häuslich nicht angesessen sind und von ihrem eigenen Gut oder sonderer Hantierung sich nicht ‹stattlich nähren› können, haben sich ‹bei Vermeidung einer Leibstraf› füran als Ehehalten zu verdingen und dürfen als Tagelöhner nicht mehr arbeiten, ausgenommen in Mahd und Schnitt.

2. Personen, welche entgegen dieser Bestimmung nicht dienen wollen, sollen von niemand weder behauset noch beherbergt werden, noch soll ihnen durch die fürstlichen Amtleute oder Diener gestattet werden, ohne Dienst in den Winkeln und Herbergen zu wohnen.

3. Ehehalten, welche ohne genügende Ursache, worüber die Gerichtsobrigkeit zu entscheiden hat, vor Ablauf der Zeit oder ohne Kündigung aus dem Dienst gehen, sollen gehalten werden, weiter zu dienen oder Schadenersatz zu leisten, oder einen anderen, der Herrschaft genehmen Dienstboten, zu schicken; anderenfalls haben sie ‹fängliche Einnehmung oder andere billige Straf und Poen› zu gewärtigen und dürfen in keinen neuen Dienst treten, ehe sie von dem vorhergehenden ‹völlig entledigt sind› und ihre Strafe gebüßt haben . . .

6. Ehehalten, welche ihrer Herrschaft besonders zur Erntezeit entlaufen und sich in ein anderes Land begeben, soll das Fürstentum auf 3 Jahre verboten sein. Wo aber einer darin betreten würde, der solle ‹nach Gelegenheit seines Weglaufens in einem Turm, Keychen oder sonsten in anderer Wege ernstlich gestraft werden›.‘ "[60]

Um das Gesinde möglichst lange behalten zu können, wird ihm Schwierigkeiten gemacht, zu heiraten. Platzer kommentiert die schon erwähnte Gesetzgebung für Bayern von 1616:

„Eine sehr ausführliche Behandlung erfuhr weiterhin in dem Gesetze von 1616 die Einschränkung bzw. gänzliche Verhinderung der Verehelichung besitzloser Personen, vor allem der Ehehalten. Schon 1553 hatte das Gesetz durch Verweigerung der Ansässigmachung und Verbot der Tagelohnarbeit für ‚Winkeleheleute‘ die Verheiratung der

---

[60] H. Platzer, a. a. O., S. 87f.
* Buch der gemeinen Landpot usw. v. 1516. Teil 4. Blatt 52ff.

Dienstboten wenigstens indirekt zu verbieten gesucht. Diese Bestimmung scheint jedoch keine besondere Wirkung geäußert zu haben. Schon 1572 hatte die Ritterschaft verlangt, es solle des „jungen und gemeinen Gesindels unzeitlichen und in mehrweg nachteiligen Verheiratens halber auf eine Ordnung gedacht werden'; und 1605 brachten die Stände das vorzeitige Heiraten der Dienstboten direkt mit dem Mangel und den hohen Löhnen in Verbindung, indem sie in den ‚gravamina der drei Stände' ausführten: ‚Die Tagelöhner und Ehehalten wollen sich mit keinem billigen Lohn begnügen lassen, woran keine geringe Schuld. daß man die jungen Leut zu früh heiraten lasse, auch ihnen Unterschlupf gebe.'

Das Gesetz von 1616 wiederholte zunächst wörtlich die Bestimmungen von 1553. Dann aber verschärfte es dieselben bedeutend, indem es die Möglichkeit der Verheiratung selbst zu verhindern suchte. Der Artikel 9 verbietet den Pfarrern dergleichen ‚leichtfertige Heirat überhaupt einzusegnen, außer die betreffenden Personen hätten einen Schein fürzuweisen, daß die Obrigkeit ihnen selbe bewilligt. Bei solcher Bewilligung sollten aber die Obrigkeiten den gemeinen Nutz, Pflanzung, Zucht, Ehre und Ehrbarkeit wohl in Obacht nehmen und den jungen Leuten hierin nit zu viel zulassen, noch ihnen ohne erhebliche Ursachen dergleichen Schein erteilen. Würden sich aber dennoch solche junge unvermögliche Leut, ohne diese Bewilligung heimlich oder öffentlich einsegnen lassen, so sollten dieselben nirgends eingenommen noch beherbergt werden.' Diese Bestimmung enthielt eine bedeutende Verschärfung gegenüber der Ordnung von 1553. Man hatte jedoch wohl schon die Erfahrung gemacht, daß die Tagelöhner, welchen man so auf dem Lande die Aufnahme und die Verehelichung verweigerte, einen für die Bauern und Hofmarchsherren sehr unangenehmen Ausweg wußten, indem sie nach der Stadt zogen und dort heirateten. Auch diese Flucht nach der Stadt sollte deshalb unmöglich gemacht werden, und so bestimmte das Gesetz in Artikel 10, daß ‚auch die bürgerlichen Obrigkeiten in Städten und Märkten die leichtfertigen Heiraten nicht gestatten sollen, auch solche unvermögliche Leut, die ihre Nahrung ohne Beschwerde der anderen überhaupt nicht haben könnten, zu Bürgern nicht aufnehmen, noch sie in Städten und Märkten unterkommen lassen sollten'. Die Begünstigung der Städte zum Nachteil der Landwirtschaft, wie sie uns zu Beginn des 16. Jahrhunderts wiederholt (bes. 1507) entgegentritt, bot nunmehr zu Beginn des 17. Jahrhunderts ein wesentlich anderes Bild. Damals hatte man entlaufene Leibeigene den Städten zu erhalten gesucht, heute wandte sich die Regierung der anderen Seite zu: man suchte die Städte durch Verordnungen zu bestimmen, den Zufluß ländlicher Bevölkerung von sich fernzuhalten!"[61]

Man sieht, wie der außerökonomische Zwang sich nicht nur in das Arbeitsleben des Gesindes und auch der Tagelöhner, sondern gewissermaßen in ihr ganzes Leben mischt.

Wichtig auch die soeben zitierten Bemerkungen über das Verhältnis von Land und Stadt. Wie heißt es doch so schön in vielen historischen Darstellungen (auch in einigen frühen von mir) ganz allgemein: „Stadtluft macht frei". Sicherlich galt das für die großen Städte in der Blütezeit des Feudalismus. Seit unserer Zeit aber gilt das immer weniger selbst für diese, und für die meisten Städte hat das, wie wir schon bemerkten, niemals umfassend gegolten.

Genau wie die Bauern führt auch das Gesinde einen steten Klassenkampf, der jedoch sehr kompliziert ist, soweit er die Gesinde haltenden Bauern betrifft. Wie ja überhaupt

---

[61] Ebendort, S. 110ff.

die ganze Problematik der Klassenkämpfe in der Zeit des Feudalismus zum Teil noch ungeklärt ist.

Klar ist, daß der Hauptklassenkampf zwischen Bauern und Grundherren stattfindet.

Klar sollte auch sein, daß bis in unsere hier betrachtete Zeit, in der noch die weit überwiegende Anzahl von Gesellen Meister werden konnte, von einem Klassenkampf innerhalb des Handwerks keine Rede sein kann.

Unklar ist, ob bis in unsere Zeit, in der wohl die Mehrheit des Gesindes der Bauern noch aus Bauernkindern oder Anverwandten besteht, in Bauernhöfen von einem Klassenkampf zwischen Gesinde und Bauern die Rede sein kann, auch wenn das Gesinde im allgemeinen keine Aussicht hat, einen eigenen Bauernhof zu erhalten.

Ganz klar aber ist, daß es einen Klassenkampf zwischen dem Gesinde und den großen Herren des Grund und Bodens gibt.

Dieser Klassenkampf ist noch wenig untersucht. Und dabei spielt er nicht nur objektiv, sondern auch in der Ideologie der herrschenden Klasse eine solche Rolle – bereits zu Beginn des 16. Jahrhunderts! Robert Wuttke stellt einige Äußerungen von protestantischer Seite zusammen, die die ganze Heftigkeit des Klassenkampfes des Gesindes ahnen lassen:

„Ehe wir die Gesetzgebung des 16. Jahrhunderts betrachten, wird es notwendig sein, auf die Stellung der Geistlichkeit und besonders auf die Luthers zu dem Gesindestande näher einzugehen. Bei dem mächtigen Einflusse, welchen der Reformator auf das Denken der gebildeten Klassen ausgeübt hat, müssen wir jedem seiner Aussprüche eine große Bedeutung beimessen. In die stets erhobenen Klagen, daß das Gesinde und die Arbeitsleute untreu, ungehorsam, ungezogen seien, stimmte er ein; er nannte das Gesinde eine Plage von Gott*. Ausführlich spricht er sich in seiner Auslegung über etliche Kapitel des 5. Buches Moses (1529) aus. Da heißt es**: im türkischen Reiche ging es mit dem Dienstgesinde also zu: wenn eine Magd nicht gehorchen wolle, so verkaufe man sie um drei Groschen. Der Käufer schlage sie, wie man auf eine Kuh oder Esel schlage; sei mit der Peitsche hinter ihr her, wenn sie nicht thuen wolle, was sie solle. So werde allenthalben ein strenges Regiment gehalten und geschehe ein besseres Aufsehen als bei den Christen. – Ein jeder von dem türkischen Dienstgesinde habe ein Abgemessenes an Speise, Trank und Arbeit. Und verbringe es seinen Dienst nicht, wie es solle, so sei der Herr bald da mit Ruten und Peitschen; helfe das nicht, so schlage er mit dem Schwerte drein, das Messer folge bald darnach und haue ihm den Kopf ab. Bei uns dagegen habe ein Arbeiter oder das Gesinde, wenn es einen Tag oder zwei verabsäume, oder wenn es seinem Herrn sonst ungehorsam und ungetreu sei, kein Gewissen darüber, sondern meine, es thue recht. Darum wäre jetzt niemand Vater und Mutter oder der Obrigkeit gehorsam. Darum müsse ein solch türkisches Regiment folgen und uns in Trümmer zerschmettern. Eine solche Herrschaft gehöre in die Welt, daß man den Leuten zuspreche, gleichwie der Türke es thue.

Diese Worte Luthers waren besonders für das Verhalten der protestantischen Geistlichkeit bei den Kämpfen der dienenden Klassen, sei es für Verbesserung ihrer Lage, sei es gegen Bedrückung der Arbeitgeber, bedeutungsvoll. Noch im Laufe des 16. Jahrhunderts erschien von dem Dresdener Prediger Peter Glaser der Gesind Teufel, ,darin-

---

* Sermon von guten Werken; mit Zuschrift an Herzog Johann zu Sachsen. 29. März 1520. Erlanger Ausgabe. Bd. 20, S. 273.
** Ebendort, Bd. 26, S. 298.

nen acht stücke gehandelt werden von des Gesindes untrew' (Frankfurt a. M. 1556, 64 S). Glaser schrieb dies Traktätchen, wie es in der Widmung heißt: ‚dieweil ihr Junckern auf dem Land mit vilem Gesinde hauszhalten müsset und diesz Teufelswerk teglich mit eurem grossen Schaden erfahret, dass E. G. wüste wie sie sich dargegen verhalten solte und solch Büchlein irem Gesinde des Abends bey der Arbeyt fürlesen lassen könte.' Das erste Kapitel handelt davon: ‚wie der Teuffel das Gesinde pfleget zuhindern und abzuhalten, das sie sich zu Dienste gar nicht begeben sollen.' Denn der Teuffel rede dem Gesinde von der Lieblichkeit und Süßigkeit des Müßigganges und der Freiheit vor, und wie köstlich es sei, niemandem unterthan zu sein. ‚Und leiden etliche darneben und desshalben grossen hunger unnd kummer, wöllen lieber daheym travge Brot essen und faulheyt treiben und frey sein, denn andern dienen und essens genugsam und vollauf haben.' – Das Streben nach Selbständigkeit stellt Glaser dem Müßiggang gleich; auf Grund zahlreicher Bibelstellen führt er den Nachweis, daß der Mensch arbeiten, d. h. als Dienstbote sich vermieten müsse. Von der weltlichen Obrigkeit fordert er, daß sie die Eltern, welche ihrer Kinder im eignen Haushalte nicht bedürfen, antreiben und ermahnen solle, die Kinder in einen Dienst zu schicken; armen Eltern solle man nicht eher Almosen aus dem gemeinen Kasten geben."[62]

Was für eine Quelle der Klassenkampfgeschichte, insbesondere der des Alltags, stellen doch neben den Prozeßakten (ohne daß deswegen der Prozeß selbst eine Klassenkampfwaffe zu sein braucht) die oft brutalen Predigten und Erbauungs- bzw. Ermahnungsbroschüren der Geistlichkeit dar!

Auf den beiden Polen dieses Klassenkampfes steht der Diebstahl, die mit außerökonomischen Mitteln durchgeführte Erhöhung des Lohnes, auf der einen, und der „Dienststreik" auf der anderen Seite. Dazwischen liegen die auch aus dem Klassenkampf der Bauern bekannten Methoden der „schlechten Arbeit", sowie zusätzlich, wie auch bei den Bauern, aber viel leichter für das Gesinde: die Flucht, bzw. die Ausnutzung der Gelegenheit des Abgeworbenwerdens.

Nur mit einigen, dem Klassenkampf der Bauern fremden Methoden im Klassenkampf des Gesindes wollen wir uns hier beschäftigen.

Platzer bemerkt zu dem schon öfter erwähnten Gesetzeswerk Maximilians von Bayern vom Jahre 1616: „Art. 4 tadelt die Gewohnheit der Dienstboten, ‚ihre Truhen und Kästen nicht bei ihrer Herrschaft aufzustellen, sondern sie behaltsweise in den Winkeln stehen zu lassen, von allerhand Veruntreuungen und anderem unziemlichen, sträflichem Dings wegen. Es würde dadurch Gelegenheit zu ärgerlichem, leichtfertigem Wesen gegeben und sollen deshalb sowohl die betreffenden Dienstboten, als auch die Personen, welche solche Truhen und Kästen aufbewahren, zum Exempel mit sonderem Ernst und nach Notdurft gestraft werden.' Schon die etwas weitschweifige Ausdrucksweise des Gesetzgebers läßt darauf schließen, daß es sich bei diesem Verbote nicht allein um die Verhinderung von Veruntreuungen, die doch außerdem genau so möglich waren, handelte. In einem späteren Jahre wird es auch offen ausgesprochen, daß ‚die Gelegenheit zu ärgerlichem leichtfertigem Wesen' besonders darin bestand, daß die Dienstboten ungehinderter und schneller ihren Dienst verlassen konnten, wenn sie ihre Truhen nicht erst fortzuschaffen brauchten, bzw. wenn sie nicht riskieren mußten, daß ihre Truhe samt Inhalt vielleicht der Dienstherr als Pfand zurückbehalten konnte."[63]

---

[62] R. Wuttke, a. a. O., S. 17f.
[63] Ebendort, S. 110.

Natürlich spielt die Flucht aus dem schlechteren in den besseren Dienst, die in unserer Zeit angesichts des Mangels an Gesinde und der Kriegswirren besonders leicht ist, eine sehr große Rolle. Boelcke berichtet über die Oberlausitz:

„Mit der Einführung des Gesindezwanges hatten die Bauernkinder ihre Dienste zuerst dem Gutsherrn anzubieten. Vor dem ‚gehegten Ding‘ mußten sie angeloben, daß sie sich nicht ohne Wissen der Herrschaft außer Landes begeben. Vielmehr sollte es der Herrschaft vergönnt sein, wenn ein Untertanenkind ‚umliegendes Land‘ besuchen wollte, ihm einen schriftlichen Erlaubnisschein, allerdings kostenfrei, darüber auszustellen.

In diesem Erlaubnisschein haben wir die Anfänge der späteren Gunstscheine und der sogenannten Losbriefe vor uns.

Der Herrschaft sollte es weiterhin gestattet sein, auswärts dienendes Gesinde wieder abfordern zu dürfen. Auch der obrigkeitlich geregelte Zwangsgesindelohn findet sich schon in der Landesordnung von 1539. In der im Jahre 1597 bestätigten Landesordnung wurde diese vermehrt und erneuert und galt fortan als Grundlage für alle Regelungen über die Gesindeverhältnisse bis ins ausgehende 17. Jahrhundert.

Damit den Gutsherrschaften das Gesinde nicht abspenstig gemacht wird durch höheren Lohn, wurde eine Maximaltaxe für das ganze Land festgesetzt. Ein Großknecht sollte sieben bis acht Mark, ein Knabe eineinhalb Mark im Jahre erhalten und außerdem bekamen die Knechte kostenlos Stiefel und Leinwand zur Bekleidung, der Knabe ein Paar Schuhe. Die Großmagd sollte sechs Schillinge, die Mittelmagd einen Schock, jede einen Schleier, ein Paar Schuhe und Leinwand bekommen. Das Einsäen von Hafer und Lein auf den Vorwerken soll dem Gesinde zum eigenen Verbrauch nicht gestattet werden.

Not und Elend des Dreißigjährigen Krieges führten begreiflicherweise zu völliger Mißachtung und Auflösung dieser Gesindeordnung. Bei dem herrschenden Mangel an Gesinde wurde tüchtiges Gesinde auch ohne Gunstschein in den Dienst genommen, es wurden höhere Löhne verabreicht und das zurückgeforderte Gesinde wurde der Erbherrschaft nicht ausgeliefert. In dem als Oberamtspatent publizierten Landtagsbeschluß von 1649 beklagten sich die Stände, daß das Gesinde durch Verbesserung der Löhne fremde Dienste annimmt und sich im heimatlichen Dorfe solange ‚auf den ledigen Sattel‘ legt, bis es sich auswärts um besseren Lohn vermieten kann. Bei Strafe von fünfzig Talern durften die Gutsherrschaften nunmehr fremde Untertanen ohne Gunstschein nicht mehr annehmen, sollten sich ‚Bauersleute dessen unterfangen‘, verfielen sie zehn Talern Strafe. Die Klagen der Rittergutsbesitzer über die Unschicklichkeit und Unbotmäßigkeit des Gesindes rissen nicht ab. Die ganze Periode des Gesindezwangsdienstes war gekennzeichnet durch das beständige Bemühen des Gesindes, entweder dem drückenden Gesindedienst zu entgehen oder aber eine menschenwürdige Belohnung, Beköstigung und Behandlung zu ertrotzen. Die Gutsherren nutzten das Gefühl der Niedergeschlagenheit und Ohnmacht, das in der Schreckenszeit des Dreißigjährigen Krieges im Bauernstand groß geworden war, aus, um mit Unterstützung des Landesherrn in einer neuen Gesindeordnung vom Jahre 1689 die Zwangsdienstpflicht noch zu erweitern und zu verschärfen. ‚Weil das Gesinde frech und boshaft und ständig Querelen sich ereignen, muß durch eine erneute Gesindeordnung das Gesinde in Gehorsam und Zaum gehalten werden‘, heißt es in der allgemeinen Motivierung der Ordnung.“[64]

Einen Höhepunkt des Klassenkampfes, an dem sich auch die Bauern (als Eltern

---

[64] W. Boelcke, a. a. O., S. 112ff.

eines großen Teiles des Gesindes!) beteiligten, stellte der Widerstand gegen das schon erwähnte Gesindezwangsgesetz von 1651 in Kursachsen dar, das wie viele andere auch Lohntaxen festlegte, um die durch den Gesindemangel gestiegenen Löhne gleichmäßig für das ganze Land (natürlich möglichst niedrig) festzulegen und so auch Abwerbungen von Gesinde durch höheres Lohnangebot unmöglich zu machen. Lütge berichtet: „Wie die Regierung selbst nicht anders erwartet hatte, führte die Verkündigung des Gesetzes im ganzen Lande zu ernstlichem Widerstreben der Betroffenen; dieser Widerstand verstärkte sich noch, als auch andere Bestimmungen des Gesetzes als sehr drückend empfunden wurden. Führte doch das gleiche Gesetz eine neue Lohntaxe ein, die, wenn ihre ernstliche Befolgung jetzt endlich erzwungen wurde, eine nicht unwesentliche Lohnkürzung gegenüber dem bisherigen Zustand bedeuten mußte, da sich bisher niemand an die amtliche Taxe gekehrt hatte. Zum mindesten schien nunmehr aber die Einhaltung dieser Taxe während der beiden Zwangsjahre gesichert und dadurch mußte ganz automatisch auch ein Druck zugunsten einer allgemeinen Befolgung der Taxe ausgeübt werden. In der gleichen Richtung wirkten weitere Bestimmungen, die das Überwechseln der ländlichen Arbeiter in andere Berufe erschweren sollten, denn dadurch mußte der bisher so große Druck auf dem ländlichen Arbeitsmarkt auf alle Fälle nachlassen, was die Befolgung der Taxe gleichfalls zu erleichtern geeignet war. Der Kampf entbrannte also bald. Das ganze Gesinde kündigte auf Verabredung zum Jahreswechsel seine Stellungen. Scharfe landesherrliche Verbote und Verordnungen folgten, aber die Durchführung der Lohntaxe in voller Höhe ließ sich auch jetzt nicht erzwingen; die tatsächlich gezahlten Löhne (außerhalb der Zwangsjahre) lagen nach wie vor über den gesetzlichen. In dieser Hinsicht scheiterte also das Gesetz. Gegen den verhaßten Zwangsdienst wehrte man sich derart, daß man erklärte, die Kinder nicht dienen lassen zu können, weil man sie im eigenen Haushalt gebrauche. So war den Berechtigten die Anwendung des Vormieterrechtes, auf das sie ja angewiesen waren, nicht möglich. Es kam zu Gewalttätigkeiten und endlosen Prozessen."[65]

Ja, es scheint auch, wir wissen noch sehr wenig darüber, daß es hie und da lockere Vereinigungen zwischen dem Gesinde gegeben hat. Könnecke schreibt:

„Gesindevereine mit den Zwecken unserer modernen Gewerkschaften kannte die Vergangenheit nicht. Wohl aber gab es embryonale Organisationen, Dienstbotenvereinigungen von Fall zu Fall, die bisweilen auch wirtschaftliche Änderungen im Kleinen des Einzelhaushaltes oder Lohnerhöhungen erstrebten, wenigstens nach Ansicht der Gesetzgeber, die dagegen ankämpften. Oder es zeigten sich Erscheinungen, die man ‚unabsichtliche Organisationen' nennen könnte; Lohnsteigerungen oder Gesindemangel wurden der vereinigten Macht des Gesindes zugeschrieben, das sich seiner Gewalt bewußt sei. . . .

Nur einige wenige Staaten kämpften auch gegen dieses Übel der Gesindekoalition, das ihnen nicht geringer erschien als all die anderen Unarten und Untaten des Gesindes. Ein württembergisches Generalreskript vom 8. August 1555 mag als das älteste zuerst genannt sein. Ohne daß eine Bestimmung in der Sache selber getroffen würde, wird nur festgestellt, daß sich ‚andere Gesellen, Knecht und Mägt, durch heimliche practick und meuterei arglistiglich bereden, gleicher gestalt hinzuziehen, und vor jrem Zil in andere Dienst zubegeben, auffwegen und verfürn.' "[66]

Doch nicht solche Höhepunkte des Klassenkampfes entscheiden über den Alltag des

---

[65] *Fr. Lütge,* a. a. O., S. 184f.
[66] *O. Könnecke,* a. a. O., S. 806f.

Gesindes, sondern der tägliche Klassenkampf mit den kleinsten Mitteln, und letztlich entscheidet auch er nicht. Letztlich wird der zumeist so schwere Alltag bestimmt durch den außerökonomischen Zwang und die Gewalt, die die Herren über „ihr" Gesinde haben, und die oft brutale Willkür, mit der sie ihn ausüben.

So wehren sich Bauern, Gesinde und Tagelöhner mit ökonomischen und außerökonomischen Zwangsmitteln gegen die brutale ökonomische und außerökonomische Gewalt der herrschenden Klasse. Während aber der außerökonomische Zwang, den die herrschende Klasse ausübt, der ganzen Gesellschaft einen Grundzug gibt, spielt der ökonomische Widerstand der Unterdrückten, insbesondere bei allen Arten von Fronarbeiten, die entscheidende Rolle in ihrem Klassenkampf.

Doch nicht um solche Feststellungen kann es uns hier in erster Linie gehen. Wir wollten ganz konkret den Alltag des außerökonomischen Zwanges der herrschenden Klasse aufzeigen. Die Gewalt, die Willkür der „unteren Gewaltbürokratie" und des Herrn selbst, die die Atmosphäre des bäuerlichen, allgemein des ländlichen Lebens vergiftete, die den Bauern und das Gesinde so umgab wie die Angst, die aus dem Aberglauben und den Schrecken des Krieges entsprang.

Wir wollten ganz konkret den Alltag des außerökonomischen Zwanges der herrschenden Klasse aufzeigen ... aber wie kümmerlich ist uns das im Grunde gelungen! Wir wissen noch so wenig. War etwa der ökonomische Zwang stärker im Alltag zu spüren, wenn der Grundherr nahe dem Dorfe lebte, oder war es schlimmer, wenn er weiter weg wohnte und einem Vogt in größerer Nähe die Regelung der Angelegenheiten überließ? Waren Zwang und Willkür täglich zu spüren oder zumindest zu fürchten – wie für manche im Faschismus? gewöhnte man sich irgendwie an sie? Gab es Aufregung, wenn ein Beamter des Grundherrn im Dorfe erschien? war der Untervogt, der im Dorfe lebte, eine ständige Bedrohung? Kam es viel auf den persönlichen Charakter des Beamten an? So viele Fragen, die den Alltag betreffen, können wir noch nicht mit Beispielen aus dem konkreten Leben belegen. Manche unserer Historiker dieser Zeit, sie sind fast alle Wirtschaftshistoriker, meinen, daß die Prozeßakten mehr Auskunft geben können. Man sollte sie endlich systematisch untersuchen.

Und doch kann man wohl sagen:

Was für eine Zeit, die durch Angst und Gewalt wie Willkür im Alltag gekennzeichnet ist! Kein Alltag ohne Angst und Gewalt – für Alte und Junge, für Männer und Frauen, am Wochentag wie am Festtag.

Doch ein Unterschied besteht: Niemand ist gegen den Teufel oder das Wirken von Hexen, gegen den ungünstigen Lauf der Sterne oder die Pest gefeit. Aber gegen den außerökonomischen Zwang, gegen die brutale Willkür der Herren gibt es Mittel. Manche sind leicht anzuwenden wie die Schluderei bei der Fronarbeit, andere aber, insbesondere Mittel zum Schutz gegen brutale Willkür, sind schwerer zu finden und wirksam einzusetzen – aber bisweilen gelingt es, viel häufiger jedenfalls als mit Mitteln gegen das Wirken böser Geister, denn so viele man auch von Mitteln gegen sie hat, so unsicher muß man ihrer doch sein.

Auch bringt der Kampf gegen den außerökonomischen Zwang so oft das schöne Gefühl der Solidarität aller Dorfgenossen. Gegen den Teufel aber hat man allein zu kämpfen, höchstens daß man, wie bei einer Krankheit den Bader, den Pfarrer auf der eigenen Seite hat. Doch muß man, um den Pfarrer zu gewinnen, sich ihm und Gott ganz ergeben. Um in Solidarität mit anderen Bauern, mit anderem Gesinde und Tagelöhnern der außerökonomischen Gewalt zu begegnen, braucht man sich aber nicht zu ergeben, sondern das Gefühl für eigene Würde und Kraft wird erweckt oder zumindest gestärkt.

Ein Fluch sind beide, die Angst und die Gewalt im Alltag. Der Angst aber ist man in jener Zeit völlig ausgeliefert, nicht jedoch so dem außerökonomischen Zwang.

Anhang

Zum außerökonomischen Zwang

Von *Gerhard Heitz*

J. K. widmet dieser Problematik ein umfangreiches Kapitel, nur noch das über die Genossenschaften ist von gleicher Länge – mehr als 50 Seiten. In diesem 4. Kapitel behandelt er die grundlegende Bedeutung des außerökonomischen Zwangs für die Feudalgesellschaft insgesamt, analysiert die durch Refeudalisierung und zweite Leibeigenschaft gekennzeichnete Spezifik des untersuchten Zeitraums und verweist, in der Darstellung weit ausgreifend, auf zahllose Einzelerscheinungen von Zwang und Gewalt. Dabei werden drei interessante Aspekte deutlich. Erstens geht er davon aus, daß außerökonomischer Zwang ökonomischen Zwang voraussetzt, zweitens differenziert er außerökonomischen Zwang und außerökonomische Gewalt und drittens legt er an Beispielen den Zusammenhang von außerökonomischem Zwang und ökonomischem Nutzen dar.

Ich möchte, um die Spezifik des außerökonomischen Zwangs zu bestimmen, genau wie J. K. vom „Kapital" ausgehen und die gleiche Stelle zitieren aus dem Dritten Band. Ich sehe darin, bezogen auf unsere Alltagsproblematik, zwei Ansatzpunkte. Einmal hat Marx den außerökonomischen Zwang in der Tat weit gefaßt, wenn er schreibt: „Der unmittelbare Produzent befindet sich hier der Voraussetzung nach im Besitz seiner eignen Produktionsmittel, der zur Verwirklichung seiner Arbeit und zur Erzeugung seiner Substistenzmittel notwendigen gegenständlichen Arbeitsbedingungen: er betreibt seinen Ackerbau wie die damit verknüpfte ländlich-häusliche Industrie selbständig". Und er fährt nach einer kurzen Einschätzung der indischen Besonderheit fort: „Unter diesen Bedingungen kann ihnen die Mehrarbeit für den nominellen Grundeigentümer nur durch außerökonomischen Zwang abgepreßt werden, welche Form dieser auch immer annehme." (MEW, Bd. 25, S. 798f.) Marx macht aber, obwohl er an der zitierten Stelle speziell von der Arbeitsrente spricht, zugleich deutlich, daß es die Grundbedingung des Produktionsmittelbesitzes ist, die er allgemein voraussetzt. Die Vielfalt der möglichen Formen bezieht sich also auf den außerökonomischen Zwang, die Grundbedingungen für Existenz und Anwendungsmöglichkeiten des außerökonomischen Zwangs jedoch liegen in der inneren Struktur des feudalen Produktionsverhältnisses, in welcher Rechtsform (bäuerliches Besitzrecht, Rechtsstatus) dies auch immer erscheine und welche Rentenformen sich daraus ergeben. Konsequenter Weise heißt dies, daß der Marxsche Begriff des außerökonomischen Zwanges nur anwendbar ist, wo ein feudales Produktionsverhältnis zwischen Grundeigentümer (Feudalherr) und Bodenbesitzer (Bauern) besteht.

Vielleicht sollten wir versuchen, außerökonomischen Zwang im engeren Sinne, d. h. zur Sicherung der Grundrente durch Gewalt oder deren ständige Androhung zu differenzieren von außerökonomischer Gewalt im weiteren Sinne, zu der dann alle anderen

Formen der feudalrechtlich fixierten bzw. der praktischen ausgeübten Herrschaft gehörten? Es würde also außerökonomischer Zwang im engeren Sinne, einschließlich dieser Androhung des Zwangs, als Ausdruck des Alltäglichen zu begreifen, außerökonomische Gewalt im weiteren Sinne dagegen stets in ihrer tatsächlich ausgeübten brutalen Form zu verstehen sein.

Damit wären wir der von J. K. vermißten und auch höchst notwendigen zusammenfassenden Darstellung des Problems noch nicht viel näher gekommen, aber die theoretische Erörterung und Durchdringung des außerökonomischen Zwangs im Feudalismus wird ohne Zweifel belebt werden. Im theoretischen Verständnis und in der Diskussion spielt der außerökonomische Zwang bei uns eine große Rolle, und das Verdienst des 4. Kapitels scheint mir zu sein, daß aus der Vielfalt der konkreten Erscheinungsformen des außerökonomischen Zwangs Fragen an die theoretische Durchdringung, an die Bestimmung des Wesens des außerökonomischen Zwangs abzuleiten sind. Denn eines wird zugleich klar, wenn man den Abschnitt aufmerksam gelesen hat. Wir verwenden den Begriff des außerökonomischen Zwangs sehr unterschiedlich, worin sich einerseits die tatsächliche Differenziertheit seiner Formen, andererseits aber auch unsere Unsicherheit im Sprachgebrauch zeigen. Ich gebe einige der von J. K. beschriebenen Beispiele zur Verdeutlichung. So ist z. B. vom außerökonomischen Zwang und der Gewalt der Feudalherren über ihr Gesinde die Rede, und der Widerstand der Bauern, Gesinde und Tagelöhner erfolgt „mit ökonomischen und außerökonomischen Zwangsmitteln". Auch sonst werden „außerökonomischer Zwang und außerökonomische Gewalt" in engstem Zusammenhang erwähnt. Ganz komplex wiederum ist diese Einschätzung: „Außerökonomischer Zwang und außerökonomische Gewalt finden Ausdruck sowohl in der Gesetzgebung wie in der Durchführung der Gesetze und dem Strafvollzug, wie auch in der Willkür der Ausübung der Gewalt". Plastische Beispiele, wie den Bauern Geld „durch außerökonomischen Zwang abgepreßt" (MEW, S. 799) wird, entnimmt J. K. den zeitgenössischen Darstellungen von Grimmelshausen und Moscherosch. Die Angelegenheit kompliziert sich weiter, wenn wir das Gesinde oder die Tagelöhner einbeziehen, bei denen ein durch Bodenbesitz bedingter außerökonomischer Zwang nicht in Frage kam, die aber selbstverständlich außerökonomischer Gewalt unterworfen waren und zunehmend, zumal in Zeiten des Mangels an Arbeitskräften, mit außerökonomischen Mitteln (durch Verwirklichung der Gesindeordnungen) zur Arbeit gegen einen Minimal-(d. h. Zwangs-)lohn gezwungen wurden.

Die Darstellung des außerökonomischen Zwangs bei J. K. macht den Widerspruch deutlich, der sich aus der Sache selbst, aus der Differenziertheit der Formen des außerökonomischen Zwangs ergibt, insbesondere durch die unterschiedliche Verwendung des gleichen Terminus für ganz verschiedene Formen von Zwang und Gewalt. Der Terminus selbst ist übrigens (im Unterschied etwa zu Grundherrschaft und Gutsherrschaft, Schultheiß, Bürgermeister und Gesinde) nicht zeitgenössisch belegt, sondern von Marx bei der wissenschaftlichen Analyse geprägt worden. Soweit ich sehe, taucht der Begriff des Zwanges vor allem in der Formel „Zwing und Bann" auf, sowie (mir erst aus dem 18. Jahrhundert bekannt) in Gebieten der Gutsherrschaft als Dienstzwang. Unter Zwing und Bann verstehen wir die Gesamtheit der Regelungen, die in erster Linie der Sicherung des landwirtschaftlichen Arbeitsprozesses dienten (Flurzwang, Wegerecht usw.). Dieser Zwing und Bann wurde aus einem ursprünglich überwiegend genossenschaftlichen, durch die Gemeinde wahrgenommenen Instrument (mit Zwangscharakter zur Durchsetzung der für alle notwendigen und nützlichen Ordnung) zu einem von den Feudalherren mehr oder weniger stark beeinflußten Teil der unmittelbaren Herrschaft im Dorfe. Im Alltag verschmolz er dabei mit der niederen Gerichtsbarkeit zu einem schwer entwirrbaren Komplex. Der Dienstzwang dagegen ist rein feudaler Herkunft, er entspricht dem Bestreben der Feudalherren, sich die für die Sicherung der Renten, insbesondere ihrer Arbeitsform, notwendigen Mittel zu verschaffen. Auch hier ist der Zusammenhang zur niederen Gerichtsbarkeit deutlich, doch wird die ökonomische Bedeutung des Dienstzwanges dadurch verdeutlicht, daß er zeitweise ausdrücklich auch den Pächtern bzw. Verwaltern feudalherrlicher Betriebe überlassen wird. Seine alltäglichen Merkmale sind Peitsche und Knüppel. Fügt man hinzu, daß jede Form der feudalen Herrschaft mit Gerichtsbarkeit verbunden war, dann weitet sich die Vielfalt der Erscheinungsformen noch aus, mit der wir es hier zu tun haben.

J. K. hat nun diesen Widerspruch in zweierlei Richtung reflektiert und behandelt. Er gelangt erstens zu der Gegenüberstellung von außerökonomischem Zwang der herrschenden Klasse und ökonomischen Zwang der unterdrückten Klassen und Schichten. Dabei wird der außerökonomische Zwang ausdrücklich von Zwang und Willkür differenziert, und die Frage nach dem Charakter des ökonomischen Widerstands der Bauern wird mit dem Hinweis auf den Klassenkampfcharakter des ökonomischen Zwanges beantwortet, womit J. K. sich der Auffassung der meisten DDR-Historiker anschließt.

Zweitens aber erfolgt, insofern der außerökonomische Zwang als Gewalt (vielfach), Willkür, Drangsalierung charakterisiert, eine inhaltliche Ausweitung genau in die Richtung, die nicht für den Feudalismus allein typisch ist. Hier würde es sich m. E. empfehlen, den Ausdruck „außerökonomischer Zwang" einfach zu vermeiden. Marx spricht von „außerökonomische(r), unmittelbare(r) Gewalt" (MEW, Bd. 23, S. 765).

Wir benötigen also, das dürfte deutlich geworden sein, dringend detaillierte Untersuchungen, die die Varianten feudaler Herrschaftsausübung vergleichend aufhellen, von der regional unterschiedlich gestalteten Personalunion zwischen Grundeigentümer und Inhaber der niederen Gerichtsbarkeit (einschließlich der Elemente von Zwing und Bann) bis zu der differenzierten, zwischen Gemeinde und Feudalherr bzw. zwischen den Feudalherren geteilten, nicht selten auch strittigen, Wahrnehmung der verschiedenen Formen des außerökonomischen Zwangs. Dabei könnten auch die Unterschiede zwischen den überwiegend vom Adel bzw. überwiegend vom Landesherren kontrollierten Institutionen der Gerichtsbarkeit genauer dargelegt werden, und aus dem dabei genutzten Quellenmaterial lassen sich sehr bald auch solche Fragen beantworten, wie sie J. K. gestellt hat, also nach der Rolle des Feudalherrn oder seiner Beauftragten im Dorfe, nach dem Verhältnis zwischen diesen Beauftragten und den Organen der Gemeinde usw.

Die Schwierigkeiten, die sich bei solchen Analysen auftun, sind klar. Wir haben es bei der Anwendung feudaler Gewalt, feudalen Zwanges, feudaler Herrschaft, d. h. bei der Anwendung aller Formen staatlicher Macht im Feudalismus mit drei Ebenen zu tun. Feudale Herrschaft (im Sinne von Zwang, Gewalt, Macht) ist inhaltlich differenziert nach den Zuständigkeiten, d. h. nach niederer und hoher Gerichtsbarkeit, sie ist klassenmäßig differenziert in bezug auf die beteiligten bzw. betroffenen Personengruppen, und sie ist auch regional, ja, nicht selten lokal, differenziert, wobei bei unserem hier behandelten Zeitraum die Tendenz zur Schaffung von Bezirken der niederen Gerichtsbarkeit bereits voll wirksam geworden ist.

Entscheidend aber für den Alltag der Bauern ist der außerökonomische Zwang im engeren Sinne, weil er in der Tat ständig gegeben ist und weil er für die in einem anderen Kapitel dargelegte Angst der Menschen im spätfeudalen Dorf die entscheidende Rolle spielt. Wir werden aber noch viel darüber nachdenken müssen, welches die Wirkungen, die alltäglichen meine ich, des außerökonomischen Zwangs gewesen sind, und es ist kein geringer Anstoß, den J. K. hier in Richtung auf die Verarbeitung neuen Quellenmaterials und die Notwendigkeit geschlossener Darstellung gegeben hat.

Kapitel 5

Sicherheit

So große Angst der Mensch im täglichen Leben vor Gespenstern und Tiergestalten des Teufels, ungünstigen Konstellationen der Sterne und Hexen haben mußte – so sicher konnte er sich in gewisser Weise als Arbeitender fühlen, sei es, daß es galt zu säen und zu ernten, oder Ton zu Gefäßen zu formen, eine Hacke zu schmieden, den Teig zuzubereiten.

Denn die Wissenschaft, die immer Neues bringt und Bewährtes veralten läßt, spielte noch keine Rolle in der Produktion, wirkte nur wenig als Produktivkraft und war weder dem Bauern noch dem handwerklich Arbeitenden als solche bewußt. Denn soweit sie schon seit längerem wirksam war, erschien sie dem Werktätigen im Kleide der Erfahrung. Und die Erfahrung verleiht dem Menschen, so merkwürdig das klingen mag, stets mehr Sicherheit als wissenschaftliche Erkenntnis. Sagen wir doch auch, daß die Wissenschaft sich nur in der Praxis bewähren kann, das heißt, in der Erfahrung ihrer Richtigkeit.

Die Erfahrung ist vom Vater und Großvater, vom Vorgänger und Vorvorgänger und noch weiter her in der Vergangenheit empfangen und muß daher stimmen, ist bewährt und sicher.

Jeder Bauer weiß aus Erfahrung, daß Viehmist das Getreide und die Gemüsepflanzen schneller wachsen läßt. Jeder weiß aus Erfahrung, wie er die Sichel schärfen und beim Mähen halten muß. Jeder Schmied weiß aus Erfahrung, wie man das Eisen über dem Feuer halten muß, damit es schneller weich wird, und wie, mit welchen lang erprobten Werkzeugen, man es am besten zum Hufeisen formt.

Erfahrung herrscht überall – in der Küche, auf dem Bauernhof, im Felde und Walde, in der Werkstatt, auf dem Bau, im Bergwerk und im Kampf auf dem Schlachtfeld.

Erfahrung ist der tägliche, zuverlässige Begleiter des Menschen.

Erfahrung wird erzählt als Erlebnis der Vergangenheit und selbst erprobt, aufgenommen, bis aus der belehrenden Erzählung ein eigenes Erlebnis, eine eigene, ganz persönliche Erfahrung geworden.

Die Gesellschaft und darum die Menschen sind konservativ. Unter feudalen Verhältnissen legt man mehr Wert darauf, das in der Erfahrung Bewährte gut zu übernehmen, als Neues zu erfinden. Wer Neues findet, ist ein fremder Zauberer. Wer Altbewährtes gut wiederholt, ist ein tüchtiger Mensch. Wer Altbewährtes mit neuartigen Schnörkeln versieht, ist ein Künstler.

Das alt Bewährte gut und genau zu wiederholen, das ist die Aufgabe des Arbeitenden. Sein Vorbild ist der Beste unter den Alten.

Sicher ist der Mensch in der Welt der Erfahrungen, die seinen Alltag, seine Arbeit am Alltag bestimmt – seine Arbeit, aber auch seinen Konsum, sein Essen, seine Hauseinrichtung, seine Gedanken.

Was der Erfahrung widerspricht, stört, kann auch Angst hervorrufen, ist widersprüchlich, kommt vielleicht vom Teufel, muß abgewehrt werden, verspricht Unglück.

Doch zum Glück passiert wenigstens bei der Arbeit wenig Neues und auch beim Konsum ist es so.

Fremde Truppen im Krieg mögen einige neue Worte in die Sprache bringen – aber sie haben weder Zeit noch Lust, den Männern „neue Tricks" bei der Arbeit zu zeigen, die Frauen neue Gerichte zu lehren.

Erfahrung durchdringt das Leben der einfachen Menschen mit Sicherheit, Ruhe und Befriedigung, verbindet die Gegenwart mit der Vergangenheit, den Lehrling mit dem Meister – den Lehrling, der selbst einmal Meister sein wird –, die Kinder mit den Eltern – die Kinder, die selbst einmal Eltern sein werden.

Die segensreiche, Sicherheit spendende Erfahrung!

Komisch geradezu, wie Riehl Erfahrung des Alltags der Werktätigen und historisches Bewußtsein der herrschenden Klasse verwechselt, wenn er schreibt: „Wenn man übrigens von der historischen Pietät des deutschen Bauern spricht, dann darf man nicht vergessen, daß diese Pietät ganz einseitiger Natur ist und sich in der Regel nur auf das beschränkt, was den Bauer selbst und unmittelbar angeht. Er hat die größte Pietät gegen das alte baufällige Haus, das sein Großvater erbaut, und mit welchem er keine Verbesserung, keinen Umbau vornehmen mag; aber gegen die denkwürdigen Trümmer der Burg, die sich über seinem Dorfe erhebt, hat er gar keine Pietät und bricht ganz wohlgemut die Werksteine heraus, um seinen Garten damit zu umfrieden, oder reißt die kunstreiche Steinmetzenarbeit der gotischen Klosterkirche, die ihn ‚nichts angeht', nieder, um einen Feldweg damit zu stücken. Denn er hat ja keine Geschichte studiert, er ist überhaupt kein Geschichts- oder Altertumsfreund, seine Sitte nur ist seine Geschichte, und er selber und was an ihm hängt das einzige Altertum, welches er achtet. Das gleiche gilt von den historischen Ueberlieferungen im Munde des Bauern. Sie haben sich nur so weit frisch erhalten, als sie ihn selber berühren. In Gegenden, wo sich ein echter Bauernschlag herübergerettet hat, leben die Anklänge der Hörigkeitsverhältnisse des Mittelalters noch in unzähligen Sitten und Redeweisen; aber nach einer Kunde etwa aus der deutschen Reichsgeschichte oder auch nur aus der Geschichte seines eigenen Fürstenhauses werdet ihr den Bauer in der Regel vergebens fragen. Er weiß euch noch recht gut anzudeuten, was ‚ganze und halbe Leute', was ganze und geteilte Huben gewesen sind; in Hessen geht heute noch die Redeweise, daß ‚vier Pferde zu einem ganzen Bauern gehören', und man spricht, nach der Tradition von den Frontagen, welche in alter Zeit zu leisten waren, von ‚dreitägigen, viertägigen Bauern'; aber wer Karl der Große, wer Friedrich Rotbart gewesen, danach wird man dort wohl vergebens Umfrage halten, falls nicht etwa neuerdings ein Schulmeister davon Kunde gebracht hat."[1]

Das Haus, das der Großvater gebaut hat, hat sich bewährt, die Erfahrung beweist es – also warum Neuerungen anbringen? Mit der Burg des Ritters oder der Klosterkirche, die nicht in seinem Dorf steht und die Kirche der Mönche, seiner Grundherren, ist, hat er keine persönliche Erfahrungen im Alltag – außer daß von dort Lasten und Gewalt drohten. Geschichte ist für ihn die Geschichte seinesgleichen, der Ahnen und anderer Bauern in der Vergangenheit.

---

[1] *W. H. Riehl*, Die bürgerliche Gesellschaft, 8. Aufl., Stuttgart 1885, S. 51f.

Eine in gewisser Weise nicht unähnliche Erfahrung machte der Vater von Johann Coler, dem Verfasser des berühmten Hausbuches. Schröder-Lembke schreibt darüber ganz richtig:

„Die ‚Oeconomia ruralis et domestica' des Johannes Colerus war wohl das verbreitetste Hausbuch in deutscher Sprache und gilt als Prototyp der ‚Hausväterliteratur'. Fast 20 Auflagen sind im 17. und noch im 18. Jahrhundert von dem umfangreichen Werke gedruckt worden, die unberechtigten Nachdrucke nicht eingerechnet. Der Einfluß des Buches auf die Landwirtschaft seiner Zeit kann daher nicht gering gewesen sein, zumal seine Darstellung der Dinge vielfach auch in andere Hausbücher übernommen wurde. . . .

Eines wird dabei sogleich deutlich: den eigentlichen Grundstock des Colerschen Hausbuches bilden die Sammlungen landwirtschaftlicher Erfahrungen und Rezepte, welche Johann **Colers Vater in den 60er und 70er Jahren** des 16. Jahrhunderts zusammengebracht hat. Im Vorwort von 1592 spricht Johann dies ausdrücklich aus: ‚Mein lieber Vater, der Ehrwürdige und Wolgelahrte Herr D. Jacobus Colerus (hat) von Jugend auf viel schöne, herrliche und notwendige Observationes in rebus oeconomicis, zum Teil aus eigener Erfahrung, zum Teil aber auch mit fleißiger Nachforschung und großen Unkosten an sich bracht, aufgeschrieben und annotieret'. Er selber habe es dann unternommen, das Werk zum Druck zu richten und ein Haushalterbuch daraus zu machen, ‚dergleichen zuvor, ohne Ruhm zu melden, noch niemals so auf deutschem Boden gerichtet' sei." Und dann bemerkt Schröder-Lembke:

„In den unsteten Jahren in Schlesien 1566–1574 muß Jacob Coler mit der Sammlung landwirtschaftlicher Anweisungen begonnen haben. Nur in diesen Jahren lebte er auf dem Lande und konnte er selber Erfahrungen im Landbau sammeln. Sein Sohn berichtet, daß Jacob als Humanist und Bewunderer der Alten die antiken Landwirtschaftsschriften zunächst zum Vorbild für die Bestellung seiner Pfarrhufe genommen habe, damit aber Schiffbruch erlitt. ‚Aber hernachmalen, da er mit Bauren, Schäefern, Gärtnern, Weinmeistern und andern umgegangen, dieselbigen gehöret und ausgeforschet, hat er in vielen Dingen gar ein anders befunden, als in diesen Autoribus gemeldet wird. Derentwegen er auch dieselbigen Scribenten verlassen und mit denen Leuten conferieret, und von ihnen manniches erfahren und gelernet, das man in keinen Büchern leichtlich finden wird.' "[2]

So wie Riehl vergeblich nach Erinnerungen an den Kaiser Barbarossa sucht – keiner hat von ihm gehört –, so sucht Jacob Coler vergeblich nach brauchbaren Rezepten zur guten Bestellung seines Pfarrerslandes bei den alten Römern (deren Boden- und Klimaverhältnisse natürlich ganz andere waren). Hält er sich aber an die Erfahrungen der Bauern, die ihnen von den Ahnen, welche seit Jahrhunderten den gleichen Boden beackert haben, überkommen, dann funktioniert alles ausgezeichnet. Und das Hausväterbuch, das der Sohn aufgrund der Aufzeichnungen des Vaters im 16. Jahrhundert geschrieben, wird noch mit gleichem praktischem Eifer im 18. Jahrhundert gelesen und benutzt.

Doch wenn die Wissenschaft immer alles umstürzt und unsicher macht, hat auch die **Erfahrung Erweiterungsmöglichkeiten,** die jedoch eben nur altbewährtes und unumstürz-

---

[2] *G. Schröder-Lembke,* Die Genesis des Colerschen Hausbuches und die Frage seines Quellenwertes, in: „Wege und Forschungen der Agrargeschichte", Festschrift zum 65. Geburtstag von Günther Franz, hg. von H. Haushofer und W. A. Boelcke, Frankfurt am Main 1967, S. 121f.

bares Erfahrungsgut mit kleinen Ergänzungen und neuen Tricks versieht. In der Wissenschaft können alte Theorien als Teilstücke in neue, umfassendere Theorien eingehen, in der Erfahrung können neue Kenntnisse als Teilstücke in die alte umfassende Erfahrung eingehen.

Das ist ja letztlich auch der Sinn der Wanderungen der Handwerksgesellen. Begleiten wir einen solchen Handwerksgesellen, den Goldschmied Wolfgang Vincentz, Sohn eines Goldschmieds, auf seinen Erfahrungsammlungsreisen:

Zuerst wird er in seiner Heimatstadt Breslau zur Lehre gegeben. Über seinen Meister schreibt er: „Darnach hat mich unser Vater zu Meister Wolfgang Westermeyer am Ring in die Lehre getan, ein trefflicher Meister in goldnen und silbernen Gürteln, durchzogen in Gliedern, auch feinen zierlichen Ketten, beschlagen mit Perlen, und Meister von allerlei Treibarbeit." Der Meister ist also nicht einfach ein guter Gold- und Silberschmied – es wird gleich seine Spezialität hervorgehoben.

Als die Lehre beendet, geht Vincentz bald auf Wanderschaft. Zunächst auf Umwegen nach Italien, von wo er kaum etwas von neuen „Tricks" berichtet. Ganz anders auf dem Rückweg in die Heimat, auf dem er in Augsburg haltmacht, wo er schon einmal auf seiner Wanderschaft gewesen war. Er berichtet aus Augsburg: „Dort zu Augsburg habe ich gleich den Herrn Christoph Käppeler, den Goldschmied besucht, der mich wie einen Sohn aufgenommen, obwohl ich doch nur kurze Zeit bei ihm gewesen, waren sie so gut zu mir."

Von den Gesellen dort vermeldet er: „Sonst bin ich noch unter den Gesellen etwas fröhlich gewesen; da waren noch manche gute, erfahrene Gesellen, auch gute Lautenschlager, halten sich zu den freien Brüdern der Haupthütte zu Straßburg und tragen alle den Silberbeschlag am Degen. Die haben auch mitgebracht die künstliche Arbeit der Becher von etlichen Goldschmieden aus Frankreich nach Augsburg und Ulm. Da wurden die Becher gemacht, die lustig aussehen, groß und von feiner Arbeit, wie Gokkelhähne, Krummhörner, Käuze und Schwäne, andere mit Bären und Löwen; etliche aber sind Schiffe, Windmühlen und Büchsen, etliche Pfaffen und Nonnen. Da brachten die Gesellen wo sie herkamen vom Rheine, Straßburg, auch Wien, ingleichen von Flandern und Welschland nicht nur manche gute Wissenschaft, auch lustige Narretei und Fatzwerk und wo etwa ein unerfahrener saurer Katholikus ankam, der wurde balde belehrt. Jedoch hatte ich eine große Sehnsucht nach Breslau, meinem Vaterland. Meister Käppeler hat mir in seiner Gutherzigkeit noch einen Goldgulden verehrt. Er ist einst als ein armer junger Gesell vom Rheine hergekommen, hat die Meisterin geheiratet, also daß sie beide wegen ihres Glückes und Zufriedenheit manchem jungen Goldschmiede Gutes getan haben."

Und nun zurück nach Breslau, wo er schnell aufgrund dessen, was er in Augsburg zugelernt, Arbeit findet: „Und habe darauf schon am anderen Tage gute Aufnahme bei Meister Hans vom Baumgarte gefunden. Und das geschah, weil ich in Augsburg gearbeitet habe, denn dort ist die neue Kunst der Goldschmiedearbeit aufgekommen, insonders des Auflötens von zierlichem kleinen Blattwerk, dünnen Schnürlein und sonstigen lieblichen Zierrat gebogen und gewendet und ist auch dort mancherlei geheime und gehütete Kunstwerk. Also war mir die Werkbank bei Meister Hansen aus Mecheln auch balde lieb, um der trefflichen und vielen kleinen Arbeit willen, die von ihm begehrt wird von vielen Herren aus Breslau und Schlesien, von Fürsten und vom Adel; denn es ist sonst in Breslau in dieser Zeit nur eine geringe mäkelige Kundschaft; die meisten Herren kauften Geschmeide auf ihren Reisen in Nürnberg und Augsburg und

gar manchen von den Breslauer Goldschmieden, ob sie gleich die schönsten und köst-
lichsten Stücke gar wohl zu machen verstehen, bleiben nur die Bestellungen auf die
geringen Werke und insonders die Arbeit mit geringen Steinen."

Dabei denkt er wieder an einen Augsburger zurück: „Kriegt einer aber selten Steine,
wird ihm dergleichen Arbeit sauer und kann kaum mit dem Justieren fertig werden.
Da war zu Augsburg ein Steinfasser, der hatte darin die schnellste kunst, die ich sahe.
Der hieß Johannes Hartig und hat mich aus sonderlicher Gunst am Werkbrett etliches
gelehrt. Wo zu den großen Stücken viele Steine verlangt wurden und manche kleinen
Smaragde und Saphire ungleich in der Farbe, konnte er auch die blassen feurig färben;
das war seine Heimlichkeit. Kann nun einer die Steine so fassen, daß einer neben dem
andern aufs allerschönste leuchtet, und die Arbeit ohne Tadel ist, muß er eine ge-
schickte Hand und viele Arbeit getan haben. Wer aber ungeübt ist, dem springen manche Smaragden und Demanten an ihrer Rundiste (Kante) und hat seine Not, den Schaden mit der Fassung zuzudecken, weiß den Spitzstichel und Andrücker schlecht zu
handhaben, aber ein Meister, der darin feine Kunst hat, kann seine Arbeit mit geringen Steinen leicht besser verkaufen und hat durch seine köstliche Arbeit guten Gewinn.
Darnach gedenk' ich's zu halten."

Doch die Zeiten sind nicht günstig, das Handwerk zählt zu viele Meister: „In diesem
Jahre bin ich auf Prag, Nürnberg und nachmals Frankfurt am Maine gezogen, denn
ich merkte, daß ich noch einige Jahre auf das Meisterrecht warten sollte, denn es waren
schon der Goldschmiede zu viele in Breslau und etliche mußten recht magere Mäuse
ziehen. Es hatte mir Vetter Merten, der Weißgerber eine gute Hirschhaut zu einem
Reisewams verehrt. Solches ist besonders trefflich, wo auf dem Wege die Herberge
weit, das Feld dein Bett und der Nachthimmel deine Bettdecke sein muß, in Gegenden,
wo keine Wölfe in der Nähe sind. Also zog ich mit drei guten Gesellen, die verträglich
und erfahren, auch gute Lautenschlager, unter ihnen auch ein Marxfechter fort, zusammen über Schweidnitz auf Prag. Daselbst es mir wohl erging bei einem alten Freunde
meines Vaters, Hans Goldschmied an der Theinkirche, der mich mit Freunden auf-
nahm."

Von da wandert er nach einiger Zeit weiter und kommt nach Frankfurt am Main:
„Wie nun unter den Liebhabern der Künste dreierlei sind, solche die aus der Freude
an der vieledlen Goldschmiedearbeit und dem schönen lieblichen Scheine der Edelsteine
ihre beständige Lust haben und die anderen, die es nur um des Prunkes und ihrer Hoffart wegen tun und die dritten, die Geschmeide den Frauen zu verehren eine gute Ursache haben, so war es auch mit den Leuten bei unserem Meister. Nun werden die
edleren Stücke mehr zu Augsburg getragen, bei den Leuten zu Frankfurt soll das Geschmeide stattlich und groß sein, auf daß das Funkeln der Steine um so besser gesehen
wird, wie an den Judenfrauen zu ihren Festen. Also verstand auch unser Meister die
welsche Kunst, einen wohlfeilen roten Topas mit Gold zu unterlegen und auf das
feinste zu fassen, daß die allerbesten Leute ihn für einen herrlichen Rubin halten und
solche Arbeit, obgleich sie über den Span bezahlt wird, ihrer Größe und ihres Ge-
leuchtes halber gern gekauft wird."

Von dort geht es weiter zum Rhein und jetzt gibt er einem Meister von seinen eigenen Erfahrungen ab: „Da nun des Krieges Beschwerde insonders des bemelten Markgrafen Albrechts Kriegszüge im ganzen Lande zu spüren waren, bin ich zum Rheine
gezogen durch viele schöne Städte und Dörfel, habe auch etwas bei einem alten kargen Meister Silberschmied und Kettenmacher der Zeit gewartet, schlechten Brei geges-

sen, aber des guten Weins manches Becherlein genossen. Diesem alten Tummler mußte ich erst den Griff zeigen, das Silber am höchsten fest und geschmeidig zu machen, wenn das Silber in der Schmelze blank steht und man nur erprüftes und bestes Kupfer in kleinen Stücklein zutun darf. Auch der Röhre (zum Eingießen in Stangenform) die rechte Wärme zu geben und darauf das Silber sonderlich gut zu schlagen. Solches war dem alten Manne wider seine Ungeduld."

Von dort zieht es ihn wieder nach Augsburg, nachdem er sich auch in Nürnberg umgesehen, und jetzt lernt er etwas ganz Neues, dem Handwerk eigentlich Fremdes: die Arbeitsteilung innerhalb der Werkstatt: „Da ich von Augsburg einen günstigen Brief hatte, so glückte es diesmal, mir schon auf den dritten Tag zu einem günstigen Meister zu kommen, war der Jäckel Hoffmann. Da habe ich zuerst allerlei einfache Ornamentstäbe machen müssen, das geht balde von statten und dem Meister ist es lieber, jeder Geselle macht nur eine Arbeit, so kann er seine Ketten, Kannen, Scheuern und andere Sachen schneller fertigbringen und hat für die Messe zu Frankfurt balde Vorrat. Zu Nürnberg lassen etliche Meister ihre Gesellen unter der Weile gerne Stückwerk arbeiten, doch darf man's niemand sagen, denn es ist etlichen Meistern, so die Scheuern (breite Becher) halbdutzendweise machen lassen, solcher Vorteil als ungebührlich und des Handwerks schädlich angesagt, vom Rate ihnen eine sträfliche Rede gehalten und Pön gesetzt worden. Es war mein Meister ein guter trefflicher Goldschmied, hatte zu seiner Zeit in Österreich, Flandern und Frankreich gearbeitet und ließ in Förderung seines Amtes nicht viel nach, wußte auch allerlei gute Künste. Es war nun der Meister Jäckel Hoffmann einer, der unfleißigen Gesellen bald auf ihren Weg und aus der Stadt brachte. Aber ich gewann seine Gunst, daß ich den allerfestesten Golddraht zu machen wußte durch Kunst der Legierung. Habe auch da in seiner Werkstatt feine bleierne Modelle für schöne Stücke gesehen, wie sonst bei keinem Goldschmied. Es hatte der Meister auch viele Arten Lot erdacht und gemacht, die großen goldenen Stücke zusammenzusetzen; zuerst das allerhärteste, das blieb seine Heimlichkeit, ein hartes und zwei mittlere darnach, zwei weiche und das allerweichste, daß es kein Wunder war, daß alles gleich ohne Schaden geriet, sonderlich bei durchbrochenem Werk und Repassierarbeit. Wußte auch das Geheimnis, wie Bruchgold nicht zu sehr angestrengt wurde und in solch neuem Werk kein Riß entstand. Sein Geheimnis der Schmelzarbeit hat der Meister gehütet, sonst verstand er sich meisterlich auf Wappen- und Siegelschneiden und künstliche Figürlein zu gießen. Solches aber ist vom Absehen nicht zu lernen und hatte der Meister von Natur sein wunderbares Geschick. Von den vielen trefflichen Goldschmieden in Nürnberg ist auch einer Ratsherr, das ist der Lorenz Kraft."

Schließlich kehrt er in die Heimat zurück, um dort Meister zu werden. Aber die Umstände sind schwierig:

„Da ich nun ins Vaterland zurückgekommen bin, hat mich balde darauf Meister Jacob Berger angenommen und tat ich ihm in seiner Werkstatt alles zuliebe, denn ich hatte etwas bange, ob mich die Zeche zur Meisterschaft zulassen würde; gedachte wie zu Nürnberg die Meister manchen Gesellen übel mitgespielt haben, da er Meister zu werden begehrte. Da war ihnen jeder neue zu viel. . . .

In diesem Jahre, als der Maimond kam, blühten so viele Blumen in den Gärten, daß die Frauen jeden Tag in die Stube Blumen brachten. Ja, es blühten etliche Linden ganz frühe und sangen die kleinen Vöglein niedlich und war ein so schöner Frühling, daß alle Menschen sich täglich freueten. Aber ich hatte in dieser Zeit eine große Angst

in meiner Seele, daß man mich nicht würde zum Meisterrecht gelangen lassen, wie in
dieser Zeit manchem geschehen, hier im lieben Vaterlande und zu Augsburg, sie mochten die besten Arbeiten machen und konnten ihnen dorten auch die Freibriefe des Kaisers nicht helfen, sie galten gar nichts. Denn ich bedachte, daß sie mir die vorigen Jahre
der Gesellenzeit zu Breslau nicht anzurechnen gehalten sind. Darüber haben sie manchen zu Falle gebracht.* Es durften, welche blieben, ob sie auch das beste Werk verstanden, nicht zünftig werden, keinen Gesellen noch Jungen halten, keinen Laden haben und ob sie auch in Fürstendienste stehen, es geschieht ihnen nirgends Gutes. Also
freute ich mich des Frühlings zu wenig bei solchem Kummer."[3]

Doch alles ging gut aus, und der Geselle wurde Meister und schließlich ein hoch-
angesehenes Mitglied seiner Zunft – hochangesehen auf Grund der Erfahrungen in seinem Handwerk und allgemein im Leben, die ihm von seinem guten Vater und von
Meistern in aller Welt überkommen waren und zu denen er aus eigenem Erleben und
Können vielleicht von sich aus noch diese oder jene hinzugetan.

Eine Idylle der praktisch-geistigen Aneignung der Welt – so ganz im Gegensatz zu
den wilden Abenteuern wissenschaftlich-schöpferischer Aneignung –, Sicherheit gebend
im Trubel einer Zeit, in der so viele Angst, so große Gewalt und Willkür herrschen.
Was für eine Dialektik, die das Leben der Werktätigen im Alltag bewegt und beherrscht!

In diesem Zusammenhang ist auch die Rolle der Tradition zu erwähnen, die so eng
mit der überkommenen Erfahrung zusammenhängt.

Marx nennt die „Zustände sowohl des Produktionsprozesses wie der ihm entsprechenden gesellschaftlichen Verhältnisse" in der Feudalzeit „stagnant". Und dabei spricht
er auch von der „übermächtigen Rolle" der Tradition.[4]

Auch das muß, ebenso wie die Rolle der Erfahrung, zur Sicherheit der Menschen
beitragen. Wenn sich etwas durch Tradition als richtig oder schön oder als glückbrin-
gend oder als moralisch erwiesen hat, dann ist es ein Gesichertes im Alltag, braucht
nicht bezweifelt zu werden, ist „in Ordnung". Erfahrung und Tradition ergänzen sich
in merkwürdiger Weise. Die Erfahrung ist doch letztlich durch Tradition „gesichertes
Wissen", und die Tradition ist doch das durch Erfahrung bewährte Überkommene aus
der Vergangenheit. Und beide, die durch die Tradition gesicherte Erfahrung und die
durch Erfahrung gesicherte Tradition haben ihre reale Berechtigung unter der Bedingung stagnanter Produktions-, allgemeiner, stagnanter gesellschaftlicher Verhältnisse.

Nie hätten die Menschen überleben können, wenn nur Angst und Gewalt ihren
Alltag bestimmt hätten: Sie wären als nervöse Wracks verendet oder durch die Wucht
der Gewalt umgebracht worden.

Gar nicht hoch genug können darum Erfahrung und Tradition als Elemente des
Lebens im Alltag jener Zeit eingeschätzt werden. Sie – neben der Religion, doch stär-

---

[3] Die Goldschmiede-Chronik. Die Erlebnisse der ehrbaren Goldschmiede-Ältesten Martin und
Wolfgang, auch Mag. Peters Vincentz, hg. von C. R. Vincentz, Hannover (1921), S. 122, 138,
152f., 157f., 179f., 188, 207f., 209f., 248, 251f.
[4] Vgl. dazu *Marx/Engels*, Werke, Bd. 25, Berlin 1964, S. 801f.
* Ein Geselle sollte 3 Jahre am Orte arbeiten, ehe er zur Meisterschaft zugelassen wurde. Es wurde
ihm aber häufig seine Stellung vor Ablauf dieser Frist aufgekündigt, so daß er wandern mußte, oder
als unzünftiger Handwerker, „Störer und Stiefbruder" ein kümmerliches Auskommen suchen konnte.

ker noch als diese – halten den Menschen aufrecht, geben ihm die Sicherheit, ohne die er nicht hätte arbeiten, sein Leben nicht hätte einrichten können.

Es ist nicht nur so, daß man die Erfahrung des Vaters und Großvaters und noch weiter zurück bei der Arbeit mit innerer Sicherheit übernehmen kann, auch in den anderen Sphären des täglichen Lebens, die ja so stark durch Brauch geregelt werden, ist es gut und nützlich, der Tradition zu folgen, sei es beim Essen und Trinken und Kleiden und Wohnen, sei es bei Spiel und Tanz, sei es im Bett oder im Gerichtsverfahren, sei es im Geschmack oder im Gefühl.

Wunderbar und späteren Gesellschaftsordnungen wunderlich erscheinend war diese Sicherheit und Erfahrungen, Brauch und Tradition – aber eine unbedingte Notwendigkeit in einer sonst so unsicheren Welt. Und auf der Realität der Verhältnisse, die eben konservativ, stagnierend waren, begründet!

Aber gibt es nicht noch einen anderen Gesichtspunkt des Lebens im Alltag, der eine besondere Sicherheit gewährt? Ich meine die auf mangelnder Arbeitsteilung beruhende Selbstgenügsamkeit der Bauernfamilie – oder sollte man nicht besser positiv formulieren: die Vielfalt der Ausbildung der Fähigkeiten des Menschen. Nicht kultureller Fähigkeiten, sondern dessen, was wir manuelle Fertigkeiten für den Alltag der Produktion nennen. Zum letzten Mal in der Geschichte ist der Mensch, richtiger die menschliche Familie fähig – Familie im Sinne von Haushaltung, Hauswirtschaft –, praktisch alles zu produzieren, was sie braucht.

Unsere Wirtschaftshistoriker beginnen, sich dem Studium des Landhandwerks zuzuwenden – allen voran Helga Schultz.[5] Das Resultat ihrer Forschungen ist, daß es in der von uns betrachteten Zeit praktisch kein Landhandwerk gab.

Helga Schultz stellte fest, daß in 919 Orten Mecklenburgs um 1580 gerade ein Handwerksmeister auf zwei Orte kam. Die meisten Handwerker sollten entweder das, was sie den landwirtschaftlichen Grundbedarf nennt – Schmiede und Müller –, oder die Kleidungsbedürfnisse – Schneider, Schuster, Leineweber – befriedigen. In 919 Orten gab es dazu für je 22 Orte noch einen Rademacher, sonst praktisch niemanden: keine Tischler, Zimmerleute, Maurer, Ziegler oder Bäcker ... und für fast 1000 Orte noch 4 Böttcher und 1 „Sonstigen". In manchen Gegenden Mecklenburgs ist die Situation ein wenig besser als der Durchschnitt, am besten im Amt Wredenhagen, wo fast ein Handwerker auf einen Ort kommt: 0,3, die den Grundbedarf befriedigen, und 0,55 für die Kleiderherstellung – dafür aber kein einziger Rademacher, Tischler, Böttcher, Zimmermann, Maurer, Ziegler, Bäcker oder Sonstiger auf die 34 Orte des Amtes!

Nun scheint es in Mecklenburg besonders ungünstig zu stehen. Schultz hat auf Grund der Arbeiten von Elisabeth Schwarze für Ostthüringen, auf die wir noch später zu sprechen kommen werden, eine ihren mecklenburgischen Tabellen ähnliche für das Amt Arnshaug im Jahre 1557 berechnet. Danach gab es dort pro 10 Orte 23,9 Meister, von denen 6,8 auf den Grundbedarf (Schmiede und Müller), 12,1 (darunter 9,7 Leineweber) auf Kleidung und 3,7 auf den Hausbau entfielen.

Wahrscheinlich lag die faktische Verbreitung des Landhandwerks zwischen den mecklenburgischen und den ostthüringischen Verhältnissen. Was die Entwicklung des Landhandwerks betrifft, möchte ich mich ganz der Ansicht von Helga Schultz anschließen

---

[5] Vgl. vor allem: Das Landhandwerk in der Epoche des Übergangs zum Kapitalismus. Diss. Rostock, Dezember 1977.

wenn sie, die Gestaltung der Verhältnisse vom 16. bis zum Beginn des 19. Jahrhunderts überblickend, schreibt:

„Das Landhandwerk war auf die alltäglichen Bedürfnisse des Lebens und Wirtschaftens der Landbevölkerung ausgerichtet. Die differenzierten Bedürfnisse der Oberschicht, des Adels, der Geistlichkeit und teilweise auch der bäuerlichen Oberschicht müssen von den Städten befriedigt worden sein. Die Tuchkleidung, die Hüte, Silberknöpfe, feinen Schuhe, das Zinn- und Kupfergeschirr und manches andere, was sich in den Inventarien reicher Bauern findet, ist nicht von Dorfhandwerkern gemacht, sondern es ist oft sogar von weither importierte Kaufmannsware. Es ist nicht wahrscheinlich, daß während der Blütezeit des Feudalismus ein Bezug von Gewerbeerzeugnissen aus den Städten über den Bedarf des Adels und den Luxusbedarf einer kleinen bäuerlichen Oberschicht hinaus stattgefunden hatte. Auch auf dem Höhepunkt der spätmittelalterlichen Entfaltung von Ware-Geld-Beziehungen zwischen Stadt und Land sind die Bauern auf dem städtischen Markt in erster Linie als Verkäufer (zum Zweck der Rentenzahlung) und die Herren als Käufer aufgetreten.

Das Landhandwerk ist Ergebnis der fortschreitenden gesellschaftlichen Arbeitsteilung zwischen Landwirtschaft und Handwerk auf dem Lande selbst. Gewerbliche Arbeiten, die während des ganzen Mittelalters Bestandteil der bäuerlichen Hauswirtschaft geblieben waren, schieden nach und nach aus dem Bereich des ‚Hausfleißes' aus, wurden Tätigkeitsfeld des berufsmäßigen Landhandwerkers. Die gravierenden Unterschiede in der Ausbildung des Landhandwerkers von Ostpreußen bis nach Württemberg wären so nicht als unterschiedliche Grade der Aufhebung der Arbeitsteilung zwischen Stadt und Land zu werten, sondern als unterschiedliche Grade der Arbeitsteilung zwischen Landwirtschaft und Handwerk innerhalb des Dorfes."[6]

Für unsere Zeit und für Mecklenburg stellt sie zusammenfassend fest, wobei ich ihr wieder ganz folgen möchte:

„In dem Zeitraum von 1565 bis 1584 waren in den untersuchten Ämtern 455 Handwerker ansässig, d. h. fünf Handwerker in jeweils zehn Orten. Aussagen über die eigentliche Handwerkerdichte, also über die Zahl der Handwerker pro 1.000 Einwohner, sind schwierig, da aus dieser Zeit keine Bevölkerungszahlen vorliegen. Die Einwohnerzahl pro Ort wird aber im Durchschnitt des Landes zwischen 52 und 69 gelegen haben, d. h. zwischen dem von Stuhr anhand der Kaiserbederegister für das Ende des 15. Jh. errechneten Wert und dem v. H. Haack für 1703, also für das Ende der Wiederaufbauperiode nach dem Dreißigjährigen Krieg, ermittelten Bevölkerungsstand. Die Handwerkerdichte hätte sich dann zwischen 9,6 und 7,2⁰/₀₀ Einw. bewegt. Diese Handwerkerdichte bewegte sich demnach auf der untersten der drei im ersten Abschnitt charakterisierten Stufen, die die Trennung des Handwerks von der Landwirtschaft durchlief, die handwerkliche Produktion war somit noch weitgehend Bestandteil der bäuerlichen Hauswirtschaft.

Dem entsprach auch die Zusammensetzung des ländlichen Handwerks. Nahezu die Hälfte, nämlich 45,3⁰/₀ der Meister, waren Müller und Schmiede. Die Zahl der Müller war dabei mit 79, d. h. 0,9 auf zehn Orte, ausgesprochen gering, die eigentlichen Mühlen wurden durch eine größere Zahl von Handmühlen (Querren) bei den Bauern ergänzt. Fast gleich groß war auch die Zahl der Bekleidungshandwerker, ohne daß hier aber nur entfernt an Bedarfsdeckung zu denken wäre. Am ehesten mögen noch die

⁶ Ebendort, S. 18f.

Schneider, von denen etwa in jedem siebenten Dorf einer saß, wenigstens den gehobenen bäuerlichen Bedarf befriedigt, möglicherweise also die bäuerliche Festkleidung genäht haben.

Die elf Schuster haben sicher keine nennenswerte Funktion in der Ökonomik der Dörfer gehabt, und auch die 64 Leineweber, nur in jedem 14. Dorf einer, treten angesichts des hohen Leinenbedarfs ganz zurück.

Aber dieser niedrige Stand war schon Resultat einer Entwicklung, denn Chr. Cordshagen stellte für das Amt Neustadt fest, daß Schneider und Leineweber im 16. Jh. erstmals erschienen, daß es noch im 15. Jh. in diesem Amt nur Müller und Schmiede gab.

Recht stattlich erscheint die Zahl der Geräteschaftshandwerker, vor allem der Rademacher. Aber die 42 Rademacher sind keineswegs Zeichen einer beginnenden Trennung dieser Tätigkeit von der bäuerlichen Wirtschaft. Zu einem Teil diente die Rademacherei dem durchziehenden Verkehr und nicht der Landwirtschaft. So waren unter den 20 Rademachern im Amt Wittenburg allein 9 Bauern im Dorf Alt Granzien, die nach dem Zeugnis des Landbederegisters alle rademachten und als Rademacher steuern sollten. Die Bauern werden auch sonst die Blockräder ihrer einfachen Wagen, die unbeschlagen waren, selbst angefertigt haben, der Rademacher konnte daher noch ein seltener Handwerker auf dem Lande sein.

Handwerker für den Hausbau waren in Mecklenburg zu dieser Zeit noch gar nicht auf dem Lande ansässig. Bäcker fehlten auch noch ganz. Hinter dem einen ‚sonstigen‘ Handwerker verbirgt sich ein Pelzer aus Dobbertin, das damals noch als Dorf bezeichnet wurde. Er erhielt 1578 das Privileg bestätigt, seine Waren auf alle mecklenburgischen Jahrmärkte zu bringen, da er geltend gemacht hatte, schon sein Vorfahr hätte seine Waren nicht nur in alle mecklenburgischen Landstädte, sondern auch nach Leipzig und Frankfurt/Oder gebracht. Auch dieser Handwerker befriedigte also nicht in erster Linie ländlichen Bedarf.

So ergibt sich um 1580 folgendes Bild: Die Herstellung aller Güter des Arbeitens und des täglichen Lebens der bäuerlichen Bevölkerung und der Landarmut ist noch weitgehend Bestandteil der Hauswirtschaft. Schmiede und Müller sind daher die dominierenden ländlichen Handwerke. Die Herauslösung der Kleidungsherstellung beginnt, sie ist auf den gehobenen Bedarf der Bauern konzentriert und erfaßt zuerst die Schneiderei, klammert die Weberei noch weitgehend aus."[7]

Das heißt, das ländliche Handwerk spielte in jener Zeit praktisch keine Rolle – wirklich keine, weder zahlenmäßig hinsichtlich der Handwerker noch für die handwerkliche Produktion auf dem Lande. Denn die Meister haben nur in seltenen Fällen Gesellen oder Lehrlinge. Schultz bemerkt über den landwirtschaftlichen Handwerksbetrieb: „Die Betriebsgröße lag unterhalb der des Stadthandwerks, der Alleinmeister war in höherem Maße als in den Städten, aber nicht absolut vorherrschend"[8] (Genau wie auch in den Landstädten und Marktflecken und im Gegensatz zu den „Großstädten", über die alle Olechnowitz Mecklenburg betreffend schreibt: „Für das kleinstädtische Handwerk gilt, worauf Heitz bereits hingewiesen hat, daß es fast ausschließlich im 1-Mann-Betrieb ausgeübt wurde. Die Zahl der Gesellen ist kaum der Rede wert. Nur die Schmiede halten Gesellen. Sozial gesehen, hatten aber die Handwerker eine entschie-

---

[7] Ebendort, S. 67₁–67₃.
[8] Ebendort, S. 141.

den höhere Stellung als in den See- und Großstädten. Schmiede und Bäcker zählten zu den reichsten Leuten und zahlten die höchsten Kontributionssteuern. War in den Großstädten die Besetzung der Bürgermeister- und Ratsherrenstellen ein Monopol der reichsten und mächtigsten handelskapitalistischen Familien, und waren die Handwerker grundsätzlich ausgeschlossen, so gilt das für die Landstädte nicht. Hier gab es wohl reiche Kaufleute, Brauer, Getreidehändler, Kornbrenner usw., aber in den kleinen Städten konnte sich keine exklusive, handelskapitalistische Schicht, kein Patriziat bilden. Die soziale Differenziertheit war geringer ausgeprägt, zwischen den reichen Kaufleuten und reichen Handwerkern besteht kaum ein Unterschied. Deshalb stellten Handwerker stets auch die Bürgermeister und Ratsherren neben den Kaufleuten.["]9

Das heißt aber natürlich nicht, daß auf dem Lande nicht außerordentlich viel handwerklich gearbeitet wird. In der Tat wird in unserer Zeit natürlich auf dem Lande weit mehr handwerkliche Arbeit geleistet als in der Stadt – aber eben nicht durch Handwerker, sondern durch die Bauernfamilien.

Während das Kunsthandwerk in den großen Städten konzentriert ist, werden achtzig bis neunzig Prozent aller handwerklichen Arbeiten von allseitig manuell gebildeten Bauernfamilien vollbracht, innerhalb derer insofern Arbeitsteilung herrscht, als gewisse handwerkliche Tätigkeiten vornehmlich den Männern und andere vornehmlich den Frauen obliegen, was aber nicht etwa heißt, daß Männer nicht auch weben und Frauen nicht auch beim Bau helfen.

Die Bauernfamilien können praktisch alle handwerklichen Arbeiten unternehmen. Sie sind unabhängig. Sie sind sicher und gesichert, daß sie auf keinen Spezialisten angewiesen sind, und wenn sie Hilfe brauchen, dann von freundlichen, ebenso allseitig gebildeten Nachbarsfamilien.

Das schließt natürlich nicht aus, daß manche Bauern oder Knechte, manche Bäuerinnen oder Mägde besondere Begabungen haben, die sie im Laufe der Zeit entwickeln, sodaß sie als Hilfe für besondere Arbeiten – etwa Zimmerer – oder Bäckerarbeiten – von den Nachbarn stark beansprucht werden. Aus einer solchen Situation kann sich ein „Laien-Handwerker" entwickeln, braucht es aber nicht. In jedem Fall wissen wir leider viel zu wenig über die ganze Problematik, um uns ein genaueres Bild zu machen. Fest steht nur unsere Kenntnis von der geringen Zahl der Landhandwerker und von der „manuellen Allseitigkeit" der Bauernfamilie, die ihr eine so große Sicherheit gibt.

So kommen die verschiedensten Faktoren und Elemente des gesellschaftlichen Lebens, wie die Erfahrung, die Tradition, die allseitige manuelle Fertigkeit der Bauernfamilie zusammen, um in diesen in vieler Beziehung so unsicheren Zeiten – was weiß man, was für Anschläge Poltergeister, Grundherren oder Krieg und Pest auf das Leben des einzelnen vorhaben? – doch neben der Religion eine große Sicherheit im Leben zu geben. Dabei ist die Religion wohl der unsicherste unter den Sicherheitsfaktoren, da man bei den vielen „Sünden", die man begeht, des Schicksals nach dem Tode nicht so sehr sicher sein kann. Auf der anderen Seite ist man wohl der Religion als Sicherheitsfaktor sich öfter, ja fast stets bewußter als der Erfahrung, der Tradition des Brauchs und der manuellen Selbstgenügsamkeit. Letztere sind oft solche Selbstverständlichkeiten geworden, daß sie vielfach als unbewußte Sicherheitsfaktoren wirken.

---

9 *K.-Fr. Olechnowitz,* Landstädte und landstädtisches Bürgertum in Mecklenburg im 17. und 18. Jahrhundert, in: Wiss. Zeitschrift der Wilhelm-Pieck-Universität Rostock, Jg. XXVI, 1977, Gesellschafts- und Sprachwiss. Reihe, Heft 3, S. 236.

Gemeinschaftsleben

Wenn Marxisten früher die Urgemeinschaft auch Urkommunismus nannten, dann nicht, weil im Urkommunismus und im Kommunismus „alle Menschen gleich" sind, was natürlich Unsinn ist, sondern vor allem aus drei Gründen: Einmal, weil die Menschen in beiden Gesellschaftsordnungen kein Privateigentum an den Produktionsmitteln kennen, sodann, und damit im Zusammenhang, weil sie nicht privat arbeiten, und schließlich, wiederum im Zusammenhang mit dem zuvor Erwähnten, weil es keine Vereinzelung des Menschen gibt.

Die Vereinzelung des Menschen erreichte im Kapitalismus ihren Höhepunkt, und zugleich begann ihre Überwindung durch die allmähliche Herausbildung dessen, was wir die Solidarität der Unterdrückten nennen, wohl organisiert in der Arbeiterbewegung oder spontan, in Zeiten von Höhepunkten des Klassenkampfes, einen Großteil der Werktätigen umfassend.

In unserer, in der hier betrachteten Zeit, spielt die Gemeinschaft aus alten Zeiten noch eine beachtliche Rolle, ist die Vereinzelung noch nicht charakteristisch wie im Kapitalismus. Die Konkurrenz unter den Arbeitern, von der wir im Kapitalismus sprechen, auf die Bauern jener Zeit zu übertragen, wäre unsinnig.

Das Gefühl, zu einer Gemeinschaft zu gehören, die Tatsache, daß dieses Gefühl sich bei tausend Gelegenheiten des täglichen Lebens als richtig erweist, sowie die Aktivität innerhalb dieser Gemeinschaft sind ein wesentlicher Faktor im Alltag der Menschen in dieser Zeit.

Wir widmen darum dem Gemeinschaftsleben der Menschen, sowohl in der Familie als Wirtschaftseinheit wie auch in der Dorfgenossenschaft, einen besonderen Abschnitt. Vor die Behandlung der Familie als Wirtschaftseinheit setzen wir einige Ausführungen über die Arbeit der Frau, über ihre gesellschaftliche Rolle, die notwendig zum Verständnis des folgenden sind.

Man verwechsle dieses Gemeinschaftsleben nicht mit der Tatsache, daß die Arbeit des Menschen gesellschaftlichen Charakter hat. Den hat sie stets gehabt und hat sie auch auf dem Höhepunkt der Vereinzelung im Kapitalismus.

Unter Gemeinschaftsleben ist, wie sich im folgenden zeigen wird, etwas ganz anderes zu verstehen.

Kapitel 6

Die Arbeit der Frau — die Familie

Aus manchen bürgerlichen Darstellungen gewinnt man den Eindruck, daß in alten Zeiten die Männer auf der Bärenhaut lagen, wenn sie nicht gerade Krieg führten oder jagten, während die Frauen „alle andere" Arbeit zu verrichten hatten, und daß mit jedem Jahrhundert seit dieser alten germanischen Epoche die Frauen Deutschlands mehr und mehr von der Arbeit befreit wurden, so daß sie sich Küche, Kindern und Kirche widmen konnten.

Was faktisch geschah, war etwas ganz anderes, nämlich, daß gewisse Arbeitsvorgänge infolge der Veränderung der Produktionsinstrumente, der Arbeitswerkzeuge, zu schwer für die Frauen wurden — etwa beim Übergang von der Sichel zur Sense — und die Männer sie übernahmen, was aber keine Erleichterung für die Frauen gegenüber der vorangehenden Zeit bedeuten mußte. Darum hat Bücher unrecht, wenn er meint: „So sehen wir bis in das XIII. Jahrhundert hinein in dem Maße, als die gewerbliche Berufsbildung fortschritt, eine immer weitergreifende Entlastung der Frau von schweren körperlichen Arbeiten eintreten."[1] Wohl aber beobachten wir eine gewisse Arbeitsteilung, indem die Männer sich auf Arbeiten mit neuen schwereren Werkzeugen, die Frauen neben anderen sich auf Arbeiten, die eine besondere Fingerfertigkeit erforderten, spezialisierten.

Wenn wir die Arbeit der Frauen auf dem Lande in unserer Zeit untersuchen, war sie so lang und so mühselig, wie sie immer gewesen war (nur wurde sie eben mit dem Gebrauch schwerer zu handhabender Arbeitswerkzeuge, wie etwa des Eisenpflugs, nicht schwerer).

Wir brauchen hier nicht darauf einzugehen, daß die Aufzucht der Kinder und ihre Ausbildung zur möglichst baldigen Verwendung als Arbeitskräfte eine ihrer Aufgaben war. Auch daß sie für die Zubereitung der Mahlzeiten für die Familie und sonstige Arbeitskräfte im Haushalt des Bauern verantwortlich war, erscheint selbstverständlich. Dazu aber war sie zugleich bäuerlich und handwerklich und als Leiterin, was die Magd betrifft, tätig. Ihr oblag die Fürsorge für das Vieh mit Ausnahme der Pferde und der Zugochsen — einschließlich nicht nur des Melkens von Kühen und Ziegen, sondern auch vielfach der Schafschur. Natürlich hatte sie für den Anbau von Gemüse und Obst, soweit er geschah, zu sorgen. Außerdem half sie, zumindest bei der Aussaat und Ernte, auf dem Felde. Auch die Suche nach „Gemüsepflanzen" und Obst, die wild wuchsen, lag in ihrer (und der Kinder) Hand. Dazu kam das Sammeln von Kleinholz im Walde (zusammen mit den Kindern). Soweit eine Andeutung der bäuerlichen Arbeit der Frau.

Die handwerkliche Arbeit der Frau auf dem Lande muß weit gesehen werden. Sie

---

[1] K. *Bücher*, Beiträge zur Wirtschaftsgeschichte. Tübingen 1922, S. 262.

umspannt das Backen wie die Bereitung von Getränken – vom Met, der auch in unserer Zeit noch getrunken wurde, bis zum Brauen von Bier; sie umspannt die Flachsbereitung und die Verarbeitung der Wolle, das Spinnen wie das Weben wie das Schneidern. Sie umspannt das Seifensieden wie das Lichterziehen. Sicher ist es nicht übertrieben festzustellen, daß die Frauen mehr Arbeitszeit auf handwerkliche Arbeit verwandten als die Männer.

Dazu mußten sie, was es an medizinischer Hilfe auf dem Lande gab, leisten und die Kranken pflegen. Bisweilen mußten sie auch für die Männer in der Kirche beten, wenn diese wegen Arbeit auf Hof und Feld nicht gehen konnten.

Kennzeichnend für den großen Arbeitsbereich der Frau ist eine Weisung im reckenbergischen Land- oder Hausgenossenrecht von 1652, „wie eine Frau beschaffen seyn solle, so aufn Erbe, oder Kotten ziehen wolle":

> „Soll sein alt 18 Jahr,
> Die Gesundheit kundt und offenbar;
> Melken, keysen undt buttern,
> Schweine, Kühe und Kälber auffuttern,
> Rocken, heckeln, rippen und schinnen,
> Speisen zu rechter Zeit Ihr Mann und Hausgesinne".[2]

Wahrlich, niemand kann bezweifeln, daß der Alltag der Frauen auf dem Lande überfüllt mit Arbeit war, vom frühesten Morgen bis zum späten Abend, genau wie der des Mannes, vielleicht noch mehr und sicherlich mit verschiedenartigerer Arbeit, sicher auch mehr taktische Leitungsfähigkeit – Magd und Kinder – erfordernd als die Arbeit des Mannes, der zumeist nur eine oder zwei Hilfskräfte bei langandauernder steter Arbeit anzuleiten hatte.

Eine Frauenfrage gab es wahrlich nicht auf dem Lande.

Wohl aber in der Stadt, im Handwerk, wo sie in unserer Zeit immer akuter wurde.

In frühen Zeiten gab es keine Frauenfrage im Handwerk, und es sind uns aus ihr keine Dokumente überkommen, in denen speziell von Männern oder gar von irgendeiner Diskriminierung der Frauen die Rede ist. Ja, sogar noch in der „Erneuerten Reformation der Stadt Nürnberg" von 1564 heißt es „So jemand ain Knaben oder Mäidlin zu lernung ains Handwerks oder einer Kunst verdingt ..." und noch mitten im Dreißigjährigen Krieg, 1629, regelt das Stadtrecht von Mühlhausen (Thüringen) die Aufnahme von Jugendlichen beiderlei Geschlechts als Lehrlinge im Handwerk. Allerdings fügt Wissel dieser Mitteilung den Satz hinzu: „Dabei ist es nicht nur möglich, sondern sogar wahrscheinlich, daß es sich in beiden Stadtrechten um die Wiederholung alter Vorschriften handelt, während die Praxis darüber hinaus schon längst keine Frauen zum Handwerk mehr zuliess."[3]

Es ist überaus wahrscheinlich, daß die Frauen ursprünglich vor allem in den Handwerken tätig waren, die sie auch auf dem Lande ausübten. Das heißt, daß sie vor allem im textilen und Schneiderhandwerk sowie im Nahrungsmittelgewerbe tätig waren. Bücher

---

[2] Zitiert bei *O. Könnecke*, Rechtsgeschichte des Gesindes in West- und Süddeutschland, Marburg i. H. 1912, S. 657.

[3] *R. Wissel*, a. a. O., Bd. I, Berlin 1929, S. 394.

15*

zählt an weiteren Handwerken, in denen Frauen tätig waren, auf: „Die Kürschner (in Frankfurt und in den schlesischen Städten), die Bäcker (in den mittelrheinischen Städten), Wappensticker, Gürtler (Köln, Straßburg), die Riemenschneider (Bremen), die Paternostermacher (Lübeck), die Tuchscherer (Frankfurt), die Lohgerber (Nürnberg), die Goldspinner und Goldschläger (in Köln). In den Statuten der letzteren hieß es: ‚Kein Goldschläger dessen Frau Goldspinnerin ist, darf mehr als drei Töchter zum Goldspinnen haben; die Goldspinnerin dagegen, deren Mann nicht Goldschläger ist, darf vier Töchter haben und nicht mehr, daß sie ihr Gold spinnen.‘ An der Spitze beider Gewerbe stand je ein Meister und eine Meisterin, welche das Werk des Amtes zu besehen und zu prüfen hatten. Natürlich konnte es sich hier überall nur um Gewerbe handeln, welche der Natur ihres Betriebes nach für das zarte Geschlecht geeignet waren; denn es war stehender Grundsatz des alten Handwerksrechtes, daß niemand in der Zunft sein solle, der das Gewerbe nicht mit eigener Hand treiben könne.“

Bücher faßt zusammen: „Im ganzen können wir sonach behaupten, daß im Mittelalter die Frauen von keinem Gewerbe ausgeschlossen waren, für das ihre Kräfte ausreichten. Sie waren berechtigt, Handwerke ordnungsmäßig zu lernen, sie als Gehilfinnen, ja selbst als Meisterinnen zu treiben*.“

Doch daran schließt sich die Feststellung: „Indessen bemerken wir schon frühe die Tendenz, die Frauenarbeit mehr und mehr zurückzudrängen. Dieselbe wendet sich zunächst gegen die Meisterwitwen, deren Recht auf eine gewisse Zeit (Jahr und Tag) beschränkt oder an bestimmte Bedingungen geknüpft wird. Sodann gegen das Mitarbeiten der Mägde und der weiblichen Familienmitglieder, endlich auch gegen die selbständige Tätigkeit der Frauen in den Zünften. Die Gesellenverbände fangen an, sich zu weigern, neben den weiblichen Arbeitern zu dienen; die Meister klagen über Beeinträchtigung ihres Nahrungsstandes. Im XVI. Jahrhundert leistet noch die öffentliche Gewalt diesen engherzigen Bestrebungen Widerstand, im XVII. Jahrhundert erlahmt sie darin völlig, und so kommt es, daß nur in vereinzelten Fällen bis ins XVIII. Jahrhundert die Frauenarbeit im Handwerk sich erhalten hat.“

Zur späteren Auffassung über die Rolle der Frauen im Handwerk, besser zur Nichtrolle, faßt Bücher die Auffassungen eines Autors aus dieser Zeit so zusammen: „Adrian Beier**, der Verfasser des ältesten Kompendiums des Handwerksrechts, stellt denn auch den Satz auf: das männliche Geschlecht sei eine der unerläßlichen Grundbedingungen für die Aufnahme in eine Zunft gewesen. Die ganze gesellschaftliche Ordnung, meint er, beruhe darauf, daß jedes Geschlecht diejenigen Geschäfte übernehme, welche seiner Natur am angemessensten seien, der Mann die Erwerbsarbeit, die Frau die Küche, den Spinnrocken, die Nadel, die Wäsche; auch das Weben, Lichtergießen und Seifensieden solle ihr noch gestattet sein. Das Mädchen sei zur Ehe bestimmt; man könne nicht wissen, wen es einmal heiraten werde; eine gelernte Schusterin sei aber dem Schmiede nichts nütze. Außerdem könne man nicht allein in der Lehre lernen; von ungewanderten Junggesellen und gewanderten Jungfern werde aber beiderseits wenig gehalten. Der Umgang mit Männern in der Werkstätte sei in sittlicher Hinsicht nicht ungefährlich.

---

* Im Augsburger Stadtrecht von 1276 heißt es Art. 129: Swaer siniu chint ze antuaerken lat dur lerunge, ez si sun oder tohter, swaz lons man davon geheizzet, kumt daz ze clage, daz sol ein burggrafe rihten darnach als die schulde geschaffen ist. Dieselbe Formel noch in der Nürnberger Reformation von 1564 und im Stadtrecht von Mühlhausen i. Th.

** Tyro. Prudentiae juris opificiariae praecursorum emissarius. Der Lehrjunge. Jena 1717, S. 35ff.

Endlich sei die Zunft eine öffentliche Einrichtung; das Meisterrecht sei mit staatlichen Leistungen, als Wachen und Gaffen, verbunden, wozu Weiber nicht taugten."[4]

Die allmähliche Verbannung der Frauen aus dem Handwerk ist deswegen so wichtig, weil sie ihnen eine letzte Möglichkeit zu selbständiger Arbeit in der Stadt raubt, da sie nun nicht mehr selbständige Meisterin werden können, sondern in irgendeiner untergeordneten Stellung dienen mußten. Das aber erschwerte ihre Möglichkeiten zu einer „geordneten Heirat". Natürlich gab es überall, in Stadt und Land, einen Frauenüberschuß. Aber in den Städten kam durch die dortige Konzentration der (katholischen) Geistlichkeit noch die Zahl der Männer, die nicht heirateten, hinzu, so daß der Frauenüberschuß hinsichtlich der Heiraten noch künstlich vergrößert wurde. Der natürliche Überschuß der erwachsenen Frauen über die erwachsenen Männer betrug in den größeren Städten bis zu 15, ja 20 Prozent. Bücher gibt folgende Ursachen dafür:

„1. die zahlreichen Bedrohungen, welchen das männliche Leben in den mittelalterlichen Städten infolge der fortwährenden Fehden, der blutigen Bürgerzwiste und der gefahrvollen Handelsreisen ausgesetzt war;

2. die größere Sterblichkeit der Männer bei den oft sich wiederholenden pestartigen Krankheiten. Mindestens weisen auf eine derartige Vermutung hin die stärkeren Ziffern für die Frauen, welche regelmäßig nach Pestjahren in den Frankfurter Steuerlisten auftreten;

3. die Unmäßigkeit der Männer in jeder Art von Genuß.

Außerdem ist wohl die Vermutung nicht abzuweisen, daß die städtische Berufsarbeit in engen, ungesunden Räumen, zwischen hohen, dicht zusammengerückten Häusermauern bei der Unvollkommenheit der technischen Hilfsmittel viel mehr aufreibende Muskelarbeit von den Männern erfordert habe, daß der Daseinskampf bei dem raschen Wechsel von guten und schlechten Jahren, von hohen und niederen Lebensmittelpreisen, von Ueberfluß und Mangel für sie, wenn auch vielleicht im ganzen nicht schwieriger, so doch unregelmäßiger und wechselvoller sich gestaltet haben müsse als in Zeiten besserer Gesundheitspflege und ausgebildeten nationalen und internationalen Verkehrs."[5]

Daß der „Daseinskampf" für die Männer schwerer gewesen sein soll als für die Frauen, halte ich nicht für einen zutreffenden Grund, die übrigen Argumente von Bücher aber erscheinen mir richtig und gewichtig.

Was die Beeinträchtigung der Heiratsmöglichkeiten durch das Zölibat der katholischen Geistlichen und Mönche betrifft, so darf man das zahlenmäßig nicht unterschätzen. Es gibt eine Reihe Großstädte, in denen diese bis zu 10 Prozent der männlichen Erwachsenen ausmachten, also die Heiratschancen der Frauen und damit den Zwang für sie zu dienender Arbeit zusätzlich zum Ausschluß vom Handwerk recht erheblich verminderten.

Während die Frau in der Landwirtschaft neben ihrer landwirtschaftlichen Tätigkeit auch noch Hausfrau war, finden wir sie in unserer Zeit im Handwerk neben ihrer hauswirtschaftlichen Arbeit auch noch handwerklich tätig. Denn selbstverständlich leistete sie zahlreiche Hilfsdienste bei der handwerklichen Arbeit. Auch muß man sich sagen, daß ein weit größerer Teil ihrer hausfraulichen Arbeit im Handwerk zur handwerklichen Arbeit als in der Landwirtschaft zur landwirtschaftlichen gehörte. Man braucht nur daran zu denken, daß in der Landwirtschaft ganz offenbar alle aus einer

---

[4] K. Bücher, a. a. O., S. 266f. und S. 263f.

[5] Ebendort, S. 260f.

Schüssel essen, in der Stadt jedoch zumindest in unserer Zeit Lehrlinge und Gesellen ebenso offenbar gar nicht selten weniger und schlechter zu essen hatten als das Meisterpaar und seine Kinder – man denke nur an den Gesellenspruch: „Die Rüben, die Rüben, die haben uns vertrieben. Hätt' die Frau Meister Fleisch gekocht, so wären wir geblieben." Das heißt, während in der Landwirtschaft die Frau nur mit der Magd zu tun hatte – und die Klein- und Mittelbäuerin hatte viel häufiger keine Magd neben den Töchtern als der Bauer keinen Knecht –, spielte die Frau im Handwerk eine entscheidende Rolle für die Arbeitsbedingungen der Belegschaft.

Den neuen industriellen Verhältnissen des 19. Jahrhunderts die alten gegenüberstellen bemerkt Weber-Kellermann: „Für die Rolle der Frau und Mutter in der Familie ergab sich eine völlig neue Situation. War sie innerhalb der großen Haushaltsfamilie entscheidend in deren arbeitsteilige Wirtschaftsordnung integriert gewesen – als Verkäuferin der fertigen Ware (Bäcker, Konditor, Schneider), als Rechnungsführerin, Kundenvermittlerin, Betreuerin der Lehrlinge usw.; auf dem Lande als bäuerliche Hauswirtin mit allen ihren Arbeits- und Wirtschaftsfunktionen –, so erfuhr ihr Funktionsbereich nun mit der Teilung von Arbeits- und Wohnstätte eine gewaltige Reduktion. Sie wurde, zumindest im bürgerlichen Bereich, zunächst zurückgedrängt auf das eigene Heim."[6]

Man muß noch weitergehen als Weber-Kellermann. Auch auf dem Lande war die Bäuerin Verkäuferin für alle Produkte, für die sie auf dem Hofe verantwortlich war, vor allem für Viehprodukte wie Milch, Butter, Eier. Und dabei hatte sie genau wie der Mann alle Tricks anzuwenden, um ihre Produkte zum höchstmöglichen Preis loszuwerden.

Grimmelshausen erzählt, wie er in einem Bauernhause eine Nacht verbrachte, in der er kaum schlief und nichts zu essen bekam, sich auch heimlich „ein Stück faulen Käse an samt einen geringen partickul Butter" klauen konnte, während die Bäuerin sich auf den morgigen Markttag vorbereitete: „Indessen gieng die Mutter hin, ihren Marckschatz zusammen zu machen, was sie nemlich den folgenden Tag in dem nächsten Marckflecken zuverkauffen willens war. Solcher bestunde in einem dutzet zwey oder drey pfündiger Küh=Käsen, in einem Schock Eyer, in etlichen jungen Haanen und in ungefehr 10. pfund Butter, den sie zu Pfunden partirt hätte. Solches alles packte sie ordentlich in einen grossen Korb biß auf die Hüner, die absonderlich in einen Dauben=Korb gethan worden."

Am nächsten Morgen geht er wieder auf Wanderschaft, legt sich aber, von der Nacht, die so wenig Schlaf gebracht, ermüdet, bald zum Schlafen in den Wald.

„Ich war aber kaum ein wenig eingenuckt*, als ich etwas zu nächst bey mir nieder plumpen hörete, das mich wieder erweckte. Da ich nun die Augen aufthät, sihe, da war es meine Bäurin, welche den Korb bey mir nieder gesetzt, darinn sie ihren Marckschatz hatte. Ich sahe ihr zu, wie sie ihren Butter** und ihre Käse nacheinander heraus packte und den Butter nach einander in demselben Bächlein netzte, damit er fein hard*** und frisch bleiben solte. Die Käse lagen auch dort besonder auf einen Hauffen, über welche sie hockte gleichsam wie eine Brudhänne† über ihre Eyer, und netzte sie so ardlich

---

6   I. *Weber-Kellermann*, Kontinuität und Familienstruktur, in: Kontinuität, hg. v. H. Bausinger und
      W. Brückner, Berlin 1969, S. 150.
  * eingenuckt = eingeschlummert
 ** ihren Butter = ihre Butter
*** hard = hart
  † Brudhänne = Bruthenne

mit warmen Wasser, gleich wie sie zuvor den Butter mit kaltem befeuchtet, daß ich darüber gedencken muste: ‚Daß dir der Hagel ins Loch schlag!' Aber ich liesse es bey diesem Wunsch nicht bleiben, sonder zog meinen Handschuch* an und erwüschte** eine Hand voll von den kleinen Brenn=Nesseln, die man den Krebsen zu geben pflegt, die zu allem Glück dort stunden, faste darauf die Bäurin, als sie noch wegen ihres Geschäffts gebuckt hockte, geschwind und mit allen Kräfften in der Mitten, und zerrieb ihr mit den Nesseln den Hindern dermassen, daß sie blitzet und gumpet wie ein Esel. Sie schrie zwar, als hätte man sie ermorden wollen, aber ich gehye*** mich nichts drumb, sondern richtet ihr Ars und Schenckel dermassen zu, daß sie wol eine weil an das Käse=Beseigen† gedencken wird. Ich glaub auch, ich hätte noch nicht aufgehört, wann mir nicht eben eingefallen wäre, daß ich auch den Abend zuvor von diesen Käse gefressen, davor mich ein solcher Unwill†† anstiesse, daß ich alles heraus kotzen muste, was ich im Leib hatte, wormit ich der Bäurin Kleider hin und wieder trefflich zierte. Doch blieb mir noch Lung und Leber samt allem Eingeweid übrig, darmit ich mich beyseits begab und die Bäurin machen und ihr rathen liesse, was sie selbst wolte.

Der großgünstige Ehr= und Zuchtliebende Leser verzeihe mir, daß diese Histori so grob und unhöflich erzehle; ich hätte es gern ein wenig verzwickt, so hab ich aber zu garstigen Dingen keine saubere Worte finden können."[7]

Selbstverständlich muß man in dieser Zeit auch der großen Anzahl von Soldaten-„Frauen" gedenken. Von ihren allgemeinen Aufgaben der Fürsorge für ihre Männer war schon die Rede gewesen. Natürlich beteiligten sie sich auch am Raub überfallener Dörfer und Städte; bisweilen hatten sie ihre speziellen Raubgebiete. Lahnstein zitiert: „ ‚Da aber die liebliche Frühlingszeit hergedrungen, und die grünen und wohlschmeckenden Kräutlein herfürgekommen, sind alsbald die schändlichen Soldatenweiber in all Güter und Krautgärten haufenweise eingefallen, sobald sich nur ein grün Blättlein hat sehen lassen, gleich abgeschnitten, auch alle schönen Grautgärten durchsucht, nicht allein ihre Körbe und Säcke mit guten Kräutern und Salat erfüllet, sondern sich auch auf den Markt gesetzt ...' So der Chronist Wallinger in seinen Tagebüchern von den schwedischen Truppen im Breisgau, 1633."[8] Während die Soldaten nicht minder als ihre Frauen Schmuck raubten, kann man sich kaum Soldaten vorstellen, die die Gemüsegärten abernten. Wohl ein Sonderfall von Arbeitsteilung beim Raub.

[7] *Grimmelshausen*, Bd. 2, a. a. O., S. 132f. und 135f. – Die Warenverfälschung, von der Grimmelshausen hier berichtet, spielte in der damaligen Zeit eine große Rolle und rief eine außerordentlich detaillierte Gesetzgebung hervor. Das Gedicht „Des Teufels Netz", das aus dem 14. Jahrhundert stammt und im 15. Jahrhundert erweitert wurde, nennt 94 Berufe, die in Mißstände, Betrug und Fälschungen des Lebensmittelverkehrs verwickelt sind. Milch und Käse werden gefälscht, Eier, die schmutzig sind, mit Lauge gewaschen, wobei die äußerste Schicht der Schale zerstört und ihre Haltbarkeit beeinträchtigt wird. Sebastian Brant wettert gegen die Lebensmittelbetrügereien. Eine große Rolle spielen Verfälschungen teurer Gewürze. Der Augsburger Reichsabschied von 1581 geht ausführlich auf die Safranfälschungen ein. Ähnliche Verfälschungen sind bei Pfeffer und Ingwer üblich. Vgl. zu der ganzen Problematik E. *Schmauderer*, Studien zur Geschichte der Lebensmittelwissenschaft, Wiesbaden 1975, passim.

[8] P. *Lahnstein*, a. a. O., S. 25.

 * Handschuch = Handschuh

 ** erwüschte = erwischte

*** gehye = bekümmerte

  † Beseigen = Bepissen

 †† Unwill = Ekel

Solange Arbeits- und Wohnstätte so eng verbunden sind wie in der Landwirtschaft und im Handwerk, ist es ebenso selbstverständlich wie unvermeidlich, daß die Frau, daß die ganze Familie in den Arbeitsprozeß eingeordnet ist. Und da die Frau des Bauern oder des Handwerkers eben die Frau des Herrn bei der Arbeit war, hatte sie auch eine besondere Position gegenüber dem männlichen Gesinde wie den Gesellen und Lehrlingen, was wiederum bedingte, daß ihr Mann sie nicht so behandeln konnte, wie die nicht arbeitende Frau jenseits der Arbeitsstätte, also im Bürgerhause oder in der kleinbürgerlichen Wohnung des Kapitalismus behandelt wurde.

Das heißt natürlich nicht, daß sie nicht ebensoviel oder gar noch mehr als das Gesinde oder Gesellen und Lehrlinge arbeiten mußte. Das heißt aber, daß sie eine höhere „gesellschaftliche" Position hatte als die Frau im Kapitalismus.

Zwar nahm sie selten aktiv am politischen Leben teil – obgleich es auch in unserer Zeit vorkam, daß Frauen auf Dorfgemeindeversammlungen erschienen oder gelegentlich noch als Meister in Zunftversammlungen auftraten –, zwar gab es auch andere Gelegenheiten, andere Vereinigungen usw., bei denen die „Männer nur unter sich" waren, jedoch müssen wir klar sehen, daß im Alltag der Menschen und gerade auch der Unterdrückten die Stellung der Frau im 16. und 17. Jahrhundert eine höhere war als im Kapitalismus.

Selbstverständlich war der Mann Herr des Hauses und Herr der Familie und Herr der Wirtschaft. An der Patriarchalität von Hausgemeinschaft, Familie und Wirtschaft in Land und Stadt ist nicht zu rütteln.

Aber man sollte nicht vergessen, daß Justus Möser das Praktische des Hausbaus im Osnabrückischen von der Rolle der Frau in der Wirtschaft her begründet:

„Die Frage, ob die hiesigen Hausleute ihre Wohnungen nicht bequemer einrichten könnten, ist oft aufgeworfen worden. Diejenigen, welche solche zu entscheiden haben, mögen nachfolgende Vortheile der hiesigen Bauart nicht aus der Acht lassen.

Der Heerd ist fast in der Mitte des Hauses, und so angelegt, daß die Frau, welche bei demselben sitzt, zu gleicher Zeit Alles übersehen kann. Ein so großer und bequemer Gesichtspunkt ist in keiner andern Art von Gebäuden. Ohne von ihrem Stuhle aufzustehen, übersieht die Wirthin zu gleicher Zeit drei Thüren, dankt denen, die herein kommen, heißt solche bei sich niedersetzen, behält ihre Kinder und Gesinde, ihre Pferde und Kühe im Auge, hütet Keller, Boden und Kammer, spinnet immerfort und kocht dabei. Ihre Schlafstelle ist hinter diesem Feuer, und sie behält aus derselben eben diese große Aussicht, sieht ihr Gesinde zur Arbeit aufstehen und sich niederlegen, das Feuer anbrennen und verlöschen, und alle Thüren auf= und zugehen, hört ihr Vieh fressen, die Weberin schlagen, und beobachtet wiederum Keller, Boden und Kammer. Wenn sie im Kindbette liegt, kann sie noch einen Theil dieser häuslichen Pflichten aus dieser ihrer Schlafstelle wahrnehmen. Jede zufällige Arbeit bleibt ebenfalls in der Kette der Uebrigen. So wie das Vieh gefüttert und die Drösche gewandt ist, kann sie hinter ihrem Spinnrade ausruhen, anstatt daß in andern Orten, wo die Leute in Stuben sitzen, so oft die Hausthür aufgeht, jemand aus der Stube dem Fremden entgegengehen, ihn wieder aus dem Hause führen, und seine Arbeit so lange versäumen muß. Der Platz bei dem Heerde ist der schönste unter allen. Und wer den Heerd der Feuersgefahr halber von der Aussicht auf die Deele absondert, beraubt sich unendlicher Vortheile. Er kann sodann nicht sehen, was der Knecht schneidet und die Magd füttert. Er hört die Stimme seines Viehes nicht mehr, die Einfahrt wird ein Schleichloch des Gesindes, seine ganze Aussicht vom Stuhle hinterm Rade am Feuer geht verloren; und wer vollends seine

Pferde in einem besondern Stalle, seine Kühe in einem andern, und seine Schweine im dritten hat, und in einem eigenen Gebäude drischt, der hat zehnmal so viel Wände und Dächer zu unterhalten, und muß den ganzen Tag mit Besichtigen und Aufsicht haben zubringen."[9]

Sicherlich stand der Herd nicht immer und überall in Deutschland so. Sicherlich handelt es sich hier um eine Großbäuerin oder zumindest obere Mittelbäuerin; aber niemand wird bestreiten, daß deren hier so ausführlich geschilderte Rolle im Bereich der Wirtschaft eher geringer als die der Kleinbäuerin oder unteren Mittelbäuerin war.

Es gibt ein Bild von Daumier „Die schönen Tage des Lebens", Mann und Frau am Frühstückstisch – er eine breit ausgefaltete Zeitung lesend. Weit übertroffen wird dieses Abbild morgendlichen „Zusammenseins" des bourgeoisen Ehepaares noch von einer Karikatur aus jüngster Zeit, in der sich Mann und Frau genauso gegenübersitzen und der Mann hinter der Zeitung erstaunt fragt: „Sagtest Du etwas?", worauf die Frau antwortet: „Nein, das war gestern". Sie hätte vielleicht auch antworten können: „Nein, das war vor unserer Ehe". Das Bett liegt hinter dem Mann, er ist angezogen, alle Knöpfe sind geschlossen, das Frühstück steht bereit, und jetzt beginnt „der Ernst des Tages" ohne die Frau.

Eine solche Ehe war eine Unmöglichkeit in der von uns betrachteten Zeit. Nicht weil der Mann seine Frau „mehr liebte". Ehen wurden im allgemeinen auch unter den Werktätigen nicht aus Liebe geschlossen. In den Zeiten der Germanen beruhte die Ehe auf einem wirtschaftlich begründeten Rechtsvertrag zwischen zwei Sippen.[10]

Weber-Kellermann bemerkt dazu wie über unsere Zeit:

„Es handelte sich in dieser historischen Epoche nie vordergründig um ‚Neigungsehen' – ein Begriff des 19. Jahrhunderts –, sondern um höchst nüchterne Wirtschafts- und Rechtsverträge zwischen zwei Sippen. . . .

Auf dem Lande konnte in dieser Zeit des Feudalismus, abgesehen von den wenigen Gebieten freien Bauerntums, von einer Emanzipation in der Gattenwahl aber überhaupt noch keine Rede sein. Der Grundherr vermochte jeden unfreien Mann von 18 und jedes Mädchen von 14 Jahren zur Ehe zu zwingen und jeder Witwe einen neuen Gatten zu befehlen, denn auch der Nachwuchs eines Dorfes war Teil seines Besitzes.

In diesen Zusammenhang feudaler Herrschaftsausübung, die tief in das familiäre Leben eingriff, gehört auch das viel besprochene Jus primae noctis, d. h. das Recht des Feudalherren, die Braut an ihrem Hochzeitstage vor ihrem Gatten zu beschlafen. ‚Das Bestehen dieses Jus primae noctis, in Frankreich als Jus cunni, in England als marchete und in Piemont als carragio bekannt, ist oft in Zweifel gezogen worden, aber Du Change hat bis ins einzelne gehende Beweise dafür geliefert, und man ist sich darüber einig, daß dieser Brauch bestand'*.

Er schuf eine zusätzliche Blutsbeziehung zwischen Herrschaft und Bauern, eine weitere mittelbare Abhängigkeit besonders der Erstgeborenen – aber auch eine weitere Demütigung, einen Abbau der Selbstachtung auf seiten der Bauern."[11]

Auch Riehl, der den deutschen Bauern sonst romantisch verherrlicht, schreibt:

---

[9] *J. Mösers* sämmtliche Werke, 2. Ausg. Dritter Teil, Berlin 1858, S. 143f.

[10] Vgl. dazu *K. Fröblich*, Die Eheschließung des deutschen Frühmittelalters, Hessische Blätter für Volkskunde, Jg. 27, Leipzig 1928, S. 147ff.

[11] *I. Weber-Kellermann*, Die Familie, Frankfurt am Main 1976, S. 15, 30, 37.

* *G. A. Taylor*, Wandlungen der Sexualität. 1957, S. 223.

„In Gegenden, wo noch alte Bauernsitte herrscht, sind die aus persönlicher oder Standespolitik geschlossenen Ehen unter den Bauern gewiß im Verhältnis eben so häufig als die politischen Ehen bei Fürsten und Herren. Erst kommt der Güterverband und dann der Herzensverband. Wenn eine ‚Erbtochter' in Westfalen sich verheiratet, dann stellt schon der Sprachgebrauch den Gesichtspunkt der Gutsvererbung obenan. Denn der Mann führt wohl gar fortan den Namen der Frau, die ihm das Erbe zugebracht (wie das bei den Erbtöchtern der alten Dynastengeschlechter auch nicht selten gewesen ist) und fügt seinen ursprünglichen Namen, wie sonst die Frauen pflegen, nur noch bescheiden hintenan mit dem Zusatz ‚geborener'. Also etwa: Jost Müller, geborener Schmidt. ...

Die Ehe faßt der Bauer aus einem sehr nüchternen Standpunkte. Die Mädchen auf dem Lande heiraten meist sehr frühe, die ersten Jahre der Ehe sind für sie eine Kette von Arbeit und Mühsal; sie werden rasch alt und häßlich. Von der Romantik einer Bauernehe, wie sie die Dorfnovellisten ausmalen, wird dabei nicht viel zu verspüren sein."[12]

Und doch, so richtig die Bemerkungen von Weber-Kellermann und Riehl, war die Beziehung zwischen Mann und Frau in der Bauernehe eine viel engere als in der bürgerlichen Ehe, selbst wenn diese als Ehe aus Liebe, als „Neigungsehe" begonnen hatte. Zumal, auch wenn der Grundherr oder Gutsherr die Bauernehe nicht „gestiftet" hatte, diese in erster Linie wirtschaftlich begründet war – was nicht ausschloß, daß gelegentlich auch Neigung, daß Liebe „hinzukommen" konnte.

Ja, je ärmer die Heiratenden waren, desto größer und beständiger war wohl der wirtschaftliche Faktor. Kam es doch in den Schichten der Bauernarmut und des weniger gut situierten Handwerks bei der Ehe weniger auf die sowieso stets kleine Mitgift, sondern auf die ständige wirtschaftliche Kraft der Frau an.

Darum gab es zwischen Mann und Frau, zumindest vor Feierabend, auch ständig etwas zu besprechen, seien es Fragen der Wirtschaft oder „Kaderfragen", die sich auf den Einsatz und die Qualität der vorhandenen Arbeitskräfte, einschließlich der Kinder, die ja nicht zu irgendwie, sondern zum Arbeitseinsatz gebildeten Menschen erzogen werden sollten, bezogen. Schweigsamkeit zwischen Mann und Frau war im Bett möglich, aber nicht am Tage, wenn es zu wirtschaften galt, erst recht nicht am Morgen, wenn der Tag geregelt wurde, es sei denn, das sei schon am Abend geschehen. Aber auch dann galt es, am Morgen noch einmal festzustellen, ob auch alles klar war.

Und natürlich umfaßte die „Besprechung" nicht nur Frau und Mann. Die ganze Familie wurde miteinbezogen. Dabei müssen wir uns klar darüber sein, was unter Familie zu verstehen ist.

Im alten Rom verstand man unter Familia die gesamte „Hausgemeinschaft", also die Familienmitglieder, die Sklaven und das freie Gesinde, alle die unter der Leitung eines Dominus, eines Haus-Herrn wirtschaften. Dazu finden wir Familia auch nicht selten nicht nur die Menschen, sondern auch das Vieh, ja auch das „unbewegliche" Vermögen, also das Haus, den Grund und die Arbeitswerkzeuge umfassend.

In der frühen Feudalzeit scheint der Vermögensbegriff der Familia mehr und mehr hinter dem der Personengruppe zurückgetreten zu sein.[13] Im Laufe der Zeit wird auch

---

[12] *W. H. Riehl*, Die bürgerliche Gesellschaft, 8. Aufl., Stuttgart 1885, S. 55 und 60.
[13] Vgl. zu dieser Problematik z. B. *K. Bosl*, Die „Familia" als Grundstruktur der mittelalterlichen Gesellschaft, in: „Zeitschrift für bayerische Landesgeschichte", Bd. 38, Heft 2, München 1975.

die Familia als Personengruppe kleiner. Gehörten anfangs alle irgendwie einem Grundherrn „Untertänigen" zur Familia, so sind es im 13. Jahrhundert zumeist nur noch die
„armen liute", also vor allem die Bauern.

Aus diesem Begriff der Familia entwickelt sich der Begriff der Familie[14] mit einem
doppelten Sinn. Weber-Kellermann unterscheidet, sich einer weit verbreiteten Begriffs-
bildung anschließend:

„Nicht nur im quantitativen Gegensatz zur Kern- oder Kleinfamilie steht die Großfamilie, eine Gruppe von Blutsverwandten in mehreren Generationsschichten, die an
einem Ort zusammen leben und meist von einem patriarchalen Oberhaupt geleitet werden. Sie verwalten und bewirtschaften gemeinsam ein gemeinschaftliches Eigentum,
Herden, Äcker oder andere Produktionsmittel wie handwerkliche oder kaufmännische
Betriebe im Geiste eines ständigen und ununterbrochenen verwandtschaftlichen Fort-
laufes*. Unter dem Begriff Großfamilie subsumiert man heute meist nur noch ganz
bestimmte slawische Formen der Familienorganisation, die man deshalb jedoch nicht
als ethnische oder gar nationale Spezifika der slawischen Welt einordnen darf. Sie
stellte eine wirtschaftlich bedingte Sozialform dar mit mannigfachen sozialkulturellen
Eigenschaften und dürfte in vorgeschichtlicher Zeit über ganz Europa verbreitet gewesen sein . . .

Für die große Haushaltsfamilie galt das Kriterium des Zusammenlebens und -wirt-
schaftens, doch muß es sich bei dieser Gruppe nicht ausschließlich um Blutsverwandte
und auch nicht um eine Organisation mehrerer Generationsschichten handeln. Hier war
vielmehr der ganze Hausverband als Lebens- und Wirtschaftsgemeinschaft gemeint, dem
auch nicht blutsverwandte Mägde, Knechte, Bediente und Gesellen angehören konnten.
Er wurde wirtschaftlich und rechtlich vertreten von dem ‚Hausvater' im verantwortlichen Geiste autoritärer Patriarchalität.

Diese Familienform war im Mittelalter und in der Neuzeit in Deutschland dominie-
rend bis zur Herausbildung der bürgerlichen Kleinfamilie. Die Kleinfamilie (Gatten-
familie) des 19. Jahrhunderts setzte sich im Zusammenhang mit der Industrialisierung
und der Trennung von Wohnplatz und Arbeitsplatz durch. Die Produktionsmittel befanden sich nun nicht mehr im Bereich des ‚Hauses'. Damit verlor die patriarchalische
Autoritätsstruktur des Vaters als Vorstand des ‚ganzen Hauses' eine wirtschaftliche
Komponente.

Die Beziehungssysteme der ‚Familie' in den verschiedenen historischen Epochen sind
also nicht nur biologisch durch die Verwandtschaft, sondern ebenso durch die wirtschaftlichen Bedingungen geprägt, die gleichzeitig die gesamtgesellschaftlichen Strukturen
bestimmten."[15]

Dabei müssen wir uns klar darüber sein, daß Knechte und Mägde gar nicht selten
in unserer Zeit noch nahe Verwandte, ja nicht-erbberechtigte Söhne und auch fernere
Verwandte sind. Köstlin bemerkt mit Recht in seiner Gildenstudie: „Die frühesten

---

[14] Das Wort Familie wird im Deutschen (also im Gegensatz zum stets seit der Römerherrschaft
gebräuchlich gewesenen lateinischen Familia) wohl erst seit dem 18. Jahrhundert in der Umgangssprache gebraucht – vgl. dazu *O. Brunner,* Neue Wege der Verfassungs- und Sozialgeschichte,
2. Aufl., Göttingen 1968, S. 111.

[15] *I. Weber-Kellermann,* Die Familie, a. a. O., S. 9ff.

* *R. Thurnwald,* Aufbau und Sinn der Völkerwissenschaft. 1948, S. 14 und S. 37; *Zadruga.* In:
Reallexikon der Vorgeschichte. Berlin 1924–1929. (Hrsg. Ebert), S. 458, und die dort aufgeführte
Literatur.

Ordnungen der ländlichen Gilden zeigen ein Bild, in dem der gesamte Dorfverband als eine Wirtschaftseinheit verstanden wird. Es ist richtig, daß beschlußfassend die ‚gantze Burschop' ist. Doch werden Kätner, Knechte in dieses System mitaufgenommen und, wie es scheint, angemessen berücksichtigt. Bei dem muß bedacht werden, daß Knechte in der Regel Verwandte der Hufner, nachgeborene Söhne häufig, waren."[16]

Der romantisch-reaktionäre Riehl macht zur Größe der Familie folgende nicht unkluge Ausführungen:

„Es zeigt die Auflösung des Familienbewußtseins an, daß es mehr und mehr Sitte wird, die einzelnen Genossen des ‚Hauses' in Gruppen abzusondern: Mann und Frau, die Kinder, das Gesinde, die Geschäftsgehülfen etc. bilden in dem vornehmeren Hause je eine Familie für sich. Der alte Gedanke des ‚ganzen Hauses' ist damit faktisch aufgehoben.

Schon die Ausdehnung der Familie selber wird von der nivellierenden modernen Gesittung immer enger gefaßt. In den bürgerlichen Kreisen hält man es für höchst kleinstädtisch und altmodisch, entferntere Verwandtschaftsgrade noch zur Familie zu ziehen. Die Aristokratie und die Bauern dagegen, die auch hier als ‚Mächte des socialen Beharrens' erscheinen, erkennen die Familie noch in viel weiteren Gränzen an. Ein Andergeschwisterkindsvetter gehört dem Bauern noch zur nächsten Verwandtschaft, und er läßt ihm seinen vollen vetterlichen Schutz angedeihen. Vettern und Basen werden bis in die entferntesten Grade förmlich aufgesucht, man ist stolz auf eine recht große Sippe und beobachtet sorgfältig die Verwandtschaftstitulaturen. Bei Fürsten und Bauern sagt man noch ‚Herr Vetter' und ‚Herr Bruder'; im feineren Bürgerstande sind diese Titel Rococo. Ja dem Bauern fallen die Begriffe der ‚Verwandtschaft' und ‚Freundschaft' auch sprachlich noch ganz zusammen. ‚Freundschaft' in der Bauernsprache ist Blutsfreundschaft. Ein ‚Freund' ist jedenfalls ein Vetter; wäre er das nicht, so müßte man ihn durch das geringere Prädikat eines ‚guten Freundes' unterscheiden."[17]

Für Riehl ist dieser Prozeß natürlich ein bedauerlicher Abfall von den „alten guten Sitten", zu denen man zurückkehren sollte. Er sieht nicht die ökonomischen Ursachen. Immer wieder muß man sich sagen: Haus, Hof, Familie stellen eine Wirtschaftsgemeinschaft dar, und wie die Kinder nicht früh genug mit der Arbeit beginnen können, so können die Mädchen, wenn sie nicht als Mägde gebraucht werden, nicht früh genug heiraten, um neue Arbeitskräfte zur Welt zu bringen bzw. ein Haus, eine Familie mitzuleiten.

Doch gibt es bei all diesen Gedanken über die Familie noch mehr zu bedenken. – Michael Mitterauer hat eine ganz vorzügliche Kurzübersicht über die Hauptfamilientheorien der letzten hundert Jahre gegeben, die wir zunächst folgen lassen:

„Die Frage nach der Familienstruktur älterer Zeiten spielt in der Familiensoziologie seit ihren Anfängen eine große Rolle. Die Geschichtswissenschaft hingegen hat sich mit diesem Problem kaum beschäftigt. Allgemeine Überblicksdarstellungen fehlen. Aus den wenigen, regional und zeitlich beschränkten Studien ergibt sich kein zusammenhängendes Bild. Der von Soziologen vielfach erhobene Vorwurf, daß die Geschichte der Familie von den Historikern gröblich vernachlässigt worden sei, besteht daher sicher zu Recht.*

---

[16] *K. Köstlin*, Gilden in Schleswig-Holstein, Göttingen 1976, S. 87.

[17] *W. H. Riehl*, Die Familie, 10. Aufl., Stuttgart 1889, S. 150f.

* *René König*, Alte Probleme und neue Fragen in der Familiensoziologie. Kölner Zeitschrift für Soziologie und Sozialpsychologie 18 (1966) 5; derselbe, Soziologie der Familie, Handbuch der empirischen Sozialforschung 2 (1969) 188 und 211; *Georg Schwägler*. Soziologie der Familie (1970) 133ff.

Historisch-funktionale Ansätze der Familiensoziologie können sich so nur auf unzureichendes Material stützen. Es darf nicht verwundern, daß es auf dieser Basis oft zu sehr pauschalen und stark divergierenden Aussagen kommt.

Im Mittelpunkt des historischen Interesses der Familiensoziologie stand bisher die Frage nach der Größenordnung älterer Familienformen. Das Verhältnis von Groß- und Kleinfamilie bzw. erweiterter und Kernfamilie in ihrem Nach- und Nebeneinander wurde diskutiert. Schon für die beiden Begründer der soziologischen Familienforschung – Wilhelm Heinrich Riehl und Frédéric Le Play – hatte dieses Problem große Bedeutung. Sie diagnostizierten einen Entwicklungsverlauf von der größeren Gemeinschaft des ‚ganzen Hauses' zur kleinfamilialen Isolierung bzw. von der Stammfamilie zur ‚famille particulariste'. Ihre Anschauungen über historische Familienstrukturen waren sehr stark von sozialpolitischen Ordnungsvorstellungen der eigenen Zeit beeinflußt. Hier setzt daher die Kritik der neueren Familiensoziologie an*.

Auch Èmile Durkheim nahm eine historische Entwicklung von zahlenmäßig größeren zu kleineren Familienverbänden an. Dem in der Gegenwart vorherrschenden Familientyp, den er als ‚famille conjugale' charakterisierte, stellte er die ältere ‚famille paternelle' gegenüber, die sich aus Eltern, verheirateten Söhnen sowie deren Frauen und Kindern zusammengesetzt habe. In der vorindustriellen Gesellschaft sei die Kernfamilie vollständig in die umfassendere Verwandtschaftsfamilie integriert gewesen und habe sich erst durch Prozesse der Funktionsabgabe und der Kontraktion aus ihr herausgelöst. Dieses Durkheimsche Kontraktionsgesetz gehörte in seinen quantitativen wie auch in seinen funktionalen Aspekten lange zu den weithin akzeptierten Theoriestücken der Familiensoziologie.**

Unter den neueren Familiensoziologen vertritt René König einen differenzierenden Standpunkt. Eine geradlinige Entwicklung von weiteren zu engeren Familienformen lehnt er ab. Ebenso wendet er sich gegen die Annahme, daß in einer bestimmten Gesellschaft nur ein einziger Familientyp bestanden habe. Erweiterte Familie und Kernfamilie sind seiner Auffassung nach nicht in einem Nacheinander, sondern in einem Nebeneinander zu sehen. Für entscheidend zum Verständnis der Verteilung von Familientypen hält er die jeweilige Klassenschichtung einer Gesellschaft. Er meint, daß ‚die Kernfamilie offensichtlich überall bei den Unterschichten vorwiegt, während die verschiedenen Formen der erweiterten Familie den Oberklassen zuzuordnen ist'***. Zu dieser Theorie ist unabhängig von König auch William J. Goode gekommen.†

Ausführlich geht König auf die Frage ein, inwieweit Industrialisierung und Verstädterung die Familienstruktur beeinflußt haben. Gegenüber Positionen, die in diesen beiden Faktoren die maßgebliche Ursache für das Schrumpfen erweiterter Familienformen sehen, vertritt er die Auffassung, daß diesbezüglich keine klare Wechselbeziehung zu erkennen sei. Die Realität der Kernfamilie, ebenso aber ihr spezifisches Wertsystem habe es schon lange vor der Industrialisierung gegeben. Für letzteres sei die

* *Schwägler*, Soziologie der Familie (1970) 33ff. und 136ff.

** *Günther Lüschen/Eugen Lupri*, Die theoretische und methodische Bedeutung der Familiensoziologie, Soziologie der Familie. Kölner Zeitschrift für Soziologie und Sozialpsychologie, Sonderheft 14 (1970) 11.

*** Mit einigen Korrekturen gegenüber früher vertretenen Auffassungen zusammenfassend: Handbuch der empirischen Sozialforschung 2 (1969) 210ff.

† *William J. Goode*, World Revolution and Family Patterns (1963); derselbe, Readings on the Family and Society (1964); derselbe, Die Struktur der Familie (1966).

Reformation von großer Bedeutung gewesen, die Wirklichkeit der Kernfamilie reiche jedoch noch viel weiter zurück. Das Durkheimsche Kontraktionsgesetz beschreibe ‚ausschließlich das Schicksal der bürgerlich-großbürgerlichen Familie'. Er meint: ‚Die überwältigende Majorität der Familien in den Unterklassen konnte aber schon darum keinem Kontraktionsprozeß unterliegen, weil sie niemals erweitert gewesen waren.'* Auch Goode nimmt an, daß nicht die Industrialisierung entscheidende Veränderungen in der Familienstruktur bewirkt habe, sondern daß umgekehrt vorhergehende Veränderungen im westlichen familialen System – etwa um das 17. Jahrhundert beginnend – den Übergang zur Industrialisierung leichter gemacht haben könnten.**

Gegen die von König und Goode vertretene Entsprechung von erweiterten Familienformen und Oberschicht bzw. Kernfamilie und Unterschicht wendet sich Georg Schwägler***. Einerseits verweist er darauf, daß sich in frühindustriellen Textilindustrielandschaften bei Arbeiterfamilien durchaus ‚großfamilienhafte Verbände' finden, andererseits stellt er fest, daß ‚die an Großgrundbesitz gebundenen Familien wenigstens im Deutschland des 19. Jahrhunderts, überwiegend Kernfamilien ausbilden'. Die Hypothese schichtspezifischer Familienformen unterschiedlicher Größenordnung hält er in Hinblick auf diese Gegebenheiten für falsifiziert. Ebenso richtet er sich aber auch gegen die romantisch verklärenden Vorstellungen vom harmonischen Zusammenleben mehrerer Generationen unter einem Dach, das nach Meinung älterer Familiensoziologen für die vorindustrielle Gesellschaft typisch gewesen sein soll. Aufgrund von Daten über Heiratsalter, Sterblichkeit und Geburtenfolge berechnet er, daß Großfamilien im Sinne von Mehrgenerationenfamilien (‚Stammfamilien') überhaupt nur sehr selten zustande kommen konnten.† Das seit der Romantik so weit verbreitete Bild älterer Familienformen, das er mit den Zeilen aus Gustav Schwabs Ballade ‚Das Gewitter': ‚Urahne, Großmutter, Mutter und Kind im stillen Stübchen beisammen sind' chiffrenartig skizziert, entspricht demnach nicht der historischen Realität der vorindustriellen Zeit."[18]

Ich glaube, König und Goode haben unrecht in der Theorie, wenn auch recht häufig recht in der Praxis, was die Kernfamilie betrifft. Natürlich ist die Kernfamilie in den „Unterschichten" verhältnismäßig häufig, weil so oft der Bauer und erst recht die Kossäten oder wie sie heißen mögen zu wenig Land oder zu hohe Lasten hatten, um sich Knechte oder Mägde, die nicht eigene Kinder waren, zu leisten. Aber das waren eben nur zufällige Kernfamilien, Kernfamilien aus Mangel, aus Armut, nicht Kernfamilien als Institution. Hier bezog sich „das ganze Haus" als Wirtschaftseinheit, die einem Hausvater unterstand, eben nur auf die Familie als Kernfamilie im heutigen Sinne – sobald aber die Verhältnisse es irgend erlaubten und ein Knecht oder eine Magd angenommen werden konnte, hatte bestimmt keiner das Gefühl des Übergangs von der Kernfamilie zur Haushaltsfamilie, sondern man war nur froh, eine zusätzliche Kraft im Haushalt, in der Familia, in der Wirtschaftseinheit zu haben.

Darum sollte man Mitterauer voll zustimmen, wenn er bemerkt:

„Zu einer vollkommen willkürlichen Abgrenzung käme es, wollte man dem Gesinde

---

[18] *M. Mitterauer*, Zur Familienstruktur in ländlichen Gebieten Österreichs im 17. Jahrhundert, in: Beiträge zur Bevölkerungs- und Sozialgeschichte Österreichs, hg. v. H. Helczmanovszki, München 1973, S. 168ff.

  * *König*, Soziologie der Familie 145ff.

 ** *Goode*, World Revolution and Family Patterns 370.

*** *Schwägler*, Soziologie der Familie 145ff.

  † Ebendort, S. 141ff.

und den Inleuten eine unterschiedliche Gruppenzugehörigkeit beimessen, je nachdem, ob sie mit dem Hausherrn oder dessen Frau verwandt waren oder nicht. Welcher Grad der Verwandtschaft sollte für die Zurechnung zu einer so verstandenen ‚Familie‘ maßgeblich sein? Hier weiterzudenken, hieße sich in sinnlose Spitzfindigkeiten verlieren. Die gestellte Ausgangsfrage läßt sich von diesem Ansatz her nicht beantworten. Die Übergänge zwischen verwandten und nicht verwandten Angehörigen der Hausgemeinschaft sind fließend. Eine exakt abgrenzbare soziale Einheit ist nur diese als ganze.

Das ‚ganze Haus‘ wird so Gegenstand einer Untersuchung sein müssen, die sich mit Familienstrukturen im 17. Jahrhundert beschäftigt. Eine solche Auffassung steht auch durchaus in Einklang mit dem Sprachgebrauch unserer Quellen. Wenn hier in römisch-rechtlicher Terminologie vom ‚pater familias‘, mitunter auch von der ‚mater familias‘ die Rede ist, so wird diese Bezeichnung nur für die Hausherren bzw. Hausfrauen verwendet, nicht aber für Inwohner oder Ausgedinger, die mit Frau und Kindern im Hause wohnen. Die ‚familia‘ im Sinn der Zeit meint die ganze Hausgemeinschaft. Ein eigener Terminus für den engeren Kreis von Mann, Frau und Kindern fehlt im Deutschen vor dem 18. Jahrhundert. Wenn auf diese Konfiguration von Rollenträgern im Haus Bezug genommen wird, so steht dafür nur die Umschreibung ‚NN mit weib und kind‘ zur Verfügung. Die biologische ‚Familie‘ als ‚Fortpflanzungsgemeinschaft‘ wird begrifflich gar nicht gesondert erfaßt. Sie ist als solche für sich allein genommen eben keine separierte soziale Einheit, keine Gruppe im Verständnis der Zeitgenossen. Das Wort Familie in unserer heutigen Bedeutung dringt erst im Laufe des 18. Jahrhunderts in die deutsche Umgangssprache ein. Gleichzeitig beginnt auch die alte Bezeichnung ‚Haus‘ ihren sozialen Wortsinn zu verlieren. ...

Gerade eine für das 16. Jahrhundert besonders charakteristische Quellengattung, die sogenannte ‚Hausväterliteratur‘, ermöglicht sehr klare Aussagen über familiäre Rechte und Pflichten, über familiäre Rollenverteilungen, über familiäre Sozialisationsaufgaben. Als sozialen Bezugsrahmen, innerhalb dessen die charakteristischen Familienfunktionen institutionell fixiert sind, kennt sie nur den Personenverband des Hauses, zu dem neben Hausvater, Hausmutter und Kindern das Gesinde und die übrigen im Haus lebenden Personen ohne grundsätzliche Differenzierung gezählt werden. Ein engerer Kreis der ‚Familie‘ innerhalb dieser Hausgemeinschaft ist den Quellen der Zeit unbekannt.“[19]

Abschließend zu dieser Problematik sei noch eine so kluge Überlegung von Jan Peters zitiert, der mich fragte: Ist es nicht so, daß die Struktur der Familie ihrer ökonomischen Situation angepaßt sein muß? Dem Kossäten entsprach die kleine Kernfamilie, der Landarmut sogar die auf nur Mann und Frau gnadenlos reduzierte Familie, denn die Kinder mußten ja schleunigst weg aus den Katen, sie waren überflüssig, weil es keinen Familienbetrieb gab, ihr Dasein war allein sinnvoll als Dienst-Dasein für den Herrn. Dieser ökonomischen Stellung entsprach also wohl eine „Minifamilie“, so daß die Grundherren die Landarmut auch noch um das Glück eines Eltern-Kinder-Gefühls betrogen. Einliegerfamilien waren fast immer kleiner als Bauernfamilien.

Wie groß waren nun die faktischen „Kernfamilien“, das heißt, wie viele Kinder kamen auf eine Ehe? In ihrem Buch über die Familie bemerkt Weber-Kellermann: „Bei der üblichen frühen Verheiratung und der geringen Schonung der Frauen war die Zahl der Geburten oft außerordentlich hoch, und bis zwanzig Niederkünfte in einer Ehe galten als keine Seltenheit, wenn auch primitive Abtreibungen und mit allen möglichen

[19] Ebendort, S. 176ff.

vulgärmedizinischen und magischen Mitteln versuchte Konzeptionsverhinderungen weite
Verbreitung fanden. Mangelnde Hygiene, Epidemien, Schmutz und Enge der Wohnver-
hältnisse trugen andererseits zu einer geradezu ungeheuerlichen Kindersterblichkeit bei,
so daß in vielen Familien nur ein bis zwei Kinder am Leben blieben, viel mehr auch
kaum hätten aufgezogen werden können. Stifterbilder, Votivtafeln und Grabsteindar-
stellungen legen ein beredtes Zeugnis von diesem immerwährenden Sterben ab, das
gerade die Familienmutter gefühlsmäßig abstumpfen mußte. So hatten die Frauen an
den Lasten des Lebens oft schwerer zu tragen als die Männer, besonders diejenigen der
untersten Schichten."[20]

Weber-Kellermann übertreibt zweifellos die Kindersterblichkeit. Wenn in vielen
Familien nur ein bis zwei Kinder übrig geblieben wären, dann hätte es eine rapide
Bevölkerungsverminderung geben müssen, zumal ja auch Epidemien und Krankheiten
wie Kriege so viele Erwachsene vor der Erschöpfung der Fruchtbarkeit dahinrafften.
Auch hätte, wenn sie im Recht, ein furchtbarer Mangel an Arbeitskräften geherrscht,
denn die Kinder waren schon in recht jungem Alter eine nützliche Arbeitskraft, die
sich als Jugendliche bereits, gemessen an der „Wertschaffung", voll erhielten. Es kann
also gar nicht die Rede davon sein, daß die Aufzucht von mehr als ein oder zwei
Kindern wirtschaftlich nicht möglich gewesen wäre.

Auch vergißt sie, wie oft – dreimal ist wahrlich nicht selten –, wenn die Frauen im
Kindbett sterben, die Männer wiederheiraten, und umgekehrt, wie oft infolge des Todes
des Mannes (Unfall, Krieg, Krankheit) die Frauen wiederheiraten, aus wirtschaftlichen
Gründen wiederheiraten mußten.

Das gilt für das Land wie für die Stadt. Darum braucht auch der Geselle, der beim
Tod des Handwerksmeisters die Witwe heiraten muß, um selber Meister zu werden,
keineswegs sich immer dazu zu überwinden, wenn es die dritte und oft noch junge Frau
des Meisters ist. Auf der anderen Seite ist die Eheschließung des 20jährigen Ulmer
Schuhmachers Hans Heberle mit der 33jährigen verwitweten Dorothea Wieland im
Jahre 1588 nichts aufsehenerregendes.

Wir wissen noch sehr wenig über die Fruchtbarkeit der Bevölkerung und über ihre
Lebensdauer. Manche schätzen das durchschnittliche Lebensalter der Menschen auf 18
bis 21 Jahre und daß nur ein Siebentel der Bevölkerung oder noch weniger älter als
50 Jahre wurde.

Für die Familie des soeben erwähnten Hans Heberle können wir folgende Geburtlichkeit und Sterblichkeit feststellen[21]:

> Aus der Ehe mit Dorothea Wieland
> > 3 Kinder, von denen wurden alt
> > > eines noch nicht ein Jahr
> > > eines 20 Jahre
> > > eines 79 Jahre.
> Aus einer zweiten Ehe Hans Heberles
> > 9 Kinder, von denen wurden alt
> > > zwei noch nicht ein Jahr
> > > zwei drei Jahre

[20] I. Weber-Kellermann, a. a. O., S. 32.
[21] G. Zillhardt, Der Dreißigjährige Krieg in zeitgenössischer Darstellung. Hans Heberles „Zeytregister"
(1618–1672). Ulm 1975, S. 279.

drei starben im gleichen Monat an der Pest im Alter von 19, 31 und
32 Jahren
eines wurde 17 und eines 70 Jahre alt.

Der Sohn Hans aus der ersten Ehe, der 79 Jahre alt wurde, heiratete im Alter von
30 Jahren eine Frau von 24 Jahren.

Sie hatten 10 Kinder; von ihnen starben im Alter von
weniger als einem Jahr zwei
ein bis fünf Jahren vier
sechs bis fünfzehn Jahren eines
drei wurden über 30 Jahre alt.

Das heißt, von 10 Kindern starben 7 vor der Erreichung des Heiratsalters.

Für die Patrizierfamilie der Rohrbach in Frankfurt am Main haben wir für die Zeit
von 200 Jahren eine Statistik (endend 1570), wonach 6 Männer 48 Kinder hatten – also
8 Kinder pro Vater, von denen 17, also fast 3 pro Familie, den eigenen Vater überlebten.[22]

Ähnliche Untersuchungen für andere hervorragende Familien sollten nicht schwer
sein. Aber auch für gar manche Dörfer sollte man reichlich Material finden, um uns
ein besseres Bild von der Bevölkerungssituation zu geben. Wir wissen nicht einmal, ob
Geburtlichkeit und Sterblichkeit auf dem Lande größer oder kleiner als in der Stadt
sind oder ob es, wie später im Kapitalismus, große Klassendifferenzen gibt, was mir
nicht sehr wahrscheinlich ist.

Doch noch einmal zurück zur Kinderzahl pro Familie bzw. pro Ehe. Aus den Berechnungen Mitterauers für Österreich erfährt man, daß zwei bis drei Kinder bei den
Eltern lebten – er konnte nicht die erfassen, die bereits das Elternhaus verlassen hatten.
Während diese Zahlen auch für Deutschland (im hier angenommenen Umfang) als
charakteristisch gelten können, ist es ganz anders mit der Zahl des Gesindes, das auch
in seinen Untersuchungen für Österreich in verschiedenen Gegenden recht verschieden
ist, und erst recht in verschiedenen Teilen Deutschlands sehr verschieden sein kann.
Aber eines können wir auch seinen Untersuchungen übernehmen: Es wird überall eine
mehr oder weniger große Anzahl von Höfen gegeben haben, oder, wenn Höfe bereits
ein zu enger Begriff ist, eine Anzahl von landwirtschaftlichen Hauswirtschaften, deren
Mitglieder vom Ertrag der Landwirtschaft leben und die keinen Knecht oder Magd
haben. Jedoch ist hier noch viel Material zu suchen, bevor wir in einer so wichtigen
Frage zu sicheren Schlüssen kommen können.

Schrecklich, wie wenig wir noch über die einfachsten Dinge des bäuerlichen Alltags
wissen!

In diesem Zusammenhang zeigt sich die große Rolle der Frau in der Wirtschaft noch
von einer anderen Seite. Es ist unmöglich, einen Bauernhof zu führen ohne eine Frau.
Darum finden wir auf dem Lande außerordentlich schnelle Wiederverheiratungen. Es
gilt keineswegs als ungehörig, schon wenige Wochen nach dem Tode der Frau wieder-
zuheiraten. Ja, ich glaube, eine genauere Untersuchung würde zeigen, daß aus wirtschaftlicher Not Bauern schneller wieder heiraten müssen als Bäuerinnen.

Doch gilt diese Notwendigkeit der schnellen Wiederheirat auch für andere Schichten.
Der bekannte Augsburger Architekt Elias Holl bemerkte zum Beispiel in seiner Chronik:

---

[22] Vgl. Frankfurt um 1600, Alltagsleben in der Stadt, Historisches Museum, Frankfurt am Main,
1976, S. 20f.

„Nachdem ich nun 10 Wochen ein traurig und betrübter Witwer war, sahe ich mich, um mein Haushaben recht zu führen, wiederum um eine ehrliche Hausmutter um und bath Gott herzlich, daß er mir eine rechte taugliche beschehren wolle. Kame mir ohne männiglichs Antrag des Hrn. Tobias Reischlens Tochter, Rosine, eine rechte Liebe, sie zu begehren, ins Herz; begehrte also durch ehrlicher Leuth Underhandlung Ihrer zu einem Ehe=Gemahl, also daß es durch solche richtig ward und sie mir versprochen wurde. Habe darauf in Gottes Nahmen Ao. 1608 den 14. April mein Abred und darauf den 17. dis die Stuelvest, den 20. Maii aber, am Aftermontag in Pfingsten die Hochzeit gehabt. Der Kirchgang gieng aus bey Herrn Zechen zu St. Anna in die Kirchen, die Hochzeit beim Kreiten im Sachsen=Gäßlein."[23]

Auch der Handwerker konnte keine Werkstatt ohne Frau leiten, da er ja auch noch für zumindest einen Gesellen und vielleicht noch einen Lehrling sorgen mußte. Daher auch die Mahnung in einem Augsburger Druck des 16. oder 17. Jahrhunderts an den Handwerksgesellen:

> „Derhalb junger Gsell
> noch nit in Ehstandt stell,
> sondern thu vor erwegen,
> ob es sey dein vormögen,
> das du dein Gsindt
> mit weib und kindt,
> durch dein arbeyt kanst nehren,
> das sich kein mangel findt."[24]

Faktisch wurde eine solche Mahnung deshalb immer überflüssiger, weil es mehr und mehr Gesellen verboten war, zu heiraten. Sie mußten warten, bis sie Meister geworden waren, und so heirateten sie zumeist in weit höherem Alter als die Bauernsöhne, die auch als Knechte heiraten konnten. Sobald sie aber Meister geworden waren, heirateten sie so schnell wie möglich. Lesen wir etwa in der Hauschronik des Kupferschmiedemeisters Ludwig Kleinhempel aus Annaberg:

1638: „Den 12. Augusto hab ich mein Meisterstück gemacht bei dem Meister Nickel Meiner und habe die Meister zwei Tage gespeiset. So sind dabei gewesen mein Vater und Nickel Meiner und Jacob Kemnitzer und mein Bruder Jacob Kleinhempel. Die sind off S. Annaberg; die Fremden Hans König und Michel Storch von Kemnitz und Peter Auermann von Altenburg und Daniel Siegel von Marienberg und Paul Relig von Schneeberg, und die Meister haben mich den 14. Augusto zu einem Meister gesprochen und zu einem Mitmeister auf- und angenommen. . . .

Den 2. September bin ich zu meinem Schweher-Vater nach der Antwort gewesen. So habe ich den Abraham Hoffman off meiner Seiten gehabt, daß er mein Wort geredet hat. So hat mein Schweher mir die Zusag getan und mir zugesaget, seine Tochter zu geben. Das ist geschehen den Sonntag früh umb 7 Uhr, daß ich nach der Antwort gewesen bin. Gott sei Dank davor gesaget. . . .

Den 15. September bin ich mit meiner herzlieben Braut uff die Pfarr gangen an

---

[23] Aufzeichnungen des Elias Holl (Aus der Hauschronik der Familie Holl) (1487–1646), in: Selbstzeugnisse aus dem Dreißigjährigen Krieg und dem Barock, hrsg. v. Dr. M. Beyer=Fröhlich, Leipzig 1930, S. 99.

[24] Zitiert bei O. Könnecke, a. a. O., S. 656f.

einem Sonnabend. So ist mit mir mein Vater und mein Schweher, mit Namen Christoph Ebel, und mit meiner lieben Braut ist gewesen meine Schwester Susanna. Gott der Herr der helf, daß wir im guten Frieden zusammen kommen und in guten Frieden bei einander leben bis an unser Ende. Amen. So hab ich dem Herrn Superintendenten 1 Thal. geben zum Aufgebot. . . .

Den 7. October hab ich die Wirtschaft gehabt mit meiner herzlieben Jungfrau Catherina Eblin an dem Sonntag, da das Evangelii ist ‚Von der Hochzeit' gewesen. So haben wir 3 Dichmane (Tischherrn) und 2 Dichweiber (Tischdamen) und 2 Dichjungfrauen und 1 Dichgesellen. Der liebe Gott der helf, daß wir lang bei einander leben und in Ruhe und in Frieden."

1640: „Den 26. Aprilius hat mich der liebe Gott gesegnet und hat mir eine junge Tochter bescheret mit Namen Maria Kleinhempelin. Dieselbe ist an einem Sonntag geboren worden zu Mittag umb 12 Uhr. Ist im Skorpion geboren. So sind ihre Taufpaten Johannis Gorg Blumenhöffer und Frau Christina, Nickel Hallig des Jüngern ehlige Hausfrau, und Jungfrau Rosina Oesserin, des Richters in Cranzahl ehliche Tochter. So ist mein herzliebes Töchterlein zu Haus getaufet worden.

Und des Tags umb 3 Uhr ist mein herzliebes Weib in Gott sanft und selig eingeschlafen nach ihrer leiblichen Geburt und großen Schmerzen. Daß mich der liebe Gott so herzlich erfreuet hat und hat mich darnach so heftig in den Trauerstand gesetzet und mir mein liebes Ehezweiglein von meiner Seiten gerissen und zu sich genommen. Ach Schmerzen über Schmerzen, wenn der liebe Gott so ein fromb Ehgenossen von seiner Seiten wegreißt. Ach das sind Schmerzen und nicht zu vergessen, wenn man so ein solches fromm herzliebes, ehrliches, aufrichtiges Eheblümlein so bald muß wieder verlieren und weglassen und ganz und gar von sich geben und nehmen lassen. . . .

Den 28. Aprilius hab ich mein liebes Weib zu der Erden bestattet mit einem ganzen Funus und hab ihr Vorstaterkleid (Bestattungskleid) anziehen lassen und hab ihr lassen 9 Gesänge singen lassen und hab sie ehrlich zu der Erden bestatten lassen.

Den 1. Maius, an einen Freitag zu Mittag umb halbenweg 2 Uhr ist mein herzliebes Töchterlein in Gott sanft und selig eingeschlafen. Seines Alters 6 Tag und 1 und ½ Stund. Dem Gott genade seiner Seelen zum ewigen Leben. Amen."

1641: „Den 27. Junius hab ich Freier an die ehrentugendsame Jungfrau Maria, des weiland ehrenwohlgeachten Herrn Johannis Kaltwassers ehleibliche Tochter geschickt. So hab ich meinen Vater und den Herrn David Seltenreich gehabt. So habe ich zu der Antwort bekommen, ich sollte mich 4 Wochen gedulden, so soll ich gute Antwort bekommen. So helf der liebe Gott, daß eine gute Antwort erfolgen werde. Das helfe die hochgelobte Dreifaltigkeit. Gott Vater, Sohn und Heiliger Geist. Amen.

Den 25. Julius am Tag Jacob hab ich meinen Vater und den Herrn David Seltenreich wieder nach der Antwort geschickt. So ist sie gut erfolgt, darauf der Handschlag geschehen mit der erbarn und vieltugendsamen Jungfrauen, nunmehr mein vielgeliebtes Herz und vertraute Geliebte, des weiland ehrenwohlgeachteten Herrn Johannis Kaltwasser ehleibliche Tochter, mir versprochen und zugesaget bis auf des Priesters Hand. . . .

Den 21. October bin ich auf der Pfarr gewesen. So ist mein Vater und mein Herr Schwehervater auch mit gewesen. So hat mein Herr Schwiegervater die Wort angebracht. So ist die Braut nicht mit gewesen. So hab ich dem Herrn Superintendenten einen Rheinischen Gulden geben zum Aufgebot. . . .

Den 14. November, den Sonntag ‚Vom Königischen Amt' hab ich Wirtschaft gehabt mit der ehrentugendsamen Jungfrauen Maria, des ehrenvesten und wohlgelahrten Herrn

Johannis Kaltwassers eheleiblichen Tochter ... Der Braut Alter ist gewesen 16 Jahr, 36 Wochen, 5 Tage."[25]

Tausende, Hunderttausende solcher Geschehnisse gab es in unserer Zeit – kurze Ehen, da die Frau im ersten oder zweiten oder dritten Kindbett starb, und ganz bald darauf eine neue Ehe – doch es geschah auch, daß die Frau das sechzehnte Kindbett überlebte und hart wie immer arbeitete ... auf dem Lande wie in der Stadt. –

Das Haus, die Familie als Wirtschaftseinheit, „die Familie als Produktionsstätte"[26] hat eine reiche Literatur hervorgebracht:

„Es gibt kaum eine Phase in der Sozialgeschichte der Familie, die so gut belegt wäre wie diese Form der großen Haushaltsfamilie, und zwar durch eine Sammlung von ‚Sachbüchern' für die Ordnung des täglichen Lebens, durch die Hausväterliteratur, wie sie insbesondere aus dem 16.–18. Jahrhundert erhalten ist*.

Diese Hausbücher enthielten schlechthin alles Wissens- und Lernenswerte über den christlichen Hausstand: wie der Vater Hauszucht und Kirchenzucht höchst pädagogisch miteinander verband, zugleich aber auch aus haushälterischer Erfahrung eine Lehre für die Haus- und Landwirtschaft verabfolgte; wie das Verhältnis der Eheleute sich zu gestalten hätte, der Kinder Erziehung und Aufzucht, die Behandlung der Krankheiten von Mensch und Vieh und alles Erwägenswerte über Arbeit und Wirtschaft.

Diese große Haushaltsfamilie ist also seit dem Mittelalter mehr und mehr zur dominierenden Grundform in all ihren bürgerlichen und bäuerlichen Gruppierungen geworden. In den Landschaften protestantischer Konfession gewann sie als Sozialstruktur des ‚ganzen Hauses' noch dadurch eine verstärkte Bedeutung, daß das Kloster als Zuflucht für unverheiratete weibliche Familienangehörige fortfiel und diese nun auch in irgendeiner Weise der gemeinsam hausenden und wirtschaftenden Gruppe integriert wurden. Kinderfrau und Magd rechneten ebenfalls zur Familie. Nicht zufällig bieten die großen Familienporträts der Vergangenheit einen Durchblick in die Küche, wo die Magd – in etwas kleinerem Format wie die übrigen Familienmitglieder – freundlich von ihrer Arbeit zum Betrachter aufsieht. Auch das Gesinde fand sich einbezogen in den Sorgebereich und die Ehrbarkeit des ganzen Hauses. ...

Das Gesinde war integrierter Teil der großen Haushaltsfamilie, die die Vorstellung vom christlichen Hausstand stabilisierte."[27]

Natürlich spielte die christliche Religion ihre Rolle bei der Festigung der Gemeinschaft der „großen Haushaltsfamilie". Es war unmöglich, daß die Familienmitglieder verschiedenen Religionen, etwa der protestantischen und der katholischen, angehörten und daß sie nicht alle am Sonntag zur Kirche gingen, es sei denn, Familienmitglieder oder Tiere waren krank geworden oder ein Notstand anderer Art eingetreten.

Sicher ist die Haushaltsfamilie des Kleinbauern gering an Menschenzahl, ebenso auch die des kleinen Handwerkers. Aber ob groß oder klein, die Haushaltsfamilie als Alltags- und Wirtschaftsgemeinschaft trägt den gleichen Charakter, und ihre Sorgen und Freuden, ob groß oder klein, beziehen sich auf die gleichen Gegenstände, die Wirtschaft, die

[25] W. *Fischer*, Quellen zur Geschichte des deutschen Handwerks, Göttingen-Berlin-Frankfurt 1957, S. 57ff.

[26] I. *Weber-Kellermann*, a. a. O., S. 65.

[27] Ebendort, S. 65f., 71.

* J. *Hoffmann*, Die „Hausväterliteratur". 1954; H. *Möller*, Die kleinbürgerliche Familie im 18. Jahrhundert. 1969.

Familienmitglieder, Krankheiten, Geburten und Tod, die Umstände der Zeit und anderes mehr.

Und genau von diesen Sorgen und Freuden bei der Wirtschaft und sonst im Kreise der Haushaltsfamilie handelt auch die schon erwähnte „Hausväterliteratur", die zwar die meisten Bauern und Handwerker nicht lesen können – aber es gibt immer irgendjemanden, sei es aus der Familie oder unter den Nachbarn, der ihnen gelegentlich daraus vorlesen kann.

Wenn aber niemand daraus vorlesen kann, so weiß man zumeist auch so, was im Buche steht – aus überkommener Erfahrung. Ja, das macht ja die Lektüre der „Hausväterliteratur" gerade so reizvoll: man erfährt zumeist gar nichts Neues aus ihr, sie bestätigt alte Erfahrungen neu und, da es sich um Gedrucktes handelt, auf neue Weise.

Und wenn sich gar Abbildungen finden, dann hat man, auch ohne lesen zu können, die Bestätigung für alte Erfahrungen, für altbekannte Arbeitsgeräte, Sprüche und Regeln, Bibelworte und gar manchen Brauch oder Gerichte zum Essen.

Kapitel 7

Genossenschaften

Marx und Engels waren stets besonders interessiert an jeder Form gesellschaftlicher Demokratie, die aus uralten Zeiten überlebte oder sich neu formte.

Ein großartiges Beispiel dafür sind ihre Studien der Markgenossenschaften, über die Engels eine besondere Arbeit verfaßt hat. Natürlich mit Bezügen auf die Gegenwart, denn er beginnt sie so:

„In einem Lande wie Deutschland, wo noch gut die Hälfte der Bevölkerung vom Landbau lebt, ist es notwendig, daß die sozialistischen Arbeiter und durch sie die Bauern erfahren, wie das heutige Grundeigentum, großes wie kleines, entstanden ist; notwendig, daß dem heutigen Elend der Taglöhner und der heutigen Verschuldungsknechtschaft der Kleinbauern entgegengehalten werde das alte Gemeineigentum aller freien Männer an dem, was damals für sie in Wahrheit ein ‚Vaterland‘, ein ererbter freier Gemeinbesitz war. Ich gebe daher eine kurze geschichtliche Darstellung jener uralten deutschen Bodenverfassung, die sich in kümmerlichen Resten bis auf unsre Tage erhalten, die aber im ganzen Mittelalter als Grundlage und Vorbild aller öffentlichen Verfassung gedient und das ganze öffentliche Leben, nicht nur in Deutschland, sondern auch in Nordfrankreich, England und Skandinavien durchdrungen hat. Und dennoch konnte sie so in Vergessenheit geraten, daß erst in der letzten Zeit G. L. Maurer ihre wirkliche Bedeutung von neuem entdecken mußte.

Zwei naturwüchsig entstandne Tatsachen beherrschen die Urgeschichte aller oder doch fast aller Völker: Gliederung des Volks nach Verwandtschaft und Gemeineigentum am Boden.“[1]

Im Laufe der Zeit mußte die Markgenossenschaft auf mehr und mehr ihrer Rechte verzichten – so vor allem auf die (zumeist alljährliche) Neuverteilung des Bodens unter die Markgenossen. Aber, bemerkt Engels:

„Indem die Markgenossenschaft auf das Recht verzichtete, von Zeit zu Zeit Äcker und Wiesen unter die einzelnen Genossen neu zu verteilen, gab sie von ihren übrigen Rechten an diese Ländereien kein einziges auf. Und diese Rechte waren sehr bedeutend. Die Genossenschaft hatte den einzelnen ihre Felder übergeben nur zum Zweck der Nutzung als Acker und Wiese und zu keinem andern Zweck. Was darüber hinausging, daran hatte der Einzelbesitzer kein Recht. In der Erde gefundne Schätze, wenn sie tiefer lagen, als die Pflugschar geht, gehörten also nicht ihm, sondern ursprünglich der Gemeinschaft; ebenso das Recht, Erz zu graben usw. Alle diese Rechte wurden später von den Grund- und Landesherren zu eignem Nutzen unterschlagen.

Aber auch die Nutzung von Acker und Wiese war gebunden an die Oberaufsicht und Reglung durch die Genossenschaft, und zwar in folgender Gestalt. Da, wo Dreifelder-

---

[1] *Marx/Engels*, Werke, Bd. 19, Berlin 1962, S. 317.

wirtschaft herrschte – und das war fast überall –, wurde die ganze Feldflur des Dorfs in drei gleich große Felder geteilt, von denen jedes abwechselnd ein Jahr zur Wintersaat, das zweite Jahr zur Sommersaat, das dritte zur Brache bestimmt wurde. ...

Wie die Genossen gleiche Bodenanteile und gleiche Nutzungsrechte, so hatten sie ursprünglich auch gleichen Anteil an Gesetzgebung, Verwaltung und Gericht innerhalb der Mark. Zu bestimmten Zeiten und öfter, wenn nötig, versammelten sie sich unter freiem Himmel, um über die Markangelegenheiten zu beschließen und über Markfrevel und Streitigkeiten zu richten. Es war, nur im Kleinen, die uralte deutsche Volksversammlung, die ursprünglich auch nur eine große Markversammlung gewesen war. Gesetze wurden gemacht, wenn auch nur in seltnen Notfällen; Beamte gewählt, deren Amtsführung kontrolliert, vor allem aber Recht gesprochen. Der Vorsitzende hatte nur die Fragen zu formulieren, das Urteil wurde gefunden von der Gesamtheit der anwesenden Genossen."[2]

Und nicht nur auf dem Lande finden wir, meint Engels, eine solche Gemeinschaft oder Genossenschaft. Wir finden sie auch in der Stadt: „Und endlich sind der Markverfassung nachgebildet die Ordnungen der zahllosen, nicht auf gemeinsamem Grundbesitz beruhenden freien Genossenschaften des Mittelalters, besonders aber der freien Zünfte. Das der Zunft erteilte Recht zum ausschließlichen Betrieb eines bestimmten Geschäfts wird behandelt ganz wie eine gemeine Mark. Mit derselben Eifersucht wie dort, oft mit ganz denselben Mitteln, wird auch bei den Zünften dafür gesorgt, daß der Anteil eines jeden Genossen an der gemeinsamen Nutzungsquelle ein ganz oder doch möglichst gleicher sei."[3]

Jedoch besteht doch auch ein ganz großer Unterschied zwischen den Markgenossenschaften bzw. den Dorfgenossenschaften oder Dorfgemeinden auf der einen und den Zünften in den Städten auf der anderen Seite.

Die Mark- bzw. die Dorfgenossenschaften sprachen Recht und sicherten die Ordnung, gaben Hilfe und auferlegten gemeinsame Arbeiten in einer „Siedlungsgemeinschaft", umfaßten letztlich in dieser oder jener Form die gesamte lokale Einwohnerschaft und konnten darum auch einen ganz anderen Einfluß ausüben auf das Leben der ihnen angehörenden Genossen als die städtischen Zünfte. Denn die Zünfte erfaßten ja nur bestimmte Berufe in der Gemeinschaft der Stadt – soweit die Stadt überhaupt eine Gemeinschaft darstellte.

Ich glaube, es ist darum berechtigt, im folgenden sich auf die Markgenossenschaften oder, genauer noch, auf die Dorfgenossenschaften, auf die Dorfgemeinden zu beschränken, die wirklich als Genossenschaften die ganze Enge der Beziehungen aller Menschen des Dorfes verkörpern – im Gegensatz zu der schon damals vorhandenen „Vereinzelung" (zwar nicht der Menschen wie im Kapitalismus, wohl aber) der verschiedenen Gruppierungen und Schichten und Klassen innerhalb der Stadt.

In unserer Zeit, das heißt in der ersten Hälfte des 17. Jahrhunderts, sind die Dorfgenossenschaften schon arg an Bedeutung geschrumpft, aber sie spielen immer noch eine bedeutende Rolle im Alltagsleben der Menschen auf dem Lande.

Ja, man kann sagen, je mehr die Dorfgenossenschaften im Laufe des Spätfeudalismus an Rechten verlieren, desto enger werden sie gerade mit dem Alltagsleben der Menschen verbunden.

[2] Ebendort, S. 321ff.
[3] Ebendort, S. 322f.

Denken wir dabei zunächst nur an die Rechtsprechung, um das zu illustrieren. Morde sind keine Alltagserscheinung, ebensowenig wie Verweigerung der Zahlung von Tributen an die Kirche. Wenn diese Straftaten der Rechtsprechung der Dorfgenossenschaften entzogen werden, so berührt das nicht direkt das Alltagsleben des Dorfes. Zum rechtlichen Alltagsleben des Dorfes aber gehören die Bestrafung für Schlägereien oder wenn man mit dem Mann der Nachbarsfrau sich vergnügt (das Umgekehrte ist zwar „auch nicht recht", kommt aber viel seltener vor das „Dorfgericht"). Das heißt, der Entzug von bestimmten Rechten, die so viele Dorfgemeinschaften früher besessen haben und die sie seit dem 16. Jahrhundert an die Grundherren oder Fürsten verlieren, gestaltet das Dorfrecht mehr und mehr zum „reinen Recht für Alltagsangelegenheiten".

Öffentliche Bauten, sei es eines Gemeindehauses oder eines Brunnens oder eines Badehauses sind in unserer Zeit noch vielfach Sache der Dorfgemeinschaft und beschäftigen sie natürlich lebhaft, ebenso wie die Ausbesserung der Dorfstraße oder die Anlegung eines Schutzes gegen räuberische Überfälle – obgleich, insbesondere was die letzten beiden Leistungen betrifft, in manchen Gegenden auch hier schon vielfach der Befehl des Grundherrn eingreift.

Bei all dem muß man sehen, daß sich in unserer Zeit in den verschiedenen, bisweilen sogar nahe beieinanderliegenden Gegenden nicht nur Dorfgemeinschaften von verschiedener eigener Kraft, mit darum zum Teil verschiedener Aufgabenstellung aus eigener Initiative, herausgebildet haben, sondern daß auch Genossenschaften zu entstehen beginnen, die nur Teile – die gehobenen oder alteingesessenen – der Dorfeinwohnerschaft demokratisch umfassen, wie auch ganz neuartige Genossenschaften entstehen mit ganz beschränkten Aufgaben, etwa Gilden zum Schutz gegen Brände und ihre Folgen.

Sie alle sind in ihrer Eigenart und Verschiedenheit je nach Gegend, ja, je nach Grundherrn, bis auf wenige Ausnahmen noch ganz ungenügend untersucht. Zu den Ausnahmen gehört Franken, für das Karl-Sigismund Kramer ganz hervorragende Studien veröffentlicht hat.[4] Dieser deutet auch an, nicht nur wie weit zurück, sondern auch wie falsch orientiert die Forschung der Bundesrepublik ist, die dazu auf diesem Gebiet noch der unsrigen recht beachtlich voraus ist: „Der Absicht dieses Buches, unterfränkisches Volksleben der Vergangenheit in seinen natürlichen Zusammenhängen aus zeitgenössischen, der Praxis und dem Alltagsleben entstammenden Zeugnissen darzustellen, entspricht es, daß ausschließlich Archivquellen benutzt wurden. Nur gelegentlich, wenn es dazu dienen konnte, eine Erscheinung in ein deutlicheres Licht zu rücken, habe ich heimatkundliches Schrifttum beigezogen, soweit es ebenfalls unmittelbar auf Archivquellen gründet und sie ganz oder teilweise zum Abdruck bringt. Die Ausbeute für volkskundliche Fragestellungen ist ja auch in den Werken sonst verdienstvoller Heimatforscher in der Regel gering, da sie entweder rein geschichtliche Ziele verfolgen, wobei Volkskundliches nur am Rand und in Einzelheiten geboten wird, oder volkskundliche Schilderungen der Gegenwart geben, ohne auf geschichtliche Entwicklung einzugehen. Am ergiebigsten war noch die Durchsicht der Zeitungsbeilagen ‚Archiv für Stadt und Bezirksamt Schweinfurt' und ‚Frankenwarte', deren Herausgeber und Mitarbeiter einen offenen Sinn für volkskundliche Teilfragen, auch in historischer Sicht, gehabt haben. Doch im allgemeinen mußte ich auf meinen eigenen Quellenarbeiten fußen, über die

---

[4] K.-S. *Kramer*, Bauern und Bürger im nachmittelalterlichen Unterfranken, Würzburg 1957 – künftig zitiert als „Unterfranken"; Volksleben im Fürstentum Ansbach und seinen Nachbargebieten (1500 bis 1800), Würzburg 1961 – künftig zitiert als „Ansbach"; Volksleben im Hochstift Bamberg und im Fürstentum Coburg (1500–1800), Würzburg 1967 – künftig zitiert als „Bamberg".

ich schon mehrfach in den letzten Jahren unter verschiedenen Gesichtspunkten berichten konnte."[5]

Bei der Untersuchung dieser Genossenschaften muß man sich darüber klar sein, daß in Bezug auf ihr Funktionieren alles davon abhängt, ob Frieden oder Krieg herrscht. Der Krieg, wenn er in ihr eigenes Gebiet eindringt, setzt ihrem Wirken zumeist ein Ende.

Kramer schreibt mit Recht:

„Gute und schlechte Ernte, Frieden und Krieg bilden die Elemente des Daseins, die man als göttliche Fügung hinnimmt. Der Krieg mit seinen Schrecken gehört genauso in den Lauf des Lebens wie jede andere Erscheinung in räumlicher Nähe. Mißernten, Teuerung, Feuersbrünste, Wasserfluten zwingen zu größter Einschränkung und bringen bittere Not. Nicht anders der Krieg, wenn er sich das Dorf, die Stadt zu seinem unmittelbaren oder mittelbaren Schauplatz wählt. Frieden und gute Ernte aber lassen die Freude am Dasein erwachen, man atmet auf, und die alten Gewohnheiten, die das Leben gegliedert hatten, ehe der elementare oder feindliche Einbruch geschah, entfalten sich in alter Kraft und Frische.

Mitunter bringt der Krieg, vor allem der Dreißigjährige, das Dasein scheinbar völlig zum Erliegen. In erschütternder Weise zeigen dies manche Bürgermeister- oder Gotteshausrechnungen. In Marktsteft sinken die Einkünfte des evangelischen Gotteshauses in den besonders schlimmen dreißiger Jahren des 17. Jahrhunderts auf jährlich zwei bis vier Gulden. Das Jahr 1647/48 verzeichnet überhaupt keine Einnahmen ‚wegen starckhen contribuirns und der schwehren quartier' [6] (wegen hoher Kontributionen und teurer Einquartierung).

Natürlich geht es nicht nur dem evangelischen Gotteshaus so. So geht es der ganzen Gemeinde und ihren bezahlten Angestellten (Hirt, Bader usw.). Und oft haben auch die Aufgaben der ehrenamtlichen Funktionäre ihre wirksame Bedeutung verloren: die Gemeinschaft lebte nicht mehr als solche, weder im Dorfe noch in den Wäldern, in die sie vielleicht geflüchtet war. Das heißt nicht, daß man nicht oft noch zusammenhielt, daß keiner dem anderen mehr half. Aber aus der organisch geordneten wurde bestenfalls eine Notgenossenschaft.

Doch auch die Notgenossenschaft gehört zum Alltag der Dorfbewohner, da der Krieg zum Alltag gehört. Genau wie die Gemeinschaft, wie die Genossenschaft eine Eigentümlichkeit der Feudalzeit gegenüber dem Kapitalismus ist, so ist auch die Häufigkeit des Krieges, zunächst vor allem des lokalen, dann des territorialen eine Eigentümlichkeit dieser Gesellschaftsordnung gegenüber dem vormonopolistischen Kapitalismus. Ganz richtig bemerkt Kramer: „Daß man seit alters her den Krieg in den Alltag mit einzubeziehen genötigt war, das beweisen die zahlreichen Ortsbefestigungen und vor allem auch die Friedhofsburgen, deren Funktion als bergende Stätte für Bauer und Herr aus der Fehdezeit des Mittelalters bis in den Dreißigjährigen Krieg hineinreicht. Fränkische Weistümer enthalten häufig den Artikel, der sich auf die Rolle des Friedhofes als Fluchtburg bezieht."[7]

Wievieles, das wir über den Alltag, überhaupt über das gesellschaftliche Leben in unserer Zeit feststellen, gilt nur für den Frieden! und wie oft gab es Krieg im Alltag der Menschen!

[5] „Unterfranken", S. 7.
[6] Ebendort, S. 213f.
[7] Ebendort, S. 215.

Ganz richtig schildert Kramer den Einbruch des Krieges in das Funktionieren der Dorfgemeinschaft als lebendem Organismus: „Grenzumgang, Riederstrich, Hochgericht, Ämterbesetzung können nicht mehr durchgeführt werden, wie denn überhaupt das gemeindliche Leben erliegt, erst recht aber jedes brauchtümliche Fest. Nicht nur im Dorf selbst herrscht Unsicherheit; auf den Straßen kann man sich nur unter ständiger Todesgefahr durch marodierendes Kriegsvolk bewegen; die Felder und Weinberge können nur kümmerlich bebaut werden und liegen zum Teil brach; ob man wird ernten können, steht dahin. Am schwersten fast haben es die Botenläufer – jeden Nachbarn reihum trifft die Verpflichtung –, sie müssen froh sein, wenn sie mit heiler Haut zurückkehren oder nur wenig verlieren wie der Frickenhäuser, dem die Hosen ‚unter ausgefertigtem potengehen ausgezogen worden'."[8]

Doch die Dorfgemeinschaft ist ein ungeheuer starker Organismus. Sie basiert auf den Produktionsverhältnissen und ist eine absolute Notwendigkeit für ein ordentlich funktionierendes Wirtschaftsleben, und die Menschen im Dorfe, vor allem die Vollbauern, kennen und wollen kein anderes Zusammenleben. Darum schreibt Kramer: „Kaum aber gibt es eine Atempause, so wendet man sich wieder den alten Gewohnheiten zu. 1635 wird in Ochsenfurt wieder eine festliche Ämterbesetzung durchgeführt, ‚nach lang ausgestandtener khriegsunruhe und allerhand erlittener trüebseligkeiten', und 1636 verteilte man dort wieder den Martinstrunk, ‚dieweil sonsten kein Martinstrunkh wegen der soldaten ausgeben worden'. Vielleicht glaubte man sich, nachdem die Drangsal der schwedischen Besatzung überwunden schien, nahe dem Frieden, der doch noch so lange auf sich warten ließ. Als dieser endlich geschlossen wurde, war die Freude groß, und allerorts wurden Friedensfeste gefeiert."[9]

Hören wir nun Kramer ausführlicher über die Genossen- oder Gemeinschaften in unserer Zeit:

„Sobald eine Siedlung aus mehreren Anwesen besteht, verlangt das Zusammenleben eine gewisse, freilich noch sehr lockere und unverbindliche Organisation. Wege und Stege müssen instandgehalten, die Wasserversorgung gesichert und erste Feuerschutzmaßnahmen durchgeführt werden. Nutzungsrechte müssen gerecht verteilt, die Grenzen zwischen den nachbarlichen Grundstücken und gegen die Nachbargemeinden festgelegt und behauptet werden. Gegen feindlich gesonnene Außenstehende bedarf es eines Warn- und Schutzsystems. Für die Toten benötigt man einen Begräbnisplatz. Schon von diesen Voraussetzungen her bildet sich ein mehr oder weniger dichtes Geflecht von Gewohnheitsrechten. Das ist überall so und nichts typisch Fränkisches, aber es bildet den Ausgangspunkt für jede weitere Entwicklung.

In solch einfachen Verhältnissen bildet die Gemeindeversammlung, neutraler gesagt die Versammlung der Siedlungsgenossen, einen Kristallisationspunkt, der von ungemeiner Bedeutung ist. Hier werden die gemeinsam interessierenden Dinge besprochen, hier werden Entschlüsse gefaßt für Verbesserungen und neue Unternehmungen. Bestimmte, für alle bedeutsame Arbeiten werden auf Kosten aller durchgeführt. Jeder steuert seinen Teil bei. Wird das Gemeinwesen größer, so läßt man die gemeinsamen Anliegen in jährlichem Wechsel durch einen Siedlungsgenossen verantwortlich leiten. Das ist der Dorfmeister, oder, wie man später gern sagt, der Bürgermeister. Bald tritt ihm ein zweiter zur Seite, ein Gemeindediener übernimmt die niederen Verpflichtungen, und

---

[8] Ebendort, S. 214.
[9] Ebendort, S. 215.

für spezielle Aufgaben wählt man ein Gremium, das Recht und Hilfe erteilt, ursprünglich wohl die vier ältesten ‚aus der Gemein‘, dann überhaupt die ‚Vierer‘, ‚Sechser‘, ‚Zwölfer‘, und für die vielfachen Aufgaben in der Dorfflur und an den Grenzen die Feldgeschworenen oder Siebener. Dieser Ansatz der funktionellen Gliederung der Dorfverwaltung kann immer weiter differenziert werden, je nach den örtlichen Bedürfnissen. Hinzu kommen besoldete Amtsträger, voran der Hirte, dann Schmied, Bader, Müller, Bäcker, Hebamme usw. Zur sinnvollen Bewältigung der Aufgaben bedarf es einer gemeinsamen Kasse, in welcher die verschiedenartigen Einkünfte zusammenfließen. Die Bürgermeister müssen darüber Rechnung führen und vor der Gemeindeversammlung, die immer noch ihre zentrale Stellung innehat, Rechnung legen. Bei diesem Anlaß tritt ein typisches Merkmal jeder Gemeinschaftsbildung auf: die abschließende, alle Siedlungsgenossen vereinigende gemeinsame Zeche auf Kosten der Gemeindekasse, bereichert durch Bußen für ungemäßes Verhalten beim Umtrunk oder für unentschuldigtes Fernbleiben von dieser für alle verbindlich erachteten Zusammenkunft.“[10]

Wie deutlich macht Kramer, der wahrlich kein Marxist ist und bisweilen im gemütlichen Charme der Erzählung an Riehl erinnert, der aber ein glänzender und unermüdlicher Tatsachenforscher und oft voll realistischer Einsicht ist, den Zusammenhang zwischen den wirtschaftlichen Existenzbedingungen und dem Aufbau eines Verwaltungsapparates, und dieser Verwaltungsapparat des Dorfes – im Gegensatz zu dem des territorialen Oberherrn – ist ein „Volksapparat“, er wird von denen gestellt, die verwaltet werden.

Es ist richtig, daß Kramer hier reichere und größere Genossenschaften schildert, als sie vielfach anderswo anzutreffen sind. Es gibt Dorfgemeinschaften ohne Bader, Müller, Bäcker und hauptberufliche Hebammen, sogar solche ohne Schmied. In nicht wenigen werden diese Berufe von Bauern und Bäuerinnen noch selbst ausgeübt, oder man muß zum Schmied und Müller ins nächste Dorf gehen. Die Genossenschaften, die Kramer in Franken untersucht, gehören zwar nicht zu den Ausnahmen, aber es gibt viele, die sich nicht mit ihnen vergleichen lassen. In vielen ist der Alltag einfacher und schwerer, die Arbeitsteilung ist geringer und der „Funktionsapparat“ kleiner.

Und doch, nicht nur aus Mangel an anderen Untersuchungen orientieren wir uns an ihnen (und denen von Bader), da sie die Dorfgemeinschaften zwar nicht mehr zur Zeit ihrer höchsten Blüte zeigen, aber uns doch andeuten, wie weit, differenziert und systematisch sich die Dorfgemeinschaften ausbilden konnten, wie vielgestaltig ihr Alltagsleben sein konnte. Vor allem auch, wie so vieles durchdringend die Dorfgemeinschaften auch in unserer Zeit noch waren.

So muß man zum Beispiel klar sehen, daß das, was unter dem soeben geschilderten Verwaltungsapparat vom Dorfe an Dorfeigentum geschaffen wird, auch in unserer Zeit noch als alltäglich zu nutzendes betrachtet wird (ganz gleich, was die vielfach noch theoretischen Rechte der territorialen Herrschaft sind): „Zugleich wächst ein ausgesprochener Stolz auf das eigene Gemeinwesen. Man begnügt sich nicht mehr, nur einen Brunnen zu graben, **sondern man legt Wert darauf,** daß er ordentlich ausschaut, daß er ein Dach bekommt, nicht nur festgefügt, sondern auch zierlich gestaltet, daß er in sauberem Zustand bleibt – und man hat damit zugleich auch einen Ort nachbarlicher Zusammenkunft, an dem man sich gern aufhält. Freilich bedarf dies wieder einer eigenen Ordnung, der Brunnenordnung, die Nutzung und Instandhaltung regelt, die Termin und

[10] „Bamberg“, S. 284f.

Akteure einer regelmäßigen Brunnenfege bestimmt und einen eigenen Brunnenmeister erfordert. An den Rechten und Pflichten, die Inhalt einer solchen Ordnung sind, hält jeder beharrlich fest, und um ihrer Einhaltung willen flackert zuweilen gerichtlicher Streit auf. Und wie man beim Brunnen verfahren ist, verfährt man auch mit dem Backhaus, dem gemeindeeigenen Schlachthaus, dem Brauhaus. Man will ein geregeltes Dasein, und Ordnungen mannigfacher Zweckbestimmung sollen dies bewirken, nicht nur im inneren Dorfraum, in dem die betreffenden Zweckbauten erstehen und instand gehalten werden, sondern auch draußen auf der Ackerflur, im Weinberg, im Gemeindewald.“[11]

Nach innen und nach außen bildet das Dorf eine Gemeinschaft. Auch nach außen, ja nicht zum wenigsten nach außen! Immer wieder müssen wir uns daran erinnern, daß wir in einer Zeit leben, in der Kriege üblich sind, und wenn wir das für einen Augenblick vergessen sollten, dann erinnert uns das Dorf in seiner ganzen Gestaltung daran. „Der Dorfplatz mit der Gemeindelinde, mit dem gemeindeeigenen Wirtshaus, in dem sich die Gemeindestube befand, oder mit dem Gemeindehaus, oft stolz als Rathaus bezeichnet, bildet den Mittelpunkt. Ein fester Dorfzaun, den man auf alten Abbildungen häufig erkennen kann, aufgeschlossen an den von außen heranführenden Straßen durch ein Torhaus oder einen Torturm, sorgte für den Schutz, wenn dieser auch gegen stärkere Gegner oft nur symbolischen Charakter hatte. Im Inneren oder an günstiger Stelle des Dorfraumes stand die Kirchenburg mit festen Mauern um den Friedhof. Nicht nur aus Freude am Spiel mit den Waffen übten die dörflichen Schützenverbände: sie waren auch für ernstere Aufgaben bereit. Man bedachte auch die äußerste Grenze um die Gemeindemarkung. Ein Zaun, ein Graben mag auch hier gelegentlich vorhanden gewesen sein, der eigentliche Schutz war symbolischer Art, war der jährlich oder in größerem Rhythmus vollzogene Grenzumgang unter Beteiligung der ganzen Gemeinde, mit klingendem Spiel, mit den bewehrten Schützen, mit der Dorfjugend, beschlossen durch ein feierliches gemeinsames Mahl.“[12]

Fast wie ein kleiner Staat wirkt die Dorfgemeinschaft mit entscheidenden Aufgaben nach innen und nach außen. Und entsprechend groß und vielgestaltig sind die Aufgaben der Gemeindeversammlung, der normalen oder der, die aus dringenden Zeitumständen einberufen wird – auch wenn in unserer Zeit auf ihr schon die Vertreter höherer Herrschaften erscheinen.

„Auch für diese Sicherung nach innen und außen trug die Gemeindeversammlung die Verantwortung. In ihr laufen alle Fäden der innerdörflichen Ordnung zusammen. Auf dem Platz mit der Linde oder vor der Mauer des befestigten Friedhofes trat sie mit altüberliefertem und streng gewahrtem Zeremoniell zusammen, mit den Vertretern der Herrschaft oder mehrerer Herrschaften in ihrer Mitte. Hier wurden die Nutzungsrechte verteilt, die dörflichen Probleme erörtert, die Aufteilung auferlegter Lasten besprochen, Gericht über kleinere Ordnungsverstöße gehalten. Die ‚ganze Gemein und Nachbarschaft‘ war hier Hüterin ihrer Eigenständigkeit und Rechtspartner der Obrigkeit.

Zugegen war bei dieser Gemeindeversammlung zumeist auch der Pfarrer. Aus protestantischen Gemeinden wissen wir dies jedenfalls mit Sicherheit. Der Pfarrer gab Rat in allgemeinen Angelegenheiten und wahrte die Rechte der Kirche. Nicht selten wurde zugleich mit der Gemeinderechnung auch die Gotteshausrechnung abgehalten. Bei Zu-

[11] Ebendort, S. 285f.
[12] Ebendort, S. 286.

sammenstößen zwischen den Rechten des Gotteshauses und der Gemeinde mußte ein gangbarer Weg gefunden werden."[13]

Schon der letzte Satz deutet an, daß alles nicht so harmonisch verläuft, wie es sonst bei Kramer anklingt.

Dazu muß man weiter folgendes bedenken.

Auf der einen Seite hat Karl Siegfried Bader, dem wir ein überaus materialreiches, an klugen und vielfach auch falschen Gedanken reiches dreibändiges Werk über das feudale Dorf verdanken, recht, wenn er allgemein feststellt: „Die Herrschaft ist, wenn sie nicht gerade im Dorf sitzt und an der Genossame Anteil hat, übrigens auch an die nutzungsrechtlichen Formen der Genossenschaft gebunden ist, am internen Leben der Genossenschaft wenig interessiert. Die Art, wie und wann man zu Acker geht oder die Frucht einbringt, wie man die Weide beschlägt oder den Wald nutzt, berührt die Herrschaft erst, wenn es um die herrschaftlichen Gefälle geht. Da redet die Herrschaft, Grundherr oder Vogt, wenig hinein – das tun die Genossen untereinander genug, dieweil kein Bauer dem Nachbar mehr gönnt, als er selbst an der ‚Gemein' teilhat. Freiheit und Unfreiheit äußern sich in gerichts- und leibherrlichen Verhältnissen, welche die Nutzungsgenossenschaft aufspalten können, ohne an der Gemeinnutzung selbst viel zu ändern. Ob man dem klösterlichen Grundherrn zu einem, zu fünf oder zu zehn Denaren verpflichtet ist, ob man den Zehnten an den Pfarrer oder an den weltlichen Zehntherrn zahlt, ob man zur Frongemeinde des Hofes oder zu einem auswärtigen Fronverband gehört: an der Zugehörigkeit zur Dorfgenossenschaft ändert das in der Regel nichts."[14]

In der Tat hat die Grundherrschaft an gar manchen Angelegenheiten der Dorfgemeinde kein besonderes Interesse und überläßt ihre Regelung der Dorfgemeinde.

Auf der anderen Seite aber befinden wir uns in einer Periode der Feudalzeit, in der wir in vielen Teilen Deutschlands Anfänge dessen, was wir die zweite Leibeigenschaft nennen, beobachten. Eine Periode, in der der außerökonomische Zwang in der Form auch der immer stärkeren Einmischung des Grundherrn und Landesherrn in die Angelegenheit des Dorfes, insbesondere auch seine Rechtsprechung, zunimmt. Die Patrimonialgerichtsbarkeit tritt mehr und mehr an die Stelle der Dorfgerichtsbarkeit – mehr, weit mehr noch nach dem Dreißigjährigen Krieg, aber, wie wir gesehen haben, auch schon in unserer Zeit. Noch keineswegs überall in Deutschland, aber doch schon in gar manchen Gegenden recht spürbar.

Nicht daß dadurch die Dorfgemeinschaft gesprengt wird, wohl aber kann sie nicht mehr so allumfassend auf einem, natürlich stets durch die herrschende Klasse in sehr bestimmter Weise beschränktem, Gebiet wirken.

Und dann gibt es in unserer Zeit auch Situationen, in denen die Dorfgemeinschaft scheinbar gesprengt wird. „In extremen Situationen, in den schwersten Notjahren des Dreißigjährigen Krieges beispielsweise, droht das alte, auf Gegenseitigkeit ruhende Gefüge zu zerbrechen. Nachbar ist nicht mehr Nachbar, jeder denkt nur an sich selbst, Haß und Feindschaft trennen die eng beieinander Wohnenden, und das Mißtrauen regiert die Stunde. Was in Erstaunen versetzt, ist die Tatsache, daß es in solchen Situationen nicht zum endgültigen Bruch und zu dauerndem Gegeneinander kommt, sondern daß die Einzelfälle wieder ‚aufgefangen' werden und der alte Stil des Miteinanderlebens sich relativ schnell wieder durchsetzt."

[13] Ebendort, S. 286f.

[14] *K. S. Bader*, Studien zur Rechtsgeschichte des mittelalterlichen Dorfes, Bd. II, Weimar 1962, S. 269f.

Doch auch folgendes, der dem soeben Zitierten vorangehende Satz Kramers, ist zu vermerken: „Dem unverdient in Not Geratenen springt das Gemeinwesen bei. Stiftungen aus alter und neuerer Zeit dienen der Versorgung der ‚hausarmen Leut‘ in der Gemeinde mit Korn, Schmalz, Tuch und anderem. Treffen Katastrophen das Land, Mißernte, Teuerung, Überschwemmung, Unruhen, Kriege, wirtschaftliche Umwälzungen, so rückt man enger zusammen und trifft Schutzmaßnahmen, soweit sie im eigenen Vermögen liegen. Im allgemeinen bewährt sich das gemeinsame Zurwehrsetzen gut."[15]

Wieder aber darf man nicht vergessen, daß es im Dorfe noch den Schultheiß gab. Der aber war nicht der Gemeinde und ihren Beschlüssen untergeordnet, sondern fungierte als Arm des Grundherrn bzw. des Territorialfürsten.

„Der Schultheiß ist in den meisten Fällen selber ein Bauer, aber durch seine Funktion ist ein sehr deutlicher Abstand zu den übrigen Dorfgenossen geschaffen. Nur in den größeren Ortschaften ist er Beamter, sonst ist er nur Amtsträger, was ja schließlich nicht zu verwundern ist, da ja eine Herrschaft gar nicht in der Lage sein konnte, so viele Beamte zu unterhalten. In Orten mit mehreren Grundherrschaften gibt es zudem auch mehrere Schultheißen, die die Rechte ihrer Herrschaften zu vertreten haben, und wenn der Anteil der Herrschaft am Dorfgrund gering ist, wenn nur wenige Bauern ihr zugehören, dann ist auch die Bedeutung des Schultheißenamtes gering."[16]

In anderen Gegenden heißt der Schultheiß Untervogt, und Bader schildert seine Funktion mit einem etwas anderen Blick als Kramer: „Im Dorfbereich ist es der Dorfvogt, der wenigstens für den Alltag an Stelle des herrschaftlichen Rechtsträgers selbst tätig wird. Dieser Dorf- oder Untervogt wird, und dies bestimmt auf Dauer sein Gesicht, aus dem Kreis der Dorfleute selbst genommen und trägt dann jenen Januskopf, der die gesamte Figur beherrscht: einerseits ist er Vertrauensmann und Stellvertreter des Herrn, andererseits Treuhänder der Dorfgenossenschaft, in der er eine eigenartige, halb patrizische Rolle spielt. Das von ihm geleitete Gericht hält sich im Rahmen grundherrlicher und vogteilicher Formen und Kompetenzen; da es aber auf den Dorfblick beschränkt ist, wird es als ‚Dorfgericht‘ verstanden. Die Dorfgemeinde tritt nun in Urkunden häufig handelnd auf in der Formel ‚Vogt, Richter und Gemeinde‘."[17]

Natürlich hat der Dorfvogt oder Schultheiß einen Januskopf. Aber ist er, wie Bader meint, ein „Treuhänder der Dorfgemeinschaft"? inwiefern? Rührt der Januskopf nicht vielmehr daher, daß er ein Bauer ist und damit auch ganz eng mit den Interessen des Dorfes, seiner Dorfgenossenschaft, verbunden ist? Was für eine komplizierte Gestalt ist er! und wie paßt er eigentlich in das Alltagsleben des Dorfes? geht man ihm aus dem Wege oder versucht man, ihm irgendwohin zu kriechen? Wir haben, soviel ich weiß, keine Erinnerungen eines Schultheiß aus jener Zeit. Was würden sie für einen Einblick in das Alltagsleben des Dorfes geben!

Auch ist seine Stellung im Dorfe wohl eine andere, wenn die soziale Schichtung im Dorfe sehr differenziert ist und er selbst zu den wenigen Großbauern, zur Bauernaristokratie gehört, als wenn die soziale Schichtung im Dorfe weniger differenziert und er selbst ein Mittelbauer ist. So scheint es mir jedenfalls, so vermute ich, aber Genaues weiß niemand, weil man die Funktion des Schultheißen oder Untervogtes noch niemals in mehreren Gestalten konkret in ihrer Praxis untersucht hat. Auch hier liegt noch viel Arbeit vor uns.

[15] „Bamberg", S. 290.
[16] „Unterfranken", S. 80.
[17] *K. S. Bader,* a. a. O., S. 98f.

Im Laufe der Zeit beobachten wir ein Anwachsen der Rolle des Schultheiß, da die grundherrliche wie „staatliche" Herrschaft immer mehr Rechte an sich riß. Über die Ansbacher Herrschaft (ein Fürstentum) berichtet Kramer: „Dabei hat die Ansbacher Verwaltung den Gemeinden im Laufe des 16. und 17. Jahrhunderts schon eine ganze Reihe von Rechten entwunden, die diese zuvor mit großer Wahrscheinlichkeit gehabt haben. Dazu gehört die Erteilung des Abschiedes, den ein Dorfgenosse oder seine Familienangehörigen beim Wegzug aus dem Dorfe erhielten, ein notwendiges Papier, das ihm den Zuzug im neuen Wohnort ermöglichte. Verkaufsverträge, Heiratsabreden, Lehrbriefe, Erbschaften, Vormundschaften, Güterverschreibungen wurden von den Verwaltungsämtern formuliert und protokolliert. Organisatorische und wirtschaftliche Erfordernisse des Gemeindelebens wurden von oben her und allgemein geregelt. Durch Polizeiordnungen und polizeiliche Erlässe, die für das ganze Land Gültigkeit hatten, griff die Regierung in das Alltags- und Feiertagsleben, in die Arbeit und in die Gestaltung der Feste ein. Die benachbarten Territorien folgten diesem Gebrauche."[18]

Und mit der Bedeutung der Territorialherrschaft wächst auch die Bedeutung der territorialen Bürokratie, die nicht im Dorf lebt. Der ordnende Einfluß der Dorfgemeinschaft, zumindest in Rechtssachen, geht zurück. „Diese Amtmänner (Schultheiße – J. K.) sind nicht zu verwechseln mit den Amtknechten, die die Funktion eines Gerichtsboten, Büttels und Polizisten ausfüllten. Sie waren das ausführende Organ, auch bei unpopulären Maßnahmen, Schuldeintreibungen, Haussuchungen und ähnlichem. Sie waren gefürchtet und unbeliebt und galten den ehrlichen Bauern und Bürgern als suspekt und, wenn dies auch nicht laut gesagt werden durfte, als unehrlich. Der landläufige Ausdruck für sie war ‚Schergen'. Es wird ehrliche Männer unter ihnen gegeben haben, die in ihrer engeren Umwelt Achtung genossen, aber die Art des Berufes zog natürlich auch zweifelhafte Elemente an sich. Unter ihnen findet man die Typen wieder, die die Unbeliebtheit ihres Berufes durch die Verachtung des ehrlichen Bauern- und Bürgerstandes wettzumachen suchten. Bei ihren Amtsverrichtungen müssen sie oft über Land und hocken dann in den Wirtshäusern beim Trunk, wobei sie leicht durch ihre aggressive Art mit den Bauern in Streit geraten. Man sucht solchen Streitigkeiten aus dem Weg zu gehen."[19] In Unterfranken scheint in unserer Zeit die Rolle der Gemeindeleitung wesentlich größer gewesen zu sein als die hier geschilderte im Ansbacher Gebiet, selbst wenn auf den Gemeindeversammlungen ein Vertreter der Herrschaft anwesend war.

Es ist in diesem Zusammenhang interessant, einige zusammenfassende Urteile von Kramer über die verschiedenen Gegenden Frankens, die er untersucht hat, zu lesen:

„Unterfränkische Siedlungsgemeinschaften, vor allem die des Maintales und seiner unmittelbaren Nachbarschaft zwischen Würzburg und Schweinfurt, weisen einen sehr ausgeprägten, eigenständigen und sich dem Modell stark nähernden Lebensstil auf, der sich in einem vielseitigen gemeindlichen Bauwesen, in starkem Repräsentationsbedürfnis, in festlichem Gepränge bei kirchlichen und weltlichen Festen, in engem nachbarlichen Zusammenhalt in den Bedrängnissen des Alltags dokumentierte. Der Grundcharakter war – und ist vielfach auch heute noch – in den meisten dieser Ortschaften der gleiche, ob es sich um Dörfer, Märkte oder kleine Städte handelte. Die Dörfer suchten es der hier vom Bürgersinn geprägten Stadt gleichzutun. Viele von ihnen haben ein eigenes Rathaus, einen ausgesprochenen Repräsentativbau, oft unverhältnismäßig stattlich im

[18] „Ansbach", S. 135.
[19] Ebendort, S. 129.

Verhältnis zu der kleinen Siedlung. Wo das Rathaus fehlte, nahm die geleitete Dorflinde dessen Platz ein, oder ein Gemeindewirtshaus erfüllte seine Funktionen. Die großen Gemeinschaftsfeste waren sowohl profaner als kirchlicher Art. Die Mahlzeit bei der Rechnungslegung, beim ‚Riederstrich‘, bei der Ämterbesetzung wurde mit großem und gelegentlich den Gemeindehaushalt förmlich sprengenden Geldaufwand begangen. Der Grenzumgang mit den typischen Begleitformen wurde zum Gemeinschaftsfest.“[20]

Wenn Kramer hier von Modell spricht, dann meint er weniger irgendeine Idealkonstruktion als vielmehr die Zeit, in der die herrschaftlichen Eingriffe und Rechte in der Dorfgemeinschaft noch wesentlich geringer waren im Vergleich zum 17. Jahrhundert oder in anderen Gegenden Deutschlands um 1600. Und entsprechend dieser stärkeren Behauptung der bäuerlichen Demokratie und Selbständigkeit war auch das äußere Gepräge des Dorfes ... jedoch schon mit einem Einschlag von Dekadenz, von Neigung zum Luxus, der nur einer herrschenden Klasse in Ausbeutergesellschaften zukommt. Die starke Bauerndemokratie – oder sagen wir jetzt vielleicht besser?: Bauernselbständigkeit bekommt der Dorfgemeinschaft nicht mehr. Sie verliert ihre Maßstäbe an die Stadt. Aus den Mehrzweckhäusern wie dem Rathaus werden bisweilen schon fast repräsentative Prachtbauten, und das kommt einer Dorfgemeinde, in der es so viele arme Bauern und andere Werktätige in schlechten Umständen gibt, in einer Ausbeutergesellschaft nicht zu. Das Rathaus ist dann kein „Palast des Volkes“ mehr und erst recht nicht ein Wirtschaftsgebäude des ganzen Dorfes.

Hier sollte man auch an eine andere Studie über das Frankenland erinnern, in der es heißt:

„Die agrarische Nutzungsgenossenschaft der vollbäuerlichen ‚Rechtler‘, die allein Anteil an Feld, Weide, Wasser und Wald der kollektiven Allmende, der Dorfmark, hatten, schied sich scharf von den ‚Nichtrechtlern‘, den Kleinbauern, Dorfhandwerkern, landwirtschaftlichen Arbeitern, Einmietern und anderen, nur in der Landwirtschaft Nebenbeschäftigten. Diese Rechtlergemein stand darum ebenso im Gegensatz zu den Ansprüchen der Nichtrechtler wie zu denen des Dorfherrn, der sowohl sein Eigentum an der Gemarkung geltend zu machen als auch die geregelte Nutzung unter Mitbeteiligung der Nichtrechtler zu erzwingen suchte. ...

Rechtler waren die Bauern auf den voll spannfähigen Höfen oder Huben wie die auf den nur teilweise spannfähigen etwa halbgroßen Gütern oder Lehen, – die Terminologie schwankt auch hier, nicht zuletzt durch das barocke Gepränge, mit dem kleinere Herren sogar das Prestige ihres grundherrlichen Besitztums aufzuputzen suchten, während die Betriebsgrößen naturgemäß regional und lokal nach Bodenbonität schwanken – seltener schon die Söldner auf Viertelhöfen, die in der Ausbauzeit aus den Vollhufen gezogen worden waren. Aus ihrem Kreis wurden die Organe der gemeindlichen Selbstverwaltung gewählt, die manchmal als Bürgermeister, häufig als Vierer, selten unter der herrschaftlichen Bezeichnung von Schultheißen befristet amtierten und der Gemeinde Rechnung zu legen hatten. Diese verwahrten das Dorfsiegel, das die Gemein genauso als Rechtsmal führte wie häufig den Dorfbaum – der nicht mit dem Mai- oder Kirchweihbaum identisch ist – als Zeichen ihrer Dorfgerechtigkeit.

Die ‚ganze Gemein‘ der Bauern und Söldner regelte das nachbarliche Zusammenleben wie die gemeinsame Nutzung, nicht selten auch die Anbauordnung auf der Flur. Sie strafte den, der gegen solche gesetzte Ordnung verstieß und vertrank diese Bußgelder

[20] „Bamberg“, S. 293.

genauso wie die Überschüsse der Gemeinderechnung nur gar zu gerne in rauschenden Festen, die die gestrenge Herrschaft nicht nur aus fiskalischem Interesse immer energischer einzudämmen suchte. Die Gemein erhob für diese ihre eigenen Aufgaben ebenso Umlagen wie nicht selten noch immer samthafte Abgaben an den Landesherrn oder andere Berechtigte. Wieder ist der Spielraum zwischen straff reglementierten Dorfschaften, in denen die von der Herrschaft bestimmten Gemeindeorgane bloß deren Vollzugsträger waren, und solchen, die sich – mit oder ohne den stolzen Titel von Freidörfern – einer weitestgehenden Autonomie erfreuten, regional höchst verschieden, wobei die Urstrukturen der Landnahmezeit und die Überlagerung durch herrschaftliche und territoriale Machtbildung im Gegenlauf von Herrschaft und Genossenschaft mannigfach durchschimmern."[21]

Das heißt, in manchen Dörfern, die besondere Pracht aufweisen, wird das auch auf eine schärfere Scheidung zwischen reichen und armen Bauern sowie den anderen im Dorf hinweisen. Prachtbauten gehören nicht zur wirklichen Dorfdemokratie, und die reichen Bauern werden in einem solchen Fall zu einer der herrschenden Klassen bzw. Schichten auf dem Lande.

Manches in dieser Beziehung ist noch ungenügend ausgedeutet, bedarf noch belegter Interpretation, und in einem solchen Wissensstadium sind Andeutungen der weiteren Forschungsrichtung wichtiger als voreilige Schlüsse, die ein eventuell falsches Bild erstarren lassen.

Ganz anders als in Unterfranken ist die Situation in einem anderen Teil Frankens: Kramer beobachtet: „Mittelfränkische Siedlungsgemeinschaften, vor allem in den Ansbacher und Bayreuther Landesteilen, wiesen diese große innere Geschlossenheit der Daseinsgestaltung nur in geringerem Maße auf. Stadt und Dorf, Bürgertum und Bauerntum klafften weit auseinander, und innerhalb der Städte gab es schon früh starke, sozial bedingte Risse. Das gemeindliche Bauwesen war nur in den Städten stärker entwickelt, in den Dörfern gab es meist nur das Hirtenhaus, gelegentlich noch Schule und Schmiede. Bei den Brauchformen zeigt sich ein ähnliches Verhältnis. Die großen Termine der jahreszeitlichen Feste schienen nur in den Städten auf, in Dörfern und bäuerlichen Märkten gab es als einziges, dafür aber um so kräftiger entwickeltes Gemeinschaftsfest die Kirchweih. ... Was den Gemeinsinn betrifft, so war der widerstrebende Einzelne weit häufiger vertreten als im benachbarten Unterfranken, was sich auch darin zeigt, daß die Gemeinschaftsstrafen (wie das Verpfählen der Tür) als Druckmittel häufiger vertreten sind."[22]

Hier begegnet uns die Dorfgemeinschaft in von der Herrschaft, insbesondere von dem Markgrafen von Ansbach, bereits stark beschränkter, fast möchte man sagen kastrierter Form. Einer Form, die jetzt mehr und mehr zum „Modell" wird, oder sollte man nicht, da es immer schlimmer wird, da die Funktionen der Dorfgemeinde immer mehr eingeschränkt werden, statt von Modell und Form von einem Prozeß sprechen?

Denn nie darf man vergessen, daß in dieser hier betrachteten Zeit der Prozeß der Refeudalisierung sich unter den Bedingungen des territorialen Absolutismus fortsetzt und daß wir im Osten die Anfänge der Ausbildung der Gutherrschaft und des Bauernlegens beobachten. Und damit ändert sich auch das, was ich den gemeindlichen oder

---

[21] *H. H. Hofmann,* Bauer und Herrschaft in Franken. In „Zeitschrift für Agrargeschichte und Agrarsoziologie", 14. Jg., Heft 1, Frankfurt am Main 1966, S. 24f.

[22] „Bamberg", S. 293f.

genossenschaftlichen Alltag nennen möchte. Noch nicht sehr stark – das geschieht erst nach dem Dreißigjährigen Krieg; noch nicht so stark, daß wir hier näher darauf eingehen müßten; aber schon merklich genug, um Andeutungen in der Realität und der Literatur hier anzumerken.

Noch stärker sind diese Tendenzen in einer anderen Gegend Frankens ausgeprägt: „Der Lebensstil der Siedlungsgemeinschaften im Hochstift Bamberg ähnelt auf den ersten Blick den mittelfränkischen Verhältnissen. Das ist überraschend, denn man vermutet zunächst viel eher eine Entsprechung zu dem von einer ähnlich strukturierten geistlichen Herrschaft geprägten unterfränkischen Raum. Aber die dort beobachtete gegenseitige Durchdringung von Religiösem und Profanem hat sich hier im Bambergischen weit weniger durchsetzen können. Man hat manchmal geradezu den Eindruck einer Oppositionsstellung. Der Grund dafür liegt sicher nicht in einer tiefgreifenden Religionsfremdheit, sondern weit eher scheint eine erstaunlich straffe obrigkeitliche Verwaltung die Ursache zu sein, eine Verwaltung, die von Anfang an tief in das Eigenleben der Siedlungsgemeinschaften eingegriffen hat bzw. es gar nicht erst aufkommen ließ. Relativ zahlreich sind die Beispiele dafür, daß die dörfliche Verwaltung nicht in der Hand selbstgewählter ‚Dorfmeister‘ gelegen ist, sondern in der des herrschaftlichen Schultheißen. Entsprechend ist die Funktion der Gemeindeversammlung beschnitten. Auch die bambergische Kleinstadt ist in erster Linie Amtsstadt, Bürgersinn hat dort kaum Raum zur Entfaltung. Der Oberamtmann ist zugleich verantwortlicher Leiter des Stadtregiments, die Bürgermeister sind nichts anderes als ausführende Organe, der Rat ein Marionettentheater, dabei von Standesdünkel besessen. Die Kluft zum ‚Volk‘ ist beträchtlich. Das hat eine Reihe von Folgen, äußerlichen und innerlichen. Die Rechnungslegung beispielsweise ist durchaus herrschaftlicher Verwaltungsakt, die Beteiligung der Siedlungsgenossen entweder ganz abgeschafft oder eingeschränkt. Das findet vor allem in der Art der abschließenden Zeche seinen Ausdruck. Andernorts derb-heiteres Gemeinschaftsfest, wird sie hier zum Privileg der Amtsträger, und die Gemeindegenossen erhalten nur noch ein festgesetztes, karg zugemessenes Minimum.“[23]

Der herrschaftliche Schultheiß hat den Bürgermeister im Dorfe entmachtet, und in der Stadt sind die Bürgermeister zu „ausführenden Organen“ des Territorialherren geworden. Welche Wandlung in der Zeit! was für ein Gegensatz zu Unterfranken! Wie differenziert sind doch die Verhältnisse!

Wieder anders die Situation in dem vierten von Kramer untersuchten Gebiet: „Siedlungsgemeinschaften im Coburger Raum zeigen hingegen wieder ein starkes Selbstbewußtsein. In der Durchgliederung des Gemeinwesens, in der Erstellung zahlreicher Gemeindebauten, im Repräsentationsbedürfnis, im Willen zum Selbstschutz und in der Freude am gemeinschaftlichen Feiern scheint sich ein fast vollkommenes Abbild des Lebensstiles im Mainraum um Würzburg abzuzeichnen. Unterschiedlich ist dieses Bild in Bezug auf das jahreszeitliche und kirchliche Brauchtum. Das hat konfessionelle Gründe. Die brauchfeindliche Haltung des Protestantismus hat hier wie in Mittelfranken mit dem Überlieferungsbestand aufgeräumt oder ihn jedenfalls stark verändert. Das religiöse Leben verläuft in anderen Bahnen. Weltoffenheit und Aufgeschlossenheit für Neuerungen sind weitere Kennzeichen des Lebensstiles Coburger Siedlungsgemeinschaften, Eigenschaften, denen allerdings ein erhebliches Maß an Beharrungsvermögen in erstarrten Glaubensformen die Waage hält. Die Zwiespältigkeit zwischen Kirchen-

---

[23] Ebendort, S. 294f.

glauben und Volksglauben, die sich, wie bereits angedeutet, im Protestantismus immer wieder aufweisen läßt, ist hier besonders deutlich zu beobachten."[24]

Wenn Kramers Aussage hinsichtlich der „Weltoffenheit und Aufgeschlossenheit für Neuerungen" zutreffen sollte – und auch er wird nicht bestreiten, daß wir dafür zwar manche Andeutungen haben, aber noch nicht zu sicheren Schlüssen kommen können –, dann hat sie jedenfalls nichts direkt mit dem Protestantismus zu tun. Sie war vielmehr auf zahlreichen Gebieten des Wirtschaftslebens im 15. Jahrhundert bis in die Anfänge des 16. zu beobachten. Sie war Anzeichen der sich anbahnenden „bürgerlichen Revolution", deren erster Akt der Bauernkrieg war. Und wenn Kramer recht mit seiner Charakteristik behält, dann handelt es sich hier um eine Fortsetzung, sicher eine sehr langsame, dieses Prozesses. Es wäre eine wichtige Aufgabe für unsere Historiker, zu untersuchen, wo in Deutschland wir noch ähnliche Fortsetzungen finden, die dann aber wohl alle durch den Dreißigjährigen Krieg und seine Folgen zerstört wurden.

Doch so stark die Unterschiede in den verschiedenen Gebieten von Franken, noch stärker werden sie, wenn wir in weitere Gegenden Deutschlands schweifen, insbesondere nach Osten. Wenn wir sagen, daß im Bauernkrieg die Fürsten ein Vorgefecht gewannen und im Dreißigjährigen Krieg bzw. dem Friedensschluß ihren endgültigen Sieg errangen, dann spiegelt sich das auch sehr deutlich in der Rolle der Dorfgemeinde wider.

Wenn Kramer bemerkt: „Die Katastrophe des Dreißigjährigen Krieges bringt eine grundsätzliche Änderung des Wirtschaftsstiles. Die Obrigkeit drängt immer mehr zu absolutistischer Bevormundung der gesamten Lebensvorgänge, was sich in einer Flut von Verordnungen und Dekreten ausdrückt, in einem Territorium stärker als in anderen. Das Dasein wird obrigkeitlich reglementiert. ... Den Grundcharakter des Lebensstiles vermögen alle jene Einflüsse allerdings vorerst nicht entscheidend zu ändern. Hier, im Zentrum volkstümlicher Lebensgestaltung, wirkt die Kraft der Beharrung am stärksten. An peripheren Erscheinungen ist die Wirkung jener Einflüsse durchaus spürbar. Sie bilden den Ansatzpunkt, und auf diese Weise, von außen nach innen, beginnen sich Veränderungen anzubahnen, die auf die Länge der Zeit bis in das Zentrum vordringen und die Voraussetzungen für den völligen Umbruch des volkstümlichen Lebens schaffen, den wir in den letzten einkalb Jahrhunderten beobachten und der in der Gegenwart seinem Höhepunkt zustrebt."[25] –

So muß man doch daran zweifeln, ob das über den „Grundcharakter des Lebensstils" Gesagte so allgemein noch für die Zeit nach dem Dreißigjährigen Krieg zutrifft. Für unsere Zeit kann man ihm jedoch noch zustimmen, auch wenn die Kriegshandlungen so viele Genossenschaften, so zahlreiche Gemeinwesen ganz oder halb zerstören.

Ich möchte meinen Zweifel an der Aussage Kramers und zugleich meine Zustimmung an einem Beispiel illustrieren.

Sicherlich bringt die Ausbildung der Territorialherrschaft im Osten wie im Westen Deutschlands eine Wandlung im „Grundcharakter des Lebensstils". Denn bisher waren Gott und Kaiser, die über dem lokalen Grundherrn standen, fern und hatten keine unmittelbare Verbindung zum Leben des Bauern. Jetzt aber gibt es einen durchaus im Leben spürbaren territorialen Herrn über dem lokalen Herrn, der nicht nur mit zahlreichen zusätzlichen Anordnungen in das Leben der Bauern eingreift, sondern auch unter Umständen gegen den lokalen Herrn ausgespielt werden kann.

---

[24] Ebendort, S. 295f.
[25] Ebendort, S. 296.

7*

Das hat natürlich auf die „Dorfpolitik" einen Einfluß. Jetzt erst tritt der prozessie-
rende Bauer in der deutschen Geschichte auf. Wohl haben Bauern und Bauerngemeinden
seit eh und je einzelne Prozesse geführt. Jetzt aber wird massenhaft prozessiert. Die
Historiker sprechen mit Recht von einer Flut von Prozessen. Doch eine völlig neue
Erscheinung, insbesondere wenn man versteht, daß in der Hauptsache Dörfer, nicht
einzelne Bauern, solche Prozesse führen! Ganz abgesehen von dem neuen, nun ziemlich
allgemeinen Gedanken- und Gesprächsstoff, gibt die Möglichkeit und die Realität eines
solchen Prozesses gegen den lokalen Herrn doch ein der Tendenz der immer stärkeren
lokalen Unterdrückung entgegenwirkendes Gefühl der Stärke. Eine neue psychologische
Situation entsteht im Dorf, die von jetzt ab, da sie eben so weit verbreitet ist, doch wohl
den „Grundcharakter des Lebensstils" berührt.

Zugleich aber muß man folgendes mit Harnisch feststellen:

„Als Ergebnis der Quellenanalyse wäre festzuhalten, daß immer die Bauerngemeinde,
die Landgemeinde, Kontrahent der Feudalherren war. In das Stadium der gerichtlichen
Verhandlung und damit für uns überhaupt erst greifbar, traten die Bauern als geschlossene Gemeinde. In den Quellen findet sich vielfach die Formulierung ‚Schulze und
gantze gemeine Pauerschaft'. Hier entsteht natürlich die Frage, ob damit die Gesamtheit
der Dorfbewohner oder nur die landbesitzenden und zur Nutzung der Allmende (der
‚Gemeinheiten') berechtigten Bauern- und Kossätenstellen gemeint sind. In der Kurmark
Brandenburg, und das dürfte für die gutsherrschaftlich strukturierten Gebiete bis zum
Dreißigjährigen Kriege allgemein zutreffen, deckten sich Bauerngemeinde im Sinne der
zur Nutzung der Gemeinheiten berechtigten, mit Land ausgestatteten feudalabhängigen
Produzenten noch weitgehend mit der ‚gemeinen Bauerschaft' und der ‚Bauern und
ganze Gemeinde', da es eine Landarmut, die nicht zur Mitnutzung an der Allmende, den
Gemeinheiten, wie sie hier meist genannt wurde, berechtigt war, erst in geringen Ansätzen gab.* Hier war die ‚gemeine Bauerschaft' tatsächlich noch fast vollständig mit
der Landgemeinde identisch. In den westelbischen Gebieten des Erzstiftes Magdeburg
und im Hochstift Halberstadt hingegen hatte sich schon vor dem Dreißigjährigen Kriege
eine Schicht landloser Produzenten gebildet, die nicht als Gesinde bei Bauern oder in
einer Gutswirtschaft lebten, sondern dem Status des Einliegers im 18. Jh. entsprachen,
also weder Haus- noch Grundbesitz hatten und bei Bauern oder Kossäten zur Miete
wohnten. Diese Schicht hatte auch keinen Anteil an der Allmendenutzung mehr.** Damit
war eine Differenzierung der Dorfbewohner nach vollberechtigten Gemeindeangehörigen
und bloßen Einwohnern entstanden."[26]

Die alte Dorfgemeinde also ist es, die den Prozeß führt – völlig unverändert ist der
„Grundcharakter des Lebensstils" in dieser so wichtigen Beziehung. Die Dorfgemeinde,

---

[26] *H. Harnisch,* Bäuerliche Klassenkämpfe in der Mark Brandenburg und im Gebiet der Stifter
     Magdeburg und Halberstadt im 16. und 17. Jahrhundert, in: Der deutsche Bauernkrieg 1524/25,
     a. a. O., S. 294.

  * Das ergibt sich aus den Bänden des „Historischen Ortslexikons" für Brandenburg, Teil I, Prignitz,
     bearb. von Lieselott Enders, Weimar 1962 (Veröff. des Brandenburgischen Landeshauptarchivs,
     Bd. 3); Teil II, bearb. von Lieselott Enders, Weimar 1970 (Veröff. des StA Potsdam, Bd. 7);
     Teil III, bearb. von Lieselott Enders, Weimar 1972 (Veröff. des StA Potsdam, Bd. 11).

 ** Eine zusammenfassende Quelle zur Sozialstatistik für diese Gebiete in dem fraglichen Zeitraum
     fehlt. Aus den Taxationen und Erbregistern verschiedener Feudalherrschaften ergibt sich jedoch
     dieses Ergebnis. Als Beispiel: StA Magdeburg, Rep. Dc, Salbuch der Herrschaft Falkenstein
     von 1586.

mag sie auch in ihrer Gerichtsbarkeit vieler Rechte durch die Herren beraubt worden sein, sie hebt ihr Haupt von neuem in einer immer wichtiger werdenden Eigenschaft: als Prozeßführer für das Dorf. Ich sage das Dorf, selbst wenn es im Prozeß zumeist nur um Belange der Bauern geht; denn sämtliche Dorfbewohner sind, bei aller Differenzierung der Interessen im Einzelnen, gegen den lokalen Herrn eingestellt.

Sich leider auf die Seite derer stellend, die im Prozeß eine Waffe des Klassenkampfes sehen, bemerkt Harnisch ganz richtig über die Bedeutung der Gemeinden für die Prozeßführung: „Die Bedeutung der bäuerlichen Landgemeinde im antifeudalen Klassenkampf liegt also nicht nur darin, daß durch sie das geschlossene und damit wirkungsvollere Auftreten der Dorfgenossen gesichert wurde, auch die erheblichen Prozeßkosten konnten mit ihrer Hilfe viel besser getragen werden. Es sei hier noch darauf hingewiesen, daß nach dem deutschen Bauernkrieg und der darauf folgenden Festigung des Territorialstaates und noch mehr nach der Etablierung des Feudalabsolutismus in den meisten deutschen Staaten die ganz überwiegende Mehrzahl der von bäuerlichen Kollektiven, also fast immer von Landgemeinden, geführten antifeudalen Klassenauseinandersetzungen mit juristischen Mitteln durchgefochten wurde und lange Zeit auch kaum anders geführt werden konnte. Dazu gehörte aber neben einer geschlossenen Kampffront der Bauern auch und nicht zuletzt das Geld für Advokaten usw."[27]

Und allgemeiner werdend, stellt er über die Bedeutung der Dorfgemeinde im Klassenkampf fest:

„Für die weitere Erforschung der antifeudalen Klassenkämpfe auf dem Lande wird die eingehende Untersuchung der Landgemeinde zu einer zentralen Frage. Welche realen Funktionen bzw. Machtmittel die Landgemeinde in den Gebieten besseren bäuerlichen Besitzrechtes hatte, ist bis jetzt kaum bekannt. Die bürgerliche Forschung ist bei der Herausarbeitung formaljuristischer Kriterien unter den Gesichtspunkten der Landgemeindeordnung des bürgerlichen Staates im 19. Jh. stehengeblieben.* Wir stoßen jedoch in sehr verschiedenartigen Quellen des 16. bis 18. Jh. immer wieder auf die Existenz einer Gemeinde der landbesitzenden bäuerlichen Bevölkerung, ohne deren Rechte, Kompetenzen und Wirkungsmöglichkeiten bisher näher beurteilen zu können. Zweifellos ist das teilweise auch durch die komplizierte Quellenlage bedingt, wenngleich in den Kreisarchiven, die die Gemeindebestände aufbewahren, und auch in den Gutsarchiven durchaus ein breites Quellenmaterial vorliegt.

Eine entscheidende Verschlechterung in der Stellung der Landgemeinde, die in die Jahrhunderte des Spätmittelalters fällt, hatte auch die bürgerliche deutsche Forschung angenommen. Keil** kam bei seinen Untersuchungen über die Landgemeinde in den östlichen Provinzen Preußens zu dem Ergebnis, daß die Stärkung des Adels, die im Zusammenhang mit der Herausbildung der Gutsherrschaft erfolgte, zu einer entscheidenden Schwächung der Landgemeinde führte, die im Zuge der feudalen deutschen Ostexpansion zunächst mit weitgehender Selbstverwaltung ausgestattet worden war. Aber auch nachdem der Adel Patrimonialgerichtsbarkeit und Polizeigewalt in Händen hatte, hielt sich die Landgemeinde.

Keil schreibt hier treffend: ‚Bei Ausübung dieser gerichtlichen und polizeilichen Befugnisse hatte aber die Dorfgemeinde, wie sie sich innerhalb des domanialen Herr-

---

[27] Ebendort, S. 298f.

* *Fr. Keil,* Die Landgemeinde in den östlichen Provinzen Preußens und die Versuche, eine Landgemeindeordnung zu schaffen (Schriften des Vereins für Socialpolitik, Bd. XLIII), Leipzig 1890.

** Ebendort, S. 21ff.

schaftsgebietes noch erhalten hatte, ein gewisses Maß von Selbständigkeit gerettet, das in seiner Verquickung mit gutsherrlichen Rechten ein eigenartiges Bild von Zähigkeit bot, mit der auch unter den ungünstigsten Verhältnissen der Bauernstand an den Resten seiner althergebrachten Selbstverwaltung festzuhalten suchte. Diese Kämpfe, welche mit dem völligen Erdrücken der Gemeindeautonomie endigten, haben einen nach der Örtlichkeit sehr verschiedenen Charakter.'*

Über die Stellung der Landgemeinden in unserem westelbischen Vergleichsgebiet hat sich Schwineköper geäußert.** Auch aus seinen Ergebnissen muß der Schluß gezogen werden, daß sich die Stellung der Landgemeinde seit dem 12./13. Jh. ganz wesentlich verschlechtert hat. So wurde der Bauermeister, wie hier der an der Spitze der Landgemeinde stehende Funktionsträger der Selbstverwaltung genannt wurde, ursprünglich von den Dorfgenossen gewählt. Im Spätfeudalismus kann von einer Wahl des Dorfvorstehers in dieser Gegend keine Rede sein.*** Ein Schwerpunkt in der Erforschung der spätfeudalen Landgemeinde wird zweifellos das tatsächlich noch vorhandene Maß an Selbstverwaltung sein. Welche Bedeutung gerade ihm noch zukam, das kann aus der Vielzahl der aus dieser Zeit überlieferten Gemeindeordnungen abgelesen werden. Kuntze† hat in seiner **Dissertation über das Gebiet Sachsens** (im Umfang von 1815, jedoch ohne die Oberlausitz) für die Zeit des 16. bis 18. Jh. 76 Gemeindeordnungen und 33 Dorfordnungen zusammengestellt. Auch in den Gutsarchiven Brandenburgs und der früheren Provinz Sachsen sind eine Vielzahl von Dorfordnungen (bzw. Gemeindeordnungen) überliefert. Man wird kaum fehlgehen, in den meisten dieser von einer lokalen Feudalgewalt erlassenen Dorf- oder Gemeindeordnungen das Ergebnis und den Abschluß vorausgegangener Klassenauseinandersetzungen zu sehen."[28]

Wenn auch Harnisch die Nützlichkeit der bereits vorhandenen Forschungen von Bader und Kramer unterschätzt, hat er im großen und ganzen völlig recht mit seiner Aufforderung zur weit gründlicheren Untersuchung der Rolle der Dorfgemeinde.

Recht hat Harnisch auch, auf die sinkende Bedeutung der Dorfgenossenschaft hinzuweisen. Aber eine nicht zu unterschätzende Bedeutung bleibt ihr ganz offenbar erhalten.

Und weiter muß man sagen: Kramer sieht in seinen oben zitierten Ausführungen fälschlicherweise eine direkte Linie von der Einschränkung der Rolle der Dorfgemeinschaft durch den fürstlichen Absolutismus (und, fügen wir hinzu, durch die Ausdehnung der Patrimonialgerichtsbarkeit) zu deren durch den Kapitalismus herbeigeführten Auflösung. Im ersten Fall handelt es sich jedoch um Veränderungen innerhalb im großen und ganzen gleichbleibender (feudaler) Produktionsverhältnisse, um Veränderungen, die nicht voll wirksam sein können, im späteren, zweiten Fall um radikale Veränderungen,

---

[28] Ebendort, S. 297f.

   * Ebendort, S. 41.

  ** *B. Schwineköper*, Die mittelalterliche Dorfgemeinde in Elbostfalen und in den benachbarten Markengebieten, in: Die Anfänge der Landgemeinde und ihr Wesen, Band II, (Vorträge und Forschungen, hg. vom Konstanzer Arbeitskreis für mittelalterliche Geschichte, Bd. VIII), Konstanz 1964, S. 115–148, 125.

*** *S. B. Carsted*, Atzendorfer Chronik, hg. von der historischen Kommission für die Provinz Sachsen und für Anhalt, bearb. von Eduard Stegemann, (Geschichtsquellen der Provinz Sachsen und des Freistaates Anhalt, Neue Reihe, Bd. 6), Magdeburg 1928, S. 97.

  † *H. Kuntze*, Die Landgemeinde und ihre Stellung im Staate im Gebiete des Königreichs Sachsen, unter Ausschluß der Lausitz, vom 16. Jahrhundert bis heute. Jur. Diss. Leipzig 1919, S. XIV bis XVIII.

um die Ausmerzung aller Dorfdemokratie, auf Grund völlig neuer (kapitalistischer) Produktionsverhältnisse. Wenn beide in der gleichen Richtung wirken, so darf das doch nicht zur Vernachlässigung der völlig verschiedenen Ursachen führen.

Nach der Lektüre dieser Ausführungen schrieb mir Harnisch:

„Ich muß hier gewisse Bedenken anmelden, und zwar hauptsächlich deswegen, weil Sie ganz überwiegend auf Franken eingehen, und Franken war ganz und gar nicht der Normalfall der Landgemeinde. Nur ganz beiläufig verweisen Sie dabei auf den Unterschied zum Osten. Reicht das aus, zumal Sie in anderen Abschnitten gerade die gutsherrschaftlichen Gebiete stärker in den Vordergrund gezogen haben? Die Unterschiede in der Ausbildung der Landgemeinde, im Ausmaß der von den Dorforganen noch eigenverantwortlich wahrgenommenen Tätigkeitsbereiche war so außerordentlich, daß ich meinen möchte, die ausführliche Schilderung der Verhältnisse Frankens muß beim Leser den Eindruck erwecken, das sei der Normalfall. Charakteristischstes, aber keineswegs einziges Indiz für die wirklich gewaltigen Unterschiede in der Landgemeindeverfassung ist die Tatsache, daß es aus dem Gebiet der Gutsherrschaft schlechterdings keine Gemeinderechnungen gibt. Das meiste von dem, was Kramer schildert, stammt aber aus Gemeinderechnungen.

Die Unterschiede in der Landgemeindeverfassung decken sich territorial mit denen von Grundherrschaft und Gutsherrschaft. Wir haben im Gebiet der Grundherrschaft eine dualistische Gemeindeverfassung. Der Schultheiß (Schwaben, Franken, Thüringen) oder Richter (Magdeburg/Halberstädter Gebiet) wurde von der Herrschaft eingesetzt und hatte deren Willen im Dorf durchzusetzen. Die von den Gemeinden eigenverantwortlich geregelten Angelegenheiten besorgten die Heimbürgen (Schwaben, Franken, Thüringen), bzw. die Bauermeister im niedersächsischen Bereich. Heimbürgen wie Bauermeister verwalteten das Gemeindegut und überwachten die Rechnungsführung der Gemeindeeinnahmen und -ausgaben. Alle anderen Funktionsträger waren unbedeutend, zum Teil von den Heimbürgen als Gemeindebedienstete angenommen. Die Heimbürgen wurden von den Dorfgenossen gewählt, teilweise ging das Amt reihum. Natürlich waren sie gegenüber der Feudalgewalt nicht autonom, aber wenn sich in den Landgemeinden unter feudaler Herrschaft einige Züge oder Reste einer Elementardemokratie erhalten haben, dann sind sie in den Heimbürgen verkörpert (bzw. in den nördlichen Landschaften in den Bauermeistern).

Im Ostexpansionsgebiet haben wir die Schulzengemeinde. Der Schulze ist als Lehns- oder Setzschulze immer durch die Feudalherrschaft in sein Amt gekommen. Besondere Organe zur Verwaltung des Gemeindevermögens gab es nicht, obwohl Gemeindevermögen nicht fehlte. Es wurde aber nicht (warum?) geldwirtschaftlich genutzt, und zum Teil hatte es, wie das Bauernland, nur lassitische Rechtsqualität. Die Landgemeinde des Ostexpansionsgebietes ist eine rein feudalherrlich dominierte Gemeinde ohne eine Spur eigenverantwortlicher Gestaltungsmöglichkeiten durch die Dorfgenossen, soweit sie über den engen Kreis des geordneten Wirtschaftsablaufs hinausgingen. In Sachsen östlich der Saale war es im Prinzip genau so, nur heißt der herrschaftliche Funktionsträger Richter (nicht zu verwechseln mit dem Richter im Gebiet von Magdeburg/Halberstadt, der zwar auch von der Herrschaft bestellt wurde, neben sich aber den Bauermeister hatte). Die Gemeinden des Ostexpansionsgebietes hatten keine Einnahmen und kaum eigene Gebäude (manchmal Hirtenhäuser, meistens gehörten auch diese der Herrschaft). Alles das, was Kramer den ‚Lebensstil‘ nennt, konnte sich daher hier nur sehr kümmerlich entfalten. Den prinzipiellen Unterschied in den beiden großen Typen der

Gemeindeverfassung im Altsiedelland und im Ostexpansionsgebiet hat die bürgerliche
Forschung nicht gesehen (in Ansätzen Maurer). Wahrscheinlich sind diese Unterschiede
sehr alt, d. h. in der dualistischen Gemeinde des Altsiedellandes darf man möglicherweise unmittelbare Spuren der vorfeudalen Gemeinde bzw. der Gemeinde in der Feu-
dalisierung erblicken. Es wird Zeit, daß unsere Forschung sich dieser wichtigen und
hochinteressanten Problematik annimmt."

Ich glaube, daß Harnisch die Rolle der Dorfgemeinde in den Gebieten der Gutsherrschaft doch insofern unterschätzt, als sie ja zumindest noch groß genug war, um zum
Beispiel Prozesse gegen den Patrimonialherren zu führen bzw. zu finanzieren. Auch
scheint er mir die Verhältnisse in unserer Zeit zu sehr unter dem Gesichtspunkt der
nachfolgenden Zeit zu sehen. Ferner zeigt doch auch Kramer, daß in einzelnen Teilen
Frankens die Rolle der Dorfgemeinde unter den Auswirkungen einer starken Territorialherrschaft auch schon in unserer Zeit vielfach nicht mehr die des 15. Jahrhunderts und
der Zeit vor dem Bauernkrieg war.

Es schien mir jedoch wichtig, die Einwände von Harnisch zu bringen, weil unser Bild
von dem Wirken der Dorfgemeinde noch so unvollständig ist, und darum stimme ich
auch mit der Mahnung von Harnisch am Ende seiner Ausführungen voll überein. –

Im 16. und in der ersten Hälfte des 17. Jahrhunderts haben noch viele Mitglieder
der Dorfgemeinschaft zu dieser oder jener Zeit ein Gemeindeamt. Sie werden auf der
jährlichen Gemeindeversammlung gewählt. Kramer berichtet für Unterfranken:

„Das Contractenprotocoll Frickenhausen ordnet 1612 folgende ‚neüe beampte und
diener' (Bl. 198r): Zwei Bürgermeister, den einen aus dem Rat, den andern aus der
Gemeinde. Zwei Mühlmeister, die die Aufsicht über die Mühle zu führen hatten. Vier
Steuersetzer, deren einer auf drei Jahre gewählt wird. Zwei Vormundschafts-Rechnungs-
Anhörer. Drei Brotwäger, zwei Fleisch- und Fischschätzer, also die Aufsichtsführenden
über den Lebensmittelhandel. Einen Holzausgeber, der den Gemeindewald beaufsich-
tigte und den Haushalten das Brennholz zuwies. Einen Einungs- und Brunnenmeister.
Einen Einnehmer für das Wachgeld, das eine Ablösung für die ursprüngliche Wachpflicht
aller Mitbürger darstellt. Einen Gerichtsschreiber, der vermutlich für alle Schreibarbeiten
innerhalb der Gemeinde zur Verfügung stand. Einen Gemeinknecht. Einen Hirten. Zwei
Eicher und drei Schröter für die Versorgung der gemeindlichen Weinbestände. Außerdem die Dorfhandwerker: Schmied, Zimmermann, Metzger, zwei Bäcker. Schließlich
den Seelmeister, der das Seelhaus (Armenhaus – J. K.) verwaltet und die Ammenfrau,
die Hebamme.

In kleineren Orten liegen die meisten der in Frickenhausen getrennten Ämter in der
Hand der beiden Bürgermeister, die mancherorts auch Dorfmeister (Eußenheim) oder
Bauermeister (Retzstadt) genannt werden ...

Nicht genannt sind unter den Aufzählungen der Ämterbesetzung die ‚geschworenen
Vier' und die ‚Feldgeschworenen', deren Funktion von ganz besonderer Bedeutung ist.
Das liegt daran, daß es sich hierbei um Ehrenämter handelt, die den Betreffenden über
eine längere Zeit hinweg verliehen werden. Zum Feldgeschworenen wurde man sogar
zeitlebens bestimmt. Die Angehörigen des Rates waren ebensowenig dem jährlichen
Wechsel unterworfen, obwohl dies ursprünglich wohl der Fall gewesen sein wird. Im
Laufe der Zeit jedoch ging die ‚Ratsfähigkeit' in den größeren Orten auf einen festum-
rissenen Kreis von Familien über. Auf den Dörfern trat anstelle des Rates das ‚Gericht',
wobei die Schöffenfunktion, die dabei zugrundeliegt, ebenfalls zu einem lebenslänglichen
Amt werden konnte.

Die Aufgabe der vier Geschworenen bestand in einer allgemeinen Aufsichtspflicht über die Durchführung der Dorfordnung, die sie zusammen mit den Bürgermeistern ausübten. Sie machten, meist vierteljährlich, einen Rundgang durch das Dorf, um die Maßnahmen zum Feuerschutz zu kontrollieren: das Wasser vor den Türen, den guten baulichen Zustand der Feuerstätten und des Daches, die Einsatzfähigkeit der Feuerleitern, Feuerhaken, Feuereimer. Sie besichtigten die Ursachen von Streitigkeiten zwischen Nachbarn, ihrer Häuser und Hofstätten halber. Sie kontrollierten die Maße in der Gemeindeschenke und die Gewichte bei den Lebensmittelhändlern. Sie führten Haussuchungen zur Klärung von Diebstählen an Holz und Feldfrüchten durch. Die Tätigkeit der Feldgeschworenen war ähnlich, aber durchwegs auf die Gemeindeflur bezogen. Sie hatten vor allem Grenzstreitigkeiten zu schlichten, die Aufteilung der gemeindeeigenen Äcker und Wiesen vorzubereiten, Wege, Brücken und Zäune zu besichtigen und den Reifezustand der Feldfrucht oder des Weinwachses zu beobachten, um den gemeinsamen Erntebeginn festzulegen.“[29]

Dazu finden wir gar nicht selten einen Schulmeister, der jedoch nicht Lesen, Rechnen und Schreiben zu lehren braucht, sondern vor allem Religionsunterricht, einschließlich des Singens von geistlichen Liedern, gibt. Bisweilen wird ein Kandidat für den Posten abgelehnt, weil er nicht ordentlich singen kann.

Nicht vergessen werden darf auch der Bader, der die Badestube besorgt, der die Rolle des Arztes hat und Kuren verschreibt. Bisweilen arbeitet er mit dem Seelmeister zusammen: beide können verantwortlich sein für Schwachsinnige, die, wenn sie bösartig sind, zu Hause oder im Seelhaus lebenslänglich an die Kette gelegt werden.

Bei der Fülle der Ämter werden im Laufe der Zeit zumindest alle Vollbauern für wichtige Dorffunktionen herangezogen; gelegentlich gibt es für sie auch „bessere“ Sonder-Gemeinschaften wie etwa in Unterfranken die „Nachbarschaft“.

Im ganzen ist es erstaunlich, wie sich in dieser Zeit noch eine Art von Bauerndemokratie erhält – trotz und wegen aller Eingriffe von „Oben“, trotz und wegen aller, oft grausamer, Abhängigkeit von „Oben“, die auch in den zahlreichen Lasten zum Ausdruck kommt.

Natürlich unterscheiden wir die Feudalzeit von der kapitalistischen durch die Form der Ausplünderung der Werktätigen, durch die Produktionsverhältnisse. Zugleich aber müssen wir sehen, daß im engsten Zusammenhang mit ihnen der Kapitalismus die Vereinzelung gegenüber der Genossenschaft, gegenüber der Gemeinschaft bringt.

Mag ein größeres Dorf auch mehrere Schultheißen haben, weil es zu mehreren Herrschaften gehört – es bildet eine Dorfgemeinde, hat eine geschlossene Dorfgemeindeversammlung; Gemeindeversammlungen fanden zumeist mehrmals im Jahre statt. Oft konnten alle Dorfbewohner zur Versammlung kommen, aber nicht alle waren stimmberechtigt oder auch nur redeberechtigt, und nur für einen Teil – in Unterfranken zum Beispiel für die „Nachbarschaft“ – herrschte Anwesenheitszwang. Oft war auch ein Vertreter der Herrschaft zugegen.

In gewisser Weise hat Bader wohl recht, wenn er bemerkt: „Auch über das Herrschaftsrecht hinaus hat im übrigen ein begrenztes ,Unter' und ,Über' Raum: der größere Hof, der 20 Rinder auf die Weide schickt, hat natürlich, sozial gesehen, mehr Gewicht als der Halb- und Viertelsbauer, der seine zwei mageren Kühe am Morgen dem Tag- und am Abend dem Nachthirten zur Beweidung übergibt. Aber wenn es um das Dorf

[29] „Unterfranken“, S. 50ff.

als ganzes geht, sind beide Genossen; und wenn der Großbauer eher Dorfschultheiß oder Heimbürge wird, dann steht der Häusler als Dorfknecht, Wächter, Hirt oder Förster an seiner Seite. Und nicht allzu selten, wir werden es sehen, sind die bezahlten niederen Ämter begehrter als die ehrenamtlichen höheren – ein Ausgleich, der das Leben im Dorf, selbst wenn Fülle oder Not sehr ungleich verteilt sind, erträglich macht und mit dem Grundsatz von gerechter Schadensverteilung vereinbar ist.“[30]

Und ebenso recht hat er, wenn er auf folgendes hinweist: „Besonders wichtig wurde jedoch in typischer Wechselwirkung der Zutritt zu den dörflichen Ämtern. Wer zum Schultheißen, Ammann, Dorfbürgermeister oder Heimbürgen gewählt wurde, stieg in der dörflichen Hierarchie auf; andererseits zog man vornehmlich Angehörige der bäuerlichen Oberschicht zur Besetzung der höheren Dorfämter. Ihnen gestattete man im Zeitalter der Kleiderordnungen besondere Tracht und das Recht, den Degen zu tragen. Familien dieser Art erhielten anstelle oder in Ausschmückung ihres Hauszeichens einen förmlichen Wappenbrief. Wenn nicht de jure, dann doch de facto wurde das Schulzenoder Ammannamt erblich; dieselbe Erscheinung finden wir auch für sonstige Dorfwürden. Daß man die Gefahr solcher Entwicklung kannte und gelegentlich bedachte, ergibt sich daraus, daß manche Herrschaften auf raschem Wechsel der Ämter bestanden, und auch die Gemeinde selbst versuchte bisweilen, einen festen Turnus einzuhalten, um, wie man 1581 in Altenglan bei Kusel festlegte, ‚verdacht zu vermeiden‘. Der Landesherr konnte eine örtliche Observanz, wenn sie ihm nicht in den Kram paßte, durchbrechen, indem er einen Auswärtigen zum Schultheißen machte und dadurch der Tyrannis der Ortsgewaltigen ein Ende bereitete. Aber dann begann eine neue Strophe des alten Liedes: der Zuzügling verband sich nolens volens mit den ‚besseren Leuten‘ und rückte in ihren Kreis ein, und beim jährlichen Wechsel mancher Ämter konnte doch nicht verhindert werden, daß immer wieder Angehörige derselben Familien nachrückten. Was in der Stadt Regimentsfähigkeit hieß und selbst in schweizerischen Orten zu absolutistischen Daseinsformen führte, blieb auf dem Land in bescheidenerem Rahmen. Denk- und Verfassungsformen aber waren im Grunde die gleichen.“[31]

Ein merkwürdiges Gemisch von Demokratie und „Aristokratie“ ist die Dorfgemeinde in unserer Zeit – und in diesem Gemisch rührt bisweilen wie ein Gott von oben der Grundherr mit seinem Stab, brutal den Dorfaristokraten ebenso treffend wie den „einfachen Mann“, dabei oft beide wieder fester zusammenschließend.

Doch in vielerlei Beziehung hielten sie schon „an sich“ zusammen – gehörten sie doch zur gleichen Dorfgemeinde, begannen die Frühjahrsarbeit am gleichen Tag, waren vom gleichen Wetter abhängig, mußten den gleichen Grundherrn mit seinen Launen fürchten und trafen sich auf den Gemeindeversammlungen.

Die Jahresversammlung der Gemeinde war das wichtigste Ereignis im Dorf. Kramer berichtet von ihr in Unterfranken: „Mit der Bestellung der neuen Gemeindebeamten und Gemeindediener und der Festlegung ihrer Aufgaben war sie noch nicht abgeschlossen. Es folgte die Rechnungslegung, und damit zugleich ein Rückblick auf das vergangene Jahr und auf die Amtsführung der Verantwortlichen. Erst, wenn alles in Ordnung befunden wurde, konnte den scheidenden Bürgermeistern, die ja in erster Linie Rechenschaft ablegen mußten, die Entlastung erteilt werden. Nach der Verpflichtung der neuen Amtsträger folgte das Rüggericht. Dabei wurde die Dorfordnung verlesen und gemäß

---

[30] K. S. Bader, a. a. O., S. 270f.
[31] Ebendort, S. 288f.

diesen Satzungen Wohlverhalten und Übertretung abgewogen. Unter den Nachbarn bestand die Rügepflicht, d. h., sie mußten angeben, was sie an Unregelmäßigkeiten seit dem letzten Gericht beobachtet hatten. Da die Herrschaft als Gerichtsobrigkeit gegenwärtig war, wurden die Bußzahlungen in bestimmtem Verhältnis zwischen ihr und der Gemeinde aufgeteilt." Über die Vergehen und Strafen berichtet er: „Träubelbuß, Gäns-Pferd- und Ochsenbuß, Birnbuß, Siebnerbuß für Überackern, Übermähen, Steinfrevel und daraus notwendig gewordene Steinsetzungen. Es handelt sich durchwegs um Kleinigkeiten, denn die schwereren Fälle kamen vor das Zentgericht. Geht das Vergreifen an Trauben z. B. über ein gewisses Maß hinaus, so rechnet es als Diebstahl und fällt nicht mehr unter die niedere Gerichtsbarkeit, die anläßlich der Gemeindeversammlung ausgeübt wurde. Auch die Bußen, die innerhalb des Ortes fällig wurden, beruhten auf kleinen Zänkereien, ehrenrührigen Worten und Differenzen bei der Brunnennutzung oder baulichen Veränderungen an den enganeinander gerückten Häusern."[32]

Ausführlicher über die Gemeindeversammlung berichtet Bader:

„Die zur Dorfgemeinde gehörigen Genossen werden gewöhnlich einmal im Jahr zu verschiedenem Termin zusammengerufen. Dabei wird mit Kirchen- oder, soweit vorhanden, mit der Rathausglocke geläutet, Versammlungsort ist in älterer Zeit der Platz unter der Linde, der Kirchhof oder der Anger, später die Gemeindestube, das Spiel-, Wirts- oder Rathaus, nicht selten und bis in die Spätzeit auch die Wohnung des Dorfamtmanns oder -schultheißen, so daß sich dessen großbäuerliche Herkunft schon aus diesem Grunde versteht.

Neben der ordentlichen Gemeindeversammlung gibt es zu besonderem Zweck zusammentretende ‚Gemeinden‘. Häufiger Anlaß dazu ist etwa die Verkündung von Öffnung und Weistum, vor allem bei Änderungen des Weistuminhalts, oder die Anerkennung von Zinsbüchern und Urbaren. Auch die ländliche Anbauordnung im Rahmen der Dreifelderwirtschaft erfordert u. U. die Einberufung der Gemeindegenossen, die über Beginn der Heu- oder Getreideernte oder über die Bannzeiten zu beschließen haben. Einberufen wird die Versammlung durch die Dorfbeamten, allenfalls nach Befragung der Herrschaft.

Der Kreis der zur Gemeindeversammlung gerufenen Genossen wird verschieden gezogen. Mitunter wird nur eine engere Gemeinde aufgeboten und zugelassen*. In der Regel nehmen aber Bauern und Seldner gleichermaßen teil. Wer pflichtig ist, muß erscheinen und darf sich nicht vertreten lassen, am allerwenigsten durch Weib oder Kind. Bei echter Not allerdings darf oder muß der Geladene einen zugelassenen und geeigneten Vertreter senden. Die Erscheinungspflicht wird überall besonders eingeschärft – vielfach wird über die gesamte Institution nichts anderes berichtet, als daß man zur Gemeinde erscheinen müsse. Vorzeitiges Verlassen der Beratungen, zumal vor der Beschlußfassung, ist verboten. Sehr zahlreich sind auch die Gebote und Verbote, die unbotmäßiges, unschickliches oder widersetzliches Verhalten unter Strafe stellen. Dagegen wird über die Förmlichkeiten, zumal über Fragen des Abstimmungsmodus und

---

[32] „Unterfranken", S. 56f.

* Nach der Ulmer Ordnung von 1639 für die Landschaftsorte sollen zur Gemeinde nur gehen, „so aigen oder belehnetin heusser haben"; es kann aber anderen dazu besonders verkündet werden: Wttbg. ldt. Quellen III S. 44. In Langenlonsheim bei Kreuznach sind Knechte und Bauernsöhne ausgeschlossen, doch dürfen sie während der Versammlung nicht zum Wein gehen: Grimm, Weist. II S. 155. In Oberdorf bleiben hausgenößte oder beysitzer fern ... In Cotten sind nur Heinburgen, Geschworene u. Weingartforster pflichtig, die übrigen Gemeindleute können kommen wenn sie wollen.

der Verhandlungsführung, dürftig berichtet. Vieles verstand sich offenbar von selbst, so wenigstens in späterer Zeit das Mehrheitsprinzip, das immerhin öfters eingeschärft wird.

Streng achtet die Herrschaft darauf, daß sie vor der Gemeindeversammlung über Ort, Zeit und Verhandlungsgegenstände unterrichtet wird. Die Dorfordnungen, die ohnedies überwiegend das Herrschaftsrecht im Auge haben, sehen scharf auf die Einhaltung dieses Gebots. War ehedem bei Weistum oder Öffnung der Grund- oder Gerichtsherr in Person oder in Gestalt seines Vogtes zugegen, um die Rechtsweisung zu erfragen, so sah man jetzt, wo die Dorfleute unter sich tagten, die latente Gefahr der Überschreitung der Kompetenz, ja, in Zeiten bäuerlicher Unruhen die der Empörung. Es darf nicht verbotene Gemeinde gehalten werden. Deswegen muß der Herr oder sein Amtmann vor der Einberufung mit gebührlicher Frist verständigt werden. Die Herrschaft behält sich zudem das Recht vor, bei der Gemeindeversammlung zu erscheinen.

Schwer abgrenzbar sind die Kompetenzen der Gemeindeversammlung nach innen hin. Die Frage, was der Gesamtheit der Dorfgenossen, was den Dorfbeamten einzeln oder in verschiedenster Kombination an Beschlußfassung zustehe, bleibt vielfach unerörtert. Abtretung von Beschlußkompetenzen an einen Ausschuß oder an eine Deputation kommt vor. Das wichtigste und häufigste Geschäft der Gemeindeversammlung ist jedenfalls die Rechnungsabhör, über die gesondert zu berichten ist. Sie wird in der Regel mit der Wahl der Dorfbeamten, soweit diese der Gemeinde zusteht, verbunden. Abgesehen von Formen der Selbstergänzung wählen die Dorfgenossen bei dieser Gelegenheit ihre Vierer, den Dorfmeister, den Hirten, Geschworene und Richter. Umstrittener ist und bleibt die Wahl des leitenden Dorfbeamten, des Schultheißen, Vogtes oder Ammanns; vom freien Wahlrecht der Dorfgemeinde reichen hier die Wahlmodalitäten bis zur völligen Bevormundung durch adlige, geistliche oder städtische Dorfherren. ... Einen vielleicht städtischen Verhältnissen nachgebildeten Sonderfall stellt die ‚Gemeinde‘ der verheirateten, im Dorf lebenden Frauen dar, von denen die Dorfhebamme gewählt wird.“[33]

Wiederum fällt die Verschiedenart der Verhältnisse auf, betreffend den Grad der Demokratie innerhalb des Dorfes ebenso wie das Verhältnis von Dorfgemeinde zur Grundherrschaft. Aber wie auch die Verhältnisse sind, die Versammlung der Dorfgemeinde ist eine ernste Sache im Leben des Dorfes und wird von allen ernst genommen.

Und ganz reizend die Schlußmitteilung Baders: die verheirateten Frauen des Dorfes wählen – natürlich nicht überall, aber auch nicht als Einzelfall – die Hebamme.

Der Dorfdemokratie entsprechen im allgemeinen auch in merkwürdiger Weise die Dorfbauten. Das Rathaus oder Bürgermeisterhaus wird von allen benutzt, denn es ist so oft ein Mehrzweckgebäude. Es dient gar nicht selten auch als Tanzhaus, als Schulhaus, zur Aufbewahrung von Geräten und zur Lagerung von Getreide, es ist Gerichtsstätte, und auch Feste werden in ihm gefeiert, ebenso wie es Gemeindebacköfen beherbergen kann. Am erstaunlichsten ist wohl die Situation in Meeder, worüber Kramer so berichtet: „In Meeder hatte man statt des Gemeindehauses ein gemeindeeigenes Wirtshaus. Mit diesem Bauwerk ist der auf die verschiedenartigsten Bedürfnisse des Gemeinwesens ausgerichtete Vielzweckbau am weitesten fortentwickelt. Eine der beiden Stuben, vermutlich die untere, war Gemeindestube und wurde wahrscheinlich auch als Schulstube verwendet (Gemeinderechnung Meeder 1625: Beschaffung einer langen Schiefertafel);

[33] K. S. *Bader*, a. a. O., S. 292–297.

untere und obere Stube gemeinsam boten Raum zu Gemeindezechen, deren Kosten gleich
von dem Bestandgeld des Wirtes abgezogen wurden; besonderer Verschleiß zeichnete
den Tanzboden aus, in regelmäßigem Rhythmus mußte er repariert werden; in den
Komplex einbezogen ist neben den zum Gasthausbetrieb notwendigen Wirtschaftsbauten
wie Stall und Scheuer auch ein Backhaus; laut Gemeinderechnung Meeder 1651 war
auch ein Kramladen vorhanden, und 1668 ließ man ‚ein semmelladen vor dem fenster‘
verfertigen, einen Backwarenverkaufstisch also."[34]

Man kann sich schwer vorstellen, daß nicht jede Bauernfamilie mit einem Mitglied
mindestens einmal in der Woche im Gemeinde- bzw. Rathaus erschien. Es war nicht
nur von der Gemeinde erbaut worden, sondern gehörte ihr ganz, da es im Alltag ihres
Lebens eine so alltägliche Rolle spielte.

Noch deutlicher wird der enge alltägliche Kontakt zwischen Rathaus und Gemeinde,
wenn wir über die Vorgeschichte mancher Rathäuser bei Bader hören:

„Die Anfänge des dörflichen Rathauses liegen, ähnlich wie in der Stadt, wohl außerhalb des eigentlich rechtlichen Bereichs. Wünsche nach Unterhaltung und Geselligkeit
standen zunächst im Vordergrund. Man kam auf dem Spielplatz zusammen, aus dem
das Spiel- oder Tanzhaus wurde, wenn man auch im langen dörflichen Winter nicht auf
geselliges Leben verzichten wollte. Recht und Spiel, Recht und Festmahl sind indessen
eng miteinander verbunden. Es lag daher nahe, daß aus dem Spielhaus das Gemeinde-
und Rathaus wurde. Vielfach blieb es jedoch auch bei der einfacheren Lösung, die
Taverne, das Dorfwirtshaus, für gemeindliche Zwecke zu benützen. Dem standen indessen doch allerlei Nachteile entgegen. Wenn es sich darum handelte, Urkunden und
Insignien unterzubringen, erwies sich das auch dem Fremden zugängliche Wirtshaus als
nicht durchweg geeignet. Mit der Gemeindelade konnte man zwar auch von Haus zu
Haus wandern und sie dem jeweiligen Schultheißen oder Ammann zur Aufbewahrung
überlassen, was denn auch häufig und bis in späte Zeiten geschah, aber doch mit Gefahren verbunden war. Je stärker, in Anlehnung etwa an städtische und – wohl noch
mehr – an territorialherrschaftliche Beispiele, das Bedürfnis nach einer stetigen, ordentlichen Verwaltung hervortrat, suchte man nach einer bleibenden Unterkunft; Selbstverwaltung und dorfeigenes Gemeindehaus hängen daher eng zusammen. Nicht die Platz-
frage allein war also entscheidend. Das Bedürfnis nach Selbstrepräsentation war mindestens ebenso wichtig, und daß man dann vom ‚Rathaus‘ sprach, ist nur ein Zeichen
für solche Selbsteinschätzung.

Der Zeitpunkt, zu dem diese Entwicklung einsetzte, läßt sich weder generell noch
meist auch nur im Einzelfall genau fixieren, weil die Quellen, die über den Bau des
dorfeigenen Verwaltungsgebäudes berichten, im ganzen recht spärlich fließen. Es bedeutet eher eine Ausnahmeerscheinung, wenn ausdrücklich über den Bau des Gemeinde-
oder Rathauses berichtet wird; mitunter erfahren wir mehr zufällig einiges darüber und
über Vorgänge, die dem Bau vorausgehen. Trotzdem ergibt sich ein einigermaßen klares
Bild. Das Rathaus dient natürlich oft auch weiteren Zwecken, kann als Schul- oder
Mesner- und Hirtenhaus, als Gemeindescheune usw. benützt werden."[35]

Also, mancherorts erwuchs das Rathaus aus dem Tanzhaus, das, an den Alltagsbe-
dürfnissen des Dorfes gemessen, zeitlich und räumlich den Vorrang gehabt hatte. Und
natürlich entfremdete die Funktion der „Gemeindeverwaltung" das Tanzhaus nicht

---

[34] „Bamberg", S. 44.
[35] K. S. *Bader,* a. a. O., S. 403–407.

seinem ursprünglichen Zweck. Es blieb auch weiter Tanzhaus und wurde noch als vieles andere benutzt. Statt einer Bürokratie saß das alltägliche Leben im Rathaus. Dort regierten nicht nur nachdenkliche Bauernköpfe, sondern auch die Tanzbeine der Jugend.

Von eben solcher und eben gar nicht so verschiedener Bedeutung waren das Wirtshaus und die Kirche im Dorfe, die ja ebenfalls Mehrzweckgebäude waren.

Ursprünglich waren Dorfgemeinde und Pfarrgemeinde keine Einheit. Die Dörfer waren oft zu klein, um mehr als eine einfache Andachtsstätte zu haben, zu der so viele Dorfbewohner, insbesondere Frauen und Kinder, beim Vorbeigehen, beim Gang zu diesem oder jenem Zweck, hinschritten zu einem kurzen Gebet. Im Laufe der Zeit, mit dem Wachsen der Dörfer hatten sie alle mehr und mehr den Ehrgeiz, eine eigene Kirche und einen „eigenen Geistlichen" zu haben, nicht mehr ins Nachbardorf gehen zu müssen, um einen „wirklichen Gottesdienst" zu haben. Bader berichtet amüsant, wie die Schönenbacher zu einer eigenen Kirche kamen: „Bauernschläue bewiesen die Dorfleute von Schönenbach im Schwarzwald, die ihre 1639 errichtete Vikarie beim Bischof von Konstanz vergeblich in eine Pfarrei umzuwandeln trachteten, um schließlich mit ihrem Anliegen nach Rom zu gelangen. Das ‚Separationsinstrument' wurde auch ausgestellt und Konstanz von der Trennung verständigt. Die ‚diesfalls gefertigte Bulla Pontificis' allerdings, die 300 Dukaten kosten sollte, lösten die guten Schönenbacher nicht ein, sondern begnügten sich mit der faktisch vollzogenen Trennung, die tatsächlich auch bestehenblieb."[36] So wurden auch die Schönenbacher eine „richtige", „ganz voll zu nehmende" Dorfgemeinde.

Wie wichtig ist es doch, eine eigene Kirche zu haben! zumal sie so vielen Zwecken dient. Mit Recht bemerkt Bader: „Für die mittelalterliche Dorfgemeinde bedeutet die Kirche, wie für das Dorf überhaupt, den natürlichen Mittelpunkt. Der Kirchplatz wirkt dorfbildend, sogar in Gebieten, die der Konzentration zur Dorfsiedlung ablehnend gegenüberstehen, z. B. in Gebirgsgegenden. Um Messe und andere liturgische Handlungen kreist nicht nur religiöses, sondern auch brauchtümliches Denken. Für den Bauer des Spätmittelalters ist die Kirche als Gesamtinstitution Mittlerin religiöser Gnaden, Durchgang von mühsamem irdischem zu ewigem Leben; aber die Ortskirche ist auch, und das liegt dem Alltag noch weit näher, Schauplatz feierlich-festlicher Handlung. Von der Kirche aus geht die Prozession in die Fluren und um den Dorfbann. Der Kirchhof ist Zufluchtsort auch in recht weltlichem Sinn, wo man innerhalb seiner Mauern und zuletzt im Wehrturm Schutz vor herrschaftlicher Fehde sucht; er ist Gerichts- und Versammlungsplatz, wenn neben der Dorflinde nicht Taverne oder Spielhaus der Gemeinde zur Verfügung stehen; im Kirchhof legt man auch Keller und Gadem als Vorratskammern an, um in Kriegszeiten sicher zu gehen, und wohl auch in der Hoffnung, im geheiligten Bezirk eher Schutz vor Dieben und räuberischem Gesindel zu finden. Der Kirchhof ist aber, doch weit wichtiger als solches Zweckdenken, in erster Linie Begräbnisplatz. Dort ist man, noch immer stark sippen- und hausrechtlich denkend, mit ‚seinen' Toten zusammen, deren Knochen nach Ablauf der Grabesruhe im Beinhaus zu Haufen geschichtet liegen. Ein Rest alter Ahnenverehrung lebt in diesem Miteinander von Lebenden und Toten fort."[37]

Noch ausführlicher berichtet Kramer.

„Von größerem Interesse ist jedoch die Frage, wie sich die kleineren Gemeinwesen

---

[36] Ebendort, S. 199.
[37] Ebendort, S. 195f.

vor den Gefahren kriegerischer Überfälle geschützt haben. Das mit Mauer und Tor befestigte Dorf ist im mittelfränkischen Raum nicht vertreten, auch bieten die durchgesehenen Gemeinderechnungen keinen Anhaltspunkt für eine primitivere Befestigungsweise mit Hecke und Graben. Sehr verbreitet sind dagegen die befestigten Friedhöfe, und auch der Ausbau der Kirche selbst zur Wehrkirche ist nicht selten. Besonders reich ausgestattet mit mehr oder weniger gut erhaltenen Resten solcher dörflichen Festungen ist das Altmühltal um Eichstätt . . .

Die mittelfränkische Friedhofsbefestigung unterscheidet sich von einem großen Teil der unterfränkischen dadurch, daß sie im allgemeinen die Einrichtung der Friedhofsgaden nicht kennt. Das ist eine wichtige Tatsache, die Rückschlüsse auf die Ausprägung des Gemeinschaftslebens zuläßt. Die gut durchgegliederte unterfränkische Dorfgemeinschaft sorgte für eine Unterbringungsmöglichkeit von lebendem und totem Inventar der Bauernhöfe in ihrer Wehrburg. Nur ganz vereinzelt ist das auch in Mittelfranken der Fall. Gemeinschaftseinrichtungen scheinen wenigstens innerhalb der Friedhofsbefestigung des Marktes Burgbernheim (der Ort wurde erst vor wenigen Jahren zur Stadt erhoben) bestanden zu haben. So heißt es einmal: ‚½ ort 18½ dn demjenigen bezahlt, so die schintel von den ställen in der kirchen (die dem Christoph Dießeln verkauft worden) abgedeckt' (Bürgermeisterrechnungen Burgbernheim 1648). Es ist wohl eindeutig, daß die Ställe sich nicht, wie der Text besagt, in der Kirche befunden haben, sondern vielmehr in dem ummauerten Bereich des Kirchhofes. Ähnliches ist anzunehmen, wenn einige Jahre später ein Betrag dafür verrechnet wird, ‚den gültboden uf der kirchen auszubessern' (ebendort 1654). Freilich kann damit auch ein Lagerraum gemeint sein, in dem das kirchliche Gültgetreide aufgeschüttet wurde, doch ist es immerhin auffallend, daß die Ausgabe in der Bürgermeister- und nicht in der Gotteshausrechnung zu finden ist. Das deutet auf eine gemeindliche Einrichtung hin, worauf zudem auch der gewählte Ausdruck ‚Gültboden' (und nicht Zehntboden) schließen läßt."[38]

Die Kirche und der zu ihr gehörende Friedhof sind also nicht nur eine „Burg Gottes", sie sind auch eine Burg zum Schutze der irdischen Bewohner des Dorfes, einschließlich ihres Hab und Gutes. Und ist es wirklich so eindeutig, wie Kramer meint, daß die Ställe sich nicht als Nebenraum an der Kirche befunden haben? Wie muß sich Kramer doch auch widersprechen, um nachzuweisen, daß kein Gemeindegetreide in der Kirche lagern kann! Zumal er von einem Backofen auf einem Kirchhof berichten kann.

Aus Unterfranken kennt Kramer mehrere Fälle, in denen der „gemeine Getreideboden" in der „Kirchhofburg" ist.[39]

Und nicht nur die Menschen sind in ihrer Kirche und auf dem Friedhof am Alltag und auch aus ganz anderen als religiösen Gründen heimisch. Kramer berichtet: „Nicht nur Hunde, die es nach menschlicher Gesellschaft drängt, liefen während des Gottesdienstes in die Kirche (Gotteshausrechnung Einersheim 1669 verrechnet die Anschaffung einer ‚hundsbeytschen'), sondern auch anderes Getier machte sich gern auf dem Kirchhof breit. Der Heilsbronner Prediger Knoll, der mit dem Klosterverwalter Krebs jahrelang Streitigkeiten durchfocht, beschwerte sich über die Mißstände im Klosterhof und besonders darüber, daß der Verwalter ein Hirschkalb frei herumlaufen lasse, das die Kinder belästige: ‚Taceo, wie oft es mich in der Kirch neben anderm viehe besuchet.' Nachdem er noch weitere Verdrießlichkeiten aufgeführt hat, fährt er fort: Alles das

[38] „Ansbach", S. 32ff.
[39] Vgl. „Unterfranken", S. 18ff.

‚habe ich mit großer geduld verschmirzet, doch das jar durch vielmals das s. v. schwein-
wühlen auf dem kirchhof hart gestrafft, auch einmal oder zway mir propheceyet, Gott
werde mich nach meinem tod wegen meiner straffbaren indulgenz und negligenz heim-
suchen und mein[en] cadaver auf dem Kirchhof von schweinen s. v. ausgraben laßen'.‟[40]

Der Pfarrer hatte natürlich eine hohe Stellung innerhalb des Dorfes. Er und die
Kirche erforderten zahlreiche Dienste von den Dorfbewohnern. Daher hatte etwa die
Dorfgemeinde ein Interesse daran, „daß der neue Pfarrer aus der näheren Umgebung
stammte, denn die Kosten des Umzuges fielen ihr zur Last. Sie war verpflichtet, den
Transport zu übernehmen, der mancherorts im Rahmen der gemeindlichen Frohnarbeiten
durchgeführt wurde. Als 1614 der neue Stadelschwarzacher Pfarrer aufzog, kam er
zunächst mit kleinem Gepäck: ‚16 dn 1 alt dn dem poten, so ehrngemeltem pfarherrn
die kötzen anhero getragen, zum drinckgelt verehrt' (Bürgermeisterrechnung Stadels-
schwarzach 1613–14). Der Hausrat folgte erst später nach: ‚3 lb 3 dn als des pfarr-
herrens hausgeretel zue Würzburg mit einer fuhr ist abgeholt worden, Claus Stieffen-
bergern und Hannsen Wasserman uber die frohn auszahlt' (ebendort 1614–15).‟

Für das Einkommen des Pfarrers spielen neben dem von der Gemeinde gezahlten
Grundgehalt die Gebühren für zahlreiche spezielle geistliche Handlungen – Beerdigung,
Taufe, Hochzeit usw. – eine große Rolle. Sorgfältig achtet er darauf, daß er sie erhält.
„Als sich ein Frickenhäuser Bauernknecht in der Nachbargemeinde statt in der eigenen
Kirche trauen ließ, mußte er an das Gotteshaus 5 lb 6 dn Strafgeld zahlen (Gottes-
hausrechnung Frickenhausen 1637).‟

Die Gemeinde ist verantwortlich für die gesamte Haushaltung der Kirche im Dorfe:
„Der Haushalt der Kirche aber umfaßt überdies eine Fülle von Ausgaben über die
Geistlichenbesoldung hinaus. Zur Deckung der Unkosten bedarf es einer eigenen Kasse,
die von den Heiligenpflegern oder Gotteshausmeistern, zwei angesehenen, jährlich wech-
selnden Gemeindemitgliedern, verwaltet wird. ... Gotteshauspfleger zu sein war ein
Ehrenamt, die Betreffenden erhielten allenfalls eine geringe Aufwandsentschädigung,
waren jedoch bei allen feierlichen Anlässen Gäste des Pfarrers oder des Rates. Einen
eigenen Mesner oder Kirchner gab es nur in größeren Orten, sonst war es üblich, daß
der Schulmeister auch diese Funktion mit ausübte oder ein anderer Mitnachbar ehren-
amtlich die Obliegenheiten versah. Auch für andere kleine Ämter waren ehrenamtliche
Helfer erforderlich, und da man solche Dinge nicht gern dem Zufall überließ, wurden
die Amtsträger von der Gemeindeversammlung bestimmt. Nicht immer war der Gewählte mit seinem Los zufrieden. Von Hans Ludwig Fischer in Biebelried wird beispielsweise gerügt, daß er ‚wie er zu herumtragung des klingensäkhleins von gantzer gemeindt
erwölt worden, gesagt habe, er woll, das der tunder [= Donner] das ambt verschlieg. –
Ist ihme auferlegt worden, das er dem gottshaus 4 h. wachs zur straf geben solle'.‟

Sicher waren auch andere nicht immer glücklich mit ihren Kirchenehrenpflichten: „Was
die Reinigung des Gotteshauses betrifft, so bereiten vor allem Spinnweben und Vögel
die größten Schwierigkeiten. Um die Spinnweben zu entfernen, bedurfte es halsbreche-
rischer Vorkehrungen. So heißt es in Gotteshausrechnung Frickenhausen 1644: ‚3 lb
10 dn Hansen Schiebenda zu lohn, der uf einem seil sich in die höhe ziehen lassen und
die spinnenwüb in der kirchen abgekehrt'. Gegen die Vögel versuchte man sich dadurch
zu wehren, daß man kleine Mengen Pulver zur Entzündung brachte. Einigermaßen
überraschend sind die verhältnismäßig zahlreichen Nachrichten darüber, daß es not-

---

[40] „Ansbach‟, S. 35.

wendig war, einen Mann mit der Vertreibung von Hunden aus der Kirche zu beauftragen. ... Daß ihre Vertreibung nicht ganz ungefährlich war, zeigt die Tatsache, daß die Tätigkeit mit einer gewissen Menge Hosentuches entlohnt wurde."[41]

Beachtlich sind auch die Materialausgaben für kirchliche Aktivitäten, die zum Teil den Dorfhandwerkern und Heimarbeitern zugute kommen, wie etwa das Ziehen von Kerzen oder folgende in unserer Zeit aufkommende Neuheit: „Um die Mitte des 17. Jahrhunderts tauchen die ersten Nachrichten über Weihnachtskrippen in den Gotteshausrechnungen auf: Eibelstadt 1640, Frickenhausen 1644, Volkach 1651, Randersacker 1653 und ein halbes Jahrhundert später Kleinochsenfurt 1702. Von nun an gehören sie zu den Dingen, die einen festen Platz unter den notwendigen Ausgaben einnehmen. Die meisten Einträge beziehen sich auf den Aufbau und Abbruch. Sie lauten meist ähnlich wie im ersten Jahr der Frickenhauser Krippe, Gotteshausrechnung Frickenhausen 1644: ‚4 lb 3 dn dem schreiner für etliche arbeit und britter zum krippelein. 22 dn fur stecknadel, kleine nägelein und schnür zu aufbauung des krippeleins ferndiger weyhenachten. 4 lb 28 dn seind aufgangen in aufbauung gedachten krippeleins und wieder ablegung desselben'. Hinzu kommt noch eine Reihe von Verehrungen in Wein: ‚³/₄ dem schreiner und zimmerman des ersten tags ob bauung des krippeleins. ³/₄ denenselben andern tags. ²/₄ seindt im pfarrhof ufgangen, als etliche personen etlich zugehörungen zum kriplein spendirt. ²/₄ nach abbrechung des krippeleins verehrt'."[42]

Und dazu kommt vor allem auch noch der Dienst auf dem Pfarracker. Zwar geht auch gar nicht selten der Pfarrer und seine Familie auf dem Acker arbeiten – die Pflicht aber liegt bei den Bauern bzw. der Gemeinde.

Wahrlich, die Kirche mit ihren Anbauten und ihrem Pfarrer ist eingefügt in das Alltagsleben der Bauern! Sie steht, ganz gleich, wo sie gelegen ist, mitten im Dorfleben.

[41] „Unterfranken", S. 101f., 103f., 109.
[42] Ebendort, S. 107.

Das Wirtshaus, die Linde — Freuden des Lebens

Neben dem Gemeindehaus und der Kirche, ihnen völlig gleichgeordnet, spielt das Wirtshaus als dritte der Gemeindebauten eine entscheidende Rolle im Alltag der Dorfbewohner.

Und so wie man in die Kirche und auf den Friedhof auch aus anderen Gründen als solchen der religiösen Erbauung oder des Gedenkens an die Toten geht, etwa, um Hühner oder Schweine heimzuholen oder um den Backofen zu benutzen oder weil man dort sauber machen muß –

so gibt es auch viele Gründe, um ins Wirtshaus zu gehen. In manchen Orten findet die Gemeindeversammlung im Wirtshaus statt; in anderen findet sich in ihm die Gerichtsstube. Auch die Schule ist gelegentlich in einer Wirtshausstube untergebracht. Sogar Scheuer und Backhaus finden wir mit dem Wirtshaus verbunden. Das Wirtshaus ist jedoch, wenn auch zumeist ein Gemeindehaus, oft an den Wirt verpachtet. Das heißt, es muß rentabel wirtschaften und Gewinn bringen – darin unterscheidet es sich grundlegend vom Gemeindehaus und von der Kirche mit ihrem Friedhof.

Als viertes Zentrum des Dorfes ist die Dorflinde (oder ein anderer Baum, etwa die Esche) zu nennen. Kramer rechtfertigt ihre Aufnahme unter die Gemeindebauten so: „Daß die Linde als ein Stück Natur hier unter den Gemeindebauten behandelt wird, hat seine Ursache in den baulichen Maßnahmen, mit denen sie bedacht wird. In Drosendorf hören wir mehrfach von Zimmermannsarbeiten an der Linde. Es ist als sicher anzunehmen, daß sie geleitet wurde, d. h. einen Säulenkranz mit daraufgelegten Balken erhielt, über die die Zweige gezogen wurden."[43] An anderer Stelle berichtet er von folgenden Arbeiten:

„1613–14: 1 lb 12 dn Hans Keerwein verlohnt, welches er an der gemeine linden hat vertient.

1623–24: 4 fl 3 lb 27 dn 1 alt dn von der linden unden her, dann von dem Löffelbrunnen zu beßern bezahlt.

3 fl dem zimmerman von dem innern glender unter der linden von neuem zu machen und von den alten zu beßern geben.

3 lb 22 dn von 14 clammern zu der linden dem schmit zu machen bezahlt.

1624–25: 3 lb 10 dn fur 3 malter kalchs zu der linden verbraucht."[44]

Die Linde war oft das Zentrum des Gemeindelebens: „Die Zusammenkunft der Gemeinde unter diesem Baum bei den verschiedensten Anlässen und ihre Funktion als Ausgangspunkt mehrerer rechtlicher und verwaltungsmäßiger Obliegenheiten ist aus mehreren Orten gut belegt. Nur einige Beispiele: In Prüßberg heißt es 1582: „. . . es

---

[43] „Bamberg", S. 45.
[44] „Unterfranken", S. 26.

were im wol bewust, daß diese partheyen unter der linden von holtz wegen miteinander uneinig geworden ...', oder: „... aber als sie einsmals unter der linden beysammen gewesen, wer schultheis und Hümer mit einander zu unfriden worden', oder: ,Valtin Kupffer zu Brußberg sagt, es sey ime zw fron geboten worden, derowegen sie unter den linden beysammen gewesen'."[45] Jedoch muß man auch folgende Überlegung Kramers in Betracht ziehen: „Die Linde bildete in vielen Orten, größeren und kleinen, das Zentrum des gemeindlichen Lebens. Die typische Gruppierung: Linde und Brunnen als Herzstück der Siedlung ist oft zu beobachten (z. B. Arberg, Auernheim, Külsheim). Der Dorfbaum war Treffpunkt der Nachbarn zu abendlichen Gesprächen, Tagungsort des Dorfgerichtes (Ziegendorf), Mittelpunkt für das überall mit großem Aufwand gefeierte Kirchweihfest. In Orten ohne Linde trat zu diesem Anlaß der ,Kirchweihmaien' an seine Stelle. Aber man kann sich gelegentlich des Eindrucks nicht erwehren, daß der Dorfbaum nicht allein der Initiative der Dorfgemeinschaft seine Bedeutung verdankt. Die Herrschaft hatte die Hand im Spiel. Es ist gewiß kein Zufall, daß auf der 1629 von Hans Bin gefertigten Zeichnung des Dorfes Kraftshof die prächtige ,geleitete Linde' nicht im Zentrum des bäuerlichen Teiles, sondern auf dem Platz vor dem Schloß zu finden ist. Die Möglichkeit ist jedenfalls nicht von der Hand zu weisen, daß der Baum vielerorts ganz bewußt von der Herrschaft als Mittelpunkt für ihre rechtliche und verwaltungsmäßige Tätigkeit geschaffen wurde und erst von diesem Ansatzpunkt in seine ,Gemeinschaftsfunktion' hineinwuchs. Es ist in diesem Zusammenhang an den Eichstätter Erlaß zu erinnern, der die Pflanzung eines Dorfbaumes anstelle des jährlich neuaufgerichteten Kirchweihmaien empfiehlt. Keinesfalls trifft dies jedoch für alle Linden zu. In Einersheim, das sich in enger räumlicher und innerlicher Nachbarschaft zum Maintal befindet, ist sie allem Anschein nach eindeutig Symbol der Gemeinschaft."[46]

Beide, Wirtshaus und Linde, sind auch die Zentren, an denen Freude hochkommt im Alltag der Dorfbewohner.

Zu Hause, in ihren kümmerlichen Wohnungen, gibt es nicht viel Freude am Alltag. Die Arbeit dauert lange und ist schwer. Die Hauptfreuden des häuslichen Alltags spielen sich im Bett ab. Geburtstage werden im allgemeinen nicht gefeiert, sind oft auch unbekannt, Hochzeiten, zu denen man eingeladen wird und auf denen viel gegessen und getrunken und gelacht wird, sind zu selten, um zum Alltag zu gehören. Im Gegensatz zur Stadt werden auf dem Lande kaum religiöse Feste gefeiert – dazu hat man keine Zeit. Kramer hat folgendes gefunden:

„Es ist ganz offensichtlich, daß das Jahreslaufbrauchtum, soweit es in unseren Quellen erscheint, seinen Schwerpunkt in den Städten hat. Freilich die Kirchweih fand überall statt, auch in kleinen Dörfern, und den pfingstlichen Flurumritt fanden wir immerhin recht weit im Lande verbreitet. Aber die großen Termine: Weihnachten, Fasnacht, Ostern sind in reichlicher Dichte nur in Städten und allenfalls noch in den Märkten vertreten. Selbst die Fronleichnamsprozession erscheint in den über 20 durchgesehenen Gemeinderechnungsreihen Bambergischer und Coburgischer Dörfer nur zweimal ...

Eine Feststellung dürfen wir jedoch treffen: soweit sich Brauchtum im offiziellen Bereich abspielt, d. h. von den Siedlungsgemeinschaften aktiv gefördert wird, hat die Stadt einen deutlichen Vorsprung vor dem Dorf. Und in den Dörfern treten ganz

---

[45] Ebendort, S. 76.
[46] „Ansbach", S. 329.

18*

andere Anlässe in den Vordergrund, die mit der bäuerlichen Arbeit und mit der dörflichen Selbstverwaltung in engem Zusammenhang stehen."

Was sind das konkreter für festliche Angelegenheiten? An anderer Stelle führt Kramer
näher über die Dorffestlichkeiten, die er in drei Gruppen einteilt, aus: „Die erste
Gruppe wird durch eine Reihe von Gemeindezechen und festlichen Mahlzeiten gebildet,
die im weiteren Sinn mit der Verwaltung zusammenhängen: die alljährliche Rechnungslegung, die Ämterbesetzung, die Hirtendingung, die Versteigerung der Gemeindegründe
(Riederstrich) und der feierliche, nicht nur von den Feldgeschworenen, sondern unter
großem Aufwand von der ganzen Gemeinde vollzogene Grenzumgang. Die zweite
Gruppe besteht aus Arbeitsbräuchen, die mit der dörflichen Wirtschaft zusammenhängen:
festlicher Abschluß von Arbeiten in Gemeindefron (Gemeindearbeit), weiderechtliches
Brauchtum der Roßbuben, Umtrünke und Festessen nach gemeinsamer Bestellung der
gemeindeeigenen Äcker (Streichsuppe) und ähnliche Zehrungen beim Ausfischen der
gemeindeeigenen Fischteiche (Seeausfischen)."

Die dritte umfaßt folgende Feste: „Voran stehen drei ausgeprägt religiöse Anlässe:
Flurritt und Flurumgang zu Pfingsten, der Hagelfeiertag und die Fronleichnamsprozes-
sion. Weiter gehören hierher die großen Termine des Brauchtumsjahres: Fasnacht, Fa-
stenzeit, vertreten durch den Gregori-Tag, Ostern, Pfingsten, Weihnachten und Neujahr.
Abgeschlossen wird diese Reihe durch die Kirchweih und die oft damit verbundenen
Schützenfeste."[47]

Es ist offenbar, daß man im Dorfe – im Gegensatz zur Stadt – im allgemeinen Feste
feiert, wenn etwas geleistet worden ist, sei es auf dem Felde oder bei anderer Arbeit,
sei es bei der Ordnung der Verwaltung.

Dazu kommen einige alltägliche „private" Freuden, die im Grunde auch mit der
Arbeit verbunden sind. Freude bereitet natürlich gut aussehendes Getreide am Halm,
eine gute Ernte, ein guter Wurf Schweine: Freude im Sinne von Befriedigung: all die
Mühe hat sich gelohnt, und man ist seines Lebensunterhalts für einige Zeit sicher ... es
sei denn, es gäbe Krieg oder ein Feuer vernichtet alles oder der Herr schraubt seine
Forderungen höher oder ein Gläubiger nimmt das meiste an sich.

Wir wissen noch zu wenig, aber mir scheint es, daß erst mit der Vereinzelung im
Kapitalismus Freude im Leben zu Hause eine gewisse Rolle zu spielen beginnt, während
gleichzeitig die Freuden im gemeinsamen Zusammensein in der Öffentlichkeit abneh-
men – was die Alltagsfreuden betrifft.

So klein aber die Zahl der Alltagsfreuden zu Hause im Leben der Dorfbewohner, so
intensiv ist der alltägliche genossenschaftliche Genuß von Freuden, so vielfältig sind
die Freuden in der Öffentlichkeit. Und sie genießt man im Wirtshaus und unter der
Linde.

Natürlich wird im Wirtshaus getrunken – in Franken vor allem Wein, anderswo
Met und Bier. Eine Freude, die sich nicht selten in Ärger und Leid verwandelt. Kramer
erzählt – und eine solche Erzählung gilt ebenso für frühere Jahrhunderte wie spätere:

Das Wirtshaus „ist eines der Hauptzentren des geselligen Lebens, viel besucht und
häufig genug der Schauplatz spritziger und hitziger Wortgefechte, die unter Umständen
zu handfesten Prügeleien ausarten. Der Wein hat es in sich und löst die Zungen, daß
sie die hintergründigsten Geheimnisse offenbaren. Mancher sagt mehr, als er verant-
worten kann, und der, auf den die Äußerungen gemünzt sind, bleibt nichts schuldig.

---

[47] „Bamberg", S. 122f., 301.

Das übermäßige Trinken ist darum auch das Ziel obrigkeitlicher Verbote. So besagt beispielsweise der Artikel 20 der Frickenhauser Ordnung vom Jahre 1618: ‚Item unsere gnädl. herrn laßen verbiethen jedermanniglich, überflüßig zu trinken in wirthsheüsern oder anderstwoh bey der buß 3 lb‘, und für den Besuch der Trinkstube auf dem Rathaus schreibt der Artikel 12 vor: ‚Item welcher auf das rathhaus zum wein gehet, der soll züchtig seyn, nit fluchen, schwören oder andere üppigkeiten treiben, nit schmähen oder schalden, in kein weis bey der bueß 45 dn‘. Überall ist das Läuten der Weinglocke Zeichen für das Schließen der Wirtshäuser, ‚es were dan, das jemandt ohngeverde einen frembten gast hett‘. Den Wirten sieht man scharf auf die Finger, und wenn Anlaß zur Klage vorhanden ist, so wird ihnen ‚ihr grosser unfleiß, stoltz und betrüglichkeit in der bewirthung zimblicher massen verwisen‘.

Tische und Stühle bilden die Einrichtung der Wirtsstube, man zecht aber auch zuweilen ‚bei einer kufen‘ oder ‚uber ein truhen‘. Die Gesellschaft, die sich um einen Tisch zusammensetzt, wird als ‚Zeche‘ bezeichnet. Streitsüchtige sucht der Wirt fernzuhalten: ‚ich will nit haben, das du dich an dise zech setzest, wan, wo du bist und voller weins wurst, so hebstu allwegen unwillen und hader an und schlech/s/t dich mit den leuten‘. Wegen der Abrechnung kommt es oft zu Auseinandersetzungen, man trinkt sich gern möglichst billig voll, und die Wirte müssen sich strecken, daß sie auf ihre Kosten kommen: ‚Woe ir 10 oder 20 an einer zech sitzen und sich davon eintzeln [= einzeln heimlich wegschleichen], wo er under denselben einen begreifen [kann], das er macht hab, ime umb die ganzen suma furzunemen‘. Auf den Tischen steht für die Gäste Brot und Käse bereit.

Ist mit der Wirtschaft eine Nachtherberge verbunden, so trinken die Nachtgäste nach dem gemeinsamen Essen den Nachttrunk. Frauen und Männer schlafen im gleichen Raum. Nicht immer geht es dabei friedlich zu, besonders wenn man schon zuvor in der Wirtsstube miteinander gewörtelt hat.

Begonnenen Streit führt man gern auf der Straße fort. Dem Wirt ist dies recht, so hat er keine Verantwortung und läuft nicht Gefahr, unversehens verprügelt zu werden. Die Bezechten oder ‚Beweinten‘ warten einander ab, einer hat sich schon etwas früher davongemacht und hinter der nächsten Straßenecke versteckt und mit Wurfgeschossen versorgt oder seine Waffe gezückt. Auch solche, die in verschiedenen Wirtshäusern gezecht haben, geraten aneinander. Sie juchzen oder rufen sich Spottreden und Spitznamen zu, worauf es dann regelmäßig zur Schlägerei kommt.‘‘[48]

Wein tranken alt und jung. Karten- und Würfelspiel war mehr Sache der älteren. „Mit gleicher Leidenschaft“, wie dem Wein, bemerkt Kramer, „widmet man sich übrigens auch dem Spiel, das seine Heimstatt vorwiegend in den Wirtshäusern hat. Wir hörten zwar bereits von den Angehörigen des Würzburger Stadtgerichtes, die am Tage des Schöffenmahles die Pausen zwischen dem Essen mit Spielen ausfüllten, oder von den Brettspielen, die von den Ochsenfurter Ratsmitgliedern aufs Rathaus beschafft wurden. Dieser vornehme Zeitvertreib fand sein Spiegelbild in den Kartenspielen des einfachen Bürgers und Bauern, und ihr Platz war das Wirtshaus. Man sitzt um den Tisch und kartet, und um die Gruppe der Spielenden stehen die Kiebitze, ein Bild, das damals wie heute seine Gültigkeit hat. Andere rücken in eine Ecke der Wirtsstube und benutzen einen dreibeinigen Stuhl als Spieltisch. Es geht dabei um die Zeche oder um eine Maß Wein, um kleine oder größere Geldbeträge. Natürlich sitzt auch hier wieder der Streit-

48 „Unterfranken“, S. 177ff.

teufel dabei. ‚Der schöpf von Michelaw und Brüßberg rüegt Wolff Geiling zu Michelaw, das er mit eim baursknecht zur Seütroch [= Sudrachshof] in dem wirtshaus zu Michelaw umb ein maß weins gespilt, als Geiling die maß verspilt, der knecht zum Geiling gesagt: Alter, kauft mir die maß weins, Geiling gewölt, es were nur ein seidlein gewesen, also der sachen zu unfriden worden, Geiling den knecht mit einer kannen an kopf pluetrüstig geschlagen'; ‚In solchem spil sich zugetragen, das er dem glück nach ime ein wenig angewohnen, welches den beclagten verdrossen und nicht dulten konnen, sondern ime mit gewalt in sein gelt gefallen'.

In diesem Falle wird auch das Spiel genannt, um das es sich dreht: ‚Uber solchem spil hat der beclagt clegern ungeverlich 1 fl mit rauschen angewhonnen, in solchem hat sich zugetragen, das cleger die karten ausgeben, und wie er ime, beclagten, das letzt blat geben, hat er dasselbig unter der karten herfür getzogen, also das er ein rausch gehabt, als aber beclagter solchs inne worden, hat er zu clegern gesagt: Das dich botz leichnam schendt, wiltu also mit mir spilen'. Sonst erfahren wir davon wenig, allenfalls noch einmal, daß ein Kiebitz verprügelt wurde, weil er ‚einmal gesagt – er hat noch acht groß', also wohl Trümpfe, in seiner Hand.

Die Spielpreise bleiben die gleichen, ob es sich nun um Kartenspiele, Brettspiele oder um Würfelspiele handelt. Einmal allerdings geht es um einen etwas bedenklichen Preis: ‚Entlich hab in gemelter goltschmidgesell mit ime umb ein schone frauen zu spieln angemut, das er gethan und dieselbigen verloren.' Er bittet, ihm diesen Verlust gegen zwei zuvor abgewonnene Zechen zu verrechnen, aber der Partner will nicht darauf eingehen. Ob es dem Betreffenden nach einem Besuch im Frauenhaus gelustet und ob sich hier eine Sitte höherer Stände wiederspiegelt, steht dahin."[49]

Allgemeiner über die Spiellust der Zeit berichtet der schon zitierte Ausstellungskatalog „Frankfurt um 1600":

„Für das 16. Jahrhundert ist, wie schon für das Mittelalter, eine große Spielleidenschaft belegt, gleichermaßen bei arm und reich.

Die Gründe für die Spielwut kann man nur vermuten: Die meisten Menschen verausgabten damals ihre Mittel fast vollständig für den Lebensunterhalt. Das Spiel, das fast immer um Geld ging, lockte mit der Hoffnung auf plötzlichen Reichtum. Es war die einzige Abwechslung, die man sich im mühseligen Alltag leicht verschaffen konnte. Zur Ausrüstung eines bürgerlichen Haushalts gehörten Spielkarten, Spielbretter und Würfel ganz selbstverständlich dazu.

Am weitesten verbreitet war das Würfelspiel, ein reines Gewinnspiel. Seit dem 14. Jahrhundert erhielt es Konkurrenz durch die Spielkarten.

Die Karten bildeten die ständische Gliederung der Gesellschaft ab, jedoch war die gesellschaftliche Hierarchie im Spiel umkehrbar: Der Karnöffel (Hanswurst) siegte über den König.

An Brettspielen waren Tricktrack, Mühle, Dame und Schach verbreitet. Auch die Schachfiguren orientierten sich an der ständischen Gesellschaftsordnung, doch die Spielregeln gaben dem die Macht, der sie auch in der Realität besaß.

Die Spiele selbst waren einzelnen Schichten zugeordnet. Schach spielten die oberen Stände, Würfel eher die einfachen Leute, Tricktrack und Karten jedoch alle Schichten.

Erhalten sind immer nur die kostbaren Spielbretter. Ein Mühleplan etwa, von einem Tagelöhner mit Kreide auf einen Tisch gezeichnet und mit Steinen gespielt, war vergänglich.

[49] Ebendort, S. 180f.

Übermäßiger Spielleidenschaft versuchten die Obrigkeiten, so auch der Frankfurter Rat, durch Gesetze zu begegnen: So war das Spielen an Feiertagen verboten, der Höchsteinsatz festgelegt. Verstöße wurden mit Geldbußen bestraft."

Sehr interessant ist der Hinweis auf die Umkehrung der Werte, der gesellschaftlichen Positionen im Kartenspiel – wie ja auch heute noch beim Skat der Bube, der Knecht, alle andern schlägt. War es schon erstaunlich, daß im Schachspiel der König, der ursprünglich als einzige und darum mächtigste Figur in jede Richtung ziehen konnte, in der späteren Feudalzeit in seiner Position von der Königin abgelöst wurde, so ist die Wandlung im Kartenspiel noch viel größer. Auch hier galt vielfach früher noch die alte Ständeordnung. Der Katalog bemerkt: „Eine Verminderung der Macht des Königs ist auch in dem Kartenspiel nachzuweisen, das Ende des 14. Jahrhunderts in Europa auftauchte. Mit König, Königin, Hofdame und Knecht bilden einige Spiele aus der ersten Hälfte des 15. Jahrhunderts noch die feudale Pyramide ab. Zu Beginn des 16. Jahrhunderts beschreibt der elsässische Prediger Geiler von Kaisersberg die Entsprechung von ‚weltlichem Regiment‘ und Kartenspiel: ‚Der König sticht die Dame, die Dame den Ober, der Ober den Unter so wie ein König einem Fürsten übergeordnet ist, ein Fürst einem Grafen und so weiter. Aber‘, so fährt der Prediger fort, ‚jetzt gibt es ein Spiel, das Karnöffelspiel genannt wird, da sind all Dinge verkehrt. Die Drei sticht den Ober, die Vier den Unter, Zwei und Sechs stechen den König. Es ist sogar so schlimm gekommen, daß mal einer Kaiser wird, dann wieder ein anderer, wie es gerade das Glück gibt.‘ Dieser letzte Satz zielt auf eine Regel des Karnöffelspiels, nach der je nach Spielverlauf eine Karte eine besondere Eigenschaft annehmen konnte. Sie hieß dann ‚Kaiser‘. Die Veränderung der Spielregeln, die sowohl im Schach als auch im Kartenspiel festgestellt werden kann, spiegelt die Veränderung in der gesellschaftlichen Pyramide. Und wo immer der Prozeß gesellschaftlicher Veränderung nicht real erfahren werden konnte, da konnte er wenigstens im Spiel einen Augenblick lang praktiziert werden."[50]

Am Wirtshaus oder in seiner Nähe befindet sich auch die sehr beliebte Kegelbahn. Ja, das Kegeln ist so beliebt, daß es bisweilen zu einem Privatvergnügen wird. So haben sich in einem bekannt gewordenen Fall ein paar Nachbarn „die Kegelstatt gleich auf der Gasse eingerichtet, die sie nach Feierabend benutzen. Es kommt zum Streit, weil eine Frau gerade in dem Augenblick, als einer der Kegler zum Wurf ansetzen will, drei Kegel mutwillig umstößt und ihm ‚zu trotz und hon gesagt: Gelte, ich hab sie umb geschoben? Dadurch er, beclagter, zu zorn bewegt, moge nit one seyn, das ime unbesonnen ein wort herausgefaren: Das dich botz diser und jener schendt, furt der teufel eben itzt die huren here, so ich schieben soll‘. Das sind kräftige Worte, die natürlich ihre Ahndung erfordern."

Was wohl die Kinder, die diesen Fluch hörten, gesagt haben? Denn auch sie sind beim Kegeln beteiligt: „Wie die Erwachsenen beim Kegeln selbst, so ereifern sich die Kinder beim Herbeiholen der aus der Bahn gesprungenen Kugeln. ‚Wie des clegers sonlein und des beclagten sonlein zu Rottendorf [auf der Kirmes] bei eynem kugelspiel gewest und miteinander der kugel nachgeloffen, wie aber des clegers sonlein die kugel erwuscht, hat des beclagten sonlein sein wehrlein ausgetzogen, des clegers sonlein in die lincken handt oben hinein und ime die flachsader entzwey gestochen‘."[51]

Auch an kirchlichen Feiertagen wird gekegelt. So beklagt sich ein Pfarrer: „ ‚Den

[50] „Frankfurt um 1600", a. a. O., S. 89f. und 92.
[51] „Unterfranken", S. 182.

andern Ostertag weren gegenwertige hiesige junge pursche nebst noch andern aus dem wirtshause mit einem fidler über die gasse nach dem kegelplatz gangen, eine bierkanne vor sich tragend, auch ihre röcke ausgezogen, teils tücher umb den kopf gebunden gehabt, und also mit schreyen und ärgerlichen blöcken als die faßnachtsnarren daher gezogen mit nicht geringen zulaufs des jungen gesindes'. Dieser Wechsel von der Wirtsstube auf den vor dem Wirtshaus gelegenen Spielplatz verlief also in Form eines fröhlichen Aufzuges, wobei unter Geigenmusik eine Kanne Bier vorweggetragen wurde."[52]

Neben den Spielen sind als Freuden vor allem auch der Tanz zu nennen, der überall, sehr häufig auch auf dem Platz der Dorflinde, stattfindet – überall und zu jeder Gelegenheit, keineswegs nur an bestimmten Feiertagen oder zu bestimmten Gelegenheiten. Jederzeit „findet man sich am Abend auf der Gasse zusammen und tanzt zum Klang einer Geige, einer Pfeife oder einer Laute, solange es immer geht. Die Grenze setzen die Gebote der Dorf- oder Stadtordnung."

Vergeblich suchen manche Obrigkeiten dem spontanen und „ungeordneten" Tanzen Einhalt zu gebieten – insbesondere in den Städten.

„Eine Würzburger Verordnung von 1542 gebietet rundweg, ‚das hinfuro niemands, er sey, were der woll, ainichen offen tantz halten, noch pfeiffen und trumen uf der gassen oder [in] heusern, es sey tage oder nacht, brauchen lassen soll, alles bey vermeidung straf des thurns und zehen gulden. Welcher aber hochzeit halten will, der mage in seiner behausung mit seinen guten freunden und gelaßen gesten mit lauten oder geigen zimlich frolichkeit uben und tantzen'. Man will also die ‚offenen Tänze' unterbinden, zu anderen Gelegenheiten läßt man Ausnahmen zu. Dafür war die eigene Tanzlust zu groß. Selbst die hohe Geistlichkeit machte darin keine Ausnahme, sie tanzt beispielsweise auf dem Ochsenfurter Rathaus mit der ‚Bürgerschaft', das will doch wohl heißen mit den Bürgertöchtern: ‚2 gulden fur 12 kappen unser gnädigen herren vom capitel damit vereret, als ir gnaden hier in irer gnaden stat in einer gesellschaft waren, gedantzt und frolich mit der burgerschaft gewesen sein. 12 lb 29 dn 1 alt dn fur 84 maß weins ... zwen tag uf dem rathaus ausgedruncken, als unser gnädiger herr hie ein frolichen dantz und guten mut hette'. Um die Würde zu wahren, zog man sich eine Kappe über, die man sich aus der Ochsenfurter Stadtkasse bezahlen ließ. Die offizielle Sanktion ehrbarer Tänze drückt sich auch darin aus, daß das Rathaus als Tanzboden diente. Das ist in Brünnstadt der Fall, in Randersacker, wo der Tanzboden ständiger Reparaturen durch den Maurer (Lehmboden?) bedarf, in Obernbreit und Eibelstadt, wo man als Gebühr für die Verleihung ein Tanzgeld erhob, und in Ochsenfurt, wo allerdings für gewöhnliche Tänze das ‚alte Rathaus' gebraucht wurde, das auch den Namen Tanzhaus führte, wobei die unmittelbare Nähe des Prangers an der Außenwand keineswegs störte. In Würzburg stellten Bürger den Tanzlustigen einen größeren Raum in ihrer Behausung zur Verfügung.

Aber der einfache Bürger oder Bauer wußte immer einen Platz zu finden, wenn ihn die Tanzlust überkam. Schnell holte man, nachdem über einen Acker ein Rechtsgeschäft abgeschlossen war, einen Spielmann herbei; eine Zeugin sagt darüber: ‚Sie sei auch bei der rechnung und zeche gewesen, und als sie in die froligkeit komen, hetten sie alle miteinander begert, sie solt irs mans geigen holen, welchs sie gethan und auch mit inen gedantz'. Findet sich im eigenen Orte keine Gelegenheit, so ziehen die jungen Burschen über Land in ein anderes Dorf und geraten dann leicht mit den ortsansässigen Tänzern in Streit."[53]

---

[52] „Bamberg", S. 149.   [53] „Unterfranken", S. 184f.

Was die Art der Tänze betrifft, so gab es, zuerst in den Städten und dann nachfolgend auf dem Lande, von Zeit zu Zeit „moderne Tänze", die natürlich den Unwillen der Sittenrichter erregten: „Bezüglich des Tanzes bekämpfte die Obrigkeit vor allem die neuaufkommenden Formen, in denen sie eine Gefährdung für die Sittlichkeit sah. Die Coburger Polizeiordnung von 1542 findet dafür besonders harte Worte: ,Von unzuchtigen tanzen. Wir wollen auch hiemit ernstlichen geboten haben, wer tanzen wil, es sei man oder gesell, der sol an den offentlichen tenzen zu hochzeiten oder sonsten, es sei auf dem kauf- oder rathaus, gassen, in heusern oder stedlen, sich mit jungfrauen und frauen des unzuchtigen und unverschempten umbdreens, aufheben, herumschwenkens, vilfeldigen ungewonlichs druckens und umbfahens, auch unzimlichen laufens und abstossens, auch schentlichen geberts und geschreis enthalden und desselben nit mher uben noch gebrauchen, sondern fein erbarlich und zuchtiglich mit zugedeckter scham, wie einem der zucht und erbarkeit liebet, und woll anstehet, seinen tanz vorbringen. Von weme aber solchs uberfahren und versprochen wirt, der sol alsbald von dem tanz zu gefengnus genomen und gefürt' werden. Fremde, die die Verordnung nicht kennen, sollen einmal verwarnt, dann aber auch zur Verantwortung gezogen werden. Wegen des ,Verdrehens' beim Tanze werden in den Folgejahren regelmäßig Bußen verhängt, die in den Stadtrechnungen Coburgs aufscheinen – und übrigens auch in denen Bambergs, wo offenbar eine ähnliche Ordnung erlassen war. Die Stadtrechnung von Coburg 1564 enthält eine Bußeintragung, die erkennen läßt, daß selbst die verschlossene Tür die tanzlustigen Mädchen nicht abschreckte: ,½ fl Hans Perners tochter, ½ fl Hainz Reschen tochter, ½ fl der Menlerin tochter, so alle drey dem hern ambtman uber die tuer gestiegen und zum tanz gegangen.'"[54]

Die Musik wurde zumeist von Laien gemacht. Es kamen jedoch auch professionelle Musikanten ins Dorf: „Musikanten sind zu einem Teil fahrende Leute, die von einem festen Wohnsitz aus ihrem Gewerbe weit über das Land hinweg nachgehen. Der Würzburger Lautenschläger und der Dettelbacher Spielmann musizierten auf einer Hochzeit in Mergentheim und nutzten den Rückweg, um in den Wirtshäusern sich einen Zehrpfennig zu verdienen. Bei den Herbstmahlzeiten anläßlich der Weinernte in Ochsenfurt waren Spielleute aus Königshofen (wahrscheinlich Gaukönigshofen) zugegen. ... Es scheint, daß das Gewerbe der Spielleute einträglich war. Sie galten an ihrem Heimatort als achtbare Bürger, wenn sie sich ein kleines Vermögen zusammengespart hatten. Wir hören davon wie ein Spielmann sich zu Ochsenfurt einen Weinberg kauft."[55]

Damit haben wir wohl die gemeinsamen Freuden des Alltags im Dorfe erschöpft.

Sie sind beschränkt im Sommer durch die Menge der Arbeit und die Länge des Arbeitstages. Nicht so im Winter, in dem jedoch die Armut oft den Wirtshausbesuch zum Trinken verbietet. Von Kartenspielen oder Würfeln im Hause, zu denen dieser oder jener Nachbar mitvorbeikommt, hören wir nichts – aber will das viel besagen? Auch mag man sich zu gemeinsamem Trunk von Nachbar zu Nachbar getroffen haben. Doch wenn man sich zu Hause betrinkt und es dann eine Familienschlägerei gibt, erfährt man nichts davon, da es sich dann kaum um öffentliche Straftaten handelt, und die Gerichtsakten doch eine wichtige Quelle für uns sind. Überdies – sollte man zu Hause seinen eigenen billigen Landwein trinken zu den Freuden des Lebens rechnen? doch wohl nicht, ebensowenig wie Bier oder Met.

[54] „Bamberg", S. 149f.
[55] „Unterfranken", S. 187.

Wenn wir von der Jugend absehen, die immer Wege zur Lebensfreude findet, zu allen Zeiten und unter allen Umständen, glaube ich nicht, daß die Dorfbewohner viel Lebensfreuden am Alltag hatten. Die Lebensleiden überwogen bei weitem. Zorn und Tränen überwogen Lächeln und Lachen, schlechte Laune die gute, und viele Tage gingen ohne Regungen solcher Art, nicht monoton und doch so stumpfsinnig dahin.

Ich glaube, wir haben recht getan, der Angst und der Gewalt je ein Kapitel zu widmen, den Freuden nur einen Exkurs.

Genossenschaften

Wir haben von vier genossenschaftlichen Bauten gesprochen: dem Gemeindehaus, der Kirche, dem Wirtschaftshaus und der Linde.

Neben diesen finden wir noch so manche andere:

An erster Stelle ist die Schmiede zu nennen, die ja in jedem Dorf unentbehrlich, wenn auch nicht immer vorhanden ist. Die „Schmiedhalle" (Unterfranken), d. h. die Werkstatt, ist oft mit dem Wohnhaus und dessen Nebenräumlichkeiten verbunden. Bader bemerkt: „Aus der grundherrlichen ‚familia' hervorgegangen wird der Schmied entweder zum Handwerker, der im Dorf seine Selde umtreibt, oder aber zum Lohnmann und Beständer der dorfeigenen Schmiede. Daß die Dorfschmiede Eigengut der Gemeinde ist, wird oft bezeugt. Es wird ihr, ähnlich wie der Mühle, eine besondere Stätte, die ‚schmidstat', als area legitima zugewiesen. Der Schmied erhält Allmendgerechtigkeit und einige zur Statt geschlagene Flurstücke; damit erwirbt er Dorfrecht und rangiert in der Klasse der Halbbauern. Mancherorts bereiten jedoch Zunftverbote dem Dorfschmied Schwierigkeiten; so erhält in den Leipziger Ratsdörfern nicht jedes Dorf seine Schmiede, weil die städtischen Zunftschmiede dem widersprechen. Im übrigen sind für das Wachstum von Bevölkerung und Bedürfnissen aufschlußreiche Teilungen oder Zusammenlegungen von Schmiedegerechtigkeiten festzustellen. Damit war dann aber auch die Stunde der gemeindeeigenen Dorfschmiede gezählt; an ihre Stelle tritt der selbständige Dorfhandwerker, der mit anderen sein Brot teilen muß. Neben der Dorfschmiede ist vereinzelt auch die Kohlhütte als Gemeindebau bezeugt; sie belieferte wohl in erster Linie die Dorfhandwerker und die Kohlpfannen der Bauern, gelegentlich aber wohl auch herrschaftliche Anlagen wie Eisenwerke oder Glashütten."[56]

Vielleicht ist hier der Platz, etwas ausführlicher über die gesellschaftliche Einordnung der Dorfhandwerker zu sprechen. Helga Schultz bemerkt dazu, Mecklenburg betreffend:

„Die Frage nach dem Land- und Viehbesitz der ländlichen Handwerker ist von Bedeutung für die Einschätzung ihrer sozialen Lage wie auch für die Bestimmung der Handwerksarbeit als einziger, hauptsächlicher oder Nebenerwerbsquelle. ...

Deutliche Unterschiede bestanden hinsichtlich der landwirtschaftlichen Ausstattung zwischen den ‚traditionellen' Landhandwerkern, den Müllern und Schmieden, und den übrigen Berufen. Die Müller besaßen verhältnismäßig viel Vieh, da Mahlabfälle und Getreideeinnahmen eine gute Futtergrundlage lieferten. Im Jahre 1703 scheinen dabei die Müller im Domanium noch wohlhabender als die ritterschaftlichen gewesen zu sein; denn wenn auch im domanialen Bereich jeder fünfte Müller kein Vieh versteuerte, – unter den ritterschaftlichen Müllern waren nur 7% ohne Vieh – so besaßen die übrigen doch im Durchschnitt mehr als 20 Pferde, Rinder, Schweine oder Schafe, in der Ritter-

---

[56] *K. S. Bader*, a. a. O., S. 377f.

schaft waren es im Durchschnitt nur 10,6 Stück Vieh. Landausstattung war selten bei den Müllern, mehr als 90% versteuerten kein Land. War aber Land vorhanden, so waren es im Durchschnitt 50 Scheffel Aussaat, dem Umfang einer mittleren Kossaten-stelle entsprechend. Die Schmiede besaßen in größerem Ausmaß Land, mehr als die Hälfte der Schmiede versteuerte im Jahre 1703 im Durchschnitt 26 Scheffel Aussaat. Ihre Hofstelle lag damit an der unteren Grenze eines Kleinkossaten. Landwirtschaft-licher Nebenbetrieb war also bei Müllern und Schmieden zu Beginn des 18. Jh. häufig, lag aber im Umfang entschieden unter dem der Bauernwirtschaften.

Keineswegs aber ist vom Umfang des landwirtschaftlichen Nebenbetriebs und speziell der Landausstattung auf die soziale Lage der Landhandwerker zu schließen. Angesichts der hohen feudalen Belastung der Bauern und Kossaten war ein umfangreicher land-wirtschaftlicher Nebenbetrieb für die Handwerker nicht erstrebenswert. So begab sich im Jahre 1695 der bislang freie Rademacher Papenhagen in die Leibeigenschaft des Amtes, um auf dem Lande sein Handwerk ausüben zu können, stellte dabei aber die Bedingung, daß er nicht zur Annahme einer Bauern- oder Kossatenstelle gezwungen würde. In gleicher Weise hatte sich der Schwiegersohn des Rademachers aus Elmen-horst ein Jahr zuvor ausbedungen, daß er den Rademacherkaten als Einlieger ruhig bewohnen und zeit seines Lebens nicht zur Annahme einer Bauern- oder Kossatenstelle gezwungen werden wolle. . . .

Wesentlich geringer war der landwirtschaftliche Nebenbetrieb der anderen Land-handwerker. Zwei Drittel (ritterschaftliche Rademacher) bis vier Fünftel der Hand-werker waren ohne Land, die Landbesitzer sind mit durchschnittlich 9 (domaniale Leine-weber) bis 25 Scheffel Aussaatfläche (domaniale Schneider) der Landarmut zuzurechnen. Auch der Viehbesitz ist viel geringer als bei den Müllern und Schmieden. Pferde waren nur im Ausnahmefall vorhanden. Aber mehr als drei Viertel dieser Handwerker besaßen Vieh, je zwei bis drei Rinder, Schweine und Schafe waren in der Regel vorhanden. Die Leineweber des Domaniums waren mit nur 1,6 Rindern und 1,5 Schweinen pro Vieh-besitzer relativ am ärmsten."[57]

Wenn auch die Quellen sich auf eine etwas spätere Zeit beziehen, ist nicht anzu-nehmen, daß die Situation in Mecklenburg zwischen 1600 und 1650 anders war. Aber gilt auch für andere Teile Deutschlands, was für Mecklenburg gilt? In keinem Fall können wir allgemeine Schlüsse ziehen, zumal wir wissen, daß manche Handwerker in kleinen Städten, die Land besaßen, den gleichen Lasten wie die Kleinbauern unterlagen. –

Während jedes Dorf einer Schmiede bedurfte, und wenn es keine hatte, man auf das Nachbardorf angewiesen war, stand es anders um den Bäcker. Vielfach wurde noch im Haus gebacken. Und wenn es in unserer Zeit häufiger einen Gemeindebackofen gab, so bedeutet das noch nicht, daß es einen Bäcker gab.

Über das Backhaus als Gemeindeeinrichtung bemerkt Kramer:

„Weit mehr Unkosten als der Unterhalt der Schmiede verursachte der Backofen, bzw. das Backhaus. Es ist durchwegs eine gemeindeeigene Einrichtung, auch dann, wenn ein Bäcker von Beruf den Betrieb übernommen hatte. Sehr empfindlich ist vor allem das Kernstück, der Ofen, der zumeist von einem eigenen Ofenmacher gebaut wurde. Das waren Handwerker, die von Ort zu Ort wanderten, denn bei der Aufrechnung der Unkosten fehlt selten das Herbergsgeld."[58]

---

[57] H. Schultz, a. a. O., S. 93ff.
[58] „Unterfranken", S. 28.

Bader meint, daß das Backhaus ursprünglich dem Grundherrn gehörte und erst allmählich eine gemeindeeigene Institution wurde. „Mit Rückgang der Bannbefugnisse des
örtlichen Fronhofes überläßt man die Aufsicht über das Backhaus der Dorfgemeinde,
die schließlich auch nach ihrem Belieben darüber verfügt und im Rahmen kommunaler
Bedürfnisse Neubauten errichtet. Dabei tritt an die Stelle der alten Zwangsrechte mehr
und mehr das genossenschaftliche Prinzip und als Begründung für das Beibehalten der
Einrichtung dienen vor allem feuerpolizeiliche Gesichtspunkte. Die weniger gesprächigen
schwäbisch-alemannischen Quellen geben nur späte Zeugnisse her; im 16. Jahrhundert
haben schwäbische Dörfer Backküchen, Beckenhäuser und Backöfen, die kommunalen
Zwecken dienen. In Bayern und Österreich dagegen, wo offene Bauweise vorherrscht,
beläßt man dem Einzelhof Feuerstatt und von den übrigen Gebäuden streng getrenntes
Backhaus."[59]

Auch Schlachthäuser und Brauhäuser finden sich in manchen Dörfern, mehr aber in
den Städten.

Waschhäuser sind ebenfalls nicht in allen Dörfern zu finden. „Wenn", schreibt Bader,
„das Waschen nicht am Dorfbach oder -weiher, wie häufig noch bis in die Gegenwart,
besorgt wird, errichtet man, wiederum sowohl aus feuer- wie gesundheitspolizeilichen
Erwägungen, ein Dorfwaschhaus – eine Stätte zugleich der Dorfbelustigung und allerlei
dörflichen Brauchtums, aber auch beliebte Nachrichtenbörse und Sitz des ‚Weiberge-
meinderats'."[60]

„Häufiger vertreten sind Ziegeleien, die die benötigten ‚gebackenen' Steine an Ort
und Stelle herstellten. Der dazu benötigte Brennofen war wie der Backofen sehr empfindlich und zwang zu häufigen Reparaturen und Neubauten. Laut Baumeisterrechnung
Ochsenfurt 1607 errichtete die Stadt eine Hafner-Brennhütte. Ob die Mühlen im Rahmen
der gemeindlichen Bauten genannt werden dürfen, müßte von Fall zu Fall untersucht
werden. . . .

Den meisten dieser gewerblichen Baulichkeiten war das Wohnhaus beigegeben, ebenfalls von der Gemeinde erbaut und unterhalten. Ziegler, Schmied, Zimmermann, Beck,
wurden auf diese Weise in gemeindeeigenen Wohnungen untergebracht, wie auch der
Hirte im Hirtenhaus, der Schulmeister im Schulhaus, der Bader im Badhaus, die Hebamme im Ammenhaus, der Mesner im Mesnerhaus."[61]

Die Schule, die in gar vielen Dörfern zu finden ist, hat bisweilen ein eigenes Häuschen,
das aber nicht irgendwie unter den anderen hervorragt. Ist doch der Schulmeister in
seinen Gemeindepflichten auch keineswegs auf die Schule beschränkt. Kramer berichtet
aus Unterfranken:

Der Schulmeister „ist überall zu finden, und überall ist man wohl der Überzeugung
gewesen, daß mit dem Unterricht der Kinder allein seine Arbeitskraft nicht in genügen-
dem Maße ausgenutzt war, denn man hat für ihn mehrere Nebenämter bereit. Vor allem
obliegt ihm die Versorgung der Kirchenmusik, zugleich auch die Bedienung des Geläutes
und die Wartung der Uhr. In kleineren Gemeinwesen nimmt er nebenamtlich die Stellung des Gemeindeschreibers ein. . . . Dem Pfarrer soll er fleißig zur Hand gehen.
Außerdem ‚soll er mit dem mitag, vesper und gebet leuthen morgens als abents nit faul
oder läßig sein, sondern solches iederzeit vleißig verrichten und die uhr recht richten

---

[59] K. S. *Bader*, a. a. O., S. 374f.

[60] Ebendort, S. 370.

[61] „Unterfranken", S. 29.

und stellen, auch wan selbig bey der nacht stehen bliebe, daß er solche als balten wiederumb soll in den gang bringen'. Weiterhin ist er verantwortlich dafür, daß die Kirche versperrt ist, ,daß durch bettler oder andere böse leuth' darin kein Schaden angerichtet wird . . .

Die beste Schul- und Besoldungsordnung sicherte den Schulmeister nicht vor ärgerlichen Vorkommnissen. Die Naturalleistungen waren ja derart geregelt, daß die Gesamtmenge auf die Dorfnachbarn umgelegt wurde. Da der Schulmeister ein Fremder war, galt es für nicht ehrenrührig, ihm das schlechteste Getreide zuzuschieben. Als dies dem Biebelrieder Lehrer zu dumm wurde, rächte er sich dadurch, daß er in Streik trat: ,Der schulmeister wirt angegeben, das er den burgermeister vor die schuel hinaus gestosßen und denen kündern die schuel verboten, weilen ermelter burgermeister ihme schlechtes korn, wie auch vor jahrs beschehen sey, habe geben wollen'. Es half ihm freilich nicht viel, denn er mußte wegen seiner Grobheit einen Taler Strafe erlegen. Notzeiten trafen ihn besonders schwer. In Grafenrheinfeld erhielt er regelmäßig je Quartal abwechselnd von der Gemeinde und vom Gotteshaus 6 fl Schulgeld neben seinen gewöhnlichen, allerdings niedrig angesetzten Bezügen." Eine Quelle aus dem Jahre 1634 „aus der schlimmsten Zeit des Dreißigjährigen Krieges, vermerkt dazu: ,10 fl. dem schulmeister an seiner geld besoldung, und seint ihme, weiln kein schul gehalten worden, die 6 fl schulgelt abgezogen worden'."[62]

Kein Wunder, daß man dem Schulgebäude, das ja oft ersetzt wird durch eine Stube im Wirts- oder Gemeindehaus, nicht anmerkt, daß es eine lernbegierige Jugend beherbergt. Tut es das doch auch gar nicht – weder einen eifrigen Lehrer noch eine eifrige Kinderschar. Der Lehrer hat so viel anderes zu tun, als zu lehren, und die Jugend lernt alles für sie wirklich Wichtige auf dem Feld und im Stall.

Wie die Feste, so ist auch das Lernen ganz eng mit der bäuerlichen Praxis verbunden.

Wichtig unter den Gemeindegebäuden ist auch das Badehaus oder die Badestube, mit in unserer Zeit wohl zumeist getrennten Räumen für Männer und Frauen, bisweilen auch für Kinder. Das Badehaus oder die Badestube ist wieder auch ein Ort des dörflichen Vergnügens und Klatsches. Wie viele öffentliche Gebäude dienen doch diesem Zweck! und mit Recht, denn auf dem Hofe, im Hause gibt es zuviel Arbeit und Mühe und Sorgen, um dort ein „fröhliches Leben" zu haben.

„Neben dem eigentlichen Bad enthielt die Wirkungsstätte des Baders auch eine ,ärztliche Praxis', denn er war ja zugleich der Wundarzt und Heilpraktiker im Dorf. Der Krankenpflege, bzw. der Isolierung gefährlicher Kranker dienten die mancherorts errichteten Siechenhäuser, für die hilflosen Alten unterhielten größere Ortschaften das Spital, die Ortsarmen bewohnten das Armen- oder Seelhaus."

Ferner erwähnt Kramer auch noch:

„Der Bereich gemeindlicher Bautätigkeit ist damit aber noch nicht abgeschritten. Von dem Gemeindeschüttboden (Getreideboden) innerhalb der Kirchhofgaden von Stadelschwarzach und Retzbach war bereits die Rede. ... Eine Gemeindescheuer wird 1607 genannt. Vom Bau eines Gemeindestalles hören wir 1616: ,1 fl 18 dn für brot und wein den frönern, so die gemein stallung ufgericht, verehrt'. Ein Schafhaus bestand in Stadelschwarzach, das 1791 eingerissen wurde. Für den Dienst des Schäfers unterhielt das Dorf eine Pferchhütte. Der Verarbeitung und Lagerung der Weinernte dienten die gemeindlich unterhaltenen Keltern und Keller.

---

[62] „Unterfranken", S. 52f.

Schließlich wären noch die Bauten zu erwähnen, die der Abwehr beziehungsweise Vorbeugung bei Brandfällen und Wassernot dienten. Eußenheim errichtet 1664 eine Feuerhalle, die für die Aufbewahrung der Spritzen, Eimer, Feuerhaken und -leitern bestimmt war. Stadelschwarzach begnügte sich mit einem Dach ‚uber die fewerlether undt fewer hackhen'. Ähnliche Einrichtungen werden überall bestanden haben, soweit nicht ein Raum des Rathauses oder eines anderen gemeindlichen Baues als Feuergeräteraum verwendet wurde. Zur Abwehr des Hochwassers mußten Grafenrheinfeld und Röthlein alljährlich große Ausgaben für den Mainbau aufwenden, für den der ‚Mödelmeister' des reichsstädtischen Bauamts in Schweinfurt verantwortlich war."[63]

Sollte man in unserem Zusammenhang, obgleich nur selten öffentlich gebaut, nicht am Ende auch noch die Rockenstuben erwähnen? Flachsrupfen, Flachsbrechen und auch Spinnen werden im Ansbacher Gebiet teils zu Hause, teils aber auch mit Nachbarn zusammen oder in größeren Räumen in den verschiedensten Gebäuden betrieben.

Kramer meint: „Eigenartiger Weise sind es gerade die Arbeiten am Flachs, die durch heitere Grundstimmung aus dem Lauf der Tage herausragen. Stärker noch als beim Flachsrupfen ist das beim Flachsbrechen der Fall." Man trinkt Alkohol gelegentlich dabei, das Ganze hat einen festlichen Charakter, man ist guter Stimmung und lustig. „Ähnlich ist es bei der weiteren Verarbeitung des Flachses, beim Spinnen. Mädchen und Frauen, die des Abends mit dem Rocken unter dem Arm über die Dorfstraße und einem vereinbarten Hause zuliefen, gehörten zum vertrauten Bild des dörflichen Winterabends. Schon von früh an erregten die Zusammenkünfte, die eine große Anziehungskraft auf die Burschen ausübten, den Verdacht der Obrigkeit. Bereits die Ansbacher Ratsordnung von 1430 bestimmt, daß kein Gast einer Hochzeitsfeier am gleichen Abend noch zum Rocken gehen solle, wohl, weil er durch den Genuß von Hochzeitsspeise und Trank auf übermütige Gedanken kommen könnte. Die Polizeiordnung von 1549 stellt den schädlichen Einfluß der Rockenstuben fest und bestimmt, ‚daß hinfuro niemands von mans- oder weibspersonen aus einigem dorf oder flecken, ... darin es sein pfegliche wohnung hat, in ein ander dorf in ein rockenstuben geen, sondern soll ein yedes anheimbs in seinem dorf bleiben, und ob ein weibsperson will, doselbst zum rocken geen'. Mannspersonen und fremden Maiden soll der Eintritt verwehrt werden. Was hier noch zur Hälfte erlaubt ist, wird in späteren Ordnungen überhaupt und grundsätzlich verboten. Entscheidend hierfür ist wohl der Bedeutungswandel, den das Wort Rockenstube vom abendlichen Zusammensein mit dem Spinnrocken zur liederlichen und leichtfertigen Zusammenkunft hin gemacht hat. Spielhäuser und Rockenstuben werden in einem Atem genannt (Gerichtsbuch Burgbernheim 4, 53v, 1609)."[64]

„Mit dem Rocken zu jemandem gehen", heißt, den Nachbarn besuchen und zugleich dabei am Spinnrocken zu arbeiten. Doch neben diesen „privaten Rockenbesuchen" bleibt es trotz so mancher Verbote auch bei den allgemeiner besuchten dörflichen Rockenstuben, von denen eine sogar als in der Dorfschmiede befindlich bekannt geworden ist.

Bisher haben wir nur von Gemeindegebäuden und Gemeindeorten gesprochen, die auf Kosten der Dorfbewohner errichtet wurden (mit Ausnahme der zumeist privaten Rockenstuben) – doch nicht deswegen, weil sie auf Gemeindekosten errichtet wurden, sondern weil sie im besten Sinne des Wortes, man möchte sagen im demokratischen Sinne des

---

[63] Ebendort, S. 30f.
[64] „Ansbach", S. 249f.

Wortes Gemeindeeigentum waren, von allen genutzt, allen nützlich, auf vielfältigste Weise. Sie sind ein wahrer Ausdruck dörflicher Genossenschaft.

Am Bau dieser Gebäude und an ihrer Instandhaltung waren arbeitsmäßig wohl überwiegend Landhandwerker, nicht zum wenigsten aus der weiteren Umgebung oder gar auch Stadthandwerker beteiligt – wenngleich etwa notwendige Fuhr- und andere Hilfsarbeiten in Gemeindefron, das heißt von Nicht-Spezialisten, durchgeführt wurden.

Anders steht es mit anderen Gemeindebauten, an denen praktisch die ganze Bevölkerung beteiligt sein kann, bzw. in jedem Fall nicht spezielle Berufe beteiligt sein müssen oder nur mit Rat und Tat, aber nicht als Hauptarbeitskräfte wie die Zimmerleute beim Gemeindehausbau beteiligt sind.

Ob man die Brunnen zu diesen allgemeinen Arbeiten rechnen soll, ist zweifelhaft, obgleich sicherlich so manche „private" Brunnen ohne fremde Hilfe angelegt wurden. Das hängt zum Teil auch von der Art des Brunnens und seiner Verbreitung ab. So wird zum Beispiel aus der Ribnitzer Gegend in Mecklenburg berichtet:

„Von besonderer Bedeutung für ländliche Siedlungen ist die Wasserversorgung der einzelnen Höfe. Nach Aussage des Inventars von 1620 geschah diese im Ribnitzer Gebiet durch die in Niederdeutschland üblichen, im Volksmund als ‚Sod' bezeichneten Ziehbrunnen. In einem jüngeren Gehöftinventar von 1846 zu Klockenhagen IV werden sie wie folgt beschrieben: ‚Der Brunnen ist mit Feldsteinen ausgesetzt, Geschlenk von Eichenholz nebst Pfosten, Schwang- und Zugruten, auch ein Börmtrog'*. Auffällig gering war die Zahl solcher in den einzelnen Dörfern anzutreffenden Anlagen. Im Durchschnitt verhielt sich die Zahl der Gehöfte zu der der Brunnen wie 3 zu 1**. Diese dem allgemeinen Befund aus späterer Zeit widersprechenden Verhältnisse erzwangen ohne Zweifel die Einrichtung von Nutzgemeinschaften. Die nüchternen Angaben des Inventars lassen nicht erkennen, wieweit diese gleichzeitig Brauchgemeinschaften waren, die insbesondere in der Pflege von Brunnenfesten ihren Ausdruck fanden, wenn auch dergleichen Sitte nach Adolf Spamer in älterer Zeit weithin in Deutschland verbreitet war.***

Im allgemeinen befanden sich die Brunnenanlagen in den Ribnitzer Dörfern zu Beginn des 17. Jahrhunderts auf den Höfen der Vollbauern, doch fehlte eine solche selbst auf dem Schulzenhof zu Klockenhagen. Abgesehen von Dierhagen, für das nur Kleinbauerngehöfte angenommen werden müssen, wurden Brunnen auf Höfen der Kleinbauern sonst nur in 3 Dörfern angetroffen, und zwar in Althagen (1), in Kuhlrade (1) sowie in Wustrow (3). Für Poppendorf wird überdies ein auf der Straße gelegener Dorfbrunnen aufgeführt, ‚darin das Vieh getränket'. Schließlich fanden sich auf wenigen Vollbauernhöfen selbst 2 Brunnen, so in Wilmshagen, Bartelshagen und Völkshagen."[65]

Bei solcher Art von Brunnenbauten werden, wenn sie privat oder auch für die ganze

---

[65]   K. *Baumgarten, U. Bentzien,* Hof und Wirtschaft der Ribnitzer Bauern, Berlin 1963, S. 118.

  * Rep. 92p D. A. Ribnitz Nr. 127c fasc. 4. Der „Börmtrog" ist ein Tränktrog.

 ** Wenn in Körkwitz Brunnen gar nicht aufgeführt werden, so spricht das Fehlen solcher Angaben keineswegs für eine Unsicherheit diesbezüglicher Mitteilungen des Inventars, ist doch hierbei zu bedenken, daß das Dorf Körkwitz nur zu einem geringen Teil dem Kloster Ribnitz zugehörte, so daß die fraglos wichtigen Sodanlagen ohne Bedenken als auf den restlichen Höfen befindlich angenommen werden können.

*** A. *Spamer,* Sitte und Brauch: In „Handbuch der deutschen Volkskunde", hg. von W. Peßler, Bd. 2, Potsdam 1936, S. 91. Für mecklenburgische Kleinstädte sind Brunnengilden und -feste bisweilen bis ins 20. Jahrhundert bezeugt.

Gemeinde gebaut werden, natürlich die Handwerker eine entscheidende Rolle spielen, auch wenn jeder aus der Dorfgenossenschaft geeignet war, in dieser oder jener Weise zu helfen.

Andere Brunnenarten waren jedoch viel einfacher.

Unzweifelhaft gehören aber zum Gemeinwerk, zur Gemeindefron die Pflege von Gewässern, der Wege und Stege. Kramer berichtet über das Fürstentum Ansbach:

„Zunächst galt es, die durch das Dorf rinnenden Gewässer sauber zu halten. In Forth beispielsweise wurde alljährlich mehrmals der Bach gefegt. Einer Säuberung bedurften auch die gemeindlichen Brunnen. Ausgaben für die Brunnenfege finden sich fast überall ...

Viel Arbeit machte auch die Instandhaltung des Dorfweihers, in den vorliegenden Quellen meist als Wedt bezeichnet. Es gibt Ortschaften, in denen er verzwickt zwischen eng angrenzenden Bauernhöfen angelegt ist. In solchen Fällen mußte eine hölzerne oder steinerne Umfassung errichtet werden und für einen gut funktionierenden Abfluß gesorgt sein ...

Für die in gemeindlicher Arbeit errichteten Brücken und Stege genügt ein kurzer Hinweis. Hier arbeitete der Zimmermann unter Mithilfe der Dorfgenossen. Es handelte sich zumeist um einfachste Holzkonstruktionen. Die Wege und Straßen innerhalb der Dörfer waren in den seltensten Fällen gepflastert."[66]

Zumeist gab es unbedingt einen Weg zur Kirche, zur Mühle, zum Dorfbrunnen, zum Schmied und vor allem auch zum Gemeindehaus, die alle in ordentlichem Stand gehalten werden mußten.

Von diesen Wegen ist eine ganz andere Art, die wir mit Bader befristete Wege nennen können, zu unterscheiden. Er schreibt über sie: „Die befristeten Wege sind weder ausgesteint noch fest vermarkt, auch ihr Lauf ist nicht fest gezogen. Sobald die Gemeinde ihrer bedürftig wird, trifft sie Vorsorge für die räumliche Bestimmung. Häufig mag vom vorigen Jahr her noch das Geleise zu erkennen sein, das die durchfahrenden Wagen und Karren hinterlassen haben; dann dient das als Anhaltspunkt für den Lauf des Weges. Es kann aber auch sein, daß gerade nicht der alte Fahrweg gewählt wird, damit kein Dauerschaden entsteht und ‚kein gerechtsami daraus wird‘. Natürlich erfordert diese jährliche Neubestimmung über Richtung und Breite einzelner Wege viel Mühe und eine Fülle von Vorschriften. Besonders einfache Fußwege werden Jahr für Jahr ganz neu gelegt. Auch nach dem Öschwechsel pflegt man sich zu richten. Im Brachjahr haben manche Felder andere Zufahrtswege als in den beiden Baujahren. Die Wegstrecke bleibt Teil des belasteten Grundstücks und darf sogar bebaut werden. Allerdings kann der berechtigte Nachbar das ihn hindernde Korn abtun, muß es aber fein säuberlich zusammenlegen, damit dem Mitgenossen kein Schaden entsteht. Gewisse Wege dürfen nur für die Hinfahrt benützt werden, während man für die Rückfahrt, etwa mit vollem Wagen, einen anderen Weg gebrauchen muß, auch wenn er weiter und umständlicher ist. Ausschlußfristen können getroffen werden, damit der Berechtigte gezwungen wird, in genau bestimmter Zeit das Fahrtrecht auszuüben; wird er säumig, dann darf man den dienenden Acker sperren und den Weg ‚verschlahen‘."[67]

Alle Wege werden in Gemeindefron angelegt und alle Dorfeinwohner, was immer ihre andere Tätigkeit, was immer ihre soziale Stellung, sollen sich an ihrer Fertigstellung beteiligen.

[66] „Ansbach", S. 42f.
[67] *K. S. Bader,* Bd. 3, S. 202f.

In seinen Bamberger Studien verbindet Kramer seine Aufzählung solcher Arbeiten mit folgenden Mitteilungen:

„Nach verrichtetem Gemeinwerk gab es fast überall eine beträchtliche Zeche der daran beteiligten Arbeiter. In einzelnen Fällen wächst sich diese Zeche zu einem bedeutenden Bauernfeiertag aus, der mannigfache Brauchelemente über das Essen und Trinken hinaus an sich gezogen hat. Am deutlichsten ist dies bei der Grabenfege in Meeder der Fall. Schon in der frühesten Meederer Rechnung stehen folgende Einträge: ‚5 fl [als man] die greben gefegt. 1 virtl bier dem pfeifer, [der] den megden zum tanz [gepfiffen hat]‘ (Gemeinderechnung Meeder 1600). Zwar ist es nicht sicher, ob diese beiden in der Rechnung aufeinanderfolgenden Einträge auch sachlich zusammengehören, doch werden in der Folgezeit noch mehrfach Musikanten im Zusammenhang mit der Grabenfege genannt: ‚5 fl die gemeinde verzert, als die greben gefegt worden, und 3 virtl nachgezecht [d. h. wohl bei der Verrechnung mit dem Wirt]. 1 virtl den geigern verehret, als die greben gefegt [worden]‘ (ebendort 1606. Fast gleichlautend bis einschließlich 1612). Sollten die jungen Mädchen hier bei der Gemeindezeche einen Tanz vorgeführt haben? Es bestünde aber noch eine andere Möglichkeit: die Untermalung der nach der Natur des Vorgangs mit dem dazu verwendeten Gerät, einer breiten, von zwei Männern gleichmäßig bewegten Schaufel, rhythmischen Arbeit mit Musik. Das ist freilich nur eine Vermutung, die sich auf Grund der dürren Nachrichten nicht sicher erweisen läßt ...

Die Gemeindearbeit, gleich welchen Anlasses, ist jedenfalls im gesamten Untersuchungsgebiet als durchaus typisch anzusprechen. Auch in Gerichts- und Ratsprotokollen scheint die anschließende Zeche als etwas Übliches auf. ‚Nach verbrachter arbeit‘, so heißt es beispielsweise, ‚seyen sie ... in Lorenzen Schulttes ‚wirts, behausung gefueret [worden], doselbsten zu essen und zu trinken‘. Trotz dieses erfreulichen Abschlusses war die Verpflichtung zur Gemeindefron, bei der die Dorfmeister Aufsicht führen, verständlicherweise nicht sehr beliebt. Bußauflagen für unerlaubtes Fernbleiben sind nicht selten.“[68]

Sobald es um genossenschaftliches Arbeiten geht, wird zum Abschluß genossenschaftlich gefeiert.

So wenige Freuden wohl das Alltagsleben auf dem Hofe für die Bauern und das Gesinde brachte, so intensiv suchte man nach solchen Freuden, wenn man in Gemeinschaft etwas geleistet hatte.

Wir wissen – außer Einzelangaben – noch wenig über die soziale Struktur des Dorfes in unserer Zeit. Wie groß war der Anteil der Bauern an der Dorfgemeinschaft? – und unter ihnen differenziert wieder der Anteil der reichen, der mittleren und der kleinen Bauern? Wie groß der Anteil des Gesindes? wie groß der der Handwerker, das heißt derer, deren Familie (!) die Landwirtschaft nur als Nebenbeschäftigung betrieb. Sicherlich war die Zahl der hauptberuflichen Handwerker (deren Zahl an sich wohl schon sehr klein war) größer als die der Handwerkerfamilien. Denn immer muß man sehen, daß die kleinste Wirtschaftseinheit die Haushaltsfamilie war, und wenn es in einer solchen Familie einen hauptberuflichen Schmied oder Zimmerer gab, so braucht das noch nicht zu bedeuten, daß die Familie nicht in der Hauptsache von der Landwirtschaft lebte, wobei wir Familie immer als Haushaltsfamilie verstehen. Oder gab es doch zumeist nur

---

[68] „Bamberg", S. 60f.

Handwerkerfamilien in jedem Dorf und waren sie bereits Vorläufer der „bürgerlichen" Familie? oder gehörten die Arbeitskräfte des Schmiedes zur handwerklichen Großfamilie, also zur feudalen Familie, und waren die übrigen Mitglieder der Familie so an die Schmiede gebunden, daß die Landwirtschaft wirklich ein Nebenberuf war? Und wieviele Lohnarbeiter gab es auf dem Dorfe? Ich meine nicht das Gesinde, das vor allem von „Kost und Logis" lebte und auch zum Teil bekleidet wurde, ich meine echte Lohnarbeiter, die vom Lohn lebten, auch wenn sie vielleicht ein Stückchen Land hatten.

Sie alle gehören doch zur Dorfgemeinde, machen ihr Alltagsleben mit, gehen ins Gemeindehaus, um dies oder jenes zu erledigen, treffen sich beim Baden, im Wirtshaus, beim Kegelspiel, und ihre Kinder lernen gemeinsam fromme Gesänge beim Schulmeister.

Und wie stehen die verschiedenen Schichten zueinander? daß der Knecht den Bauern zuerst grüßt, ist offenbar, aber auch der ältere arme Bauer den jüngeren reichen? Müssen sich in unserer Zeit reichere Bauern wirklich noch an der Gemeindefron genau wie die ärmeren beteiligen? Ist die Dorfgenossenschaft, wenn wir an die soziale Struktur denken, in unserer Zeit noch echt? in mancher Beziehung sicherlich, in anderer wohl schon nicht mehr, insbesondere in größeren Dörfern mit reichen Bauern. Natürlich haben sie alle das Erntewetter gemeinsam, und wenn Soldateska das Dorf überfällt, konzentriert diese sich zwar zuerst auf die besser und reicher aussehenden Bauernhöfe, aber auch die ärmlichsten werden nicht verschont. Selbst in den Häusern reicher Bauern gab es selten eine „gute Stube", in der der arme Bauer sich dann nicht wohl fühlte. Doch die Verteilung der wichtigsten und einflußreichsten Ämter in der Dorfgemeinde bevorzugte die Vollhufner, ein armer Bauer als Bürgermeister ist mir nicht begegnet.

Wie steht es mit den ortsansässigen Armen und Bettlern? Daß die Fremden nicht zur Dorfgemeinde gehörten, ist offenbar – auch wenn sie nicht ohne Unterstützung blieben: „Mildtätigkeit galt als eine der größten Tugenden. Selbst die kleinsten Gemeinwesen, die nur einen schmalen Haushalt hatten, verzeichnen in ihren Rechnungen Ausgaben an vorüberziehende Arme und Unglückliche, Pfennigbeträge zwar nur, die aber doch insgesamt einen durchaus gewichtigen Anteil an den Gesamtausgaben ausmachen. Zu bestimmten Zeiten nimmt der Strom der Vorüberziehenden zu, am Beginn des dreißigjährigen Krieges beispielsweise oder in den Jahrzehnten nach dem Ende des Krieges. Viele Gemeinde- und Gotteshausrechnungen führen für diese Ausgaben eine eigene Sparte, die mit ‚Ausgaben propter deum' überschrieben ist – wegen Gott, um Gottes willen. Damit ist Antrieb und Beharrungskraft dieser Almosenspendung angedeutet. Es handelte sich um eine religiöse Pflicht, der man sich nicht entziehen konnte, ohne die Möglichkeit einer göttlichen Vergeltung heraufzubeschwören."[69]

Anders steht es mit den Armen des Dorfes oder auch mit Bettlern, die zwar aus der Ferne kamen, aber im Dorfe geboren und aufgewachsen waren. Für sie war die Dorfgemeinde verantwortlich und unterstützte sie schlecht und recht. Wir wissen aber nicht, ob sie etwa auf Gemeindeversammlungen erscheinen und dort gar sprechen durften. Auf der anderen Seite hatten sie aus religiösen Gründen – Barmherzigkeit als Tugend – kein, formulieren wir, gesellschaftliches Unansehen. Selbstverständlich durften sie auf dem Gemeindefriedhof beerdigt werden.

Der Friedhof war in gewisser Beziehung undemokratischer als das Leben, denn auf ihm herrschte merkwürdigerweise keine Barmherzigkeit: „Die alte Gemeinschaft bezog auch die Toten, die auf dem Friedhof lagen, in ihren Kreis ein. Und auch an dieser

---

[69] „Bamberg", S. 53.

19*

Stelle, an der die Hast und Unruhe des Lebens ihr Ende gefunden hat, herrscht die
gleiche Exklusivität, die im Leben der Nachbarschaft sichtbar wurde. Der fremde
Bettler, von dem nicht sicher war, daß er des gleichen Glaubens war, erhielt, das deuteten wir schon an, eine Ruhestätte außerhalb des Friedhofes. Selbst ungetaufte Kinder der
eigenen Gemeinde durften nicht in die geweihte Erde, sie zählten nicht zur ‚Christen-
heit‘, waren noch nicht Glied der Gemeinschaft geworden. Wer zu Lebzeiten aus dem
Kreis der Befriedeten ausgeschlossen war, der Verbrecher zum Beispiel, der am Galgen
endete, wurde an ‚unwegsamen Orten‘ verscharrt, unter der Richtstätte oder an einem
wüsten Ende der Mark. Auch noch im Tode konnte die unüberbrückbare Kluft zwischen
den Nachbarn und einem unglücklichen Ortsgenossen aufgerissen werden: wenn einer
Hand an sich legte und seinem Leben selbst ein Ende bereitet. War ein Fluß in der
Nähe, ließ man die Leiche, in ein Faß geschlagen, im Wasser rinnen. Die Bürgermeisterrechnung von Grafenrheinfeld 1616 verrechnet: ‚1 fl dem schweinhirten von einem
verzweifelten im faß am ufer des Meins abzustossen‘. Noch viel mehr war dies Brauch
bei Fremden, die sich im Orte das Leben nahmen. Die Bürgermeisterrechnung von
Ochsenfurt 1636 gibt (neben anderen Belegen) ein Beispiel dafür: ‚1 fl 1 lb 2 dn 2 alt
dn dem wasenmeister von dem soldaten, der sich in der Catherin (Gefängnisname!) ge-
henckt, in ein vaß zu spunnen undt ins wasser zu werfen‘. Wasserleichen, die von der
Strömung ans Ufer getrieben wurden, schaffte man sich dadurch vom Halse, daß man
sie wieder abstieß – denn man konnte ja nicht wissen, was es mit ihnen auf sich hatte."[70]

Wo es feste Regeln gibt, wie auf dem Friedhof, ist es leichter, eine soziale Struktur
zu erkennen. Doch bildet sich eine soziale Struktur innerhalb des Dorfes zumeist ohne
feste Regeln, mehr durch Brauch und Fakten, und da ist es viel schwerer, in der Vergangenheit (zumal wenn wenig Interesse bestand, darüber zu berichten) genauere Kon-
turen zu erkennen.

Der beste Kenner unserer Dörfer in der spätfeudalen Zeit, Gerhard Heitz, schreibt
zum Beispiel: „Die Volksmassen umfaßten in der Übergangsepoche die Klassen und
Schichten, die in der materiellen Produktion tätig waren: auf dem Lande die Bauern
und die plebejisch-vorproletarischen Schichten (Landarbeiter, landarme und landlose
Produzenten)."[71] Hat er recht, landarme und landlose Produzenten als plebejisch-vorproletarische Schichten zu bezeichnen? Gehören die landarmen Müller, Hirten und eine
Reihe Handwerker (der Schmied, der Zimmermann) zu diesen Schichten? Waren diese
nicht weit besser gestellt als die Kleinbauern und viele Mittelbauern?

Völlig recht aber hat Heitz, wenn er meint: „Die feudalabhängige Bauernschaft war
in regional differenzierter Weise in Gemeinden organisiert. Die Grundlage des genossenschaftlichen Zusammenschlusses bildeten die aus dem feudalen Produktionsprozeß sich
ergebenden produktionstechnischen Notwendigkeiten, denn die Dreifelderwirtschaft und
die ihr verwandten Systeme erforderten, begünstigten und konservierten ständig die auf
Gleichzeitigkeit und Gemeinsamkeit gerichteten Züge des dörflichen Zusammenlebens.
Die Dorfgemeinde muß dabei in engerem Sinne als Gemeinschaft der in der Feldmark
mit Hufen bzw. mit Anteilen von Hufen ausgestatteten Bauern sowie im weiteren Sinne
als Gesamtheit aller im Dorf wohnenden und lebenden Menschen, einschließlich der
mit Land nicht mehr oder kaum noch ausgestatteten Landarmut, gesehen werden." Und

---

[70] „Unterfranken", S. 47 f.
[71] *G. Heitz,* Volksmassen und Fortschritt in der Epoche des Übergangs vom Feudalismus zum
    Kapitalismus, in: „Zeitschrift für Geschichtswissenschaft", XXV. Jg., Heft 10, Berlin 1977, S. 1168.

ebenso recht hat Heitz, wenn er fortfährt: „Die Gemeinde war deutlich differenziert, und zwar ökonomisch entsprechend den Gesetzen der einfachen Warenproduktion, feudalrechtlich entsprechend der unterschiedlichen Gestaltung der persönlichen bzw. der Besitzrechte."

Unmittelbar anschließend fährt Heitz dann fort: „Bäuerliche Organisation gab es auch über die Gemeinde hinaus: vereinzelte Beispiele bäuerlicher Vertretung im Rahmen der Landstände (vor allem im Südwesten des Reiches); sog. Landschaften, Zusammenschlüsse mehrerer oder zahlreicher Gemeinden, die gegenüber der Feudalherrschaft ökonomische, finanzhoheitliche, militärische und politische Rechte in Anspruch nahmen. Die Landschaften waren Ergebnis heftigen bäuerlichen Klassenkampfes, zähen Ringens um Selbstverwaltung und mutigen Widerstandes gegen feudale Übergriffe oder Übergriffsversuche. Sie dürfen nicht einseitig als Ergebnis klugen Ausgleichs der Klassenkräfte interpretiert, sondern müssen vielmehr als Ergebnis sowohl wie als Instrument des bäuerlichen Klassenkampfes eingeschätzt werden. Deutlich ist die konservierende, gegen feudale Übergriffe altes Recht zäh behauptende, die Positionen der einfachen Warenproduzenten verteidigende Funktion der Gemeinde, die in unzähligen Weistümern und Dorfordnungen ihren Niederschlag gefunden hat."[72]

Sicherlich, bei der Vertretung in den Landständen und Zusammenschlüssen von mehreren oder zahlreichen Gemeinden handelt es sich um bäuerliche Organisationen, wie Heitz sagt, aber sie haben doch wenig mit dem Charakter einer Organisation wie der Dorfgemeinde zu tun. Die Dorfgemeinde ist doch die größere Einheit der Haushaltsfamilie gegenüber. Sie ist eine Wirtschaftsgemeinschaft wie die Haushaltsfamilie. Die Vertretungen in den Landständen, die Zusammenschlüsse von mehreren Gemeinden waren aber doch wohl politische Organisationen, Klassenkampforganisationen zur Vertretung wirtschaftlicher Interessen.

Sie spielten darum auch im Alltagsleben der Dorfgemeinde oder der Haushaltsfamilie keine merkliche Rolle.

Doch müssen wir uns noch näher mit den von den bürgerlichen Historikern sogenannten unterbäuerlichen, von marxistischen Historikern teilweise als „plebejisch-vorproletarisch" bezeichneten Schichten beschäftigen. Beide Ausdrücke sind falsch. Unterbäuerlich soll bezeichnen, daß sie unter den Bauern rangieren, was oft nicht der Fall ist, zumal es ihnen gar nicht selten besser geht als den Kleinbauern. Vorproletarisch aber ist, wie schon angedeutet, aus zwei Gründen eine verfehlte Formulierung. Einmal beinhaltet sie, daß es nur im Kapitalismus ein Proletariat gegeben hat, was nicht zutrifft. Schon im alten Griechenland produzierten Bergarbeiter Mehrwert (!), und auch Marx hält den Ausdruck Proletariat für das alte Rom für richtig. Daß die freien oder unfreien Lohnarbeiter, die es in der ganzen Feudalzeit und natürlich auch in der Antike gab, die Vorgänger des kapitalistischen Industrieproletariats waren, trifft ebenfalls nicht zu. Die große Masse der Industriearbeiter Englands und auch in anderen Ländern wurde zunächst von vom Lande kommenden Frauen und Kindern gestellt, zumal die Mehrheit der kapitalistischen Manufakturen und Fabriken außerhalb der Städte, an Flüssen (wegen der Notwendigkeit der Wasserkraft), gelegen waren.

Es gibt eine reiche Literatur über viele dieser Schichten, zumeist großartig in die lokale Tiefe gehend, zumeist oberflächlich verallgemeinernd.

---

[72] Ebendort, S. 1169.

Was die Literatur über die Struktur der Dorfwirtschaft, insbesondere die ländliche Lohnarbeit in unserer Zeit betrifft, so besitzen wir jetzt eine gute Übersicht von der Arbeit von Otto Kius aus dem Jahre 1864 bis zu der Arbeit von Dieter Lösche im Jahre 1964 und denen, die noch folgten.[73]

Beginnen wir unsere Überlegungen zur „Landarmut" mit einer Definition von Jan Peters, der zwei materialreiche und tiefgründige Artikel zu diesem Thema veröffentlicht hat. Er schreibt:

„Was die tatsächliche Größe des Landbesitzes betrifft, so sollte der Grundsatz anerkannt werden, daß ein ‚Bauer', der außerstande ist, sich und seine Familie von dem Grund und Boden zu ernähren, der ihm zur Verfügung steht, eben kein Bauer und auch kein ‚Klein-' oder ‚Kleinstbauer' ist. Wir gehen dabei mit Kötzschke davon aus, daß Bauer ist, ‚wer ein ländliches Grundstück von ausreichendem Maße innehat, das er seßhaft bewohnt und selbstarbeitend und leitend anbaut, um daraus für sich und die Seinen den Lebensunterhalt zu gewinnen.'* Im Gegensatz zur Landarmut ist der Bauer also auf Grund fehlenden oder geringen Landbesitzes ökonomisch nicht gezwungen, seine Arbeitskraft zur Ausbeutung anzubieten. Der mögliche Einwand, die Last der feudalen Verpflichtungen könne die Nutzung des bäuerlichen Ackers derart erschweren, daß dieser Acker zur Ernährung der Bauernfamilie ‚nicht mehr ausreicht', dieses Kennzeichen also nicht nur für die Landarmut gelten würde, ist unberechtigt, da der Grundherr, solange er an der Erhaltung der Dienste als Bauerndienste interessiert ist, immer wenigstens die einfache Reproduktion der Bauernwirtschaft ermöglicht. Solange aber die einfache Reproduktion und damit die bäuerliche Existenz nicht aufhört, bleibt das zur Ernährung der Familie ausreichende Ackerland – unabhängig von der Höhe der daran gebundenen Feudalverpflichtungen – Existenzgrundlage des als Bauer zu bezeichnenden Produzenten.

So gesehen, dürfte die Grenze zwischen Bauern und Landarmut etwa unterhalb der vielerorts als Kossäten oder Viertelhufner bezeichneten Dorfbewohner liegen. Der Besitz dieser Gruppe an Garten- und Ackerland, der je nach Bodenverhältnissen unterschiedlich groß war, reichte im allgemeinen gerade für die Ernährung der Familie aus. Da die Kossäten meist nicht spanndienstfähig waren, leisteten sie Handdienste, worin sie bereits der Mehrheit der Landarmut ähnelten.

Im Hinblick auf die Stellung zu den Produktionsmitteln halten wir also als Kennzeichen für die Landarmut fest, daß ihr Besitz an Grund und Boden unterhalb derjenigen Grenze lag, die für die Sicherung der Existenz des Produzenten bzw. des Produzenten und seiner Familie notwendig war. Das heißt natürlich auch, daß die gänzlich landlosen Agrarproduzenten dieser Schicht zuzuordnen sind, denn sie mußten ebenso wie die an Land Armen ihre Arbeitskraft zur Ausbeutung anbieten. Beide waren dazu ökonomisch gezwungen.

Nun ist dieser ökonomische Zwang nicht mit demjenigen identisch, der auf den kapitalistisch ausgebeuteten Landarbeiter einwirkt. Die Freisetzung von Produktionsmitteln war im Spätfeudalismus noch nicht begleitet von einer entsprechenden Freisetzung von der feudalen Abhängigkeit. Die Lohnarbeit war, wie auch in der Zeit vor dem Dreißig-

---

[73] *W. Held*, Ländliche Lohnarbeit im 15. und 16. Jahrhundert unter besonderer Beachtung Thüringens. in: „Jahrbuch für Wirtschaftsgeschichte", Jg. 1978, Teil I, S. 171ff.

* *Kötzschke, Rudolf*, Ländliche Siedlung und Agrarwesen in Sachsen, aus dem Nachlaß hg. v. Herbert Helbig, Remagen a. Rhein 1953, S. 103 = Forschungen zur deutschen Landeskunde, hg. v. E. Meynen, Bd. 77.

jährigen Krieg, noch keine freie kapitalistische, mehrwertschaffende Lohnarbeit, die nach den Gesetzen der kapitalistischen Ökonomik geregelt wurde. Als ‚Regler‘ mußte noch der feudale Machtapparat fungieren. Kauf und Verkauf der Arbeitskraft der Landarmut wurden so mit Hilfe außerökonomischer Mittel in einer Weise geregelt, die für die Klasse der Grundbesitzer optimal günstig war."[74]

All diese Ausführungen wären völlig richtig, wenn landarm bei Peters bedeuten würde, daß die Betroffenen arm an Land sind. Doch Peters verwirrt uns, wenn er die Landarmen „ländliches Vorproletariat"[75] nennt und so den Eindruck erweckt, daß sie elender als die Bauern leben müssen (was, wie er mir sagte, nicht seine Absicht war).

Ferner: einerseits bemerkt Schwarze: „In vielen Dörfern hat sich eine breite Schicht von Kleinbauern entwickelt, die ihre Güter zwischen 20 und 50 Gulden einschätzen, wobei es sich offenbar nicht mehr um vollwertige Bauernwirtschaften handelt, die einer Familie eine ausreichende Existenzgrundlage zu bieten vermochten."[76] – wozu Peters dann meint, daß diese Kleinbauern dann eben keine Kleinbauern sind, und sie sollten wahrlich zur Landarmut gerechnet werden. Andererseits hatten gar manche, die ungenügend Land zur Ernährung der Familie hatten, reichlich zu essen – was natürlich nicht schichtenbestimmend sein soll –, seien es ländliche Handwerker oder auch Tagelöhner, die zusätzlich Heimarbeit bzw. handwerkliche Arbeiten machten.

Peters sagt zum Beispiel über die Landarmut in Sachsen: „Für die Landarmut in Sachsen war eine relativ enge gewerbliche Bindung kennzeichnend, besonders in den gewerblich entwickelten Teilen des Gebirges (Bergbau, Holzwirtschaft, Schafzucht, Textilheimindustrie). Hier hatte seit dem 16. Jahrhundert die Zahl der Gärtner, Häusler und Hausgenossen mit starker gewerblicher Bindung stetig zugenommen und damit großen Anteil am Bevölkerungswachstum überhaupt gehabt."[77]

Was sagt nun Boelcke (und nicht unähnlich auch andere) über die Gärtner und Häusler:

„Die bis ins hohe Mittelalter zurückzuverfolgende unterbäuerliche Schicht des Dorfes mit kleinerem Landbesitz, auf Nebenerwerb angewiesen oder von vornherein eingestellt, waren die sogenannten ‚Gärtner‘. Unter dieser Bezeichnung traten sie jedenfalls im sächsisch-böhmisch-schlesischen Raum in Erscheinung, während sie in der Mark Brandenburg, in Mecklenburg und Pommern Kossäten hießen, in West- und Ostpreußen aber ebenfalls Gärtner genannt wurden. Das südwestdeutsche Pendant des nordostdeutschen ‚Gärtners‘ haben wir in dem in Freiteilbarkeitsgebieten weit verbreiteten schwäbischen Seldnertum vor uns. Im fränkischen Siedelgebiet begegnet uns statt dessen der Köbler, in Niedersachsen der Kötner, in Westfalen der Kötter, und nach der braunschweigischen ‚Rangordnung‘ folgte auf die bäuerlichen ‚Ackerleute‘ die zahlreiche Schicht der Kotsassen. . . .

Neben Kossäten, die für wenig Land nur einen geringfügigen Pfennigzins schuldeten, fanden sich andere, die Kleinbauern glichen. Verwiesen sei besonders auf die Kossäten der Uckermark, die eine sogenannte Kossätenhufe (costenhove) bewirtschafteten, meist mit recht hohen Hühnerabgaben belastet waren und zuweilen dem Landesherrn eine

[74] *J. Peters*, Ostelbische Landarmut – Sozialökonomisches über landlose und landarme Agrarproduzenten im Spätfeudalismus, „Jahrbuch für Wirtschaftsgeschichte", Teil III, Berlin 1967, S. 274f.

[75] Ebendort, S. 256.

[76] *E. Schwarze*, a. a. O., S. 75.

[77] *J. Peters*, Ostelbische Landarmut – Statistisches über landlose und landarme Agrarproduzenten im Spätfeudalismus, „Jahrbuch für Wirtschaftsgeschichte", Teil I, Berlin 1970, S. 121.

Vierkornbede entrichteten. Diese Kossätenhufen könnte man möglicherweise mit den Smurdenhufen des thüringisch-sächsischen Raumes in Parallele setzen, doch waren ihre Besitzer nicht mit den Makeln persönlicher Unfreiheit behaftet wie die sorbischen Smurden in frühdeutscher Zeit. Nicht einmal die Verpflichtung zu Handdiensten war grundsätzlich allen Kossäten auferlegt.

Wie wenig es gerechtfertigt ist, im Gärtner oder Kossäten des Mittelalters generell bloß einen besitzarmen Häusler zu sehen, beweisen vor allem Belege aus Ostpreußen. Dort galten im späten Mittelalter die Gärtner teilweise als recht wohlhabende Ackerbauern. . . .

Während im Mittelalter die Gärtner oder Kossäten, also jene dörfliche Unterschicht mit Landbesitz außerhalb der verhuften Flur, nur in wenigen ländlichen Siedlungen zahlenmäßig dominieren, trat etwa im Verlaufe des 16. Jahrhunderts eine grundlegende Verschiebung im gewohnten Bild der Sozialstruktur des ostelbischen Dorfes ein, die sich vor allem nach dem Dreißigjährigen Krieg, von Ausnahmen abgesehen, zu Ungunsten des Bauernstandes entwickelte. . . .

Aber nicht allein die ,Vergüterung', sondern auch die Entstehung großbäuerlicher Betriebe sowie die namentlich in Zeiten eines Bevölkerungsanstieges zu beobachtende Handwerkeransiedlung führte zu einem Anwachsen der unterbäuerlichen Schichten des Dorfes. Das 16. Jahrhundert bietet dafür zahllose Belege, die vor allem deshalb so beweiskräftig sind, weil besonders in den größeren Herrschaftskomplexen der Gärtnerkolonisation vielfach keine Ausweitung der Vorwerksbetriebe voranging. In der oberschlesischen Herrschaft Falkenberg zählte man 1534 116 Bauern und nur 38 Gärtner, 1581 waren es 154 Bauern, denen nunmehr 144 Gärtner gegenüberstanden. Die Herrschaft Pless/Oberschlesien bestand 1536 aus 41 Dörfern mit vier Vorwerken und gebot damals über 649 Bauern, aber über nur 9 Gärtner. 1629 kamen hingegen auf 646 Bauern bereits 224 Gärtner. Während sich die Zahl der Bauern lediglich um drei reduzierte, stieg die der Gärtner um fast das 25-fache, so daß nunmehr rund ein Drittel der dörflichen Grundbesitzer der unterbäuerlichen Schicht angehörte. Hier wie in anderen Gegenden war die Mehrung des ländlichen Kleinbesitzes ganz offensichtlich die Folge eines erheblichen Bevölkerungszuwachses. . . .

Die Gartennahrung bzw. Kossätenstelle wurde vollends mit dem 16. Jahrhundert zum Leitbild ländlicher Siedlung. Fast wellenartig erfaßte die Gärtner- bzw. Kossätenkolonisation die Dörfer östlich der Elbe und bezog die einen mehr, die anderen etwas weniger in einen sozialen Umstrukturierungsprozeß ein, welcher schließlich zur Genese eines zahlenmäßig bedeutenden ,Kleinbauernstandes' führte, der selbst durch die wirtschaftlich kontrahierende Wirkung der Bevölkerungsverluste während des Dreißigjährigen Krieges letztlich insgesamt geringere Einbußen erlitt als das Vollbauerntum. Die Zerschlagung von Hufengütern in Gärtner- oder Kossätenstellen im 15./16. Jahrhundert, teilweise durchaus geschehen zu Gunsten des Ausbaus grundherrlicher Eigenbetriebe, ließ andererseits nunmehr den Gärtner auch auf Hufenland Fuß fassen, so daß sich etwa mit dem 16. Jahrhundert das entscheidende agrarrechtliche Kriterium des Gärtners als des Besitzers von unverhuftem Land nicht mehr in aller Konsequenz auf ihn anwenden ließ. Die rechtlichen Unterschiede zwischen Bauer und Gärtner verwischten sich, der Gärtner wurde zum vollberechtigten Mitglied der Gemeinde, dem ein Mitspracherecht bei der gemeinsamen Regelung der Flurangelegenheiten nicht weiter zu verweigern war.

Gleichzeitig trat in den meisten ostelbischen Landschaften eine klarere Differenzierung innerhalb des niemals homogenen Gärtnerstandes ein, indem fortan zwischen dem einem Kleinbauern gleichenden Gärtner und dem lediglich ‚hausbesessenen' Dorftagelöhner unterschieden wurde. Es war die Zeit, in der der Häusler, Büdner und Kätner dem Namen nach geboren wurde, obwohl es ihn der Sache nach schon seit dem hohen Mittelalter gab, wie aus der Geringfügigkeit der Zinsleistungen mitttelalterlicher Gärtner und Kossäten leicht zu schließen war. Nicht mehr der Landbesitz, der Charakter des Ackerwerks, sondern lediglich der Besitz eines Häuschens, einer Kate oder einer Bude (Hütte) kennzeichnete die Schicht der Häusler, die für ihr Hausgrundstück mit Hausgarten ihrer Grundherrschaft zu zinsen hatten. Erstmals in den Urbaren des 16. Jahrhunderts werden sie auf Bauern und Gärtner folgend erwähnt und machen deutlich, daß nach zeitgenössischen Vorstellungen die Sozialstruktur des Dorfes sich fortan durch eine ‚Dreischichtung' auszeichnete. Im großen niedersächsischen Raum trat nunmehr, obwohl ebenfalls bis ins Mittelalter zurückzuverfolgen, der sog. Brinksitzer, der Angeroder Auenhäusler, stärker in Erscheinung. Auch er war lediglich Hausbesitzer, dem ostelbischen Häusler gleichzusetzen, während der niedersächsische Häusling im ostelbischen Einmieter oder im ostpreußischen Insten sein Pendant fand.

Auch die ‚Häuslerkolonisation' vollzog sich in Etappen, wenn man von den mittelalterlichen Anfängen einmal absieht. In den beiden oberlausitzischen Standesherrschaften Muskau und Hoyerswerda begann die Häusleransiedlung spätestens im 15./16. Jahrhundert, dauerte bis zum Dreißigjährigen Krieg an und erreichte einen Höhepunkt etwa um 1600. Der Häusler war bezeichnenderweise überall dort zahlenmäßig stark vertreten, wo sich ihm geeignete Erwerbsmöglichkeiten boten. Wir finden ihn in der Nähe der Stadt, in Kirchdörfern und in größeren Bauerndörfern, darüber hinaus namentlich in den ‚Hammersiedlungen' mit ausgesprochen industriell-gewerblichem Charakter, in denen dem bäuerlichen Element vielfach schon bei der Gründung der Hammerwerke im späten Mittelalter eine sehr geringe Bedeutung zukam, während die in diesen Dörfern dominierenden Häusler den unentbehrlichen Arbeitsstamm der Eisenwerke bildeten.[*] Infolge der in der oberlausitzischen Herrschaft Muskau schon im 15./16. Jahrhundert eingetretenen starken Gärtner- und Häuslerkolonisation machten dort bereits 1552 die Bauernwirtschaften nur etwa 56% der ländlichen Besitzstellen aus, 12% entfielen auf Gartennahrungen und 32% auf Häuslerstellen. In der benachbarten Herrschaft Hoyerswerda dagegen repräsentierten die Bauernwirtschaften noch annähernd 80% aller ländlichen Besitzstellen. In den Rest teilten sich Gärtner und Häusler.

Dennoch bestimmte nach wie vor in beiden Herrschaften der bäuerliche Besitz, das Hufengut, das soziale Bild des Dorfes. ...

Überschauen wir die Entwicklung der dörflichen Sozialstruktur seit dem Dreißigjährigen Krieg, so wird die schon im 15./16. Jahrhundert erkennbare Tendenz des Anwachsens der unterbäuerlichen Schichten des Dorfes noch offensichtlicher. ...

Häufig zeigte sich, daß mit der Verarmung des Bauernstandes infolge der Zerstörungen, Verwüstungen und Plünderungen während des Dreißigjährigen Krieges das größere Bauerngut viel schwerer wieder zu besetzen war als die Gärtner- und Häuslerstellen. ...

Jedenfalls haben sich die Relationen innerhalb des Gesamtbildes der dörflichen Sozialstruktur mit dem Bevölkerungsrückgang und der allgemeinen Verarmung des

* Näheres zur Geschichte der Eisenwerke bei *H. Grabig,* Die mittelalterliche Eisenindustrie in der Niederschlesisch-Lausitzer Heide und ihre Wasserhämmer, Breslau 1937.

Landvolks im 17. Jahrhundert merklich zugunsten der besitzarmen Schichten verschoben."[78]

Wir haben ausführlich zitiert, um die ganze Kompliziertheit der Struktur des Dorfes
zu einem bestimmten Zeitpunkt und ihrer Wandlungen im Laufe der Zeit aufzuzeigen.

Während Peters scharf zwischen Kossäten und Gärtnern trennt, da die ersteren noch
genügend Ackernahrung haben, um allein von der Landwirtschaft zu leben, die Gärtner
aber zusammen mit den Häuslern zur Dorfarmut gehören, möchte Boelcke offenbar
trennen in drei Schichten: in Groß- und Mittelbauern, in Kleinbauern und landbesitzende
Gärtner sowie in Häusler, Tagelöhner usw. Aber auch Peters ist seiner nicht sicher,
insbesondere wohl bei Sachsen, denn er bemerkt: „Die größere Rolle der Städte, der
Manufakturen und des Gewerbes unterwarf die ländliche Bevölkerung stärker als anderswo den Gesetzen der Warenproduktion, gestaltete den sozialen Differenzierungsprozeß
besonders dynamisch und machte deshalb die Grenzen zwischen Landarmut und Bauernschaft mehr fliessend als in anderen Landesteilen."[79]

Die gleiche, meiner Ansicht nach völlig berechtigte Unsicherheit in der Kategori-
sierung zeigt Schwarze, wenn sie über Ostthüringen schreibt: „Den Kleinbauern am
nächsten stand die Schicht der Gärtner oder Hintersiedler, die in manchen Gegenden
Deutschlands auch Kotsassen genannt wurden. Auch sie verfügten über Grundbesitz,
allerdings in sehr beschränktem Umfang. Er umfaßte das Haus mit angrenzendem
Grundstück, das als Garten oder Ackerland genutzt werden konnte, zuweilen gehörten
auch einzelne Äcker, die außerhalb der Feldflur lagen und dem Flurzwang nicht unterworfen waren, dazu. Ihre Zugehörigkeit zur Nachbargemeinde ist umstritten. In manchen Gegenden besitzen sie Nachbarrechte, während sie woanders außerhalb des Kreises
der vollberechtigten Bauern stehen. Auch der Besitz der Gärtner wird kaum ausgereicht
haben, ihren Lebensunterhalt zu bestreiten. Pannach* hat deshalb mit Recht für diese
ländliche Schicht die Bezeichnung ‚freie Lohnarbeiter mit Landanteil' geprägt. Die
Grenze zwischen Gärtnern und Kleinbauern ist fließend und in den Quellen meistens
gar nicht zu erkennen. Man wird die Gärtner deshalb in ökonomischer Hinsicht mit zu
den Kleinbauern rechnen können."[80]

Hier wird mit Recht nicht nur auf die „fließende ökonomische Grenze" zwischen
Kleinbauern und Gärtnern hingewiesen, sondern auch angemerkt, daß ihre gesellschaftliche Position innerhalb des Dorfes verschieden sein kann: bald gehören sie zur Dorfgemeinde (Nachbarschaft) mit den entsprechenden politischen Rechten, bald nicht.

Noch komplizierter in mancher Beziehung waren die Verhältnisse in Anhalt. Kraaz
berichtet zum Beispiel über die Kotsassen oder Kossäten:

„Die Saalbücher umfassen daher mit dem Namen Kothsassen alle Mitglieder der
Dorfgemeinschaft, die nicht Inhaber von Ackerdienstgütern sind und nicht Spanndienst
leisten. Es finden sich unter ihnen nicht nur die Inhaber von Grundstücken mit nur
Wurtland, sondern auch solche mit Ackerbesitz in der Flur, sogenannten ‚freien Erb-

---

[78] *W. A. Boelcke*, Wandlungen der dörflichen Sozialstruktur während Mittelalter und Neuzeit in:
Wege und Forschungen der Agrargeschichte, hrsg. v. H. Haushofer und W. A. Boelcke, a. a. O.,
S. 82–96.

[79] *J. Peters*, Jahrbuch für Wirtschaftsgeschichte, 1970, a. a. O., S. 121.

[80] *E. Schwarze*, a. a. O., S. 75.

* *H. Pannach*, Das Amt Meissen vom Anfang des 14. bis zur Mitte des 16. Jahrhunderts, Berlin
1960, S. 42.

äckern', Viertel-, Halb- und Vollhufer. Auch mehrere Hufen konnten in Besitz eines
Kothsassen kommen.

Der Kothsasse ist Handdienster als Inhaber eines Hauses, auf welchem die als Real-
last aufgefaßte Dienstverpflichtung ruht, er kann aber auch Inhaber einer Ackernahrung
sein, die wohl spannfähig wäre, aber nicht spannpflichtig, mancherorts, wie wir bereits
sahen, nicht spannhaltungsberechtigt ist."

Und über Kotsassen und Häusler bemerkt er: „Es ist aber daran festzuhalten, daß
der Begriff Kothsasse den Ackerbesitz nicht ausschloß, andrerseits den Landbesitz nicht
bedingte, so daß auch Diensthausbesitzer darunter gerechnet werden, deren Wohnstätt
eine sogenannte ‚Bude', ‚eyn klein Häuselein', ‚ein Kossaterbüdlein' ohne Hof und
Garten ist. Letztere heißen auch Häusler oder ‚arme Leute'. Jedenfalls hat sich die
später allgemein durchgeführte Scheidung der Kothsassen- von den Häuslerstellen
darum noch nicht bemerklich gemacht, weil im sechzehnten Jahrhundert noch alle Orts-
angesessenen an den Gemeinheiten partizipierten und zwar aus einem sehr nahelie-
genden Grunde. Der Ackerbau war die Hauptnahrungsquelle für die Bevölkerung,
Wohnstätten ohne Ackernahrung mußte wenigstens ein Anteil an Gemeindeland zuge-
billigt werden, um durch Möglichkeit der Viehhaltung die nötigen Subsistenzmittel zu
gewähren."

Was die Hausgenossen betrifft, die Kraaz als „selbständige Personen im Dorf außer
den mit einem Haus angesessenen (und deren Gesinde)" bezeichnet, so sagt er von
ihnen: „Die Hausgenossen verdienen sich ihren Unterhalt durch Tagelohnarbeit oder
Handwerk. Ein Hausgenoß kann auch Acker in der Flur besitzen. Der Fall scheint öfters
eingetreten zu sein, wenn bei der Erbteilung eines Kossatenanwesens mit Wandelacker
ein Kind das Diensthaus des Vaters übernimmt. Die anderen Kinder werden, wenn die
Teilung faktisch durchgeführt wird, Hausgenossen und besitzen als solche doch ihr
Erbteil Land."[81] Die Hausgenossen sind nicht Mitglieder der Gemeinde, haben keinen
Anteil am Gemeindeland und keinen eigenen Wohnsitz, sondern werden von Ortsange-
sessenen in ihren Häusern aufgenommen.

Also, die Kotsassen können mehr Land besitzen als die Klein- und Mittelbauern,
ihre Kennzeichnung erfolgt hier auf Grund der Art der Frondienste, die sie leisten
müssen. Eine feste Unterscheidung zwischen ihnen und den Häuslern wird noch nicht
gemacht. Beide Gruppen gehören zur Gemeinde.

Ebenfalls überaus interessant für die Analyse der Dorfstruktur bemerkt Reißner: „Zu
den Untertanen (des Grund- und Gerichtsherrn – J. K.) gehörten alle männlichen Nachbarn, also auf jeden Fall die Anspänner und Hintersassen. Alle Häusler waren zwar
Untertanen, aber nur ein Teil von ihnen gehörte zur Nachbarschaft der Gemeinde. Die
Dorfgemeinde bestand seit der Kolonisationszeit ‚aus den Nachbarn, d. h. den im Dorfe
mit Haus und Hof und Feldbesitz ansässigen vollberechtigten Bauern', ‚auf Erbe angesessenen Bauern', die zur Mitwirkung bei der genossenschaftlichen Selbstverwaltung des
Dorfes berechtigt und verpflichtet waren. Es gab Häuslerstellen mit und ohne Nachbar-
schaftsrecht. Die meisten Häusler, die Richter und Schöppen waren, werden aus dem
Kreis der Nachbarn gestammt haben. Es fällt aber auf, daß die Zugehörigkeit durchaus
nicht immer in den Quellen ausgewiesen worden ist. Daraus kann geschlossen werden,
daß Nachbarrecht bei dem zunehmenden Einfluß der Herrschaft auf dieses Amt nicht
mehr unbedingt Voraussetzung war. Die Nachbarschaft und das mit ihr verbundene

[81] A. Kraaz, a. a. O., S. 98f. und 101.

Recht verloren immer mehr an Selbständigkeit und Bedeutung und wurden schließlich von der Ortsobrigkeit der Grundherrschaft abgelöst."[82]

Erstaunlich, wie der zunehmende Einfluß des Grund- und Gerichtsherrn die Position der „Landarmut" im Dorfe gesellschaftlich hebt. Je stärker der Herr sich in die Funktionen der Dorfgemeinschaften einmischt, desto „demokratischer" die Dorfverwaltung, da sie immer bedeutungsloser wird.

Eine umgekehrte Entwicklung kann man vielfach im Norden und Westen Deutschlands beobachten. Bader, der übrigens auch für eine Dreischichtung der Struktur des Dorfes ist, bemerkt:

„Die bäuerliche Oberschicht nimmt nicht nur, schon wegen ihres größeren Viehbestandes, die Gemeinflächen, zumal die Waldweide, stärker in Anspruch. Sie sitzt häufig auch wegen ihrer besseren Beziehungen zur Grundherrschaft zu günstigerem Leiherecht auf ihren Gütern. Erblehen sind bei ihr häufiger anzutreffen als bei den Kleingütern der Halbbauern, Stümpler, Gärtner und wie die Kleinbauern von Landschaft zu Landschaft verschieden bezeichnet werden mögen. Damit erlangen die größeren Bauern oftmals eine Verfügungsfreiheit über ihr Leihegut, die eigentumsähnliche Formen annehmen kann. Die Fronten versteifen sich, wenn es den Bauern, unter Einbezug allenfalls der Halbbauern, gelingt, die Grundbesitzlosen stark oder gar völlig vom Allmendgenuß auszuschließen. . . .

Im 17. und 18. Jahrhundert kann es als anrüchig gelten, wenn die Bauerntochter einen Seldner oder Katner heiratet oder wenn die Unterschiede zwischen den ‚Klassen' auf sonstige Weise verwischt werden. Hier ist das ältere Genossenschaftsprinzip in für die Entwicklung der Dorfgemeinde und -gemeinschaft gefährlicher Weise durchstoßen und der Weg zu oligarchischen Formen geöffnet."[83]

So wie Peters sich mit der Herausbildung der Landarmut beschäftigt, interessiert Bader die Herausbildung einer Bauernaristokratie – bestehend aus den „Ältesten", der „Ehrbarkeit" des Dorfes. Er schreibt:

„1616 bestätigen die eltesten von Dorf und Gemeinde Augst den für die Johanniterkommende Rheinfelden angelegten Berein. Die ‚eltisten . . . so in des dorfs gewaltsame gute wissenschaft haben', werden 1681 in Oberhochstatt befragt. 1643 erstellen die Amtsleute der klösterlich ellwangischen Herrschaft Tannenberg zusammen mit den ‚eltesten gemeindsmönern' die Ordnung des Fleckens Bühlertann. Auch bei Huldigung und sonstiger Eidesleistung vertreten ‚seniores' die Gemeinde.

Kein Zweifel, daß sich hier, zunächst in einzelnen Funktionen, herausgebildet hat, was man nachmals als Ehrbarkeit im Dorf bezeichnet. Ihr kommt bei der Willensbildung der Gemeinde ein bedeutsames Gewicht zu. Im Herzogtum Württemberg wird sie geradezu zu einem die Verfassung bestimmenden Element. Nähere Nachprüfung des Kreises der Personen, die zur dörflichen Ehrbarkeit gehören, ergibt nun aber, daß es sich nicht sosehr um angesehene Einzelpersonen, deren Können und Wissen man schätzt, handelt, als vielmehr um Angehörige gewisser Familien, die nun auch Sonderrechte in Anspruch nehmen. Sie heben sich von dem Kreis der Dorfleute, wie wir schon sahen, durch besseres Leiherecht ab. Der so Bevorzugte vermochte sein Gut auf Söhne und Schwiegersöhne zu übertragen und konnte damit eine Art bäuerlicher ‚Dynastie' begründen, die den Wechselfällen der einfachen Zinsleihe und der Laune der Grundherren

---

[82] M. Reißner, a. a. O., S. 101f.
[83] K. S. Bader, Bd. II, a. a. O., S. 282f.

entzogen war. Vor allem der Inhaber des örtlichen Maier- oder Kelnhofs gelangt auf diese Weise in eine bevorzugte Stellung: was schon einmal im Hochmittelalter zum Aufstieg der ‚villici' oder ‚cellerarii' in den niederen Adel geführt hatte, bewirkte nun im Spätmittelalter eine zwar nicht ständische, aber wirtschaftlich-soziale Besserstellung."[84]

Eines ist klar:

Mit Bezeichnungen wie Kossäten, Gärtnern, Häuslern kann man bei Untersuchungen der Dorfstruktur nicht allgemein arbeiten. Sie können in verschiedenen Territorien und manchmal auch in einem und demselben eine sehr verschiedene ökonomische und gesellschaftliche Position einnehmen, wobei sich die ökonomische wieder von der gesellschaftlichen innerhalb des Dorfes unterscheiden kann. Mit Recht bemerkt Schremmer von den bayerischen Söldnern: „Aber selbst dann, wenn ein Söldner ebensoviel Einkommen bezog wie der Inhaber einer bäuerlichen Stelle, stand er dennoch in der Regel sozial unter diesem."[85]

Die ökonomische wie die gesellschaftliche Differenzierung innerhalb des Dorfes hat eine Tendenz, zuzunehmen, wahrscheinlich stärker im Bereich der Grundherrschaft.

Die ökonomische wie die gesellschaftliche Differenzierung innerhalb des Dorfes hat eine Tendenz, sich rückläufig zu entwickeln, wahrscheinlich stärker im Bereich der Gutsherrschaft – oder zumindest zu stagnieren, wie Gerhard Heitz meint.

Aber die Dorfgemeinde als Genossenschaft hält sich in all dieser Zeit, und dazu trägt in gewisser Weise gerade auch der gesteigerte außerökonomische Zwang bei. Er höhlt zwar die Rechte der Dorfgemeinschaft immer stärker aus, schließt aber die Bauern, die ganze Dorfgemeinschaft nicht nur im Leiden, sondern auch im Gefühl aktiver Solidarität in den niederen und mittleren Formen des Klassenkampfes enger zusammen.

Doch die Formen all dieser Prozesse, das Gewicht von Tendenzen und Gegentendenzen sind so außerordentlich verschieden, daß noch eine Fülle von Regionalstudien, aufbauend auf Lokalstudien, notwendig sind, bis wir einerseits die ganze Mannigfaltigkeit der Erscheinungen erkannt haben und andererseits an den Versuch von Verallgemeinerungen gehen können. Wenn im kapitalistischen England eine vielhundertbändige Geschichte der Grafschaften geplant und seit Jahrzehnten ausgeführt werden kann, dann sollte es wahrlich auch für uns möglich sein, ein entsprechendes Geschichtswerk aufzubauen – als Voraussetzung für eine Strukturuntersuchung von Dorf und Stadt, die wieder eine wichtige Voraussetzung für das Studium des Alltags ebenso wie für eine gründliche Geschichte der Klassenkämpfe ist.

Man wird mit Recht einen ganz großen Gegensatz finden zwischen dem Kapitel, das den Einsatz des außerökonomischen Zwanges, der außerökonomischen Gewalt schildert, das die ganze Härte des dörflichen Lebens in unserer Zeit anzeigt, und diesem Kapitel, das teilweise von geradezu demokratischen Idyllen im Dorfe zu berichten weiß.

Und dieser Gegensatz bestand in unserer Zeit tatsächlich in der Wirklichkeit.

Im 15. Jahrhundert war die Atmosphäre der demokratischen Idylle noch stärker, im 16. Jahrhundert verfärbte sich der Himmel schon im Gefolge des verlorenen Bauernkrieges, stärker noch in unserer Zeit von 1600 bis 1650, auch wenn wir von den Kriegszügen durch Deutschland absehen. Erst im Gefolge des Dreißigjährigen Krieges und der Wandlungen, die er nach 1650 auf dem Lande bringt, wird die Wirkung der außerökonomischen Gewalt auf den Alltag im Dorfe immer schlimmer.

[84] Ebendort, a. a. O., S. 286f.
[85] E. *Schremmer*, Die Wirtschaft Bayerns, München 1970, S. 126.

Aber wenn auch die idyllischen Alltagserlebnisse an Zahl und Stärke geringer werden, erhalten bleibt, trotz aller Differenzierungen im Leben des Dorfes, ein starkes Gemeinsamkeitsgefühl, eine Art von Genossenschaft, eine Solidarität, die alle umfaßt.

Post Scriptum:

Ingrid Mittenzwei bemerkt zu diesem Kapitel kritisch: „Ein weiterer Einwand kam mir beim Nachdenken über Dein Manuskript und die einzelnen Kapitel, die ich in ihrer Aussagekraft noch etwas ungleichmäßig finde. Vor allem nach den beeindruckenden Kapiteln III und IV konnten mich die Darlegungen in Kapitel VII nicht so recht befriedigen. Untersuchungen über die Gemeinde halte ich für außerordentlich wichtig. Wir Marxisten haben da viel zu wenig getan. Erst jetzt kommt die Forschung darüber etwas in Gang. Daß Du durch die Auswertung der bürgerlichen Literatur ein sehr farbiges und konkretes Bild über das Funktionieren der Dorfgemeinde vermittelst, ist ein Vorzug Deines Buches. Aber mir lag beim Lesen immer das Wort auf den Lippen, das Du dann selbst gebrauchst: das Wort ‚Idylle‘. Nach Deiner Meinung handelt es sich hier um einen Widerspruch in der Wirklichkeit. Das mag wohl stimmen; doch erscheint dieser zweifellos vorhandene Widerspruch durch die von Dir benutzte und zitierte Literatur größer und tiefer, als er m. E. wirklich war. Da die zitierten Schilderungen über das Gemeindeleben bei den idyllischen Seiten verbleiben, bei der ‚Dorflinde‘ und dem Tanz, den Flüchen und dem Kegeln, der Gemeindeversammlung und der dörflichen Demokratie, die wichtigste Seite im Leben des Volkes, die Arbeit und ihre Organisierung durch die Gemeinde sowie die Funktion der Gemeinde im Klassenkampf, aber ausklammern, dadurch entsteht der Eindruck der Idylle. Du bist, akzeptiert man die in der ‚Apologia‘ genannten Gründe für Deine Darstellungsweise, hier auch in einem wirklichen Dilemma. Die bürgerlichen Darlegungen über das Gemeindeleben sind konkret und farbig, aber sie behandeln einige für das Verständnis der Zeit wichtige Probleme nicht oder unzureichend. Die wenigen Marxisten, die darüber geschrieben haben und die Du zitierst, werfen alle diese Probleme zwar auf, aber sie haben noch wenig konkrete Ergebnisse vorzuweisen."

Die „zu idyllischen Seiten", die Ingrid Mittenzwei beanstandet, stehen doch im Grunde nicht in dem Kapitel, sondern in einem Exkurs, der mir wichtig als Ergänzung zu den Kapiteln über Angst und Gewalt erschien.

Die Rolle der Gemeinde im Klassenkampf muß zweifellos viel gründlicher und detaillierter (und reichlich quellenmäßig) behandelt werden, als ich es getan habe. Die wenigen Bemerkungen, die ich dazu etwa in dem Kapitel „Gewalt" gemacht habe, sind völlig unzureichend. Hier hat, wie Ingrid Mittenzwei bemerkt, unsere Forschung viel nachzuholen. Wenn sie meint, daß ich die Rolle der Dorfgemeinde für die Organisierung der Arbeit stärker hätte hervorheben sollen, so kannte sie nicht das damals noch nicht geschriebene Abschlußkapitel von Jacobeit, aber vielleicht hat sie recht, daß über diesen so wichtigen Punkt auch mehr in diesem Kapitel stehen sollte.

Wenn aber das ganze Kapitel „zu sonnig" erscheinen sollte, so natürlich, weil ich, genau wie Marx und Engels, die Tendenz hatte, die „demokratischen Elemente" der Vergangenheit, vielleicht zu begeistert, hervorzuheben. Daß sie aber den Alltag als Ganzen nicht zu erfreulich erscheinen lassen, dafür sorgen andere Kapitel dieses Buches.

Jedoch erkennt man aus meiner „Entgegnung", wie schwach im Grunde meine Position ist, schwach, weil unsere Forschung (um gar nicht zu reden von mir selbst) noch so weit zurück ist.

Anhang

Genossenschaften und Sozialstruktur

Von *Gerhard Heitz*

In diesem Kapitel (dem zweiten besonders umfangreichen des II. Teils) ist etwa die Hälfte des Textes den Genossenschaften gewidmet; ausführlich hat J. K. von dieser Basis aus zu Fragen der sozialen Struktur, der Klassenverhältnisse, sich geäußert, so daß wohl die Frage gestellt werden kann, ob denn nicht die Sozialstruktur ein selbständiges Kapitel ermöglicht hätte. Mir ist klar, daß damit die in den Kapiteln „Gewalt", „Sicherheit", „Die Arbeit der Frau – die Familie", „Nahrung" usw. gegebene Konkretheit der Gegenstandsbestimmung gefehlt hätte, und es ist ja auch viel wichtiger, daß die soziale Struktur so ausführlich, nicht nur im Kapitel über die Genossenschaften, angesprochen und insgesamt mit umfangreichem Material zur Diskussion gestellt worden ist. Das Fehlen einer solchen Behandlung hätte man deutlich kritisieren müssen, die eigenwillige und diskutable Plazierung, auch die Behandlung der Probleme an verschiedenen Stellen des Bandes, erfordert nur den aufmerksamen Leser; sachlich wird alles notwendige Material geboten.

Ich möchte mit der Kritik beginnen. Nach meinem Eindruck tritt bei der Behandlung der Genossenschaften das Alltäglichste (um ausnahmsweise einmal zu steigern gegenüber J. K.) zurück, nämlich die tägliche Arbeit und die Formen ihrer Organisation. Es wird darüber gesprochen, vor allem in den ausführlichen Kramerzitaten, aber nach der gegenwärtigen Anlage wird der Zusammenhang zur täglichen Arbeit der Bauern wohl im letzten Kapitel durch Wolfgang Jacobeit bearbeitet werden.*

Ich habe weiter den Eindruck, daß J. K. – wiederum durch die Spezifik seiner Hauptquelle bedingt – die im Zentrum der Gemeinde, des Dorfes handelnden Personen und tätigen Institutionen der Dorfgemeine schon für die Sache selbst nimmt. Im Unterschied zu anderen Kapiteln, wo es mir gelungen erscheint, stößt er hier m. E. nicht zur wirklichen Alltäglichkeit des Gemeindelebens vor, sondern nur zur erkennbaren (bzw. angestrebten, behaupteten) Wirksamkeit und Funktionsweise der Gemeinde. Denn nicht der Gang ins Dorfhaus, Gemeindehaus, Rathaus gar, Wirtshaus, auf den Tanzboden, ja, in unserem Zeitraum und in protestantischen Gegenden nicht einmal der Gang in die Kirche waren die Alltäglichkeit schlechthin, sondern die Arbeit auf dem Felde, auf den Weiden und im Wald, in allen Bestandteilen der Feldmark. Da spiegelt sich manches in den Flurnamen, die die Menschen in langer aktiver Gestaltung der Landschaft gefunden und geprägt haben.

Ich meine nicht die damit verbundenen Arbeitsgänge im einzelnen – darüber werden wir sicher im letzten Kapitel mehr erfahren, etwa über die Entscheidungsfindung bzgl. der Arbeitstermine, über Wegerecht und alle daraus sich ergebenden Alltäglichkeiten. Ich meine u. a. die aus der sozialen Struktur und aus der Unterschiedlichkeit der Feudalverpflichtungen sich ergebenden alltäglichen Probleme. In Gegenden ausgeprägter Gutsherrschaft, wo Bauern bzw. Kossaten jeweils gleich hohe und gleichzeitige Dienste zu

---

* Gerhard Heitz hat durchaus recht, daß man die tägliche Arbeit hier hätte einarbeiten können, wenn ich selbst ausreichend mit der Materie vertraut gewesen wäre. Aber wenn ich das getan hätte, hätte er dann nicht, wie am Anfang seiner Ausführungen für die Sozialstruktur, auch ein Spezialkapitel über die alltägliche Arbeit verlangt? – J. K.

leisten hatten, sah das tägliche Leben anders aus als in solchen Gegenden, wo die Unterschiede der Feudalverpflichtungen auch zu einer erheblichen Zersplitterung der Arbeitsgänge führten, weil die einen zum Hofdienst und die anderen zum eigenen Acker gingen. Die durch die Dreifelderwirtschaft gegebene relative Einheitlichkeit des dörflichen Produktionsprozesses, dem auch der Feudalherr bzw. die in seinem Auftrag wirtschaftenden Verwalter sich nicht ganz entziehen konnten, so kräftig sie darauf Einfluß nahmen, wurde hier – anders als im gutsherrschaftlichen Bereich – zu einem schwer faßbaren Element des Alltags. J. K. deutet einiges davon an, wenn er die Frage nach dem Verhältnis der Bauern unterschiedlicher Hofgröße zueinander bzw. zum Feudalherren oder seinem Vertreter aufwirft. Antworten sind schwer möglich bzw. werden erst in den Quellen der folgenden Jahrzehnte besser greifbar.

Die von J. K. angeschnittenen Fragen der Dorfgemeinde und der Genossenschaften stellen uns (gemeint sind die Feudalisten) vor ganz erhebliche Schwierigkeiten. Diese bestehen nicht nur in der begrenzten Zahl der zur Verfügung stehenden Kräfte, sondern in der Spezifik des Quellenmaterials, da ja der dörfliche Alltag nicht schriftlich fixiert wird. Hier helfen uns (neben einigen anderen Quellen, wie den Gemeinderechnungen, Kirchenbüchern usw.) vor allem die Prozeßakten weiter. Ob der Prozeß und inwieweit er „alltäglich" ist, soll hier nicht erörtert werden, und auch die Frage nach dem Klassenkampfcharakter von Prozessen zwischen Bauern und Herrschaft möchte ich hier ausklammern, weil das an anderer Stelle erörtert werden wird. Die Prozeßakten aber spiegeln nicht nur Einmaliges und Unverwechselbares, sie spiegeln unter bestimmten Bedingungen bestimmte Bereiche dessen wider, was in diesem Bande als Alltag des werktätigen Bauern verstanden wird. Das betrifft nicht in erster Linie die bezogenen oder behaupteten Rechtspositionen der Kontrahenten, es betrifft vielmehr die den Prozeßakten reichlich beigefügten Schilderungen von Zuständen, um deren beabsichtigte Veränderung die eine Seite, um deren behauptete oder gewünschte Unveränderbarkeit die andere Seite ringt. Da werden in umständlichen Fragestücken („Interrogatoria") die Dorfbewohner, die alten Bauern zumal, nach bestimmter Methodik befragt, und im allgemeinen kann man aus der Fragestellung die Wünsche der einen Seite herauslesen, d. h. dann auch die Antworten der anderen Seite genügend kritisch betrachten. Ich erwähne nur, daß dabei der Zustand von bäuerlichen Hofstellen, daß Umfang und Qualität des Inventars erkundet werden. Die von J. K. an mehreren Stellen, auch für das Handwerk, behandelte Problematik der Kindersterblichkeit wird deutlich, die Zahl und die Bedeutung der zweiten und dritten Eheschließung nach dem Tode eines Ehegatten, die daraus sich ergebenden Rechtsfragen werden angesprochen.

In diesem Zusammenhang fällt mir auf, daß J. K. dem überaus alltäglichen Problem des bäuerlichen Erbrechts eine zusammenfassende Behandlung nicht hat zuteil werden lassen, obwohl es nach verschiedenen Seiten hin mit anderen, ausführlicher behandelten Fragenkomplexen zusammenhängt. So mit dem Recht des Produktionsmittelbesitzes, mit dem persönlichen Rechtsstatus, mit dem außerökonomischen Zwang versteht sich und auch mit der Tatsache, daß der Inhaber des Hofes ja Mitglied der Genossenschaft, der Gemeinde usw. ist, nicht die Person als solche. Nun wird man, um die Wunschliste nicht zu lang werden zu lassen, wohl davon ausgehen müssen, daß die erste Hälfte des 17. Jahrhunderts nicht der Zeitraum war, für welchen man Fragen des geordneten Erbgangs der Bauernstellen aufwerfen oder beantworten möchte. Aber da auch an anderen Abschnitten des Buches die Chronologie durchbrochen wird, sei es wegen fehlenden Materials, sei es, weil Entwicklungstendenzen von langfristiger Gültigkeit erörtert werden, fällt die Vernachlässigung des bäuerlichen Erbrechts, überhaupt des Besitzrechts, doch auf. Ich erinnere nur an die im wahrsten Sinne des Wortes alltäglichen Probleme, Widersprüche, Meinungsverschiedenheiten, Auseinandersetzungen, die sich innerhalb der Bauernfamilie und zwischen verschiedenen Familien im Hinblick auf den zu erwartenden Erbfall ergeben haben.

Zurück zu den Genossenschaften, genauer gesagt zum entsprechenden Kapitel, in welchem die soziale Struktur, mit und ohne direkten Zusammenhang zur Gemeinde, breit behandelt wird. Ich möchte die von J. K. aufgeworfenen Fragen nach der sozialen Struktur der ländlichen Bevölkerung in der Übergangsepoche aufgreifen und dabei auch Äußerungen in anderen Kapiteln des Bandes einbeziehen.

Dem Aufbau des Bandes entsprechend muß J. K. die soziale Differenzierung der feudalabhängigen Bauernschaft bzw. der Landbevölkerung bereits in jenem Kapitel behandeln, das der Aufhellung des gesamtgeschichtlichen Hintergrundes dient. Da geht es also noch nicht um die soziale Struktur der Gemeinde als Element des dörflichen Alltags, da geht es um den historischen Prozeß, der nach der Niederlage der frühbürgerlichen Revolution durch die beginnende Refeudalisierung (7, S. 257) gekennzeichnet ist. Zuzustimmen ist natürlich der von J. K. im Anschluß an Friedrich Engels getroffenen Einschätzung der Lage der Bauern nach dem Bauernkrieg bzw. in der Übergangsepoche. In diesem Zusammenhang spricht er sowohl von Mittel- bzw. Großbauern, wie auch von reichen, armen und werktätigen Bauern, während die zeitgenössischen Bezeichnungen (Hufner usw.) zurücktreten. Soweit es die ‚wohlhabenderen Mittelbauern‘ angeht, kann er auf F. Engels sich beziehen, der allerdings unmittelbar danach allgemeiner von Hörigen spricht, also den feudalen Charakter der Bauernschaft kennzeichnet. Wie wir die immer stärker sich differenzierende feudalabhängige Bauernschaft terminologisch fassen sollen, ist Gegenstand vieler Diskussionen (leider noch nicht Publikationen), und wir werden in nächster Zeit, so hoffe ich, hier einen Schritt nach vorne tun können, wobei die Ausführungen von J. K. wesentlich helfen. Ich würde es gegenwärtig noch vorziehen, den Terminus Großbauer für den Feudalismus zu vermeiden. Einmal wäre es sicher ratsam, ihn dem Kapitalismus vorzubehalten, damit er zur exakten Kennzeichnung des kapitalistisch wirtschaftenden Bauern dienen kann. Zum anderen, weil wir für den Feudalismus kaum verallgemeinerungsfähige oder vergleichbare absolute Größen der Bauernstellen erwarten können, wie ja auch J. K. keine Größenordnungen nennt. Ob diese von ihm als Großbauern bezeichneten Inhaber großer Bauernstellen mit mehr als einer oder mit mehreren Hufen ausgestattet sind und wo sie in größerer Zahl vorkommen, wird nicht gesagt. Aber es wird davon ausgegangen, daß sie nicht mehr mitarbeiteten, sondern vielmehr beaufsichtigten. Wann und wo? Ich halte diese Vorstellung für nicht richtig und würde die sicher nachweisbaren Einzelfälle jedenfalls nicht verallgemeinern. Es entspricht nicht der Denk- und Lebensweise feudalabhängiger Bauern, den Arbeitsprozeß selbst zu meiden, und was gab es schon zu beaufsichtigen? Hier haben wir es mit vielschichtigen Fragen zu tun, die wir m. E. nicht dadurch beantworten, daß wir in einem zu frühen Stadium der Überlegungen uns festlegen. Und wie es mit dem Prozeß der Annäherung der reichen Bauern (dies ein Ausdruck, den ich für richtig halte) an den verarmten oder verarmenden Adel steht, ist eine wichtige Frage, die ich mit dem Hinweis darauf vorläufig beantworten möchte, daß fleißige Bauern unter guten Voraussetzungen wohl bessere Lebensbedingungen sich schaffen konnten, als verarmter Adel aufzuweisen hatte (deshalb ja ständig sich verschärfender Druck auf die Renten). An den klassenmäßigen Widersprüchen änderte sich jedoch nichts, und insofern scheint

mir die „Annäherungs-"These problematisch, zumal sie zu sehr durch die schwer kontrollierbaren Klagen über Kleiderluxus und anderes genährt ist.

Es wird also wohl besser sein, die soziale Differenzierung der feudalabhängigen
Bauernschaft, die in der Tat in der Übergangsepoche vom Feudalismus zum Kapitalismus
schnell voranschreitet, nicht mit den Termini zu belasten, die der kapitalistischen Gesell-
schaftsformation entsprechen. Wir sollten vielmehr die bekannten Beispiele aufgreifen,
in denen, quellenmäßig fundiert, die Sozialstruktur des Dorfes in der doch wohl der
historischen Wirklichkeit weitgehend entsprechenden Dreiteilung deutlich wird. In dem
Schema: Hufenbauern, Teilhufenbauern und Landarmut ist m. E. genügend Raum für
die regionale Differenzierung nach bäuerlichen Betriebsgrößen, wie nach der Stellung der
Bauernwirtschaft im System der feudalen Landwirtschaft insgesamt, ja, auch bezüglich
der regionalen Erbgewohnheiten bzw. Besitzrechte. Es kann dabei auch berücksichtigt
werden, daß sich oberhalb der jeweiligen regionalen Norm der Hofstellengrößen Differenzierungen ergeben (ich würde sie weiterhin gerne „große Bauern" nennen, wäre
auch mit „reiche Bauern", nicht aber mit „Großbauern" einverstanden*), und es bleibt
auch, wovon noch zu sprechen sein wird, Raum für differenzierte Betrachtung der Teil-
hufner und der Landarmut.

Damit bin ich über das bereits zitierte Eingangskapitel wieder im 7. Kapitel, d. h.
bei den Genossenschaften, genauer gesagt, bei der damit verbundenen Analyse der
Sozialstruktur. Ehe ich dabei vom Text ausgehe, mache ich noch eine Zwischenbemer-
kung bzgl. der sozialistischen Möglichkeiten. Es liegen zahlreiche Versuche vor, für
kleinere Feudalherrschaften oder für Ämter die Quellen mit sozialstatistischen Methoden
aufzuarbeiten, auch die von J. K. zitierte Literatur bietet solche Werte. Wir haben in
allerletzter Zeit wenig neue Ergebnisse lesen können, vielleicht, weil sich eine gewisse
Übereinstimmung bzgl. der Einschätzung des Differenzierungsprozesses ergeben hat (d. h.
niemand bestreitet ihn). J. K. zwingt uns jetzt zu neuem Durchdenken, sowohl der alten
Ergebnisse, wie der neuen notwendigen Quellenarbeiten. Es wäre jedoch sehr schön
gewesen und hätte uns viel geholfen oder helfen können, wenn er seine Meinung zu
dieser Frage durch eine kritische Analyse einiger der vorliegenden Ergebnisse geäußert
hätte. Sicher kann das in einem nächsten Band geschehen, wofür dann auch die Material-
lage besser ist – vor allem aber verspreche ich mir neue Einsichten, wenn ein im Umgang mit historischer Statistik so erfahrener Wirtschaftshistoriker wie Jürgen Kuczynski
seine methodischen Randbemerkungen macht. Ich bin sogar sicher, daß er dann auch
von den „Großbauern" Abschied nehmen – oder sie uns statistisch nachweisen wird.

Doch jetzt wieder zu den Ausführungen über die soziale Struktur des Dorfes. J. K.
geht im 7. Kapitel aus von der Kritik am Terminus „plebejisch-vorproletarische
Schichten"; er verwirft ihn energisch und setzt sich damit in Widerspruch zu wohl allen
neueren marxistischen Veröffentlichungen. Ich habe einige Zeit lang, unter dem Eindruck
der Ergebnisse von Jan Peters (Diss. 1961), gemeint, man könne diese ganze Entwicklung
der nichtbäuerlichen oder nicht-mehr-bäuerlichen oder (um gleich an J. K. anzu-
knüpfen) der nicht-mehr-ständig (lebenslänglich)-bäuerlichen Schicht(en) das ganze Problem lösen, indem wir von einer relativ einheitlichen Landarmut ausgehen. Schon die
beiden anderen zitierten Arbeiten von Jan Peters aus den Jahren 1967 und 1972 haben

---

* Natürlich würde ich jederzeit bereit sein, den Ausdruck Großbauern durch den von Heitz ge-
billigten „große Bauern" zu ersetzen, wenn durch jenen wirklich – was ich aber nicht glaube –
irgendeine Begriffsverwirrung entstehen könnte. – J. K.

neue Akzente gesetzt, haben den inneren Zusammenhang zum Prozeß der Herausbildung der Arbeiterklasse hergestellt, haben die Vorgeschichte der Arbeiterklasse als sozialgeschichtlichen Prozeß deutlich werden lassen, und es sind ja weitere Ergebnisse auch von anderen vorgelegt worden. Vor allem aber sind es die vertieften methodologischen Einsichten über den Charakter der Übergangsepoche, die die inzwischen ziemlich allgemein anerkannte Einordnung der „plebejisch-vorproletarischen" Schichten nahelegen. Ich sehe das in dreierlei Hinsicht. Einmal wird mit dem Plural Schichten (im Unterschied zum Singular Landarmut) die Vielschichtigkeit der nicht mehr bäuerlichen Kräfte angedeutet, wird auf die sehr unterschiedlichen sozialgeschichtlichen Wurzeln der späteren Arbeiterklasse verwiesen. Zum zweiten ist die bestimmende inhaltliche Kennzeichnung nach wie vor „plebejisch" und zum dritten ist die Kennzeichnung „vorproletarisch" m. E. deshalb eindeutig, weil wir sie nur für diese Epoche des Übergangs zum Kapitalismus und nicht für andere Epochen gebrauchen. Die substantivische Bezeichnung „Vorproletariat" würde ich dagegen auch gerne vermieden wissen; schließlich sprechen wir bei vergleichbaren Entwicklungen auch nicht von „Voradel" oder „Vorbourgeoisie".*

Das zweite wichtige Problem der sozialen Struktur, das J. K. aufwirft, ist die Charakterisierung des Zwangsgesindes. Hier scheint mir seine Erörterung der „lebenslänglichen", „erblichen" oder „zeitweiligen" Schichten einigermaßen überzeugend, jedenfalls sehr hilfreich. Über die Lösungswege hinsichtlich der von J. K. aufgeworfenen Fragen allerdings sollten wir uns keinen Illusionen hingeben: Wir können zwar vielfach die Zahl der Kinder auf den Bauernhöfen bzw. die Zahl der zum Gesindedienst gezwungenen (genauer gesagt der als Gesinde tätigen) Arbeitskräfte in den feudalherrlichen Eigenbetrieben bzw. Haushalten feststellen, aber schon der für eine Analyse wichtige Vergleich der Namen und des Alters ist an gute Quellenlage gebunden und nur durch Einzelstudien lösbar, deren Verallgemeinerungsfähigkeit dahin steht. Notwendig jedoch sind diese Arbeiten, denn ich möchte darauf hinweisen, daß die bürgerlichen Gesindestudien zumeist nicht als historische Arbeiten entstanden, sondern aus der Diskussion der Arbeitskräftelage der deutschen kapitalistischen Landwirtschaft mit ihren halbfeudalen Resten nach 1870 erwachsen sind, was ihrem Aussagewert gewisse Grenzen setzt.

Ich möchte den von J. K. insgesamt vertretenen und seinen Ausführungen zugrundeliegenden Auffassungen bzgl. der sozialen Differenzierung zustimmen. Wir erkennen die sich vertiefende Differenzierung der feudalabhängigen Bauernschaft bzw. der Dorfbevölkerung (unabhängig von der spezifischen Agrarstruktur, d. h. von den jeweils überwiegenden Rentenformen und eindeutig unter dem Einfluß der steigenden Warenproduktion) einerseits, aber wir sehen auch die nach wie vor bestehenden grundlegenden Gemeinsamkeiten aller ausgebeuteten und unterdrückten Klassen und Schichten gegenüber der Feudalherrschaft andererseits. Diese Übereinstimmung schließt die angedeutete Meinungsverschiedenheit wegen der beaufsichtigenden Großbauern selbstverständlich nicht aus.

Die Frage nach der weiteren Entwicklung, nach der Herausbildung von Interessengegensätzen zwischen Bauern und plebejisch-vorproletarischen Schichten kann ich hier ausklammern, da sie in jedem Falle erst nach dem hier überwiegend behandelten Zeitraum eine Rolle spielen wird.

Ich schließe diesen Abschnitt mit zwei Bemerkungen. J. K. spricht an mehreren Stellen

---

* Richtig! was aber ist der inhaltliche Unterschied zwischen Vorproletariat und vorproletarisch? — würde Heitz vorziehen, von voradlig und vorbourgeois zu sprechen? J. K.

von Dorf- bzw. Bauerndemokratie und präzisiert an einer Stelle auf „Bauernselbständigkeit". Das scheint mir ein akzeptabler Vorschlag zu sein, stehen wir doch vor der Aufgabe, die vielfältigen, regional sehr unterschiedlichen Formen, in denen Bauern im
Rahmen der Gemeinde, aber auch darüber hinaus (Landschaften) genossenschaftliche
Regelungen selbst setzen, verwirklichen und kontrollieren, genauer einzuschätzen. Es
wäre damit möglich, zunächst einmal den Grad der Selbständigkeit (den die bürgerliche
Forschung ja zumeist mit bäuerlicher Freiheit bezeichnet) genauer zu bestimmen. Worin
besteht die jeweilige Selbständigkeit, gegenüber welcher politischen Kraft wird sie
erkennbar, im Rahmen welcher Formen der Selbstverwaltung wird sie wirksam? Freilich
darf man dabei auch nicht vergessen, daß für die überwiegende Mehrzahl der in deutschen Territorien lebenden Bauern im behandelten Zeitraum nicht die Formen ihrer
Selbständigkeit wichtig waren, sondern alle aus dem Refeudalisierungsprozeß, aus der
Herausbildung der zweiten Leibeigenschaft sich ergebenden Beschränkungen, vor allem
die Verschlechterung ihrer Rechtsposition. Insofern liegt, meine ich, in der auf Kramer
zurückgehenden Quellengrundlage auch die Gefahr der Einseitigkeit, so vielgestaltig
das Bild ist, das J. K. auf dieser Grundlage zeichnet.

Die zweite Bemerkung zielt auf eine andere Seite des behandelten Problems. J. K.
läßt an der gleichen Stelle die Möglichkeit durchschimmern, daß die soziale und die
Vermögensdifferenzierung im Dorfe sehr weit vorgeschritten sein können und zieht aus
den „Prachtbauten" fränkischer Dörfer den Schluß, daß „die reichen Bauern in einem
solchen Falle zu einer der herrschenden Klassen bzw. Schichten auf dem Lande" werden.
Hier ist wohl der Plural falsch, denn daß Feudalherren und reiche Bauern gemeinsam
herrschende Klassen* bzw. Schichten sein können, ist sicher nicht gemeint. Also geht es
um Dorfgemeinden, in denen bei sehr weitgehender Selbständigkeit alle wesentlichen
Positionen durch eine kleine Schicht reicher (oder großer) Bauern ausgeübt bzw. gehandhabt werden.** Man muß sie sich ansehen, und man muß den Forschungsrückstand
aufholen, den J. K. hier signalisiert – aber zu früh und zu kühn formulierte Fragen sind
schwer zu beantworten, zumal man sich die Quellengrundlage dafür erst schaffen muß.
Wir müssen dabei, um die Richtung anzudeuten, in der wir uns bewegen werden, die
vom ritterschaftlichen Grundherrn freien, d. h. die landesherrlichen, die Amtsdörfer,
genauer untersuchen, um dieser Frage nach den Potenzen einer kleinen bäuerlichen
Oberschicht näher zu rücken.

---

* Natürlich meinte ich nicht gemeinsam (!) herrschende Klassen; ebensowenig wie vielfach Junker
  bzw. Grundherren und Territorialfürsten gemeinsam herrschten. – J. K.
** Genau so hatte ich es gemeint – J. K.

Grundbedürfnisse

Kapitel 8

Nahrung, Kleidung, Wohnung

Wir wissen nicht viel von den Dingen, die hier behandelt werden, aus der Zeit vor dem 18. Jahrhundert – was die Werktätigen betrifft. So bemerkt zum Beispiel Günter Wiegelmann:

„Die volkskundliche Nahrungsforschung steckt noch vielfach im Stadium des Sammelns und beiläufigen Einordnens. Das Urteil von L. Schmidt über die Situation in Österreich – ‚obwohl der Aufnahme der Volksnahrung schon manche Beachtung geschenkt worden‘ sei, stehe man ‚doch noch sehr in den Anfängen‘* – gilt auch für Deutschland. Ja, bei uns hängt die Forschung noch weiter zurück. Studien, die auf dem Gesammelten aufbauen und zur Deutung vorstoßen, sind noch nicht allzu häufig. Sie befassen sich meist mit einzelnen Teilen der Nahrung oder bleiben – wegen der Kürze der Beiträge und dem Mangel an differenziertem Material – bei aphoristischen und relativ allgemeinen Aussagen über die Abhängigkeit der Speisen von Landesnatur, Handel und Arbeit. Besondere Aufmerksamkeit widmete man den Glaubensvorstellungen, die mit den Speisen und Mahlzeiten verbunden sind. . . .

Da es in der deutschen Volkskunde kaum eine wissenschaftliche Tradition der Nahrungsforschung gibt (seit Jahrzehnten wurde keine Dissertation auf diesem Gebiet vergeben), darf man für die nahe Zukunft wohl nicht mit einer wirklichen Neuorientierung rechnen. Sie wäre aber nötig, um die dringendsten Probleme zu bewältigen."[1]

Was die Kleidung betrifft, so habe ich mir Hunderte von Bildern aus jener Zeit angesehen: auf fast allen sind die Bauern sauber gekleidet, die Bettler zerlumpt – was für ein Unsinn! oder wollte jemand die Kleidung der Kleinbourgeoisie in den letzten hundert Jahren nach ihren lächerlichen Hochzeitsbildern beurteilen?

Über die Häuser, in denen die Bauern wohnten, sagte mir Wolfgang Jacobeit: Wie die Häuser der großen Masse der Bauern aussahen, darüber wissen wir praktisch nichts – im Gegensatz zu den Häusern der Mittel- und Großbauern.

Man kann auch nicht behaupten, daß die marxistischen Erforscher der Vergangenheit ein ernstes und verbreitetes Bemühen zeigen, betreffend die wichtigsten Gebiete des Alltagsleben nachzuholen, was die Vergangenheit ihrer Wissenschaft versäumt hat. Unsere Historiker beschäftigen sich jedenfalls lieber mit den Bewegungen als mit denen, die sich bewegen.

Wie verhielten sich die Ausgaben für Nahrung, Kleidung und Wohnung zueinander? Was die Bauern betrifft, so haben wir im Grunde keine Ahnung, wissen nicht einmal, wie wir die Ausgaben messen sollen – oder kann es gelingen, sie in geronnener Arbeits-

---

[1] *G. Wiegelmann*, Alltags- und Festspeisen, Marburg 1967, S. 1f.

* *L. Schmidt*, Stand und Aufgaben der österreichischen Volkskunde. In: Österr. Zs. f. Vkde. NF 2, 1948, S. 4.

zeit zu vergleichen? Für Arbeiterfamilien in der Stadt Antwerpen hat ein belgischer
Gelehrter für etwa 1600 eine überaus interessante Untersuchung gemacht, die für eine
Maurerfamilie folgende Ausgabenverteilung ergibt[2]:

Nahrungsmittel	78,5 Prozent
davon Brot	49,4 Prozent
Miete, Licht, Heizung	11,4 Prozent
Kleidung und Sonstiges	10,1 Prozent

Bedenkt man, daß die Löhne in Antwerpen damals zu den höchsten in Europa gehörten und daß in den Städten der Anteil des Nahrungsmittelverbrauchs am Gesamtver-
brauch niedriger lag als auf dem Lande, dann erkennt man, welche Rolle die Ernährung
im Gesamthaushalt der Werktätigen damals spielte. Abel kommentierte 1965 die Resultate dieser Untersuchung so: „Zum Vergleich sei angemerkt, daß heute in der Bundesrepublik in einem 4-Personen-Arbeitnehmerhaushalt nur etwa ein Drittel aller Ausgaben
auf Nahrungsmittel und nur 6,3 v. H. aller Ausgaben auf Brot und Backwaren entfallen.
Eine Verteilung der Ausgaben, wie sie bei der fünfköpfigen Antwerpener Maurerfamilie
um das Jahr 1600 gefunden wurde, begegnet uns heute nur noch in den sog. unterent-
wickelten Ländern, wie Indien, Persien oder Ceylon. Dort werden auch noch Löhne
gezahlt, die in ihrer Kaufkraft gegenüber den Nahrungsmitteln den europäischen Löhnen
vor dreieinhalb Jahrhunderten etwa entsprechen (wenn sie nicht sogar noch darüber
liegen)*."[3]

Es scheint mir zweifelhaft, ob man, wie es Abel tut, Brot um 1600 und um 1965
gleichsetzen kann. Allzuoft wurde unter Brot in der damaligen Zeit auch Brei verstanden.

In jedem Fall aber war der Lebensstandard in jener Zeit in seiner ganzen Gestaltung
ungleich einfacher und primitiver als in der Gegenwart.

1. Nahrung

Wiegelmann meint: „In der Zeit vor dem Dreißigjährigen Krieg blieb die Nahrung des
einfachen Volkes in Deutschland noch primär durch die überkommenen Verhältnisse
geprägt."[4] Kann man also annehmen, daß die Werktätigen um 1600 etwa so aßen wie
um 1000? bei der konservativen Art der Produktionsweise in vorkapitalistischen Gesellschaftsordnungen sollte das jedenfalls nicht erstaunen. Vielleicht hat Wiegelmann wirklich recht, wenn er etwas später formuliert:

„In welchen Teilen der Volksnahrung können wir nun – für konkrete Zubereitungen
und innerhalb des Rahmens der ländlichen Kost Deutschlands – mit jahrhundertelanger
Konstanz rechnen?

Eine beachtliche Gruppe wird durch jene Speisen gebildet, die an den lokalen Anbau
gebunden waren, vor allem bei jenen Früchten, die der Zubereitung enge Grenzen setzen,
wie Hirse und Hafer. Beide lieferten fast allein Material für Breie. Daher dürfen wir

---

[2] *E. Scholliers*, De Levensstandaard in de XVe en XVI Eeuw te Antwerpen, Antwerpen 1960,
S. 174.

[3] *W. Abel*, Agrarkrisen, a. a. O., S. 138.

[4] *G. Wiegelmann*, a. a. O., S. 29.

* In Ceylon z. B. erhält heute ein Arbeiter etwa den Gegenwert von 8 kg Reis täglich, wobei noch
zu beachten ist, daß der Reis je Gewichtseinheit mehr Nährwerte enthält als das Roggenbrot oder
der Roggen.

mit großer Wahrscheinlichkeit annehmen, daß im Anbaugebiet der Hirse z. B. am Alltag auch Hirsebrei auf den Tisch kam und diese Speise dort so lange üblich war, wie der Hirseanbau nachzuweisen ist. Da nun durch F. Netolitzky, W. von Stokar u. a. gesichert ist, daß Hirse im südlichen und östlichen Mitteleuropa seit der Jungsteinzeit kontinuierlich angebaut wurde*, müssen wir für diese Gebiete bis ins 19. Jahrhundert hinein mit einer Konstanz des Hirsebreis als Alltagsspeise rechnen.** In Nordwestdeutschland verdrängte der Hafer seit der Bronzezeit die schon früher dort nicht bedeutende Hirse als Breipflanze.*** Seitdem können wir – ebenfalls bis ins 19. Jahrhundert – eine Konstanz des dortigen werktäglichen Haferbreis voraussetzen. Der ebenfalls häufig als Breifrucht fungierende Buchweizen kam wesentlich später, erst im 15. Jahrhundert[†], und bereits im 18. Jahrhundert erhielt er auf den für ihn typischen Standorten der mageren Böden die mächtige Konkurrenz der Kartoffel."[5]

Sicher scheint eines: Jahrhunderte hindurch war Brei, der auch oft und in vielen Gegenden Mus oder Brot genannt wurde, das Hauptnahrungsmittel, mehr wohl noch als heute Kartoffeln und Brot kombiniert. Und der Brei war noch weit beliebter als die Kartoffel in den letzten 150 Jahren. Mit Recht bemerkt Maurizio:

„Der Brei war eine vom Volk hochgeehrte Speise. Das Volk verbindet mit ihm das Sattsein und jedes Gedeihen.

Was hilft's dem Stöffel?

Denn regnet's Brei

Fehlt ihm der Löffel.

Nach einem weiteren Volksreim Goethes fütterten die Bauern in ihrer Einfalt den Kirchturm mit Brei, damit er höher werde. Im Kindermärchen steigt der süße Brei unaufhaltsam über das Töpfchen hinaus. Im Schlaraffenland gibt es Berge von Brei, durch welche man sich essen muß."[6] Und wer sich als junger Mensch nicht im Leben umsieht, der sitzt „immer hinter Mutters Muspott"; wer aber plötzlich die Welt um sich entdeckt, der kommt endlich „aus'm Mustopp", der sieht plötzlich von seinem Brei auf.

Allgemein über die Bedeutung des Breis bemerkt Maurizio: „Das Brot, das als allgemeine Nahrung der Reichen und Reichsten kaum 2000 Jahre alt ist, steht hierin weit hinter dem Fladen und dem Brei. Die ältesten geschichtlichen Berichte (3000–2800 Jahre vor unserer Zeitrechnung) kennen nur diese. Für rund fünf Jahrtausende ist das Übergewicht des Breis und des Fladens im Haushalt des Menschen unverrückbar erwiesen. Dabei handeln die Quellen nicht von den Anfängen, sondern von der höchsten Stufe der Vollkommenheit und vom Versiegen dieser Getreidespeisen. Die Völker, die den Brei erfanden, hätten von ihm sagen können, wie Marc Anton von Cäsar, sein Ruhm werde erklingen in ungeborenen Staaten und jetzt noch ungesprochenen Zungen

---

[5] *G. Wiegelmann*, Kontinuität und Konstanz in der Volksnahrung, in: Kontinuität, hg. v. H. Bausinger und W. Brückner, Berlin 1969, S. 160 f.

[6] *A. Maurizio*, Die Geschichte unserer Pflanzennahrung, Berlin 1927, S. 258.

* *F. Netolitzky*, Die Rätsel der Hirse, in: Mannus 8 (1917), S. 211–227 – *K. u. Fr. Bertsch*, Geschichte unserer Kulturpflanzen, 2. Aufl. Stuttgart 1949, S. 82–92. – *W. v. Stokar*, Die Urgeschichte des Hausbrotes, Leipzig 1951, S. 32–38.

** Für die Schlußphase der Entwicklung vgl. *G. Wiegelmann*, Alltags- und Festspeisen, Marburg 1967, S. 112 ff.

*** *K. u. Fr. Bertsch*, a. a. O., S. 78–83. *W. v. Stokar*, a. a. O., S. 38–43.

† *H. Lehmann*, Der deutsche Buchweizenanbau und seine Entwicklung in den letzten hundert Jahren, Leipzig 1940, S. 1–7.

(Jul. Cäs. A. 3. Sc. 1). Der russische Bauernspruch ‚Brei, unser aller Mutter' gibt das wahre Wesen dieser vortrefflichen Speise wieder. Mitte des 16. Jahrh. gilt (bei Thomas Platter) ‚Brei und Brot' für Lebensunterhalt überhaupt, wie heute noch das deutsche Sprachgebiet dem Eigenbrötler den Eigenmüsler gleichsetzt. In Jeremias Gotthelfs bernischer Landwirtschaft schätzt man ein das Verlangen nach Brot an Stelle des Breis stets als Zeichen schlechter Sitte und hochgeschraubter Ansprüche, so noch in den Jahren 1840–1860, so vielfach noch heute in entlegeneren Alpengegenden."[7]

Um ins Schlaraffenland zu kommen, muß man sich oft durch Hirsebrei essen. Jedoch wird Brei je nach den Gegenden oder dem Anbau oder dem Geschmack oder zur Abwechselung, auch aus Weizen, Spelz, Hafer, Buchweizen gemacht.

Wohl fast ebenso alt wie der Brei ist der Fladen, der uns auch schon in der Urgeschichte begegnet. Er war ursprünglich nichts anderes als gebackener oder gerösteter Brei. Wie der Brei konnte er in kürzester Zeit – Minuten – zur Mahlzeit gebacken bzw. geröstet werden. Auch konnte kalt gewordener, also harter Fladen lange vorrätig gehalten, später zerschlagen und als Brei zubereitet werden.

Johannes Bohemus berichtet über die „Eßsitten" in Deutschland zu Beginn des 16. Jahrhunderts unter anderem so:

„Während die Adligen köstliche Mahle halten, leben die Bürger sehr mässig. Die Arbeitenden essen viermal, die Nichtstuenden zweimal des Tages. Geringes Brot, Haferbrei oder gekochte Bohnen bildet die Speise der Bauern, Wasser oder Molken ihren Trank. Die Sachsen backen Weissbrot, trinken Bier, ihre Speise ist schwer und ungeschickt: Speck, trockene Würste, rohe Zwiebeln, gesalzene (ungeseihte) Butter. Vielfach wird am Sonntag gekocht, was die Woche hindurch dann gegessen wird. Die Kinder werden dort nicht – ,wie bei uns' – mit Brei aus Mehl und Milch ernährt, sondern mit festerer Speise, die in das Kindermündchen gesteckt wird, nachdem sie von der Wärterin gut vorgekaut ist: daher werden auch die Sachsen, an solche Speisen in zarter Jugend gewöhnt, zäher und stärker als andere.

Die Westfalen essen Schwarzbrot, trinken Bier; Wein trinken nur die Reichen, weil er nur mit grossen Kosten vom Rheine her zu ihnen kommt.

Die Franken trinken den Wein, den sie bauen, nicht selbst: sie müssen ihn verkaufen und sich selbst mit Wasser begnügen. Bier aber verachten sie."[8]

Aus anderen Quellen wissen wir, daß, da im Sommer der Arbeitstag mit Sonnenaufgang begann, auf dem Lande auch fünf Mahlzeiten, zumindest vom Gesinde während der Erntezeit, gegessen wurden.

Aus den wenigen erhaltenen Dokumenten der Zeit, das Essen der Werktätigen betreffend, hat man den Eindruck, daß das herrschaftliche Gesinde oft besser aß als die kleinen Bauern. Während wir praktisch keine Dokumente über das Essen der Bauern haben, wissen wir wohl mehr über das Essen des Gesindes. So zitiert Wiegelmann folgende Gesindespeiseordnung eines Reichsgrafen:

„Für die ersten Jahrzehnte des 16. Jhs., also für die Zeit der eingangs zitierten Aussage des Johannes Boemus, liegen uns die ausführlichen Speisepläne vor, die der Reichsgraf Joachim von Öttingen (gest. 1520) für seinen Haushalt niederschreiben ließ. ... Die Grafschaft umfaßte etwa das Ries, der Reichsgraf residierte auf der Burg Hochberg, zwischen Nördlingen und Bopfingen gelegen.

---

[7] Ebendort, S. 207.
[8] Vgl. *E. Schmidt,* Deutsche Volkskunde, Berlin 1904, S. 87.

Die Wächter, landwirtschaftlichen Knechte, Jägerbuben, Arbeiter und fronenden Bauern erhielten damals: ‚Des morgens ain suppen oder gemues*. ain millich den arbeittern, den andern ain suppen. – Des Mittags suppen vnd flaisch, ain kraut, ain pfeffer** oder eingemacht flaisch***. ain gemues oder mylich. IIII essen. – Des Nachts. Suppen vnd flaisch. ruben vnd flaisch oder eingemacht flaisch, ain gemues oder millich. III essen.

Es gab also an gewöhnlichen Tagen für die Knechte und Arbeiter mittags vier Gänge mit zwei verschiedenen Fleischzubereitungen und bei den abendlichen drei Gängen wiederum zweimal Fleisch. An den damals noch häufigeren Fast- und Abstinenztagen fehlte allerdings das Fleisch ganz: ‚Den wächtern torwardte baugesind vnd arbeittren So sie vasten ain suppen, ain kraut vnd ain baches darzu, ain gemues ain milch. – So sy nit vasten des morgens ain suppen oder gemues ain mylich des mittags ain suppen. ain kraut, ain gemues. ain mylich oder baches ye dafür. des nachts ain suppen. ain ruben oder birn, ain gemues.‘ Die erste Vorschrift galt offensichtlich für gebotene Fasttage, an denen man nur eine sättigende Mahlzeit einnehmen durfte, die zweite für Abstinenztage. Es ist festzuhalten, daß man für diese Tage nicht nur breiartige Speisen kannte, sondern auch gebackene (Mehl-)Speisen.“[9]

Das klingt nicht schlecht.

Sich auf die Forschungen von Böhme stützend, berichtet Wuttke über das Gesindeessen auf den Domänen der kursächsischen Herrscher:

„Die Speiseordnung war folgende: An den Fleischtagen – Sonntag, Dienstag, Donnerstag, gab es zu Mittag eine Suppe, ein Essen Fleisch, ein Essen Zugemüse. Als Ersatz für Fleisch galten Eierspeisen, Hering, Stockfisch, Halbfisch, Grünfisch. An allen übrigen Tagen der Woche gab es zu Mittag zwei Essen, abwechselnd Erbsen oder Hirse mit Rüben oder Kraut. Zum Frühstück gab es eine warme Konventsuppe und ein paar Frönerbrote, ‚deren vier auf eine Zeile gehen‘ und im Sommer Käse, im Winter einen Hering. Zur Vesperzeit gab es ein paar Frönerbrote und Hering. – Das Abendbrot war warm und bestand aus zwei Zugemüsen, das eine von Haidegrütze oder Hafergrütze, Gerste, Graupen, das zweite von Möhren, gebackenem Obste, welke oder weiße Rüben. Zu den Mahlzeiten wurden Molken und Buttermilch getrunken, außerdem aber ‚pflegt man dem Gesinde über Tisch und Mahl Konvent (ein leichtes Bier) genugsam zu geben.‘ An Sonntagen wurde für die Woche Hering und Käse ausgegeben.

Nach Gelegenheit der Zeit waren die Zugemüse mit grünem Kraut, Obst, Schwämmen zu vermehren und zu verbessern. An hohen Festtagen gab es ‚etwas besseres‘: Braten, Kuchen, Fladen und ‚ziemlich‘ Bier. ‚Da ein Hauswirt sein Gesinde besser traktieren will, das stehet in eines jeden Wohlgefallen.‘

Der Vogt hatte das Gesinde vor der Mahlzeit zum Gebet anzuhalten und mußte mit ihm an einem Tische essen.

Auf dem Kammergut Lohmen† wurden 1590 pro Kopf des Gesindes wöchentlich

---

[9] *G. Wiegelmann*, Alltags- und Festspeisen, a. a. O., S. 32 f.

* Nicht „Gemüse“ im heutigen Wortsinne, also = gekochter Brei von Grünpflanzen oder Hülsenfrüchten, sondern Brei ganz allgemein, meist von Getreide (Hafer, Gerste, Hirse), aber auch von Hülsenfrüchten.

** Scharf gewürzte Brühe, vielfach mit eingeschnittenen Stückchen Fleisch. So wohl auch hier.

*** Kleingeschnittenes (Abfall-) Fleisch in Fett gedünstet, unter Zugabe von etwas Wurzelwerk (**Zwiebeln**, Rüben u. dgl.) in einer Mehlsauce serviert.

† Vgl. *O. Böhme*, Die Entwicklung der Landwirtschaft auf den königl. sächsischen Domänen. Berlin 1890.

1½ Pfd. Fleisch verbraucht, und die Haushaltungskosten beliefen sich für jede Gesinde-
person auf 30 fl. jährlich.

Aus alledem dürfte hervorgehen, daß die Kost des Gesindes auf den Domänen
reichlich und gut war. Die Wahl der Speisen ist vorzüglich, Fleisch giebt es zur Genüge,
und die stärkemehlhaltigen Gerichte nehmen mit Recht den bevorzugten Platz in der
Kostordnung ein."[10]

Der Landesordnungsentwurf von 1614 in Anhalt sah folgende Gesindespeisung vor:
„Und dies Gesinde soll sonders gespeiset werden, als alle Mahlzeiten mit einer Suppen,
zue Fleischtagenn: Zur Mittags und Abendmahlzeit ufgesottenn Speck, wie man ihnen
dessenn zur notturft schincken schneiden kann und magk uf jede Perschon oder ahn
deßen Stadt ander geräuchertt Fleisch vom Rindfleisch, Schaffleisch, Dröhenn Gänsen
oder auch wohl Taubenn, welche mahn mit Klößen vorlegern kann, Ist es aber außerhalb Fleischtages, ahnstad des Fleisches endweder Eyer, Fiesche oder Putter und Kehse,
dann zum Dritten gerichte einn Zuegemues ahn Krautt, Erbsenn, Ruebenn, und Dieses
alles Fein sauber zuegerichtett. Dieweil mahn dann dem Ochsenn, der da dröschet, das
maul nichtt zubinden soll, so sol dießen oben specificierten Hausgesinde vonn Michaelis
bis zu Walborgis zue Morgenbroth einn Kehse und zween knobben Broth oder ein hart
Ey oder aber ein Schinken, Speck, inn der Fasten aber wann der Hering gros, einen
halben Heringk. Nach Walborgis bis auf Bartholomäi weil die Tage langk und die Arbeit
größer, Sol ihnen das Abendbrott, wie obenn gedacht, das morgenbrod gereichett werden.
Zum getrenke aber anders nichtt, denn guetenn tüchtigen Koffenth (Dünnbier), welches
alles ihnenn die Hausherren und Mütter ohne Verdrus, Knurren und Murren reiniglichen
zugerichtett gebenn sollen. Darüber aber soll kein Hauswirtt sein Ackergesind lohnen,
speissen noch trenken, damitt Gleichheit gehalten und nicht höhern oder größeres Lohnes
und beßer Kost halben einer dem anderen sein Gesinde abspanne."[11]

Die Speiseordnung für ganz Anhalt gesetzlich festgelegt? Kann man sich selbst in
einer feudalen Gesellschaftsordnung und selbst zur Zeit ihres Niedergangs, in der man
alles polizeilich zu ordnen sucht, vorstellen, daß das gesamte Gesinde eines Landes zu
bestimmter Stunde genau das gleiche ißt? Natürlich ist das Unsinn!

Könnecke scheint zu spüren, daß hier etwas nicht in Ordnung ist. Er kommt auf die
Problematik von ganz anderer Seite her zu sprechen. Nachdem er Beispiele dafür gegeben hat, wie wichtig man in der damaligen Literatur die richtige Speisung des Gesindes
nimmt, schreibt er:

„Die scheinbare Bedeutsamkeit, mit der man so die Speisung des Dienstvolkes maß,
schrumpft freilich bald zusammen, wenn man Äußerungen vergleicht, die sich mit der
Gesindekost als solcher, um ihrer selbst willen, befassen, die nicht den Maßstab für die
Kunstfertigkeit des Haushaltsleiters normieren wollen.

So die folgende: ‚Weil auch einem treschenden Ochsen sein Futter und Mahl gehöret,
so soll dem Gesinde sein Essen und Trincken nach Nothdurfft und zu rechter Zeit
verrichtet und gegeben, und so zugerichtet werden, dass es dasselbige zur Gesundheit,
Stärcke und Kräffte seines Leibes geniessen kan.' ‚Wiewol ich hertzlich gern essen und
trincken sehe, und manchmal einem treuen Diener auss meiner Schussel, und auss meiner
Kannen ein gut Bisslein oder Trüncklein habe überreichen lassen, sonderlich den grösten
und vornehmsten Knecht, der die Sorge der gantzen Nahrung auf ihm gehabt, in Be-

[10] R. Wuttke, a. a. O., S. 37f.
[11] A. Kraaz, a. a. O., S. 149f.

trachtung ihrer grossen Sorge, Mühe und Arbeit, die sie auf dem Halse haben: So ist mirs doch offtmahlen auch widerfahren, dass sie darnach stoltz, frech, muthwillig und widerwärtig worden seyn, dass ich offt wiederumb gedacht habe, ein Knecht ist ein Knecht, den muss man nicht zum Herrn machen, sonst kan er sich selbst nicht regiren. Ein Bauer ist und bleibt ein Bauer, wann man ihn auf ein gülden Sessel setzt, wie auch Salomon sagt, Proverb. 30. von der Magd die ihrer Frauen Erbe wird, darumb halte man ein Gesind mit Essen und Trincken, wie sichs gebühret und gehöret, doch dass sie auch gnug zu essen und zu trincken haben, und dass es ihnen recht zugerichtet werde. Sihet man aber, dass es bey einem Gesinde angewandt ist, und dass mans mit seiner Gutwilligkeit, auch gutwillig zur Arbeit macht, Ey so müste es auch ein schlimmer Herr seyn, der ihm bisweilen auch nicht mit einem guten Bissen und Trunck zu hülff kommen solte.'

Dies sind Stellen aus der Oeconomia ruralis et domestica, einem im 17. Jhdt. weit verbreiteten Hausbuche des Johanns Colerus*. Fast alles, was die Gesetzgeber über die Kost, das wichtigste Naturale des Gesindelohns, im Laufe der Zeiten zu erdenken vermochten, ist in diesen sicherlich wenig liebevollen, aber sehr praktischen Äußerungen enthalten.

Über die faktische Zusammensetzung der Gesindekost in der Vergangenheit ist noch nicht allzu viel bekannt geworden. . . .

Überhaupt greifen für das Kostrecht immer mehr die von den Lohntarifierungen her bekannten Grundsätze Platz: es soll keiner sein Gesinde zu gut halten, auf dass dem Nachbar seine Dienstboten um geringerer Ausstattung willen nicht entlaufen oder überhaupt den Dienst weigern. So wird in der kurpfälzischen Landesordnung von 1582 zur Abstellung des ‚ubermässigs abfressens und sauffens‘ den Amtleuten anbefohlen, eine Ordnung für einzelne Bezirke zu entwerfen, ‚wie es . . . mit Lohn, essen und trincken, nach nottdurfft und zu keinem uberfluss zu halten‘.

Das 17. Jhdt. blieb bei dieser Auffassung. So steht in der clever Gesindeordnung von 1608: ‚Das auch zuletzt, jm fall mehrberurte Taglöhner und Dienstbotten mit grober zeitiger und gewohnlicher kost, wie auch zimblichem notturfftigem schenck oder dunnen bier nit begnugig sein wurden, der arbeitzherr, bei straff, wie oben gemelt, solches an gebürenden ortern zu offenbaren und anzuhalten, gestalt gegen solche mutwillige verbrecher, der gebür, und nach gelegenheit alsbaldt mit der straff zu verfahren.‘ In Bayern erging 1616 und 1656 das Gebot, daß das Gesinde sich mit der gewöhnlichen Speise begnügen ‚und derenthalben kein Geding mit einiger Herrschaft machen‘ soll. In einer an ostdeutsche Verhältnisse gemahnenden Spezialisierung bestimmte die detmolder Polizeiordnung von 1620, daß nicht mehr als drei Mahlzeiten am Tage gegeben werden dürfen; abgeschafft wird das Vesperbrot ‚in specie‘. Bei Übertretungen droht beiden Teilen Strafe von einem Thaler.“[12]

Die Ernährung des Gesindes wird also vor allem durch folgende Motive bestimmt:

Erstens muß es natürlich „genau wie die Ochsen“ irgendwie ausreichend ernährt werden, denn sonst kann es nicht arbeiten.

Zweitens, da Mangel an Gesinde herrscht und es leicht mit besserem Essen von einer anderen Herrschaft weggelockt werden kann, muß es ordentlich genährt werden.

Drittens besteht aus genau diesem Grunde eine Tendenz, das Essen regional zu

---

[12] O. Könnecke, a. a. O., S. 657f., 662.
* Nach der Ausg. von 1672, S. 5, 314.

regeln, damit keine Konkurrenz unter den Herren hinsichtlich der Ernährung des Gesindes entsteht.

Viertens gehört natürlich das Gesinde geduckt, und das muß auch in dem Unterschied
des Essens zwischen Herrschaft und Gesinde zum Ausdruck kommen, selbst bei einem
Pfarrherrn wie Colerus.

Jedoch müssen wir noch eines beachten. Bisher war nur vom Gesinde, das bei Herrschaften dient, die Rede. Vielleicht gilt das gleiche auch für das Gesinde der Großbauern, zumindest in seiner Mehrheit. Wenn das Gesinde der Großbauern nicht völlig
getrennt vom Großbauern, seiner Frau und Kinder ißt, dann doch in unserer Zeit zumeist wohl schon an einem getrennten Tisch?

Ganz anders ißt wohl das Gesinde des Mittelbauern und Kleinbauern. Seine Kost ist
durch die Kost der Bauernfamilie bestimmt, mit der zusammen sie das gleiche Essen
aus dem gleichen Topf haben.

Wie aber essen die Bauern im allgemeinen? Essen sie genug vom physiologischen
Standpunkt? Wenn die Ernte nicht schlecht, wenn der Krieg keine Zerstörungen bringt,
also vielleicht in zwei von drei Jahren, werden die Bauern noch ausreichend zu essen
gehabt haben. Das heißt, ihre Ernährung war so unstabil wie das Wetter und das Wüten
von Kriegen in ihrer Umgebung. Es reichte aber im allgemeinen, um die Arbeitskraft
zu reproduzieren.

Sicher ist das Bild, das Häpke zeichnet, zu günstig, wenn er schreibt:

„Nun haben wir zwar von Waitz, D. Schäfer, v. Below und Dopsch gelernt, von
einer schematischen Auffassung des wirtschaftenden Mittelalters abzusehen und vielmehr
der Fülle der verschiedenen Erscheinungen ihr Recht zu geben; aber es bleibt uns unbe-
nommen, einen Einzelfall herauszuheben und einen kleineren zehntpflichtigen Bauern
nach dem Ertrage seiner 30 Morgen Pflugland großen Hufe zu fragen und ihm den
eigenen Verbrauch nachzurechnen. Von seinen 30 Morgen hat er im Zeitalter der Dreifelderwirtschaft alljährlich 20 unter dem Pfluge, während 10 brach liegen. Da er wenig
düngt, spät erst den undränierten Acker betreten kann, auch wohl nicht ganz rationell
bei der Einsaat verfahren wird und dazu mehr oder minder im Laufe der Zeit ausge-
baute Landsorten nehmen muß, so wird eine Ernte von 2 dz je Morgen, somit 40 vom
ganzen Pflugland, ein Durchschnittsjahr sein*. Wir wollen der Einfachheit halber davon
absehen, daß von diesem Ertrage je die Hälfte auf Winterkorn und Sommerkorn entfällt, daß somit nur 20 dz auf Brotgetreide im heutigen engeren Sinne, auf Roggen und
Weizen, entfallen. Den stark angebauten, bescheidenen Hafer und allenfalls auch Gerste
können wir für das Mittelalter unbedenklich zum Brotkorn rechnen. Von den 40 dz sind
aber 10 für die Aussaat des nächsten Jahres zurückzustellen; 4 gehen als Zehnter ab.
Die Familie behält somit noch 26 dz. Rechnen wir mit einem 7köpfigen Bauernhaushalt,
von dem jedes Mitglied 2 dz (nach dem Jahreskonsum von 1911**) und weitere 1½ dz
(als Ersatz der fehlenden Kartoffeln) verzehrt, so würde die Familie 24,5 dz (brutto,
d. h. ohne Mahl- und Backverluste – J. K.) benötigen. Es blieben also gerade 1½ dz
Hafer für das Pferd, womit es knapp bis zum Weidegang des nächsten Jahres erhalten
werden kann. Hat also der Besitzer von 30 Morgen, bekanntlich eine häufig vorkom-

---

* *Meitzen* ähnlich: „Das spätere Mittelalter rechnete von seinem Ackerlande nur noch 3–6 Korn,
das frühere mag vom Boden noch 4–7 Korn erlangt haben." Es versteht sich, daß auch unser
Ansatz einen gewissen Spielraum nicht ausschließt.

** *Meitzen* rechnet ebenfalls 2,25 dz je Kopf, ohne unsere Zubuße für Kartoffeln zu berücksichtigen.

mende Hufengröße, seinen Zehnten richtig abgeliefert, so wird die übrige Erntemenge gerade hinreichen, um seinen Eigenbedarf sicherzustellen.

Die abzugebenden 10% des Bruttoertrages waren zu entbehren; sonst hätte sich die Institution des Zehnten bei aller Verschiedenheit im einzelnen auch nicht so allgemein durch die Jahrhunderte erhalten. Zum Aufspeichern oder zum Verkauf bleibt dem Besitzer von 30 Morgen nicht viel; das muß er den Inhabern größerer oder mehrerer Hufen überlassen. . . .

Bis in das 19. Jahrhundert hinein erfolgt keine grundstürzende Änderung der Lebensmittelwirtschaft."[13]

Einmal ist es falsch zu meinen, daß eine Abgabe sich nicht halten kann, weil sie dazu führt, daß die Menschen, die sie leisten, nicht satt zu essen haben. Auch ist das Modell eines Bauern, der nur einen Zehnten zu leisten hat, doch recht unrealistisch.

Abel gibt Abgaben-Berechnungen für das „Hochmittelalter"[14] wie für das 16. und 17. Jahrhundert und kommt zu folgendem Schluß: „Eine Durchschnittsberechnung der Abgaben und Dienste, die aus den Bauernhöfen abgezweigt wurden" – welch vornehm zurückhaltende Formulierung! abgezweigt! –, „ist vorerst noch nicht möglich. Wenn überhaupt eine generelle Aussage gewagt werden darf, so wohl nur diese: Ein häufiger Wert der bäuerlichen Abgaben und Dienste insgesamt war die Drittelbelastung der Roherträge des Ackerbaus. Diese Belastung, von der schon aus dem Hochmittelalter berichtet werden konnte und die auch später noch wieder anzutreffen sein wird, ist auch für das 16. und frühe 17. Jahrhundert an mehreren Orten belegt."[15]

Mir scheint die Kontinuität der Drittelbelastung, die Abel annimmt, sehr unwahrscheinlich. Daß die Drittelbelastung aber für das 16. und frühe 17. Jahrhundert zutreffen kann, ist durchaus möglich. In jedem Fall ist die wissenschaftliche Vorsicht, mit der Abel formuliert, voll berechtigt. Und ebenso ist seine Annahme von einer Drittelbelastung weit berechtigter als die nur eines „Zehnten" von Häpke.

Dadurch aber sieht das Bild, das wir uns von der Lage des Kleinbauern machen müssen, doch wesentlich ungünstiger aus, als es Häpke zeichnet. Nach seinen, keineswegs schönfärbenden, Berechnungen des Ertrages vor den Abgaben „reicht" die Ernte nach Abgabe des Zehnten „gerade hin, um seinen Eigenbedarf sicherzustellen".

Da aber die Abgaben (und Dienste) eben mehr als den „Zehnten" betragen, so wird es sicherlich eine sehr beachtliche Anzahl von sich ärmlichst nährenden Bauern gegeben haben. Zwar schufen auch sie auf ihrem Land reichlich genügend, um ordentlich essen zu können, aber ihre Abgaben an den Herrn waren so groß, daß sie oft bitterste Not litten. Und nicht nur von dem Grundherrn wurden sie ausgeplündert und beraubt. Man denke an die ersten Strophen des Liedes vom armen Bauern, dessen erste Fassung wohl in unsere hier betrachtete Zeit fällt.

> „Ach ich bin wol ein armer Baur,
> Mein Leben wird mir mächtig saur,
> Ich mein, ich könn oft nimmermehr:
> Ach daß ich nie geboren wär!

[13] *R. Häpke*, Das Ernährungsproblem in der Geschichte, in: Schmollers Jahrbuch für Gesetzgebung, Verwaltung und Volkswirtschaft im Deutschen Reiche, 45. Jg., München, Leipzig 1921, S. 518f. und 527.
[14] *W. Abel*, Geschichte der deutschen Landwirtschaft, a. a. O., S. 100f.
[15] Ebendort, S. 193.

Mein, horcht mir nur ein wenig zu:
Mit Wyden* bind ich meine Schuh,
Kein Frucht hab ich schier in der Scheur
Und muß doch geben meine Steur.

Vor Weihnachten iß ich auf,
Das Vieh ist auch im wohlfeilen Kauf,
Hergegen sind die Handwerksleut
Gar teur, helf Gott dem, der mir beut**.

Die Contributz***, das greulich Tier,
Macht, daß ich muß entlaufen schier;
Der Waibel gheit† mich alle Tag:
Ich halt, es sei kein größer Plag.

Mein Amtmann helgt†† mich überaus,
Er legt mich oft ins Narrenhaus.
Wer gibt mich nun bei ihm so nahn†††?
Ich sorg, der Waibel habs getan.

Der Schultheiß ist mir auch nit hold;
Ich weiß wohl, wo ichs hab verschuldt.
Ich sagt nur: Er frißt ab der Gmeind.
Jetzt ist er mir von Herzen feind.

Der Pfarrherr weist uns zur Geduld
Und sagt, es sei der Sünden Schuld.
Er sieht, daß er sein Zehenten hab,
Das Wetter schlag auf oder ab."[16]

Man darf die Zahl der armen Bauern nicht unterschätzen. Wie groß sie war, wissen wir nicht – vielleicht die Hälfte der Kleinbauern oder noch mehr zu manchen Zeiten und in anderen weniger? Immerhin ist es bedeutsam, daß in Jost Ammanns 1568 erschienenen Ständebuch, in dem Dutzende von Holzschnitten den verschiedenen Handwerken gewidmet sind, nur einer mit folgenden (wie alle in diesem Buch von Hans Sachs gedichteten) Versen von „dem Bauern" handelt:

„Ich aber bin von art ein Bauwr/
Mein Arbeit wirt mir schwer vnd sauwr
Ich muß Ackern / Seen vnd Egn /

---

16 *W. Steinitz*, Deutsche Volkslieder demokratischen Charakters aus sechs Jahrzehnten, Bd. I, Berlin 1954, S. 51 f.
   * Weiden(ruten).
  ** beuten = leihen.
 *** Contribution = Grundsteuer
   † Waibel = Büttel; geheien = plagen.
  †† helligen = behelligen, verfolgen.
 ††† wohl: an

> Schneyden / Mehen / Heuwen dargegn /
> Holtzen / vnd einführn Hew vnd Treyd /
> Gült vn Steuwr macht mir viel hertzleid
> Trinck Wasser vnd iß grobes Brot /
> Wie denn der Herr Adam gebot."[17]

Und unter den armen Bauern oder neben ihnen standen noch Andere, die kaum Land, kaum Vieh hatten, die als Tagelöhner oder handwerkliche Heimarbeiter oft in tiefster Not leben mußten. Grimmelshausen schildert das Essen einer solchen Familie. Wir hatten schon (in dem Kapitel über den außerökonomischen Zwang) gehört, wie ihre einzige Ziege vom Grundherrn beschlagnahmt, dann aber, mit Hilfe des Helden ausgelöst, jedoch schon gemolken zurückgekommen war. Und nun bereitet die Frau das Essen: „Damit aber die Kinder gleichwol etwas warms in Leib kriegen möchten, nahm die Mutter ein Ey (dann diese Haushaltung vermochte auch eine Henne), rührte selbiges unter Wasser, liesse es sieden und schüttelte die äusserste Stäublein aus dem Saltzsacklin* über die Brocken; und als diese magere Suppe aufgetragen war, setzte sich klein und groß nach gesprochnem Gebet darumb her und attaquirten sie mit ihren höltzernen Löffeln, daß kein Tropffe mehr darinn bliebe."[18]

Was aßen die Mittel- und Kleinbauern und die Landarmen, wenn sie nicht in größter Not waren, neben Brei und Fladen? Im Sommer oft Pflanzen, die wild wachsen und die die Kinder sammeln können: Wurzelgemüse wie Möhren und Steckrüben, Wildpflanzen wie Brennesseln, Hederich, Ackersenf, Sauerampfer. Dazu wild wachsende Beeren und gezogenes wie wildes Obst. All diese Produkte werden auch für den Winter eingesäuert oder gedörrt. Eine beachtliche Rolle scheint auch der Hering gespielt zu haben.

Ferner Milch und Milchprodukte, welch letztere jedoch, wohl mit Ausnahme von Käse, sehr häufig nur ein Handelsobjekt für den Bauern sind, nicht so sehr, um in der Stadt andere Waren einkaufen zu können, sondern um die verschiedensten Geldabgaben leisten zu können.

Fleisch wird in unserer Zeit mehr im Norden als im Süden Deutschlands gegessen. Doch noch ist der Fleischgenuß der Werktätigen im allgemeinen wohl wesentlich größer als im 19. Jahrhundert.[19] Fleisch war damals verhältnismäßig billig.

Platzer gibt eine interessante Tabelle[20] über den relativen Wert von Fleisch und Korn, aus der hervorgeht, daß zwischen 1623/40 und 1895 im Vergleich zu den Löhnen von Gesinde und Tagelöhnern der „Wert" des Fleisches um die Hälfte und mehr gestiegen, der von Korn um vier Fünftel in Bayern gesunken ist. Natürlich sind das ganz ungefähre Zahlen, aber die Tendenz gilt für ganz Deutschland.

[17] *J. Ammann,* Das Ständebuch. 133 Holzschnitte mit Versen von Hans Sachs und Hartmann Schopper. Hg. von M. Lemmer, Leipzig 1975, S. 42.

[18] *Grimmelshausen,* a. a. O., Bd. 2, S. 160f. aus „Das wunderbarliche Vogel-Nest".

[19] Jedoch gibt es sicherlich auch hier schon Ausnahmen. Oder hat in dieser Beziehung eine schnelle Änderung stattgefunden, wenn J. Conrad für Güter in Hannover feststellt: „Wir erfahren hier, daß Ende des 17. Jahrhunderts bei Beköstigung der Tagelöhner gewöhnlich gar kein Fleisch verabreicht wurde, während das Gesinde noch nicht die Hälfte von dem erhielt, was gegenwärtig (1880 – J. K.) allgemein Usus ist." (Vorwort zu: Graf W. Goertz-Wrisberg, Die Entwicklung der Landwirtschaft auf den Goertz-Wrisbergschen Gütern in der Provinz Hannover, Jena 1880, S. IX.)

[20] *H. Platzer,* a. a. O., S. 205.

* Saltzsacklin = Salzsäckchen.

Auch muß man bei dem relativ hohen Fleischverbrauch in unserer Zeit bedenken, daß das Fleisch ganz anders ausgenutzt wurde als heute. Heyne bemerkt:

„Die Ausnutzung des geschlachteten Haustieres für den Genuss ist ungemein ausgibig, auch in Bezug auf das Eingeweide; es wird so zu sagen nichts weggeworfen. Bleibt der Braten immer ein Herrenessen, das Kochfleisch eine allgemeine Speise, so bilden Leibgerichte der geringeren Klassen die Klein- und Innenteile des Schlachtviehes, Füsse, Kehle, Maul, Lunge, Leber, Herz, Nieren, Hirn, Därme u. a. Die Därme besonders sind so geschätzt, das sich für Zubereitung und Verkauf eine eigene, den Metzgern nahe stehende oder in ihnen aufgehende Gewerbegemeinschaft bildet, die Kuttler oder Flecksieder. Wie weit der Verzehr solcher kleinâte in höhere Kreise hinauf reicht, ist litterarisch nicht bezeugt, da fast immer nur Prunkgerichte erwähnt werden; anzunehmen aber ist, dass von je her der Haustisch auch in den besten Häusern dergleichen Speisen nicht ganz verschmäht habe, zumal wenn sie nach der im späteren Mittelalter immer mehr überhand nehmenden Sitte nicht nur mit Kräutern, sondern fremden scharfen Würzen, wie Pfeffer, Muskat, Nelken, Safran bereitet waren.

An Nutzbarkeit für die Nahrung übertrifft alle Haustiere das Schwein, da ausser seinem derben Fleische, Speck und Schmer, thatsächlich alle Weichteile, selbst die Schwarte gegessen und auch das Blut, das bei anderen Haustieren ungeniessbar ist, verwendet wird. Ausser Ohren, Rüssel, Füssen, Lunge, Milz, Magen u.s.w. kommt, und hier allein, die Wurst in Betracht.“[21]

In unserer Zeit beginnt es auch vielfach üblich zu werden, daß die Bauern nicht mehr ihr Getreide selbst mahlen dürfen. Recht harmlos berichtet Heyne: „Mühlen sind, ihrer ganzen Geschichte nach, zunächst nur Privateigentum; aber sie wachsen mit ihrer Ausbreitung in das öffentliche Recht hinein, weil sie wegen ihrer grossen Leistungsfähigkeit gemeinen Nutzen stiften und darum auch für ganze Bezirke errichtet werden. Schon die Lex Salica kennt Mühlen, in die fremdes Getreide zum Mahlen kommt, und das bairische Volksrecht führt solche neben Schmieden als öffentliche Gebäude auf. So bilden sie sich nach und nach als Eigentum des Grundherrn aus, zumal das Wasser, das sie treibt, in den meisten Fällen nicht Privatbesitz ist, und vor allem haben die Städte seit ihrer Gründung sich öffentliche Mühlen gesichert. Mit diesem Verhältnisse steht ein weiteres im Zusammenhange, dass das Werk für einen gewissen Umkreis (Bannmeile) das alleinige Mahlrecht erhält, sodass Mahlzwang der Bewohner dieses Landstriches entsteht. Das ist dann die Bannmühle, die auch zu Lehen gegeben wird. Je nach Ausdehnung der Bannmeile und der Dichtigkeit der Bevölkerung kann die mittelalterliche Mühle sehr stattlich sein.“[22]

In unserer Zeit ist der Mahlzwang oft eine besonders starke Belastung des Bauern. Denn einmal müssen die Bauern natürlich einen Mahlzins zahlen, und sodann betrügt sie der Müller. Man denke nur an das Lied vom diebischen Müller aus dieser Zeit:

> „Der Baur wohl in die Mühlen trat,
> er wünscht dem Müller ein guten Tag,
> darzu ein guten Morgen;
> ‚Dank hab, Dank hab, du grober Baur!
> was wilt du bei mir holen?‘

[21] *M. Heyne,* Das deutsche Nahrungswesen, Leipzig 1901, S. 291ff.
[22] Ebendort, S. 264f.

Der Baur schnell in die Mühlen schreit:
,Müller, hast mir das Mehl bereit?
du hast mirs halb gestohlen!'
,Du leugst, du leugst, du grober Baur!
es ist in der Mühlen verstoben.' ...

Die Müller haben die besten Schwein,
die in dem Lande mögen sein,
gemäst' aus der Bauren Säcken.
Da muß sich mancher armer Baur
sein Mägd und Knecht früh aufwecken. ...

Der uns das Liedlein neue sang
ein grober Baur ist er genannt,
er hats gar wohl gesungen;
er hat drei Säck in die Mühlen getan,
seind ihm zween wieder kommen, ja
kommen."[23]

In unserer Zeit aßen in den Höfen der Mittel- und Kleinbauern zumeist noch alle zusammen an einem Tisch und aus einer Schüssel. Jedoch saßen sie wohl im allgemeinen in strenger Ordnung, mit dem Besitzer des Bauernhofes am „Ehrenplatz".

Sie aßen alle aus einer Schüssel mit den Händen oder einem Holzlöffel, den Gäste für sich mitbrachten.

Was die „Tischmanieren" betrifft, so waren sie im allgemeinen die gleichen in allen Schichten und Klassen. Auch die großen Herren aßen das meiste mit den Fingern oder aus der Hand. Man schneuzte sich durch die Finger auf den Boden, rülpste und ließ einen fahren, wann immer sich Gelegenheit fand, weil beides als gesund galt – für den König wie für den ärmsten Bauern.

Die Masse der Bauern lebte ärmlich, (wenn auch genügend genährt, um ihre Arbeit zu verrichten). Gilt das auch für die Handwerker? So viel wir wissen, keineswegs! Gehörten doch die Handwerker zeitweise in den größeren Städten seit dem 15. Jahrhundert bis in unsere Zeit hinein zur herrschenden Klasse. Man muß überhaupt überlegen, wie man die Handwerker in dieser Zeit gesellschaftlich einordnen soll. Wenn man mit vollem Recht die vielen Kapitalisten, die in der Industriellen Revolution um 1800 auch noch mit der Hand im Betrieb arbeiteten, nicht zu den werktätigen Massen rechnet – warum geschieht das so oft noch mit „den" Handwerkern des 15., 16. und zu Beginn des 17. Jahrhunderts? Natürlich gehören die ländlichen Handwerker und ein Teil der Handwerker in den kleineren und mittleren Städten zu den werktätigen Massen. Nicht aber ein beachtlicher Teil der Handwerker, und keinesfalls die Kunsthandwerker in den größeren Städten.

Wie aber steht es unter diesen Umständen mit dem Essen der Gesellen und Lehrlinge? An sich gehören sie genau wie die Magd und der Knecht der Mittel- und Kleinbauern zum Haushalt und essen zumeist mit Meister, Meisterin und deren Kindern zu-

---

[23] *W. Steinitz*, a. a. O., S. 44.

sammen. Aber kann man daraus schließen, daß sie genau so gut wie diese aßen? Wenn es in einem Gesellenlied hieß: „Die Rüben, die Rüben, die haben uns vertrieben. Hätt' die Frau Meister Fleisch gekocht, so wären wir geblieben" – heißt das, daß auch Meister und Meisterin kein Fleisch aßen?

Zumindest in gar manchen Fällen kann man annehmen, daß die Meisterfamilie besser aß. Denn eine Reihe von Zeugnissen ist uns überkommen, in denen Gesellen oder Lehrlinge über ihr Essen klagen.

Natürlich sind uns weniger Klagen der Lehrlinge als der Gesellen überkommen. Aber wenigstens aus einem (schon so frühen?) Lied sei zitiert:

> „Junge, hol mir en Häring
> Und en halben Sperling.
> Denselben fraß der Schneider ganz.
> Junge, hol mir noch einen,
> Sonst bekommst du keinen.
> Den fraß er wieder ganz.
>
> Gab dem Jungen den Kopf und Schwanz.
> Da machte sich der Schneider krank
> Und legt sich auf die Ofenbank.
> Er brach wohl Hals und Bein entzwei,
> Es mußt ein buckliger Schneider sein."[24]

Amüsant, recht stark zur Seite der Meister, oder richtiger noch, der Meisterin neigend, berichtet Stahl über die Essensfrage: „Wenn man sich des Nürnberger Spruchs nach der Mahlzeit erinnert: ,Gottlob, wieder einmal gegessen und nicht gezankt,' so wird man sofort wissen, was hier gemeint ist. Die Sparsamkeit der Hausfrau und der gesunde Appetit der arbeitenden Gesellen haben nicht immer einerlei Urtheil über die Mahlzeit, der Wunsch nach möglichst wenig auf Seiten der Meisterin und möglichst viel auf Seiten der Gesellen stehen sich da gar zu gern entgegen. ... Die Gesellen hatten Macht genug um ihre Wünsche gegen die Meister eines Ortes durchzusetzen und benutzten diese auch reichlich und ernsthaft, um puncto Kost den Meistern Vorschriften zu machen. ... Beweise hierfür finden sich in der Geschichte fast aller Reichsstädte. Der interessanteste Fall in Nürnberg 1475, wo die Gesellen der Blechschmiede, dort eines der ältesten und angesehensten Handwerke, sich aus solchem Grunde mit den Meistern überwarfen, sich zusammen verbanden, aus der Stadt zogen, weil jene nicht nachgeben wollten. Sie erklärten die Nürnberger Meister sämmtlich in Verruf, zogen nach Wunsiedel und Dünkelsbühl und ließen den Nürnberger Meistern keinen Gesellen mehr zukommen. Das Handwerk kam darüber in Nürnberg so herunter, daß keiner daraus mehr zum Rathe gezogen werden konnte. Daß die Gesellen dabei nicht bloß das, was ihnen gebührte, verlangten, nicht bloß in theueren Zeiten die Last mit zu tragen sich weigerten, sondern vielmehr ihre Macht benutzten, um sich stets einen entsprechenden Küchenzettel zu sichern, sieht man aus den Reichsschlüssen von 1548: ,Wir wollen, daß die Wandwerksknechte und Gesellen denen Meistern nicht eindringen, was und wieviel sie ihnen jederzeit zu essen und zu trinken geben, doch daß die Meister ihre

[24] R. *Wissel*, Des alten Handwerks Recht und Gewohnheit, Bd. II, Berlin 1929, S. 634.

Gesellen dermaßen halten, daß sie zu klagen nicht Ursache haben.' Dieser Reichsschluß schnitt aber die Sache nicht ab, nicht nur, daß er 1577 wiederholt werden mußte, daß im XVII. Jahrh. noch Fälle solcher Art sich finden, selbst im Reichsschluß von 1731 und 1777 wird noch darüber geklagt, ‚daß gedachte Gesellen (Papiermacher, die zu jener Zeit zu den schlimmsten gehörten) den Meistern absonderliche Maße geben, wie sie selbige speißen und sonst traktiren sollen.' "[25]

Nach Mummenhoff sind Fragen des Essens geradezu von entscheidender Bedeutung für das Verhältnis von Meister und Gesellen: „Worüber der Geselle andererseits zu klagen hatte, das war die schlechte, unzulängliche Kost und das böse Lager. Auch seine Stellung im Hause war nicht stets eine beneidenswerte. Händel und Zwistigkeiten zwischen ihm und dem Meister und der Meisterfrau waren nichts Seltenes. Besonders wegen der Kost kam es wohl häufiger zu Mißhelligkeiten. Und wenn die Reichspolizeiordnung von 1548 auf der einen Seite den Gesellen verbot, sich auszubedingen, was und wieviel man ihnen jederzeit zu essen und zu trinken gebe, so bestimmte sie doch auf der anderen Seite wieder, daß die Meister ihre Knechte dermaßen halten sollten, daß sie zu Klagen keine Ursache hätten."[26]

Merkwürdigerweise spielt auch bisweilen in der Stadt die Jahreszeit eine Rolle für die Behandlung der Gesellen – man denke auf dem Lande an das reichlichere Essen des Gesindes zur Zeit der Ernte. Man denke in der Stadt an das alte Gesellenlied: „Kommt der Sommer, wollen wir die Meister dauzen" (drücken), in dem es u. a. heißt:

> „Einsmals kam ich gen Augspurg eingegangen,
> von einem Meister ward ich schon (schön) empfangen,
> der bat mich, daß ich zu ihm säß,
> er wollt mir d'Kuchin* schenken,
> daß ich dest näher äß, äß**.

> Dem selben Meister saß ich lecht (vielleicht, etwa) drei Wochen,
> do hub er an und rechnet mir die Kuchin,
> tät mir in meinem Herzen weh.
> ‚Gott gsegne euch, Frau und Meister,
> ich würk euch nimmermehr, mehr!'

> ‚Ei, lieber Knecht, wilt (willst du) länger hie beleiben,
> ein neus Par Hosen will ich dir lon (lassen) schneiden,
> ich will dir also gütlich tun,
> wann du am Morgen aufstehst,
> ich will dir betten schon, schon (schön).'

> Im Winter, wann die weißen Mucken fliegen,
> so müßen sich die Weberesknaben schmiegen (fügen),
> man wirft ihn' den Strohsack für ihr Tür;
> kummt der helle Summer,
> man gibt ihn' das Bett herfür, herfür."[27]

---

[25] *Fr. W. Stahl*, Das deutsche Handwerk, 1. Bd., Gießen 1874, S. 280 ff.
[26] *E. Mummenhoff*, Der Handwerker in der deutschen Vergangenheit, Leipzig 1901, S. 75 f.
[27] *W. Steinitz*, a. a. O., S. 169.
* die Küche, die Kost.
** damit ich keinen langen Weg zum Essen hätte.

Die Gesellen erhielten zwar neben Kost und Logis (einschl. Waschen der Wäsche) noch einen geringen Lohn, aber dieser wurde für andere Lebensnotwendigkeiten gebraucht und spielte keine große Rolle in unserer Zeit – außer in den wenigen Handwerken, in denen die Gesellen damals nicht bei den Meistern wohnten und sogar heiraten durften.

Natürlich war auch die Lage der Gesellen differenziert – teils nach dem Charakter von Meister und Meisterin, der für die Ernährung der Gesellen eine große Rolle spielte, teils nach dem Reichtum der Handwerker, teils natürlich in unserer Zeit auch nach dem „Kriegsglück" einer Stadt, das bisweilen dazu führte, daß auch die Meister nicht genug zu essen hatten oder gar die Gesellen ihren Meister verloren und arbeitslos wurden, was sie nicht selten dazu brachte, selbst Soldat zu werden, teils nach der Intensität des Kampfes der Gesellen gegen die Meister.

2. Kleidung

Die Kleidung hat in unserer Zeit, ebenso wie in den vorangehenden Jahrhunderten, eine weit größere Bedeutung als heute insofern, als sie auch eine Art Standesordnung anzeigt oder zumindest anzeigen soll.

Moritz Heyne bemerkt zum Beispiel:

„Unterschiede in der Art sich zu kleiden ergeben sich nach Stand, Reichtum, Beruf, Gelegenheit. Immer, von den urgermanischen Zeiten ab, kennt man die Stellung des Mannes am Rock, vom Bettler aufwärts bis zum Fürsten, und die mittelhochdeutschen Gedichte heben dieses Haften an einer unverbrüchlichen Sitte hervor, indem sie einen von rehte, nâch rehte, oder wol, oder als er sol, gekleidet sein lassen. Es ist eine Art von Sinnbildlichkeit, wenn eine Gesellschaft, die zu einem Unternehmen verbunden ist, auch gleiche Kleidung, selbst gleiches Reitzeug führt.

Was in früheren Zeiten nur allgemeiner Brauch ist, regelt sich später durch Verordnung und Gesetze in den Zeiten, die eine reiche Entfaltung der Kultur und damit eine manigfaltige Gliederung der Gesellschaft gebracht haben, wo denn die höheren Glieder durch kostbarere oder eigenartige Kleidung von den niederen sich auszuzeichnen streben, während es die letzteren fort und fort gelüstet, diesen Unterschied zu verwischen. Luxusentfaltung und Überhebung in der Tracht hintan zu halten, ist schon Karl der Grosse in seinem gesunden hausväterlichen Sinne bemüht, er, der mit dem Beispiele der Einfachheit seiner Umgebung voran ging, wie manche von ihm erzählte Züge bezeugen; und auf ihn zurück führt man die Weisungen, die später dem Bauer über das, was sich für ihn in Bezug auf Kleidung und Gebahren schicke, gegeben werden: er solle einen schwarzen oder grauen Rock mit vollem, nicht geschlitztem Schosse tragen, rinderne Schuhe, Hemd und Bruch* von grobem Linnen; sechs Tage in der Woche bei der ländlichen Arbeit, am Sonntage zur Kirche mit dem Treibstecken in der Hand; das Führen eines Schwertes ist ihm bei Todesstrafe untersagt. Auch im Seifried Helbling wird auf eine solche Rechtssatzung Bezug genommen, wenn es heißt, daß dem gebûren in der Woche grauer Hausloden, Sonntags besserer blauer erlaubt worden sei. Aber hat sich schon bei dem Bauer eine solche Standeskleidung im Verlaufe des Mittelalters nicht durchführen lassen, indem er immer wieder die höheren Stände nachzuahmen strebt, so

---

* Kurze Hose, Hüft- und Lendenbekleidung.

ist jeder Versuch, den Bürgerstand durch die Tracht von anderen Gesellschaftsklassen abzuheben, von vornherein fehlgeschlagen. Bezeichnend setzen solche Versuche zu der Zeit ein, zu der die Blüte des Bürgerstandes sich vorbereitet oder bereits in die Erscheinung tritt, und bestehen in obrigkeitlichen Erlassen, deren Spitze deutlich gekehrt ist gegen die Städter, die in ihrem durch Reichtum gehobenen Selbstbewusstsein sich nicht kleiner als Adel und selbst Fürsten achten."[28]

Heyne hat recht, wenn er meint, daß diese Bekleidungsordnungen, die sich keineswegs nur auf Festtage beziehen, sich bei den Bauern nicht durchführen ließen – aber nicht in erster Linie, weil die Bauern sich über ihren Stand zu kleiden suchten (was wohl für die Reichen unter ihnen zutrifft), sondern weil die große Masse der armen Bauern im Sommer zumeist ohne Hemd und oft ohne „rinderne", das heißt ohne rindslederne Schuhe, sondern barfuß oder in Bastschuhen ging.

Völlig recht hat Heyne aber, wenn er auf die gesellschaftliche Bedeutung der Kleidung hinweist. Koch behandelt unter diesem Gesichtspunkt die große Kleiderordnung unter Karl V. vom Jahre 1548, die noch lange galt, und in der wir lesen: „Da durch jetzo gebrauchte Köstlichkeit der Kleydung ein überschwenglich Gelt aus Teutscher Nation geführt, auch Neyd, Haß und Unwillen, zu Abbruch christlicher Liebe erweckt, und solche Köstlichkeit der Kleydung, durchaus also unmäßlich gebraucht, daß unter den Fürsten und Graffen, Graffen und Edelmann, Edelmann und Bürger, Bürger und Bauersmann keyn Unterschied erkandt werden mag: So haben wir uns mit Churfürsten, Fürsten und Ständen nachfolgender Ordnung der Kleydung vereinigt und verordnet."

Koch kommentiert: „Die Strafen, welche die säumigen Obrigkeiten treffen sollen, falls sie nicht binnen Jahresfrist diese Kleiderordnung einführen, wird sodann auf 2 Mark löthigen Goldes bestimmt. Das scheint denn endlich geholfen zu haben, denn nun schießen in allen Ländern, in fast jeder Stadt die Kleiderordnungen wie Pilze aus der Erde. Bald richten sie sich genau nach dem Reichsschema, bald behandeln sie mit besonderer Rücksicht die landesüblichen Trachten. In einem Punkte ähneln sie sich jedoch alle: in der außerordentlichen Strenge und Kleinigkeitskrämerei, die häufig genug an's Lächerliche streift."

Was die Bauern betrifft, so faßt Koch den Inhalt dieser Kleiderordnung so zusammen: „Die Bauern, zu denen auch die Tagelöhner gerechnet wurden, sollten nur bis zur halben Wade reichende Röcke und Hosen aus ‚gemeinem' (gewöhnlichem) inländischem Tuche tragen und sich alles Goldschmuckes, sowie der ausgestickten Kragen an den Hemden, der Brusttücher, der Straußenfedern und der seidenen Hosenträger enthalten. Ihren Frauen wurde der Gebrauch der seidenen Gewänder, jeglicher Kragen, goldener, silbener und seidener Gürtel, sowie ähnlicher Schmucksachen aus Gold, Silber und Perlen strenge untersagt, ‚allein mögen ihre Töchter und Jungfrauen ein Haarbändlein aus Seyden tragen; desgleichen ihre Weiber zum höchsten ein Lündisch (soll londonisch, also englisch heißen) Koller und kein andern denn schlechte (d. h. einfache) Beltz von Lämmern, Geissen und dergleichen schlechten Futter, alles unverbrämet, antragen und machen lassen."

Wiederum ist klar, daß die Ordnung vor allem gegen die reichen Bauern gerichtet ist, die mit dem Adel in „Kleiderkonkurrenz" stehen.

Wie aber ist es zu verstehen, wenn schon 1500 Herzog Albrecht von Bayern eine Kleiderordnung erläßt, „aus der ersichtlich ist, daß der damals unter den Bauern übliche

---

[28] M. Heyne, Körperpflege und Kleidung bei den Deutschen, Leipzig 1903, S. 303f.

Kleiderluxus ebenso auch von Knechten und Dirnen mitgemacht wurde. ‚Der Bauern, ihrer Söhne, Knechte, Töchter und Dirnen Bekleidung betreffend' gebietet Albrecht, daß ‚kein Bauer, ihr Sohn oder Knecht ein anderes Tuch tragen soll denn Landtuch.' Und ebenso ‚soll auch keines Bauern Weib, Tochter oder Dirn kein anderes Tuch denn wie den Bauernknechten erlaubt ist, anschneiden noch tragen.' Auch in den radikalen Spielverboten des Herzogs wird bestimmt, ‚welche Bauern, ihre Knechte oder ihre Söhne das überführen', seien strengstens zu bestrafen."[29]

Wenn schon das Gesinde sich „luxuriös" kleidet, tun es dann nicht die Bauern erst recht? Ich glaube, man muß diese Kleiderordnung anders interpretieren. Einmal geht es hier im Grunde weniger um das Gesinde, sondern um die Bauern, die bewußt dem Gesinde in der Kleidung, das heißt im Stande, gleichgestellt werden. Sodann kann man sich durchaus vorstellen, daß die Großbauern, die wie alle, die Gesinde haben, zumeist nicht nur für deren Kost, sondern auch für deren Kleidung zu sorgen haben, genau wie die großen Herren ihr Gesinde für besondere Gelegenheiten besonders einkleiden, so es auch mit dem ihren tun: man protzt nicht nur mit der eigenen Kleidung, sondern auch mit der des „Gefolges". Und da ein Großteil des Gesindes auch der Großbauern wohl noch aus Verwandten besteht, insbesondere Kindern und Geschwistern, ist es nicht so verwunderlich, daß auch diese sich besser kleiden können und wollen: bei großen allgemeinen Festen in der Öffentlichkeit, aber auch wenn sie zu Hochzeiten gehen usw.

Das heißt, auch diese Verordnung kann kein Anlaß sein, unsere Meinung über die im allgemeinen (auch oft sonntags) äußerst ärmliche Kleidung der großen Masse der Bauern und ihres Gesindes zu ändern. –

Was die Einwohner der Städte betrifft, so bemerkt Koch über die Kleiderordnung Karl V.: „Art. XI, XII und XIII behandeln die Tracht ‚von den Bürgern und Inwohnern in Stätten', ‚von Kauff= und Gewerbsleuten' und von ‚Bürgern in Stätten, so von Rath, Geschlechtern oder sonst fürnehmen Herkommens sind und ihrer Zinß und Renten geleben'. Sehr scharf werden die drei ebenangeführten Stände in diesen drei Artikeln durch die Tracht von einander geschieden. Während den ‚gemeinen Bürgern und Einwohnern in Städten' die edlen Metalle, ferner Sammt und Seide zu ihren Anzügen und endlich die gestickten, zerschnittenen und verbrämten Kleider verboten wurden, ‚sondern sich mit ziemlicher Tracht, auch von rauhen Futtern, mit geringen Füchsen, Iltis, Lämmer und dergleichen begnügen lassen sollen', wurde den ‚Kauff= und Gewerbeleuten' ‚Schamlottene Röck, auch Seyden Wamms, außerhalb Sammet und Carmosin Atlaß, unverbrämt' zu tragen gestattet. Noch mehr durften sich die Patrizier oder Geschlechter in der Pracht der Kleidung hervorthun. Man mußte ihnen die Vergünstigung schon nothgedrungen einräumen, weil die Glieder dieses Standes gar häufig zu den Reichsten im Lande zählten. Ihnen wurden in ihrer Tracht bei der Auswahl der Stoffe, mit Ausnahme des Carmosin, keine ausführliche Vorschriften gemacht."[30]

Da die feudale Gesellschaft vor allem eine Konsumgesellschaft der herrschenden Klassen war und da doch ein großer Teil der Kochkunst in der Antike verloren gegangen war (obgleich die Mönche manches gerettet hatten), da man sich beim Essen in den herrschenden Klassen vor allem auf die Quantität legte, konzentrierte sich die Qualitätsneigung im Konsum vor allem auf Kleidung und Schmuck. Als groteskes

---

[29] H. Platzer, a. a. O., S. 52.

[30] W. Koch, Beiträge zur Geschichte des deutschen Handwerks, Leipzig 1880, S. 115ff.

Beispiel für die Kleidung, gegen das sich auch die Geistlichkeit wandte, gibt Koch das folgende: „Den mittelbaren Anlaß zu diesen geistlichen Standreden gaben die sogenannten Plunzer= oder Pluderhosen, eine Hosentracht, die zu den unsinnigsten und geschmacklosesten Moden gehört, die je existirt haben, und welche aus Burgund, dem Brennpunkt der Eleganz und der höfischen Sitte im Mittelalter, mit den feinen wollenen Stoffen der niederländischen Tuchmachereien nach Deutschland gekommen war. Eine solche Pluderhose ging vom Gürtel bis zu den Füßen herab und endete in einen Saum, vermittelst dessen sie wieder aufgerafft und oberhalb des Knies gebunden wurde, so daß sie in dicken Falten über Knie und Schenkel herabhing. Wie Alles in der Mode auf's Extreme hinausläuft, so begnügte man sich bald nicht mehr, diese Pluderhosen aus einfarbigen Stoffen zu tragen, sondern schnitt dieselben der Länge nach auf und fütterte sie der Art mit grellfarbigem, dünnem Seidenzeuge, daß aus jedem Schlitze eine dicke, volle Puffe herausgezogen werden konnte. Aus den bescheidenen Pluderhöschen von 5 Ellen Tuch und 20 Ellen Futterzeug entwickelten sich allmälig ungeheure Pluderhosen, zu denen man nicht mehr denn 130 Ellen Seidenzeug zum Futter und zu den Puffen verwandte. Da kann es uns nicht Wunder nehmen, daß eine solche Modetollheit vielen adligen Herrn ihre Finanzen ruinirte und daß, wie Schriftsteller jener Zeit versichern, eine Hose oftmals die Einkünfte eines ganzen Dorfes verschlungen habe."[31]

Man kann wohl auch einen Zusammenhang zwischen der allmählichen Verknöcherung des Feudalsystems und der Kleiderordnung feststellen. Je mehr zum Beispiel die Zünfte verknöcherten, desto ausführlicher und komplizierter wurden ihre Regeln und Regelungen. Je verknöcherter das Ständesystem, desto komplizierter auch die Kleiderordnungen, insbesondere in den Städten. So war die Entwicklung zum Beispiel in Frankfurt am Main in unserer Zeit die folgende:

„Um 1600 wurden in Frankfurt drei Kleiderordnungen erlassen: 1576, 1597 und 1621. Dies war offenbar nötig, weil die Befolgung der Ordnungen allzu lässig gehandhabt wurde. Im Vorwort von 1597 klagte der Rat, die Ordnung von 1576 sei verächtlich in den Wind geschlagen worden, und ein hochschädlicher Mißbrauch in der Kleidung sei eingerissen.

Aus einem Vergleich der drei Ordnungen ergibt sich: Die Differenzierung der Stände hat zugenommen. 1576 waren die Männer in drei Stände aufgeteilt. 1597 erscheinen die Gelehrten und vornehmen Krämer als eigener dritter Stand, indem sie offenbar den Großhändlern ausgegliedert wurden. Einerseits sind die Großhändler sozial aufgestiegen, andererseits die Handwerker abgerutscht in einen vierten Stand. 1621 bildeten die Tagelöhner und Gesellen, ehemals bei den Handwerkern, einen eigenen fünften Stand. Die städtische Gesellschaft erstarrte zunehmend und war immer weniger eine Gemeinschaft von gleichen Bürgern. Der den Besitzenden erlaubte Luxus ist gegen das Jahrhundertende gestiegen."[32]

Was speziell die Kleidung im Handwerk betrifft, so bemerkt Gatz: „Bei manchen Handwerken finden wir sogar genaue Vorschriften darüber, wie sich Meister, Gesellen und Lehrlinge zu kleiden, oder wie sie sich nicht zu kleiden hatten, maß man zu dieser Zeit doch auch den Kleiderfarben eine ganz bestimmte Symbolik bei. Zu der Zeit, als der Papst gegen eine zu übermäßige Prachtentfaltung in der Kleidung einschritt, und man sogar eine Standestracht für die einzelnen Stände einführen wollte, wurde z. B.

---

[31] Ebendort, S. 121f.
[32] Frankfurt um 1600, a. a. O., S. 66.

in einem Bundesbrief der Schneider des Mainzer Gebietes den Lehrlingen verboten, sich zu kostbar zu kleiden (wobei sogar die einzelnen Kleidungsstücke aufgezählt wurden, die sie nicht tragen durften!). Die Zünfte verboten oft bei Strafe ihren Meistern bei Gerichtssitzungen, beim Zunftaufgebot und bei der Beerdigung, mit nackten Beinen zu erscheinen. Vielfach war es im Handwerk Vorschrift, daß die Zunftgenossen, wenn sie ausgingen, ein Werkzeug bei sich zu tragen hatten, damit sie als Angehörige des Standes zu erkennen waren. Auch die Gesellenbrüderschaften gaben ähnliche Vorschriften für ihre Mitglieder. Es sind manche Bestimmungen dabei, die uns heute lächerlich und kleinlich erscheinen mögen, denen man aber damals große Bedeutung zumaß. So galt es u. a. häufig als strafbar, wenn ein Geselle eine Entfernung ‚über drei Häuser weit‘ ohne Kopfbedeckung, oder gar ohne Degen ging. Andererorts war wiederum das Tragen von Degen verboten (z. B. in Straßburg). Die Zimmerleute durften nicht ohne Rock und Halsbinde auf den Zimmerplatz gehen. Manches mag tatsächlich übertrieben gewesen sein, aber man muß auch dieses Standesbewußtsein aus seiner Zeit zu verstehen suchen, in der – bei wachsendem Reichtum – eine steigende Veräußerlichung des allgemeinen Lebens begann, was sich auch in anderer Hinsicht mannigfach äußerte.“[33]

Doch nun, nach diesen grotesken und vielfach so ständefreundlichen, den herrschenden Klassen und dem „guten alten Brauch“ zugeneigten, formal-sachlich natürlich völlig zutreffenden Mitteilungen von Gatz – sonst hätten wir sie nicht gebracht – zum Kleidungsalltag des werktätigen deutschen Volkes:

Schon Johannes Bohemus bemerkt über die Kleidung der Bauern, daß sie schmutzig sei. Wurde damals körperliche Sauberkeit durch regelmäßiges Waschen, zuerst in den herrschenden Klassen und Schichten, mehr und mehr als überflüssig betrachtet – die Zeiten der Volksbäder waren in den Städten mit der Verbreitung der Syphilis zumeist vergangen, während man auf dem Lande noch viel länger in Flüssen und Bächen badete –, so galt das erst recht für die Alltagskleidung der Bauern. Hatte er mehr als zwei Hemden, die in die kurze, seltener lange, Hose gesteckt wurden? zumal man nachts zumeist unbekleidet schlief? Hatte er mehr als ein Paar Arbeitsschuhe? Sicher hatte er, wenn er ihn überhaupt trug, nur einen Hut. Der arme Bauer singt:

> „Als ich ein Knecht, trug ich zum Tratz (Trotz)
> Ein hirsches* Kleid mit einem Latz;
> Jetzt da ich haus** und bin ein Mann,
> Hab ich nur zwilche Hosen an.
>
> Der Schuster wär auch gerne zahlt,
> Ich gib ihm weders neu noch alt;
> Drumb muß ich jetzt schier barbuß gehn,
> Man sieht mir ja die bloße Zehen.
>
> Mein Hut ist löchericht überaus,
> Als wann die Mäus drin hielten Haus;
> Der Hüter borgt mir auch nicht gern:
> Was hab ich dann für Glück und Stern?“[34]

---

[33] *K. Gatz*, Das alte deutsche Handwerk, Essen 1934, S. 64 f.
[34] *W. Steinitz*, a. a. O., S. 52.
  * Hirschledernes.
** hausen = wirtschaften.

Wohl mit Ausnahme des ledernen Schuhs – vielleicht auch nur des Holzschuhs – und vielleicht des Hutes wurde die Kleidung im Hause gefertigt – aus Wolle oder aus Leinen. Die Frauen brauchten mehr Stoff, auch wenn ihr Rock meistens kurz war; die Kinder trugen nur eine Art Hemdchen.

Grimmelshausen schildert die Kleidung einer armen Bauernfamilie, die wohl mehr handwerklich als bäuerlich tätig war: „Als ich nun lang nach Aufgang der Sonnen erwachte, sahe ich, daß mein Hauswirth Körb flochte, das Weib und die zwey grösten Kinder aber dort sassen und ein grob küdernes* Garn zu Sack = Daffent** spannen, welche Handthirung mich je zu gering seyn dunckte, aus ihrem Ertrag zehen Mäuler [zu] erfüttern***, geschweige noch darzu Geld vor die Obrigkeit vorzuschlagen. Das Weib hatte ihres Manns Wüllen=Hembt an, welches er im Winter zu tragen pflegt, er selbst ein paar Zwilchener, überall mit Spättern† besetzte Hosen, und die Kinder giengen alle so zerrissen daher, daß ich an denen umb sich habenden Lumpen nicht erkennen konte, welches Mägdlein oder Büblein gewesen, Mit welchen Kleidungen sie sich auch deß Nachts bedeckten; dann ich sahe in der Stube die jüngste noch in ihrem von Laub und Moß zugerichtetem Nest also mit ihren Kleidern zugedeckt schlaffen.“[35]

In der Stadt wird wohl mehr auf die Kleidung geachtet, auch bei Lehrlingen und Gesellen, aber nur wenn sie außer Haus gehen, um Ware auszutragen oder um sich ein wenig zu vergnügen, und das letztere ist zumeist wegen der so langen Arbeitszeit häufig nur am Sonntag und am blauen Montag, der in unserer Zeit an Bedeutung gewinnt, möglich.

Es ist mir sehr zweifelhaft, ob die Bauern – wohl im Gegensatz zu ihren Frauen – in anderer als ihrer Arbeitskleidung zur Kirche gehen, während in der Stadt die Gesellen und Lehrlinge – aber wohl nicht die Tagelöhner und erst recht nicht die Bettler – eben eine „Ausgeh-Kleidung" haben, sei es auch nur eine lange statt einer kurzen Hose.

Im ganzen kann man wohl für die Gesamtbevölkerung sagen, daß auch im Alltag die Kleidung nach Ständen und Klassen weit differenzierter war als die Nahrung. Zugleich war die ärmste Kleidung weit ärmlicher als die ärmste Nahrung, da die Nahrung natürlich lebenswichtiger war und ist als die Kleidung. Kommen wir aber zu den oberen Ständen und Klassen, dann war die Kleidung oft viel reicher als die Nahrung, teils auf Grund der relativen Unkultur im Essen, teils auf Grund der Tatsache, daß die „Gesellschaft" die Kleidung öffentlich sah, zumeist aber nicht das Essen, außer bei Festlichkeiten.

3. Wohnung und Hauseinrichtung

Noch für das 15. Jahrhundert gilt ziemlich allgemein, was Heyne über das Bauernhaus so formuliert: „So haben wir es auch rücksichtlich der Wohnung in dem angegebenen Zeitraume mit blossen Nutzbauten zu thun, oft in recht flüchtiger Ausführung. Das bäuerliche Haus gehört zur fahrenden Habe, und kann nicht nur leicht, sondern muss

---

[35] *Grimmelshausen*, a. a. O., Bd. 2, S. 161 f.
   * küdernes = von Werg.
  ** Sack-Daffent = Sackleinwand.
*** erfüttern = füttern, sättigen.
   † Spättern = Zwickeln, Flecken (Tuchs).

auch abgebrochen und versetzt werden, wenn infolge unvorteilhafter Dorfanlage oder auch übermässiger Rodung die Grundherrschaft beschliesst, ihre Bauern wo anders anzusiedeln und eine andere Bewirtschaftung des Bodens vornehmen zu lassen. Ausserdem ist es wirtschaftlich unvorteilhaft, bei der mittelalterlichen Art der Kriegsführung im ungeschützten Lande andere als schlichte Bauten aufzuführen."[36]

Die Kriegführung des 16. und 17. Jahrhunderts war dem Wohnungsbau nicht weniger ungünstig als die vorangehende. Die anderen von Heyne genannten Gründe für „flüchtigen Bau" treffen wohl noch, aber nicht mehr in solchem Maße zu. Was hatte das für einen Einfluß auf den Häuserbau? Hören wir die geradezu idyllische Schilderung eines Dorfes vor dem Ausbruch des Dreißigjährigen Krieges durch Gustav Freytag: „Deutschland galt um das Jahr 1618 für ein reiches Land. Selbst der Bauer hatte in dem langen Frieden einige Wohlhäbigkeit erlangt. Die Zahl der Dörfer in Thüringen und Franken war etwas größer als jetzt. Auch die Dörfer waren nicht ganz ohne Schutzwehr; breiter Graben, Zaun oder Wand von Lehm und Stein umgrenzten oft die Stätte des Dorfes, dann war verboten, Thüren durchzubrechen, an den Hauptstraßen hingen Thore, welche zur Nacht geschlossen wurden. Oft war der Kirchhof mit besonderer Mauer geschützt, er bildete mehr als einmal die Burg und letzte Zuflucht der Bewohner. Dorf und Flur wurden durch Nacht- und Tagwächter beschritten. Die Häuser waren zwar nur von Holz und Lehm in ungefälliger Form, oft in engen Dorfstrassen zusammengedrängt, aber sie waren nicht arm an Hausrath und Behagen. Schon standen alte Obstbaumpflanzungen um die Dörfer und viele Quellen ergossen ihr klares Wasser in steinerne Tröge. Auf den Düngerstätten der eingefriedeten Höfe tummelten sich große Schaaren von kleinem Geflügel, auf den Stoppeläckern lagen mächtige Gänseherden, und in den Ställen standen die Gespanne der Pferde weit zahlreicher als jetzt, wahrscheinlich ein großer starkknochiger Schlag, verbaute Nachkommen der alten Ritterrosse, sie, die stolzeste Freude des Hofbesitzers, daneben die ‚Klepper‘, eine uralte kleine Landrasse. Große Gemeindeherden von Schafen und Rindern grasten auf den steinigen Höhenzügen und in den fetten Riedgräsern. Die Wolle stand gut im Preise und an vielen Orten wurde auf feine Zucht gehalten, die deutschen Tuche waren berühmt und Tuchwaaren die beste Handelsausfuhr."[37]

Reizend, nicht wahr! aber „die Häuser waren nur von Holz und Lehm in ungefälliger Form, oft in engen Dorfstraßen zusammengedrängt", gebaut.

Statt Häuser sollte man oft besser große Hütten sagen. So faßt auch Schmidt den Johannes Bohemus zusammen, wenn er schreibt: „Die Bauern wohnen von einander getrennt, jeder mit seiner Familie und seinem Vieh in ärmlichen, niedrigen Hütten aus Holz und Lehm, die mit Stroh bedeckt sind."[38]

Hütten im wahrsten Sinne des Wortes. Denn sie hatten zumeist nur einen Raum, in dem alles vereint war: Küche und Schlaf- wie Aufenthaltsraum. Sicherlich, es gab Schlafkojen, vielleicht auch abgetrennte Kammern, sicher abgetrennte Viehställe, aus denen das Vieh den Kopf direkt in den Hauptraum steckte, der allein vom Herd geheizt wurde, es sei denn, man hatte noch einen Backofen, auf dem man auch schlafen konnte und in dessen Nähe die Bänke, auf denen man saß, standen. Auch die Dreschdiele gehörte als „Nebengelass" des Hauptraumes zum Haus.

[36] M. Heyne, Das deutsche Wohnungswesen, Leipzig 1899, S. 158f.
[37] G. Freytag, a. a. O., Bd. 20, S. 101f.
[38] E. Schmidt, a. a. O., S. 85.

Wärme kommt im Winter wie im Sommer von Herd und Ofen. Licht durch die Tür und die Fenster. Heyne beschreibt: „Die alte Querteilung dieser Thüren, die wir bereits für den altgermanischen Zeitraum voraussetzten, besteht, wenn nicht überall, so doch vielfach, und wird auch dadurch bezeugt, dass in einem unechten Neidhartliede ein Bauer im Kampfe die halbe tür als Schild benutzt. Diese Thürart ist zugleich die Lichtquelle für die Hausflur. Absperrungen wie Stube und Kammer haben meist kleine, quadratische Fenster, glaslos und mit einem hölzernen Laden zu schliessen, auch mit einfachem Gitterkreuz gesichert; zu besserem Schutze gegen die Einflüsse der Witterung ist eine Verkleidung mit Pergament oder anderem, Licht durchlassendem Stoff nicht ausgeschlossen, wie wir letzteres auch an städtischen Gebäuden sehen."[39] Da man nicht liest und die Bewegungen beim Spinnen und Weben wie beim Kochen schnell automatisch werden, genügt das Licht, das durch Papier etwa in das Zimmer dringt, zumal man im Sommer öfter auch auf allen Schutz des Fensters verzichtet.

Selten hat das Haus der großen Masse der Bauern ein Giebelgeschoß. Über das Dach schreibt Heyne: „Für die Deckung des Daches behauptet sich Stroh und Schilf als das beliebteste, nächstliegende wie praktischste Material. Es verleiht dem Hause Wärme, und seine Feuergefährlichkeit ist, wenn es länger gelegen hat, nicht mehr gross; wohl aber kann es, hat es seine Zeit als Deckungsmaterial gedient und fängt nun an zu vermodern, in der Wirtschaft noch verwendet werden, da es hier den besten Dünger giebt."[40]

Der Bauer baut, wie schon die Seltenheit von Bauhandwerkern im Dorf anzeigt, sein Haus zum größten Teil selber, hat aber die Hilfe seiner Nachbarn dabei schon beim Beschaffen und Transport der notwendigen Materialien (Holz, Lehm usw.) und dann beim Bau selbst; für bestimmte Arbeiten bisweilen auch von Dorfhandwerkern, eventuell aus einem Nachbardorf. Wenn gewisse Abschnitte des Hauses beendet sind, wird auf Kosten des Bauern ein Fest für alle am Bau Beteiligten gefeiert.

Wie ist das Bauernhaus eingerichtet? Obgleich es eine ganze Hausratsliteratur gibt, darunter Hans Folzens Meistergesang von allerlei Hausrat und Hans Sachsens Spruchgedicht „Der gantz Hawsrat", wissen wir faktisch wenig, sehr wenig über den Hausrat, über die Einrichtung des Bauernhauses.

Th. Hampe schreibt in seiner Einleitung zur Ausgabe dieser beiden Gedichte u. a. über Folzens Gedicht:

„Schon die Thatsache, dass uns von dem Spruchgedicht Folzens vier alte Ausgaben bekannt sind, würde darauf schließen lassen, dass sich das Werkchen besonderer Vorzüge erfreut. Denn eine trockene gereimte Aufzählung des wichtigsten Hausgeräts allein würde gewiss nicht zu so offenbarer und langdauernder Beliebtheit geführt haben. In der That hat sich denn auch der Dichter mit einer solchen Aufzählung nicht begnügt, sondern er hat als praktischer und in vielen Dingen erfahrener Mann allerlei nützliche Winke und gute Lehren eingeflochten und überdies das ganze mit seinem kräftigen, herzhaften, wenn auch zuweilen etwas derben Humor durchtränkt, der namentlich gegen den Schluß hin, wo von den Erfordernissen des Kindbetts, den zahlreichen Bedürfnissen des Neugeborenen und der Wöchnerin, den weitgehenden Ansprüchen der ‚Kindbettkellnerin' und der Amme ausführlich gehandelt wird und der Dichter die Form der Aufzählung fast ganz verlässt, bedeutender Wirkungen fähig wird. Eine tref-

---

[39] *M. Heyne,* a. a. O., S. 168.
[40] Ebendort, S. 169.

fende volkstümliche Ausdrucksweise und eingestreute Sprichwörter tragen nicht selten noch zur Erhöhung derselben bei."[41]

Eine volkstümliche Ausdrucksweise – natürlich für die herrschenden Klassen.

Oder kann man glauben, daß die Frau des Bauern des Rates bedarf, was für Hausgerät sie für die Geburt des Kindes gebraucht, was sie für die „Kindbettkellnerin" oder die Amme bereit halten muß? Schon der Ausdruck Wöchnerin ist für sie unangebracht, denn spätestens drei Tage nach der Geburt soll sie wieder aktiv im Hofe wirken.

Nein – zwar hat die Bäuerin ihre Sorgen bei der Geburt, etwa daß allem Aberglauben Rechnung getragen wird.

Aber die Aufzählung des Hausrats in einem üblichen Bauernhaushalt bedarf keines Meistergesanges oder längeren Spruchgedichtes – ein, zwei Verse würden dafür ausreichen.

Die Einrichtung des Bauernhauses schildert Heyne:

„Das dürftige Mobilar des Bauernhauses ist bald aufgezählt. Ein Gerüst zum Trocknen von Wäsche und Kleidern, das Ofenrick, das an der Stubendecke in der Nähe des Ofens angebracht ist und aus ein paar Stangen besteht, lernen wir durch Bilder des 15. und 16. Jahrhunderts kennen, es findet sich wenig verändert auch in der bürgerlichen Haushaltung; schlichte Bretter an den Wänden der Stube und Kammer und der Aufsatz über der Thür dienen, den kleinen Hausrat, Schüsseln, Näpfe und Krüge darauf zu stellen; an Holzpflöcken, in der Wand angebracht, hängen Kleider, ländliches Werkzeug und Waschfass samt Handtuch. Hauptmöbel aber der Stube bilden Tisch und Bänke. Der Tisch ist nicht das leichte Speisegestell der kleineren Tischgesellschaften in vornehmen Haushaltungen, sondern so gross, dass die gesamte bäuerliche Familie darum Platz hat, ruht auf vier Stollen oder häufiger auf einem Gestell mit schräg gekreuzten Beinen, daher er den Namen Schragen empfängt, und steht entweder fest in der Mitte der Stube, denn die Bauern tanzen darum, oder er ist, wie spätere Bilder gewöhnlich zeigen, in eine Ecke gerückt und leicht zu entfernen. Als gewöhnlichstes Sitzgerät dienen die Bänke, auf denen man auch liegt, auch Schemel . . .

Ein Hauptmöbel ist das Bett, das uns in mehrfacher Art, schlichter und reicher, entgegentritt. Die Bettstelle kann . . . ein einfaches Brettergerüst sein, pritschenartig, mit Bettstücken belegt . . . Die Bettstücken sind Strohbreite oder Strohsack, Polster und Kissen, sowie Zudecke, Decklaken; die Bettwäsche aber ist in den bäuerlichen Haushaltungen nicht immer vorhanden, obwohl sie um so nötiger war, als man gänzlich unbekleidet schlief. Wenn das bäuerliche Bett sich so an Bequemlichkeit dem der anderen Kreise nähert und bei der weit verbreiteten Gänsezucht namentlich ein Reichtum an Federbetten den Stolz der Bäuerin ausmacht, so muss sich doch bäuerliches Gesinde und bäuerliche Armut mit viel dürftigerem Nachtlager begnügen, mit dem blossen Strohsacke, der auf die Erde gelegt wird, selbst mit einfachem Stroh, und ihre Bettdecken bilden alte Säcke. Geringen Gästen wird die Ofenbank in der Stube als Nachtlager angewiesen; aber auch vornehme müssen mit einem Strohlager vorlieb nehmen."[42] Hartinger berichtet aus Bayern, daß das Gesinde, namentlich die Mägde, auch häufig beim Vieh im Stall untergebracht wurde, bisweilen, wenn das Haus einen Heuboden hatte, auch in diesem.[43]

[41] „Gedichte vom Hausrat aus dem XV. und XVI. Jahrhundert. Strassburg 1899, S. 15f.
[42] Ebendort, S. 171ff.
[43] W. Hartinger, a. a. O., S. 632.

Aber auch so klagt der Bauer:

>„Inn Stall ist weder Stra noch Heu,
>Der Holzmist* ist mein grösste Streu;
>Es raucht im Haus und regnt mir ein,
>Es kündt ä ja nit schlimmer sein."[44]

Grimmelshausen tut solchen Blick in die Hütte eines Armen auf dem Lande, nachdem er die kümmerliche Bekleidung der Kinder beschrieben: „Mit welchen Kleidungen sie sich auch deß Nachts bedeckten; dann ich sahe in der Stube die jüngste noch in ihrem von Laub und Moß zugerichtem Nest, also mit ihren Kleidern zugedeckt schlaffen. Der alten Bett war scheinbarlicher von Stroh gemacht, so doch auch schon zimlich zermahlen war; die Bettlade samt Tisch, Stühl und Bäncken waren alle deß Manns eigne Arbeit, und wie mich bedunckte, so war er auch selbst der Zimmermann, Maurer und Decker zum gantzen Haus gewesen. Die Fenster waren von Papier, und der Stuben Ofen von gebackenen Steinen und Holzigeln** zusammen gesticket***."[45]

Natürlich leben nicht alle Tagelöhner, Kossäten oder Kleinbauern so ärmlich. Aber das Einwohn-und-wirtschaftsraum-Haus (mit abgeteilten Kammern und Viehställen) ist unter den Kleinbauern durchaus üblich, und auch Vollbauern, Vollhufner verfügen bisweilen nur über ein Gebäude, in dem alles untergebracht ist. Baumgarten und Bentzien berichten über die Ribnitzer Bauern: „Bei entsprechender Überprüfung ergeben sich interessante Feststellungen. Danach besaßen 103 Vollhufner zusammen 274 Gebäude, mithin entfielen auf den Vollbauernhof im Durchschnitt 2,6 Gebäude. Demgegenüber waren auf 60 Kleinbauernhöfen lediglich 103 Gebäude, d. h. auf dem einzelnen Gehöft im Durchschnitt nur 1,6 Gebäude anzutreffen. Machte somit im allgemeinen die Wirtschaft der Vollbauern außer dem Wohngebäude die Errichtung wenigstens eines Nebengebäudes notwendig, vermochten sich Halbbauern vielfach einzig mit ihrem Wohnwirtschaftshaus zu begnügen. Wie das Inventar ausweist, besaßen tatsächlich insgesamt 32 Halbhufner und Kossaten, das sind rund 51% aller aufgeführten Kleinbauern, lediglich Eingebäudehöfe, während gleich bescheidene Anlagen sich nur bei 8 Vollbauern, d. h. bei rund 7% dieser Betriebe, fanden. Der so gewonnene Unterschied wird noch bedeutsamer durch die Tatsache, daß in überwiegendem Maße Vollbauernhöfe aufwändigere Nebengebäude besaßen. Von 90 aufgeführten Scheunen waren 85 (= 94%), von 12 Speichern sämtliche (= 100%) sowie von 22 Katen 19 (= 86%) hier anzutreffen."[46]

Und im Kriege sieht die Wohnung des Bauern oft ganz anders aus. Gustav Freytag beschreibt: „Auf die Kirchthürme und hohen Punkte der Flur wurden Wachen gestellt, die ein Zeichen gaben, wenn Truppen in der Ferne sichtbar wurden. Dann brachte der Landmann, was er retten konnte, die Frauen und Kinder und leichtbewegliche Habe, eilig in einen entfernten Versteck. Solche Verstecke wurden mit großem Scharfsinn ausgesucht, durch Nachhilfe noch unzugänglicher gemacht, und Wochen, ja

[44] W. *Steinitz*, a. a. O., S. 59.
[45] Grimmelshausen, a, a. O., Bd. II, S. 162.
[46] K. *Baumgarten*, U. Bentzien, a. a. O., S. 109.
  * Holzmist = Laubstreu.
 ** Holzigeln = Hohlziegeln.
*** gesticket = gestückt.

Monate lang fristeten dort die Flüchtlinge ihr angstvolles Dasein. Im schwarzen Moor zwischen Gräben, Binsen und Erlengebüsch, in dunkler Waldesschlucht, in alten Lehmgruben und in verfallenem Mauerwerk suchten sie die letzte Rettung. Noch jetzt zeigt an manchen Orten der Landmann mit Theilnahme auf solche Stellen. Zu Aspach in einem alten Thurm ist sechzehn Fuß über dem Boden ein großes Gewölbe mit eiserner Thür, dorthin flüchteten die Aspacher, so oft kleine Banden auf das Dorf marschirten; für längere Flucht aber hatten sie ein Feld von mehren Ackern, das mit Hainbuchen dicht umwachsen war, darum pflanzten sie Dorngebüsch, welches auf dem fruchtbaren Boden hoch wie Bäume wurde und dicht wie eine Mauer stand. In diesem Verhack, zu dem man nur auf dem Bauche kriechend gelangen konnte, hat sich die Gemeinde oft verborgen. Nach dem Kriege wurden die Dornen ausgereutet und der Boden in Hopfen-, dann in Krautländer verwandelt. Noch heißt ein Theil dieses Grundes ‚der Schutzdorn'."[47]

Selbst aus diesen „Wohnungen" vertreiben sie noch gelegentlich die Soldaten, wie Christian Lehmann schildert:

„Auß Furcht vor diesen March, wahren die Einwohner meist auf die Wälder gewichen mit ihren vbrigen Viehe und Mobilien. Die Scheibenberger vnd Waltersdörfer lagen an großen Hemberg, die Crotendörfer an kleinen Hemberg vnd an der Tzschopa, die Gründner an Schwartzenzeichen vnd an Felsel, andere an andern Ortten, Heinrich Eberwein hatte eine Hütte mit Schindeln gedeckt bauen vnd Hew vnd alle Mobilien vor Menschen und Viehe hienauß schaffen laßen. Nach deßen Exempel hatten auch andere ihre Hütten zue gerichtet, daß sie vor Frost vnd Hunger wohl bleiben können, wen sie der Feind nicht hette aufgetrieben. Aber die Feinde zue Roß vnd Fuß stelleten eine erschrekliche Menschenjagt an auf diesen Wäldern vnd kahmen immer näher. . . . Den 13. Martij kahmen 300 Musquetirer auß denen Dörfern, gaben mächtig Feuer, jagten die Wächter auß der Brettmühle in den Wald, branden dieselbe ab, brachten eine Furcht vnter die Flüchtigen, sazten weiter in die Wälder, funden Läger vnd Hütten der Menschen vnd Viehe, raubten Menschen, Pferde, Viehe, Gelt vnd Victualien vnd was sie funden, reizten die andern hungrigen Soltaten zue Roß und Fuß desgleichen, daß sie teglich ezliche 100 kommen vnd diese Wälder 2 Meil Weges lang biß vber die Gottsgabe durch geplündert. . . . Das andere flüchtige Volck in solcher Menschenjagt wurde so erschrecket vnd geschlagen, daß die schwangern Weiber abortiret, in dem Auflauf 2 Wochenkinder erstöcket, die zur Unzeit geborne Kinder ohne Taufe starben, andere vor Hunger, Frost und Erschrecknüß erkrancket vnd dohin gebracht wurden, daß sie sich in die Schächte, Schurfe, Waldgruben verstecket, mit Mooß vnd Schindelspänen zue gedecket, theils in die hohlen Beume vnd gar in die Bäerenlöcher sich verkrochen vnd die wilden Bäeren aufgetrieben, den es hatte das Ansehen, alß wen alle böse Geister in die Soltaten vnd Bäeren zuegleich gefahren wehren vnd hetten sich vereiniget, die armen Flüchtigen in Walde zue verfolgen."[48]

Auch das gehört zu den Wohnverhältnissen, allgemein zu den Lebensverhältnissen der Bauern in unserer Zeit.

Im allgemeinen war das städtische Handwerkerhaus dem Bauernhaus nicht viel überlegen. Nach der Schilderung guter Bürgerhäuser schreibt Heyne mit Recht: „Von dem

[47] G. Freytag, a. a. O., S. 111f.
[48] *Chr. Lehmann*, Kriegs-Chronik der Teutschen, zitiert nach J. Poeschel, Eine Erzgebirgische Gelehrtenfamilie. Leipzig 1883, S. 160f. – vgl. auch die zitierte Ausgabe von Bönhoff, S. 130ff.

durchschnittlichen Bürgerhause giebt es nun mannigfache Abweichungen nach unten und oben hin. Das Schema vereinfacht sich in dem Masse, als die Vermögenslage des Hausbesitzers sinkt und je weiter der Stadtbewohner selbst reicherer Städte aus dem Kern und Mittelpunkt der Stadt in die letzten Gassen nach der Stadtmauer zu rückt. Das Haus wird dem des armen Mannes vom Dorfe in Höhe und Bauart ähnlicher, ein Obergeschoss ist nicht mehr vorhanden, der dürftige Raum des Erdgeschosses fasst alle Wohn- und Erwerbsräume zusammen, Hofgebäude mindern sich auf die Stallung für ein Stück Kleinvieh, ein Schwein oder eine Ziege, höchstens für eine Kuh, Unterkellerung des Hauses wird beschränkt oder ganz unterlassen und durch die dörfliche Grube ersetzt. Das Baumaterial ist gering, Fachwerkbau mit Lehm oder auch nur Kleibwerk in Lehm vorwiegend, Kunst der Verzierung setzt wohl, aber doch nur in der bescheidensten Art, etwa durch lebhafte Färbung der Flächen, ein. Es zeigt sich dann das ärmliche Wohnhaus, für das auch die Namen gaden und mhd. (mittelhochdeutsch – J. K.) buode, mitteld. bûde, mitteld. bôde angewendet wird, gewiss eine von Anfang an verächtlich gemeinte Bezeichnung, weil das Wort sonst Hütte, Feldhütte, Baracke bedeutet. Wie in solchen Bauwerken Stadt und Land zusammenlaufen, ersieht man aus der Bestimmung eines schwarzwäldischen Weistums, dass der arme Mann sein Haus vom Dorfe in die Stadt versetzen könne. Kleine Städte des Mittelalters in allen Teilen Deutschlands empfangen von solchen armen Hausanlagen geradezu ihren Charakter, und selbst bei später gross gewordenen und zu Ansehen entwickelten Stadtwesen werden sie in früherer Zeit überwiegend angetroffen."[49]

Fenster und Einrichtung sind im Handwerkerhaus nicht sehr verschieden von denen des Bauernhauses.

Alle Schilderungen, auch die folgenden, müssen mit Vorsicht aufgenommen werden, da wir nicht wissen, auf wie relativ wohlhabende Handwerkerhäuser sie sich stützen, selbst wenn diese einen kümmerlichen Eindruck machen. Wenn Frank-Dietrich Jacob über Görlitz schreibt: „Über die Häuser der mittel- und kleinbürgerlichen Schichten im beginnenden 16. Jh. zu sprechen, fällt bedeutend schwerer, da sich sehr wenig, um nicht zu sagen, so gut wie keine, originale Bausubstanz erhalten hat. Das ist vor allem auf die damalige Bauweise zurückzuführen . . . Der Hauptfeind des Holzes war das Feuer."[50] – dann gilt das allgemein und auch für unsere Zeit.

Entscheidend aber ist, daß die Arbeit im Hause verrichtet wird und nicht in der Natur. Alles ist dadurch enger und bedrängter. Dazu kommt, daß der Raum im Haus viel kleiner ist. Allerdings ist das Handwerkerhaus wegen des Mangels an Grund und Boden öfter zweigeschossig mit einem Giebeldach und hat zumeist einen Keller – öfter zweigeschossig, aber wohl nicht in seiner Mehrheit.

Wie das Bauernhaus besteht das Erdgeschoß zumeist aus einem „großen" Raum, in dem sich alles abspielt: der Handwerksbetrieb, das Kochen, Essen usw. – und bei einstöckigen Häusern schläft auch ein Teil der Hausgemeinschaft, die im Giebel keinen Raum findet, in diesem Raum. „Die weite Hausflur, die ursprünglich den ganzen Raum des Erdgeschosses einnimmt, dient den Handwerkern für die Entfaltung ihrer Thätigkeit: hier arbeiten Schneider, Schuster, Kürschner, Gerber, hier verkaufen Kramer, Bäcker, Fleischer ihre Waren, gelegentlich wird auch für alle solche Thätigkeit auf die

---

[49] M. Heyne, a. a. O., S. 224f.

[50] Vgl. Arbeitskreis für Haus- und Siedlungsforschung am Wissenschaftsbereich Kulturgeschichte/ Volkskunde des Zentralinstituts für Geschichte der Akademie der Wissenschaften der DDR. Protokoll der 16. Jahrestagung, Berlin 1977, S. 108.

Strasse übergegriffen. Dem Haushalte dient die Hausflur ebenso, denn der Herd steht hier bereit, zum Kochen wie zum Wärmen. Leichte Zukömmlichkeit vermittelt die breite Thür von der Strasse her, die sich in grossen Gewerkshäusern auch zum Thore entfalten kann."[51] Mit wachsendem Wohlstand entstehen, wie im Bauernhaus, abgetrennte Kammern, der Meister mit seiner Familie schläft im Stock darüber, Gesellen und Lehrlinge im Giebel. „Wenn das Erdgeschoss dem bürgerlichen Berufe dient, so ist das darüber aufgeführte Obergeschoss den Bedürfnissen der engeren Familie in besonderen Räumen, zum Zurückziehen und Schlafen, gewidmet."[52]

Die Beleuchtung muß im allgemeinen besser sein als in den Bauernhäusern, da insbesondere im Winter häufig länger gearbeitet wird, als das Tageslicht reicht, häufig länger auch als im Bauernhaus.

„Die Beleuchtung der Wohnräume schliesst sich an die alten Arten an . . . bildet sich aber mit der Zeit zu grösserer Feinheit aus. Dass die Flammen des Herdes, oder der Kienspan Diele oder Gemach erleuchten, ist für das frühe Bürgerhaus ganz natürlich und bleibt in ärmlichen Haushaltungen ebenso steter Brauch, wie die Schleisse und der Kienspan der Beleuchtung in der Werkstatt dient. Für das bessere und das vornehme Bürgerheim tritt die Beleuchtung durch tierische oder pflanzliche Fette oder Öl ein.

Das Anfertigen der Kerze ist lange dem Haushalt vorbehalten geblieben . . .

Die Unschlittkerze ist das gewöhnliche Beleuchtungsmittel sowohl in der bürgerlichen als in der schlichteren adeligen Haushaltung und wird dementsprechend auch in größerem Vorrate gehalten. Sie brennt auf Lichtgestellen mannigfacher Art . . .

Unschlitt wird auch gebrannt, ohne in Kerzen geformt zu werden; der alte Brennnapf setzt sich fort, der mit dem Fette ausgegossen und mit einem Dochte aus Binsen, Werg oder Faden versehen wird."[53]

Die Handwerker schließen sich oft auch geographisch gewerblich zusammen in dem Sinne, daß das gleiche Gewerbe in einer Gasse zu finden ist – genau das Gegenteil der arbeitsteiligen Verteilung im 19. Jahrhundert, in dem ein Schuster einen anderen in der gleichen Straße als unbillige Konkurrenz, wohl aber einen Schneider als angenehm empfindet.

Da sich zumeist alles in einem Raum abspielt, wäre es unmöglich, auch noch die Kunden in diesen Raum zu lassen. „Der Warenkauf, mag er im eigenen Hause des Handwerkers oder in gemieteten Ständen auf Strassen oder Plätzen stattfinden, vollzieht sich gewöhnlich so, dass der Warenraum nicht betreten wird und der Kunde auf der Strasse steht; Ausnahmen bilden nur die Verkaufsräume in den Kellern. Auf ebener Erde hängen solche Räume mit den Häusern der Handwerker auch als Vorbauten nach der Gasse (Lauben) zusammen, oder sie bilden, namentlich in breiteren Strassen, auch auf Märkten und selbst Brücken in der Stadt, selbständige leichtere oder festere kleine Bauten, die als Buden, Hütten, Kräme, Gaden, Schrannen, Scharren bezeichnet werden, und selbst nur als frei gestellte Tische und Bänke erscheinen; wiewohl auch Bank in die Bedeutung eines festen Verkaufsstandes übergehen kann. Ist ein solcher der Vorbau eines Hauses oder eine Bude, so öffnet er oder sie sich nach dem Käufer durch einen hölzernen oder eisenbeschlagenen Klappladen, das lit, mnd. led, das zugleich

[51] Ebendort, S. 213.
[52] Ebendort, S. 218.
[53] Ebendort, S. 275ff.

Ladentisch ist, und wieder emporgeklappt wird, sobald der Verkauf geschlossen ist. Alle dergleichen verschiedene Verkaufsstände erscheinen einzeln oder in zusammenhängenden Reihen, nach Ortsgebrauch oder auch nach Verfügbarkeit des Raumes. Verkauft wird dort alles, was für Nahrung, Kleidung, Hausrat und Schmuck nicht auf Bestellung gefertigt, sondern als Handels- oder Massenartikel vom Handwerk hervorgebracht wird. Es ist ein ständiger Jahrmarkt, auch der äusseren Erscheinung nach."[54]

Die sanitären Anlagen sind im allgemeinen besser als auf dem Lande, wo es nicht allzuhäufig spezielle Abtritte gibt. In der Stadt ist nicht nur durch zahlreiche Brunnen für gutes Wasser gesorgt. „Schmutzwässer und andere flüssige Unreinigkeiten aber sollen die Strasse nicht verunreinigen, und es wird in guten Städten untersagt, sie dahin auszugiessen, ebenso wie menschlichen Unrat. Für die Ableitung solcher Wässer dient ein verdeckter Abzugsgraben."[55]

Und all das sieht ganz anders aus, wenn eine Stadt von durchziehenden Truppen gebrandschatzt oder gar zerstört worden ist, was nicht selten geschah, wenn sie Widerstand leistete ... was öfter in dieser Zeit der Fall war, auch vor dem Dreißigjährigen Kriege. Und ganz anders war das auch, wenn die Pest eine Stadt heimsuchte, viele Häuser leerte und verfallen ließ, auch wenn noch dieser oder jener in ihnen wohnte.

Die Siedlungen der Bergarbeiter waren ganz besonderer und vielfältigster Art. Mit Recht bemerkt Kube in einer Studie über Bergarbeiterwohnungen im Erzgebirge einleitend: „Der bergmännischen Besiedlung fehlte ein entsprechend einheitlich durchgeformter Siedeltyp. Neben Waldhufendörfern, die durch bergmännischen Zuzug sich umbildeten, gibt es Bergstädte, die aus wilder Wurzel erwuchsen. Unter ihnen heben sich manche durch die Regelmäßigkeit der Anlage als Gründungsstädte heraus, während andere jede geordnete Straßenführung vermissen lassen. Vielfach lagen auch die Wohnstätten der Bergleute nicht in Ortschaften, sondern weithin einzeln verstreut. Meist handelt es sich dabei um Zechenhäuser, Bauten, die in erster Linie nicht als Wohngebäude, sondern für unmittelbare Grubenzwecke, sei es als Huthäuser, Bergschmieden, Schachtkauen oder Erzwäschen, errichtet wurden. Da wir im Auge haben, wie verschiedenartig Bergleute in Grubennähe ein Unterkommen fanden, sprechen wir im Hinblick auf diese Mannigfaltigkeit bergmännischen Sichaufhaltens von Hausen, Wohnen und Siedeln."[56]

In mancher Beziehung glichen sie den früheren flüchtigen Bauernsiedlungen – wußte man doch nicht, wie lange der Stollen, wie lange die Erzvorräte in einer bestimmten Gegend abbauwürdig blieben. Kube bemerkt: „Solange dem Bergbau keine gesicherte Lagerstättenforschung vorausging – und das war bis weit ins 19. Jahrhundert hinein der Fall –, so lange man nicht ‚durch den Stein hindurchsehen' konnte, war die Dauerhaftigkeit eines Bergbaubetriebes bei dessen Beginn überhaupt nicht abzuschätzen. So lange ging es aber auch nicht an, gleich mit dem Betriebsbeginn die Anlage einer geplanten Siedlung zu verbinden. Während bei mittelalterlichen Dorfgründungen die beabsichtigte Beständigkeit aller getroffenen Vereinbarungen in den begleitenden Urkunden versichert wird, betont das Grubenfeldrecht, daß alles an dem Faden des un-

---

[54] Ebendort, S. 307ff.

[55] Ebendort, S. 327f.

[56] *S. Kube,* Hausen, Wohnen und Siedeln der Bergleute im sächsischen Erzgebirge und seinem Vorland, in: „Deutsches Jahrbuch für Volkskunde", 5. Bd., Berlin 1959, S. 307.

unterbrochenen Betriebes hängt. Ein Aussetzen im Schürfen und Bauen läßt Schurf und Grube bei Fristen von wenigen Tagen sich verliegen und entschädigungslos wieder ins Freie fallen."[57]

Erweisen sich Stollen und die Gegend überhaupt ergiebig, so wird aus dem Provisorium im Laufe der Zeit gar eine Stadt:

„Das Moment der Unsicherheit, das im Hoffen auf bergmännisches Glück wesentlich mitspielt, verhinderte die auf das ‚Neugeschrei' hin zum Schneeberg Geeilten lange an wirklichem Seßhaftwerden. Man hoffte, diesem Glück möglichst viel abzugewinnen, aber man wollte den Launen Fortunas so wenig wie möglich preiszugeben haben. Man mußte wohl hausen, aber wollte sich nur mit sowenig Häuslichkeit, wie es eben ging, belasten. Dies spricht schon aus dem Bericht des Petrus Albinus: ‚Es ist auch die Stadt nicht alsbald zu Beginn des Bergwerks . . . erbaut worden, denn man hat da nur gleich wie auf der Rapuse*, wie man zu sagen pflegt, gesessen und nicht daran gedacht, daß es von Bestand sein sollte, deshalb man anfangs nur etliche Hütten bei den Zechen baute, die der Bergrichter verliehen hatte und damals das Holz fast auf der Stelle oder ja nicht weit davon gefällt wurde, wo die Hütten errichtet wurden. Wie denn mein lieber seliger Vater in einem solchen Haus wohnte, dessen Stubenholz auf demselben Ort gewachsen war, wie ihm und mir von alten Leuten berichtet wurde. Aber danach, als sich der Ertrag lohnte, hat man angefangen, eine Stadt zu errichten, welches ungefähr nach dem Jahre 1477 geschah, darin die erste steinerne Kirche gebaut wurde, da man gleichwohl beide wegen der Zechen und Halden und wegen der alten Zechenhäuser, die man nicht alle einreißen wollte, nicht so gerade Gassen anlegte und nicht so ordentlich . . . bauen konnte, weshalb denn auch solcher und anderer Ursachen wegen bisher die Stadtmauer herumzuziehen, unterblieben ist'.**"[58]

Bisweilen werden aus den Bergwerksiedlungen eigene rechtliche Gebilde, die weder feudale Dörfer noch Städte sind, mit eigenen Marktrechten. Kube erklärt: „Dies hebt die Berge im 14. und 15. Jahrhundert über die Dörfer, ohne daß sie als Siedlungen dabei Stadtcharakter gewönnen."[59] Berg ist ein Name für diese Sondersiedlungen und das von Kube für das 14. und 15. Jahrhundert Festgestellte gilt auch noch für unsere Zeit.

Gar nicht selten aber kommen die Bergarbeiter aus umliegenden Dörfern zum Bergbaugebiet. Kube erzählt: „Die Buchholzer Bergordnung von 1507*** unterscheidet zwischen Häuern bzw. Arbeitern, die weiter als 3 Meilen von Buchholz entfernt herkommen, solchen, die auf umliegenden Dörfern wohnhaft sind, und schließlich denen, die häuslich in Buchholz selbst sitzen oder, um da zu wohnen, eine Baustätte aufgenommen haben. Die erste Gruppe dürfte als Kostgänger in Bergwerksnähe leben. Die Bergordnung will den Mißstand eingedämmt wissen, ‚daß viele Häuer und Arbeiter auf dem . . . Bergwerk arbeiten, die auf umliegenden Dörfern wohnhaft sind, welche zeitlich vor Endung gebührlicher Schicht von der Arbeit heimgehen und langsam an die Arbeit kommen und wenn sie an der Arbeit sind, aus Müdigkeit wenig arbeiten'. Die scharfe Formulierung läßt offen, ob diese Müdigkeit nur von den weiten Wegen

---

[57] Ebendort, S. 309.
[58] Ebendort, S. 310.
[59] Ebendort, S. 313.
  * Plünderung, Wirrwarr.
 ** Meißnische Bergk Chronika. Dresden, 1589, S. 29.
*** In: Beitr. z. Gesch. d. Stadt Buchholz, 2. Heft, Buchholz 1896, S. 28f.

zur Arbeitsstätte herrührt, oder von der Nebenbeschäftigung in der häuslichen Landwirtschaft. Die Bergordnung verbietet auf jeden Fall rundweg, solche Leute fortan
als Häuer oder zu anderer Arbeit auf dem Buchholz und in den Gebirgen, die dazu-
gehören, zuzulassen. 1525 wendet sich in ebenso unfreundlicher Weise die Belegschaft
der Gruben von Kleinrückerswalde (unmittelbar zwischen Annaberg und Buchholz
gelegen) gegen die Beschäftigung bäuerlicher Bergarbeiter*. Auch auf dem Geising-
berg arbeiteten lange Zeit Häuer, die im Böhmischen zu Hause waren und deshalb in
böhmischer Münze gelohnt werden wollten**. Pendelndes Wohnen ist für die Eiben-
stocker und Schwarzenberger Zinnbergordnungen des 16. Jahrhunderts*** die als all-
gemeingeltend vorausgesetzte Form bergmännischen Hausens. Die Gruben lagen von
den sonstigen Siedlungen entfernt im Walde. Die Bergleute kehrten nur sonnabends
heim und sollten dann alleweg am Montag um 9 oder 10 Uhr an ihre Arbeit auf den
Wald gehen und am Montag 4 Stunden, die folgenden Tage 10 Stunden arbeiten. Diese
Leute mußten also die Woche über bei der Zeche wohnen. Einwohner von Bärenwalde
kamen nach dem Wochenende erst sonntags früh heim. Sie baten darum den Pfarrer,
den Gottesdienst später anzusetzen, damit sie daran teilnehmen könnten†. 1587 heißt
es von Bärenwalde, es gäbe da viele arme Leute, die in den Wäldern und Bergwerken
arbeiteten. Oft trüge es sich zu, daß ein Mann viele Wochen, ja sogar ein Vierteljahr
lang nicht nach Hause käme††."[60]

Sie wohnten dann oft in sogenannten Zechenhäusern. „Im Laufe des 16. Jahrhunderts bildet sich der Begriff des Zechenhauses heraus. Während die Bergsiedlungen,
sofern sie Dauersiedlungen wurden, kommunalen Charakter annahmen, Dörfern und
Städten vergleichbar wurden, blieben die Zechenhäuser selbst dort, wo sie gehäuft
nebeneinanderstanden, infolge besonderer Umstände außerhalb aller Gemeinde-
bildung."[61]

Die Zechenhäuser waren zumeist äußerst primitiv und standen, im Gegensatz zu den
Bauernhäusern, bisweilen auf fremdem Grund und Boden, so daß zum Beispiel noch
100 Jahre auch nach unserer Zeit aus Brand berichtet wird: „Der Bergflecken Brand
hat nicht feuerfeste Gebäude, sondern nur leimerne Hütten und Erdhaufen, davon
eines nur 8–10 Ellen weit und von einem Geschosse hoch ist und eben dahero kann
man das Dach gleich ergreifen, wenn man vor der Haustür nur auf der Erde stehet . . .
Hierzu kommt noch, daß in einem Wohnhäuschen . . . nur ein kleines Stübgen mit einem
Kämmerchen angebracht . . ., worinnen kaum der Hauswirt vor sich und seine Familie
Raum genug hat.' Die Brander Bergleute haben bei ihrem Haus weder Feld noch Garten, ja nicht ein Fleckchen, wo ein Stück Wäsche hingelegt werden kann: ‚Wann wir

---

[60] Ebendort, S. 316f.

[61] Ebendort, S. 320.

  * *Siegfried Sieber:* Die Teilnahme erzgeb. Bergleute am Bauernkrieg, 1525. In: Freiberger For-
    schungsheft D 11, Bergbau und Bergleute, Berlin 1955, S. 96.

 ** *Hermann Löscher:* Der landesherrliche Schiedsspruch vom 4. Sept. 1469 im Streike der Knappen
    zu Altenberg (Erzgebirge). In: Freib. Forschungshefte D 11, Bergbau und Bergleute, Berlin
    1955, S. 38f.

*** 1534: *s. Fröbe*, a. a. O., S. 295; 1556 Handschr. Ab 31 a ehemals in der Bibliothek des Freiber-
    ger Altertumsvereins, seit 1945 verschollen, Fotokopie im Besitz der Dresdener Forschungsstelle,
    Kap. 17.

  † *Martin Leistner:* Chronik des erzgebirgischen Dorfes Bärenwalde. Zwickau 1952, S. 34.

 †† Ebendort, S. 22.

aus unsern Wohnhütten über die Schwelle treten, kommen wir gleich auf unserer Grundherren Grund und Boden ... So können wir nicht einmal eine Henne halten'."[62]

So kümmerlich aber auch die Bergarbeiter oft wohnen mußten, hatten sie in unserer
Zeit den Vorteil, von vielen feudalen Lasten, die die Bauern tragen mußten, befreit zu
sein – vorausgesetzt, daß sie nicht in den Dörfern siedelten und dort noch Landwirtschaft betrieben. –

Essen, Kleiden, Wohnen – all das war um 1600 noch nicht sehr verschieden im
Vergleich zu 1500 oder 1000. Die große Mehrheit der Werktätigen wurde an der großen Mehrheit der Tage im Jahre ausreichend genährt, um ihre Arbeit verrichten zu
können, was nicht bedeutet, daß sie jeden Tag wirklich satt wurden oder sich gesund
nährten. Auf niederem Niveau stand ihre Kleidung – während der Brei nicht ange-
brannt sein durfte, konnte die Kleidung schmutzig, zerrissen, auch voll Ungeziefer
sein. Das letztere gilt auch für die Wohnung, zu der ja auch das Viehzeug gehörte, und
die selten genügend gegen die Unbilden des Wetters, außer um den Herd oder Backofen herum, geschützt war.

Die Werktätigen lebten elend, aber nicht elender als zuvor. Waren sie bedrückt von
ihrem materiellen Elend? sicherlich bisweilen, aber nicht mehr als zuvor. Gelegentlich
rotteten sie sich zusammen gegen das materielle Elend, das sie bedrückte, aber die
Erinnerung an den Bauernkrieg war im allgemeinen lange geschwunden oder war zumindest nicht mehr lebendig, zumal er ja auch nur in wenigen Gegenden stattgefunden
hatte. Trost spendete die Religion und die Aussicht auf den Himmel, der hinsichtlich
der Nahrung eine Art Schlaraffenland war ... die Kleidung dort war nicht wichtig,
es herrschte ja wohl eine angenehme Temperatur ... und wie man dort wohnte? darüber hatten die Bauern keine rechten Vorstellungen. In der Stadt war es wohl anders.
Die Gesellen hatten vielfach ihre Verbände und rechneten weniger nur mit einem besseren Leben im Himmel als die Bauern; das Leben hier auf Erden spielte wohl eine
größere Rolle für sie. Von Klassenkämpfen soll man nicht reden, denn die Gesellen
waren keine Klasse und rechneten um 1600 noch, in der Mehrheit mit Recht, damit,
selbst Meister zu werden.

Vieles in der materiellen Lage, das heißt in Nahrung, Kleidung und Wohnung, änderte sich durch den Krieg. Dort, wo er wütete, gab es viel verzweifelte Not. Menschen starben an Hunger oder erfroren im Winter. Alle Maßstäbe des täglichen Lebens
gingen verloren. Kann man überhaupt noch von Alltag sprechen in den Wochen und
Monaten, die einem Überfall der Soldateska folgten?

Und war es nicht ähnlich, wenn die Pest große Gebiete durchzog – ähnlich? vielleicht
noch schlimmer, weil sie sich gleichmäßiger und gründlicher ausbreitete.

Krieg und Pest waren oft große „Demokraten" und trafen arm und reich, auf dem
Lande wie in der Stadt.

Die Not des Alltags um 1600, soweit sie Nahrung, Kleidung und Wohnung anging,
traf nur die große Masse der Werktätigen. Sie wurde größer bei Mißernten und kleiner,
wenn das Wetter günstig war. Aber sie war immer in dieser oder jener Form gegenwärtig. Wenn der Brei reichte, fehlte das Holz, und wenn auch dieses reichte, dann
beunruhigte der Zustand des Hauses. Wenn die Meisterin nicht genügend an Logis
und Kost gab, konnte man den Meister zu höherem Lohn überreden oder die Meisterin

---

[62] *A. Fr. Wappler*, Brand bei Freiberg in alter Zeit, in: „Mitteilungen des Freiberger Alterthumvereins,
Bd. 40, Freiberg 1908, S. 73ff.

gegen den Meister ausspielen? In der Tat, gar nicht selten erforderte die Erhaltung eines einigermaßen ausreichenden Lebensstandards vom Gesellen taktisches Geschick dem Handwerkerehepaar gegenüber. Wenig ist darüber berichtet, außer wenn es zum Schlafen mit der Meisterin kommt, was auch nicht immer ein reines Vergnügen gewesen sein wird.

Waren die Werktätigen mit ihrem materiellen Lebensstandard um 1600 zufrieden? Ich glaube nicht, daß eine solche Fragestellung für ihre große Masse sinnvoll ist. Natürlich hatten sie Vorstellungen von einem viel, viel besseren Leben – aber hier auf Erden? natürlich wollten sie es etwas besser haben, wenn der ihnen gleiche Nachbar es etwas besser hatte – soweit dachten sie natürlich im Alltag. Aber Gedanken an eine bessere Welt hier auf Erden, für alle Bauern, für alle Gesellen, waren ihnen am Alltag fremd – wenn es nur für den nächsten Tag reichte, wenn das Wollhemd nur noch einige Zeit hielt, das Dach noch nicht in diesem Jahr repariert oder gar ersetzt werden mußte.

Fassen wir den Alltag der Bauern noch einmal zusammen, in ihren eigenen Worten an einen bayerischen Kurfürsten:

„Übrigens sollen wir Ew. Kurfürstlichen Durchlaucht treugehorsamst vorstellen, und den Irrweg oder die Meinung, die einige haben mögen, benehmen, als wenn der bayrische Landmann gar so faul, träg und halsstärrig wäre, wie er hier geschildert werden möchte. Man gehe nur auf's Land und halte sich etliche Tage auf. Erstaunend wird man sehen, wie die Bauersleute vom Frühjahr bis in den späten Herbst sich immer im Felde oder Wiesmat, oder Holz bei der Arbeit einfinden, keine Hitze, Kälte, Nässe, noch Regen scheuen. Im Sommer vor Anbruch des Tages mähen, in der Ernte von früh morgens bis in den späten Abend bei der größten Hitze Getreide schneiden und sich so sehr erhitzen und ermüden, daß sie öfters darüber krank werden und manchmal ihr einziges Gut die Gesundheit für Allzeit einbüßen. Man wird sehen, wie sie im strengsten Winter zur Nachtzeit und noch lange vor Anbruch des Tages ihr Getreide dreschen, bei Tage aber ihre Holz- und Getreidefuhren verrichten, oder Erde auf ihre Äcker führen.

Man untersuche die innere Wirtschaft der Landleute, hier wird man manche Familien antreffen, die keinen Dienstboten zu halten vermögen, sie müssen Tag und Nacht arbeiten, ihren Körper abschinden, sich kümmern und sorgen, um nur der Landesherrschaft ihre Abgaben entrichten und dabei ihr Maul fortbringen zu können. – Manches Bauernweib muß aus Mangel der Ehehalten schon am dritten Tage des Wochenbetts alle Hausarbeiten verrichten. Selbst die Kinder müssen in ihrer zartesten Jugend so schwer arbeiten, daß einige krumm und bucklich werden, oder das Wachstum des Körpers verlieren. Ihre Nahrung ist meist sehr schlecht, die Erträgnisse der Gründe äußerst gering. Der Viehstand elend, die Hütte dem Einsturz nahe und sohin ihr Leben kummervoll. Anstatt eine solche Familie der Faulheit zu beschuldigen, wird man sich vielmehr wundern müssen, daß sie ihres mühseligen Lebens nicht überdrüssig geworden ist.“[63]

[63] Zitiert in *J. Tismer*, Aus der Geschichte des Landvolks. Beiträge zur Geschichte der Landarbeit, Berlin 1931, S. 53f.

Arbeit und Arbeitswerkzeuge

Von *Wolfgang Jacobeit*

1. *Bäuerlicher Alltag – Die Arbeit*

„Heut zu Tage ist der Landmann die armseligste unter allen Kreaturen: die Bauern sind Sklaven und ihre Knechte sind von dem Vieh, das sie hüten, kaum noch zu unterscheiden ... Ein paar magere Kühe müssen ihnen das Feld bauen und auch Milch geben. Ihre Scheuern sind leer, und ihre Hütten drohen alle Augenblicke über einen Haufen zu fallen ... Der Bauer wird wie das dumme Vieh in aller Unwissenheit erzogen. Er wird unaufhörlich mit Frondiensten, Botenlaufen, Treibjagen, Schanzen, Graben und dergleichen geängstigt. Er muß vom Morgen bis zum Abend die Äcker durchwühlen, es mag ihn die Hitze brennen oder die Kälte starr machen. Des Nachts liegt er im Felde und wird schier zum Wild, um das Wild zu scheuen, daß es nicht die Saat plündere. Was dem Wildzahn entrissen wird, nimmt hernach ein rauher Beamter auf Abtrag der noch rückständigen Schoß- und Steuergelder hinweg. Wenn nun hier der nicht minder boshafte als gequälte Bauersmann seinem Herrn etwas unterschlagen und mit List entwenden kann, so tut er solches mit dem besten Herzen von der Welt und bildet sich ein, die Gerechtigkeit sei nur ein ausgedachter Vorteil der Großen, damit sie alles sich zueignen könnten ...“ So lautet die Schilderung des von Goethe so gepriesenen Herrn von Loen über den Bauernstand seiner Zeit – und das war in den 70er Jahren des 18. Jahrhunderts.[1] Zweihundert Jahre früher – 1567 – heißt es in Jost Ammans „Ständebuch“ über den Bauern: „Ich aber bin von Art ein Bauer. Mein Arbeit wird mir schwer und sauer. Ich muß ackern, säen und eggen, schneiden, mähen, heuen dagegen, holzen und einfahrn Heu und Getreid. Geld und Steur macht mir viel Herzleid. Trink' Wasser und eß' grobes Brot, wie denn der Herr Adam gebot.“[2]

Zwei Schilderungen über die Lage des Bauern, exemplifiziert an seiner über ein ganzes Arbeitsjahr verteilten Tätigkeit, die sich letztlich in nichts voneinander unterscheiden. Zwischen beiden Daten liegt unser Zeitraum, und wir können mit großer Wahrscheinlichkeit schlußfolgern, daß unter den Vorzeichen der „Angst“ und der „Gewalt“ das Arbeitsleben der Bauern als eines wesentlichen Teils ihres Alltags zwischen 1600 und 1650 noch elender zu beschreiben wäre. Freilich müssen wir auch berücksichtigen, daß sich die bäuerliche Klasse sozial immer mehr differenziert, daß sich Unterschiede zwischen Gebieten mit ausgesprochen marktwirtschaftlicher Tendenz und groß-bäuerlich geprägter Lebensweise und solchen minderer Ertragsquoten, d. h. mittel- bzw. kleinbäuerlich strukturierter Regionen, herausbildeten und sich so auch weiter entwickelten. Auf die Masse der Bauern aber trafen beide Schilderungen mit Sicherheit zu.

---

[1] Zitiert nach „Das Bild vom Bauern. Vorstellungen und Wirklichkeit vom 16. Jahrhundert bis zur Gegenwart.“ (Katalog zur gleichnamigen Ausstellung im „Museum für Deutsche Volkskunde“. Berlin (West) 1978, S. 49.

[2] *Jost Amman,* Das Ständebuch. Hg. v. M. Lemmer. Leipzig 1975 (= Insel-Bücherei 133).

Sie zeigen aber noch eine andere Gemeinsamkeit: Die aufgezählten zu verrichtenden landwirtschaftlichen Arbeiten unterscheiden sich kaum, und das will wiederum besagen, daß sich innerhalb dieser zwei Jahrhunderte hinsichtlich der Arbeitsverhältnisse kaum etwas geändert haben dürfte. Nur in der Haltung der geschilderten Bauern zu ihren Guts- oder Grundherren gibt es ganz offenbar differierende Auffassungen: Während sich der Bauer bei Jost Amman noch damit zufrieden gibt, arbeiten und fronen zu müssen, „wie denn der Herr Adam gebot", greift der bei von Loen schon zur „Selbsthilfe" und nimmt sich vom Mehrprodukt der „Großen", was diese glauben „sich zueignen zu können".

Eine qualitative Veränderung im Agrarsystem des Feudalismus beginnt sich erst etwa 50 Jahre nach dem großen verheerenden Krieg abzuzeichnen; eine Veränderung, an deren Ende die bürgerlichen Agrarreformen aus dem ersten Drittel des 19. Jahrhunderts stehen und im Übergang von der Dreifelderwirtschaft zur Fruchtwechselwirtschaft ihren sichtbaren Ausdruck finden. In unserem Zeitraum herrschen im Prinzip also noch die herkömmlichen, der Dreifelderwirtschaft entsprechenden Arbeitsweisen vor, über die uns der Landpfarrer Martin Grosser eine ausführliche Beschreibung überliefert hat: „Kurze und gar einfeltige Anleitung zu der Landwirtschaft, beides im Ackerbau und in der Viehezucht nach Art und Gelegenheit dieser Land und Ort Schlesien" (Breslau 1590).[3] – Grosser möchte nicht wie die aus dem Lateinischen zu seiner Zeit übersetzten römischen Agrarschriftsteller oder wie die „Hausväter" belehrend wirken; er will auch nicht unbedingt etwas verändern oder verbessern. Grosser möchte eine Beschreibung der wichtigsten Tätigkeiten bei Anbauwirtschaft und Viehhaltung geben, so wie er es bei den Bauern seiner schlesischen Heimat beobachtet und notiert hat. Zu berichten, „wie es dort gehalten wird und wie es gehalten werden soll", das ist sein Anliegen. Und seine Absicht näher begründend meint er: „Ob schon viele Bücher dieser Art in mancherlei Sprachen ausgangen, so sind doch die meisten oder das meiste darinnen, wie man sagt, neque coeli nostri, neque soli nostri."[4] Eine Schilderung allein der heimischen Landwirtschaft wird uns hier dargeboten – eine Art Heimatbuch also –, und dazu gehört auch ein annotiertes Glossar mit den „Namen von der Paurn Werkzeug und Hausrat", zu dem sich Grosser so äußert: „Ist wol war, daß kein Drescher aufm Dorf so geringe, der sie nicht alle auswendig köndte, da sie doch den Allergelehrsten mehrenteils often solten Cauderwelsch gnugsam vorkommen, denn ein jede Kunst, wie geringe sie auch ist, hat ihre vocabula technologica."[5]

Welche Geräte sind es nun, die Grosser uns nennt? „Das Werkzeug, damit man den Acker brochet, wendet ,stürzet und aarnet, wird genandt sampt seinen Teilen, was darzu gehöret, ein Pflug."[6] Wollte man die dann in ihrer jeweiligen Lage und Funktion beschriebenen und mundartlich benannten Einzelteile zueinander fügen, ergäbe sich daraus der Typ des bodenwendenden Beetpflugs mit eisernem Pflughaupt, Doppelsterze und Radvorgestell, der nicht nur in Schlesien, sondern in allen deutschen Landschaften mit jeweils verschiedenen Variationen vertreten ist. Es ist das für die ganze Feudalzeit quasi als „Leitfossil" bestimmende und wichtigste Bodenbearbeitungsgerät. – Und weiter

---

[3] *Martin Grosser/Abraham von Thumbshirn,* Zwei frühe deutsche Landwirtschaftsschriften ... Hg. v. Gertrud Schröder-Lembke. Stuttgart 1965 (= Quellen und Forschungen zur Agrargeschichte XII).

[4] Ebda., S. 3.

[5] Ebda.

[6] Ebda., S. 55.

bei Grosser: „Das Paur Instrument oder Werkzeug, damit man den Acker ruret, das ist, querüber fehret oder querüber zerreisst ..., nennt man ein Rurhocken oder Radlitz;"[7] ein „Haken-(Arl)-Typ" also, der als älteres Bodenbearbeitungsgerät noch im 16. Jahrhundert östlich von Elbe, Saale und Naab sowie im Alpenraum meist zusammen mit dem Beetpflug auftritt und zur zweiten Winterfurche sowie zum Unterackern der Sommersaat verwendet wurde.[8] – „... damit man die Klösser zerreisset und den Acker gleich und schlecht machet"[9], braucht der Bauer eine Egge[10] mit Balken und Querstreben, das Ganze in Form eines Gitters zusammengesetzt. Die Zinken dieses nach dem Pflug wichtigsten Anbaugeräts werden bei Grosser schon als „starke, eisern Nagel" bezeichnet, eine Novation, die um 1500 bereits in vielen deutschen Gegenden bekannt gewesen sein muß, aber erst im 19. Jahrhundert die o. g. „Rahmenegge" mit Holzzähnen völlig verdrängt.[11] – Von den diversen Wagen, wie „Gutschwagen, bedeckte Wagen, Fuhrwagen, Pauermarktwagen, Erndt- und Heuwagen, gerundte Wagen etc." beschreibt Grosser lediglich den „Paurwagen" in seinen Teilen, dies aber sehr ausführlich: Es ist ein Fahrzeug, bestehend aus dem Vorder- und Hintergestell, mit verschiedenen Seitenbrettern, Leitern, Flecht- und Sprossenwänden für die verschiedenen Zwecke – vom Misttransport bis zur Marktfahrt. Das Gefährt wird als mit eisernen Achslagern versehen, gekennzeichnet.[12] – Diese drei Arbeitsgeräte sind bei Grosser die einzigen, deren Einzelteile so ausführlich geschildert und benannt werden. Die folgenden sind zu den einfacheren Handgeräten zu rechnen, wie Hacken und Hauen, Schaufeln und randbeschlagene Spaten, Schlegel und Gabeln, Sicheln und Sensen, Wetzsteine sowie „eiserne Ambößlein" und Dengelhämmer, Dreschflegel und Fegen[13] zum Reinigen des ausgedroschenen Getreides. Sie sind z. T. auch Mehrzweckgeräte, die zum Grundbestand jeder Bauernwirtschaft gehören. Als Besonderheiten werden noch ein Hebezeug zum Laden von Langholz erwähnt und eine hölzerne Schraubenwinde, ein „Winder", mit dessen Hilfe schwere Lasten gehoben werden können.[14]

Grossers Glossar der landwirtschaftlichen Arbeitsgeräte dürfte dem Ausrüstungsstandard einer bäuerlichen Wirtschaft auch unserer Zeit entsprochen haben, wobei freilich noch die Größe der landwirtschaftlichen Nutzfläche, der Viehbesatz und der Grad der sozialökonomischen Abhängigkeit zu berücksichtigen sind. Und es ist gleichfalls zu bedenken, daß gerade nach dem 30jährigen Krieg – namentlich für Schwaben bezeugt – „nur eine verschwindende Minderheit der Ackerbauern einen eigenen Pflug besaß, ... daß der Pflugbesitz auf die wenigen wohlhabenden Familien beschränkt" blieb.[15] Dies

[7] Ebda., S. 56.

[8] *Ulrich Bentzien,* Arbeit und Arbeitsgerät der Bauern zur Zeit des deutschen Bauernkrieges, S. 24. In: Der arm man 1525. Volkskundliche Studien, Berlin 1975, S. 22ff. (= Veröff. z. Volkskunde u. Kulturgeschichte 59).

[9] schlecht machen = schlichten, ebnen, gleichmäßig machen.

[10] *Martin Grosser,* a. a. O., S. 57.

[11] *Ulrich Bentzien,* a. a. O., S. 28.

[12] *Martin Grosser,* a. a. O., S. 57ff.

[13] „das aber mit eisern Dreten gemacht ist, darauf man in ein hölzernen Kasten das Getreide schüttet und lest durch die eisern Drete (durch einander geflochten) laufen, das nennet man ein Fege" (Martin Grosser, a. a. O., S. 59).

[14] Ebda.

[15] *Utz Jeggle,* Kiebingen – eine Heimatgeschichte. Zum Prozeß der Zivilisation in einem schwäbischen Dorf. Tübingen 1977, S. 129 (= Untersuchungen d. Ludwig-Uhland-Instituts d. Univ. Tübingen 44).

bedeutet, daß spezialisierte Handwerker wie gerade Schmiede und – je nach dörflicher Handwerksstruktur – Stellmacher nicht in jedem Dorf tätig waren, daß sie also, zumal in unserem Zeitraum, den Arbeitsgerätebedarf für größere ländliche Gebiete decken mußten, was bei der kleinbetrieblichen Produktionsweise freilich nicht voll zu verwirklichen war. Die Bauern mußten sich also durch gegenseitiges Ausleihen gerade von Gerätschaften, die sie nicht selbst herzustellen vermochten,[16] die durch Verwendung von eisernem Zubehör außerdem „kostbar" genug waren, einander helfen. Häufig wird dieses Entleihen von Produktionsinstrumenten auch die zunehmende soziale Differenzierung innerhalb der bäuerlichen Klasse und unter der Dorfbevölkerung allgemein insofern widergespiegelt haben, als es gerade die kleineren Besitzer waren, denen es an ausreichendem Gerätebesatz mangelte. „Diese Borgsysteme", wie sie Utz Jeggle treffend nennt, „waren ein Teil des Binnennetzes von Abhängigkeiten, denn als Gegenleistung wurden nicht nur Arbeitsleistungen, sondern auch Hilfestellungen bei Wahlen, Gemeindegerichtsverhandlungen etc. erwartet".[17]

Unterschieden sich die *Beetpflüge* aller deutscher Landschaften außer gewissen Variationen in Form und Konstruktion des „Gerippes"[18] funktionell kaum voneinander[19], so gelten andere Kriterien für die *„schneidenden Erntegeräte"*[20]. Wir verstehen darunter die Sichel, die Sichte und die Sense – mit und ohne „Reff". Alle drei für die Getreideernte vor allem benutzten Geräte gehören schon um 1500 zum festen Bestand landwirtschaftlich-bäuerlicher Produktionsinstrumente. Am Ende eines bis ins 19. Jahrhundert zu verfolgenden „Konkurrenzkampfes" namentlich zwischen Sichel und Sense hat sich schließlich die Getreidesense durchgesetzt. Diese Entwicklung ist in unserem Zeitraum in vollem Gange, d. h. daß die drei Geräte nach wie vor für den Getreideschnitt eingesetzt werden. – „Bei der Sichel, meist gezähnt, handelt es sich um das traditionelle Gerät zum Getreideschnitt, das am wenigsten arbeitssparend war, aber ein Minimum an Körnerverlust garantierte". Sie war im mitteldeutschen Raum vorherrschend. – Demgegenüber leistete die Sichte, „eine einarmig gehandhabte Hausense mit kurzem, gewinkelten Baum ... im Verein mit dem dazugehörigen Linkhandgerät Mathaken (zum Abteilen der Halme für jeweils einen ‚Hau') etwa doppelt so effektive Arbeit wie die Sichel."[21] Seit 1500 blieb sie auf die nordwestdeutschen Landschaften sowie auf Teile von Schleswig-Holstein begrenzt. – Ursprünglich ein Gerät für die Wiesenmahd wurde die Sense mit langem Baum mehr und mehr bei der Getreideernte eingesetzt, „wo sie eine gegenüber dem Sichelschnitt mindestens verdoppelte Arbeitsproduktivität erzielen

---

[16] Auf die Relation zwischen der Produktion des Dorfhandwerkers und dem Eigenbau vieler praktischer Gerätschaften durch Mitglieder der bäuerlichen Familie hat *Jürgen Kuczynski* in diesem Band immer wieder eindringlich hingewiesen, vgl. auch *Ulrich Bentzien*, Fortschritte und Fortschrittsträger der deutschen Landwirtschaft im Spätfeudalismus, S. 133. In: Jahrbuch für Volkskunde und Kulturgeschichte 21/1978, S. 125ff.

[17] *Utz Jeggle*, a. a. O.

[18] Unter Pfluggerippe ist die vierseitige Holzkonstruktion des gängigen Beetflugtyps zu verstehen.

[19] Ohne hier näher darauf eingehen zu können, verweisen wir auf den süd- bzw. südwestdeutschen traditionellen „Kehrpflug" (auch in unserem Zeitraum vertreten), der ein „Eben-Pflügen" gestattete, also den Boden nicht zu „Beeten" aufwarf.

[20] So der Titel einer 1951 in Göttingen angefertigten Dissertation von *Arnold Lühning*, die – leider ungedruckt – ein Standardwerk der Arbeitsgeräteforschung ist.

[21] *Ulrich Bentzien*, a. a. O. (Anm. 8), S. 29f.

half. Die Sensenmahd von Wintergetreide ist in Norddeutschland zu Hause"[22]; Sommergetreide mit der Sense zu mähen, setzt sich immer weiter in Süddeutschland durch, während im gleichen Raum für das Winterkorn der Sichelschnitt dominant bleibt. – Sichel, Sichte und Sense bestehen also als schneidende Erntegeräte in unserer Zeit fort. Das Vordringen der – bis zur Mechanisierung des Erntevorgangs – produktiveren Getreidesense von Norddeutschland nach Süddeutschland ist jedoch eindeutig feststellbar. In den betreffenden Gebieten bedeutet dies einen allmählichen Funktionswandel der Sichel auch in Bezug auf die geschlechtliche Arbeitsteilung: War vor dem Einsatz der Sense die Frau diejenige, welche die Sichel für den Getreideschnitt führte, wurde nun der Mann „Schnitter", während die Frau mit der Sichel als Abrafferin und Binderin von Garben bei der Sensenmahd ihren neuen Platz einnahm und ihn bis zum Einsatz von „Mähbinder" bzw. „Mähdrescher" behauptete. Was wiederum den Weg der Sense vom Heu- zum Getreideerntegerät anlangt, so wird der Sensenbaum mit einer Ablegevorrichtung, dem mehrzinkigen hölzernen „Reff" oder einem Holzbügel, ausgestattet, wodurch eine gewisse Rationalisierung des Erntevorgangs bewirkt wird. Diese besteht darin, daß das abgeschnittene Getreide mit dem Schwung der Sense zusammengerafft und seitlich (links) vom Mäher zum Binden niedergelegt wird. Aber auch hier muß konstatiert werden, daß der zunehmende Einsatz des Mannes bei der Getreideernte als Schnitter, der Frau mit der Sichel als Abrafferin und Binderin, die Einführung der zusätzlichen Ablegevorrichtung schon am Anfang des 16. Jahrhunderts zu belegen sind, demnach sich in unserem Zeitraum auch hier wieder „lediglich" eine Konsolidierung der Errungenschaften des 16. Jahrhunderts im Arbeitsgerätebestand und dessen Verbesserung bzw. produktiver Erweiterung vollzieht. Daß diese allgemeine Entwicklung durch die Folgen des 30jährigen Krieges teilweise zunichte gemacht wird, daß sogar Rückfälle in primitivere Arbeitsmethoden zu verzeichnen sind, ändert jedoch nichts an der Tatsache, daß der Fortschritt sich fortsetzt: Eine weitere Entwicklung der Produktivkräfte hat statt, sie verschärft den Gegensatz zu den herrschenden Produktionsverhältnissen und fördert den Prozeß der gesetzmäßigen Überwindung und Ablösung des feudalen Agrarsystems als einer wesentlichen Grundlage der Gesellschaftsordnung im Feudalismus.

Die Beförderung von Lasten ist seit jeher eine der Hauptarbeiten im landwirtschaftlichen Betrieb, ja die Bestellungs- und Erntearbeiten sind ohne Transportmittel gar nicht denkbar. Wenn wir davon absehen, daß auch in unserer Zeit einfache Schleifgeräte („Sommerschlitten") und einrädrige Karren neben den Tragkörben und anderen Behältnissen für den „innerbetrieblichen" Transport verwendet werden, dominieren zur Bewältigung der Feldarbeit die von Tieren gezogenen Wagen, unter denen der mit vier Rädern der allgemein verbreitetste gewesen ist.[23] Zweirädrige Karren-Wagen, wie sie bis ins

---

[22] Ebda.

[23] Auf die Fülle landschaftlicher Formenvarianten des Vierradwagens kann hier genau so wenig eingegangen werden wie auf die anderer Arbeitsgeräte und Produktionsmittel. Im Zusammenhang mit der Problematik des vorliegenden Bandes ist die Frage der „Variabilität", die in der volkskundlichen Theoriebildung eine große Rolle gespielt hat und z. T. noch spielt, außerdem von untergeordneter Bedeutung. Vgl. aber *Reinhard Peesch*, Der Vorgang des Tradierens. In: Deutsches Jahrbuch für Volkskunde 13/1967, S. 114ff.; *Wolfgang Jacobeit*, „Traditionelle" Verhaltensweisen und konservative Ideologie. Marginalien aus dem Bereich der bäuerlichen Arbeit und Wirtschaft. In: Kontinuität? Geschichtlichkeit und Dauer als volkskundliches Problem (Festschrift f. Hans Moser), Berlin(West) 1969, S. 67ff.; *Konrad Köstlin*, Feudale Identität und dogmatisierte Volkskultur. In: Zeitschrift für Volkskunde II/1977, S. 216ff.

20. Jahrhundert als mögliches Substrat (?) aus römischer Zeit im Rheinland und in Teilen Südwestdeutschlands anzutreffen waren, hatten gegenüber dem Vierradwagen eingeschränkte Funktion. Dieser, der vierrädrige „Acker"-Wagen mit Zugtierbespannung, war bereits durch die Möglichkeit der vielseitigen Verwendbarkeit (Umbau des Wagenkastens durch diverse Seitenbretter oder -verkleidungen) geradezu ein Universal-Transportmittel für die Landwirtschaft, sodaß in unserer Zeit mitunter e i n solcher Wagen pro Bauernhof genügt haben dürfte, die wichtigsten Transportarbeiten zu bewältigen. Wo ein solcher nicht ausreichte oder auch gar nicht vorhanden war, schuf sicher wieder die Entleihe bei einem Nachbarn oder einem besser situierten Flurgenossen (darüber später) Abhilfe. Der Umstand, daß Grosser[24] mehrere Wagentypen erwähnte, darunter auch Kutschwagen, weist jedoch darauf hin, daß Anzahl und Art der vorhandenen Gefährte auch schon zu unserer Zeit Statussymbol sein konnten, d. h. daß sich die soziale Differenzierung der bäuerlichen Klasse zwischen „großen Bauern" und Kleinbauern auch in der Geräteausstattung des Hofes bzw. in Anzahl und Art der Wagen mit Zugtieranspann manifestiert haben mag. Für die reichen norddeutschen Niederungslandschaften z. B. sind solche Erscheinungen evident. – Zugtiere vor Wagen, Pflügen, Eggen, Schlitten, Schleifen etc. sind Pferde und Ochsen.[25] Wenn Pferde mittels Kummten und Sielengeschirr vorwiegend vor Wagen und Eggen gespannt wurden, so zogen Ochsen – und dies meist paarweise – mit Widerrist- oder Genickdoppeljochen vor allem die Pfluggeräte. Die Verbreitung des zuerst genannten Jochtyps im Raum nördlich der Mittelgebirgsschwelle und des zweiten südlich davon, deutet sich in unserem Zeitraum genau so an wie zunehmender Anspann von Arbeitspferden und dem von Ochsen in Mittel- und Süddeutschland, wiederum ein Veränderungsprozeß, der mit den sich wandelnden sozialökonomischen Bedingungen des feudalen Agrarsystems und dem agrartechnischen Fortschritt zusammenhängt. Auf jeden Fall war „die Orientierung auf das effektivere, vielseitiger einsetzbare, aber auch kostspieliger zu unterhaltende Arbeitspferd . . . recht allgemein vorhanden, blieb aber . . . in den folgenden Jahrhunderten nicht überall von Bestand."[26] Die quer durch Deutschland verlaufende „Spanntiergrenze" (Arbeitspferde im Norden, Zugochsen im Süden) dürfte in unserer Zeit noch nicht ausgebildet gewesen sein.[27]

Dort, wo die Natur den Gebrauch von Vierradwagen und den Einsatz von Zugtieren nicht zuließ, mußte der Bauer vielfach selbst die Lasten tragen. Das geschah vor allem im alpinen Raum und in schwer zugänglichen Bereichen der Mittelgebirge. Hier schleppte er Erdreich, auch Stalldung in besonderen Rückentragen, den „Kraxen", auf die kargen Äcker und brachte auf die gleiche Art die Heu- und Getreideernte zu Tal. – In Gebieten, die stark von Flußläufen oder Kanälen durchzogen waren, wie etwa das „Alte Land" zwischen Hamburg und Stade, das nördliche Flußgebiet der Ems, der Spreewald etc. spielte sich der landwirtschaftliche Transport schon auf breiten Booten ab. Neben solchen Lastenbeförderungen hatten die „Marktfuhren" zu Wasser eine besondere Bedeutung für die Verbindung dieser Gebiete zu den unweit gelegenen Städten. – Groß war die Zahl der Transportmittel für den unmittelbaren Nahverkehr und für die innerbetrieb-

[24] *Martin Grosser*, a. a. O., S. 17ff.

[25] Zugkühe dürften in unserer Zeit noch kaum verwendet worden sein, wahrscheinlich erst seit dem 18./19. Jahrhundert.

[26] *Ulrich Bentzien*, a. a. O. (Anm. 8), S. 33.

[27] Ebda.; vgl. Wolfgang Jacobeit, Jochgeschirr- und Spanntiergrenze. In: Deutsches Jahrbuch für Volkskunde 3/1957, S. 119ff.

liche Versorgung. Schubkarren mit einem Rad hatten wir bereits erwähnt. Waagerecht zu handhabende Tragen mit Griffholmen für zwei Mann dienten dem Befördern schwerer Lasten auf kurzen Strecken. Das galt auch für die Sackkarren mit kleinen hölzernen Scheibenrädern oder für die „Schulterjoche" zum Wassertragen, ein vor allem für die Frau sehr wichtiges Haus- und Hofgerät. Alle diese Utensilien, die sich die Bauern meist selbst fertigten, wurden in der skizzierten Form wohl überall in Deutschland während unserer Zeit benutzt. Sie unterschieden sich im Äußeren und in der Funktion kaum voneinander. Es sind eigentlich über den ganzen mitteleuropäischen Raum hinweg – und häufig darüber hinaus – als „Urtypen"[28] zu bezeichnende Gerätschaften fast zeitloser Herkunft und Dauer im Gebrauch. – Anders schon ist es mit den Tragkörben, die bei den verschiedensten Anlässen verwendet wurden und deren Grundformen sich bereits für unsere Zeit klassifizieren lassen: Der mit einem großen Henkel versehene Handkorb, der am Arm oder in der Hand getragen wurde und namentlich im norddeutschen Flachland verbreitet war, der Rückentragekorb, die „Kiepe", aus Mittel- und Südwestdeutschland und schließlich der zweihenklige, aber auch henkellose, auf dem Kopf mit einer Kissenunterlage so zu tragende Korb, ohne daß ein freier Arm die Last stützen mußte (so z. B. in Oberhessen).[29] Sind diese Körbe in erster Linie als Transportmittel für die Frau anzusehen, so waren die handwerklich geböttcherten, sicher nicht überall anzutreffenden Bütten zum Tragen von Wasser, zum Transport der Trauben bei der Weinlese usw. ein Traggerät für den Mann. Selbst in diesen einfachen Geräten, die im Gesamtzusammenhang der landwirtschaftlichen Tätigkeiten in Feld, Stall, Haus und Hof nicht übersehen werden dürfen, spiegelt sich die Arbeitsteilung zwischen Mann und Frau wider, die seit jeher für das Funktionieren bäuerlicher Betriebe von eminenter Bedeutung ist.

Wir lassen es mit diesem knappen Aufriß der landwirtschaftlichen Produktionsinstrumente bewenden und stellen resümierend mit Ulrich Bentzien fest: „In der Landwirtschaft wurden die Produktionsinstrumente zumeist (noch, W. J.) im bäuerlichen Betrieb selbst, in geringerem Maße von dörflichen und kleinstädtischen Handwerkern hergestellt, und nur in wenigen Fällen (z. B. Sensenblätter aus Steiermark und Oberösterreich) waren sie überregionale Handelsware ... Die landwirtschaftlichen Produktionsinstrumente ... blieben gänzlich auf manuellen Gebrauch zugeschnitten (Ausnahme im weiteren Bereich der Nahrungsgüterwirtschaft: Getreidemühle) und verlangten härteste körperliche Arbeit."[30] Die landwirtschaftlichen Produktionsinstrumente entsprachen dem Standard der feudal bestimmten Dreifelderwirtschaft. In Form und Funktion sind keine Unterschiede zwischen der Arbeitsgeräte-Ausrüstung eines Guts-, Grundherren oder „großen Bauern" und der eines mittleren bäuerlichen Betriebes zu verzeichnen. Wesentliche Veränderungen im Gerätebestand und in den Geräteformen gegenüber denen aus der Zeit der frühbürgerlichen Revolution gab es in unserer Periode kaum, von einigen örtlichregionalen Varianten des Standards abgesehen. Den „säkularen Umschwung" in der Landwirtschaft, der das Ende des feudalen Agrarsystems unmittelbar einleitet, wird man „für Deutschland wohl in den Beginn des 18. oder schon in den Ausgang des 17. Jahrhunderts legen müssen."[31]

[28] *Reinhard Peesch*, Holzgerät in seinen Urformen. Berlin 1966 (= Veröff. d. Inst. f. deutsche Volkskunde 42); Torsten Gebhard, Alte bäuerliche Geräte. München 1969, S. 24ff.

[29] *August Gandert*, Tragkörbe in Hessen. Kassel 1963.

[30] *Ulrich Bentzien*, a. a. O. (Anm. 8), S. 43f.

[31] *Wilhelm Abel*, Geschichte der deutschen Landwirtschaft vom frühen Mittelalter bis zum 19. Jahrhundert. Stuttgart 1962, S. 250 (Deutsche Agrargeschichte 1).

Gehörte die Anbauwirtschaft mit den geschilderten Gerätschaften in erster Linie in den Arbeitsbereich des Mannes, so oblag der F r a u die Erfüllung der mannigfachen Verpflichtungen in Haus und Hof: „Versorgung des Klein- und Stallviehs . . ., Melken, Gartenarbeit, Backen, Milchverwertung, Bewahrung der Vorräte, Hanf- und Flachsbau mit Aufbereitung und Verarbeitung (Spinnen und Weben), Beaufsichtigung des weiblichen Gesindes, Kindererziehung, Mithilfe bei Heu- und Getreideernte"[32] – eine Fülle von Aufgaben und Verpflichtungen, die dem Leben der Bäuerin seit jeher eignen, die sich bis weit ins 20. Jahrhundert hinein kaum zu ihrer Entlastung veränderten. Wenn man lediglich von gewissen Arbeitsabläufen und Arbeitsverrichtungen aus dem übergroßen Pflichtenkreis der Bauersfrau absieht, die partiell oder gänzlich seit dem 19. Jahrhundert mechanisiert wurden, so ist die Handhabung der meist hölzernen und kaum mit Eisenbeschlägen versehenen Arbeitsgeräte seit Jahrhunderten die gleiche geblieben, herrscht eine bisweilen geradezu verblüffende Formenkonstanz vor, die nur hin und wieder durch regionale Eigenheiten kaum merklich verwischt erscheint. Eine näher zu beschreibende Auswahl dieser verschiedenen Handarbeitsgeräte vorzunehmen, sollte sich im Rahmen dieses Bandes erübrigen, da sie weder für unseren Zeitraum signifikant, noch für die Stützung sozialökonomischer Zusammenhänge brauchbar sind. Man wird lediglich betonen dürfen – auch wenn uns nur wenige materielle Hinterlassenschaften aus dem 17. Jahrhundert überkommen sind, ikonographische Zeugnisse ausgenommen –, daß die meisten dieser Werkzeuge und Utensilien, also die Butterfässer und Butterformen, Spindeln und Flachsbrechen, Holzeimer und Holzsatten, Holzgeschirr und Holzlöffel, Backtröge und Brothängen, Blaubeerenkämme und Sammelkörbe, Häcksselladen und Futterschwingen u.a.m. im Hauswerk, also selbst hergestellt wurden und daß sich erst im 19. Jahrhundert das holzverarbeitende Handwerk der Produktion all dieser Dinge in größerer Zahl annahm. (Darauf wird noch zurückzukommen sein.) Dennoch blieben sie solange im Arbeitsbereich der Frau, bis ein entsprechender hauswirtschaftlich-hofwirtschaftlicher Produktionszweig (z. B. Milchverwertung) einen entsprechend hohen Marktwert erreichen kann und dann häufig in die Verantwortung des Mannes übergeht.

Doch herrscht in unserem Zeitraum noch die einfache geschlechtliche Arbeitsteilung vor, die dem Mann die für die Existenz des Hofes und der Familie wichtige Außenwirtschaft (Feldbau und Viehhaltung) zuweist, der Frau aber alles andere überläßt. „Kinder, vor allem männliche Nachkommenschaft, bedeuteten dem Bauern Erbe und Arbeitskraft. Mit Kindern ließ es sich billiger wirtschaften als mit fremden Arbeitskräften; sie waren eigentümliche Arbeitskraft. Bereits im frühen Alter wurden sie zur bäuerlichen Arbeit mit herangezogen . . . Durch die frühe Beteiligung am bäuerlichen Arbeitsleben wurden dem Kind stufenweise die agrarischen Arbeitsernährungen vermittelt: die Kenntnisse der dörflichen Umwelt in ihrer ökonomischen Funktion und Bedeutung, der Umgang mit den Haustieren, die Handhabung der Produktionsinstrumente (z. T. sogar als Spielzeug, W. J.). Auf diese Weise erlangte das Kind den Grad der Naturbeherrschung, wie er in dieser Periode für den Bauern erreichbar war. – In den östlichen Territorien unterlagen die Bauernkinder dem Gesindezwangsdienst . . . Er bedeutete für sie massenweise temporäre Beschränkung der persönlichen Freiheit. Da aber auch die Bauern, besonders auch wegen der Frondienstforderung der Guts-

---

[32] Zur Geschichte der Kultur und Lebensweise der werktätigen Klassen und Schichten des deutschen Volkes vom 11. Jahrhundert bis 1945. Ein Abriß. Berlin 1972, S. 156 (= Wiss. Mitt. d. Deutschen Historiker-Gesell. I/III – 1972).

herren, dringend eigener zusätzlicher Arbeitskräfte bedurften, war die Abschaffung gerade dieses Zwanges eine häufige Forderung der Bauern in den spätfeudalen Klassenauseinandersetzungen."[33]

Eine für die Existenz der bäuerlichen Wirtschaft notwendige Voraussetzung war also das Funktionieren der familialen Hausgemeinschaft. In diesem Sinne bildete diese einen „Produktionszusammenhang, in dem jeder Beteiligte seinen Platz hatte, solange er aktiv beteiligt war. Aber jede Art von Arbeitsschwierigkeit oder -unfähigkeit wurde als Makel behandelt. Wer nicht schafft, braucht auch nichts zu essen, lautet die Moral, die heute unbarmherzig klingt, damals aber zum Handlungsrepertoire gehören mußte, wollte man nicht selbst im Kampf ums Überleben unterliegen. Eine Beziehung zu einem anderen Menschen, die andere als materielle Gründe gehabt hätte, wäre leichtsinnig, ja lebensgefährlich gewesen."[34] Die Arbeit schuf also – und dies nicht nur unter den besonderen Bedingungen unseres Zeitraums – sehr versachlichte Beziehungen unter den Menschen, die so weit zu fassen sind, daß man mit Utz Jeggle zu dieser Schlußfolgerung kommt: „Die agrarische Produktion . . . hatte noch nicht einmal im intimen Kernbereich der Familie die Möglichkeit, zu den Menschen eine andere Beziehung zu finden als zum Tisch oder zu den Kühen im Stall."[35] Das Haus aber, die Hausgemeinschaft von meist drei Generationen unter einem Dach, garantierte letztlich die „Einheit der bäuerlichen Welt", die auch in keiner Weise durch die Arbeitsteilung zwischen Mann und Frau gefährdet worden wäre. Ackerbau ohne „Haus" war schlechterdings nicht möglich, aber „ein Haus ohne Frau, das ist, ‚wie ein Ofen ohne Feuer'"[36], heißt es in Schwaben. Damit wird deutlich, welchen Anteil die Frau an der Existenz eines bäuerlichen Anwesens gehabt hat, – dort, wo die feudale ostelbische Gutsherrschaft mit fast schrankenloser Willkür schaltete vielleicht noch mehr als im Bereich der feudalen Grundherrschaft. Für den notwendigen Zusammenhalt der bäuerlichen Hausgemeinschaft zu sorgen war aber nicht, die Rolle eines Hausmütterchens zu spielen. Harte, entsagungsvollste Arbeit von Morgengrauen bis nach Sonnenuntergang bestimmte den Arbeitsalltag der Bauersfrau – noch im 19./20. Jahrhundert! Statistiken über diesen ihren Einsatz aus unserer Zeit scheinen uns nicht überliefert worden zu sein, aber es ist wohl erlaubt, mit einigen Angaben aus den 30er Jahren des 20. Jahrhunderts aufzuwarten, um sich ein Bild davon machen zu können, was es erst damals bedeutete, mit seiner Hände Arbeit als Frau eine bäuerliche Familie und einen Hof lebensfähig zu erhalten: Beobachtungen auf mittelbäuerlichen Höfen Württembergs „ergaben eine allgemeingültige Norm, von der – so unheimlich einen das anmutet – es nur wenige und bedeutungslose Abweichungen gibt. In den 6 Monaten von Ende April bis Ende Oktober verbringt die Bäuerin von den 24 Stunden des Tages normalerweise 10 Stunden unmittelbar mit landwirtschaftlicher Arbeit. 3 1/2 Stunden werden zur Versorgung der die Landwirtschaft ausübenden Personen aufgewandt. Etwa 3 weitere Stunden verbringt die Frau mit der Besorgung der Kinder . . . und mit rein hausfraulichen Angelegenheiten, wie sie die Arbeit darstellt, die über die Versorgung der landwirtschaftlich tätigen Personen hinausgeht . . . Setzt man die Zeit, die die Bäuerin für sich täglich aufwendet . . . mit rund 2 Stunden an, so stehen 16 1/2 Stunden fortgesetzter Arbeit 2 Stunden Pause gegenüber und es bleibt eine Nachtruhe von 5 1/2 Stunden. Das be-

---

[33] Ebda., S. 155.
[34] *Utz Jeggle,* a. a. O., S. 149.
[35] Ebda., S. 148.
[36] Ebda., S. 143.

deutet also nichts anderes, als daß die Bauernfrau innerhalb 24 Stunden mehr als einen doppelten Achtstundentag schafft."[37] In Bezug auf die Arbeitsteilung zwischen Mann und Frau gesehen, ergibt sich als Konsequenz aus dieser Überbelastung der Frau eine Relation 3933 Frauenarbeitsstunden zu 3554 Männerarbeitsstunden in der deutschen Landwirtschaft des Jahres 1939.[38] „Daß hinter diesen Zahlen Leben pulsiert, daß diese Zahlen sehr oft viel Not und Mühsal, viel Leid und Entbehrungen, frühzeitiges Abgewerktsein und Krankheit bedeuten", darauf machte schon Josef Müller aufmerksam[39], und wir können seiner Auffassung nur beipflichten, wenn er fortfährt: „Gewöhnlich hat man vom Leben der Bäuerin eine Idealvorstellung. Sie ist nicht die Gestalt, die in Haus und Hof frei und selbständig schalten und walten kann, die von jungen arbeitsfreudigen Töchtern und Mägden umgeben ist, denen sie befehlen und deren Arbeit sie überwachen kann. Sie ist nicht die Herrin des Hauses ... Das Leben, das sie zu führen gezwungen ist, ist viel unromantischer, nüchterner; es ist ein hartes Arbeitsleben, das als unserer Kulturstufe unwürdig bezeichnet werden muß ..."[40] – und dies wirklich als eine – mutatis mutandis – fast durchgängige Erscheinung vom Feudalismus bis an die Schwelle des Sozialismus. Die Bauersfrau à la Ludwig Richter als geruhsam werkelnde, mit ihrem die Pfeife schmauchenden Mann am Abend vor dem Haus sitzende ist eine Lüge des 19. Jahrhunderts, die von den Apologeten des spätbürgerlichen Idealismus immer wieder und immer weiter genährt wurde. In Wahrheit gilt schon bzw. erst recht für die Bauersfrau des 17. Jahrhunderts, daß sie ein Arbeitstier war und als solches auch von ihrem Mann, der sein Hauswesen und seine Wirtschaft nach außen im Rahmen der Gemeinde vertreten mußte, der durch seine Arbeit hinter dem Pflug und mit schwingender Sense die existentielle Grundlage zu schaffen hatte, behandelt wurde. „Halt doch Du Dei Gosch, davon verschtohsch doch Du nix", ist in Schwaben ein „Bannfluch" gewesen, mit dem die Frauen von der Mitsprache in öffentlichen Angelegenheiten fern gehalten wurden. „Die Männer mußten mit der Natur, den Feldern, den Tieren, den Genossen und den Frauen fertig werden, die Frauen mit der Hauswirtschaft und den Kindern, zudem die Fähigkeit der Unterwerfung unter die Männer entwickeln, um sich so den Glauben bewahren zu können, daß ihre Arbeit minderwertig sei."[41] Die Arbeit beider – Mann und Frau – aber bestimmte dennoch den Grad der Existenzsicherung des Ganzen, sie war seit jeher das dominierende Element der bäuerlichen Lebensweise und sie blieb es, sodaß wir auch für unsere Zeit mit Utz Jeggle so resumieren können: „Die Einheitlichkeit des Lebensvollzugs ließ solche Trennungen wie Arbeit und Freizeit, Wirtschaften und Wohnen, Anspannung und Entspannung nur in ganz beschränktem Umfang zu. Die Zeit war kein Kontinuum, aber sie war so sehr vom Gesetz der Notwendigkeit gefüllt, daß selbst graduelle Freiheiten kaum denkbar waren. Im Sommer war man so beschäftigt, daß oft nicht einmal die Zeit blieb, um beim Essen Platz zu nehmen. Im Winter wartete man auf dessen Ende und war froh, wenn man sich nicht mehr mit Schnaps aufwärmen

---

[37] *M. v. Brand*, Die Frau in der Landwirtschaft Süddeutschlands, S. 37. In: Die Frau in der deutschen Landwirtschaft. Hg. v. Sering-Dietze. 1939.

[38] *Josef Müller*, Deutsches Bauerntum zwischen Gestern und Morgen. Würzburg 1940, S. 10.

[39] Ebda., S. 17.

[40] Ebda.; vgl. auch *Sigrid Jacobeit*, Zur Lebensweise der Frauen in klein- und mittelbäuerlichen Betrieben Deutschlands während der Zeit des Faschismus 1933–1939. In: Acta Museorum Agriculturae. Prag 1979.

[41] *Utz Jeggle*, a. a. O., S. 144.

mußte . . . (Flachsverarbeitung, W. J.) war eine Möglichkeit, um diese leere Zeit produktiv zu füllen . . . Man aß, um schaffen zu können, und man schaffte, um etwas zum
Essen zu haben."[42]

Nun arbeiteten die Bauernwirtschaften auch unseres Zeitraums bekanntlich nicht als
Eigenbetriebe, die nach Gutdünken die Felder bestellen und sie abernten konnten. Sie
waren eingebunden in das die feudale Gesellschaftsordnung charakterisierende System
der Dreifelderwirtschaft. Dieses System war genossenschaftlich geregelt, d. h. die
Gemeinde, die Genossenschaft der Besitzbauern, ordnete die Termine für Feld-, Ernte-
und Bergungsarbeiten an, und wer sich diesen nicht unterwarf, hatte Strafen zu gewärtigen, aber auch Verluste an Feldfrüchten o. ä. hinzunehmen, da sein eigenmächtiges Verhalten den geregelten Ablauf der notwendigen Feldarbeiten durcheinander bringen, ja
den Erfolg eines ganzen Arbeitsjahres in Frage stellen konnte. Die Dreifelderwirtschaft
als dreijähriges Rotationssystem mit dem Anbau von Wintergetreide, Sommergetreide
und dem Brachland im jährlichen Wechsel[43] konnte nur durch Einhaltung einer straffen
Regelung für alle an den drei Fluren Beteiligten funktionieren. Diese Regelung war
der Flurzwang, der es untersagte, daß jemand seinen Fluranteil (Gewann oder Par-
zelle) z. B. mit Sommergetreide bestellte, während die gesamte übrige Flurgemein-
schaft nach dem geltenden Rotationsprinzip Winterkorn eingesät hatte. Die Einhaltung
dieser an die Flur- oder Feldgemeinschaft gebundenen Ordnung verhinderte Flur-
schäden durch Überfahren der Parzellen und Gewanne vor oder während der Ernte
oder durch den vorzeitigen Auftrieb der Gemeindeschafherde auf die Stoppelfelder im
Herbst. Wer sich dem Flurzwang nicht beugte und mit seinem Fluranteil anders ver-
fuhr, als es der entsprechende Turnus vorsah, hatte keinesfalls mit der Rücksicht seiner
Flurgenossen zu rechnen.

Flurzwang und genossenschaftliche Regelung auch anderer Bereiche der Landwirtschaft wie gemeinsamer Viehauftrieb, Waldnutzung, Teichwirtschaft, Weinbau u. a. m.
waren Stärke und Schwäche des feudalen Agrikultursystems zugleich. Stärke insofern,
als die genossenschaftlichen Ordnungen des Arbeits- und Wirtschaftslebens den Zusammenhalt unter den berechtigten Bauern aufrecht erhielten und förderten. Nicht
ohne Grund setzten die Feudalherren nach der Niederlage der Bauern 1525 gerade
hier den Hebel an, das bäuerlich-dörfliche Genossenschaftswesen nach und nach zu
durchlöchern, abzubauen oder es für herrschaftseigene Zwecke zu nutzen. – Die
Schwäche des von der Gemeinde, der Genossenschaft getragenen Ordnungs- und Re-
gelsystems aber lag darin, daß es fortschrittlich zu nennende Versuche, die Dreifelderwirtschaft beispielsweise durch „Besömmern" der Brache mit Hack- und Futterfrüchten
zu verbessern, auch Novationen im Fruchtwechsel usw. usf. rigoros unterbinden konnte.
Diese Schwäche des sich mehr und mehr überlebenden Agrarsystems der Dreifelder-

---

[42] Ebda., S. 141.

[43] Die Dreifelderwirtschaft setzte zunächst eine Einteilung des Bodens in drei Fluren voraus, die
sich ihrerseits wieder durch Gewanne zusammensetzten, an denen die berechtigten Dorfgenossen
ihren besitzmäßigen Anteil in Form von Parzellen hatten. Dieser Einteilung des Bodens in drei
Fluren entsprach das Anbausystem, das sich durch Jahrhunderte bewährt hatte. Es bot die
Möglichkeit einer Rotation, die es erlaubte, daß sich ein Teil des Bodens jährlich regenerierte und
daß Getreide mit verschiedener Saat- und Reifezeit angebaut werden konnte. Innerhalb der drei-
flurigen = dreijährigen Rotation wechselten die Fluren jeweils mit dem Anbau von Wintergetreide,
dann Sommergetreide, dann Brache ab, so daß z. B. jede Flur nach dem dritten Jahr wieder brach
lag und sich entsprechend erholen konnte.

wirtschaft auf der einen, die Belastungen durch die sich steigernden Arbeitsfronen namentlich in Ostelbien andererseits, setzten der Arbeitsproduktivität des Bauern unserer Zeit Grenzen.[44]

Wenn die Fronarbeit die Bauern auch ungeheuer belastete und den agrotechnischen Fortschritt überaus hemmte, so ist andererseits geradezu mit Verwunderung wahrzunehmen, mit welcher „Virtuosität" die Bauern das Langsamarbeiten für ihre Fronherren praktizierten und es auch sehr wohl verstanden, ihre eigene technische Ausrüstung sorgsam-schonend für den Frondienst einzusetzen. Hierfür einige Beispiele[45]: 1760 klagt ein niederlausizischer Adliger über die „List" der Fronbauern, „besonders kleine Pflüge, Egen, Wagen..." zum Hofdienst zu schicken, genau so wie sich 1763 ein hinterpommerscher Landrat äußert „... die Pflüge, die Eggen, die Mist-, Heu- und Kornwagen sehen aus wie Kinderspielzeug". Mag es sich bei den angeführten Fällen vielleicht wirklich um „Sonderanfertigungen" für den verhaßten Frondienst handeln, so wissen wir auch, daß am gängigen Arbeitsgerät, wenn es für den Frondienst eingesetzt werden sollte, manipuliert wurde. Wenn ein Ostpreuße – ein gewisser Tribukeit - meint, mit Prügel den saumseligen Fröner zu schnellerer Arbeit zwingen zu können, so stellt demgegenüber ein in Ostholstein reisender süddeutscher Landwirt sehr richtig fest: „Des täglichen zu Hofe Gehens gewohnt, wird der Arbeiter (gemeint ist hier der leibeigene Bauer bzw. sein Knecht) durch ein beständiges Studium, wie er seine Kräfte sparen kann, ein Virtuose in der Trägheit."[46]

Wie weit es der Feudalklasse gelang, durch Forderungen, Drohungen und administrative Maßnahmen der „Trägheit" der Fronbauern entgegenzuwirken, bleibt höchst fraglich. Dennoch ist es wichtig, auch in dieser Richtung auf einige Beispiele hinzuweisen: So hat es in den 70er Jahren des 18. Jahrhunderts in Brandenburg-Preußen schriftliche Anordnungen gegeben, welche die tägliche Arbeitsleistung pro Pfluggespann auf 0,2 und 0,6 ha festlegen wollten; eine Leistung, die sich nach der sog. Bauernbefreiung von selbst erhöhte und weit über der genannten Fron-Norm lag. (In diesem Zusammenhang sei erwähnt, daß einem uckermärkischen Fröner am Ende des 18. Jahrhunderts pro Tag 2 Morgen Getreidemahd zudiktiert wurden, daß er aber von sich aus nach den Reformen die doppelte Fläche schaffte.) „Mahnungen und Drohungen, der Fronbauer solle ‚nicht denken, das Scharwerk nur obenhin zu verrichten', waren begleitet von Forderungen nach ‚gutem' Arbeitsgerät, beispielsweise ‚Egden, bey welchen die gehörige Zahl von Zinken und selbige gehörig durchgeschlagen und zum Glattegden tauglich sind'."[47] Wieviel vergeudeter Aufwand, der einer besseren Sache würdig und dienlich gewesen wäre! Wir müssen Ulrich Bentzien recht geben, wenn er die These vertritt, „daß die anachronistische, menschenunwürdige spätfeudale Fronwirtschaft (die in unserer Zeit vorbereitet wird, W. J.) den Grund für die rückständige Arbeitsmoral landwirtschaftlicher Produzenten zumindest in der Übergangsphase vom Feudalismus zum Kapitalismus legte."[48] Um wieviel höher muß aber dann der Einsatz und die Leistung der Bauern gewertet werden, die trotz der katastrophalen Lage nach dem

---

[44] Vgl. hierzu aber *Ulrich Bentzien*, a. a. O. (Anm. 16).

[45] Das Heranziehen von Beispielen aus dem 18. Jahrhundert über das Hintertreiben, ja Sabotieren der Fronarbeit, halten wir methodisch für vertretbar, weil diese Form antifeudalen Widerstands schon für unseren Zeitraum in gleicher Weise zutreffen dürfte.

[46] *Ulrich Bentzien,* a. a. O. (Anm. 16), S. 140f.

[47] Ebda., S. 142f.

[48] Ebda., S. 141.

30jährigen Krieg und trotz zunehmender Unterdrückung durch die Gutsherrschaft in Ostelbien sowie durch die Grundherrschaft im westelbischen Deutschland ein gewaltiges Aufbauwerk vollbrachten, an dessen Ende die Durchsetzung der Agrarreformen mit dem Übergang zur Fruchtwechselwirtschaft als Ausdruck der beginnenden Durchsetzung des Kapitalismus in der Landwirtschaft steht.

Die Feudalherren beschäftigen außer den dienstpflichtigen Bauern auf ihren Gütern aber auch eigene Arbeitskräfte. Das waren nicht nur Knechte und Mägde, wie sie auch auf den Bauernhöfen anzutreffen waren, sondern das waren andere *Landlose* und *Landarme*, die zunehmend die ehedem bäuerlich geprägte Bevölkerungsstruktur auf dem Lande mitbestimmten. Diese werden in den Quellen vor allem als während der Arbeitsspitzen angeworbene, zeitweilige Kräfte erwähnt. Sie gelten als Kossaten, sind also Angehörige jener Schicht, die je nach Territorium zu den Kleinbauern oder zu den nicht ständig beschäftigten Hofarbeitskräften im Sinne der späteren Gutstagelöhner gehören.

Unter diesen nun gab es auch „Spezialisten", die zu besonderen Arbeiten herangezogen wurden. Das waren, relativ weit verbreitet, die Schnitter, von denen viele geradezu als „Saisonarbeiter" zu bezeichnen sind, weil sie, aus den verschiedensten Regionen stammend, sich in den Erntezentren zusammen mit ihren Frauen anwerben ließen. Als 1643 dem Heilsbronner Klosterverwalter die schon gedingten Nürnberger Schnitter absagten, mußte er sich um andere bemühen, und es heißt darüber in den Quellen: „Bey solcher bewantnus ich dann gemußiget worden, mich nach andern schnidtern umbzutun, worbey ich nun etzliche Landler (Exulanten aus dem „Land ob der Enns"?, W. J.), Türinger, Onolzbacher und etzlicher [Heilsbronner] inwohner, als schullmeisters, müllers, schreibers, [Korn]messers, bottens hirtens weiber, kinder und magd angesprochen".[49] Das bedeutet, daß es verschiedentlich Leute gegeben hat, die quasi auf Abruf für die Erntearbeiten warteten und die, wenn möglich, sich jährlich außer Landes als Schnitter verdingten, so wie nach jenem Mann „gefahndet", wird, der ständig aus dem Ansbachschen ins Rheinland zog, eines Jahres aber ausblieb: Ein Mann, so hieß es, sei „an verschinen sommer nach dem Rheinstrom in die ernde gezogen und noch nit wider kommen, also daß man zweifelte, ob er lebendig oder tot."[50] – Daß gerade bei den Schnittern immer wieder auf die Mitarbeit von Frauen hingewiesen wird, hängt mit der geschlechtlichen Arbeitsteilung vor allem bei der Getreideernte zusammen, die nur dann flüssig vonstatten geht, wenn dem Sensenmäher eine Abrafferin oder auch Binderin beigegeben wird. Schnitter und Abrafferin (Binderin) sind ein ständiges Arbeitspaar. Ikonographische Quellen bieten hierfür zahlreiches Material.

Auch Drescher, „Scheunendrescher", sind stets gesuchte Leute, die sowohl als Saisonkräfte vielfach auf Bauernhöfen tätig sind, auf Gütern häufig eine ständige Arbeit finden und dann sogar mehrfach spezialisiert sein können. Daß sie bei der Ernte und beim Dreschen so begehrt sind, hängt auch damit zusammen, daß das Verhältnis zwischen Dienstherren und Gesinde gerade in unserer Zeit recht gespannt wird – Knechte und Mägde sich über schlechte Behandlung, über unzumutbare Arbeitsbedingungen u. a. beschweren, während umgekehrt die „Arbeitgeber" nicht genug über ihr Gesinde,

---

[49] *Karl-Sigismund Kramer*, Volksleben im Fürstentum Ansbach und seinen Nachbargebieten (1500 bis 1800). Eine Volkskunde auf Grund archivalischer Quellen. Würzburg 1961, S. 245; vgl. hierzu u. a. auch Diedrich Saalfeld, Bauernwirtschaft und Gutsbetrieb in der vorindustriellen Zeit. Stuttgart 1960 (= Quellen und Forschungen zur Agrargeschichte VI).

[50] Ebda.

ihre „Ehehalten" klagen, über ihre Aufmüpfigkeit lamentieren können. Und so heißt es dann 1667 in einer grundsätzlichen Stellungnahme des Klosters Heilsbronn, weil es ja um die Ernte, um das Getreide geht, folgendermaßen: „So darf auch ein landmann seine ehehalten, und sollten sie auch noch so schlimm und liederlich seyn, nicht sogleich . . . aus dem dienst jagen, weiln bekannt, wie übel abermaln bey dieser wohlfeile des lieben getraids das unbändig und meisterlose gesind zu bekommen: also daß ein baur sich eine gute zeit vor Liechtmeß wider nach neuen leuten mit versprechung übermäßigen lohns umbsehen, sie gleichsam noch darzu bitten und das ganze jahr über, was knecht und mägd nit tun mögen, selbsten verrichten muß. Wann man nun auch von obrigkeit wegen diesen verwöhnten leuten all ihren mutwillen zusehen und ungestraft hingehen lassen wollte, würde ein jeder lose gesell oder dirne, wann sie ihr herr nur saur ansehen tete, darvon laufen, gleichwohlen den lohn, und noch recht darzu getan haben wollen."[51]

Spezialisten eigener Art waren die „Häker" im gutsherrschaftlichen Mecklenburg und seinen Umlanden. Sie betrieben eine Kossatenwirtschaft und ihre Dienstverpflichtungen auf dem Gut bezogen sich auf den Einsatz des von Ochsen gezogenen „Mecklenburger Haken" (-Pfluges). 1612 hießen diese Leute noch „Hakenkossaten", 1614 bereits „Hökker" (= Häker), was auf ihre hauptsächliche Tätigkeit in der gutsherrschaftlichen Eigenwirtschaft hinweist. Der Häker ist also eine „aus der Praxis der Bodenbearbeitung erwachsene Spezialarbeitskraft", die nicht nur zeitweilig, sondern ausschließlich mit dem Mecklenburger (Ochsen-) Haken arbeitete. „Wo immer sich der Haken im Wirtschaftsinventar eines Gutes befand, stoßen wir auf den Häker; er fehlt überall dort, wo allein der Pflug (Beetpflug mit Pferdeanspann, W. J.) landesüblich war."[52] Wir haben hier also den Vertreter eines landwirtschaftlichen Berufszweiges vor uns, dessen Tätigkeit ganz und gar an ein einziges Produktionsinstrument gebunden war, das er in Bezug auf die Herstellung seiner hölzernen Teile und die spezifische Arbeitsweise absolut beherrschte und das er zu eigen besaß; letzteres ein Umstand, den er mit anderen landwirtschaftlichen Spezialisten aus der Schicht der Kossaten und der Gutsarbeiter (oft mit eigener kleiner Hauswirtschaft) gemein hatte. Daß der Häker im Arbeitsjahr des Gutes zeitweise auch als Drescher vielleicht bisweilen auch als Schnitter arbeiten mußte, ja daß Drescher und Häker in mecklenburgischen Urkunden gerade des 17. Jahrhunderts mitunter als identisch aufgeführt werden, ist für unsere Zusammenhänge unerheblich. Der Häker und das ist hier wichtiger – kann als Träger einer auf die mecklenburgische Gutsherrschaft bezogenen Etappe im Kampf zwischen Reaktion und Fortschritt landwirtschaftlicher Entwicklung gelten, die Ulrich Bentzien sehr treffend mit „Hakenrenaissance" bezeichnet hat.[53] – Wie dieser Häker mit seinem Gerät umging, wie sein Arbeitstag aussah, das hat wiederum Ulrich Bentzien zu rekonstruieren versucht und wir folgen seinen instruktiven Ausführungen, von denen wir wünschten, daß es sie in ähnlicher Weise auch für andere landwirtschaftliche Arbeitsverrichtungen aus dem 18./19. Jahrhundert gäbe. Die Forschung hat darauf bisher noch zu wenig geachtet; es schien ihr nicht wichtig genug oder man scheute die mühsame Arbeit des Material-

---

[51] Ebda., S. 252.

[52] *Ulrich Bentzien*, Haken und Pflug. Eine volkskundliche Untersuchung zur Geschichte der Produktionsinstrumente im Gebiet zwischen unterer Elbe und Oder. Berlin 1969, S. 208 (= Veröff. d. Inst. f. deutsche Volkskunde 50).

[53] Ebda., S. 163ff., § 38.

sammelns und Kompilierens.[54] Die bisher angezogene Literatur erweist jedoch wieder einmal die Notwendigkeit, den Bereich der Arbeit als integralen Bestandteil der Lebensweise künftig stärker zu berücksichtigen. – Und nun zum Alltag des Häkers, der eine originäre Erscheinung unseres Zeitraums ist: „Morgens, noch vor Sonnenaufgang, zieht der Häker mit zwei Ochsen zu Feld. In der Dämmerung spannt er die Tiere vor den Haken, der abends am Ackerrain liegen geblieben ist. Ein prüfender Blick gilt noch einmal der Einstellung des Hakens, ob ‚Schnut' oder ‚Noors' nicht zu hoch oder tief stehen, ob ‚Hinnersahl un Isenpitz een Linie sünd'. Gegen 4 Uhr beginnt er dann gemeinsam mit den anderen Häkern zu arbeiten. Endlos lang ist die ihm zugeloste Kawel. Jetzt heißt es, einerseits mit allen anderen Schritt zu halten, andererseits nicht vor dem ‚Vörhoeler' zu wenden; denn wer beim ‚Umtoghollen' aus der Reihe fällt, wird sogleich gehänselt. Mit dem Ruf ‚to di!' oder ‚von di!' bzw. ‚hül!' oder ‚hott!' dirigiert der ‚Hoeker' seine Ochsen nach links oder rechts. – Gegen 8 Uhr legt man eine Früstückspause von einer knappen Viertelstunde ein. Inzwischen ist der ‚Jung' mit frischen Ochsen eingetroffen, denen jetzt das Joch aufgelegt wird. Während der Junge die abgespannten Ochsen auf die Weide oder in den Stall bringt, hat der Häker seine Arbeit von neuem aufgenommen. Wieder liegen vier lange Stunden vor ihm, und ganz kurze Verschnaufpausen sind nur an den ‚Hakenwendingen' gestattet. Der ‚Hoekerspruch' gibt den Gefühlen des Häkers beredten Ausdruck:

> ‚De Hoeker, de Knoeker harr Hunger in 'ne Darm,
> Hei mößt vör Hunger hinner 'n Haken herscharrn.
> Hei döörft nich murrn, hei dörft nich gnurrn,
> Hei mößßt still hinner 'n Haken herschurrn.'

Um 12 Uhr endlich ist Essenspause; die Frau, die Kinder oder Ochsenhirte haben das Mittagbrot herausgebracht. Nach dem Essen bleibt noch Zeit für etwas Ruhe, d. h. einige Züge aus der ‚Hoekerpip', die so manchem zünftigen Häker freilich auch während der Arbeit kaum jemals ausgeht. Noch vor 13 Uhr sind die Ochsen ein weiteres Mal gewechselt, und das erste Paar geht wieder im Joch. An ein Ausruhen ist auch jetzt nicht zu denken; was sich der Pflugknecht gelegentlich erlauben darf – nämlich einen kurzfristigen Arbeitausch mit seinem ‚Plauchdriwer' –, ist dem allein arbeitenden Häker verwehrt. Das Nahen des letzten Wechsels zwischen 16 und 17 Uhr verraten die Tiere durch immer häufiger werdendes Gebrüll; sie sind es gewöhnt, pünktlich abgespannt zu werden. Wieder kommt der ‚Jung' mit dem zweiten Paar der ‚Wesselossen'. Die Häker halten eine Vesperpause, und der eine oder andere begutachtet wohl auch kritisch die Arbeit des Nachbarn. Da fliegen Scherzworte hin und zurück wie: ‚Hest luter Kösters un Preesters (Buer un Eddelmann) hakt', d. h. eine Furche zu tief, die andere zu flach gegeben, ‚Hest 'n schönen Pudel makt' (ein Stück ungepflügt gelassen), ‚Wisst woll de Ünnerierdschen söken?' (zu tief gehakt); ‚Dat hett de Mullworm man 'n bäten ümräten' (zu flach); ein tief ausgepflügtes Loch wird auch ‚Swienskuhl' genannt, und von der ungeraden Furche heißt es: ‚So krumm pißt jo keen Bull!'

---

[54] *Karl-Sigismund Kramer*, a. a. O., S. 238 schreibt: „Um eine Geschichte des bäuerlichen Arbeitsgeräts in Mittelfranken zu schreiben, bedürfte es ausgedehnter Spezialuntersuchungen . . . Hier kann nur angeführt werden, was bei Durchsicht der verwendeten Archivalien nebenbei angefallen ist. Eine Spezialuntersuchung müßte sich vor allen Dingen auf Inventare stützen, eine Quellengruppe, die ich nicht systematisch herangezogen habe."

Dem unerfahrenen ‚Jung‘, der sich erstmals mit dem Haken versucht, rät man, ‚he süll sick de Kitteltaschen got vull Feldsteen packen denn sleiht de Haken nicht hen und her, dann güng he wisser‘. – Jetzt beginnt der letzte Tagesabschnitt der Hakarbeit. Er ist zwischen 20 und 21 Uhr beendet. Schon im Dämmern spannt der Häker die Tiere aus, verwahrt Leine und Hakeisen und zieht zu Hof, wo die Ochsen vom Futterknecht in Empfang genommen werden. Der morgige Tag wird bringen, was der heutige gebracht hat: ‚De Ossen würden wesselt, de Hoeker müßt uthollen‘.“[55]

Der Häker, so stellten wir fest, war auch Produzent, besser Teilproduzent des Gerätes, mit dem er hauptsächlich zu tun hatte, des Hakens. Diese Tatsache soll uns zu einem Exkurs über die Herstellung landwirtschaftlicher Produktionsinstrumente führen, präziser gesagt, die Frage des Verhältnisses zwischen bäuerlichem Hauswerk, d. h. Eigenproduktion durch die Hand der Bauern, Knechte, Tagelöhner etc., und dem *Handwerk* (Schmiede, Stellmacher) behandeln. Da Ulrich Bentzien auch diesem Problem seine Aufmerksamkeit gewidmet hat, konzentrieren wir uns auf eine Betrachtung über die Pfluggeräte im mecklenburgischen Raum, damit gleichzeitig auch – nach dem methodischen Prinzip des „pars pro toto“ – die Antwort auf die Frage nach der Geräteproduktion namentlich in unserem Zeitraum verallgemeinernd[56]:

Bestimmte im bäuerlichen Arbeitsjahr die Arbeitsteilung zwischen Mann und Frau die Fülle der notwendigen Verrichtungen, so trat der Bauer aus der Sphäre seines Hofes heraus, wenn er komplizierter zusammengesetzte Geräte brauchte. Jetzt mußte er sich der Mitwirkung eines Handwerkers versichern, und das war seit jeher der Schmied, später auch der Stellmacher. Bei der Geräteproduktion war also die Arbeitsteilung zwischen Produzent und Konsument notwendig. Kaum für ein anderes Gebiet in vorkapitalistischer Zeit ist dieser Begriff der Arbeitsteilung zutreffender; denn was der Bauer, was auch Knechte und Gutstagelöhner für die Herstellung eines Pfluges, eines Hakens selbst übernehmen mußten, war das Heraussuchen und Bearbeiten des Holzes für das Pfluggerippe, das sie gleichfalls zusammenfügten, damit dann der Schmied die eigentlichen „arbeitenden Teile“ des Geräts wie Schar, Sohle, Sech, Ketten, Haken und Ösen sowie diverse Beschläge in seiner Werkstatt fertigen und damit das „vorgefertigte“ Gerippe ausrüsten konnte. Aus seiner Hand erst übernahm der Bauer den Pflug als Produktionsinstrument, aber beide hatten Anteil an der Entstehung dieses Geräts.

Daß die eigentlichen Agrarproduzenten diese Arbeiten „in Holz“ übernahmen, war schon als „Gewohnheitsrecht“ anzusprechen, und erst seit dem 17. Jahrhundert legten die Gesinde- und Polizeiordnungen fest, daß die Knechte „Pflüge und allerlei Wagenwerk“ resp. „das Wagen-, Pflug- und Haken-Zeug“ anzufertigen hätten. Man ist geneigt, diese Art der Geräte-Teilproduktion direkt als eine notwendige Qualifizierung zu betrachten, über die männliches Gesinde auf Hof und Gut einfach zu verfügen hatte, um Arbeit zu finden. Für Bauern wurden solche Bestimmungen nicht erlassen, aber die kameralistische Literatur des 18. Jahrhunderts und die „Hausväter“ bemängeln bisweilen, daß sie – die Bauern – „die natürliche Biegung und Stärke des Holzes

---

[55] *Ulrich Bentzien,* a. a. O. (Anm. 52), S. 279f.

[56] Es mag auch durch die nicht ganz einfache Quellenlage bedingt sein (s. Anm. 54), daß es an solchen Untersuchungen, die das Verhältnis zwischen Bauern und Handwerkern in Bezug auf die Herstellung von Arbeitsgeräten behandeln, im deutschsprachigen Raum mangelt. Ulrich Bentziens Darstellung ist um so wichtiger, als er die Entwicklungstendenzen dieses Bauern- Handwerker-Verhältnisses nicht nur für die feudalistischen Perioden, sondern auch für die Zeit der Entfaltung kapitalistischer Produktionsverhältnisse in der mecklenburgischen Landwirtschaft erforscht hat.

ohne sonderliche Nacharbeitung" übernähmen und außerdem die Zusammenfügung der
Hölzer zum Pfluggerippe durch Bauernhand „ziemlich nach Gutdünken" vor sich
ginge.[57] Wie weit solche Kritiken und Vorwürfe zu Recht bestanden, ist die Frage.
Fest steht aber, daß die Obrigkeit auf eine gute Gerätevorfertigung durch die Knechte
etc. ihr Augenmerk lenkte und in dieser Hinsicht auch gewisse Vorleistungen verlangte,
wenn es z. B. um die Erteilung eines Heiratskonsens' ging. Dieser wurde nämlich nicht
erteilt, wenn ein Knecht oder Tagelöhner nicht in der Lage war, „ohne jemandes Bey-
hülffe einen Wagen, jedoch ohne Rahde, oder einen Hacken, oder Pflug, zu welchen
ihnen das Nutz-Holtz gereichet werden soll, mit eigener Hand untadelich verfertigt . . ." (1767)[58]. – Eine Besonderheit bei der „Vorfertigung" war der Pflugbaum,
weil es hier darauf ankam, die natürliche Krümmung von Ästen zu nutzen, die durch
Bearbeitung mit Ziehmesser und Beil als den einzig möglichen Werkzeugen nur noch
handgerechter gemacht werden konnten. Ein Pflugbaum konnte und durfte nicht hand-
werksmäßig zusammengesetzt, „gestückelt" sein; er mußte vielmehr aus einem Holz
bestehen, mußte originär sein. Und wenn der Bauer oder der Knecht einen geeigneten
Ast fand, dann schnitt er ihn gleich ab, lagerte ihn zum Trocknen auf Vorrat – und das
war „Planwirtschaft" im besten Sinne, genau so wie er einen entsprechenden Jung-
wuchs an Bäumen durch Festbinden o. ä. so beeinflußte, „richtete", daß bei Erreichen
der nötigen Aststärke schon am Baum beispielsweise ein „Hakenkrümmel" geradezu
„produziert" wurde. Was diese bäuerliche Teilproduktion also auszeichnet, ist nicht
handwerksmäßiges Anfertigen von Holzteilen für das Pfluggerippe mit Hilfe einer Säge,
eines Hobels und ähnlicher Werkzeuge, sondern das Behauen, Zurichten von Holz im
Naturwuchs und damit ein bewußtes Ausnutzen eben dieses „gewachsenen" Holzes für
ein dann gut funktionierendes Arbeitsgerät. Und was hier von der Vorfertigung des
Pfluggerippes gesagt wurde, gilt in gleicher Weise für die Herstellung anderer Gerätschaften, die in irgendeiner Weise den Naturwuchs des Holzes durch Bearbeiten mit
Beil und Ziehmesser für die vorgesehene, spezielle Gerätefunktion nutzten.[59] Daß hier
tradierte Erfahrungen eine große Rolle spielten, bedarf keiner weiteren Erörterung
mehr (siehe das Kapitel „Sicherheit" in diesem Band von Jürgen Kuczynski); wichtiger
noch ist der Umstand, daß die bäuerliche Fertigkeit der skizzierten Teilproduktion in
Holz von der Obrigkeit unserer Zeit und des folgenden Jahrhunderts für die Rentabi-
lität der Landwirtschaft bewußt einkalkuliert worden ist. „Erst gegen die Mitte des
19. Jahrhunderts begann man vereinzelt vor der unqualifizierten Arbeit der Tagelöhner
zu warnen und statt dessen die Herstellung der Haken und Pflüge durch einen gelern-
ten Stellmacher oder Schmied anzuempfehlen";[60] eine objektiv durchaus richtige Einstellung, da für die kapitalistisch betriebene Landwirtschaft diese in bäuerlich-hand-
werklicher „Coproduktion" hergestellten Pfluggeräte nicht mehr ausreichten und die
neuen Produktionsinstrumente, da vorwiegend aus Eisen hergestellt, wenn nicht sogar
schon „fabriziert", in der Tat eine höhere Qualifikation erforderten, als die tradierte
Erfahrung als Faktor der Existenzsicherung des Hofes.

Was nun den Schmied als anderen Partner dieser Arbeitsteilung anlangt, so tritt er
als Geräteteilproduzent in die Landwirtschaft von dem Augenblick ein, in dem Eisen

[57] *Ulrich Bentzien,* a. a. O. (Anm. 52), S. 239.
[58] Ebda., S. 241.
[59] Ebda., S. 240f.; vgl. auch Reinhard Peesch, a. a. O. (Anm. 28)
[60] Ebda., S. 241.

für die Schar verwendet wurde – und das ist schon in frühgeschichtlicher Zeit der Fall.
Das besagt, daß alle Verrichtungen, die mit zu formendem Eisen zu tun hatten, außerhalb des bäuerlichen Sektors lagen und die handwerkliche Qualifikation eines Schmiedes forderten. Und so gehören bei wachsender Verbesserung der landwirtschaftlichen
Arbeitsgeräte, des Pfluges im besonderen, in das Ressort des Schmiedes die Anfertigung
der Schar mit Scharkrampe und -stock, des Sechs und Streichbrettbeschlags, des Sohlen-
beschlags und der Grindelbänder um Sechs und Griessäule, der Radvorgestellachsen,
des Räderbeschlags, der Ketten und des eisernen Pflugzubehörs.[61] Der Eisenanteil am
Pflug war also beträchtlich und dementsprechend beschränkte sich die Arbeit des
Schmiedes nicht nur auf die Anfertigung eben der eisernen Teile und Beschläge, sondern auch auf deren Wartung und Reparatur, wobei unter der zeitlich insgesamt recht
aufwertigen Wartung an Pflug und Haken das Schärfen, Verstahlen und Aufschweißen
an der sich schnell abnutzenden Schar zu verstehen ist. Eine Verbesserung, auch Zunahme der Schmiedearbeit scheint mit dem 17. Jahrhundert eingesetzt zu haben. Das
mag mit dem wachsenden Anteil des Schmiedes und dessen Bedeutung für die Verbesserung der Geräte und bei der Einführung von Novationen im 18./19. Jahrhundert
zusammenhängen. Aber erst „die zunehmende Tendenz der Eisenverwendung für die
Gerippeteile von Haken und Pflug . . . machte den Schmied als bisherigen Teilproduzenten zum Vollproduzenten"[62] im 19. Jahrhundert, genau so wie Bauer und Tagelöhner dann als Teilproduzenten ausschieden.

Die Vorstellung, daß der Stellmacher das Holz-Pfluggerippe hergestellt habe, er also
der eigentliche Partner des Schmiedes sei, ist also falsch.[63] Aufgabe des Stellmachers
war es allein, Räder herzustellen. Dies bedeutet, daß seine Arbeit bei der Pfluganferti-
gung nur darin bestand, die Räder für das Pflugvorgestell zu liefern, falls ein solches
überhaupt verwendet wurde. „Im Gegensatz zum vergleichsweise unentbehrlichen
Schmied ernährte die noch krassere Teil-Produktion bei der Stellmacherei nicht ihren
Mann. So finden wir den Stellmacher im 16. und 17. Jahrhundert als ‚krueger und
rademacher‘ . . ., als Kossaten, der zusätzlich ‚vor das rademachen steuert‘ . . ., als
‚Priesterbauer, der zuweilen als Rademacher tätig war‘ . . ."[64] Der Stellmacher war
also, so wird man verallgemeinern dürfen, noch in unserer Zeit ein Kleinbauer und
eine „individuelle Handfertigkeit gab dem einen oder anderen Kossaten die Chance,
zusätzlichen Verdienst durch die Stellmacherei zu gewinnen."[65] In der gutsherrlichen
Eigenwirtschaft seit Mitte des 18. Jahrhunderts dürfte es dann schon voll mit ihrer
spezifischen Tätigkeit beschäftigte Stellmacher gegeben haben, im bäuerlichen Bereich
sind sie erst mit dem 19. Jahrhundert anzutreffen, was wiederum die Dominanz des
bäuerlichen Teilproduzenten im Holz-Hauswerk bis dahin ausweist. Nur „in der kurzen Periode zwischen dem Untergang des bäuerlichen Hauswerks und der Einführung
von Fabrikpflügen prägte der Stellmacher neben dem Schmied die Formen der Geräte-
kultur auf dem Sektor der Bodenbearbeitung."[66] Daß er in jener Zeit nicht nur Räder
für das Vorgestell, sondern auch das Pfluggerippe anfertigte, ist sicher auch mit darauf
zurückzuführen, daß er ja eigentlich Kossat, also Bauer war, der es seit jeher verstan-

---

[61] Ebda., S. 243.
[62] Ebda., S. 249.
[63] Ebda., S. 251.
[64] Ebda., S. 253.
[65] Ebda.
[66] Ebda., S. 254.

den hatte, als Teilproduzent bei der Pflugfertigung tätig zu sein. Insofern tradierte der Stellmacher jetzt bäuerliche Erfahrung, bäuerliches Wissen und Können.

Welches Fazit können wir nun aus unserer bisherigen Betrachtung ziehen, die sich bemühte, die Probleme der ländlich-bäuerlichen Arbeit in ihrer Alltagsrelevanz zu fassen, sie im Komplex der gesellschaftlichen Grundbedingungen unseres Zeitraums zu interpretieren? Das uns zur Verfügung stehende Material wäre zwar durch gezielte Archivrecherchen allseits zu vervollständigen sowie durch intensiveres Literaturstudium zu ergänzen, aber dennoch meinen wir, daß es möglich ist, jetzt schon einige Schlüsse zu ziehen, die Jürgen Kuczynskis Untersuchungsergebnisse nicht nur zu unterbauen vermögen, sondern sie vielmehr verifizieren:

Unter den Lebensbedingungen der sich verschärfenden feudalen Ausbeutung und Unterdrückung, ob im Gebiet der Gutsherrschaft oder in dem der Grundherrschaft sowie unter der Barbarei des 30jährigen Krieges und seiner Nachwirkungen, also unter den Vorzeichen von „Gewalt" und „Angst", hatte sich die agrarische Produktion im ganzen kaum verändert, hatte sie Mühe, das Niveau vor 1618 zu halten oder wieder zu erreichen. „. . . das Leben hob sich kaum von der materiellen Existenzbefriedigung ab . . . Der eigene Körper kannte keinen Genuß, nur Arbeit, die Frau und die Kinder waren ebenfalls bloße Arbeitsmittel . . . Das bäuerliche Haus zeigt, egal ob groß oder klein, diese Zentrierung auf die Produktion. Stets stehen der Stall und die Scheuer im Mittelpunkt, ein von der einfachen Reproduktion abgelöstes Wohnen gibt es nicht. Die Natur ist Arbeitsmittel, das freilich zugleich bedrohlich ist . . . Die Arbeit definierte den Tagesablauf, die Jahresphasen, die Lebensabschnitte. Die Kühe (oder die Ziegen und Hähne) weckten einen auf, die Nahrungszeiten waren von den jeweiligen Jahreszeiten und ihren Tätigkeiten abhängig. Im Winter schlief man mehr, leistete man sich mehr Geselligkeit, saß abends bei Kienspan und Kunkel beisammen, aber freie Zeit war das nie. Arbeiten und Leben fiel zusammen."[67]

Und doch bargen diese schweren Umstände der Alltagsarbeit in den Dörfern und auf den Gütern weiterhin den Keim des Neuen in sich, das sich mit der frühbürgerlichen Revolution angebahnt hatte, das trotz aller Beschwernis nach vorn drängte. Je mehr der Druck von oben wuchs, desto stärker und offener wurde der Widerstand von unten, bis er sich mit dem Sturz des Feudalsystems Bahn brach. Und: Die „ungeheure Kluft zwischen Erbärmlichkeit und sinnloser Verschwendung, zwischen absolutem Genußstreben und unentrinnbarem Bauernschicksal war nicht [länger] auszuhalten."[68]

2. Handwerk — Erfahrung und Leistung

Von Schmieden und Stellmachern als den Handwerkern, die an der Herstellung der bäuerlichen Produktionsinstrumente zunehmend und entscheidend Anteil hatten, war die Rede. Sie rechnen wir zu den sog. „Ur-Berufen", deren Tätigkeit und deren Arbeitsweise über 1 Jahrtausend so konstant blieben, bis erst die industrielle Revolution die entscheidende Wende auch in diese „traditionellen" Bereiche brachte. Grundlage für ihr Tätigsein war die einfache Arbeitsteilung, und auf wen das Sprichwort zutraf

---

[67] *Utz Jeggle*, Alltag, S. 109f. In: Hermann Bausinger, Utz Jeggle, Gottfried Korff, Martin Scharfe, Grundzüge der Volkskunde. Darmstadt 1978, S. 81ff. (= Grundzüge 34).
[68] Ebda., S. 111.

„E i n Schmied ist k e i n Schmied", mußte wohl die Ehefrau zum Halten des glühenden Eisens auf dem Amboß oder zum Ziehen des Blasebalgs fürs Anfachen eines hellen Schmiedefeuers, und was es sonst an Arbeiten für den notwendigen „zweiten Mann" in der Schmiede gab, herbeirufen. Diese einfache Arbeitsteilung war der im bäuerlichen Betrieb letztlich gleich und kann zumindest noch in unserer Zeit für die ländlichen Verhältnisse als ausreichend angesehen werden. Das bedeutet, daß die Werkstatt eines Dorfhandwerkers kaum über eine „Belegschaft" von 2–3 Mann hinausgegangen sein dürfte; mehr Leute waren auch nicht notwendig, weil auf dem Lande Bedarf an dorfhandwerklichen Erzeugnissen relativ gering war, und dies um so mehr, als bekanntlich manches im bäuerlichen Haushalt selbst produziert wurde. Das betrifft z. B. den Bedarf an Webwaren, deren Herstellung von der Rohstoffgewinnung bis zur Endverarbeitung auf dem Webstuhl im eigenen Haushalt geschah und einer Arbeitsteilung bestenfalls insofern bedurfte, als den Produktionsvorgang des Webens vorbereitende Tätigkeiten von Familienangehörigen ausgeführt werden konnten. Aber das geschah in der Regel wohl auch nur dort, wo vor allem Leinenerzeugnisse über den Eigenbedarf hinaus produziert wurden. Dies aber war vornehmlich Sache der kleinen Gewerbetreibenden, die sich zunehmend aus Angehörigen landarmer bzw. landloser Schichten rekrutierten und die meist für einen Verleger oder für eine Manufaktur arbeiteten.[69]

Wie ganz anders waren da doch die Verhältnisse in der Stadt! In einem Gemeinwesen wie Frankfurt am Main gab es um 1600 nicht weniger als 130 verschiedene Handwerke, die sich mit dem Wachsen und Erstarken des Städtewesens schon im späten Mittelalter durch „Berufsteilung" einzelner Grundhandwerke bisweilen geradezu vervielfacht hatten und nun selbständige Handwerkszweige mit größtenteils eigenständigen Zünften geworden waren. Das galt so z. B. für die Schmiede, die in Huf- und Nagelschmiede, in Schlosser, Messerschmiede u. a. aufgegliedert waren. Diese Aufgliederung war einer engeren Spezialisierung gleich, und diese bedeutete zweierlei: Sie erwies, daß in den Städten für ein breiteres, durch Handwerker gefertigtes Warenangebot entsprechender Bedarf vorhanden war, wodurch sich „die Zahl der selbständigen beruflichen Existenzen" vergrößerte, dadurch aber auch – und dies zum zweiten – der technische Standard der Erzeugnisse gehoben wurde.[70]

Ohne dieses Kapitel über Gebühr längen zu wollen, scheint es uns an dieser Stelle notwendig, eine Aufstellung all solcher Handwerks-„Branchen" folgen zu lassen, wie sie aus dem Jahr 1621 für eine so gewerbereiche und bedeutende Stadt wie Nürnberg überliefert ist. Insgesamt sind es 87 Gewerke, die durch „geschworene" Meister repräsentiert werden. Addierte man noch die „freien" Gewerke hinzu, so ergäben sich für das Nürnberg des Jahres 1621 bei einer wahrscheinlichen Einwohnerzahl von ca. 40 000 Seelen etwa 3700 Gewerbetreibende[71], also fast ein Zehntel der Einwohnerschaft. Neben der schon aufschlußreichen quantitativen Aussage, liegt der Wert dieser Aufstellung aber auch darin begründet, daß sie mit den einzelnen genannten Gewerken kundgibt,

---

[69] Vgl. zur Problematik des Landhandwerks in der Übergangsperiode zum Kapitalismus *Peter Kriedte, Hans Medick, Jürgen Schlumbohm*, Industrialisierung vor der Industrialisierung. Gewerbliche Warenproduktion auf dem Land in der Formationsperiode des Kapitalismus. Göttingen 1977 (= Veröff. d. Max-Planck-Inst. f. Geschichte 53) mit einem erschöpfenden Literaturapparat.

[70] Frankfurt um 1600. Alltagsleben in der Stadt (Katalog zur gleichnamigen Ausstellung). Frankfurt/ Main 1976, S. 26.

[71] *Ekkehard Wiest*, Die Entwicklung des Nürnberger Gewerbes zwischen 1648 und 1806. Stuttgart 1968, S. 167f. (= Forschungen z. Sozial- u. Wirtschaftsgeschichte 12).

an welchen speziellen Handwerksprodukten die Bevölkerung einer Großstadt unseres Zeitraums interessiert gewesen ist, welcher Bedarf also zu decken war. Damit ist dieses „Verzeichnus, Aller Handwercks in dieser Statt Nürnberg und wieviel Maister uff einem jeden jeziger Zeit dieses 1621. Jahr sind" auch ein wichtiges Indiz für Lebensstandard und Lebensweise der Bevölkerung einer Reichsstadt, die im ersten Drittel des 17. Jahrhunderts auf dem Höhepunkt ihrer Entwicklung stand. – Die Liste[72]:

Ahlenschmiede	3	Kartenmacher	10
Altmacher	68	Kettenschmiede	22
Bäcker	122	Kleiber	3
Bader		Klingenschmiede	8
Barbiere	34	Kompaßmacher	26
Barettmacher	32	Kupferschmiede	18
Beckschläger	3	Kürschner	63
Beutler u. Nestler	44	Lederer (Rotgerber)	57
Bierbrauer	38	Löffelschmiede	2
Bortenmacher	113	Lötschlosser	18
Briefmaler	19	Messerschmiede	233
Brillenmacher	11	Messingschaber	20
Futteralmacher u. Buchbinder	40	Metzger	115
Bürstenbinder	29	Nadler	29
Büttner	79	Nagelschmiede	18
Dachdecker	14	Neberschmiede	6
Darmsaitenmacher	3	Paternostermacher	16
Deckenweber	13	Pergament- u. Paukenmacher	2
Drechsler	48	Pfannenschmiede	4
Färber	12	Plattner u. Panzermacher	35
Federschmuckmacher	14	Ringmacher	25
Feilenhauer	26	Rotschmiede	231
Fingerhutmacher	31	Sattler	28
Flaschner	10	Schachtelmacher	10
Geschmeidemacher	9	Scheibenzieher	116
Glaser	25	Schellenmacher	44
Goldschläger	26	Schermesserer	9
Goldschmiede	130	Schleifer	7
Goldspinner	40	Schlosser	84
Gürtler	36	Schneider	152
Hafner	25	Schreiner	65
Heftleinmacher	112	Schuhmacher	98
Huf- u. Waffenschmiede	29	Seidensticker	7
Hutmacher	16	Seiler	17
Kammacher	52	Spiegelmacher	7
Kardätschenmacher	12	Sporer u. Striegelmacher	13

[72] Für das Jahr 1680 existierte abermals eine solche Liste, die durch mögliche Aufnahme von nicht geschworenen Gewerken auf 118 Positionen angewachsen ist und damit – gegenüber 1621 – zusätzliche Handwerke nennt, aber auch einige nicht mehr verzeichnet. Durch einen Vergleich zwischen beiden Listen Rückschlüsse zu ziehen, würde den Rahmen dieses Beitrags sprengen.

Steinmetzen	10	Wagner	20
Steinschneider	8	Weber	168
Strumpfstricker	6	Weißgerber	26
Taschner u. Tapezierer	13	Wismutmaler	9
Tuchbereiter	10	Zimmerleute	22
Tuchmacher	15	Zinngießer	29
Tuchscherer	8	Zirkelschmiede	82
Tüncher	23		

Wenn wir diese stattliche Liste so vieler städtischer Gewerke mit der des ländlichen Gewerbes um 1700 in Nürnbergs näherer Umgebung vergleichen[73], so fällt durch die Nennung von nur 11 Handwerksbereichen

Bäcker	Schreiner
Büttner	Schuhmacher
Maurer	Schmiede u. Wagner
Metzger	Weber
Müller	Zimmerleute
Schneider	

einmal der quantitative Unterschied, noch mehr aber im qualitativen Sinn die Tatsache auf, daß dieses ländliche Handwerk im wesentlichen wirklich nur die notwendigsten Grundbedürfnisse[74] der Dörfler in unserer Zeit befriedigen konnte. Für die Bewohner des stadtnahen Territoriums um Nürnberg bedeutet dies, daß alles, was über die Grundbedürfnisse hinausging, in der Stadt auf dem Markt erworben werden mußten; ein Indiz mehr dafür, daß die Beziehungen zwischen Bedarf und städtischem Angebot je nach Lage mehr oder weniger eng waren, und die daraus resultierenden Einflüsse auf die Lebensweise namentlich der dörflichen Bevölkerung nicht zu übersehen sind, wenn von regionaler Spezifik sog. „Volkskultur" in unserer Zeit gesprochen wird. – Die Meisterliste der Landgewerbe zeigt aber auch die Abhängigkeit vom Nürnberger Stadtregiment, die so groß war, daß die handwerkliche Produktion in Dörfern und Kleinstädten dieses größten Territoriums aller deutschen Reichsstädte[75] fast ausschließlich den ländlichen Markt versorgte, vom Nürnberger Markt oder gar vom Nürnberger Export jedoch so gut wie ausgeschlossen war. Die Lage im Landhandwerk um Nürnberg – in anderen stadtuntertänigen Territorien mag es nicht anders gewesen sein – wurde außerdem noch durch den Umstand erschwert, daß das Landgewerbe durchaus nicht einheitlich strukturiert war, daß sich vielmehr freie und unfreie Handwerker schroff gegenüber standen bzw. erbittert rivalisierten. Diese soziale Diskrepanz wirkte sich natürlich auch auf das Verhältnis zwischen Stadt und Land in gewerblicher Hinsicht aus. „Werden die Handwerker der Landstädte noch halbwegs als gleichberechtigt anerkannt, so behandeln die Nürnberger Handwerker die unfreien ‚Staudenmeister' mit der größten Geringschätzung. Diese soziale Überheblichkeit findet ihre Entsprechung im wirtschaftlichen Bereich: Das Handwerk der Stadt bevormundet dasjenige des Landgebiets bei jeder Gelegenheit und

[73] Es handelt sich um eine Liste der Meisterzugänge für die Zeit von 1700–1799 (*Ekkehard Wiest*, a. a. O., S. 180).

[74] s. hierzu die entsprechenden Ausführungen von Jürgen Kuczynski in diesem Band.

[75] *Ekkehard Wiest*, a. a. O., S. 83.

sucht es – zumindest wirtschaftlich – unter seine Kontrolle zu bringen; wenn irgend
möglich soll das Versorgungsmonopol für die Stadtbevölkerung auch auf das Landgebiet
ausgedehnt werden, während umgekehrt den Landhandwerkern mit wenigen Ausnahmen
der Verkauf ihrer Erzeugnisse in der Stadt verboten ist ... So kann das vom übermächtigen Nürnberger Handwerk und von der Obrigkeit gleichermaßen bedrängte Landgewerbe ... in reichsstädtischer Zeit keine eigenständige und überlokale Bedeutung
gewinnen"[76]; eine Tatsache, die bei entsprechenden Gegebenheiten zu verallgemeinern
sein dürfte. Die herrschende Gesellschaftsordnung läßt auch hier keine grundlegenden
Veränderungen zu. Erst mit zunehmenden kapitalistischen Produktionsweisen in Gestalt
der Verlage und Manufakturen gewinnt auch das Landhandwerk an Bedeutung, ja es
wird bisweilen, vor allem im Textilbereich, die Basis für regionale Industrialisierung.[77]

Dieses hier am Beispiel Nürnbergs angeführte Verhältnis zwischen Stadt- und Landhandwerk, das einem Konkurrenzdenken eigener Art entspricht, geht auf einen wesentlichen Funktionsbereich des Zunftwesens zurück, das noch im späten Mittelalter insofern
als progressiv zu bezeichnen war, als es das Handwerk durch mancherlei Maßnahmen
vor Konkurrenz von außen und innerhalb der Zunftgemeinschaften schützte. Dies war
es, was auch dem einzelnen Handwerker die Sicherheit gab, sich ganz und gar auf seine
besondere Tätigkeit zu konzentrieren und sich immer weiter zu vervollkommnen. Die
Zunft erlaubte es aber auch, ja sie forderte es, die jeweiligen spezifischen handwerklichen
Fertigkeiten und Fähigkeiten von Generation zu Generation weiterzugeben, damit gesichertes Erfahrungswissen[78] zu vermitteln, es anzureichern, ohne daß der einzelne
Meister aus Konkurrenzgründen um seine Existenz hätte bangen müssen. Eine gedie-
gene, wenn auch harte Lehre, das Anfertigen eines Gesellen- und eines Meisterstücks
und die „Gütekontrolle des Endprodukts" durch Beauftragte der Zunft waren die
Garantie für unbedingtes Können in der handwerklichen Arbeit und für die Sicherung
von Qualitätserzeugnissen. All dies war im Hinblick auf den handwerklichen Produk-
tionsbereich und zum Erreichen eines hohen Qualitätsniveaus von großer Bedeutung.
Doch hatte dieses Profil um die Zeit der frühbürgerlichen Revolution seinen Höhepunkt
erreicht. – Dem Aufschwung der Produktivkräfte im 16./17. Jahrhundert, der sich besonders im bürgerlich betriebenen Manufakturwesen zu manifestieren begann, hielt das
im Feudalsystem verankerte Zunftwesen auf die Dauer nicht mehr stand. Was ehedem
für die Entwicklung des Handwerks als progressiv Geltung gehabt hatte, verknöcherte
mehr und mehr, wirkte nur noch restaurativ und reaktionär. Dieses Zunftwesen wurde
ein Herrschaftsinstrument in den Händen großmächtiger Handwerksmeister, das seine
anachronistisch gewordene ideologisch-gesellschaftliche Grundlage krampfhaft aufrecht
zu halten versuchte und sich mit allen zu Gebote stehenden Mitteln gegen jedes Neue

---

76 Ebda., S. 85.
77 Vgl. *Rudolf Braun*, Sozialer und kultureller Wandel in einem bäuerlichen Industriegebiet im
   19. und 20. Jahrhundert. Erlenbach-Zürich u. Stuttgart 1965.
78 Im Kapitel V dieses Bandes, das er dem Lebensfaktor „Sicherheit" gewidmet hat, schreibt Jürgen
   Kuczynski am Schluß der Einleitung: „Erfahrung durchdringt das Leben der einfachen Menschen
   mit Sicherheit, Ruhe und Befriedigung, verbindet die Gegenwart mit der Vergangenheit, den
   Lehrling mit dem Meister – den Lehrling, der selbst einmal Meister sein wird ... Die segensreiche,
   Sicherheit spendende Erfahrung!"
   Es gibt keine Formulierung, die den inneren Zusammenhang unserer Fragestellung besser zum
   Ausdruck bringen könnte.

und Zukunftsträchtige, das die frühe bürgerliche Gesellschaft ausgezeichnet hatte, abschirmte.

Ausdruck für diese Haltung waren auch Ablehnung und Verbot produktionstechnischer Neuerungen. Die Nürnberger Akten bieten hier recht instruktive Beispiele: „Technischer Fortschritt in arbeitsparender Form wird im allgemeinen von den Zünften und dem Rat scharf abgelehnt, da sie ... von seiner Einführung eine Freisetzung von Arbeitskräften, damit Einkommensminderungen, Almosenlasten und dgl. befürchten. Werden arbeitsparende Werkzeuge oder Maschinen dennoch eingeführt, so werden sie oft gesperrt, um ihre Verbreitung nach auswärtigen Orten zu verhindern." Das galt z. B. für die „Wippe der Heftleinmacher" oder für die „Plättmühlen der Brillenmacher".[79] Was ehedem die Zunft ausschließen wollte, nämlich Eifersüchteleien, Brotneid und Mißtrauen gegeneinander, war jetzt an der Tagesordnung; und wenn Nürnberg wegen seiner gewerblichen Erfindungen im 16. Jahrhundert noch allgemein bekannt war, ist das 17./18. Jahrhundert durch rückschrittliche Tendenzen und durch die Angst, daß Geräte oder Fertigungsmethoden von anderen Gewerken übernommen werden könnten, gekennzeichnet. So verweigern die Tuchmacher „den Webern den Gebrauch des von ihnen benutzten Wollkamms ...; die Scheibenzieher wehren sich gegen die Ausgabe von Leiern an die Drahtzieher am Wasser, obwohl aufgrund dessen Draht ohne ,Zangenbiß' aus dem Sauerland eingeführt werden muß ...; der Gebrauch von Drehrädern (wird, W. J.) nur alten oder armen, nicht aber jungen und gesunden Drechslermeistern gestattet"[80] etc. Resumierend sei festgestellt: „Im selben Maße wie der Zunftgeist erstarrt, wächst die traditionalistische, allen Neuerungen abholde Einstellung der Handwerker ...; der Erfindungsgeist der Nürnberger Gewerbetreibenden, der ,Nürnberger Witz', ist im Untersuchungszeitraum weit weniger auf Verbesserungen der Produkte und Fertigungsmethoden gerichtet als etwa im 16. Jahrhundert; die Erfindungen entarten zum großen Teil ins Groteske und Kuriose."[81] Dennoch aber müssen Namen von Erfindern genannt werden, die aus der Nürnberger Handwerkerschaft stammen. So ist es der Zirkelschmied Hautsch, der 1650 die erste Feuerspritze mit kontinuierlichem Wasserstrahl gebaut hat; 1671 entwickelt der Glasschneider Schwanhardt ein Verfahren zum Ätzen von Glas; der Flötenmacher Denner bringt 1690 die erste Klarinette zu Gehör und zwischen 1680 und 1690 ermöglicht die Erfindung der schon einmal erwähnten Wippe den Heftleinmachern eine Verdopplung ihrer Produktion.[82] All dies sind Novationen, Erfindungen, die zwar aus handwerklichem Können entstanden sind, die aber nicht mehr dem Wesen der überlebten Zünftelei entsprachen. Sie stehen bereits auf der höheren Entwicklungsstufe der Produktivkräfte, die sich mit den Verlagen und den Manufakturen eine zeitgemäße Basis geschaffen haben, auf der sich letztlich das Fabrikwesen des Kapitalismus aufbaut.[83] Daß sich das Zunfthandwerk mit allen Kräften gegen das Vordringen dieser Mächte nicht nur in Nürnberg wehrt, prägt unseren Untersuchungszeitraum entscheidend mit.

Aber auch noch ein anderes, mit der Produktionssphäre zusammenhängendes Moment gilt es zu erwähnen, das in Hinblick auf die handwerkliche Arbeit für das 17. Jahr-

[79] *Ekkehard Wiest*, a. a. O., S. 124.

[80] Ebda., S. 125.

[81] Ebda.

[82] Ebda., S. 125f.

[83] *Karl Marx*, Das Kapital Bd. I, Marx/Engels Werke Bd. 23, S. 390.

hundert relevant ist, sogar an Bedeutung gewinnt; das ist die handwerkliche Spezialisierung, von der schon eingangs kurz die Rede war, bedingt durch eine Aufteilung in
einzelne Arbeitsvorgänge. Den verlagsmäßigen, auch manufakturellen Produktionsweisen
ähnlich, ist – was besonders Nürnberg angeht – eine „enorm weitgetriebene Arbeitsteilung zwischen den Handwerken" zu konstatieren,[84] betrifft aber auch die arbeitsteilige
Kooperation innerhalb eines Gewerbes. „Die Kammacher-Profession hat (z. B., W. J.)
eine solche Einrichtung unter sich selbst getroffen, daß ein Meister dem anderen in die
Hände arbeitet. Zum Beispiel, der eine schneidet die Elfenbeinzähne in lauter kleine
Täfelchen oder Stückchen, der andere macht in diese Tafeln oder Stückchen die Zähne,
der dritte poliert sie, macht sie ganz fertig und liefert sie dem Kaufmanne, der sie dann
verschickt. Dadurch wird die Arbeit so schnell, so gut und so wohlfeil verfertigt, weil
jeder zu dem, was er an dem Kamme zu machen hat, vollkommen gut eingerichtet ist,
mit unglaublicher Geschwindigkeit arbeitet, alle Vorteile lernt und anzuwenden weiß
und in seiner Arbeit einen seltenen Grad der Vollkommenheit erlangt hat."[85] Die ökonomische Notwendigkeit, im Handwerk so profitabel wie möglich zu arbeiten, fördert
die Arbeitsteilung also auch innerhalb eines ehedem eigenständigen Handwerks, das
sich ursprünglich durch Fertigung eines Stückes vom „Rohling" bis zum Endprodukt
durch den einzelnen Handwerker auszeichnete, führt notwendigerweise zu einer Auf-
splitterung eben des Grund-Gewerbes, damit aber auch zu einer relativ engen Spezialisierung der einzelnen Gewerksangehörigen. Diesem Umstand trägt beispielsweise die
Zunft der Zirkelschmiede Rechnung, die es dem Gesellen überläßt, bei Anfertigung
seines Meisterstücks zwischen vier Alternativen zu wählen: „grobem Werkzeug und
Hausrat, feinerem Werkzeug, Reißzeug und Goldschmiedewerkzeug."[86] – Das reiche
Produktionsangebot und damit der Nachweis auf den vorhandenen Bedarf an vielen
Handwerksgütern sowie der – örtlich und territorial unterschiedliche – Grad der
Spezialisierung lassen sich aus den Versen von Hans Sachs zu Jost Ammans Ständebuch,
aus den Holzschnitten von Hans Burgkmair oder – hundert Jahre später – aus Christoff
Weigels „Abbildung der Gemeinnützlichsten Haupt-Stände von denen Regenten und
ihren so in Friedens- als Kriegs-Zeiten zugeordneten Bediensteten an, biß auf alle
Künstler und Handwercker" (Regensburg 1698) eindeutig ablesen. Das Beispiel der
Zirkelschmiede soll dies an Hand von Weigels Beschreibung (S. 357) erweisen: Danach
machen diese „nicht allein unterschiedliche Ausstattungen von Zirckeln, sondern auch
sehr viele andere Sachen, als vor die Medicos, Chirurgos und Wund-Ärtzte, Kopff- und
Beinsägen, Trepan- oder Kopffschrauben, Mutter-Spiegel, Achsel-Züge, Kugel-, Feil-
und Kornzangen, Pelican, Geißfüsse, und andere Zahninstrumenten, Cauteria oder Etz-
Eisen, Catheres oder Sunden, Spatel, Durchzüge, Sucherlein und dergleichen; Zu Beförderung der matematischen Wissenschaften, Astrolabia, Quadranten, Proportional-
Zirckel, Maas-Stäbe und dergleichen; wie auch nicht wenige zur Feldmeß-Kunst und
Artillerie benötigte Instrumenten; so dann neben dem Goldschmieds-Zeug und Schrau-
ben zu den Drucker-Pressen, vor vielerley Handwercker nach Erforderung ihrer Arbeit,
verschiedene Gattung von Hämmern, Zangen und Ambosen, Schraub-, Feil- und Löth-
Kloben, Stock-Scheeren, Kugel-Mödeln, Durchschlägen, Gerb-Stahlen, Grab-Sticheln,

[84] *Ekkehard Wiest*, a. a. O., S. 133; *Karl-Sigismund Kramer*, Bauern und Bürger im nachmittelalterlichen Unterfranken. Eine Volkskunde auf Grund archivalischer Quellen. Würzburg 1957, S. 157
bestätigt das zunehmende Spezialistentum im Handwerk auch seines Untersuchungsgebietes.
[85] Ebda., S. 134.
[86] Ebda.

Meißeln, Hau-, Stämm- und Beschneid-Eisen, allerhand Müntz- und andere Stämpfel, Schneid- und Dreh-Gezeug etc. etc. Vor die Gärtner, Grab-Messer, Wetz-Stäbe, Beltz-Sägen, Beschneid-Messer und Wein-Heppen wie auch zu dem gemeinen Haus-Wesen, Wachs-Stöcke und andere Arten Leuchter, Licht-Schneutzen, Feuer-Zangen, Pfannen-Eisen, Rost, Fleisch-Gabeln, Kohl- oder Glut-Pfannen, Feuer-Eisen etc. etc.".

Wenn in anderem Zusammenhang oben erwähnt wurde, daß in unserer Zeit beispielsweise der „Nürnberger Witz" kaum noch anzutreffen sei, das Handwerk als ehedem vorantreibendes Element der Produktivkräfte stagniere, so ist andererseits zu konstatieren, daß es eine große Anzahl hervorragender handwerklicher Leistungen gab, und das waren solche, die den sog. Kunsthandwerkern zuzuschreiben sind; Kunsthandwerker – Spezialisten, Könner und Erfinder hohen Grades, die freilich kaum noch im Rahmen einer Zunft in Marktprodukten für eine breitere Käuferschaft „machten", sondern die fast ausschließlich in Arbeit und Brot bei der herrschenden Klasse in den erstarkten Territorialstaaten standen. Zu einem großen Teil muß man ihre Erzeugnisse als dem Kunstgewerbe zugehörig betrachten; und auf sie mag in erster Linie die französische Bezeichnung des „l'artisan"[87] zutreffen, der auf Grund seiner, auch als künstlerisch zu bezeichnenden Schöpfungen eine Sonderstellung als Günstling bei Hofe einnehmen konnte, sich zumindest aber in sozialer Hinsicht und in seiner Lebensweise von seinen eigentlichen Zunftbrüdern abhob, obwohl er noch zunftmäßig gelernt hatte. Diese Kunsthandwerker waren es vornehmlich, die in Residenzen, reichen Handelsstädten und im kirchlichen Bereich an der Errichtung der feudalen Prunkbauten sowie deren Ausstattung und an der Herstellung der vielen Dinge des persönlichen Bedarfs maßgeblichen Anteil hatten. Zu ihnen gehören „die Fayence- und Porzellanmodelleure und -maler ...; die Formschneider, die Holzmodeln für den Reliefschmuck der Steinzeug-Prunkgefäße und der Kacheln zu den Öfen der Repräsentationsräume herstellten; die Glasschneider, die Siegel- und Wappensteinschneider; die Dessinateure, die Vorlagen für Kunstschmiede, Kunstschlosser und Gelbgießer herstellten; die Ätzmaler, die Prunkrüstungen und -waffen mit Dekor versahen; die Ebenisten, die das kostspielige, reich mit Dekor versehene Mobiliar entwarfen und in eigenen Werkstätten herstellten; die Gipser und Kalkschneider, die den jetzt stärker aufkommenden Stuckdekor der Innenräume modellierten; schließlich die Kupferstecher, die in ihren Ornamentstichen und Modellbüchern das gesamte Kunsthandwerk mit Vorlagen für modische dekorative Gestaltung versorgten."[88]

An dieser Stelle sei ein Exkurs zur Entwicklung von Werkzeugen und von Bearbeitungstechniken im Zusammenhang mit der Herausbildung neuer, verfeinerter Möbelformen, oder kürzer gesagt, zur Geschichte der Kunsttischlerei erlaubt, die mit dem herrschaftlichen Möbel in unserer Zeit einen gewissen Höhepunkt erfährt.[89]
    Hören wir zuerst Hans Sachs, der in Jost Ammans „Eygentliche Beschreibung aller

---

[87] Abgeleitet vom lateinischen „artifex" = Künstler.

[88] Zur Geschichte der Kultur und Lebensweise, a. a. O., S. 182.

[89] Wir folgen hier den Ausführungen der äußerst verdienstvollen Untersuchung des Schweizers *Josef M. Greber*, Die Geschichte des Hobels. Von der Steinzeit bis zum Entstehen der Holzwerkzeugfabriken im frühen 19. Jahrhundert. Zürich 1956, S. 165 ff.; vgl. auch *Hermann Kaiser*, Handwerk und Kleinstadt. Das Beispiel Rheine/Westf. Münster 1978, S. 272ff. (= Beitr. z. Volkskultur in Nordwestdeutschland 7).

Stände" (Frankfurt 1568) über den Tischler folgendes schreibt: „Ich bin ein Schreiner von Nürenberg / Von Flader mach ich schön Tafelwerck / Verschrotten / und versetzt mit zier / Leisten und Sims auf Welsch manier / Truhen / Schubladen / Gewandbehalter / Tisch / Bettstatt / Brettspiel Gießkalter / Gefirnist / köstlich oder schlecht / Eim jeden um seinen pfenning recht." Der dazugehörige Holzschnitt zeigt zwei à la mode gekleidete Männer, die mit Tischlersäge und Hobel hantieren. Winkel, Zirkel, Maße, ein Werkzeugschrank, Bretterteile liegen oder stehen auf der Hobelbank. Ein Breitbeil lehnt am Sägeklotz. Das Werkstück, an dem beide Männer offensichtlich arbeiten, ist eine größere Truhe oder Lade, mit Säulenbogen ringsum verziert, an welcher noch der Deckel fehlt. Dieses Bild einer Schreinerwerkstatt läßt also eine ganze Anzahl von Werkzeugen erkennen, die für all die feineren Holzarbeiten notwendig sind, von denen Hans Sachs als zur Tischlerarbeit gehörigen, geschrieben hat. Nur das Breitbeil mag daran erinnern, daß ehedem auch der Zimmerer Möbel baute (Stollentruhen, Stollenschränke etc.) und nicht viel mehr als Säge, Breitbeil, Dechsel, Bohrer u. ä. dafür benutzte. Mit der geradezu zierlichen Tischler-Truhe bei Jost Amman halten die grobschlächtigen Zimmermannsmöbel freilich keinen Vergleich aus. Die Ammansche Truhe ist Zeugnis für eine höhere Wohnkultur, die mit feineren, sorgsamer verzierten Möbeln einhergeht. Dieser Entwicklungsprozeß des Möbels, wohl verstanden des Möbels vornehmlich der herrschenden Klasse, folgt den historischen Stilperioden und findet in unserer Zeit einen gewissen Höhepunkt.

Wie schon mit dem Vergleich zwischen Zimmerer- und Tischlermöbel angedeutet werden sollte, erfordert eine so wesentliche Veränderung, wie sie hier statthatte, die Anwendung anderer, neuer Bearbeitungswerkzeuge. Und das ist nur logisch, weil „bestimmte Gestaltungsformen auch bestimmte Eigenschaften vom Werkzeug" verlangen. Dieses Werkzeug aber ist vor allem der Hobel, der sich vom ehedem nur glättenden Gerät im Laufe der Kunstperioden, die jeweils um das beste Kunstmöbel wetteiferten, zu einem vielseitigen Bearbeitungswerkzeug entwickelte, das die Kunstschreiner den immer wieder neuen Verzierungsarten, Furnieren, Holzarten usw. mit entsprechenden Formen oder Umarbeitungen anpaßten. Die alten Formhobel wurden durch Anbringung verstellbarer Anschläge „umgerüstet", viele sinnvolle Spezialhobel[90] neu konstruiert. „Um 1600 ersann ein findiger Schreiner aus Franken das geflammte Hobeln . . . Einen großen Teil ihrer Erfolge verdankt die Kunstschreinerei des 16. bis 18. Jahrhunderts der zur höchsten Blüte entwickelten Hobeltechnik", was wiederum das Ansehen der Schreiner steigerte, die z. B. am Hofe Ludwigs XIV. als Ebenisten „Rang und Namen gleich den Bildhauern und Malern, zudem gewisse Vorrechte gegenüber den einfachen Möbelschreinern" besaßen. Neben der Erweiterung des Hobelsortiments und der Verfeinerung der Hobeltechnik entstanden aber auch noch andere Neuerungen auf dem Gebiet der Möbelmacherei: „Die Hobelbank erhielt Schraubzangen, die Furnier- und Laubsägen kamen auf, das Ziehen der Kehlleisten wurde eingeführt" u. a. m. – Die Leistungen der Kunsttischler fanden aber auch in der Tatsache eine Anerkennung und Würdigung, daß viele der Potentaten deutscher Territorialgebilde ihren diversen Sammlungen nun auch Kollektionen von fein verzierten Hobeln einverleibten, mit denen sie z. T. – einem Modetrend ihrer Zeit folgend – bisweilen sogar selbst herumwerkelten. Ihnen mag die Bedeutung der Werkzeuge – und das waren keineswegs nur

---

[90] Unsere Zeit kennt bereits an die 20 Hobelsorten mit unterschiedlichem Verwendungszweck. Wir nennen nur einige: Schropphobel, Schlichthobel, Zahnhobel, Putz-, Hornholzhobel, Rauh- und Fügbank-, Schiff-, Sims-, Falz-, Nut-, Feder-, Wangen-, Grat-, Grund- und Profilhobel.

die Hobel, sondern die aller Gewerke, die für Hof und Residenz tätig waren[91] – weitaus plausibler gewesen sein als manchem Museologen von heute, dem es genügt (oder ist es Bequemlichkeit?) Renaissance-Truhen oder Barock-Schränke einem staunenden Publikum einfach so zu präsentieren, ohne solche Möbel u. a. auch als Zeugen handwerklicher Fertigkeit in Verbindung mit der jeweiligen Werkzeugentwicklung zu interpretieren.[92] Letztlich dokumentiert die Entwicklung dieser Hand-Werkzeuge, wenn auch zunächst im Dienst der herrschenden Klasse, ein nicht unwichtiges Stück Produktivkraft-Geschichte unserer Zeit.

Daß Werkzeuge – nicht nur als Zunftzeichen, als Herbergs- und Bahrschilder – eine über das alltägliche hinausgehende symbolische, ja statusmäßige Bedeutung haben konnten, zeigt wiederum die Geschichte des Hobels: Die Schreiner, die sich seit der Ära der Hochgotik als Möbelmacher von den Zimmerleuten als ursprünglichen Zunftgenossen abzusondern begannen, unterschieden sich vom Tun der Zimmerer mehr und mehr durch Anwendung des Hobels. Dieses Werkzeug wurde geradezu Unterscheidungsmerkmal zwischen beiden Gewerken. Die Schreiner beanspruchten den Hobel als Wahrzeichen für sich, führten Prozesse vor allem gegen die Zimmerer und ließen das Führen des Geräts „im Wappen" anderer holzverarbeitender Handwerke verbieten. Ein Handwerkszeug wurde so zum Symbol der Zusammengehörigkeit von Zunftgenossen nach innen und außen. Daß dies geschehen konnte, war gleichzeitig durch das Spezialistentum bedingt, das sich als durchaus handwerkstypisch im Entwicklungsprozeß der Gewerke herausbilden mußte.[93]

Die Zeit nach dem 30jährigen Krieg war u. a. gekennzeichnet durch die Notwendigkeit, für den gewachsenen Bedarf der Hofhaltungen, Patrizierhäuser usw. handwerklich gefertigte Luxusgüter bereitzustellen. Andererseits war der breite deutsche Markt mit Massengütern genau so zu versorgen, wie der Exporthandel ständigen Nachschub benötigte. Beiden „Verpflichtungen" wurde das Handwerk – namentlich das der großen Städte – gerecht, und dies trotz wachsender Konkurrenz von Verlagen und Manufakturen. Es ist sogar ein Ansteigen der handwerklichen Massengüterproduktion festzustellen, die nicht unbedingt mit einer Qualitätsminderung verbunden war. „Nürnberger Tand" z. B. geht in alle Lande, und das ist ein breit gefächertes handwerkliches Angebot von „metallenen Knöpfen, Kammacherwaaren aus Elfenbein, Schildkrot und Horn, farbigen Papieren und Dosen, feinen lakierten Blechwaaren, Spiegeln von allen Gat-

---

[91] Eine instruktive Übersicht über solches Handwerkszeug zahlreicher Gewerke in Museen und ehemaligen fürstlichen Sammlungen bietet *Walther Bernt*, Altes Werkzeug. München 1939.

[92] *Josef M. Greber*, a. a. O., S. 174 weist bereits auf diesen lamentablen Zustand in einzelnen Museen hin. – vgl. auch die völlig zutreffenden Bemerkungen von *Jürgen Kuczynski* über die Diskrepanz zwischen historisch-gesellschaftliche Realität und den unzureichenden musealen Ausstellungen.

[93] Die überaus zahlreiche Handwerksliteratur bietet relativ wenig Material über diese Zusammenhänge, wie überhaupt der Bereich der Handwerksarbeit in der bisherigen Forschung recht stiefmütterlich behandelt worden ist, ausgenommen Gewerbe wie Töpfer, Weber, Rechen- und Holzschuhmacher, Korbflechter, u. ä. Daß dies so ist, hat wissenschaftshistorische Ursachen, auf die hier nicht einzugehen ist. – Um so verdienstvoller ist die gut mit Abbildungen dokumentierte Reihe von *Paul Hugger*, Sterbendes Handwerk, die seit Anfang der 60er Jahre eine große Zahl gewerblicher Tätigkeiten in der Schweiz, die der Industriefabrikation weichen müssen, eingehend beschreibt. Hugger beschränkt sich – wohltuend – nicht auf „Ur-Berufliches", sondern dokumentiert auch Gewerke mit gewissem Mechanisierungsgrad, aber handwerkstypischer Prägung.

tungen und Spiegelgläser in großer Menge, gegossenen Messingwaaren, leonischen Drahten, Borden, Spitzen u. dgl., Messing- und Eisendrahten von den gröbsten bis zu den allerfeinsten Gattungen für Instrumente, Messingblechen, Tomback und Lahngold, Zirkelschmiedarbeiten, allen Gattungen von Flaschnerwaaren, Nähnadeln und Wollkartätschen, mechanischen, chirurgischen und musikalischen Instrumenten, Schusterahlen, Geschmeidewaaren, allen Gattungen Feilen, feingeschlagenem Gold und Silber und anderen Metallen, Broncefarben von den Metallabfällen, Prägewerken für Medaillen, Wagschalen, Blechdosen mit Spiegeln, Nägeln von Eisen und anderem Metall, Zinnfolien, Zinngießerwaaren, Bürstenbinder- und Säcklerwaaren, baumwollenen Strümpfen und Hauben, wollenen Teppichen und Wollgarnen, Lebzelten, Briefoblaten, Siegellack, Brillen mit allen Arten von Gestellen, Uhrgehäusen, Buchbinderarbeiten, feinen gebrannten Wässern . . ., Wachszieherarbeiten, Drechslerwaaren, künstlichen Blumen und Spielwaaren"[94] usw. – Konsumenten der Massengüterproduktion, des „Nürnberger Tands" usw. sind hier also weitgehend die Werktätigen in Stadt und Land. Die Produzenten entsprechen der o. a. Meisterliste von 1621.

Aber nicht nur Massengüter der genannten Art sind es, die das Handwerk auf die Märkte bringt. Ein wichtiges Gewerk ist z. B. das der Töpfer oder Häfner. Sie stellen das meiste Gebrauchsgeschirr her, denn metallene Stücke waren teuer, Porzellan noch nicht bekannt, Fayence weitgehend noch ein Geschirr der Stadtoberen und der Residenzhaushaltungen. Die Töpferei war in unserem Zeitraum noch „eines der wichtigsten Handwerke für die Herstellung von Bedarfsartikeln für das tägliche Leben."[95] Das Sortiment an Krügen, Schüsseln, Töpfen, Satten, Tiegeln, Pfannen u. dgl. war groß. Farbige oder mit erhabenen Friesen, Medaillons u. ä. verzierte Töpferwaren aus nicht spezialisierten Werkstätten machten, gemessen an der Gesamtproduktion, nur ein Bruchteil aus.[96] Diese relativ wenigen Exemplare pro Gebrauchsgeschirr-Werkstatt – und es gab immens viele in den deutschen Territorien – haben das Interesse der Museologen u. a. auf sich gezogen, die für die unverzierten Alltagswaren aus den Töpfereien erst sehr spät den Sinn für die Notwendigkeit, sich gerade mit den einfachen Formen, deren Funktion usw. zu beschäftigen, entwickelten. Daß die Häfner mit ihrer alltäglichen Gebrauchsware einen unerhört großen Anteil an der Bedürfnisbefriedigung gerade der werktätigen Massen in der Zeit unserer Untersuchungen haben, ist also relativ wenig erforscht worden. Typologien von Formen und Dekor waren wichtiger als das Angehen eigentlicher Grundfragen.[97] Damit soll freilich nicht in Abrede gestellt werden, daß nicht auch die verzierte Töpferware ein gängiger Massenbedarfsartikel war. Es sei nur als ein Beispiel des Steinzeug aus den Werkstätten von Siegburg, Frechen, dem Westerwald und anderen Orten des Rheinlands, auch des thüringisch-sächsischen Raumes (von Bürgel bis Muskau) erwähnt, dessen Hersteller es verstanden, sich den jeweiligen Modetrends so anzupassen, daß ein ständiger Absatz der fein glasierten, mit Reliefornamentik versehenen Ware – die „Bartmannskrüge" zählen dazu – auch auf weit entfernten Märkten gesichert war. Das 17. und 18. Jahrhundert ist ein Höhepunkt der handwerklichen Steinzeugherstellung. Dieses Geschirr erfreute sich – und dies bis

---

[94] *Ekkehard Wiest,* a. a. O., S. 137f.

[95] Frankfurt um 1600, a. a. O., S. 26.

[96] *Paul Stieber,* Formung und Form. Versuch über das Zustandekommen der keramischen Form. München 1971 (= Schriften d. deutschen Hafnerarchivs 1).

[97] Vgl. hierzu die grundlegende Untersuchung von *Rudolf Weinhold,* Töpferwerk in der Oberlausitz. Berlin 1958.

zum heutigen Tag – allgemein großer Beliebtheit. Seine Fertigung war ein recht mühsames Unterfangen – vom Modellieren der Sandsteinmatritze für das Reliefornament, dessen sorgfältigem Ansetzen auf das jeweilige Rohgefäß, bis zum Beschicken des Brennofens und dem Glasieren der Ware. Über dieses zuletzt genannte Verfahren sei ein recht realistischer Bericht aus der Gegenwart zitiert, der dem Ablauf dieses Arbeitsvorgangs auch in unserem Zeitraum entsprochen haben mag: „Wenn die Öfen brennen, liegt vom Salzqualm ein eigenartiger Dunst über dem Ort[98], ist doch die Besonderheit des Steinzeugs die sogenannte Salzglasur. Es wird bei höheren Temperaturen gebrannt als das einfache Tongeschirr, denn seine Härte erhält das Steinzeug durch klingend hohe Brenntemperaturen von 1200–1300 Grad. Die Brennöfen weisen nun eine Besonderheit der Konstruktion auf, die in einer Vielzahl runder Öffnungen im Ofengewölbe besteht. Säcke von Salz liegen bereit, daneben lange Holzschaufeln, und die Handwerker schützen Kopf und Schultern mit Kapuzen aus Sackleinwand, um der Hitze zu begegnen. Im schärfsten Brand werfen die Töpfer durch die Löcher im Ofengewölbe von oben zentnerweise Salz in die Flammen, das noch im Fluge verdampft und sich auf der glühend flüssigen, ‚gesinterten‘ Oberfläche als Salzglasur niederschlägt. Durch chemische Verbindungsprozesse entsteht dann nach dem Erkalten jener eigenartige, oft bräunliche Glanzreflex, der für das Steinzeug typisch ist."[99] Die Konstanz von Formgebung, Glasur und deren Herstellung über Jahrhunderte hin ist ein Phänomen eigener Art, das im Rahmen dieses Bandes nicht zu diskutieren ist.[100]

Wir haben bisher vor allem von der in Zünften organisierten Handwerker-Arbeit gesprochen; Arbeit, die sommers wie winters einen sehr langen Tag von 12 Stunden und mehr währte.[101] Es gab aber noch eine andere Art berufstypischer Handwerker-

---

[98] Es handelt sich um den Töpferort Höhr-Grenzhausen, gelegen an der Grenze zwischen Westerwald und rheinischem Weinland.

[99] *Ingeborg Weber-Kellermann*, Das rheinische Steinzeug und die Mode des „Altdeutschen", S. 762. In: Studien zu Volkskultur, Sprache und Landesgeschichte. Festschrift für Matthias Zender. Bonn 1972, S. 761ff.; vgl. auch *Josef Horschik*, Steinzeug 15. bis 19. Jahrhundert. Von Bürgel bis Muskau. Dresden 1978.

[100] Vgl. aber ebda. und die Schlußbemerkungen dieses Kapitels.

[101] *Helmut Möller*, Die kleinbürgerliche Familie im 18. Jahrhundert. Verhalten und Gruppenkultur. Berlin (West) 1969, S. 152f. (= Schr. z. Volksforschung 3) bietet folgende Übersicht über die Arbeitszeiten im Handwerk: „Der Tagesablauf begann in der Regel sehr früh. Nach Ansbacher Verordnungen aus den Jahren 1726 und 1735 sollten sich ‚alle Handwercks-Leuthe, insonderheit Maurer, Zimmerleuthe und Tagelöhnere ... mit anbrechenden Tag so lange es nehmlich, früh um 4 Uhr, noch nicht Tag ist, bey der Arbeit finden lassen'; Möser sah ‚einen Handwerksmann mit seiner Frauen bereits um 4 Uhr des Morgens in seiner Werkstätte an der Arbeit', und die Braunschweiger Tischlergesellen begannen nach der Ordnung von 1717 im Sommer um die gleiche Zeit, später um 5 Uhr, ebenso 1719 die Brünner Schneidergesellen, die Münchner Handwerker zu Nicolais Zeit, die Kieler Tischler-, Reepschläger- und Buchbindergesellen oder die Erlanger Schreiner ... Die im Hause des Kunden arbeitenden Heilbronner Schneidergesellen mußten sich um ½ 6 resp. 6 Uhr im Winter einstellen ...
Feierabend und Abendessen fielen nicht immer zusammen. Die Braunschweiger Tischlergesellen arbeiteten das ganze Jahr hindurch bis 7 Uhr, in Kiel sollte ‚um 6 Uhr im Bürgerhause, um 7 Uhr in des Meisters Werkstätte Feierabend geboten werden'. Um 7 Uhr beendeten auch die Kieler Reepschläger ihre Arbeit, ebenso die vorhin genannten Ansbacher Handwerker und Erlanger Schreiner, die Schuhmacher in Münster ... um 8 Uhr. Dagegen arbeiteten die Heilbronner Schneidergesellen im ersten Drittel des Jahrhunderts auf der Stör im Winter bis 9 Uhr, im Sommer bis

Tätigkeit, und das war die sog. „Feiertagsarbeit"[102], die, dem Charakter der Neben-
arbeit gleich oder ähnlich, außerhalb der eigentlichen Produktion verrichtet wurde. In
den Zunftstatuten z. T. schon seit dem 13./14. Jahrhundert vermerkt, erscheint sie dort
seit dem 17./18. Jahrhundert schon seltener, wird aber in zunehmendem Maße von
Gesellen und Kleinmeistern zur Aufbesserung des Einkommens ausgeübt. Es hat den
Anschein, als habe sich diese Feiertagsarbeit hauptsächlich auf die Anfertigung von
figürlichen Gegenständen aus Glas, Ton und Eisen konzentriert, die in Form von
menschen- und tiergestaltigen Gebilden als Zierrat, Wandschmuck oder als Devotio-
nalien, auch als Scherzartikel (Vexiergläser) einen breiten Käuferkreis unter den Werktätigen in Stadt und Land fanden. Vieles, was in den Museen unter dem Begriff der
Volkskunst rangiert, ist Produkt handwerklicher Feiertagsarbeit und muß als solches,
d. h. als kulturhistorischer Forschungsgegenstand künftig mehr Beachtung finden, da
über diese handwerkliche Vermittlung manches nachgeformte, auch nachgeahmte Kul-
turgut aus der Luxuswelt des Alltags der herrschenden Klasse Bestandteil der Lebensweise des werktätigen Menschen wurde, seinen Geschmack und sein ästhetisches Empfinden mitformte, aber auch dann erst wirklich akzeptiert und Allgemeinbesitz wurde,
wenn das von außen über Handwerk und Markt Herangetragene auch mit den eigenen
Lebensbedingungen halbwegs korrespondierte. Reinhard Peesch hat jüngst auf diese
Zusammenhänge wieder hingewiesen und erhärtet sie mit folgendem Beispiel: „Vom
bäuerlichen Kleiderschrank, der erst im 18. Jahrhundert die vorher als Verwahrmöbel
übliche Truhe ersetzt hat, wissen wir zum Beispiel, daß seine Frontseite weitgehend
nach dem Vorbild der in der Kunsttischlerei entwickelten Säulenordnung gestaltet ist...
Von den vielen regional entwickelten Schmuckelementen sei hier nur ein florales Motiv
genannt: die Vase (oder der Blumentopf), die mit einer oder mit mehreren Blumen
oder Blattranken gefüllt ist. Das Motiv stammt wie viele gleicher Art aus dem Kunsthandwerk der frühen Neuzeit und findet sich seit dem Ausgang des 17. Jahrhunderts
auch in der Volkskunst, wo es wegen seiner vorzüglichen Anwendbarkeit als flächen-
füllendes Muster gern benutzt wird. Es erscheint – allein oder in Verbindung mit
anderen – an Haushaltstextilien, Stubentürverkleidungen, Torständern, Möbeln, hölzernen Haushaltsgeräten, Rückentragekörben, Krügen und anderen Gefäßen, Hinter-
glasbildern und selbst auf Totenbrettern und Grabdenkmälern."[103]
   Dieses Beispiel ist verallgemeinerungswürdig und unterstreicht die große Bedeutung

   zum Abendessen. Die Brünner Schneidergesellen sollten 1719 bis 10 Uhr arbeiten, und eine fast
   ebenso lange Arbeitszeit sah auch die Kieler Buchbinderrolle von 1740 für die Gesellen vor,
   nämlich im Sommer von 5 Uhr morgens bis 9 Uhr abends, im Winter von 6 bis 10 Uhr." Der
   Zeitpunkt der Abendmahlzeit mußte entsprechend schwanken. Aber auch von Nachtarbeit ist in
   den Quellen die Rede: „In Kiel wachte die Gesellenbrüderschaft über die Arbeitsruhe nach
   Feierabend ... Andere Nachrichten sprechen aber auch von Nachtarbeit", so ein polnischer Böttcher in Preußisch-Friedland, der bisweilen schon um Mitternacht mit der Arbeit begann. Auch
   wenn viel zu tun war, wurde bis in die Nacht hinein geschafft. Wenn es auch generell so festgelegt war, daß bei Licht nur in der Zeit von „vierzehn Tagen vor Michaelis bis vierzehn Tage
   nach Ostern gearbeitet werden" sollte, so gab es doch immer wieder Ausnahmen, so beim Braunschweiger Hutmacher Lohenstein, der wenigstens einmal wöchentlich bis in die Nacht arbeiten ließ.
[102] Hierüber hat grundsätzlich und mit konkreten Beispielen gehandelt *Gislind Ritz*, Feiertagsarbeit.
   In: Arbeit und Volksleben. Göttingen 1967, S. 160ff. (= Veröff. d. Inst. f. mitteleuropäische
   Volksforschung a. d. Philipps-Universität Marburg-Lahn 4).
[103] *Reinhard Peesch*, Volkskunst. Umwelt im Spiegel populärer Bildnerei des 19. Jahrhunderts. Berlin
   1978, S. 12.

des Anteils der Handwerker an der Herausbildung regional geprägter Elemente von Kultur und Lebensweise des werktätigen Volkes. Dieser Prozeß vollzieht sich besonders in unserer Zeit der territorialstaatlichen Entwicklung und bildet unter den jeweiligen, konkreten sozialökonomischen Bedingungen das heraus, was gemeinhin unter dem freilich schillernden Begriff der „Volkskultur" verstanden wird. – Die Leistung der Handwerker in diesem Prozeß besteht darin, „daß sie die Aufgabe der formalen Transformation bewältigten. Diese bestand in der Umsetzung der Vorbilder aus dem höfischen und bürgerlichen Bereich in ein anderes Material (billige, einfache, oft selbsthergestellte Stoffe statt der teuren, meist importierten Luxus-Kleiderstoffe wie Seide, Samt und Qualitätstuch; Edelpelze, Edelhölzer, Edelmetalle usw.) sowie in der Umsetzung in andere den Lebensbedingungen und Lebensnotwendigkeiten des Volkes entsprechende Formen (einfache und zweckmäßige Grundformen statt der teilweise grotesken Extremformen). Die Möglichkeiten dieser Umsetzung reichten von der simplen Imitation bis zur schöpferischen Novation, wobei teilweise durch die Reglementierung der territorialabsolutistischen Staaten gewisse Grenzen gesetzt waren. Eindrucksvolle Beispiele von regionalen Landschaftsstilen finden wir beim bäuerlichen Hausbau und beim Mobilar der Wohnstube, beim Irdengeschirr und bei der Bauernfayence sowie bei der Tracht. – Je intensiver die regionale Eigenentwicklung vor sich ging, um so stärker wirkte sie auf die Stadt und das städtische Handwerk zurück. Charakteristisch hierfür ist, daß sich in einzelnen Gebieten bestimmte Gewerbezweige ganz auf die Bedürfnisse des Kleinbürgertums und der Landbevölkerung einstellten und zwar mit besonderen Warensortimenten und mit besonderen Ausführungen (z. B. des Dekors), die dem Alltagsbedarf ebenso Rechnung tragen wie dem Bedarf für besondere Anlässe (rheinische Steinzeugtöpferei, hessische Irdengutgeschirrtöpferei u. a.).

Dieser Prozeß der Aneignung, Transformation und Weiterentwicklung einzelner Kulturelemente darf jedoch nicht mechanistisch verstanden werden. Denn es war ein Prozeß, der auch in die Sphäre des Bewußtseins hineinreichte. Die Schichten, die sich Kulturelemente feudaler und bürgerlicher Herkunft aneigneten, taten es bewußt und mit konkreten kulturellen Zielvorstellungen. Besonders für den Bauern war das ein Vorgang, mit dem er sich auf die städtische Kultur und die dort gesetzten Leitbilder orientierte. Und das bedeutete ein bewußtes Streben nach Überwindung des durch die feudalen Verhältnisse bedingten niedrigen ländlichen Kulturniveaus."[104]

[104] Zur Geschichte von Kultur und Lebensweise, a. a. O., S. 184f.

Personenverzeichnis*

von Erika Behm

* Darin aufgenommen wurden auch Namen von Autoren aus *Literatur-Anmerkungen* (gekennzeichnet durch ein „n" hinter der Seitenzahlangabe), wenn sie im Text *nicht* genannt worden sind.